广东省哲学社会科学"十三五"规划后期资助项目（GD17HWW01）成果

通过意义识解经验

——基于语言的认知研究

Construing Experience Through Meaning:
A Language-Based Approach to Cognition

M. A. K. Halliday & Christian M. I. M. Matthiessen

[英]M. A. K. 韩礼德
[英]克里斯蒂安·M. I. M. 麦迪森 著

李桔元 陈海叶
尚智慧 李鸿雁 译

浙江工商大学出版社 ZHEJIANG GONGSHANG UNIVERSITY PRESS | 杭州

图字：11-2018-453 号

图书在版编目(CIP)数据

通过意义识解经验：基于语言的认知研究 ／（英）
M. A. K. 韩礼德,（英）克里斯蒂安·M. I. M. 麦迪森著；李
桔元等译. —杭州：浙江工商大学出版社，2022.2
ISBN 978-7-5178-3910-1

Ⅰ. ①通… Ⅱ. ①M… ②克… ③李… Ⅲ. ①认知语
言学—研究 Ⅳ. ①H0—06

中国版本图书馆 CIP 数据核字(2020)第 098561 号

通过意义识解经验——基于语言的认知研究
TONGGUO YIYI SHIJIE JINGYAN—JIYU YUYAN DE RENZHI YANJIU
[英]M. A. K. 韩礼德　[英]克里斯蒂安·M. I. M. 麦迪森 著
李桔元　陈海叶　尚智慧　李鸿雁 译

责任编辑	王　英
责任校对	张莉娅
封面设计	叶泽雯
责任印制	包建辉
出版发行	浙江工商大学出版社
	（杭州市教工路 198 号　邮政编码 310012）
	（E-mail：zjgsupress@163. com）
	（网址：http://www. zjgsupress. com）
	电话：0571-88904980,88831806（传真）
排　　版	杭州朝曦图文设计有限公司
印　　刷	杭州宏雅印刷有限公司
开　　本	787mm×1092mm　1/16
印　　张	36
字　　数	708 千
版 印 次	2022 年 2 月第 1 版　2022 年 2 月第 1 次印刷
书　　号	ISBN 978-7-5178-3910-1
定　　价	110.00 元

版权所有　侵权必究
如发现印装质量问题,影响阅读,请和营销与发行中心联系调换
联系电话　0571-88904970

序

　　这本书的构思是对话式的:它始于两位作者讨论的笔记,当时麦迪森在南加州大学信息科学研究所工作,韩礼德作为顾问在此访问。最初的书稿内容如图1所示,然后逐渐成熟:在美国中西部的一所暑期学校,在英格兰的约克郡和德文郡的长途跋涉中,在热带水果供应不断的新加坡访学期间,在秋色烟火映衬下的日本,在澳大利亚新南威尔士州北部的海滩和河边,我们的对话不曾间断。关键时期是我们在印第安纳州布卢明顿(Bloomington)的校园、约克郡巴克登(Buckden)的乡村酒吧"巴克"门外,以及新南威尔士贝林根(Bellingen)附近的乡村度过的那几段时光。本书让我们想起了在上述三个以"B"开头的地方度过的短暂时光。当然,这些章节并不是按照它们出现的顺序写的,而且在成形之前被修改过很多次。我们并不想隐瞒这本书是以相当零散的方式写成的。

　　在这段历程中,始终不变的是我们对这个主题以及它在相关理论研究领域所处位置的构思方式。也许它可以根据三维空间的维度定位。首先,我们把它作为对系统功能语言学不断发展的成果,这些发展领域扩展到了语言的一般理论、词汇语法和语义、文本结构和话语分析、儿童语言发展、语言教育和计算机自然语言处理。其次,我们试图将它(就像系统功能理论本身)引向外部,也就是说,以一种与研究和实践应用相对应的方式对语言进行理论化,聚焦于像关注语言学家提出的问题一样关注他人有关语言的问题。最后,它是另外一种意义上的向外延伸:从语言向外看它的语境,看人们使用语言做什么(无论这是被模式化为社会行为、认知过程,还是某种抽象价值体系的形式)。通过这三个维度的交叉,我们试图将语言表征为一种资源,借此得出人类以及每一个个体构建他们现象世界的功能性心理地图:发生于外部和自己意识领域的过程经验。

　　在我们看来,我们的对话与当前认知科学的争论有关。从某种意义上讲,我们提供了一个可替代该领域主流研究的可选途径,因为我们说认知不是思考而是意义(这样建模是最有利的):"心理"地图实际上是一个符号地图,"认知"只是谈论语言的一种方式。在将知识建模为意义的过程中,我们将其作为一种语言结构来对待,因此,它是在词汇语法中被解释的东西。我们不是用认知过程来解释语言,而是用语言过程来解释认知。与此同时,只有假定"认知"研究在某种意义上是自然的,或无标记的,这才是一种"替代方法"。在我们看来，目前的神经网络研究、"联结主义"模型，实际上与语义研究更兼容；在语义研究中，"理解"某物就是将其转化为意义，而"知道"就是完成了这种转化。在语言研究中有一个重要的环节（不仅在系统功能理论中，而且在兰姆的关系网络中也是如此），即意义的系统——过程，据此"知识"被模式化为符号。这一环节是从语法建模中派生出来的抽象视角。

语义视角使我们能够强调人类意识的四个方面，而这些在认知研究中很少被强调。一是意义作为一种潜势，被部署在语言中的个体意义行为中，并不断地被这种个体行为所改变（尽管自20世纪中叶以来，语言学领域的理论研究大多集中于组合关系——什么与什么相伴；而系统理论强调聚合关系——与某种可能相联系意味着什么）。二是意义是发展，是一种通过扩充新领域或提炼现有领域而使能力不断扩大的语义发生资源。三是意义作为一个共同建构体，是一个集体公共事业的共享资源（而"思维"是处于个体内部的私有现象）。四是意义作为一种活动形式，是一种能量资源，它由处于每一类语言核心地位的语法提供动力。

因为我们是从语言学学科的外围而不是从内部角度观察语言，所以我们试图强调语言做什么，而不是它是什么（大标题中的"概念库"的概念就是"通过意义识解经验"）。我们希望对它的讨论能与其他学科，尤其是神经科学的发现产生共鸣，因为神经科学对人类的"高阶"意识的本质和进化产生了新的理解。我们更具体地将自己的背景定位为计算机科学。与其说是自然语言处理，不如说是计算中的一种特殊活动，当然也没有任何迹象表明意义可以简化为计算，或者大脑可以简化为复杂的计算设备（我们更喜欢埃德尔曼的比喻，他把大脑比喻成一个复杂的丛林）。我们采取如下观点：所有计算本质上都是有意义的计算，"智能"计算需要学习使用自然语言的语义实践来操作。

我们自然希望我们的研究对从其他视角，如教育、文学、哲学、心理学和社会学等研究语言的人产生意义。同时，我们也许要谨防对来自其他学科的术语产生先入为主的理解。"系统""功能的""符号的""概念的"之类的术语在别的语境中具有概念和意识形态负载，而在这里是从系统功能语言学的概念框架进行定义。我们已尽可能在我们自己的文本中明确说明这些问题，并参考其他来源，使其理论地位更加明确。（我们也许应该特别提到"语义"一词，它在通俗的说法中几乎与语言学的意思相反。当一位博学的法官说"区别是语义上的"时，他是在说两个表达在意义上是等价的。而对我们来说，这恰恰表明它们的意义不同。具有讽刺意味的是，说这句话的人很可能无意中说对了，也就是说，这两个词实际上通常在意思上是不同的，而且往往比虑及的差别要大得多！）

把我们的出发点压缩成如下一段内容：人类语言进化为两个互补的功能，即识解经验和实施社会进程。在本书中，我们关注的是第一个问题，将之称为"构建'概念库'"；我们强调经验的范畴和关系不是自然"赐予"我们的，不是被动地反映在我们的语言中，而是以词汇语法为动力，由语言主动构建的。语言作为一种分层的符号系统，具有独特的属性，能够将经验转化为意义。在我们试图描述这个过程时，我们特意使用语法作为建模的源头，因为我们想要展示这个过程是如何发生的。原则上，我们只讨论该过程在英语中是如何发生的；我们使用的理论概念是所有语言通用的，但是描述性的范畴应该会在描述英语的语境中进行解释（第 6 章简单讨论了汉语）。显然，我们可以把我们的话语置于许多其他可能的框架之中。我们本可以把它更多地指向语言教育、社会学、知识建构等领域，但我们发现，将其置于计算研究的一般语境中更容易阐述清楚，正是在一般语境中，对自然语言建模的概念能够得到最清晰的阐述。

即使在这种背景下，对意义进行建模的想法仍然比较新颖。当我们开始这项已经发展至今的研究时，主流的思想是"知识表征"，这被认为是附带配价的个体概念的零零碎碎的积累，几乎不成系统。直到 20 世纪 80 年代后期，语义系统的概念才开始在自然语言的处理中得到采纳，而我们努力在这里发展的就是这个概念。同时，我们或许可以看到，20 世纪 60 年代以来，通过语言内部的层次配对建模"内容层"，将"语义"作为通过词汇语法整体识解的"上层模型"，一直是系统理论所关注的问题。

我们要感谢许多同事，在撰写本书的过程中，我们能够与他们交流思想。我们要特别感谢韩凯茹·哈桑、吉姆·马丁和约翰·贝特曼，他们对最初几稿做了详细评论。感谢比尔·曼，他使在文本生成任务中部署系统语法的构想成为可能。感谢约翰·贝特曼，他在开发自然语言处理的各个领域中展示了"意义库"的力量。感谢曾立诚在理论和应用上拓展了我们的工作，贯彻了构成我们所利用的、正在共同开发和部署的元语言资源的许多核心范畴。

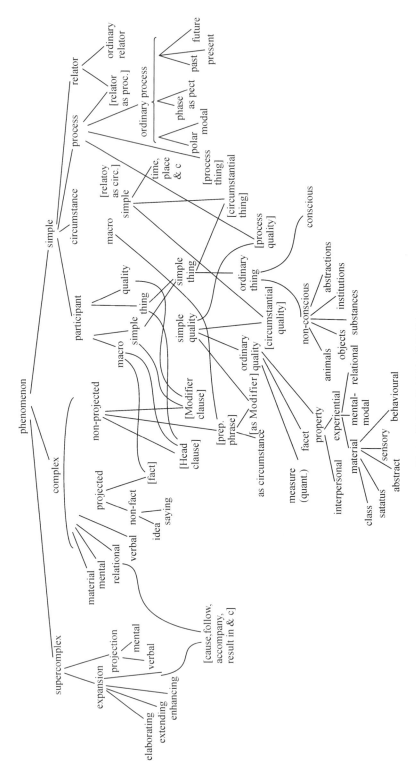

图 1　识解经验（最初的设计）

译者序

　　世界著名语言学家 M. A. K. 韩礼德和 M. I. M. 麦迪森合著的《通过意义识解经验——基于语言的认知研究》于 1999 年由 Continuum 出版社出版。该书一出版即受到学界的极大关注，并于 2000 年、2001 年、2002 年、2006 年重印。2008 年世界图书出版公司北京公司原版引进该书，收入"西方语言学与应用语言学"丛书。该书是第一部也是唯一一部从系统功能语言学角度探讨语言与认知关系的专著，它从系统功能语言学的概念意义出发，突破一般的语法分析，通过分析语言的概念功能把人类组织、识解经验的过程反映出来，体现语法与人类组织、识解经验的关系。该书强调认知不是思考而是意义，可以通过词汇语法解释；同时强调用语言过程来解释认知，而不是用认知来解释语言。该书不仅是对系统功能语言学的新发展，还为功能语言学和认知语言学架构了一座互动的桥梁，在理论观点和研究途径方面形成互补，为当今语言认知领域的主流研究提供了另一条可选途径，因而具有里程碑意义。

　　关于这部巨著译成汉语的缘起，要追溯到 2004 年。当时三位主要译者李桔元、陈海叶和尚智慧在上海外国语大学攻读博士学位，在导师李基安教授的指导下，收集有关功能认知的文献，逐渐了解到功能语言学的认知观；并在此基础上，开始研读《通过意义识解经验——基于语言的认知研究》，定期汇报、交流学习心得。得益于这种集中研读和学习分享，我们对功能认知理论产生了比较浓厚的兴趣，撰写并发表了几篇相关论文。为了更深入地理解功能认知理论体系，导师鼓励我们翻译该书。于是我们分解任务开始翻译，完成了部分章节的初稿。毕业后大家各自忙碌，译文就此被搁置起来。2011 年笔者有幸在杭州师范大学和朱永生教授共事。在一次交谈中提及该书时，我告诉朱教授，多年前我和几个博士同学翻译了该书。他鼓励我好好修改，争取出版译著。他的鼓励让我产生了完成译稿并尽快出版的念头。后来由于种种因素，没能付诸行动。笔者于 2016 年调到广州大学工作后，得知广东省社科规划后期资助项目可以资助经典著作的译著，于是做好论证，整理好译文初稿，与博士同门陈海叶、尚智慧和同事李鸿雁合作申报 2017 年度广东省社科规划后期资助项目并获批立项，译著得以完成。

　　《通过意义识解经验——基于语言的认知研究》英文原著达 658 页，共 15 章。李桔元负责整个翻译工作的协调与统筹，拟定翻译的规范和要求，撰写译者前言、翻译序言、编辑参考文献以及统稿等。正文翻译分工如下：李桔元翻译第 8、9、11、12、13、14、15

章,合计约 32.4 万字;上海大学副教授陈海叶翻译第 5、6、7、10 章,合计约 19.4 万字;上海外国语大学副教授尚智慧翻译第 1、2、3 章,合计约 13.6 万字;广州大学副教授李鸿雁翻译第 4 章,约 5.4 万字。在翻译该学术著作的过程中,我们力争做到译文忠实于源文,通顺、易懂,具有可读性。原著中的英语作者名、英语例句与例词在译著中保留英文表达,以免影响读者对原著信息的把握。

在这项繁重而艰巨的翻译工作中,同行专家给予了宝贵的意见和支持,他们是:复旦大学朱永生教授、中山大学丁建新教授、广东外语外贸大学莫爱屏教授、华南理工大学钟书能教授和武建国教授、汕头大学李杰教授、广州大学王晋军教授和肖坤学教授。感谢他们给予的精神鼓励,以及在提供相关资料、指导翻译、推荐申报等方面的大力支持。我们感谢广东省社科评审专家和省社科规划办对我们的信任,通过评审立项,使得本译著的出版得到必要的资助。该译著 70.8 万字,结构复杂、体例丰富、层次繁杂,有 400 多个图形和表格,编辑校对工作非常繁重。在此衷心感谢浙江工商大学出版社王英编辑和其他编校人员的鼎力相助,他们对该书耐心细致的编辑、校对使得本译著得以顺利出版。

令人遗憾的是,本书原著的主要作者韩礼德先生已于 2018 年 4 月逝世,17 年前引领我们研读《通过意义识解经验——基于语言的认知研究》的恩师李基安先生,也不幸于 2021 年 4 月病逝。逝者已去,精神永恒,谨以此书纪念两位前辈!

由于译者的理论水平和翻译水平有限,本译著很可能依然存在诸多不足之处,敬请读者批评指正。

李桔元

2021 年 7 月于广州大学

目　录

第三部分　意义库作为语言处理系统资源

第一部分　引言

1 理论铺垫

1.1 意义库

在本书中，我们探讨人类如何识解经验。首先要明确一点，在此，经验不指某一实例——如我们身边或者大脑中的具体事件、个体、突发事件等——而是指用于理解、表征和作用于现实的潜势。正是借由这一潜势，日常生活中的具体事件、个体等才得以被理解，它们具有意义正是因为它们是这一潜势的例示化。

通常认为，经验被构建为知识，以概念分类、图示、脚本等方式存在。我们将提供一个补充视角，将经验看作意义，通过语言识解。换言之，我们将探讨人类经验如何被识解为意义系统。鉴于语言不仅在经验的储存和交换中存在，还在识解中扮演核心角色，所以我们将语言视为识解基础。

本书理论与描述并重。我们认为理论建构和描述应当同时进行，并在两者之间交替。描述部分主要集中于英语概念"语义"的主要特征，以大家熟悉的两个语篇类型（烹饪步骤和天气预报）进行说明。我们也简要涉及了汉语的语义学。书中将提出相关理论议题，并进行讨论。本书的理论基础——系统功能语言学，是在过去的三十多年里发展出来的语言研究的功能路径[①]。在本书中，我们将视需要介绍相关理论概念。

我们认为我们讨论的话题对于普通语言学具有核心价值，对于认知科学亦是如此，因为认知科学的研究领域包括自然语言加工和人工智能，具有跨学科性质。我们也面

---

① 关于对系统功能语言学的历史发展回顾，参见 Matthiessen & Halliday（即将出版）。关于系统语言学各方面的讨论，参见 Benson & Greaves（1985，1988）；Bensen, Cummings & Greaves（1988）；Eggins（1994）；Fawcett（1980，1988a）；Fawcet & Young（1988）；Halliday（1976）；Halliday（1978a）；Halliday（1985）；Halliday（1993b）；Halliday & Hasan（1985）；Halliday & Martin（1981）；Halliday & Martin（1993）；Hallliday & Fawcett（1987）；Martin（1992）；Martin, Matthiessen & Painter（1997）；Matthiessen & Halliday（即将出版）；Steiner（1991）。关于对系统语言学在自然语言加工方面的讨论，参见 Bateman（1996）；Fawcet, Tucker & Lin（1992）；Matthiessen & Bateman（1991）；Davey（1978）；Patten（1988）；Teich（1995）；Winograd（1972，1983）；Zeng（1996）。

向这两个领域的研究学者,并与他们展开讨论。与此同时,我们的研究路径,无论是在理论上还是在方法上,都有别于认知科学:我们视"信息"为意义而非知识,视语言为一个符号系统,更为具体地说是一个社会符号系统,而不是人类大脑系统。这一研究方法对个体的重视程度低于典型的认知主义研究方法,而认知科学的主要特征就是将研究重点放在个体上。与将意义视作了解和思考的传统做法不同,在本书中,意义被视作一个社会的主体间过程。如果经验被识解为意义,这一识解就成为协商的(有时也是冲突的但最终都是协商的)过程。

虽然本书关心的问题是概念语义学,但我们也将聚焦它的某一具体应用,即电脑对自然语言的加工,如语篇生成问题①。我们在此对语篇生成过程中语法环境的概念要素进行语义阐释。通常来说,语法环境包括两到三个组成要素:①知识库,用于表征经验域,语法在此域内进行操作。②语篇规划要素,如根据语域即语言的功能理论等给语篇分配相应的修辞结构。③也许还包括,明确作者—读者关系特征的要素。这三个要素对应系统理论中的三大元功能,即概念功能、语篇功能和人际功能(具体参见第 1 章 1.4节)。

本书的研究限于概念元功能,似乎我们在为语篇处理系统做知识建模。但是,如前所述,我们的方法与知识表征不同,在本研究中,语法参与操作的经验领域被认为是意义而非知识,因此,我们称其为意义库而非知识库。

从知识到意义的转变具有什么重要意义呢? 意义库与知识库的差异在于识解的方向。在构建意义库时,我们从语法入手,"自下而上"进行,而不是"自上而下",从被视为完全脱离于语言的概念所表达的经验入手。我们认为,将知识视为完全独立于语言并且可以在语言中编码表述的观点是站不住脚的。所有的知识在符号系统内构建,而语言是最为核心的符号系统,因此,知识的所有表征首先是在语言中构建的(当我们思考某一学科体系内的知识时,我们会研究这一学科的语言——这一学科所发展出来的表达意义的方式。最为明显的例证大概就是科学分类了。语法的各方面也同等重要,本书后面对施事模型及语法隐喻的讨论就反映了这一点)。

这一转变意味着从语法出发自下而上构建意义库是可行的,它基于这一假设——构造及阐释经验域的范畴的抽象结构,以及范畴间的关系是可以从语言的结构和关系中衍生而来的。我们的观点是除语言之外再无其他可以赋予经验以秩序。实际上我们可以用语言学的术语将"经验"定义为:我们借助语言识解的现实。

"知识"和"意义"并非两个界限分明的现象,它们是基于不同取向和假设对同一现

---

① 因为我们研究的重心放在支持语言加工的资源上面,所以概念库将涉及语言加工的其他方面,如对词句的语法描述与分析、机器翻译。

象所做的不同的隐喻表达。然而,近年来,在这一领域的研究中,认知取向占据了主导地位,语言被视为编码,预存的概念结构借由这一编码或多或少被扭曲表达。在此,我们希望给予另一取向以重视,在这一取向中,语言被视为人类经验的基础,意义被视为高一层级人类意识的基本模式。这一取向也许可以在理论及与"知识"相关的实践活动上揭示出更多内容。我们的工作就是回归语言,描摹出那些起源于语言的模式。

1.2　功能语法学和功能语义学

要构建这样一个"意义库",我们将使用系统语法。系统语法是功能语法的一个类别,也就是说系统语法是语义驱动的,或者说是自然的。形式语法是自治的,因此语义是任意的;系统语法与其截然不同,每一范畴(在此,范畴泛指用于分类的理论概念,不是形式语法中狭隘的"类"的概念)都以意义为基础:除形式及词汇语法阻抗①之外还有语义阻抗。从形式来看,系统语法有些复杂,许多范畴是"隐形的",只有通过一长列的体现链才得以明示,因此,在任何需要明晰表达的情景中(如在自然语言的处理中),需要长时间大量的工作才能使这一语法得以顺利体现。然而,一旦采用了系统语法,它就有表征更高一级结构的巨大潜势,因为语义是自然的,前提是这一结构用语言学术语阐释为意义而非知识。关于语言描述的形式和功能路径的最新观点,可参见 de Beaugrande(1994)。

也许我们可以借用 Hjemslev 的"内容平面"概念将语法和语义包括在内(如 Hjelmslev,1943)。语法和语义是语言系统理论三个层次②结构中的两个层次,两者之间以一种自然的、非任意的方式相联系。第三个层次是表达层,有语音层或者字音层。具体如图 1-1 所示。在此,不同层次之间并非是包含关系或者"主—子集"关系。同心圆结构说明了每一层次间的关系——词汇语法层位于语义层,又为语音层提供了环境,这样的关系被称为层次化。我们用圆来表示这些层次是为了说明它们都基于相同的组织原则——每一层次都是由相互关联的选择组成的网络,选择可以是意义上的、措辞上的或者发音上的,这些选择基于级的原则并由结构来体现。这些原则将在后面的讨论部

---

① 范畴的阻抗指的是对这一范畴所采取的特有的处理方法。参见 Whorf(1956),以及本书第 1 章 1.8 节。

② 层次(level)的概念等同于 Lamb(1965)层次语言学中的层次(stratum),还可参见 Lockwood(1972)。在语言学中,level 有时用来指层次,有时用来指级(如 phrase level)——即根据构成潜势划分的单位。之所以会有两种表述是因为详述(存在)和延展(拥有)这两种语法关系之间有交叉。两者之间的不同参见本书第 3 章 3.7.2 节和第 4 章 4.2.3.2 节。

分做进一步说明。

因此,语言即资源,根据抽象程度不同被分为三个层次,层次间是体现关系。语义层,即意义的系统,由词汇语法层即措辞系统(指语法结构和词汇)体现;词汇语法层由语音层即发音系统来体现①。例如,语义层的一个言辞列(一个由参与者和环境组成的过程组合序列)由语法层的小句复合体体现,而语法层的小句复合体又由语音层来体现,例如,某一小句复合体由某一语调序列体现。从词源来说,词汇语法层和语音层间的关系是约定俗成的,而语义层与词汇语法层间的关系是自然形成的。这意味着,经验在内容层经历了两次识解,一次是语义上的,一次是词汇语法上的。本书我们关注的概念意义库位于语义系统即最高层,并在词汇语法层体现。

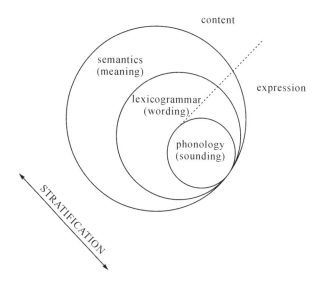

图 1-1 包含三个层次的语言系统

在此,有必要对"语法"这一术语加以解释。在系统理论中,这一术语用来指词汇语法,词汇不是独立的部分,而是一体的词汇语法系统中最精细的一端(Cross,1992,1993;Halliday,1961;Hasan,1985a,1987;Matthiessen,1991b;Nesbitt,1994)②。词汇和语法之间是互补关系,它们不是两种现象,而是看待同一现象的两种方法。这一现象的某些部分被视作语法凸显出来,其他部分被视作词汇凸显出来。计算语言学使用的某些语言模型以词汇为基础(例如 Mel'chuk,1982;Sinclair,1992;Becker,1975;

---

① 这是传统的构想,更为恰当的表述是语义层由词汇语法层在音系层中体现。关于体现的进一步讨论参见 Halliday(1992)及 Matthiessen & Halliday(即将出版)。

② 将词汇系统等同于以条目为单位编撰而成的词典只是对词汇认识的一种观点,另一种观点将词汇系统等同于由同义词组成的系统组织,这更能体现系统的思想。进一步的讨论参见 Matthiessen(1991)及 Nesbitt(1994)。

以及受 Becker 观点启发,Hovy 于 1988 年出版的短语词典及著作中提出的"语篇生成器 Pauline"),也就是说所有这些或者说大部分通常用语法来解释的内容都被放在了词汇概念之下。与之相反,系统理论站在相反的立场,将通常用词汇来解释的内容(如字典)放在语法概念之下。对这一问题的详细讨论不在本书的研究范围之内,而这样做的一个理由就是语法是自然的,在建立系统模型时就可以尽可能地利用语法的这一优势。

在此,记住计算语言学中语义网概念的来源是有益的:当 Qullian 提出这一概念时(如 1968),他用字典作为模型,也就是说,体现在一个语义网或者说概念网中的知识的组织结构就是字典中意义的组织结构。我们的模型起于语法端,但是系统语法对词汇组织结构所建立的模型不是 Qullian 和许多其他致力于自然语言处理的学者所建立的字典模型(现代形式语法的词汇),而是分类词典模型。我们将在第 2 章 2.11.3 节精密度部分解释这一概念。

在此,需要对"语法"这一术语做一说明。英语中,经常用同一词语既代表现象本身又代表对现象的研究。比如,psychology 一词既用来指心理(feminine psychology 用来指女性心理而非某些女性学者所提出的相关理论),也用来指对心理的研究。语言学中,虽然我们能区分 language(指现象)和 linguistics(指对现象的研究),但对 grammar 一词我们无法做到这样的区分,这就意味着这一词既可用来指某一语言的语法也可指对语法的研究。为了避免歧义,我们认为用 grammatics(见 Halliday, 1996)指代对语法现象的研究更为有利。我们将使用这一术语来表明我们讨论的内容是解释语法现象的有关理论和模型,而非语法现象本身。

可以这样说,语法(grammar)是关于经验的理论,语法学(grammatics)是关于语法现象的理论。我们采用功能的、语义驱动的语法学来说明语法是关于经验的理论,是因为我们可以用功能来解释语法的形式,但是语义和语法之间的紧密契合并不意味着语法领域可以取代语义领域。采用功能的路径使我们得以将语法领域向语义领域扩展——但是并没有使语义领域缩小,相反这使得我们可以研究经验是如何用语义来识解的——从而建立"意义库"模型,这也是本书的研究课题。

我们所做的语义学研究的一个根本任务是对内容平面上的语法隐喻现象进行建模。由于语法隐喻,语言中存在一系列同族(相关)形式,它们在语义范畴和语法范畴间呈现出不同的映射。比如:

alcohol's dulling effect of the brain

alcohol has a dulling effect on the brain

alcohol has the effect of dulling the brain

alcohol affects the brain by dulling it

the effect of alcohol is to dull the brain

the effect of alcohol is to make the brain dull

if one takes/drinks alcohol it makes the brain dull

if one takes/drinks alcohol the/one's brain becomes dull

因为语法隐喻现象在成人语言的使用中非常重要，所以我们将把它作为本书的主干(见第 6 章)。我们将通过语义路径研究语法隐喻，来证明这一研究路径非常有效，并说明这一无处不在的词汇语法现象如何扩展了意义库的潜势。语法隐喻在设计自然语言生成系统的相关语域中尤为关键。例如，如果我们的任务是建立一个语篇生成器用于生成经济报告，那么这个生成器就必须能够生成这样的句子，如"While the March drop in retail sales points to a sharp reduction of growth in consumer credit, the shortfall of tax refunds could be partly offsetting."。

1.3 元功能的多样化及概念元功能

自然语言的内容平面具有多重功能，它涉及意义的三种截然不同的模式，即概念意义、人际意义和语篇意义。在我们的理论中，这些高度概括的语言系统的功能被称为元功能。概念元功能指语言参与对经验的识解——是将现实进行理论化的语言，是对世界进行反思的资源。(概念元功能又分为逻辑功能和经验功能，此部分内容参见第 13 章 13.2 节)。人际元功能指语言通过分配和采纳不同的言语角色及其态度等协商参与人际关系的调配，是作为主体间性实践的语言。语篇元功能指语言将概念意义和人际意义组织成为语篇的功能，作为意义，它是语境化和共享的，但这并不是说语篇元功能是对预存的信息进行处理，而是指不断对现实进行符号化处理这样一个创造性的过程。

下面我们将结合小句，对这些范畴进行阐释。请看下面这篇文章，文章选自一则儿童故事，讨论的是一只玩具绒毛兔究竟是否为真兔子的问题，这只兔子碰到了两只有生命的兔子：

① One summer evening, the Rabbit saw two strange beings creep out of the bracken. ② They were rabbits like himself, but quite furry. ③ Their seams didn't show at all, and they changed shape when they moved. ④ "Can you hop on your hind legs?" asked the furry rabbit. ⑤ "I don't want to," said the little Rabbit. ⑥ The furry rabbit stretched out his neck and looked. ⑦ "He hasn't got any hind legs!" he called out. ⑧ "And he doesn't smell right! ⑨ He isn't a rabbit at all! ⑩ He isn't real!" ⑪ "I am Real!" said the little Rabbit. ⑫ "The Boy said so!" ⑬ Just then... (M. Williams，*The Velveteen Rabbit*)

　　每一个语法单位代表了从一个庞大的选择系统网络中做出的一系列选择，如"关系的""陈述的"和"非标记主位"。这些选择通过结构和措辞体现出来。下面对句子①和⑪进行简要评论来加以说明。

　　句子①是一个简单小句。

　　概念意义上，一个小句将经验分类和构型识解为一个言辞。句①是一个表示知觉的心理小句，结构为"[时间：名词性词组（one summer evening）]＋[感知者：名词性词组（the Rabbit）]＋[过程：动词性词组（saw）]＋[现象：小句，非谓语（two strange beings creep out of the bracken）]"。

　　人际意义上，小句在说者和听者之间建立起一种关系，从而有了进一步交流的可能，小句属陈述语气，结构为"语气[主语（The Rabbit）＋限定动词（saw）]"，肯定句。这一语气成分表明小句具有争议性，是"the Rabbit saw ...did he?"还是"the Rabbit saw ... didn't he?"。

　　语篇意义上，小句将概念意义和人际意义以信息的方式呈现——推动语篇在语境中发展，结构为"主位（one summer evening）＋述位（the Rabbit saw two strange beings creep out of the bracken）"；主位为小句提供了一个局部环境，将小句置于一个尚未扩展开来的语篇之中。主位是显著标记性的（当主位为主语时即为非标记性的）。更具体地说，它表示时间关系，暗示着故事有一个变化的时间框架，一个新的篇章即将开始。这一时间框架在接下来的小句中虽未明示，但是通过绒毛兔和真实小兔轮流作主位，时间关系不断向前推进，从而使小句将这三大元功能视角结合在一起，如表 1-1 所示。

表 1-1　小句①结构中的元功能组合

	One summer evening	*the Rabbit*	*saw*	*two strange beings creep out of the bracken*
语篇意义	主位	述位		
人际意义	附加语	主语	定式成分/述谓	补语
	剩余部分	语气		剩余部分
概念意义	时间	感知者	过程	现象
	名词词组	名词词组	动词词组	小句：非限定

　　在表 1-1 中，每一元功能占据一层。表中最后一排并不代表小句功能结构的层次，而是体现功能构型中特定成分的词类列。这一词类列被称为组合体，以区分功能结构（见 Halliday，1966）。组合体对小句内的单位——在语法级阶上低于小句的单位——

施加限制。级阶决定了语法的整体潜势：在英语中，小句包括词组（或短语），词组包括词，词包括词素①。小句之下的单位是词组（名词词组、动体词词组、副词词组等）、短语（介词短语），或者向下级转移充当词组或短语的小句（关于级转移参见 Halliday，1961，1985；Matthiessen & Halliday，即将出版）。级转移通过将上一级的意义潜势丰富下一级的意义潜势，极大地扩展了语法资源。因此，上面小句表达的现象通过级转移小句来体现——two strange beings creep out of the bracken；我们用"[[ ]]"表示级转移的小句：One summer evening the Rabbit saw [[two strange beings creep out of the bracken]]。这些级转移的小句能够识解我们所说的宏观现象。

句子⑪由两个小句组成，引用关系将两个小句连接起来。我们来思考一下这个被引用的小句。

概念意义上，这个小句是一个归属型关系小句："[载体：名词词组（I）]+[过程：动词词组（am）]+[属性：名词词组（real）]"。在此，属性"real"被赋予载体"I"，"I"被识解为真兔子——显然这一识解与其他兔子的观点是冲突的。

人际意义上，这个小句是陈述语气，归一度由前一小句的否定转为肯定，而这一转变是争论的核心。

(a)He   isn't   real.
(b)I   *am*   Real.

语篇元功能可以将承载归一度选择的限定成分呈现为要处理的新信息，"*am*"的斜体形式说明这正是绒毛兔所做的事情。它将信息单位的新成分放置在一个有标记的位置，说明这则新信息构成了肯定（am）和否定（isn't）之间的对立。此外，这里还涉及主位选择："主语＝I"是非标记主位。"主语/主位＝Velveteen Rabbit"贯穿本篇中的引用小句直到绒毛兔引出 the boy said so 一句中的 the boy。从三大元功能视角对句⑪的分析如表 1-2 所示。

表 1-2　句⑪中(a)结构的元功能组合

	I	am	real
语篇意义	已知（信息）	新（信息）	已知（信息）
	主位	述位	
人际意义	主语	限定成分/述谓	补语
	语气	剩余部分	

① 关于物质系统中类似层次结构的讨论，参见 Sheldrake（1988，第 5 章）。

续表

	I	am	real
概念意义	载体	过程	属性
	名词词组	动词词组	名词词组：形容词词组

　　前文已提到，本书只关注语法中较高层次中的一部分，即与概念元功能有关的部分。换言之，我们只关注控制语法中概念系统的语义部分，主要包括小句的及物性和小句复合体的投射及扩展。及物性是关于过程的语法：行动和事件、心理过程和关系。这部分语法是关于正在发生事件的理论。投射和扩展是过程间最根本的关系，这部分语法关注正在发生的某事如何与其他事件相联系，因此我们的目标是普遍概念语义。我们也许可以将其称为概念意义库，简称为概念库。概念库由另外两个意义库——互动库（支持人际元功能）和语篇库（支持语篇元功能）作为补充，因此意义库总体上包括三个相互补充的领域。

　　概念库：概念语义资源识解我们外部及内心世界。经验现象被识解为意义单位，这些意义单位按一定的级阶结构排列，组成语义类型网络。意义单位根据功能组合（角色），置于级阶结构的不同等级。比如，言辞是过程、参与者和环境的组合，这些言辞再区分为更小的类型——做和发生的言辞、知的言辞、说的言辞、存在和拥有的言辞。

　　互动库：通过赋予话语角色，评价和表达态度，互动库为说者和听者确定社会关系和主体间关系提供资源。互动库既包括说者和听者在言语交流时所利用的语义策略，也包括他们的社会角色。社会角色为体现说者与听者之间的人际关系距离和观念距离提供了模型。

　　语篇库：语篇库提供的资源帮助听者建构一定语境下的话语并引导听者理解这些话语。这些资源创造出各种不同的修辞结构，随着语篇的展开区分出各成分的价值和地位，不断扩展语篇，从而创建和维持语符流动。

　　三个库与语法的元功能成分间关系如图1-2所示。此图中，三个库分属意义库内三个不同的元功能领域，语篇库位于意义库的内部并面向概念库和人际库。我们将在第9章9.3节讨论概念库与语篇库之间的关系（有关协调三个元功能之间的关系并进行计算建模的讨论可参见Zeng，1993）。

　　在我们所提出的识解框架中没有独立的"语用"成分。自从语用成为独立的学术研究领域，它基本上与语言的两方面相联系。一方面，语用所研究的语篇意义取决于具体情况——具体的情景和交际者以及从中得出的推理结果。在语法学中，我们不区分系统的语法和具体情况的语法——系统理论包括这两者，自然也包括这两者之间的关系——因此，在语义研究中，我们也不打算将系统与具体语篇中的示例区分开来。从这一点来说，语用可以被视为具体语义例示化的代称。另一方面，语用可以说是语义在人际和语篇领域的代名词。所以,区分点在元功能上而不是在示例上,但是将概念意义和人际及语篇意义置于不同学科领域从而模糊它们之间的关系似乎并不可取。

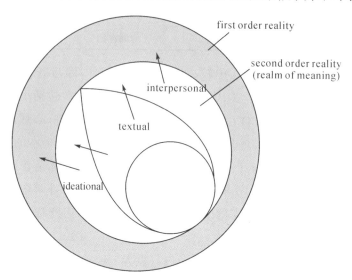

图 1-2   以语法为环境的三大库

因为采取语法的研究路径,所以我们把语法的界限作为标准,以小句复合体——概念组织结构中的最高一级——来明确概念意义表征的范围。这并不是必要的限制条件,但是这一选择显然受到了整个研究的驱动,并有可能被证实为概念库与其他组成部分互动的最佳界面。是否为最佳界面将取决于之后关于语篇库和互动库的研究工作是否顺利,但是,这一限制并不意味着概念语义的范围不会延伸到小句复合体之外的言辞列(见第 3 章)。

1.4   概念库的范围

如前所述,概念库是用来识解我们认知世界的经验的资源。这一识解既是聚合的也是组合的。①聚合识解中,我们将某一现象识解为某一类型——从一组类型潜势中选出的一项。事实上,概念库被组织为一个诸现象类型彼此关联的网络。②组合识解中,我们将某一现象识解为具有某一特定的组合方式——某一结构配置包括某些部分。例如,如果某一现象被识解为"创造性做"的类型,那么它的结构配置包括动作者、过程及通过过程得以实现的目标。这两种识解模式相互联系:一方面,组合结构体现聚合结构;另一方面,聚合组织网络中的类型与组合方式中的某些片段对应,这也是区分类型的方式之一。

区分聚合结构与组合结构打开了概念库的一个维度。如前所述,组合方式作为聚合类型的体现,发生于聚合环境中,但总体来说,概念库的组织方式是聚合,聚合网络以精密级为尺度排序(包含、分类、限定),从最不精密(最概括)到最为精密(最具体)。

概念库还有一个主要维度,即例示化。概念库不仅仅是某些事实及其他具体实例意义的储存库,也是一个具有意义潜势的系统网络。在任何一个特定的领域内,概念库不仅包括该领域内已知的具体实例,还包括接收新信息所需要的资源。例示化指的是在系统内从语义潜势到某一具体语篇中这一潜势的实例的变化过程[①](参见 Halliday,1973,1977,1992)。语义潜势和实例位于例示连续统的两端,它们之间是某些特定情景类型中反复出现的例示模式,这些例示模式是总意义潜势中作为情景变体的语义域(参见第 8 章 8.1 节)。

概括来说,概念库可以被认为是一个巨大的二维语义空间,如图 1-3 所示。请注意,有必要将精密度和例示化区分开来。在早期语义网络研究中,它们之间的差异有时被模糊了(参见 Woods,1975,综述部分)。它们之间的区别从根本上来说在于"是 X 的类型(精密度)还是 X 的标记(例示化)"。二者也许都可以通过集约归属来识解(参见第 4 章 4.2.3.2 节)。

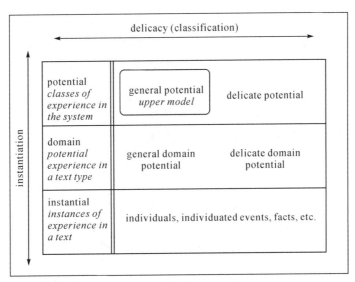

图 1-3 概念库的整体维度

我们首要关注的是总潜势,但是我们也将沿着例示化维度用两个域模型(天气预报和食谱)来举例说明。普遍语义潜势通过语法选择得以体现,但是当我们向概念库中更为精密的一端推进时,我们就会涉及主要由词汇手段体现的现象类型。

---

① 在 KL-ONE 传统中,信息的两个域名为 TBox 和 ABox,我们不使用这样的称谓,因为它们有误导性——潜势不局限于术语信息,例示也不局限于陈述。

1.5　指导原则

　　前文已经提到功能语法的两个论点：一是语法是自然的，即语法的形式是非自治的，语法和意义的关系也不是任意的。二是对语法的解释采用功能术语，具体来说是采用系统语法的术语，如各类意义或元功能（概念的、人际的和语篇的）的功能结构间的互动。具体内容见第二部分。如前文所指出的，这两个论点共同定义了"概念库"，我们将在本书中逐步展开研究。

　　下面我们列举在本研究中所遵循的一些原则。可以这样说，这些原则构成了我们的"话语推动力"：并不是说我们的观点是完全遵循这些原则而得到明晰表述（这也是不可能的，因为不同研究路径要求不同的排序原则），而是说这些原则为我们表述观点指明了思考方向。

1.5.1　语法路径

　　从语法内部出发而不是从某一假定的认知或概念平面出发来研究语义环境，换言之，将语义环境建构为意义而非知识，我们遵循了西方思想中早期语义演变的原则。截至亚里士多德时期，词、词类（比如名词）这样的语法概念已经出现。这一概念诞生于诡辩家关于修辞、形式与功能的辩证关系的著作中。名词是"被言说了的"，因此代表着句法结构（主位—述位）的功能概念；名词"有数和格的屈折变化但没有性别的屈折变化"，体现了形态范式（格与数）的形式概念。名词的范畴一旦建立，就会出现以下问题：为何名词有时以单数形式出现，有时以复数形式出现？有时以主格形式出现，有时以宾格、所有格或与格的形式出现？这些问题均可以用语义解释：名词是对人、其他生物或者无生命物体的概括名称，当所指超过一个时，就用复数；如果在某些行动中所指是"行动者"的话，就用主格；如果所指是"被做"，那么就用宾格，等等。语义——无论是作为语言现象的普遍意义概念还是作为词、词类及其变体建构的具体意义——都是通过语法解释得以识解。

　　在此，我们可以发现这些原则与我们目前路径的相似点和不同点。我们也是通过语法建构意义，但是主要有两点不同：①研究的起点不是词而是更大一级的语法单位——小句和小句复合体——实际上就是按照语法原则建构的最大单位[①]。②研究的起点不是显性的范畴和语法标记，如格及格的屈折变化，而是从隐性关系建立的，这些

----

　　① 从系统的角度来说，它们是在纵聚合轴上可以被充分表征为系统网络的最大的语法单位。参见第 3 章。

隐性关系不能被即刻感知,但构成了语法识解经验世界的真正基础。[①]

概括起来说,语法为我们提供了进入语义的方式,当然前提是触发这一识解方式的语法学有足够的广度和深度。这样说其实也就意味着还有其他更为根本性的指导原则。我们前面已经说过,采取这一研究方法就意味着将语法视为自然的,即它的形式结构与意义间的关系是象似性而非约定俗成的。我们需要对此做进一步的思考,引进时间之矢(即时间的不可逆性和不对称性)。

1.5.2　在语法中建构的意义

截至目前,对于语法和意义我们似乎一直采取的是"实在论"或者"一致论"的路径。这一路径认为,意义是在为其编码的形式之前存在的(参见 Lakoff 的反对将意义客观化的论点,1988)。在这一观点中,语法被认为是自然的,因为它的演变是为一个早已发展出来的经验模型即一个事先被识解了的"真实世界"服务的。事实上,我们不采取"实在论"或者"一致论"的路径,在本书的诸多讨论中,这一路径也被我们排除在外,因为它与我们对语义的理解不相匹配(有关例子请参见第 3 章关于言辞列的讨论)。我们采取建构主义的观点,这与欧洲语言学如 Hjelmslev 和 Firth 的观点相似。这一观点认为,语法本身识解经验并为我们建构事件和物体的世界。如 Hielmslev(1943)所说,现实并不可知,唯一可知的是我们对于现实的识解,那就是意义。意义并不先于体现它的语词存在,意义是我们的意识与环境相碰撞而形成的。

1.5.3　语义发生

我们需要一个更为具体的指导原则,即用过程模式来呈现普遍或特定意义是如何生成的,我们称其为语义发生过程,因为这些过程按照时间顺序发生,我们需要识别出时间框架,这其中至少有三个[②]。

第一,种系发生,指的是人类语言的演变过程(某一具体语言是这一过程的具体展示)。已知人类历史仅仅代表了这一演变过程时间轴上的一小片段,大概仅有 0.1%;只有当这一演变过程的某些方面在近些年发生了变化(例如科学话语的演变),这一过程才和我们的研究具有相关性。

第二,个体发生,指的是说话者个体的语言能力发展过程。一位说话者的历史——类似于生物体的历史——也许可以在外观上呈现出一些遗传演变进化,但是个体的经

---

①　这里只涉及概念元功能。如果我们关注互动库的话,那么就要涉及语言作为行动的语法,如建立社会与个人关系,建立各种权力结构、机构态度及价值系统等。

②　可能还有更多,但是这三个在这里更重要。

历是成长而非进化,遵循生长、成熟和衰老的循环结构。

第三,话语发生,指的是话语意义展开的过程,是话语意义在具体语篇中得以建构的过程。这一过程是随机的,意义潜势随着已经发生的事情而不断调整,某些选择受到限制和剔除,另一些选择则变为可能。这一过程被称为话语发生(logogenetic)时间框架,因为"logo(s)"的本义即"话语"。

以上是语义发生史的三个主要过程,经由这三个过程,意义不断产生、传递、再生、扩展、变化。每一过程按照我们呈现的顺序为"接续发生"提供环境;反之,每一过程提供了建构"此前发生"的原料,如图 1-4 所示。

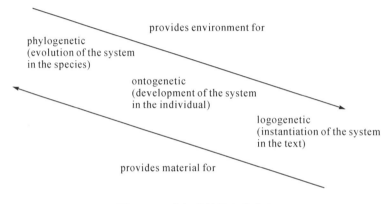

图 1-4　三个相关的语义发生史

如上升箭头所示,(超限的)个体意义潜势建构自(有限的)语篇实例,(超限的)种系意义潜势建构自(有限的)个体言者实例。沿着下降箭头,语言系统(种系意义潜势)为个体意义提供环境,个体意义潜势为语篇意义提供环境。

在这三个时间框架中,可以说语法都被用来识解经验,但寓意有所不同。

1.5.4　与语法相关的语义学

在这三种语义的发生过程中,首先,语词和意义同时出现,二者之间的关系就如同斯多嘎-索绪尔符号的两面——也许大家所熟知的中国阴阳符号是这一关系最恰当的表现,如图 1-5 所示。

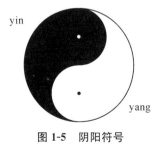

图 1-5　阴阳符号

回到此前我们关于名词的图示,在系统的语义发生过程中,出现在内容平面上的实体有如下的结构。如图 1-6 所示。

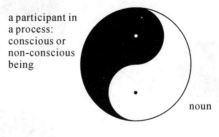

图 1-6　名词

符号两面之间是体现关系,因此"过程中的参与者:有意识的或无意识的存在"这一意义被体现为"名词"。

假设我们现在考察使潜势得以拓展的语义发生过程。①比如,我们可以通过创造新的物品/名称复合体来识解新的参与者。那么就可以得出:电脑=用于思维的电子设备。如图 1-7 所示。

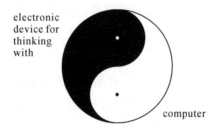

图 1-7　电脑

当然,物品可以是一直存在在那里的,只是最近才被我们观察到并赋予意义。由此,我们通过建构新的语符域来扩展系统,如腔刺鱼=原始鱼类(如图 1-8 所示)。

图 1-8　腔刺鱼

②我们可以通过提高语义精密度来扩展意义,如图 1-9 所示:

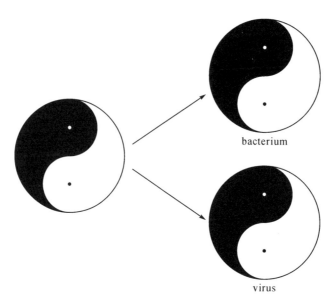

图 1-9　提高语义精密度来扩展意义

在此,语符域并没有扩展而是进一步聚焦,意义的细微差异从而得到了进一步区分,一个更加精细的网络被应用于已知的语义空间。

③第三种语义发生过程的产生来自符号自身的性质。我们的符号与索绪尔的符号不同:我们在此所讨论的不是一个词与其语音表征之间的关系(用 Hjelmslev 的话来说就是内容与表达之间的关系)。这一关系在内容层之内,在意义和措辞之间,是语义系统和词汇语法系统之间的非任意性的关系。

这一过程通过解构符号的两个组成成分来表示。为什么可以这样呢? 这是因为这样的一对组合出现时,其中的每个成分就独立存在了。进一步分析上面关于"参与者↘名词"的例子:"参与者"范畴与名词的范畴分离,结果就是参与者可以由名词之外的东西体现,名词可以体现参与者之外的东西。如图 1-10 所示。

在此,我们有三种意义:名词建构的参与者、与其相对的名词之外的东西建构的参与者,以及名词建构参与者之外的东西。(当然,后两者并不互为必然。有可能多对一,但不会是多对多。比如,有许多名词体现参与者之外的东西的情况,但是参与者由名词之外的东西体现的情况相对很少。)

这一过程的一个常见变体就是在措辞过程中将关联特征分解,可以表征为:

一个语义被三个语义所取代:问题$_1$↘疑问 x 升调,问题$_2$↘疑问 x 降调,问题$_3$↘陈述 x 升调。如图 1-11 所示。例如,"is she cóming? /is she còming? /she's cóming?"。

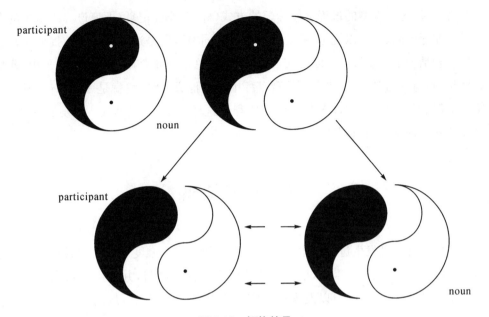

图 1-10 解构符号

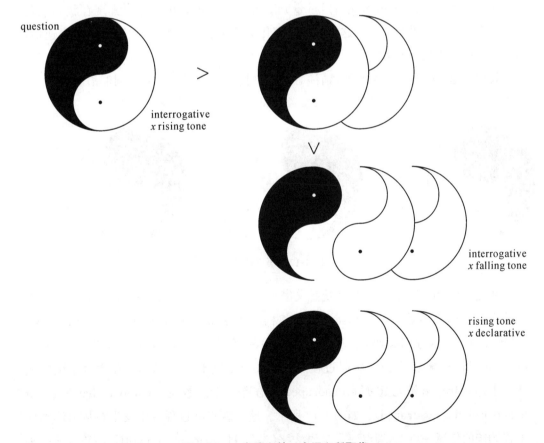

图 1-11 一个语义被三个语义所取代

通常来说,这一类型的过程会以标记的方式(标记/非标记)留下痕迹。小组中的原始成员是非标记的。(可以说是"系统中的非标记词项",但是这一表述的前提假设是子嗣与母词相结合形成系统。有时确实如此,但并非总是如此。)在前面一组例子中,非标记影射是"参与者↘名词"。当名词体现言辞中的其他成分时,它就是一个标记变体(参见第6章语法隐喻)。也许许多非标记变体都是这样产生的,虽然在大部分情况下,我们已无法找到证据来做出判断。

1.6　语义编码

前述的三种语义发生过程发生于语义历史空间的三个维度上:语言系统进化、儿童语言发展、语篇语言展开。因此,语言呈现出不断扩展的潜势,并且由于系统本身是其自身发生的源泉,我们不时可以发现形式和意义上的分离、断裂,从而使新意义的出现成为可能。比如,英语动词中双重"-ing"形式正在逐步形成(如 it seemed better to stay at home with it being raining 中的 being raining),这一形式可以通过其现在状态及英语时态系统的知识推测出来。这样的一种变化会逐步蔓延到整个系统,有时是迅速地,但更多时候呈不规则态势。

我们称这一过程为语义编码,请注意这一过程既涉及语义也涉及词汇语法,这并不意味着语义事先存在然后被编码。请参考下面的一组例子(如图 1-12 所示)。

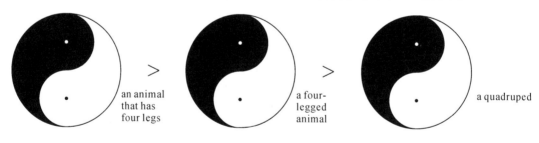

图 1-12　语义编码

在此,语义可以说是从总的系统意义潜势中发生并逐步变得清晰,因此它可以以编码的方式使用而不是每一次都需要临时建构。如在 an animal that has four legs 中,animal、four、legs 分别编码,涉及各类语法关系,但是这个复合体整体没有被编码。quadruped 同样被编码,这一编码过程发生在三个维度上:quadruped 在语言系统中演变产生、quadruped 被儿童习得、quadruped 在语篇中出现(参见 an animal that has four legs is called a quadruped)。如图 1-12 所示。这一编码的过程可以发生在从语法到词汇连续统的任意一点上,端点一头是语法化(参见 Hopper & Traugott, 1993),另一头是词汇化。也许编码程度最高的语义就是语法化，即进入语法系统，如英语中的时态和归一度。这并不意味着它们必须在句法或词形上被明显标示出来，它们有些是被明显标示的，其他的（如英语中过程配置的不同类型）则需要通过系统分析才会被揭示出来（参见第1章1.8节）。

词汇化可以即时形成新词义，如1958年出现的sputnik及20世纪70年代出现的gazumping，但通常词汇化是词汇压缩的结果，如上面quadruped的例子。因为词汇化语义没有语法化语义那样界限清晰的系统，我们可以认为这类语义编码性较弱，虽然它们编码的过程是一致的。

在语法和词汇两级之间，我们可以看到不同的语法结构和词类。在英语发展历史上，it is precipitating是一个高度编码的语义，因为precipitation的类型被词汇化为以下动词（rain，hail，snow，sleet，thunder，lighten），并且在这一词类中没有与it相联系的参与者，比如，在it's raining中，it作为主语但在及物性中并不扮演任何角色。（注意为了幽默效果而对动作者—过程这一模型的逆构："—What's it doing? —Raining."）。

总的来说，构建语义的过程涉及词汇语法概括化——某些独特的措辞形式。很难对语义发生过程中任意一点上的语义特征或语义域的编码都进行量化，但是那些被高度编码的语义通常是被高度压缩了的。在此我们用"压缩"指代横组合轴上的概括化（比如"animal that has four legs＞quadruped"），用"凝聚"指代纵聚合轴上的概括化（即在精密度级上的某一点进入某一系统）。语言的演化（即某些具体语言在不同语域中的演化）、儿童对语言的习得及语篇的生成构成了语义不断生成的历史语境。

当然，并不是每一次使用语言都涉及新语义的产生。语篇中大部分措辞是此前无数场合中被构建了的——在语言中、在个体中、在语篇中[①]。当我们看到"Rain is expected in the northern part of the region, falling as snow over high ground."这句话时，我们通常把这句话作为整体理解，不仅因为这句话在英语中早已出现多次，而且同一个作者也会多次使用，许多这样的情况可以被看作同一语篇的组成部分（可以说每日天气预报在某种程度上共同构成某一持续不断的语篇）。储存语义以便反复使用与创造新语义的潜势同等重要。某一演说者或写作者所创造的话语可以看作如下两种语符活动的辩证统一：①某一个体重复使用其以前多次使用的成分、言辞、言辞列，因此对他/她来说，这些成分、言辞、言辞列是早已充分编码的。②首次编码（当中的某些还要

---

① 请注意，语篇建构不是将旧词放在新句中。很明显，语篇建构单位的级别越高（越复杂），这一单位被重新创造的概率就越高；言辞列比言辞重复的概率低，同样言辞比成分重复的概率低。但是，如我们所见，新的成分被不断创造出来（这里的"新"是相对于此前的历史，如伯明翰大学词汇研究中的柯林斯项目"每周报告英语"中新出现的词汇数目），而通常整个言辞列会被储存下来再次使用。当然，创造新语义和重复使用原有语义同是有意义（甚至是"创造"）的活动。有效的语义生成同时依赖于这两者。

等将来使用时再编码——对于正在学习语言系统的孩子来说更是这样）。人工智能和语言学领域的大部分最新研究通常倾向于突出这两种活动中的一种，而语义的产生涉及这两种活动的不断互动。

因此，对语义的阐释不仅包括对语义发生过程中某一点的系统的分析，而且包括对到达那一点的过程的分析，以及影响它未来变化的分析。具体到语篇，某一语篇生成过程中的语义风格不能简单地视为使语篇变长、变短、变得有趣等而临时采用的手段，它们应当被视为总的语义发生原则在具体语境中的体现。通过这些体现，语境生成语篇，同时语境也被语篇生成。如果我们试图建立一个学习系统模型，通常需要计算机从大量语篇数据样本中建构一个通用语法，一般必不可少的步骤是对这些过程建模，并建立与其匹配的语义和词汇语法表征方式。当然，在此我们不是说已经建立了这样一个模型，但我们要牢记这一指导原则——对系统的解释必须考虑到它的发生历史——它是如何发展到这一点的，而不是（如我们有时所看到的情况）对系统的解释使我们无法看到它是如何发展到某一状态的。

1.7 体现

我们采用"体现"一词来指称语义层与词汇语法层间的关系，词汇语法体现语义，语义由语法体现。后面我们还会对这一关系进行概述（即延伸到其他层次）。在任何层次系统（即任何涉及两个层次并且其中一个层次体现另一个层次的系统），层次之间不存在时间和因果顺序。要探究"哪一个层次在前"或"哪一个引发另一个"是没有意义的。就如同对于"$x=2$"这个关系等式，探究是"x"先存在还是"2"先存在，探究"谁引出了谁"毫无意义（这和鸡与蛋的关系还有所不同，鸡与蛋虽然形成了循环，但起码有时间顺序）。从某种程度上说，体现是语符系统对物质系统中因果关系的相似表达，但这是不同意义层次间的关系而不是事件序列的关系。（用存在言辞来表示的话，这一关系是集约的而不是原因环境的。关于言辞，我们将在第 4 章进行讨论）。

每一科学理论本身就是分层—语符系统，系统内抽象程度不同的层次之间呈体现关系。这是意料之中的，因为所有这些理论首先是以自然语言为模型建立的，如我们前面所见，自然语言的语义本身是关于日常经验的理论。

因此，当我们从词汇语法进入语义时，我们不仅仅是在用一套新的术语重新命名。我们想强调语法中的小句复合体与语义中的言辞列之间的重要关系，因为二者实际上来源于同一理论即过程间的逻辑关系理论。而使这一理论（即识解经验的概念库）得以建立的前提是层次结构可以分解，每一次的分解意味着新语义的产生。所以一个言辞列不完全等同于一个小句复合体，否则，语言就不是现在这样一个动态的开放的系统。这一点将在第 6 章语法隐喻部分特别强调。

1.8　语法证据

既然我们以语法为起点来探讨语义结构，也许大致谈谈语义范畴是如何反映在词汇语法层次的，将对我们的讨论有所帮助。

传统语法中，只有某些语法范畴被考虑在内：①显性的；②以词为基础的（参考第 1 章 1.5.1 节）。特别是词的屈折变化，如时态、格以及数等，得到了语义描述和阐释。功能语法中，这些语法范畴没有被忽视，但是它们的角色不再那么重要，而被视为体现链的尾端。例如，功能语法对英语中数的阐释不可能仅仅凭借名词后缀（语法中为 s）的出现，数的范畴要复杂得多，涉及两个相互补充的系统（参见 Halliday，1985：161—162）。同样，英语时态系统中时间的总体特征也不能仅仅以显性的过去时后缀标记语来显示（如"laugh＋ed"），英语时态的语义范围要远超这些显性的词的范畴所显示的内容（参见 Halliday，1985：182—184；Matthiessen，1996）。概括来说，我们从语法进入语义的方式在以下几方面与传统语法不同：

第一，我们既考虑显性范畴也考虑隐性范畴。对于隐性范畴的理解要归功于 Whorf（1956：88ff）。Whorf 区分了隐性范畴和显性范畴，他的话值得我们做较详细的引述：

显性范畴具有形式标记，这一标记在每一个包含范畴成员的句子中出现（偶见特例）。这一标记不必是范畴在纵聚合关系中附着的同一词的部分，即这一标记不必是后缀、前缀、元音变化或者其他屈折变化，也可能是一个独立的词或者是某一句型。

隐性范畴仅在某些类型的句子中具有标记性，要么是在词的形态上要么是在句型上。只有当疑问句使用到某词或者在某一种特殊句型中提到这个词的时候，它的词类才会凸显出来，我们才会发现这个词属于某一需要特殊处理的词类，这里的特殊处理可能是将这类句型排除在该范畴之外。我们称这样的特殊处理为"对范畴的阻抗"。隐性范畴的另一表述为 cryptotype，这一表述让我们关注这些词组的隐秘性。特别当它们在意义上无明显对立，也没有反复出现的阻抗如代词标记时。它们不易引起注意，很难定义，但同时对于语言行为有着深刻的影响。英语中的国家和城市名就是隐性的，对此范畴的阻抗就是在作介词（in，at，to，from）的宾语时不使用人称代词。我们会说"I live in

Boston.",但不说"That's Boston. I live in it."。

概念语义中,有很多这样的隐性范畴,既有词类的也有系统的(即隐性词类和隐性系统)。例如:

过程类型:动作和发生、感知、言语、存在和拥有;

及物性模型:作格、及物;

投射:言辞、思想;

扩展:详述、延展、增强;

数:复数、非复数;单数、非单数。

当涉及概念范畴与其他元功能间的关系时,阻抗的概念尤为重要。例如,人际语法为参与者在小句概念维度内充当主语提供支持,但是这一潜势总体来说不对环境成分开放,这也是在概念元功能内区分两个类别的主要原因。来自语法的人际和语篇成分的阻抗如下:

人际:能/不能充当主语;能/不能充当选择疑问句的焦点;能/不能充当"wh-"成分;

语篇:能/不能充当主位;能/不能充当主述谓关系的焦点("it is ... that");能/不能由替代/省略做出推测。

第二,通往语义的门户是小句而不是词。因此语法范畴主要由上而下在小句和词组语境中阐释,而不是由下而上在词的语境中阐释。这对理解语法体现的语义系统具有深远的影响。由上而下涉及的系统包括:

投射—小句复合体:在传统语法中,它是小句内从属关系的一种形式,现被理解为区分小句复合体中从属关系和小句中级转移关系的标志,为语义上区分报道和事实奠定基础。

及物性—小句:传统语法中属于词的范畴,"及物 = 带宾语的动词/不及物 = 不带宾语"的动词;现被理解为:①过程类型(物质、心理、言语、关系);②小句中的作格系统(中动句、施效句)。

时态—词组:传统语法中属于混合体,因为这一类型来自拉丁语,拉丁语词类层级的体现形式远比英语丰富,但在20世纪,这一类型主要指词类范畴——过去、非过去;现被理解为:①过去、现在、将来;②时态具有递归性,有次级时态。

以小句为起点有利于对隐性范畴的研究,体现链通常在小句部分是隐性的,但是在体现的终极阶段即词和词素级阶是显性的——虽然同时态和数的情况相近,但显性标记很少只涉及一个因素。

因此,功能语法学使我们得以从更深更广的角度探究语义。系统功能语法增加了另一特点——聚合取向(关于如何基于聚合选择来建立生成语法的语义环境的讨论参见 Matthiessen，1987）。例如，形式取向的研究分析及物性模式时采用语法类别序列，如"名词词组＋动词（＋名词词组）"，动词后面跟一个名词词组（单及物）或者动词后面跟两个动词词组（双及物），系统语法采用区分对照的过程类型来解释这些序列。（参见 Halliday，1985，第 5 章；Davidse，1991；Martin，1996a，1996b）。

第 2 章 2.11.5 节对语义类型的语法证据部分做了总结。

1.9 语义结构的表征方法

我们已从理论方面讨论了概念库的语义性质，现在我们讨论第一部分的最后一个议题，即如何将对语义结构的理论描述在表征系统中表征出来。在人工智能和计算语言学中，通常会设计为知识表征，从我们补充的视角来设计则是语义表征。要了解对知识表征的系统功能综述，参见 Steiner（1991，第 2 章 2.6.5 节）。

当然，表征本身是一种语符现象，我们可以首先在语言内部对它加以思考，然后再转向"元语言"中的表征（参见 1.9.1 开头部分）。语义在两个循环中分层体现（如图 1-1 所示）。我们已经注意到第一个循环即词汇语法中的表征是自然的、非任意性的。例如，小句的语法成分结构为过程、参与者和环境的语义组成提供了一个自然的表征。通过分析语法表征，我们可以了解更多关于语义中较高层次的、更为抽象的语义组织。通过探究它们在语法中不同的表征模式——链接、成分、韵律和波浪，我们可以了解语义的不同模式——逻辑的、经验的、人际的和语篇的（参见 Halliday，1979a；Matthiessen & Halliday，即将出版）。因此，语法是表征语义的杂合系统，语法与语义保持一种自然的联系，不同的表征模式体现不同的语义模式。

语法表征又通过语言表征出来，其原型就是声音。这里的关系要比语义和语法之间的关系更为复杂，因为这一关系既是自然的也是约定俗成的。在人际和语篇域内，这一关系通常是自然的；因此人际内容通常以音高的不同及声音的韵律进行表征，语篇内容以音韵的显著性（如一个语调升降曲线中的大调）或者顺序（如以小句中与首位的距离作为显著性的标尺）进行表征。在概念域内，表征通常是约定俗成的，但即便如此，还是有类比的关系存在，如我们可以发现结构的声音模式与措辞模式相似（因此也与语义的模式相似）。从系统角度来说，系统识解语音空间——主要是元音空间，这为语义空间提供了模型。从结构上来说，声音既被构造为片段链（例如韵律单位被视为音节复合体），也被构造成片段成分的配置（例如，音节被视为音素组合）。

音系表征仍然抽象。它们必须表现为身体运动——发音系统参数的持续运动。因此，发音系统对身体过程分类，在这一点上，它近似于语义系统：二者都识解人类经验。

因此语义被与它相似的组织模式所表征。当表达的模态具有空间特征时,这一平行关系更加突出,如聋哑群体的手势语[参见 Johnson,1989;1992(关于 AUSLAN)]。在此,表达域是一个四维的手势空间—时间,做手势者和接收者共享感知场(尽管从不同角度感知)。空间取向和共享感知增加了表达中象似性的潜势,Johnson(1992)指出:"尽管口头—听觉语言适合以象似性编码的声音,我们的经验更是视觉的、暂时的和空间的,语言本身具有视觉、时间和空间表征资源,因此它要比听觉资源有更多的方法将经验世界的视觉和空间特征映射到自身进行表征。"Johnson 对手势语中表征能力的洞见,对元语言表征中所面临的挑战的提出具有重要意义。

1.9.1　元语言的层次化

如前所述,自然语言的语义/词汇语法是对日常经验的体现。同样,我们用以探索语义/词汇语法的理论体系,即我们关于语义学和语法学的理论,是对由语义/词汇语法所构成的那部分日常经验的体现,即对语言的抽象建构。这个理论体系本身是语符的,即元语言;用 Firth 更为通俗的话来说,就是转向其自身的语言(参见 Matthiessen & Nesbitt,1996)。因此,如果说语言是识解我们经验世界的资源(从概念的视角来说),那么元语言就是识解我们所经历的语言的资源。

元语言有与任何语符系统都相似的基本特征。这意味着它是分层的,它以抽象理论术语识解语言,但这一识解又以某种表征方式体现出来——语言、理论的话语建构、某种设计符号(系统网络、成分规则、概念网络、逻辑公式等)。在涉及计算工作的环境中,这一层次又以某种方式实现(如程序语言 LISP、Prolog 或者 C 语言)。我们可以总结如下(如图 1-13 所示)。

元语言在各个层次识解语言(理论识解、表征和执行)。

元语言通过资源(圆圈表示)和使用资源的过程(箭头表示)来识解语言,过程包括描述、推理和编辑。

理论识解和表征之间的关系最好应当是自然的(请注意"应当"),表征和执行之间的关系更倾向于任意(例如,使用 LISP、Prolog 还是 C 语言应该都可以)。

层次越低,元语言所能解释的现象的范围越小(研究的主要目标是如何扩展范围)。

如果我们认为分层是元语言设计的一个方面,我们就应该将语义识解的各方面置于相应的层次。19 世纪六七十年代关于知识表征的早期研究一般不做这样的层次区分,从元理论视角来说,这些区分不够。针对这一情况,Brachman(1979)提出了一系列层次来区分关于知识表述的不同方面。他区分出执行的、逻辑的、认识论的、概念的和语言的层次。虽然这些层次不是我们所说的元语言层次,但显然 Brachman 认为有必要区分出不同的语符域:层次不同,任务不同,限制不同。Brachman 关于执行层次的评论值得我们关注:

> 在执行层次网络,链接仅仅是指针,节仅仅是链接的终点。这些初级的表征方式无法对知识结构给出重要的有实质内容的表述,因为这一层次仅仅是数据结构网络,从中建立逻辑形式,虽然是一种有用的数据组织技巧,但这一网络类型在表征知识方面并不比列表结构更有效。

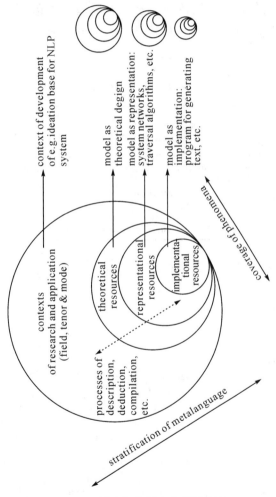

图 1-13　语言与元语言之间的关系

因此,对概念库的描述在元语言上必须是分层的,它必须从理论提供的资源中构建一个理论模型并遵循这些资源施加的限制。从系统功能的视角来看,这就意味着概念库被识解为一个多维的有弹性的语义空间。这一语义空间被组织为一个意义潜势，有一个可进行语义选择的庞大系统，这些选择项按照精密度级排列。每一组选择在语义空间内都是一个连续统而不是一组分离的选项，任何选项都可能被建构为语义角色配置。因此语义潜势可以按轴区分为：①语义选择系统；②构成这些选择的角色配置。

语义潜势处于例示维度的一个极点：它随语篇的展开而例示出来。典型的例示模式处于潜势和事件之间。同时，概念库可以通过各种语义发生策略来扩展，语法隐喻是我们要重点讨论的语义发生策略之一。

这一理论模型对表征系统或各体现系统提出了很高的要求。这一系统必须足以区分出概念库内各轴间的差异，从而不仅可以表征结构配置，而且可以表征精密度差异、语义选项间的不确定性、从潜势到例子的例示步骤及其他理论规范。其他可用的表征系统还有很多，其中一些我们会在后面谈到。概念库识解中理论和表征之间的关系如图 1-14。

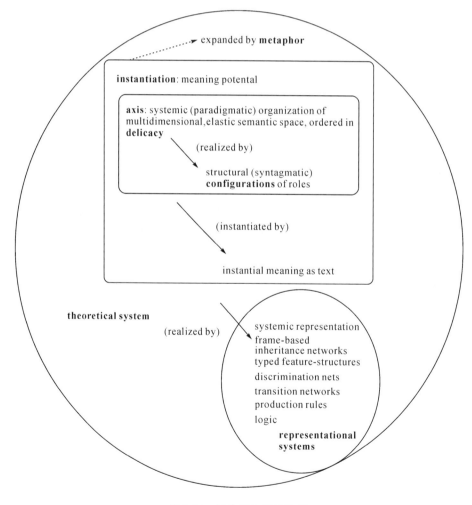

图 1-14　概念库中的层次化

我们已经注意到,表征符号也可以是语言本身——理论可以以言语的方式表征在语言学各语域。在此,理论与语言间的关系类似于 Hasan(1985,1989)关于言语艺术理论中提到的"主位"与"语言"间的关系。在这一关系中,理论可以被识解为一种内涵语符(参见 Hjelmslev's 于 1943 提出的概念,指一个语符系统的表达平面仍是语符系统),类似于 Martin(1992)关于意识形态的识解方式。我们将在本书第 14 章再讨论语言表征理论的问题。

最后,表征符号也可以是图表,例如网络图表、树形图、圆心图。对于图示表征,以下问题很重要:①图示表征的信息是否可以用其他表征方式再陈述;②图示对理论的体现是否清晰。人们会轻易假设图示表征是自然的、一目了然的,实际上它也同其他系统一样在很大程度上依赖符号规约(参见 Kress & van Leeuwen,1990,1996)。① 从我们采用圆心图示的经验来看,除非表征规约已经很明确,读者倾向于某些语义类型:圆心图示被理解为"延伸"而不是"详述"(参见第 2 章 2.2 节)。也就是说,圆心图示被理解为组成成分关系而不是体现关系。在任何情况下,图示用来识解理论层次上的抽象空间时,只能是对这一关系的可视化。(我们将在第 6 章 6.7 节讨论隐喻空间与其图示表征之间的关系)

目前,我们对意义库的考察大多在抽象理论层面,附带一些图示表征。我们对意义库语义组织的讨论主要在抽象理论层面,并且采用非正式术语。讨论语言的最佳元语言仍是语言本身。任何设计系统如以数学属性而著称的逻辑或语义网络只能提供一种准确性,代价是讨论范围受限。换言之,考察的范围、种类与语符系统的形式性之间存在取舍关系。此外,在确定最为适合的表征方式之前有必要深入详细地探究语义域,而且为了某些探究工作,也应当使用不止一种表征方式。[由我们的概念库早期版本演变而来的 The Penman Upper Model(参见 Bateman et al.,1990)先用 NIKL 后用 LOOM 表征,二者都是基于框架的继承网络;O'Donnell 于 1994 年以系统的方式重新表述这一模型]

下面,我们将扼要列出主要的表征方式,准确来说有:①逻辑(1.9.2 节);②鉴别网络系统(1.9.3 节);③语义成分分析(1.9.4 节);④语义网络,特别是基于框架的继承网络(1.9.5 节);⑤系统表征(1.9.6 节)。

也可以使用混合表征。逻辑和语义网络的混合方式已经用于计算语言学和人工智能,二者相互补充[例如 KRYPTON(Brachman, Fikes & Levesque,1983)、KL-ONE(Brachman & Schmolze,1985)、NIKL 和 LOOM (Brill,1990)]。自然语言本身可以

---

① 在自然语言处理领域,人们注意到,在语义网络研究初期,使用"节"和"节点"的方法过多(参见 Woods,1975;Brachman,1978,1979;他们强调使用代数方法定义网络)。

被认为是一种混合表征系统,我们已经注意到不同元语言体现方式的混合性质。上面的名单还可以加长,可以考虑加入特征结构、类特征结构和模糊逻辑。在 NLP 中广泛使用的类特征结构与其说是系统表征的另一种选择,不如说是插在理论系统表征和低一层次的程序代码之间的额外的表征层(关于用类特征结构表征系统功能信息参见 Bateman & Momma,1991)。模糊逻辑突出了概念的不确定性,在本书的讨论中,我们将始终强调概念的不确定性(参见 Zadeh,1987;Sugeno,1993)。

表征方式的选择始终取决于手头工作突出的要点。某一工作也许要突出基于收集到的个体事实得出的推论,也可能要突出分类结构以及基于上下义关系得出的推论等。同样,出于教育目的分析语篇中的概念语义和在 NLP 系统中处理概念语义,对表征系统的要求有相同之处,但同时它们的要求也会有不同的指向,比如是为了清晰和明白地表达,还是为了自动操控。

1.9.2 逻辑

逻辑之所以受人青睐在于它的属性便于理解,无论是在构成规则(句法)还是在理解(语义)方面都是如此,而且逻辑可以用来支持推理。举一个小例子,如果一个命题暗示另一命题成立,那么如果第一命题被确认,第二个命题就可以通过演绎得出:

$(p \rightarrow q)$ & $p \mid = q$

例如:"it's raining" → "the market is closed" & "it's raining" | = "the market is closed"

但是,还有一系列难题使逻辑无法作为语义库的唯一表征方式。

①我们需要一种既可以处理命题(命题逻辑)、它们的内部组织(谓词逻辑)、它们的时间和情态(时间与情态逻辑),又可以处理聚合结构(包括分类关系)的表征方式。标准逻辑不是用来表征分类的(参见 Samlowski,1976)。分类逻辑已经被开发出来表征分类继承关系,将变量配置给各类型,但是它仍然算不上一个成熟的聚合关系表征方式。

②逻辑以一套简单的概念和范畴进行操作。命题("p""q""r"等)、真值函数("&""→""~"等)、个体常量("a""b""c"等)、变量("x""y""z"等)、量词("∀""∃""∃!"等)和谓词("F""G"等)。这些范畴不足以承担表征语义组织的任务(参见 Jackendoff,1983,第 3 章和第 4 章 4.1 节)。例如,真值函数只涉及自然语言逻辑关系中的一小部

分(参见第 3 章 3.1 节),谓词无法区分事物、性质和过程,也不清楚如何将环境考虑进去①。我们可以通过增加时间、情态和内涵成分,或者采用非单调推理处理无标记情况和特例从而提高逻辑的处理能力,但这是一个缓慢的过程,因为重要的形式属性必须要保留下来。当然,人们经常注意到,逻辑远远无法表征有关意义的语言学理论。Simon Dik's(如 1986,1987)对此的回应是探索一种功能逻辑作为知识表征系统,包含一系列的子逻辑,不同的子逻辑反映语言的语义多样性。

③从语言的角度来看,逻辑曲解并取代了一系列语义范畴。前面已经提到逻辑内的概念和范畴区分度不够,这会导致对语义结构的表征不充分(参见 Jackendoff,1983,第 4 章 4.1 节)。此外,逻辑将确定性和量化融合从而模糊了二者对语篇特征的独特表征。量词范围可以干扰语义结构从而扭曲语义结构与语法间的关系(参见 Keenan & Faltz,1985)。归一度的人际资源(肯定/否定)以否定为真值函数。这也许适合某些语域(即涉及演绎推理的语域,这些语域中,逻辑首先被设计出来并沿用至今)中的陈述句(相对于其他言语功能),但显然在整体上不适合语言(参见 Givon,1979,第 3 章)。

关于否定的论点说明了逻辑和语言之间的整体关系(这一点在第 3 章 3.1 节还会谈到)。作为推理的符号,逻辑在语域上受到很大限制:它在一系列关于有效推理的语境假设下被操作。相反,语言是一个非常普遍的系统,它可以支持在更多更广语境下许多类型的推理。很明显在公理化程度和概括性之间也存在取舍关系。逻辑有其自身应用的语境,当我们试图使用这一人工设计的高度受限的符号来解释自然进化的不太受限的符号系统如语言系统时,问题就出现了。关于逻辑和自然语言的相关讨论,参见 Ellis(1993)。

对逻辑讨论部分做一总结,我们可以尽可能地识别出为人工设计的逻辑系统提供资源的语言部分,如表 1-3 所示。现代知识表征系统如 NIKL 和 LOOM 更像是和语言一样的混合系统,它们包括逻辑和继承网络系统。前面已经提到,这些不同的子系统都融合在自然语言中,作为知识表征系统,从对不同语义(知识)方式的不同表征方式这个意义上来说,自然语言可以被定性为一种混合系统,这一说法也适用于 20 世纪 80 年代以来的设计系统。

---

① 逻辑的概念和范畴不足以表征语义这一问题主要体现在逻辑被用来作为表征的第一层次时,语义类型被逻辑类型直接表征,如在生成语义学中所做的那样。但是可以建立一个不那么直接的关系,即在语义类型和逻辑类型之间没有一一对应关系。这样,在编程层次使用 Prolog 作为编码系统并不会将其逻辑范畴的意义直接加于概念库上,从而在较高层次保留了一些任意性。Brachman(1979)曾指出:"某一层次的网络应当不干涉比其高的层次。例如,逻辑网络在观念认识上保持中立,因为它不将任何观念认识上的选择强加于语言使用者。在逻辑网络建立'概念'是将层次混淆了。"

表 1-3　促成逻辑系统的词汇语法系统

	语法端	词汇端
逻辑的	扩展—— 　推理的规律、规则⇒命题逻辑的连接符号 （"&.""/""⇔""⇒"） 投射—— 　命题态度⇒内涵逻辑	
经验的	及物性—— 　述谓关系⇒ （1）述谓逻辑中的谓词论元结构（论元1、论元2谓词） （2）表征知识的结构 时态—— 　时间逻辑	词汇分类—— 　谓词的分类结构构⇒ （1）早期人工语言的分类 （2）现代 AI/NLP 中的继承网络
人际的	情态—— 　真值判断⇒ （1）情态逻辑中的情态运算符（Np,Mp） （参见上面的投射） （2）网络中的 partition 函数	
语篇的	指称—— 　常量 vs. 变量、变量量化 　变量⇒谓词逻辑中的量词（"∀""∃""∃!"）	

1.9.3　鉴别网络系统

在人工智能领域，鉴别网络系统常被用来对分类进行编码，图 1-15 显示了对感知所做的鉴别。鉴别的性质会因网络节点而异，但每一个鉴别网络都是一种严格的分类。

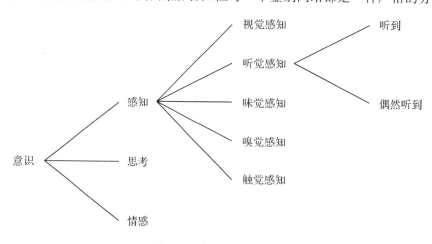

图 1-15　鉴别网络的例子

这样严格的分类有悠久的历史，Roget(1852)就是借助这一组织方式编撰了分类词典。自然语言的词汇没有特有的分类位置，而 Roget 让任何词在任意多的位置出现，从而克服了这一局限。从目前的观点来看，严格的分类有两大局限：①它们是一维的。虽然一维结构对某些领域来说是足够的，但语义系统总体来说是多维的。②它们只是表征了纵聚合结构，但是我们还需要表征横组合结构（某种程度上，逻辑则有着相反的问题；我们很快就会看到，混合表征方式已经被开发出来，既包括分类，也包括逻辑）。

1.9.4　语义成分分析

鉴别网络没有为我们的需要提供方案。音位系统内多维结构的问题通过引入可交叉的对立项（如前/后、开放/封闭、圆唇音/非圆唇音）得以解决。在 Trubetzkoy (1939) 的理论中，对立项被作为分类维度，音值作为声音属性。20 世纪 40 年代后期，Roman Jakbson (1949) 重新将这些属性阐释为音素的成分或者区别性特征（参见 Fischer-Jørgensen，1975：144—147）；这实际上是对此前声音属性的具体物化。音素被认为是体现成分（正如同较长的音位序列体现音素一样）而不是体现音位系统对立项。换言之，一个抽象的纵聚合结构（对立的声音属性）被赋予横组合的地位（音素的成分）。Jakobson 关于成分或区分性特征的观点被借用到生成音系学。

20 世纪 50 年代，Goodenough(1956)、Lounsbury(1956)和其他人提出了语义成分分析方法作为语义组织的模型，特别应用于对民间分类的研究。接下来的 10 年间，Katz 和 Fodor (1963) 在生成语法中使用语义标记作为字典定义的语义成分。

在语义成分分析法中，采取处理音位对立的方法处理语义对立。元音系统中的圆唇现象通过两个成分"＋圆/－非圆"表示，元音如/i/包括"＋高、＋前、－圆"三个特征，同样，一个语义维度如"性别"被阐释为"＋男性/－男性"，一个条目如"女孩"包括"－男性、－成人 ＆＋人"。这一方法提供了多维矩阵。如表 1-4 所示。

表 1-4　语义维度例示

		＋male	－male	
＋adult		man	woman	
－adult		boy	girl	
	－human	＋human		

成分可以分类组织，如"±成人""±男性""±人"都以"＋有生命的"为前提。语义成分分析已经被应用到诸多语义域，如亲属关系和烹饪步骤。

Wierzbicka(1975)曾对语义成分分析法做过全面的评价。这一方法的大部分问题在于将语义成分误解为某一结构的组成成分而不是抽象特征的聚合,或者认为它们是聚合,但无法将它们组织为系统网络(参见 Leech,1974)。做不到这一步,语义成分分析是失败的,因为它不能识解任何多维语义空间(参见第 2 章 2.11.1 节)。

1.9.5　基于框架的继承关系网络

在计算语言学和人工智能中,聚合结构和组合结构共同被纳入基于框架的继承网络中。基于框架的继承关系网络起源于 R. Quillian 在 20 世纪 60 年代开发的语义网络。Quillian 开发的是语言学模型——字典,他构建了一个节点和关系的网络;节点表征词义,关系来自词典定义,包括"is a"(上下义关系或者例示关系)和"has a"(整体部分关系)。此后的网络系统定义更加严格,除此之外,之后的两个研究进展对我们的研究目的尤为重要:①节点被给予框架组织结构——角色构型,这对这些角色的可能填充项都做了具体规定(值限制);②"is a"关系在系统网络中地位特殊,被定义为节点上的包含关系。

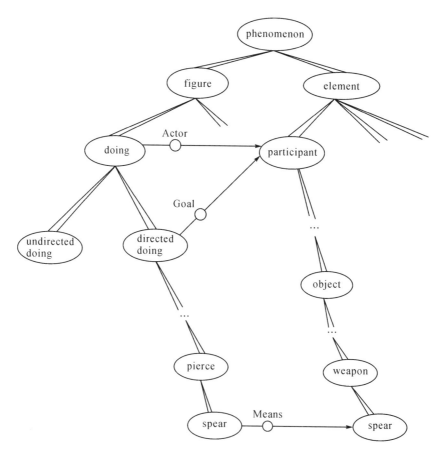

图 1-16　包含层次结构中的概念框架,用于支持继承关系

以上两点是基于框架的继承关系网络如 KL-ONE、NIKL 和 LOOM 等的基本方面（参见 Brachman & Levesque，1985；Sowa，1991）。在包含层次结构中，某一点上的概念框架继承了与其之上层次概念相关的任何角色信息。例如，图 1-16 表示言辞和成分包含层次结构上的一个小片段。某些概念角色与它们相关——动作/动作者、有指向的动作/目标、矛/手段。因为"有指向的动作"包含在"动作"下面，前者继承了动作者角色，因为"矛"包含在"有指向的动作"和"动作"的下面，它继承了动作者和目标的角色。此外，对每一角色填充项的可能词类做了规定。在包含层次结构中用指针从角色指向其他概念，在图 1-18 中指向成分类型。

图 1-16 是一个严格分类，但这些限制不适用于像 NIKL 或者 LOOM 这样的网络。任何一个概念有可能包容在不止一个其他概念之下，共同继承它们的性质。另外，可以做到同时区分，也就是说可以轻松表征交叉分类。当两个或更多的概念说明另一概念时，它们就可能构成不相交覆盖，也就是说它们之间不是析取关系。

1.9.6　系统表征

系统理论中的表征用来体现如图 1-14 所示的抽象理论，但是表征的设计工作并没有完成，表征方式仍然在被探索，以便能够包括更多的理论资源。总体来说，显性系统表征落后于系统理论（参见 Matthiessen，1988a），特别是在某些方面如语法隐喻，但这是有原因的。虽然理论和表征之间呈对话性关系，但是表征的需求发生于理论层次，因此必须考虑整个系统将这些需求归纳出来。系统表征包括：①系统网络；②体现说明。

系统网络是一个有向非循环图，包括部分按精密度排序的系统（参见 Fawcett，1984；Henrici，1966。关于系统网络在语义中的使用参见 Halliday，1973；Hasan，1989，1996）。关于形式和计算问题参见 Bateman & Momma，1991；Patten & Ritchie，1987；Kasper，1988；Mellish，1988；Brew 1991；Henschel，1994；Teich，1995）。每一个系统构成了两个或多个项目间的一个选项。这些项目由特征来表征，系统整体上就是特征的布尔组合：①它有入列条件，即系统选项存在的条件。入列条件可能是一个特征也可能是特征复合体，如合取或者析取。这些特征在其他系统中必须承担选项的功能①。②它有一组针对入列条件的选项。这些选项由特征表征，选项之间是不相交的析取关系。

---

①　逻辑递归系统是一个特例（这一逻辑系统及其体现选择的结构类型是表征概念库中言辞列的恰当方式）。非逻辑系统只是起到说明的作用，"选择"及"入列条件"等术语并不是对程序的解释，而只是说明系统网络可以遍历。关于对逻辑递归系统的解释，参见 Bateman（1989）。Zeng（1996）开发出一种新的系统——多视系统，来表征语言之间或者符号系统之间不同但可以比较的系统组织方式。

一组相关的系统构成系统网络（因为系统入列条件的特征必须是其他系统的选项。第 1 章 1.9.4 节中语义成分分析的系统表征如图 1-17 所示（这不是系统网络分布的典型例子）。成分分析的特征可以被理解为通过延展相关联——它们是语义的"原子"。相反，系统表征通过详述关联——词义位于有弹性的多维空间中系统选项值的交叉处。

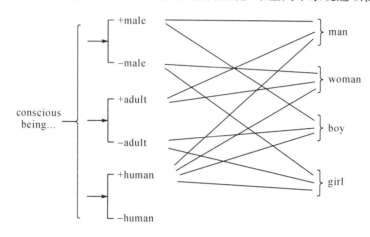

图 1-17 再次阐释为系统选项的成分

有多种方法可以实现或再表征系统，除了 Penman 系统，还有 Patten's（1988）的系统再表征（系统被再表征为两个或多个产生规则），Kasper's（1987）以 Kay's（1979）功能统一语法中的特征结构所做的再表征，Zeng's（1996）以基于框架的继承系统 LOOM 所做的再表征，以及 Bateman & Momma's（1991）以类型化结构所做的再表征。

如果以系统表征对概念库中的信息进行编码，我们就可以从组合体现中析出包含和替代的逻辑。这一逻辑被表征在系统网络。如果每一个特征被理解为一个类型，我们就得到了一个类型网格结构。用欧洲结构主义术语来说，系统网络是语言系统聚合结构的表征。当然，也有必要显示特征选择是如何在结构中体现的，即类型的结构属性是什么，这由体现说明来承担。

体现说明是对聚合语境中一个结构或者角色配置所做的最简规范，它与某一系统特征相关联。例如，体现说明"＋感知者"出现在言辞系统"感知"语境，它是对那个特征的组合体现，一个感知言辞是一组角色配置，角色之一是感知者。

体现说明的形式是"体现操作符＋一个或多个体现操作数"，例如"插入感知者"和"合并中介和感知者"。用来说明功能结构的操作符是插入、合并和预选。第一个操作数一般是一个语义功能（角色），其他操作数可以是功能或特征。我们对在概念库进行表征的过程中使用的体现说明如下[①]：

①结构中的功能呈现：将功能插入结构中。插入的操作用"＋"表示，例如："＋动作者""＋感知者"等。

②将一个功能与其他功能合并：将某一视角的功能与另一视角的功能合并——它们彼此互指。合并的操作用"/"表示。例如："中介/感知者"意味着中介（作格视角）与感知者（及物视角）同指某一言辞的成分。

③对可充当某一功能的现象类型的限制：从充当那一功能的单位中预选出一到多个特征，对特征进行说明。预选由"："表示。例如，"感知者：有知觉的生物，意味着充当感知者的参与者局限于'有知觉的生物'"。（因为"有知觉的生物"比参与者更加精密，因此可以从这一说明中推出参与者是感知者。一般来说，只需要对系统网络中包含层次路径中最为精密和具体的部分加以限制即可）

图 1-18 给出了一个系统表征的例子，表 1-5 表示系统网络。预选由指针表示，从限于特征的功能（角色）向外指示。

图 1-18 与图 1-16 中的基于框架的继承关系网络在本质上是一致的。如这两图所示，基于框架的继承关系网络和系统网络有本质的相似性，即对类型和子类型的关注。这些类型与布尔操作符相关，即某一类型可能是某一单一类型，可能是其他几个类型的合取，也可能与其他类型分离。类型由结构属性加以区分：每一类型有其典型的结构特征，对其角色配置（功能、空位）的某些方面有具体规定。反过来，类型服务、角色（值限制、预选）也受到限制。表 1-5 总结了这一总结构如何反映在以下网络：①表征"知识"的基于框架的继承关系网络；②表征词汇语法信息的系统网络。

表 1-5　基于框架的继承关系网络和系统表征

项目	基于框架的继承关系网络	系统表征
基本标记	基于框架的继承关系网络	网络系统
节点	概念框架（带有角色）	特征（附带相关体现说明）
网络逻辑	布尔——类型	布尔——系统（附带输入和输出特征）
节点和结构说明间的关系	等同于作为节点的一个概念结构	特征——由结构组成部分具体说明体现
单位： 　结构	概念框架： 　角色构型	语义单位： 　功能构型
角色限制	角色填充项的值限制	功能预选

①　在词汇语法层使用同一组体现说明，另外两个类型——结构成分序列和扩展也需要。参见 Matthiessen & Bateman（1999）和 Matthiessen & Halliday（即将出版）。

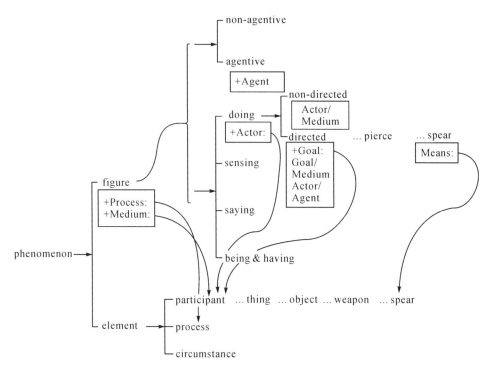

图 1-18 系统表征的例子,图表方式

图 1-18 中的例子表征了概念潜势中一个小片段。考虑到本节开始部分(参见图 1-14)所做的对概念库理论的概述,我们的工作仍面临其他一些表征方面的挑战。在此,我们简要谈一下四个挑战。

第一个表征挑战是如何处理例示化维度。作为过程,例示化可以表征为对系统网络的遍历和对体现说明的激活(参见 Matthiessen & Bateman,1991,第 6 章 6.5 节关于语法生成算法)。因此,实例是一套选择出来的特征(语义类型)及与此相连的体现说明——建立在语义潜势之上的例示化模式。然而,例示化也规定了潜势和实例间的范围,其间是例示模式。我们将在后面(参见第 8 章)把它们作为语域类型来介绍。在概念库内,这样的例示化模式需要被表征为系统概率或者域——分区(有关讨论参见Matthiessen,1933b)。

第二个表征挑战是需要对语法隐喻扩展概念库的过程方式进行建模。模型必须要显示出隐喻如何在图 1-18 所示的普通类型基础上增加连接类型。本书将不解决这个问题,但我们会提出一些思考方法(参见第 6 章 6.8 节)。

第三个表征挑战来自概念库之外,概念库必须与意义的其他元功能模式——互动库和语篇库——相联系。互动库包括概念库的"投射"解释说话者与受话者之间的关系。我们不打算应对这一挑战。第 9 章 9.3 节将简单讨论语篇库。

第四个挑战是构成语义空间的各系统间的界限无法明确(参见第 13 章 13.3 节)。系统网络内各系统特征所表征的语义类型并非如亚里士多德所做的范畴分类那样互不相连,它们是语义连续统上的值(参见 Halliday, 1961)——是语义空间的核心区域。我们可以采用拓扑视角研究语义而将这一点显现出来(参见 Martin & Matthiessen, 1991),我们也可以探究是否可以将特征理解为模糊集的名称(参见 Matthiessen, 1995a)。

在下面部分,我们将主要使用系统表征,有时也会用到基于框架的继承关系网络。我们的表征是非形式的,如果要支持各种操作如对继承关系属性进行推理,就需对表征进行形式上的定义。我们在此强调表征是在理论说明的下一层次,虽然这样使得我们的表征与 NLP 系统中的一种规范方式更为相近,但表征的范围缩小了。有各种类型的理论信息可以用语言或者图形来表征,但是我们还不知道如何用更为明晰的方式进行表征从而在计算系统内操作。在我们的讨论中会多次使用拓扑规范和类型间的连续统概念。因此多层次识解概念库是至关重要的,任一层次的表征都注定是片面的,而且无论我们选择哪一种表征方式都是如此。但这并非不是理想状态,理论应当始终扩展表征资源。

1.10　本书其他部分的安排

在本书第一部分我们介绍了主要议题,即概念库及从语法到概念库的研究路径。我们将在第二部分到第五部分对此进行详述。

第二部分关于概念库。首先总体介绍概念库,接下来详细讨论主要语义范畴——言辞列、言辞和成分,并探讨语法隐喻的语义。在描述英语的概念语义之后,我们会分析汉语的概念语义,找出二者之间的异同。

第三部分关于概念库作为语篇生成的资源。我们将展示概念库如何在语言生成系统特别是语篇生成系统中充当资源。我们讨论两个具体领域(天气和烹饪)如何用第二部分介绍的术语进行建模,然后确认概念库在语篇生成系统中的位置,讨论概念库如何与语法互动。

第四部分关于理论和描述上的其他选项。在详细介绍概念库及其使用方式后,我们将在理论和描述两方面讨论语言学和计算语言学内的其他研究方法,并就一些要点将我们的方法和其他方法进行比较。

第五部分关于语言和经验识解。在最后部分,我们将以概念库为基础,讨论语言在经验识解中的作用。我们将观察孩子如何了解世界——他们的世界观如何随着语言资源的发展扩大和变化。

第二部分　概念库

2　概念潜势总览

在第二部分,我们将描述概念库——我们经验的现象如何被识解为范畴和语义关系。本部分主要进行描述而非理论构建或是表征,而理论和表征必须基于综合性的描述才可能对语义库的意义进行全面的阐释。本书的描述部分基本上是关于概念库潜势的概况(参见第 1 章 1.4 节),图 1-3 体现了本书的描述部分与概念库整体间的关系。在第 8 章,我们将举例说明如何开发域模型并与总潜势建立关联。

我们首先以系统网络的方式扼要介绍语义库,并做简短解释和举例说明。首先介绍在系统模型中识解的语法隐喻,以说明如何结合系统结构定义语法隐喻。为表述清晰,分步骤介绍和建构系统网络,并对每一步骤做简短评价。

2.1　现象

现象是最为普遍的经验范畴,指称任何可以被识解为人类经验的东西。经验现象根据复杂程度分为三级:基本的(一个成分)、配置的(成分配置,即言辞)和复合的(言辞复合体,即言辞列),如图 2-1 所示。

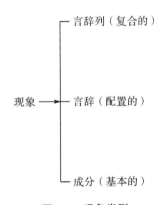

图 2-1　现象类型

虽然成分构成言辞,言辞构成言辞列,但是这两种"构成"关系并不相同:成分是言辞的组成部分,承担不同角色,而言辞则是通过互依关系构成言辞列。下面我们将讨论这些不同的组织类型。言辞列、言辞和成分在语法中的典型表征如图 2-2 所示。

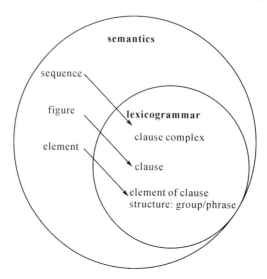

图 2-2　言辞列、言辞和成分的典型体现方式

例子：

言辞列——

Rain ending from the west, becoming partly sunny.

Take 8 hard-boiled eggs, chop finely, mash with 3 tablespoons of soft butter, and add salt and pepper.

言辞——

rain ending from the west

becoming partly sunny

take 8 hard-boiled eggs

chop finely

成分——

rain, ending, from the west, take, 8 hard-boiled eggs, chop, finely

2.2　言辞列

言辞列是一系列相关联的言辞，因此，言辞列根据言辞的入列关系类型来加以区分——时间的（如"x 发生了，然后 y 发生了"等等）、原因的（如"x 发生了，因此 y 发生了"等等），以此类推。一般来说，言辞的入列关系形成了以下言辞列类型，如图 2-3 所示。

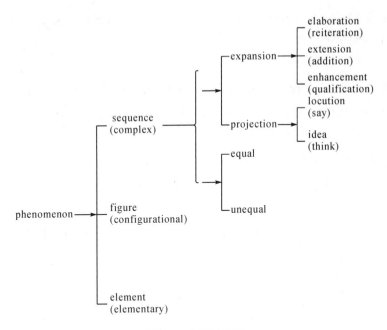

图 2-3 言辞列类型

在言辞列内的一对言辞中,一个言辞和另一个言辞的关系可能是:①扩展,一个言辞重复、增加或者修饰另一个言辞;②投射(转述和引用),一个言辞言说或思考另一个言辞。在任何一种情况中,两个言辞在地位和语义分量上可以是平等的,也可以是不平等的。以下为例子:

(1) 扩展:增加 & 不平等

| The heat wave in the Southwest will weaken slightly, | although northern Florida will remain hot. |

(2) 扩展:增加 & 平等

| Highs will be mid-80s to mid-90s, | but parts of Texas could reach 100s. |

(3) 扩展:重述 & 不平等

| The rest of the South will be mostly dry and sunny, | with only isolated showers in Florida. |

言辞列根据互依关系组织起来,可以无限扩展。考虑下面的两个例子——分别是一个程序中的两个子步骤。

If the rotor is not pointing to the mark，pull the distributor part way out，turn the rotor some，and reinsert the distributor until the rotor points to within a half inch of the mark.

Add the remaining ingredients，stir to coat the chicken well and continue until a thick sauce has formed and the chicken is tender.

这些步骤说明了言辞列结构的逻辑。第二个言辞列结构如图 2-4 所示。链条上各单位间的互依关系由箭头表示。

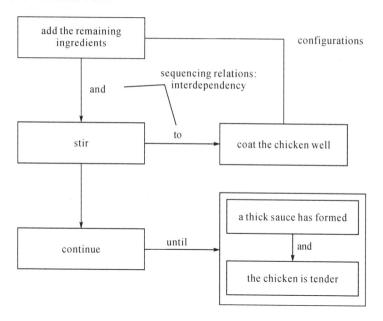

图 2-4　言辞列表征

图 2-4 所示的现象被组织为一个由三个过程配置 add、stir、continue to stir 按照时间关系(and［then］)组成言辞列,其中两个过程配置进一步扩展,一个表示目的关系(［in order］to),另一个表示时间关系(until)。表示时间关系的单位本身是一个表示增加的言辞列(and［also］)。这个言辞列本可以进一步扩展,但因为它被组织为一连串的互依单位,所以就这一点来说,它与图 2-7 所示的(成分)配置形成了鲜明对照。

2.3　言辞

言辞以配置的方式表征经验,包括一个过程、参与者及相关环境。非语符世界有着无限多的过程类型,但当这些过程被语符识解时,根据配置参与者的方式,它们被识解为几个过程类型——存在、动作、感知和言语。前三个类型有着界限分明的子范畴,如图2-5所示。

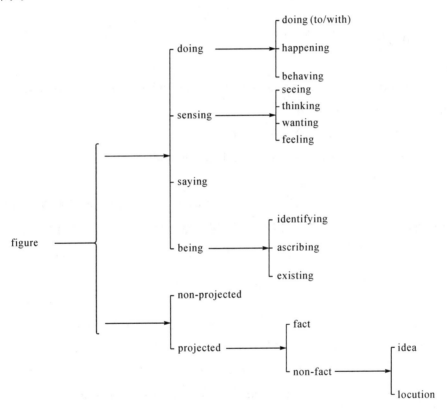

图 2-5　言辞类型

一个言辞可以被(另一个言辞或其他方式)投射,也可以不投射;如果被投射了,那么这个言辞可能是思想也可能是语词或者其他——这里的"其他"指的是语法隐喻,将在后面讨论。

例子:

(1)(存在:归属)&非投射

Rain and thunderstorms will extend today from New England to the upper lake region and North Dakota.

Morning skies will be partly cloudy today.

The taste is very pleasant and salty and it has a high iron content.

（2）（感知:思考）& 非投射

Cloudy skies are forecast today for the New York metropolitan area.

Variable cloudiness is expected tomorrow.

（3）（动作:作用于）& 非投射

A warm front may bring scattered showers or thunderstorms to the northern Tennessee Valley.

Rain will fall in the North West.

Melt the butter in a saucepan and add the onion.

言辞的组织原则与言辞列不同。我们可以看到,言辞列根据扩展和投射的互依关系建构,而言辞被构建为其各部分的有机配置。每一部分都与作为整体的言辞构成特定关系。一个配置的部分可以是:①一个核心过程;②一到三种参与者;③与过程相关联的环境,最多可达七种①。

参与者是过程的固有成分,它们导致过程的发生或者影响过程。参与者参与过程的具体方式有各种:它可以实施过程、感知过程、接受过程、被过程所影响、言说过程等。不同参与者的配置方式是过程分类的基础。参与者和环境的区分界限并不分明而是一个连续统,在语义上具有重要意义。

一般来说环境与过程的联系不紧密,通常不是过程的固有成分。它们确定过程的空间或时间位置、空间或时间范围（距离或持续时间）、原因、发生方式等。

---

① 在语言学和计算语言学中,参与者和环境都曾被从（深层语义）格视角广泛讨论过,但一般不对二者进行区分。通常这一过程不被给予深层语义格。

　　语法上,核心过程、参与者及环境通常表征为小句的及物性结构的组成成分,如图 2-6 所示。

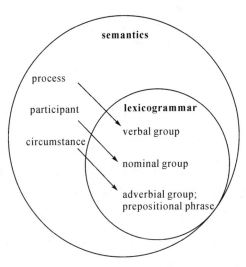

图 2-6　过程、参与者和环境的典型体现方式

　　在知识表征中,一个配置通常表征为一个概念框架,包括一系列角色(如 Brachman 的 KL-ONE 中的空位,参见 Brachman,1978;Brachman & Schmolze,1985;Steiner, 1991)。关于框架表征综述,参见第 1 章 1.9.5 节。用框架来表征配置有两种方式。

　　第一,配置本身可以用来组成框架(参见 Anderson,1983,第 3 章),就像表 1-1 所示的语法组成成分表。与参与者和环境相似,过程被表征为框架中的一个角色(空位),如图 2-7。

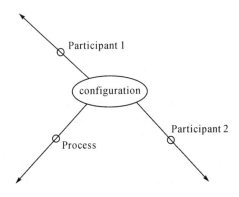

图 2-7　作为框架的配置

第二,配置的过程部分被用作框架本身,而非框架的一个角色,如图 2-8 所示。

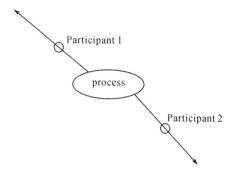

图 2-8 作为框架的过程

在任一方式中,角色对它们可以体现的语义类型进行限制,即"值限制"。这些限制本身是言辞之外的语义类型。两种表征方式对配置进行了不同表述。具体来说,在第一种方式中,过程可以成为角色,由另一概念框架填充,而该概念框架有自己的内部组织结构。我们可以看到,配置的过程部分确实可以有自己的内部组织结构。第二种方式更为简单,也许可以满足多种用途。

如果我们采用第一种方式,一个配置框架由三种角色组成:①过程角色;②参与者角色;③环境角色。每一种角色从简单现象层次获得一个默认填充物,分别是过程、参与者和环境,如图 2-9 所示。

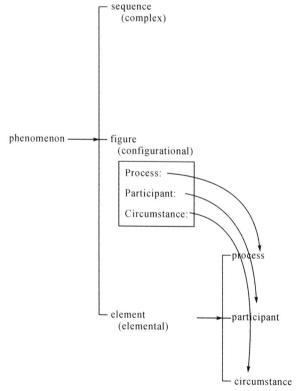

图 2-9 带有角色类型和角色填充物的言辞

前面已经提到,可以根据过程、参与者和环境角色类型的性质将言辞进行分类。图 2-10 是一个概况分类,每一种言辞都有一组更加精密规定的角色和值限制。比如"动作"言辞有一个动作者,即参与者(而非其他类型的现象)。(请注意,对"感知"言辞中的现象角色填充物的规定比对"参与者"角色类型填充物的规定概括的多——任何类型的现象都可以被感知,见第 4 章 4.2.1.1 节)

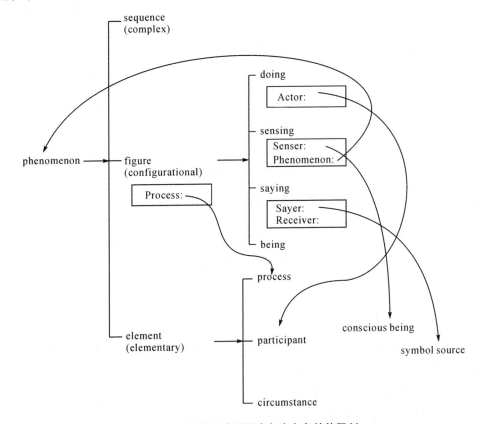

图 2-10　言辞的子类型及参与者角色的值限制

表 2-1 对"感知""言语"和"动作"言辞的角色限制做了总结。这些角色限制是对英语及物性的抽象概括。例如,在英语中,思想和语词不能作用于事物,但是对于哪种事物不能作用于其他事物并没有总体限制。不仅是人,无生命物和抽象概念都可以杀死人(动作的言辞),如"the rifleman/the rock/his stupidity killed cousin Henry"。与此不同,如果我们根据纳尔霍语的及物性语法建立模型的话,我们必须根据它们作用于事物的能力对事物分级,例如无生命物不能作用于有生命物(Witherspoon,1977)。

表 2-1　三种类型言辞的参与者角色和填充物

言辞	角色	角色的主要语义类型			投射
		现象	参与者	有意识的生物	
动作	动作者	言辞(非投射动作)	参与者		
	目标		参与者		
	接受者		参与者	经常是有意识的生物	
言语	说话者		参与者：符号资源（＝符号事物／……	……有意识的生物	
	受话者		参与者	经常是有意识的生物	
	话语		参与者：类属名称或言语功能名称		话语
感知	感知者		参与者	有意识的生物	
	现象	现象：	参与者/言辞(投射——事实/非投射——动作)		观点

2.4　成分

　　如我们所见,成分充当言辞的角色。参与者角色由参与者(事物或性质)充当,环境角色由环境(时间、地点、原因等)充当,过程角色由过程充当。简单现象的类别与配置构成的现象的类别之间存在相关性。表 2-1 总结了对四种过程类型中不同参与者角色填充物的值限制。言辞的成分有三种：①过程本身(动作/事件、知觉过程、关系)；②过程中的参与者；③环境因素或者环境。如图 2-11 所示。

图 2-11　言辞的成分

　　如上所述,过程由动词词组体现,参与者由名词词组体现,环境由副词词组或者介词短语体现。除这三种成分类型之外,还有一种成分——连接成分,如图 2-12 所示。连接成分用来识解言辞列中言辞间扩展关系中的逻辑—语义关系（参见第 3 章 3.4 节），它们由连词词组体现。我们将在第 5 章 5.1 节及第 6 章语法隐喻部分简单讨论。

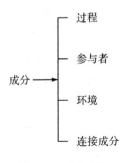

图 2-12　成分类型

2.5　参与者

　　言辞中的参与者角色是由参与者成分充当的，参与者成分是能够在一个过程配置中承担参与者角色的成分，例如，导致过程的发生或者受过程影响。根据两个参数，参与者可被进一步划分，如图 2-13 所示。

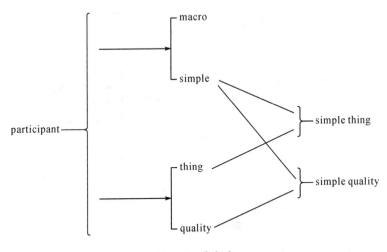

图 2-13　参与者

　　宏观参与者都是隐喻性的，在此不予讨论。简单参与者可以是事物也可以是性质，如图 2-14 所示。

图 2-14　简单参与者

2.6　简单事物

　　一些简单事物是隐喻性的,其余的被称为"普通类型",这些普通类型可以是有意识的也可以是无意识的(这是语义系统的区分,不是有生命的/无生命的、人类的/非人类的区分),如图 2-15 所示。

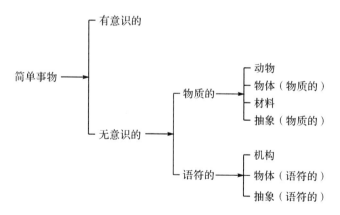

图 2-15　简单事物

　　无意识的普通类型事物可以在不止一个维度上区分,但这里给出的范畴划分应该说是最主要的,因为它在语法中的阻抗是最清晰的。

　　天气语篇中大部分参与者是隐喻的,但也有一些参与者的例子可以说明这些范畴:a slow-moving weather system(抽象概念)、ice(物质)、scattered clouds(物体)、weather bureau(机构)。相反,烹饪步骤语篇中大部分参与者是非隐喻的(我们称为一致式)。它们是具体的物体和物质,可以切割、增加、喷洒和倾倒,如 vegetable、fat、 sugar、puree、spinach、stems；或者作为工具，如 knife、saucepan。表 2-2 包括这些和其他例子。

表 2-2　参与者的例子

	普通	天气	烹饪步骤
有意识的	person，man，woman，boy，girl，baby		cook(you)
物质的：动物（高级）	horse，stallion，mare，foal，dog，bitch，puppy		（只作为成分）
物质的：动物（低级）	ant，butterfly，slug		
物质的：物体	house，rock，car，hammer	scattered clouds	（成分）：potato，onion，stem，root（工具）：knife，pan
物质的：物质	water，air，tea，sand	air，cloud，sunshine	（成分）：fat，sugar，puree
物质的：抽象概念	history，mathematics	a slow-moving weather system	heat，taste，colour
符号的：机构	government，school	weather bureau	
符号的：物体	book，document，report，film，picture，painting，symbol	forecast	recipe
符号的：抽象概念	notion，idea，fact，principle	chance	

2.7　简单性质

性质通过各类参数说明事物特征，如"green cabbage/red cabbage"。如图 2-16 所示。

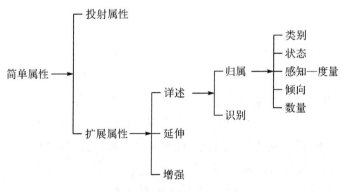

图 2-16　简单性质

同样，一些简单性质是隐喻性的，其余的是普通类型的性质，一个子类型是投射的性质，另一个子类型是扩展的性质。（如下面的章节所示，投射和扩展的范畴在概念库的组织结构中很普遍，我们将在第 5 章 5.3.3.2 节讨论性质的投射和扩展。）天气预报语篇的例子有：rain is likely 中的 likely（投射的性质），hot、humid、sunny、dry（扩展的性质：感知—度量），one to three inches of [rain]（扩展的性质：数量），metropolitan（扩展的性质：类别），high [pressure]（扩展的性质：感知—度量[抽象]）。表 2-3 包括这些和其他例子。

表 2-3　性质的例子

投射的性质				普通	天气	烹饪步骤
投射的性质				happy, angry; likely, certain	likely	
扩展的性质	详述	识别		similar, different		
		归属	类别	wooden, stone, medieval; urban, rural	metropolitan	
			状态	dead, alive; male, female		
			感知—度量	heavy, light; green, red, blue; soft, hard; rough, smooth; loud, quiet	hot, humid, sunny, dry	brown, soft
			倾向	difficult, naughty, helpful		
			数量	few, many; one, two		one, two
	延展			additional, alternative, contrasting		
	强化			previous, subsequent; interior, external		

2.8　环境

环境充当言辞中的环境角色。我们可以区分出两种：一种与识解的环境关系的类型有关，主要分为投射环境和扩展环境，扩展环境又分为详述、延展和增强。另一种与环境的经验复杂度有关。环境要么是简单的要么是宏观的，前者更类似成分，后者更接近言辞。如图 2-17 所示。我们将在第 5 章 5.5 节具体讨论，在此只简略说一些常见类型。

在简单环境中，最常见的有时间、地点、方式—质量和强度类型，这些都是增强型环境。例如：[skies will be partly cloudy] today（方位：时间），increasingly（方式：强度），widespread（方位：地点），easily 和 carefully（方式：质量）。

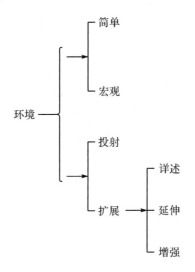

图 2-17　环境

如果某一特殊类型的言辞包含了另一个参与者,那么这个言辞就构成了宏观环境,例如(增强的环境):[处所:地点(抽象的)]"in the low to mid 60s",(方位:地点)"from the northeast",(方式:属性)"at 15 to 25 m. p. h.",(方位:地点)"throughout the northern Rockies",(处所:地点)"in a casserole",(处所:地点)"in a hot oven",(范围:时间范围)"for 10—15 minutes",(方式:手段)"with a clean absorbent cloth"。

2.9　过程

过程在言辞中起着核心作用,它们体现了言辞的时间属性,如图 2-18 所示。除隐喻性过程之外,过程成分要么是归一性的(肯定/否定),要么是情态性的(肯定与否定之间的中间程度);它可以体现相,即体,指涉过去、现在或将来时间。从人际视角看待过程时就引出了归一度和情态的概念。

天气语篇中的例子:"[yesterday] was [sunny]"(过去,归一性),"[skies] will be [clear tonight]"(将来,归一性),"[scattered showers] may develop [south west]"(将来,情态性),"[temperatures] are expected to be [in the high 80s]"(现在,归一性,相性),"[coastal sections] could get [an inch or more of rain]"(将来,情态性)。

烹饪语篇中的例子:"[this soup] comes [from Northern Thailand]"(现在,归一性),"simmer [for 15 minutes]"(归一性),"continue to boil"(归一性,相性),"continue cooking and stirring [for 15 minutes]"(归一性,相性),"[they] will not require [any further cooking]"(将来,归一性)。

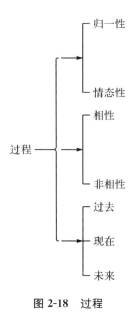

图 2-18　过程

2.10　小结

图 2-19 以网格结构的方式总结了截止到目前所介绍的内容,包括介绍的所有范畴(体现语法隐喻的范畴除外)。下面是一个天气语篇的例子,用语义特征解释如下。

New York Area

Morning skies will be partly cloudy today, becoming partly sunny by afternoon. High temperatures will be in the low 70s. Skies will be clear tonight. Low temperatures will be in the middle 50s.

我们将第一个句子(黑体部分)识解为一个包括两个言辞的言辞列,这两个言辞间是延展关系(图 2-20 中用箭头表示)。两个都是存在言辞,感知性质(cloudy,sunny)被归属为 morning skies。第一个言辞包括四个成分(它们的特征显示在方格中):一个过程、两个参与者及一个环境。第二个言辞包括三个成分:一个过程、一个参与者及一个环境。

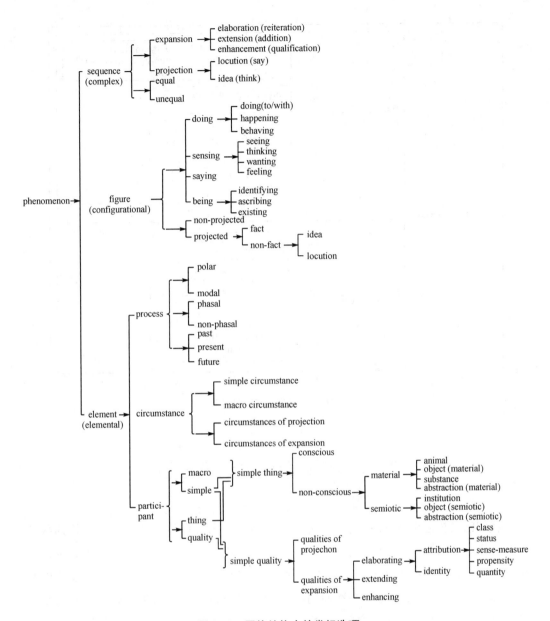

图 2-19　网格结构中的常规选项

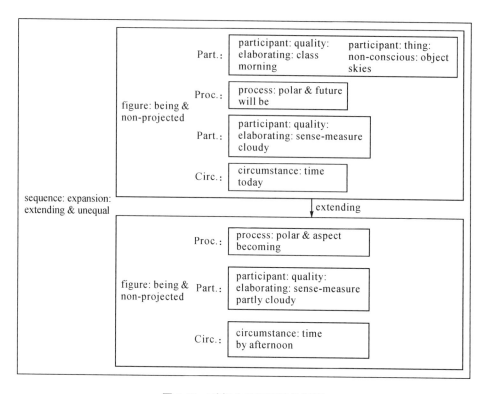

图 2-20　对部分天气语篇的解释

2.11　在概念库中识解经验

　　我们已经描述出概念库,它是识解我们身边以及内部世界的资源。这一描述的核心是囊括诸如"言辞""存在和拥有""参与者""有意识的生物"等这些语义类型在内的最为概括的系统。这些语义类型是范畴,现象实例归属于这些范畴,因此这些语义类型是对个体现象的概括,体现了最根本原则,语义类型分布在精密度级上,处于概括度最高的类型和精密度最高的类型之间,在英语中精密度最高的类型被编码为词汇。

　　范畴化经常被认为是将本质上相似的现象归类的过程,似乎这些类别是经验的本质赋予的。事实并非如此,范畴化是创造性行为,它将我们的经验转化为意义,这不是对早已存在的顺序贴上标签,而是将范畴顺序加于经验之上。如 Ellis(1993,第 3 章)所说,范畴化就是将本质上不同的东西归类。有无限种方法可以识解所有经验中不同成分间的相似性,我们的语义资源使我们得以识解这些相似性,从而生成范畴。这些范畴与我们(某一物种或者某一文化中的成员)所发现的具有物质或象征价值的经验相呼应。

我们的范畴化倾向于某一范围内的现象,如那些我们的感官易于接触到的以及我们日常经验中接触到的现象,这并不令人感到奇怪。这一领域内的现象与我们的物质、生理、社会生活的联系最为紧密,语义系统与此共同演化成为主要的语义生成环境。在这一领域之外是微观和宏观世界,我们只有通过仪器观测和大脑推理才可以了解。语义系统有着巨大的潜势,一个有力的证明就是语义系统能够模拟这些远离日常生活的经验域创造新意义。不太被人们关注到的是,语义系统同样有着丰富的资源从而对社会环境的持续变化进行建模,在这一模型中,总的社会秩序和局部人际网络不断被调整对应。

2.11.1 类型学和拓扑学视角

截至目前,我们从类型学视角介绍了概念库的语义类型。类型学视角在某些传统表征系统如系统网络(参见第 1 章 1.9 节)中均有使用。概念库是识解经验的资源,类型学视角清晰展现其总体结构,以及结构内语义类型间的关系,例如在"动作"言辞中,参与者填充动作者和目标角色。分析语义结构的另一个视角是拓扑学视角。我们可以视概念库为一个弹性的、多维的语义空间。这一比喻在关于语义的讨论中被多次用到,如 Trier 关于语义场的概念、核心语义与边缘语义的划分、语义距离的说明等。

元音空间的概念(基本元音)是一个熟悉的类比。作为物质结构,它受限于物质空间的三维体系;但作为生理空间,它包括各种纬度上的变化,从而使得表达平面富有弹性,这与我们赋予内容平面的隐喻弹性在一定程度上具有相似性。

我们认为语义的类型学视角和拓扑学视角互为补充,我们将简要说明保留拓扑学视角的价值。首先就表达平面做一类比:从类型学视角来看,元音系统可以被识解为一组系统。例如:两个系统"前/后"和"开/闭"定义了四个元音值。从拓扑学视角来看,元音系统是一个有着四个核心基本元音的二维空间。图 2-21 表示这两个视角间的关系,类型中每一系统对应拓扑中的一个维度。因此,我们可以说两个同步系统对应一个二维空间。系统名称(即值)对应元音空间中的某一维度上的区域,两个系统名词如"前"和"开"交叉对应两个维度共有的区域。如果我们在类型学视角上继续增加系统,例如,圆唇音(圆/非圆)、鼻音(鼻/非鼻)、舌根位置(中间/舌前),这些都对应元音空间的某一细分维度。当考虑舌根位置时,发送元音的口腔和元音空间的表征之间基本是一致式关系,因为前舌音只是将整个元音空间前移;但考虑鼻音时,我们的表征就更加隐喻化了,因为用鼻子控制气流并不是口腔的特征。

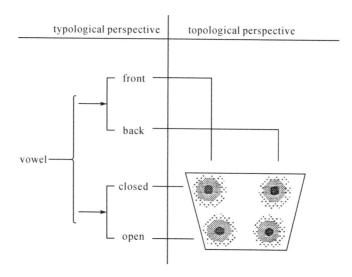

图 2-21　元音类型学视角和拓扑学视角的对应关系

　　下面从概念库来思考语言内容平面中的例子。在描述言辞列时,我们发现两个同步系统:言辞间的相对地位(平等/不平等)及言辞间关系的类型(投射/扩展)。这一描述构成了对概念库这一区域的类型学视角,同时又映射到拓扑学视角,如图 2-22 所示。因此,言辞列被识解为总的语义空间中的一个二维区域,其间的对应与元音空间的对应是一样的。

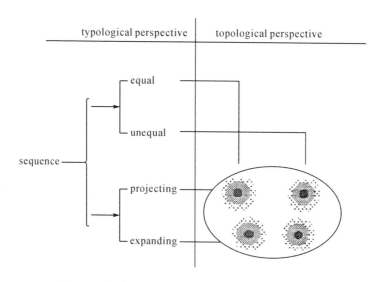

图 2-22　言辞列的类型学和拓扑学视角间的对应关系

　　语义的这两个视角间是怎样的关系呢? 目前关于语义研究中,只有类型学视角在形式系统中得以体现(参见第 1 章 1.9 节),拓扑学视角的作用仍然主要来源于语义理论中关于空间的隐喻。在本书中，我们可以说拓扑结构用于识解语义空间，能够产生如表 2-4 所示的对应关系。

表 2-4　类型学视角和拓扑学视角的对应关系

类型学视角	拓扑学视角	
	拓扑学视角对应项	拓扑视角的意义
类型	拓扑	（多维度）可延展空间以及空间内有间隔的地域
系统（系统变量，参数）	空间维度	连续的而非分立的（渐变群、阶）
同步系统	互动的维度——多维度性	
系统名称（语义类型）	地域（沿空间维度）	大体居于（相关维度的）中心位置，与其他地域相邻，边界模糊
系统名称的或然性——部分联想	维度的曲率——空间上的曲线	

两个视角都具有价值。类型学视角使我们通过网络了解语义结构，无论是作为理论上的隐喻，还是作为形式表征系统（参见第 1 章 1.9 节）。拓扑学视角则带来有益的补充——特别是多维弹性空间的概念。我们在表 2-4 的最右栏列出了采用拓扑学视角的意义，拓扑视角的核心思想是不确定性（参见第 13 章 13.3 节）。我们可以显示语义域如何重叠在"作为活动的感知"区域中，"动作 & 发生"与"感知"重叠。我们将在后续讨论中使用非正式的拓扑图解释概念系统的这一核心特征（如图 4-5 所示）。

表 2-4 底部一栏也表征了不确定性，但这是某一种不确定性，反映了语义系统的或然性。语义系统中的类型根据或然值例示，以相对频率表现在语篇中。相对应的语义空间部分是曲线，曲线代表时间，表征系统或然性在时间上的变化（参见 Waddington, 1977；Sheldrake, 1988，第 6 章）。

2.11.2　识解范畴——个体发生视角

在近年来的语言学研究中，特别是认知科学研究中，范畴化备受关注。亚里士多德关于范畴的经典定义已被广泛接受：范畴是可以用必然和充分条件——本质属性而非偶然属性——定义的类型。认知取向的语言学家的一个核心目的就是证明亚里士多德的范畴概念不适用于语义范畴，因为语义范畴必须用原型理论再建构。认知取向的语言学家的最初的研究动力来自一系列著名的关于范畴化的试验，如 E. Rosch & Labov (1973)、Berlin & Kay (1969) 关于不同语言中颜色词的试验，Wittgenstein 让人们深入了解了家族相似性的概念在指称的哲学框架内的问题（参见 Ellis, 1993）。

对于这些立场观点以及亚里士多德的范畴概念，已有一些总结和评论（如 Lakoff,

1987；Taylor，1989），因此我们不再做评论。从系统功能的视角来看，学术语境则不同。系统功能理论一开始就不以哲学和逻辑为取向（参见第四部分关于意义研究的不同理论取向），亚里士多德的范畴理论也没有被当作要摒弃的传统参考框架。在发展成为系统功能理论的研究之初，一个描述的中心就放在了语调上（参见 Halliday，1965a，1965b，1967），这一领域显然无法用亚里士多德的术语进行识解，连续统的概念是第一个主要理论陈述中的一部分（参见 Halliday，1961）。另外，系统在初创期就被构建为或然性的（参见 Halliday，1956）。

因此，系统功能关于范畴化的研究从未采用哲学传统，也从未采用试验方法。实际上，它始终关心的是语言是如何在自然发生的语篇如儿童语言研究（Halliday，1975；Painter，1996）及实际语篇（Halliday & Martin，1993；Harvey，出版中）中被识解的。在此有一个问题，即语义系统有哪些资源用于识解新的意义，即用于个体时间框架和语篇时间框架上的范畴发展。这些研究得出的一个与语义相关的核心思想就是：无论是在关系从句（体现存在和拥有言辞）中还是在小句复合体中，特别是名词性从句（传统的同位语从句，体现参与者的言辞列）中，详述都发挥着作用，例如从长语篇中提炼新信息。语义系统包括语义如何识解的理论，这一理论本身就是识解新语义的资源。当一个孩子说猫咪不是人时［见下文以及 Halliday（1991）关于对猫的识解］，他在利用存在和拥有言辞识解概念库中的分类关系。猫咪成员身份（被识解为载体）在人（被识解为属性）的类别中不能被识解，因此被排除在人的类别之外。包含类和归属类存在和拥有言辞识解语义系统中的类型关系。

因此，概念库不仅是识解经验的资源，也是识解自身的资源。它具有扩展自身的潜势正是因为它包含如何识解语义的理论。当孩子从原型语言向语言过渡时（即当他们开始发展母语系统——通常在两岁时），这些自我识解的资源还没有到位。他们通过命名首先识解个体，这是还没有分类的潜势，但很快孩子迈出从个体向概括的关键一步（参见 Halliday，1993a）。从词汇语法的视角看，命名就是将个体名称（专有名词）概括为类别名称（普通名词）的过程。Painter（1996）对一个叫 Stephen 的男孩（从其两岁半到五岁这一期间）进行纵向研究，他的发现为我们理解语义资源在语言发展范畴化过程中的作用提供了重要线索。

范畴化的第一步是对个体命名，使其成为类别中的一员。孩子和父母所共享的视觉经验例子通过"存在"言辞被归属为某一概括的经验类别。在两岁半时，Stephen 说出以下句子：

Stephen（examining pattern on a rug）：That's square. What's that?
Mother：That's a circle.

在此,某一经验现象通过语外所指,如指向物质环境的某一特征或者有时伴随着某一手势而成为言语主体间关心的焦点。这一现象被 Stephen 识解为"存在"言辞的承载者,被归属为某一经验类的一员,从而被归属为言辞的属性。通过将个体经验归属到系统类别中,Stephen 将个体经验介绍到语义系统。这是命名行为,此后这一行为被命名为称呼(关于称呼,参见 Halliday, 1977)。

因此,孩子在上例所示的语境中将经验识解为语义。将经验识解为语义意味着在语义系统中为方形、圆形等这样的类别定位,这一定位既涉及系统中的术语,也涉及更为宏观地在精密度级上对这些系统排序。Painter 评论说:"通过给言语命名,Stephen 在练习指称,同时他也在将事物分类。"因此,Stephen 也在识解语义类别的属性(那些帮助他理清语义系统结构的属性)。Stephen 两岁半时的例子:

①Mother：What cars have you got there?

　Stephen：There's a fire engine one with a ladder on.

②Mother：What did you see at the zoo?

　Stephen：Elephants, they got big trunks.

当 Stephen 的语义潜势已积累到足够多时,他开始明确识解其内部结构,以便在系统内整理出类别关系。Painter 给出 Stephen 三岁半时的例子(Stephen 正在研究动物拼图)。

Stephen：There isn't a fox; and there isn't—is a platypus an animal?

Mother：Yes.

Stephen：And is a seal is an animal (sic)?

Mother：Yes. (shepherding S to bathroom)

Stephen：And is er-er-er-er-

Mother：You do your teeth while you're thinking.

用于识解范畴的资源是存在言辞,属于包含归属类言辞,但是在此处无论是载体还是属性,都是语义系统内在的语义。将 seal 和 animal 识解为"载体＋属性",意味着 Stephen 在两者之间识解了一个分类关系,如图 2-23 所示。

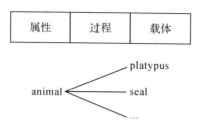

图 2-23 "载体＋属性"分类关系

Painter 评论说："这一语言发展的重要性在于它表明 Stephen 开始从用语言理解非语言现象迈向用语言理解语义系统自身的价值关系。"图 2-24 反映了将经验识解为语义范畴的两个步骤之间的对比关系。

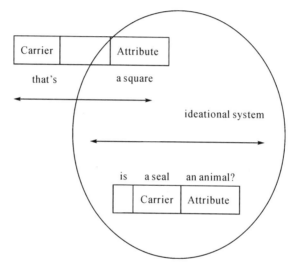

图 2-24　在外部和内部识解范畴

四岁时，Stephen 增加了增强型言辞，开始为范畴化提供因果证据。他通过因果关系联系的言辞指定对识解至关重要的属性。例如：妈妈称 bond airship 为 spaceship balloon 时，Stephen 说"not a spaceship—an airship—cause a spaceship has bits like this to stand it up"。Stephen（指着页码）说"that's fifteen because it's to a five; it's fourteen because it's got a four"。这些因果关系是内在的（Halliday & Hasan,1976），即它们是指向交流的人际行为（我知道这是 x，因为它有 y 的特征），而不是外在的（它是 x，因为它有特征 y）。换言之，Stephen 的关注点在识解行为本身——因为 y，我把它识解为 x。当 Stephen 的经验识解发展到这一阶段时，识解已不仅被共享，而且被协商和讨论。

四岁时，Stephen 也开始将"关系"言辞扩展，包括归属模式（a 是 x 中的一员）和识别模式（y 相当于 x），这样他可以以定义的形式在概念库中明确语义间的关系。例如，在"balance means [you hold it on your fingers and it doesn't go]"中，他识解了一个抽象参与者 balance，用言辞列对其定义，"you hold it on your fingers and it doesn't fall off"（如图 2-25 所示）。他现在能够用语义系统自身识解新语义，即对语义的识解不必借助于直接的语言外经验。如 Painter 所指出的，这是 Stephen 语义资源的另一种扩展，为他日后接受教育学习做准备，而教育学习通常都是在教育语篇中识解的间接经验。

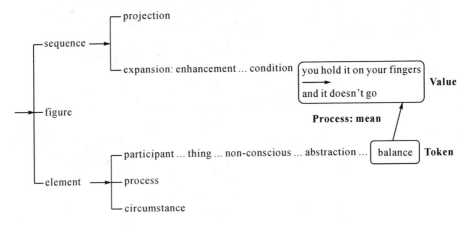

图 2-25　在概念库中识解抽象词"balance"

Stephen 对 balance 的定义向教育和科学语篇中的定义发展。例如 cat 在词典中的定义是"a cat is a carnivorous mammal long domesticated and kept by man as a pet or for catching rats and mice"（改编自《韦氏大学词典（第七版）》，比较下文中 Nigel 对 cat 的识解）。对 cat 的定义涉及向次精密范畴的移动（carnivore/carnivorous mammal 可以再被识解为 mammal that eats meat，请参照下文 Nigel 对话中的 cats like things that go），并被次一级的动作言辞修饰，见图 2-26。在这两个例子中，定义将词汇语法中词汇化的相对精密的语义类型和在概念库中其他资源对这一语义关系的再表述两者间的关系识解为标记—价值关系（第 4 章 4.2.3.2 节）。再表述更多借鉴了语法端的资源，结果是一个词汇标记的定义被识解为一个语法化的价值[①]，这意味着经验的识解经历了从体验分类中深度识解向在逻辑序列中扩展的转换。第一个例子只涉及一个向下转移的言辞列，第二个例子除了涉及向下转移的言辞列，还涉及向不太精密的范畴的移动。第一个例子可以被理解为"当你手指拿着它这个条件存在，它就不会掉下来"，说明向下一级转移的言辞列有"条件"这一类别语义。关于语义发展研究综述、不同类型定义概述，以及它们在科技语篇中的作用参见 Harvey（出版中）。

----

　　① 概念库中存在对如再表述这样的关系进行识解的概念潜势，并不意味着意义被分解为最初的语义。（a）语义类型（如 balance 和 cat）在概念库中并不分解为它们的定义词语，而是与其定义词语之间形成标记—价值关系。（b）根据它们在详述分类中的位置，这些语义类型在概念库内被识解，并以各种方式被再表述。（c）这些语义类型也可以识解为语言外的经验范畴，即它们可能有概念库之外的含义。

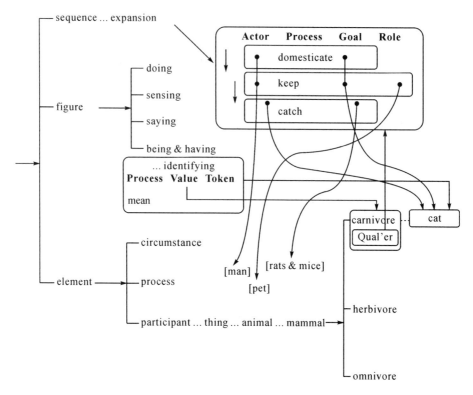

图 2-26　根据字典定义在概念库中识解"cat"

　　我们暂停对 Painter 论述的讨论,关于 Stephen 语言能力的进一步发展,参见 Painter (1993)。考虑另一个儿童语言发展的例子,来看看某一范畴如何随时间不断被识解。这一例子来自 Halliday(1984c)和 Halliday(1991)中 Nigel 对"猫"这一范畴的识解。表 2-5—表 2-13 所示对话发生在 Nigel 从 2 岁 10 个月到 3 岁 6 个月之间的 8 个月内。

表 2-5　Nigel 和妈妈的对话(2 岁 10 个月;语篇 22)

Nigel	And you（＝I）saw a cat in Chania Falls.
Mother	Yes. You saw a cat in Chania Falls.
Nigel	And you picked the cat up. Mummy do cats like meat?
Mother	Yes，they do.
Nigel	Do cats like bones? Do cats like marrow?

表 2-6　Nigel 和妈妈的对话(2 岁 10 个月;语篇 26)

Nigel	Can I stroke the cat? You（＝I）want to stroke the cat … you want to scratch it … it's drinking its milk … it's moving its tail out … it's moving its tail outside … it's scratching … it's putting its tail up … what's this?

Mother	I don't know; I suppose it's its elbow.
Nigel	It's waggling its tail ... it's lapping it with its tongue ... you can go near its elbow ... you can go near its elbow ... but you can't go too near its face ... because it thinks you might take away its milk ... it was just a bit frightened ... it thinks that you might take away its milk ... has it finished its milk?

表 2-7   Nigel 和爸爸的对话(2 岁 11 个月;语篇 5)

Nigel	(thinking about "The house that Jack built") What is a rat?
Father	It's a sort of big mouse.
Nigel	Does the rat go when the cat has killed it?
Father	No, it doesn't go any more then.
Nigel	Why did the cat kill the rat?
Father	Cats do kill rats.
Nigel	Why do they?
Father	(formula) You'll have to wait to understand that till you're a bit bigger.
Nigel	No, I can understand it now.
Father	Well, cats just like to eat rats and mice.
Nigel	Why do they like to eat them?
Father	They just do.

表 2-8   Nigel 和妈妈的对话(2 岁 11 个月;语篇 15)

Nigel	Why did the cat go out? Mummy, why did the cat go out?
Mother	It gets fed up, having its tail squashed.

表 2-9   Nigel 和爸爸的对话(3 岁;语篇 26)

Nigel	How do the cat's claws come out?
Father	They come out from inside its paws. Look, I'll show you.
Nigel	Does it go with its claws?
Father	Not if it's going along the ground.
Nigel	And not if it's climbing up a tree.
Father	Yes, if it's climbing up a tree it does go with its claws.

表 2-10 Nigel 和爸爸的对话(3 岁 2 个月;语篇 7)

Nigel	Will the cat eat the grape?
Father	I don't think so. Cats like things that go, not things that grow.

表 2-11 Nigel 的话语(3 岁 5 个月;语篇 12)

Nigel	Cats have no else to stop you from trossing them ... cats have no other way to stop children from hitting them ... so they bite. Cats, don't go away! —When I come back I'll tell you a story. (He does so.)

表 2-12 Nigel 和妈妈的对话(3 岁 6 个月;语篇 12)

Nigel	Can I give the cat some artichoke?
Mother	Well, she won't like it.
Nigel	Cats like things that go; they don't like things that grow.

表 2-13 Nigel 和爸爸的对话(3 岁 6 个月;语篇 14)

Nigel	I wish I was a puppet so that I could go out into the snow in the night. Do puppets like going out in the snow?
Father	I don't know. I don't think they mind.
Nigel	Do cats like going out in the snow?
Father	Cats don't like snow.
Nigel	Do they die? (He knows that some plants do.)
Father	No, they don't die; they just don't like it.
Nigel	Why don't puppet mind snow?
Father	Well, (hesitating) ... puppets aren't people.
Nigel	Yes, but ... cats also aren't people.
Father	No, but cats are alive; they go. Puppets don't go.
Nigel	Puppets do go.
Father	Yes, but you have to make them go; like trains.
Nigel	Trains have wheels. Puppets have legs.
Father	Yes, they have legs; but the legs don't go all by themselves. You have to make them go.

在 Nigel 的总概念库中,猫的位置被存在和拥有言辞直接识解(同前面 Painter 的例子相同),即"cats are alive""cats aren't people"。与此同时,这一范畴与其他范畴的位

置关系通过它在各类言辞中所承担的参与者角色来识解。例如，它在动作言辞中与年轻的调查者发生关联，与其他动物和食物关联，与它身体的其他部位关联。在一个小句中，Nigel 承担了动作者角色，猫则作为领受者，如表 2-14 所示。

表 2-14　"动作"的言辞，以猫为例

目标	动作者			
	Nigel	cat	creature："mouse"	food：vegetable & fruit；milk
Nigel		(bite + [children])		
cat	pick up；stroke，scratch；(you/children) + tross, hit take away+possession：milk	scratch move，put up，waggle； lap+body part：tail		
creature："mouse"		kill；eat		
food：vegetable & fruit；milk		eat + grape drink，finish + milk		

　　这些例子说明猫可以按照较清晰的语义世界顺序进行识解：Nigel 可以作用于猫，而猫可以作用于鼠和食物，猫可以有意识地作用于自身。另外，鼠和食物只是被识解为与动作者"猫"有关的目标。（这一顺序类型在第 9 章对木偶的识解中也很重要——木偶只有通过人施动才会活动）

　　对猫的识解还可以由其他类型的言辞来补充：它们可以被识解为思考和喜欢过程中的感知者（具有意识），识解为现象（孩子是感知者），识解为受话者（孩子是言语者）。对猫作为言辞中参与者的识解还可以由言辞列扩展补充，在言辞列扩展中，猫的行动会受到条件、原因等的修饰限制，如"it does not go with its claws→if it's going on the ground""does the rat go→when the cat has killed it""the cat killed the rat→because cats just like to eat rats and mice"。

　　图 2-27 展示了日常会话中对猫的识解所呈现出的关系网络（本图使用了一些在概念库概览部分介绍的语义类型和一些为分析本例临时介绍的语义类型）。当然这仅仅是不断发生的经验识解中的一个小小片段，猫只是总的语义系统中的一个范畴，但这个例子显示了经验如何被识解为相关范畴的网络。这一网络不是固定不变的，相反它不断被更新、完善和扩展。

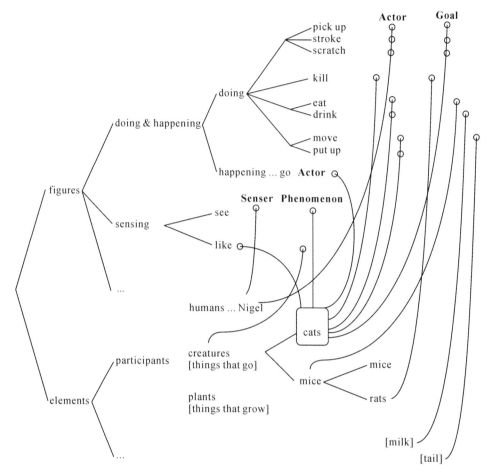

图 2-27　猫的网络

图 2-27 显示了各类言辞中作为成分的参与者。除了作为言辞，这些组合还可以用作一类参与者（如猫）的限制条件——作为限定某个范畴的言辞。在此，言辞是从参与者视角审视的，可以将言辞降级为某一属性（参见第 2 章 2.11.3 节）。从语法上来说，这一视角在名词性词组中作为某一物品的修饰词得以体现，例如，"a cat is a creature that drinks milk，kills & eats mice，climbs up trees … "。换言之，这些关系可以被明确地识解为定义的一部分。

最后，我们还注意到 cat 充当参与者角色的言辞可以构成言辞列，例如"it gets fed up，having its tail squashed"。这些言辞列也是对猫识解的部分。确实，Nigel 试图（但没有成功）搞明白猫为何杀老鼠，从而建立一个因果言辞列。

下面从个体语言发展的视角对识解做一归纳：

①起初，儿童识解那些在其视觉范围内共享的或者被带入共享视觉范围的经验现象。一旦经验现象被识解为语义，这一经验就可以通过对话共享、确认，并与它语义群

中的其他成员一起充当语义搭建成分。

②显然，儿童通过感知获得早期经验。但是一旦识解的过程建立，经验可以被概括为语义类，小类被概括为大类，并进一步以语义系统方式被探究，再通过话语被间接发展延伸，包括那些纯抽象范畴。

③范畴通过它们进入概念库网络的不同关系类型被识解：从宏观上说，它们被识解为分类详述——它们构成了系统的部分，位于语义库内精密度级上某一处；从微观上说，它们可以被识解为整体—部分关系——它们可以构成整体—部分分类中的某一部分，如猫和它的身体部分；跨范畴来说，它们可以被识解为其他范畴类型中的角色，如猫在言辞中充当某些参与者角色。

④范畴位于概念网络。这一网络是一个多维的弹性空间，空间内的区域并非界限分明，而是包括核心区域和边缘区域，彼此之间互相渗透。

⑤概念库是用于识解语言之外的经验（如视觉经验）的资源。但它也是识解自身的语义发生源，因为它由自身识解的关系类型建立，如包含归属关系类型。一旦关键语义群建立起来，新的范畴可以在概念库系统内部进行识解。

2.11.3　识解——在关系网络中定位

我们已经观察到 Nigel 如何通过探究猫在其概念库关系网络中的位置而识解猫这一范畴。从类型学视角来看，将经验识解为范畴就是在关系网络中给它们定位。认真研究这些网络，我们会发现实际上这其中涉及三种类型的网络：①严格意义上的分类（即基于上下义关系，a 是 x 的一类 / x 包括 a、b、c。）；②延展意义上的分类（即基于整体—部分关系，d 是 y 的一部分，y 包括 d、e、f 部分）；③生态功能（即基于选择关系，g 在 z 环境中有 m 功能 / z 环境包括功能 m、n、p，而且 m 功能可以由 g、h、j 来承担）。在这三种类型中，第一种提供了详述在精密度级上的组织原则，第三种将横组合结构与纵聚合结构联系起来。

1. 分类详述

位于网络中的任何选择与其他选择都是相关联的，首先在自身系统中，其次还要看自身系统相对于其他系统的位置。例如，参与者是"参与者/过程/环境"系统中的一个选择，这一系统是对成分更为精密的详述。前边提到 Painter 研究时我们已注意到"关系"言辞被用来识解分类关系，同时还有一套概括化的名词范畴用来识解精密度级上的步骤，例如 type、kind、class；一些类型区域有它们自己的具体范畴，例如 brand、model、make、issue、genus、species、family。

精密度是一个从概括到精密的统一排序，但是在精密度连续统上，不仅在某一精密度级上而且在整体精密度上，语义系统分类的数量都不等。类型区域不同，差异不同。

例如，人类和高等动物比低等动物的精密度级要高得多。精密度级范围不同，分类详述的本质和程度也不同。这一总的分类原则以动植物及疾病的通俗分类而闻名（例如 Berlin, Breedlove & Raven, 1973; Conklin, 1962; Fake, 1962; Slaughter 1986），这些都归入概念库中的"成分参与者：物品"。通俗分类精密度级上最大的跨度是界（独有起点）、生命形式、基本级（属）、具体级和变种级。这些步骤绝非在任何参与者类型中都会出现，它们的不同特点如表 2-15 所示，要了解分类类型的例子，见 Leech（1974）。

表 2-15　通俗分类模型

kingdom (unique beginner)	life form (kind)	generic(basic)	specific	varietal
	few in number; polytypic	large in number; core in folk taxonomy	most in sets of two or three	rare in folk taxonomies
	primary lexemes		secondary lexemes	
		highly salient; among the first learned by children		

Berlin(1972)总结了对有标记类型进行详述的特征，如下：

> 属名是根本，因此最先出现。之后是主要生命形式名称和具体名称。再之后，中间分类和变种分类被命名。最后的范畴以词汇命名……在所有民族植物学词汇中，这是真正独有起点（即各民族独有的命名）。这一顺序如下图：

范畴间没有时间顺序,因此没有具体名称先于总的生命形式名称前出现的说法。另一方面,一门语言必须起码编码了一个主要生命形式名称和一个具体名称才可能有中间分类和变种分类的出现。

精密度级上最受青睐的是基本级(如表 2-16 所示),这一级在类型上最为详述,孩子通常先习得这一级。它通常被识解为那些功能外显、属性不变的范畴。Nigel 对猫的范畴化以及 Stephen 对海豹、鸭嘴兽等的探究都是在这一级。有人指出,在人类如何与范畴互动方面,基本级范畴界限最为分明(关于综述,参见 Taylor,1989)。例如,我们有各种方法与猫互动,但是没有与所有动物互动的特有方式。实际上,Nigel 对猫的探究说明,识解基本级范畴的一个重要方面就是,相对于他的直接经验的猫来说他可以充当什么角色(包括给猫讲故事)。此外,精密度级上的基本级在语篇范畴例示化中也有特殊地位。在关于鸭梨故事的词汇化研究中,Downing (1980)发现基本级是最受青睐的,它们是关于具体的非人类物品的言辞。

表 2-16　精密度级的青睐度

下一级	基本级	上一级
5%	93%	2%

这些发现很有趣,因为它们说明了在语篇生成过程的词汇化过程中哪些因素需要考虑,原则上,某一已知现象可以在精密度级上任何一点进行识解。它们有趣还在于它们指向系统和实例间的关系,从系统的角度来看,我们可以观察到精密度级上的最基本级也是最详述的。从实例的角度来看,我们也可以观察到,这一级出现得最频繁。但是我们必须考虑到某一语言的变异——特别是系统内由于使用语境不同而导致的功能和语域变异,就如同日常口语系统和科学书写系统间的差异。(我们还要考虑到不同语言间的差异,这将在第 7 章讨论)

概念库不仅包括通俗分类也包括一系列被专家和科学家使用的分类模型(参见第 14 章 14.1 节),这些都是概念系统内的变体。我们将在讨论烹饪步骤、天气预报部分(参见第 8 章)以及概念库的多系统特征部分(参见第 13 章 13.4 节)涉及变异原则。在此,我们只简单谈下这些变异对范畴化的类型方面的重要意义。

从通俗分类转化为科学分类涉及在精密度级上增加步骤及改变分类的标准。Wignell,Martin & Eggins(1990)给出了玫瑰和猛禽分类的例子(参见他们的讨论)。玫瑰的通俗分类和科学分类对比如表 2-17 所示。

表 2-17 玫瑰

科学分类顺序	拉丁语	英语，科学名称	英语，俗称	民间分类顺序
界			plant	独有起点
门	Spermatophyta	seed plants		
纲	Angiospermae	flowering plants	(flowers)*	生命形式
亚纲	Dicotyledoneae	dicots		
目	Rosales	rose order		
科	Rosaceae	rose family		
属	Rosa	rose	rose	基本级
种	Rosa setigera	wild climbing rose		具体名称
品种	Rosa setigera tomentosa	special wild climbing rose		变种名称

"＊"：表示只是部分对应。

他们将猛禽的通俗分类和鸟类研究者的行业术语做了对比。我们将这两个类别叠加在一起来感受下差异（如图 2-28 所示）。

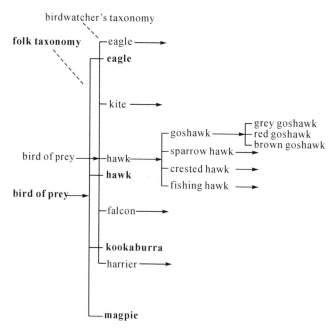

图 2-28 通俗分类与专业分类

这些例子清楚地显示出精密度级上的差异，精密度的增加意味着向科学知识方向的移动。同时，范畴化的标准也从肉眼可见的显性标准转变为只有通过科学手段才能获得的隐性标准。从对欧洲 16—17 世纪科学早期分类阶段的综述可以清楚地看到分类标准的变化。

截至目前,我们关于分类详述的讨论集中于精密度级上的那些步骤,这些步骤通常在词汇语法中通过词汇来识解。但是在总的语义库中,词汇识解的通俗分类和科学分类并不处于精密度级上最概括的那一端,它们按照精密度级排在以语法识解的系统之后。例如,"植物"虽然是某一通俗分类的独有起点,但在对事物的识解中还有一些比它更加概括的步骤——在语法中识解的步骤,在"事物""有意识的/无意识的事物""可数/不可数事物"等这样范畴中识解的步骤。

概括来说,概念库中精密度级上从"最为概括"到"最为精密"的变化由词汇语法来识解,识解为从语法到词汇的变化过程(如图 2-29 所示),这对语义范畴的识解具有重要意义。精密度级上最初部分在语法领域内识解,这一领域提供了语法图示化资源,有助于识解更为精密的范畴,这些范畴由词汇来体现,但是根据语法的系统参数来识解。例如,关于名词词组的语法通过分类、描述、排序和其他策略提供了识解各种精密度级的事物范畴的图示。

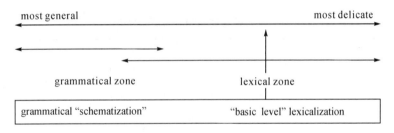

图 2-29　词汇语法识解的概念库的精密度级

不同类型区域内的语义类型区分标准不同,角色集也不同,但这些标准和角色集都会在语法中被识解。我们采用比图 2-18 中精密度级高一些的类型区域加以说明。

①不同类型区域内的现象根据不同语法识解标准进行分类。例如:

(a) 感知(言辞:感知的子类型):

根据感知的手段可分为:看(手段:眼睛)/听(手段:耳朵)/嗅(手段:鼻子)……

(b) 转换(言辞:动作的子类型):

根据结果可分为:打碎(结果:碎片)/融化(结果:液态)/收缩(结果:变小了)/粉碎(结果:粉末、尘土)……

(c) 运动(动作的子类型):

根据方式、位置、目的可分为:倒下(位置:向下)/漫步(目的:休闲)/逃跑(目的:躲避)/行走(方式:两腿慢走)……

(d) 高等动物(成分:有意识的生物的子类型,在物种分类的核心):

根据年龄或性别可分为:母牛(性别:雌性　年龄:成年)/公牛(性别:雄性　年龄:

成年)/小牛(年龄:未成年)……

(e) 人工制品(成分:物品的子类型):

根据材料、目的可分为:容器(目的:盛物质)/桶(材料:木头)/篮子(材料:藤或者其他编织材料)/盆(材料:金属)/碗(材料:陶或玻璃)……

②不同类型区域内的现象承担不同的语法识解的结构角色。例如:

(a) 感知:感知者和被感知的现象

(b) 具体物品(成分:物品的子类型):不同性质特征,特别是物理维度,如大小、形状、重量、颜色和年龄

(c) 重量(成分:质量的子类型):张量,显示强度

在词汇区域,差异依据精密度级而定,基本级是最为详述的。此外,语法阻抗显示出基本级和较低级别间的类型差异,至少当分类关系是某一种特殊类型时是这样的。例如,相对精密度级低的范畴可能被识解为物质名词,基本级则被识解为可数名词(如表 2-18 所示)。

表 2-18 可数名词和物质名词的分类关系

种类(生命形式) ↘物质名词	基本精密度级 ↘可数名词
furniture	chair(s), couch(es), table(s), bed(s)...
silverware; cutlery	spoon(s), fork(s), knife(knives)...
bedlinen	sheet(s), blanket(s), pillow case(s)...
clothing	shirt(s), sock(s), vest(s)...; pants, trousers, slacks...

Wierzbicka 指出这种现象并说明它不是任意的,她的解释是"家具"和"椅子、桌子"之间的超范畴和子范畴关系不同于"鸟"和"燕子、喜鹊"之间的常见关系类型,而是根据用法的相似性将不同类型进行组合:

因此,像鸟、树这些超范畴是分类的,即它们属于不同等级上的类型(每一种根据成员间的相似性而被识别);而像陶器、刀具和厨房用具不是分类的,它们包括不同类型的物品,根据临近性或者功能相似性而不是形式相似性分在一组。(1985:321—322)

我们认为精密度级既包括超范畴也包括子范畴,即分类范畴和非分类范畴。但是,"家具"和"椅子、桌子"之间的关系,我们认为介于详述和延伸之间。下面我们将讨论概念库中的整体—部分延展关系。

2. 整体—部分延展

概念库将现象识解为有机整体,这些现象在其他类型现象中可能充当角色;同时,概念库也将这些有机整体解构为组成部分。当这些组成部分是同一类型的现象时,参与者(例如,椅子:腿、座、靠背)、言辞(例如,烤蛋糕:程序中的阶段)就构成了整体—部分关系[①](或整体部分分类;关于部分,参见 Cruse,1986,第 7 章)。我们发现这一类型经常与上下义关系密切联系,如图 2-30 所示。因此,分类类型体现了两种扩展关系——延展和详述,我们在本节开始提到过。整体—部分类型是延展关系,上下义关系是详述关系。

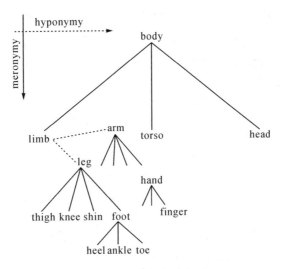

图 2-30 整体—部分类型

图 2-30 是我们对两类关系的图示,局部的整体—部分类型同时适用于上下义类型中的某一区域,而不是将一个宏观的整体—部分关系加在类型之上。因为有太多间断,所以很难建立一个宏观的整体—部分关系;整体—部分关系通常出现在一个独立完整的连接部分之间。[②] 因此,虽然具体物体经常被识解为整体—部分关系(人体既被识解为一个典型例子,又被识解为其他上下义的模型),物质却非如此,物质通过量度(单位)而非部分来延展。同样地,相较于抽象区域,具体区域分类更倾向于整体—部分延展(虽然抽象区域内的物体也可以有部分,例如,思想的方面)。因此,存在一个概括的范畴集,例如部分、成分、组成成分、方面,以及空间、时间趋向的各方面——上面、旁边、前面、后面、中间、中心、开始、中点、结尾。某些有形实在的物体的部分还有更为具体的变体,例如:(建筑物的)正面、房顶、墙壁,(房间的)天花板、地板、墙壁,(山脉的)斜坡、山峰,(树的)枝、干、根、皮,(苹果的)皮、核、籽,(面包的)屑、渣,(书的)前言、后记。

---

① 有时有人完全无视已约定俗成的 meronymy 这一术语,也会用 partonymy 这一术语。

② 在较大规模上,这些间断以自然科学中对领域的区分体现出来,如身体、原子和宇宙。

上面所给的整体—部分例子来自概念库中的参与者区域，尚不清楚整体—部分类型在何种程度上超越这一区域。我们可以确认过程包括相（参考第 4 章 4.4 节）——"开始做、持续做、停止做"，但是并不能明确它们组成一个过程的整体—部分关系，且这一过程的整体—部分关系类似于参与者的整体—部分关系。虽然，我们可以依据"the beginning of the book"模型，将 he began to dance 隐喻性地识解为 the beginning of his dance，但这只是对"跳舞"过程的一种象征性地具化，我们在理解一致式过程"跳舞"的含义时就必须要谨慎。如果进一步探究，我们可以发现过程的相与过程发生的时间相关，是过程在时间上的展开："开始做"意味着"随着时间做，开始被实现（发生）"。与此不同的是，参与者整体—部分关系并不与某一参照空间中的参与者相联系。

下面来看言辞，我们可以发现某一言辞可以在定义中被陈述为一个较不精密的言辞列，如表 2-19 所示[①]。

表 2-16　言辞被定义为较不精密的言辞列

标记＝言辞	价值＝言辞列
sb. caramelize sugar	sb. heat sugar→until it melts→and turns golden
sb. baste food	sb. ladle or brush drippings，liquid，butter，or sauce over food→as it cooks→in order to add flavor→and to prevent dryness
sb. cream butter or other fat	sb. beat butter or other fat either solo or with sugar or other ingredients→until it is smooth and creamy
sb. marinate meat…	sb. steep meat，fish，fowl，vegetables or other savoury food in a spicy liquid several hours→until food absorbs the flavoring
sb. steep tea leaves…	sb. let tea leaves，coffee grounds，herbs，or spices stand in hot liquid→until their flavor is extracted

我们可以将右侧的言辞理解为包含较不精密言辞的言辞列。当然这会导致焦点的变化，这一变化可能被识解为一个单独的言辞（更高一级精密度级）或者被识解为一个言辞列（较低一级精密度级），这一焦点的变化是概念库提供的重要选择。这一变化已被知识表征研究认可，也是从常识模型向非常识模型转变中的一个重要变量。虽然焦点的变化在典型的基于参与者的整体—部分关系中也有，但是在其他方面言辞和言辞列之间的关系与典型的基于参与者的整体—部分关系不同。典型的整体—部分关系不涉及精密度级的变化，而且它们涉及的范畴属同一类型的现象。在此是一种重述关系，例如：[[某人将白糖熬成焦糖]]意思是[[她将糖加热直到融化变成金棕色]]。

① 改编自 J. Anderson & E. Hanna：*The New Doubleday Cookbook*. Garden City，NY：Doubleday & Company，Inc.，1985.

在上下义详述关系中级的选择是对范畴化精密度级的选择,而整体—部分类型中级的选择是对焦点精密度级的选择。通常,即使某一部分非常重要,焦点仍放在整体上(即整体—部分关系中最为概括的部分)(参见 Langacker,1984)。我们可以从言辞成分的呈现方式看出这一点:

He switched on the light (with his right hand)
[而不是:His right hand switched on the light]

She held the ticket with her teeth
[而不是:Her teeth held the ticket]

He patted the dog (on its head)
[而不是:His hand patted the dog's head]

He saw the alien (with his own eyes)
[而不是:His own eyes saw the alien]

Let's paper [the walls of]the living room
He put the vase on [the top of]the table

也就是说,整体在言辞中充当参与者,如果部分也出现的话,通常被识解为环境(手段、方位)或者被识解为单独参与者(目标,如 Nigel 对猫的观察——"it's putting up its tail",而不是"its tail is putting up"——生物体整体被赋予施动性)[1]。显然,还有其他表达选项,比如,对有意识的加工过程的隐喻性表征也会将整个人识解为突出强调的身体部位。在某些语言中,如库阿语中,身体部位是某些感知言辞中常见的非比喻性特征:"His death broke her heart. (devastated her)""His behavior turns my stomach. (upsets me)""The news blew my mind. (surprised me)"。

---

① 在此,两种趋势同时发挥作用。一种是概念元功能中的整体趋势,它倾向于采用整体,特别是当整体明显作为有机体发挥功能时(如人)。另一种是来自语篇元功能的压力:在英语中,小句中的首位在语篇中有显著的重要地位(语法上作为小句的主位,是语篇的出发点。参见第 1 章 1.3 节中表1-1)。整体的表述使得"人"作为整体而不是其身体的某一部位成为语篇的出发点。比较下面的几对表述:"he has brown hair/his hair is brown""I had a headache/my head aches"。在这些表述中前者通常更受青睐。

举例来说,小说《继承者》的主要部分描述智人之前的生命,在这部分,戈尔丁总是将感知行为表征为涉及某一知觉器官而非这个人。这显然偏离语言常规,正是这种偏离使得小说产生将整个人解构为潜在独立施动者的效果,例如"his nose examined this stuff and did not like it"(参见 Halliday,1973:117,124)。

这些隐喻性识解都依赖于延伸——一个整体被识解为部分(提喻法,即部分指代整体)。这种情况在各种场合出现,其他例子如"I'm happy to see so many new faces in the audience""I've got too many mouths to feed""The men at table 5 is the chicken curry"。

在语篇中,整体可以作为部分的照应域("架桥"参见 Clark,1975),如"The view of the mountain was breath-taking""The slopes were covered with snow and reflected the last purple rays of the sun"。

3. 生态—功能选择

分类详述和整体—部分延伸构成了互补关系网络,这一互补网络关系共同构成了概念库的纵聚合结构。如前所知,它们定义了范畴化精密度级上的选择以及焦点精密度级上的选择。我们已在前文中指出,概念库组织中第三种类型网络将纵聚合结构和横组合结构联系起来,具体来说,它将与纵聚合类型相联系的横组合功能或角色与可以在横组合功能中充当角色的纵聚合类型联系了起来。例如,横组合功能"感知者"与纵聚合类型"感知"相关联,它与纵聚合类型"有意识的生物"相联系,因为只有这一子类型的参与者可以充当感知者。图2-10显示了这一关系以及一组其他类似的关系。我们称这些网络关系为生态—功能选择,以显示这些网络关系通过表明自身为横组合功能选择而指定了语义类型的横组合环境。这些选择被称为"预选",但是为了避免任何时间顺序上的联想,我们倾向使用"选择"一词指称概念库中的这些关系。

选择是双向的。我们已经看到与纵聚合类型相关联的功能构成了"结构属性",将纵聚合类型区分开来,这些选择提供更多有关这些"属性"的信息。因此,图1-18显示了如何通过选择"矛"这一物品联系到手段功能从而对"叉"这一言辞的特征进行描述。相反,语义类型的特征由选择它们的功能环境来描述。因此,武器"矛"的特征由其在"叉"言辞中充当手段的潜势来描述。同样,"有意识生物"的部分语义是它有充当感知言辞中感知者角色的潜势(如图2-10所示)。

选择网络的轴之间互相联系,因为它将横组合规则与纵聚合规则联系了起来;它横切概念库的纵聚合结构,通过与纵聚合类型相关联的横组合功能建立纵聚合类型间的对应关系。图1-18和图2-10已显示了这一关系。我们可以再看一个例子,从言辞列经由言辞到成分,如图2-31所示。

因此,识解范畴不仅在类型关系上、整体—部分关系上,而且在生态功能上对范畴进行定位,如上面提到的"有意识的生物"的例子。在前文中 cat 的例子中我们就注意到参与者充当言辞中参与者角色既可以从言辞的视角理解,也可以从参与者的视角(即作为参与者的属性)来理解。如果猫杀死了老鼠,那么概念库从言辞的视角进行识解,如"cats kill mice";但是概念库也可以从参与者的视角进行识解,如"animals that kill mice"。猫充当动作者的言辞被识解为一种属性,因此在概念库系统中猫的范畴通过下定义得以识解,如"cats are animals that kill mice"。(在表征的形式系统中,这可以通过 lambda 抽象式表示)此时,语义发生策略在发挥作用。在第 2 章 2.1 节,我们称"言辞列""言辞"和"成分"为三级复杂度。视角的变化意味着某一级上的语义组合可以通过选择理解,选择既可以发生在它们常见的环境中(即更复杂一级的现象中),也可以发生在复杂程度低几级的现象中。通过打开可能选择域这一语义发生策略,大量经验复杂度可以借用到对参与者的识解中。

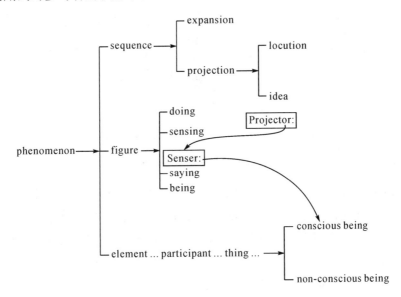

图 2-31 选择系统中连续的链接

2.11.4 识解和层次化

上一节描述了三个语义网络,通过在语义网络中为经验现象定位,经验现象被识解为概念库中的一个范畴。从类型关系、整体—部分关系以及生态—功能关系角度的定位是在概念库中对某一范畴相对于其他范畴的定值。通过赋予一个值,一个语义范畴就与语义之外的范畴联系起来了。一方面,这一范畴与语言之外但与语义系统相交的系统内的范畴发生联系;另一方面,这一范畴与体现它的语法范畴发生联系。图 2-32 显示了识解过程中的三个层次视角。我们下面逐一分析这些关系。

在关于范畴如何发展而来的例子中,我们看到小孩子们通常识解具体现象;它们是孩子与其互动者共享的视觉感知领域的一部分。换言之,小孩子们用另一符号系统(即视觉感知)中的范畴识解物质世界的经验,再将这一经验识解为语义。当孩子首次接触它们时,这些语言系统之外的范畴就会被识解为概念库语义范畴的意义。因此,将具体现象的经验识解为意义就是将概念库之外的一些意义识解为概念库系统之内的值。从某种程度上说,范畴化的巨大作用就体现在经由范畴化表达各异的语言之外的现象被识解为相似的值。

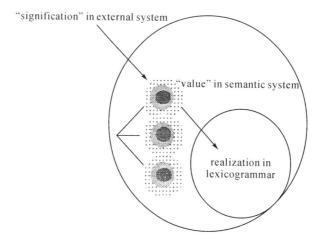

图 2-32 识解的层级视角

孩子能够识解语义系统是因为他们起初共享一个物质环境——Malinowski 对此见解的贡献可参照前面相关内容以及 Hasan 的研究(1985b:25)。随着他们建立起自己的概念库,孩子们开始用现有的概念值识解系统内的范畴;他们开始进入纯粹符号世界的抽象域,通过语义范畴表达社会和社会—符号系统内的抽象范畴。正是因为这些抽象范畴被识解为语义,它们才与语义群中的其他成员一起被建立、协商和验证。从具体现象领域迈向抽象现象领域之所以可行,正是因为语义具有同质化作用。

语义范畴自身通过体现来识解,它们在语言的词汇和语法中构建。如果我们将概念库建模为一个语义空间,那么我们就在突出语义构建的一个方面,即词汇语法如何在多维框架下识解经验世界。这是语言作为符号系统的一个重要特征,也是任意性原则的必然结果:既然表达方式是任意的,它们就会导致内容上的不连贯。对于具体事例,我们必须判定它是单数还是复数,是时间关系还是因果关系,有可能、很可能还是肯定;是公交车还是货车,是抿嘴微笑还是咧嘴笑,是阴天、有雾还是大雾。但是语义范畴远比它们在词汇中的体现要模糊和不确定得多。语义空间的概念使我们得以采取互补立场从拓扑学视角考察这些现象,揭示出相关维度内在的弹性特征,从而形成对语义发生过程更深刻的理解——通过语义发生过程,意义潜势在语言系统、语言使用者和语篇的历史进程中不断被再创造。

2.12　语法中的识解——对语法证据的总结

在第1章1.8节中,我们讨论了证明概念库结构的语法证据的实质,指出我们必须考虑显性和隐性特征及来自三大元功能的阻抗。第3章到第5章,我们将更为详细地讨论言辞列、言辞和成分。下面我们将对言辞和成分的语法结构中的显性特征做一总结,来作为本章的结尾。

2.12.1　言辞类型

共有四种言辞——动作和发生、感知、言语、存在和拥有。一般来说,它们在语法中被构建为:

①在概念元功能内,每一种言辞都被某一及物性类型一致式体现:动作和发生↘物质过程,感知↘心理过程,言语↘言语过程,存在和拥有↘关系过程。它们有各种各样的阻抗,例如,参与者的数和性质、非标记性现在时的选择(如表2-20所示)。

表2-20　不同类型言辞的语法(概念)属性

	物质的	心理的	言语的	关系的
在言辞列中的作用——投射小句		√	√	
中介的性质	动作者,目标: 参与者(简单的或宏观的) ↘ 名词词组; 小句:非限定	感知者: 参与者(有意识的) ↘ 名词词组	言语者: 参与者:符号源 ↘ 名词词组	载体,价值 参与者或者被投射的言辞,环境成分 ↘ 名词词组; 小句(投射或者扩展,限定的或非限定的); 形容词词组; 介词短语
第二个参与者的性质(施事或者范围)	动作者,范围: 参与者 ↘ 名词词组	现象: 参与者或者被投射的言辞 ↘ 名词词组; 小句:投射	言语内容: 参与者: 语言的 ↘ 名词词组	[取决于次类型] ↘ 各种类型
属性	√ (条件或者结果)			√ (如果是归属性的)

续表

	物质的	心理的	言语的	关系的
受益者	✓ 领受者或者服务对象		✓ 受话者	(除了一个特殊的子类型)
有些受限的环境成分	地点指向	事情	事情	
指向性：双向（✓）或者单向（✓̸）		✓ 喜欢/取悦		
时态：非标记现在	相对于……的现在，现在	一般现在		

②与人际元功能相关：在任何已知语域中，某一类型的言辞都可能有与之对应的典型言语功能。例如，在表示程序的语域中，典型的物质小句通常是祈使句、关系小句和陈述句。

③与语篇元功能相关：不同类型的言辞有不同的推定方法、不同的潜势来凸显语篇。例如，只有物质小句被代动词 do 替代(to/with)。

2.12.2　成分类型

有三种语义成分在言辞中发挥作用——过程、参与者和环境。大致来说，它们在语法中被建构如下：

①在概念组成部分中，它们被不同类别的单位体现：过程↘动词词组；参与者↘名词词组；环境↘副词词组/介词短语。参与者一般是言辞固有的成分，环境通常是可选择的。

②与人际元功能相关：参与者可充当主语，环境和过程则不能。另外，参与者和环境可充当"wh-"成分，但是过程不能(如果提问的是过程，就必须将一个参与者成分识解为范围："what ... do?")。

③与语篇元功能相关：参与者和环境随时都可以充当主位(虽然它们的潜势不同)，而过程如果不是在祈使句中的话，只偶尔充当主位；参与者和环境可以充当指称，表达所指的对象，但是过程不能，如在"wh-"疑问句中，它们必须被识解为范围，代动词 do 被识解为过程(参见 Halliday & Hasan，1976：125)。

表 2-21 对这些属性做了总结。

语法视角凸显出一些与参与者和环境相关的因素。语法中有一些参与者和环境的特别子范畴，它们因为体现了人际或语篇意义而与其他范畴不同。

①人际：疑问

疑问词：who、what、when、where、how far、how long、how、why

②语篇：衔接

指称 { 人称：he、she、it、they
指示词：this、that、now、then、here、there、thus

概括：person、creature、thing、stuff、affair

表 2-21　区分成分的语法证据

		过程	参与者	环境成分
概念的	及物性：在言辞中的角色	过程	参与者角色：施事、中介等	环境角色：原因、地点等
	类	动词性	名词性	副词性；介词短语
	指示	时态(时间的)	限定(空间照应)	
	修饰	语法项	词汇和语法项	词汇和语法项
	个性化		√ 专有名词及类别名词	(环境事物除外)
人际的	语气 wh-选择 wh-/	(除非被识解为范围：do what & c)	√ who，what，which	√ when，where，how long，how far，how，why...
	语气：主语/		√	
语篇的	主位：主位/	(很少见,祈使小句除外)	√	√
	照应	(除非被识解为范围：do what & c)	√ he/she，it，this，that...(注意次类型的范围)	√ (但是更加有限) now，then，here，there，thus...

　　这些子范畴自身具有重要意义,因为它们对于语篇的构建至关重要:体现语篇意义的子范畴保证了内部连贯,体现人际意义的子范畴则识解了对话者的言语角色。它们的重要性还体现在它们通过阻抗反映出参与者和环境总类别下的主要子类别,如表 2-22 所示。

表 2-22　区分参与者和环境的语法证据

			人际	语篇	
			wh-类型	照应	词汇粘着：普通名词
参与者	有意识的		who?	she/he/they	person, fellow, chap
	无意识的	动物	what?	it/they	animal, creature, beast
		机构			
		物体			thing, object
		物质			stuff
		抽象			matter, affair, business
环境	时间		when?	now/then	
	地点		where?	here/there	
	距离		how far?		
	持续时间		how long?		
	方式		how?	this, this way	
	原因		why?		

　　这些特殊的子范畴可以将其他成分识解为可指称的内容，即可以使它们保留自身的符号身份以便之后被识别，因此可以说是证实了它们的身份（例如"Don't give me any more of that peanut butter! I can't stand the stuff."）。这主要适用于参与者，虽然不仅仅局限于参与者（参见 Webber，1987，关于对物品之外现象的指称）。同时，它使我们可以识别出"简单类型"的参与者以及被称为宏观或元现象的较大成分。宏观现象是降级的言辞，充当一般成分；元现象是被投射为第二级成分的言辞（参见第 3 章 3.3 节）。Halliday & Hasan（1976）将宏观现象称为延展指称，将元现象称为对事实的指称，他们通过分析歧义的例子指出各类成分间的差异。

　　（1）延展指称——宏观现象

They broke a Chinese vase.

①That was valuable.（现象：物品——花瓶）

②That was careless.（宏观现象——打碎花瓶的行为）

　　（2）指称事实——元现象

It rained day and night for two weeks. The basement flooded and everything was under water.

①It spoilt our calculations.［元现象（事实）——雨大的事实让我们的预期很受挫］

②It spoilt our calculations.（元现象——下雨这一事实打破了纪录）

　　下面来看这与从言辞向参与者视角的转变有什么关系(参见第 2 章 2.11.3 节)。言辞例如"catch＋mouse"可以成为一个可指称的宏观现象(Your cat's caught a mouse—It's never done that before),同样,一个言辞可以通过修饰限制系统(如表 2-21 所示)进入基于参与者的识解,如"(cats are) creatures that catch mice"。

　　关于语义系统概念潜势的概览到此结束。在后面四章中,我们将给出概念库资源的细节。首先,我们将描绘出识解经验的一致式资源:言辞列在第 3 章讨论,言辞在第 4 章讨论,成分在第 5 章讨论。在第 6 章,我们探究识解经验的隐喻方式,将这一方式理解为对一致式识解的再识解。在第二部分最后,我们将概括描述汉语概念库的轮廓,并提出不同语言识解经验方式的差异性问题。

3 言辞列

在第 2 章 2.2 节我们介绍了言辞列。本章我们将对其特点做更详细的描述,包括言辞列的类型以及它们的组织方式。

言辞列构成了言辞间相互关系的模型。一种显著的关系就是因果关系,其在科学和逻辑领域以各种各样的形式被凸显出来,通过这一关系,经验被给予了因果解释。但这只是多种可能关系中的一种,这些关系共同构成了自然语言的逻辑。

3.1 言辞列的自然逻辑和命题逻辑

可以说言辞列构成了与命题逻辑相对等的自然逻辑,即对因果、条件等关系进行推理的进化系统;命题逻辑则是对因果、条件等关系的人工设计系统。二者相对应的关系系列如下:

命题逻辑	自然逻辑
$p \,\&\, q$	p and q
$p \vee q$	p or q
$p \rightarrow q$	p so q; if p then q

通常情况下,自然逻辑并非是对命题逻辑的翻译。比如,即使在自然语言中翻译出来很奇怪拗口,实质蕴含($p \rightarrow q$)也是成立的,析取逻辑要么包含要么排除,而自然析取并不做这样明确的区分。因为命题逻辑是人工设计系统,它的关系是编码的、确定的(通常采用真值—函数①)。与此相反,言辞列关系由进化而来。某一类型的关系有一个核心——该类型的原型代表,当然也会有边缘代表和"灰色地带",指某一类型逐步过渡到另一类型。

命题逻辑和言辞列的自然逻辑之间还有一个主要差异:命题逻辑中真值—函数连

---

① 命题逻辑不受人际关系的影响,与自然逻辑不同,命题逻辑只关注事实陈述,确切地说只关注自然语言中事实陈述的哲学追问,而自然语言只关注有效性而非真理性。

词很少［合取、析取（不相容或者非不相容），蕴含］，而自然语言中的言辞列关系多种多样，都是投射和扩展的具体变体。表 3-1 对此做了总结。

表 3-1　自然逻辑和命题逻辑类型

言辞列的自然逻辑				命题逻辑
投射	言语			—
	思考①			—
	重申（详述）			—
	增加（延展）	增加		合取
		变化		析取
		替代		
扩展	修饰（增强）	时间		—
		空间		—
		因果—条件	原因	—
			目的	—
			让步	—
			条件	蕴含
		方式		—
		……		—

自然逻辑与命题逻辑在范围及可定义性方面的不同，可以通过功能得到解释。言辞列在解释人类经验的过程中不断演化，因此它们必须足够灵活才能应对大量的变异性表达，每一种关系的隐含定义（即指这一关系在语义系统多重维度上的定位）则是无数例示演化的结晶。（关于言辞列如何识解日常会话的合理性参见 Hasan，1992）。相反，命题逻辑的真值—函数连接词属人工设计，为了有限目的——即西方哲学所关注的演绎推理——它们的定义通过"真""假"来确定。

在某一局限性的语域内，如天气预报和烹饪步骤（见第 8 章），也许我们可以更加准确地定义言辞列关系，但这只是因为这些语域比较特殊，这与命题逻辑仅应用于某些特殊用途完全不同。

也许可以通过命题逻辑来概括言辞列的特点，但这样就在暗示概念语义域包含哪些类型的知识表征，这有可能扭曲我们对言辞列的理解，因为与命题逻辑相比，言辞列

---

① "思考"类型的投射言辞——know、believe、want——在标准逻辑之外、内涵逻辑之内得到表征。

覆盖和组织的概念语义空间大得多。

3.2　扩展与投射

抛开形式逻辑,我们来思考一下语义言辞列中包含哪种经验识解。在对人类经验的语义识解中,存在两级现实:一是物质世界的日常现实,我们称为一级现实,二是借由语言系统而存在的二级现实。这构成了语符现象,即语义和措辞现象与组成我们物质环境的一级现象间的差异。(请注意我们感官所理解的语言过程是一级现实的部分,二级现实则由这些过程所带来的语义和措辞构成)

这一差异以如下方式包含在言辞列关系中。一个言辞列关系通过添加一个言辞扩展了另一个言辞,两个言辞仍同在一个现象级别,或者言辞列关系将两个言辞中的一个投射到二级语符现象平面,使言辞列进入元现象领域(语义和措辞)。这是扩展与投射间的差异,我们在第 2 章 2.2 节做过简要介绍。例如,扩展:highs will be mid-80s and mid-90s→but parts of Texas could reach the 100s。又如,投射:the forecast predicts→ parts of Texas could reach the 100s。我们可以通过图画的形式来探究二者间的区别。通常,扩展用连续图表征,如"x 然后 y""x 因此 y""x 同时 y"等(有时二者间的关系也会用文字表示,如"与此同时……")。我们可以辨识出三种不同的扩展:详述、延伸和交换。当更多细节以放大的图片给出时,是详述;当两幅图连在一起构成一个连续的画面时,是延展;此外,连续画面还表示增强的关系。在所有情况中,表征都是以图画的方式进行的。相反,投射涉及两种方式,投射言辞用图片表征为现象源,而被投射的言辞用语言表征,这一二级现实通常包在一个"气球"图案中(有两种类型的气球,见下文)两种类型的关系如图 3-1 所示。

可以说这样构建的世界观聚焦于人类自身,人类意识占据了主要地位(在我们看来,这完全是有道理的),因此,通常只有人类可以向二级现实投射。因为人类意识是语符活动的核心,它具有将那些由非意识的符号资源所显示的内容识解为元现象的作用,所以"感知"(它是不能显示出来的符号活动,类似于思考)就需要一个有感知的人,"言语"既可以与人搭配也可以与物搭配(比较"he thinks→the moon is a balloon"和"he says/the book says→the moon is a balloon")。图 3-2 显示了两级元现象间的关系,以及在投射行为中意识的呈现方式。

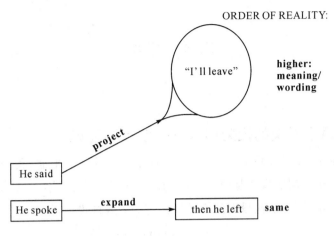

图 3-1　两种基本的言辞列类型

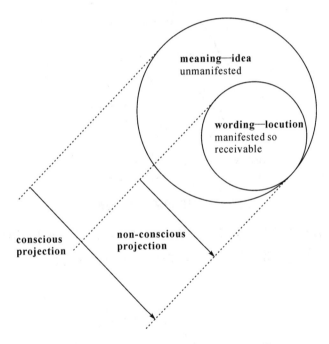

图 3-2　投射中的意识及两个层次的元现象

在下面两节，我们将讨论投射和扩展。

3.3 投射

3.3.1 两个层次的投射内容——观点和述说

我们已经指出,投射关系中,一个言辞被置于不同的现实平面,我们称其为第二层次或语符层次。第二层次现实是语符系统的内容平面(比较在第 1 章 1.2 节对语言系统特征的描述),也就是说,被投射的言辞以内容的方式被投射,如图 3-3 所示。

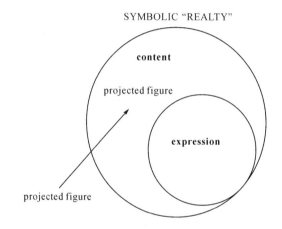

图 3-3　被投射识解为内容的言辞

我们知道内容平面被分为两层——语义(意义层)和词汇语法(措辞层)。因此,投射可以在两层中的任意一层,情况也的确如此:一个被投射的言辞要么是意义,要么是措辞(如图 3-4 所示)。

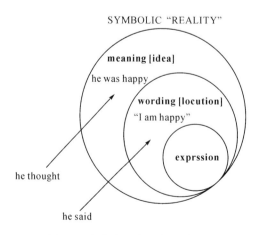

图 3-4　在内容两个层次上的投射

思想的内容是意义,意义存在于意识内部还没有实现,即还没有说出来。说的内容是措辞,以言语外显于意识之外。在投射语境中,我们称它们为观点和述说的事情。二者间的差异通常用漫画中"话语泡"的形状表示出来(如图 3-5 所示)。

图 3-5　用漫画来表示投射

下面我们进一步研究投射的两种方式。在这两种方式中,投射言辞表征符号处理过程,引进另一个言辞。投射要么采用语义发生的原型方式,即以口头和共享的方式呈现,语义交换或者共建(例如"Harriet said:'Me feed cat?'");要么以语符的方式,不再共享而是转入内心世界,语义不再交换(例如"Harriet thought:'me feed cat?'")。在第一种方式中,投射言辞是一个言语言辞,被投射言辞被称为述说。在第二种中,投射言辞是一个感知言辞,被投射言辞被称为观点。观点是被感知的投射,述说是被言说的投射。

但还有一个变体与上面两种投射方式交叉。在第 2 章 2.2 节,我们指出每当两个言辞在一个言辞列中发生关系,它们的语义分量可能相等,也可能不等。我们用扩展来说明这种互依系统。这其实也适用于投射。投射和被投射言辞可能在言辞列中地位相等,这是引述关系,如:"Harriet said/thought:'Shall I feed the cat?'"。它们之间的关系也可能不平等,这是转述关系。如"(Harriet asked/wondered) whether she should feed the cat."。这是因为投射促生第二级现实。在转述中,两个部分间的关系不平等——被投射的言辞依赖于投射,因此被投射的言辞被识解为属于一个不同的、第二级现实平面,可以说是意义组成的现实。在引述中,两个言辞地位平等,各自独立,被投射的言辞似乎仍是一级现实的一部分。

言辞列中两个言辞间关系的不同会导致两个结果。一个结果是,在引述中,措辞的方式表明它仍属于一级经验领域,如"Shall I feed the cat?",没有任何迹象显示这是一个投射。在转述中,措辞的方式显然说明它属于第二级现实,即"whether she should feed the cat"已失去其第一级语义特征,因此必须被某些表明言语功能的词如 asked/wondered/not said/thought 投射。

另一个结果是,虽然这两组变量即言说的事情/观点、引述/转述可以以任意一种可能的方式组合,但自然默认条件是述说与引述组合、观点与转述组合(如表 3-2 所示)。理由很明显,当第一级现象属于言语时(原型共享语符),被投射的言辞呈现出同属第一级的特点:"Harriet said +'Shall I feed the cat?'"(还可以倒过来说"'Shall I feed the cat?' +said Harriet")。当第一级现象属于感知时(不能共享的语符),被投射的言辞在经验的第一级平面没有对等内容,无法自然呈现在这一级,因此表达为"Harriet wondered +whether she should feed the cat"。但是,总是存在交叉组合而导致的语义延展可能,因此我们也可以看到相应的标记性组合,即述说/转述"Harriet asked + whether she should feed the cat"以及观点/引述"Harriet wondered + 'Shall I feed the cat?'"——第二个表达可以颠倒顺序。参见 Halliday 的研究(1985,第 7 章)及 Nesbitt & Plum 的研究(1988)。

表 3-2　默认一致式(投射)

投射类型	投射:状态	
	引述	转述
言语	√	
思想		√

在内涵逻辑(进一步限定来说就是认知逻辑中的知道和相信)中,观点的投射在扩展标准逻辑方面发挥了特殊作用,使得在该领域内进行推理成为可能。在逻辑取向的语义研究方法中,对观点的投射的一个特征受到广泛关注,那就是"指代模糊性"。如果一个说话者知道 Henry 是国王,然后将某人的观点识解为"Thomas thinks Henry is a nice man.",虽然说话者很清楚 Henry 和 King 指称对象相同,指称表达 Henry 仍不能被 King 代替,即"Thomas thinks the king is a nice man"不能从"Thomas thinks Henry is a nice man"中推出,因为 Henry 和 King 的身份还没有在 Thomas 意识中的投射世界里建立。

在人工智能和计算语言学中,对观点的投射在听者建模方面也起着重要作用。从系统功能视角来看,听者建模对应于互动库的一个方面:对话中的互动者必须能够评估他们经验分歧的方式并对此建模,这是他们之间人际距离的一个量度。在听者建模的过程中,这往往通过认知投射被概念识解,被投射的观点被表征为总知识体系中一个独立部分或空间,如"the speaker believes→the hearer knows→..."(参见 Allen,1987;第15章;Kobsa & Wahlster,1989;Ballim & Wilks,1991)。这些模型通常会包含较长的言辞列(通常被称为"内嵌观点"),如在图 3-6 中的例子:I believe→that you believe→that I believe→it's boiling。

概括来说,在投射言辞和被投射言辞间无时间关系:相对于投射言辞,被投射言辞可以是过去、现在或将来。投射维度受到现实的投射顺序但不是时间的影响。但是两类投射类型间确实存在分裂,从而产生了时间含义。要探究这一点,我们必须先简要研究一个基本的人际范畴,即语气。

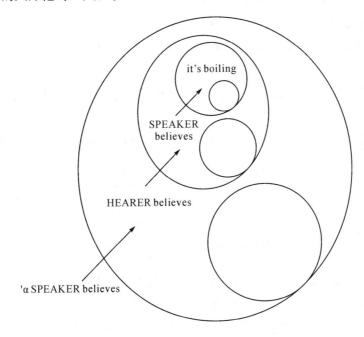

图 3-6　认知投射系列

3.3.2　命题和提议

人际语义主要关于各种象征性转换(Halliday,1984b,1985)。在此,与意义库的其他部分一样,系统按照一定方式被组织,以便在非符号事实和符号事实之间、现象和元现象之间构成差异。人际对话中被交换的"商品"要么是符号,要么是物质,即要么是语言自身识解的内容——信息,要么是独立于语言之外的内容——商品或服务。在第一种情况中,语言构成了交换;在第二种情况中,语言为非语言商品的交换提供方便。如表 3-3 所示。

表 3-3　命题和提议

	信息——命题	商品和服务——提议
提供	陈述 I've done the laundry.	提供 I can do the laundry.
索取	提问 Have you done the laundry?	命令 Do the laundry!

　　信息要么是提供，要么是索取，无论哪一种情况，信息都被编码为命题。[①] 同样，商品和服务要么是提供要么是索取，语言行为起到的是调节作用，来说明交换的行动（通常是非语言行动）是提供，还是索取。这是对某一行为的提议，这一提议要么针对说话者（提供），要么针对受话者（索取），还有第三种类型，是提供和索取的结合，即建议，如"Let's do the laundry!"。

　　因此，用于对话互动的人际系统中，出现了作为命题的内容和作为提议的内容，两者有着根本区别。这一区别反映在投射的概念系统：一个言辞被投射在两种方式中的一种，作为命题或作为提议。这两个范畴与观点、转述的自由组合如表 3-4 所示。

表 3-4　命题和提议的自由组合

	命题	提议
内容:意义（观点）	he said→that he had done the laundry	she told him→to do the laundry
内容:措辞（述说）	he said→"I have done the laundry"	she said to him→"do the laundry"

　　被投射的提议不会被实例化，即被投射的提议相对于投射它的言辞来说总是发生在未来。相反，命题会被实例化，即命题总是发生在确切的时间（过去、现在或将来）。

　　命题和提议在语法上的差异如下：当投射被转述，命题被限定小句即用于表达基本时态和情态的小句体现时，提议被非限定小句体现，如"（he said）that he had done the laundry""（she told him）to do the laundry"。当投射被转述，命题由陈述句即用于表达基本时态和语态的小句体现时，提议由祈使句体现，如"（he said）'I have done the laundry'""（she said to him）'do the laundry'"。这些体现模式如表 3-5 所示。

---

　　①　这里的命题不是逻辑中的命题含义，而是与提供形成对照。（见下文）

表 3-5　体现模式

	命题↘	提议↘
报道↘	限定的:限定式 （he said/thought） that he had done the laundry （she asked/wondered） whether he had done the laundry	限定的:非限定;非现实 (she told him) to do the laundry/ (she wanted) him to do the laundry
引述↘	自由的:陈述的 (he said) "I have done the laundry." （she said/asked） "have you done the laundry?"	自由的:祈使的 (she said to him) "do the laundry!"

如上所述,在引述中,被投射的小句保留原有语气,动词 say 可以用来投射任何言语功能。在报道中,被投射小句的语气不再确定,其言语功能由投射小句中的动词来标示(asked、ordered 等)。这使得被投射成分更具有概念语义的地位(比较在传统语法中投射成分被作为投射动词的宾语),从而使一系列同源性表达成为可能,例如"(the king ordered) 'Execute him!'/that he should be executed/him to be executed/him executed/his execution"。

因此被转述的命题/提议和被引述的命题/提议有相似之处。但是,在表示提供时(提议:提供商品或服务),两者间在体现方式上有差异。在英语中,提供没有在语气系统中语法化;也就是说,虽然其他范畴如陈述、疑问和命令在语法中都有相应的语气范畴,如陈述句、疑问句、祈使句,但提供没有,它可以由任意一种语气范畴来体现。例如:

陈述句　I can do the laundry.

疑问句　Shall I do the laundry?

祈使句　Let me do the laundry.

值得注意的是,陈述句通过意态化体现提供,它们选择表意愿或责任的祈使情态(参见 Halliday,1985)。引述提供的特征可以在语气系统中以各种方式体现。

陈述句　She said:"I can do the laundry."

疑问句　She said:"Shall I do the laundry?"

祈使句　She said:"Let me do the laundry!"

被转述的命题总是可以采用与被转述的命令相同的体现方式,例如在被转述命题中,提供和索取间的差异由投射小句来体现。例如:

命令　she told him → to do the laundry.

提供　she offered(promised/threatened)→ to do the laundry.

因此,被转述的提议通常体现为一个完成时态的非限定性小句。

可以看出,引述提供可以由意态化直陈小句体现。通常,直陈小句体现命题,因此,这似乎是特例。其实不然,这一直陈小句类型即意态化直陈小句在人际小句语法中恰恰与祈使小句(即有祈使情态的小句)更为接近。同理,这一小句类型也可以体现命令,是扩展语义潜势的隐喻性策略,通常用来改变说话者和听话者之间的话语基调。例如:

She told him:"Do the laundry!""You should do the laundry. "

She asked him:"Could you do the laundry?"

命令也可以采用同样的方法转述:

She told him → to do the laundry.

She told him →he should do the laundry.

对以上讨论做一总结:在一个投射言辞列中,一个思想和言语的言辞将另一个言辞投射为观点或者述说,要么是命题,要么是提议,如图 3-7 所示。

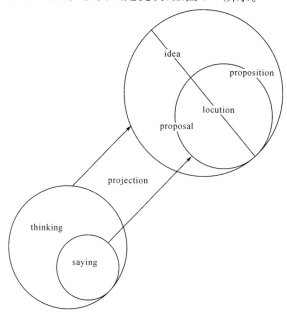

图 3-7　投射言辞列的可能情况

下面我们来看另一种主要类型的言辞列——扩展。

3.4　扩展

扩展是高度概括化的关系类型,在这一关系类型中,一个言辞与另一个言辞通过词汇语法手段构成言辞列,言辞列与言辞处于同一现实层面,言辞由联系词连接。扩展可以通过精密度级进一步划分为三个子类型:详述、延展和增强。

①详述表示言辞间的(部分)认同关系:一个言辞被认为与另一个言辞所体现的内容相同,只是角度有差异(it matters a lot; it plays an important role);或者一个言辞作为例子被包括在另一个言辞之内(it plays an important role; it provides the infrastructure)。显然,两个言辞密切相关,认同是对包括关系加以限制,包括则是部分认同。

②延展表示言辞间的添加关系:通过增加另一个言辞,一个言辞被扩展。两个言辞间的关系可以是纯粹的添加("and":"he is too young and he doesn't speak the language")、有转折的添加("and yet":"he speaks the language but he is too young")。还有一种变体,即两个言辞间是改写的关系("he is too young or else he is just immature")。

③增强表示言辞间存在描述或者修饰关系:某种意义上,这是延展加上环境特征,如"and＋时间"(and then、and at the same time 等)、"and ＋方式"(and in the same way、and likewise 等)、"and＋原因"(and therefore 等)等情况。例如"it is autumn, so the leaves are turning brown"。

扩展可以被看作从另一维度对经验进行识解,打个比方来说,一个言辞叠加在另一个言辞上,这时,经验的基本片段发生了一些变化(事件、行动、行为等),扩展是对两个言辞共有的核心进行识解,一个片段并非杂乱无章地(而是经由意义)与另一个片段累积。

从某个角度来看,扩展中一个言辞对另一个言辞限制可以说是在一个时间言辞列中的累积(因此我们用"言辞列"一词指代识解的内容),即"a 发生了,那么 x 发生了"。这就赋予 a 一个值,使其成为 x 的时间环境。从这个例子中,我们可以得出很多更为复杂的增强关系:简单的时间言辞列(after、before、at the same time、immediately after 等)的变体,环境关系如原因、条件、让步,以及它们的子范畴。在此,我们不一一列举。在词汇语法层面,它们作为子范畴为我们所熟悉(参见 Halliday, 1985,第 7 章; Matthiessen, 1995b,第 3 章)。可以说,在增强关系中,两个言辞列间是乘数关系。但是言辞间也可以是增加关系,两个言辞成为同一个故事的一部分,二者间没有逻辑上的先后顺序,如"x as well as/instead of/in contradistinction to a"。我们称为延展关系。还有第三种类型关系,言辞间关系平等,即"x 与 a 是同等的言辞"。二者间就是重复关系,或者说,一个言辞被重新组织为另一个言辞,或者用例子做了进一步说明。

言辞与言辞列之间没有截然分明的界限:经验的组成成分并没有定义在经验识解之前,语法在言辞列和简单言辞间构建了连续统。(事实上,这是各种语言间的一个变量,我们将在第 6 章从跨语言角度讨论这一问题)。如图 3-8 所示。

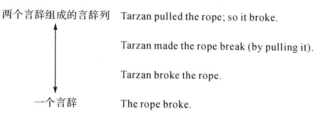

图 3-8　言辞与言辞列的界限

下面的即兴对话说明了扩展的主要范畴(注意:它也包括一个投射的例子),如表 3-6 所示。

表 3-6　扩展的主要范畴

言辞列中的内嵌层次				言辞列中的言辞
x_β	1	1	1	[1] if you go into a bank
			$=2$	[2] if you walked through to Barclays for instance
		$+2$	1	[3] and said
			$‖2$	[4] will you look after my investments
		$+2$		[5] or even if you went off to Hambros or one of the famous banks of that nature
α	1	α		[6] they would every year value your securities
		x_β		[7] as we do of course
	$+2$	1		[8] but they would charge you
		$=2$		[9] they'd send you a bill for a percentage of what they were worth

注:并列[平等]:1,2。从属[不平等]:α, β。详述:"="。延展:"+"。增强:"x"。(引自 Svartvik & Quirk,1980:430)

语法中,扩展关系通常由连接一对小句的连词或表示连接关系的词语体现,小句间可以是并列关系也可以是从属关系(例如:that is、in other words、and、but、or、also、besides、so、yet、then、when、if、because、unless)。有些表达可以体现不止一种范畴关系,例如 but 可以体现转折 and yet(延展),也可以体现让步 and in spite of this(增强);while 可以体现增加 and in addition(延展),或者时间 and at the same time(增强),或者取舍 or else（延展：外部世界的取舍，类似于 take it/leave it），或者重申"in other words"（详述：语篇内的另一选择，类似于 they are reduced to the smallest size or microminiaturized）。这种体现上的重叠表明我们建立的主要范畴实际上彼此渗透，延展可以说是占据了详述和增强之间的中间区域，与二者共享模糊界域（参见第 2 章 2.11.1 节，第 13 章 13.3 节）。

　　最后，扩展和投射间的界限也不那么确定。条件这一逻辑语义关系，典型地被识解为一种增强形式，但是也会被识解为投射，而且在语法中体现出来。条件关系用来说明一个潜在的和可实现的非实际情况，可能实现也可能无法实现。这一潜势也可以通过投射建立：

　　　　If the power supply fails, what's the best thing to do?
　　　　Supposing the power supply fails, what's the best thing to do?
　　　　Say the power supply fails, what's the best thing to do?

　　像 supporting 和 assuming 这样的投射动词在条件言辞中发挥连词的作用，像 imagine、say 这样的词仍保留了投射功能。有时，同一个词的变体在连续统上的位置也会略有不同，例如 suppose 和 assume 就要比它们的分词变体更接近投射。这是一个不确定区域，其中的言辞在假设的物质平面和语符平面间摇摆。

3.5　言辞列的关系特征

　　在总览部分，我们介绍了两类截然不同的组织结构——言辞列根据关系建构，言辞则是部分的配置组合（见第 2 章 2.1、2.2、2.3 节）。与言辞不同，言辞列并非构造单位。我们可以明确现有投射和扩展关系的范围，但我们无法确定一个言辞列何时终结再不能发展出新的言辞列，也就是说我们不能将言辞列确定为一个由部分组合而成的完整单位。因此，如果已经扩展了一个言辞，就可以不断重复这一操作：

　　　　A 然后 B；
　　　　A 然后 B 然后 C；
　　　　A 然后 B 然后 C 然后 D……

　　与此截然不同的是，言辞是一个由有限成分组成的单位：

B 跟随着 A

因此，言辞列可以无限复杂，而言辞则不能。例如，图 3-9 所示的烹饪语域（Highton & Highton①，1964:156）中的言辞列。

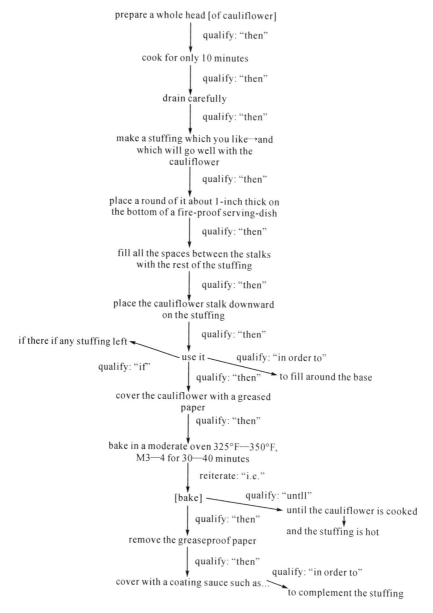

图 3-9 烹饪操作的言辞列

---

① N. B. Highton & R. B. Highton：*The Home Book of Vegetarian Cookery*. London：Faber and Faber，1964.

　　这个言辞列一步步被扩展：一个操作言辞被另一个修饰，另一个又被下一个修饰，如此延展。如例子所示，言辞列内存在套叠现象。即一个言辞列关系不仅与言辞有关，而且与多个言辞组成的言辞列有关。图 3-9 中烹饪操作的言辞列文字表述如下：

Prepare a whole head **and** cook only 10 minutes. Drain carefully. Make a stuffing（see section on stuffings）which you like, **and** which will go well with cauliflower. Place a round of it about 1-inch thick on the bottom of a fire-proof serving-dish. Fill all the spaces between the stalks with the rest of the stuffing **and** place the cauliflower stalk downwards on the stuffing, **if** there is any stuffing left use it to fill in around the base.

Cover the cauliflower with a greased paper **and** bake in moderate oven 325 ℉—350 ℉, M3—4 for 30—40 minutes. That is, until the cauliflower is cooked and the stuffing is hot. Remove the greaseproof paper **and** cover with a coating sauce to complement the stuffing , such as...

　　这个例子说明一种编码操作中常见的言辞列——程序。在程序言辞列中典型的关系是扩展：①添加性：添加和改变措辞。②修饰性：时间和因果条件。一个程序，同言辞列一样，可以是无穷尽的。在上面例子中，程序终止的唯一理由是这道菜烧好了。一个程序不再延伸并非因为它已达到单位的边界，相反，因为结构间的关系，程序可以无限扩展下去。

　　一种重要的程序类型是计算机规范的算法。这是一个用于搜索树的预计算算法的例子，广度优先，在语言上被识解为程序性文本（Barr & Feigenbaum, 1981:56—57）。

　　1. 将起始节点放在未扩展节点的列表 OPEN 上。

　　2. 从 OPEN 中删除第一个节点 n。

　　3. 扩展节点 n——生成所有的直接后继，并且对每一个后继 m 来说，如果 m 代表一组子问题（一个以上的子问题），m 生成的后继对应每一个子问题。将指针附着在每一个新生成的节点的直接后继。将那些还没有后继的新的节点放在 OPEN 的末端。

　　4. 如果在 3 中没有生成后继，那么：①将节点 n 标记为不可解。②如果 n 不可解导致它的任一祖先不可解，将这些祖先标记为不可解。③如果起始节点被标记为不可解，失败退出。④从 OPEN 中删除任何具有不可解祖先的节点。

　　5. 或者，如果在 3 中有任何终端节点生成，那么①将这些终端节点标记为已解决。②如果这些终端节点的解决导致它的任一祖先得以解决，那么将这

些祖先标记为已解决。③如果起始节点被标记为已解决,成功退出。④从
OPEN 中删除任何标记为已解的节点或者有一个已解的祖先的节点。

  6.返回步骤 2 重新开始。

  文本中,默认关系(and then)是暗示的,条件关系(if, if not)则是明示的。演算程
序通常以口头指令和一个简单的流程图表示。

  言辞列由二元的逻辑—语义关系构成,可以与言辞相关,也可以与言辞列相关。某
些关系可能会对相关现象加以限制,例如,在第一个言辞是言语言辞或者感知言辞时,
才会有投射关系,但是逻辑—语义关系差异很大,因此限制也要视具体子类型而定。

3.6　言辞列和语篇

  言辞列通过彼此相连的关系为我们的经验赋予秩序。因此言辞列可以被用来以语
篇的方式存储我们关于世界的经验,如"这是更换汽车轮胎的方法""这是烧花菜的方
法"等。这些语篇通常有相似的可辨认的语篇类型,如程序、证明、解释、情节叙述。并
非所有语篇都可以这样高度调控,但在大多数文化认同的话语模式中,可以对使用的言
辞列类型、言辞延伸的复杂度做些预测。

  语篇和言辞列位于同一抽象层次,都属于语义现象。语篇是在语境中起作用的语
言,它借助概念库发挥作用,同时也涉及所有元功能,即人际元功能和语篇元功能也起
到了积极作用。语篇借助概念库,言辞列是组织语篇的一个原则。例如,关于烧花菜的
烹饪步骤构成了一个语篇。许多语篇类型深受意义库内各模式的影响——它们可以被
看作"宏观言辞",即言辞通过逻辑—语义关系的扩展。这并不是说概念库内组织结构
与话语结构间的关系总是一一对应,即使当一个语篇按照一个概念言辞列组织时也并
非如此。典型例子如语篇中某些步骤可能需推理得出,而这些步骤在概念库的言辞列
中需要明确出来(例如,要明示涉及的推理过程)。

  如前所述,语篇组织也借助互动库,互动库与概念库在言辞列方面有相似之处。显然
互动库有独特的表示人际意义的语篇构成资源,特别是互动库有合作交换的资源,按照互
动概念编码——通过交谈者间交替进行的协调步骤共同生成对话(参见 Bateman, 1985;
Berry, 1981; Halliday, 1984b; Martin, 1992),但是这些人际步骤也可以以类似于概念库中
言辞列的构成方式构成步骤序列。典型例子如开出激励条件("I invite you to accept x, if
you want x",如"If you are thirsty, there's beer in the fridge")和给出证据("I think, infer/
you should believe x because y",如"John's in Germany because I just talked to him")。

某些语篇类型深受这些人际关系导向的言辞列的影响①,如下面这则广告中的劝说语篇:

①To get to the top you have to go to the right school.

②The first thing we do with all new pilots, no matter how qualified, is send them back to school. ③They must pass advanced and rigorous regular checks before they can fly with us. ④Exacting standards. ⑤Another reason why we're Australia's leading airline.

⑥Australian Airlines

⑦"You should see us now."

这则广告中,核心部分是⑦——让读者产生想一见澳大利亚航空的愿望;但要达到这一目的,①到⑤也包括了进来。它们之间构成了以人际关系为导向的因果关系——激励关系。(当然也有以概念为导向的言辞列关系,例如:③被组织为一个时间言辞列,即"they must pass advanced and rigorous regular checks → before they can fly with us")

本节可概括如下:构成言辞列的逻辑资源在概念语义环境中进化为言辞列,但是这些高度概括的资源也可以被用于人际环境构成互动言辞列。(我们应当注意,来自语言发展研究的证据显示逻辑—语义关系首先在人际语境中构建,参见 Phillips,1985,1985;Halliday,1993a;以及本书第五部分)。在生成语篇时,我们可以采用任意一个,这取决于语篇的性质,如图 3-10 及第 9 章关于语篇库在组织语篇中的作用。

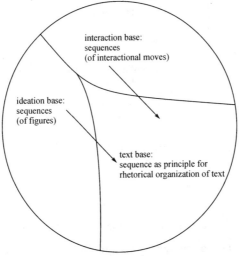

图 3-10　语篇组织过程中来自概念和人际倾向言辞列的支持

---

① 根据修辞结构理论(Mann & Thompson,1987;Mann, Matthiessen & Thompson,1992),这里的关系包括 enablemnent、motivation 和 evidence,都是以人际为导向的关系。(参见 Mann & Matthessen,1991)

3.7　言辞列和语法

如第 1 章 1.5 节所述,语义和语法协同进化(在语义历史的三个维度上)。在当前语境中,这意味着言辞列和小句复合体协同进化。最基本的原则就是一个言辞列由一个小句复合体体现,二者也可以彼此分离。

一方面,一个言辞列可以延伸到一个小句复合体之外,如第 3 章 3.5 节中烹饪言辞列所示。也就是说,总潜势同时包含语义和语法,但是在具体语篇生成过程中,这一潜势可能被语义所占用,从而产生一个范围远超出体现它的小句复合体的言辞列。下面的例子中,制作"柠檬土豆"(Highton & Highton)的言辞列由两个小句复合体体现(如图 3-11 所示)。

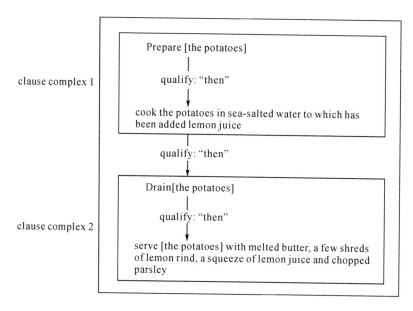

图 3-11　制作"柠檬土豆"

语篇如下:

Prepare and cook the potatoes in sea-salted water to which has been added lemon juice. Drain and serve with melted butter, a few shreds of lemon rind, a squeeze of lemon juice and chopped parsley.

此例中,言辞列在语法中被组织为两个小句复合体,但是,这一组合不是任意的,它用于说明烧制柠檬土豆的两个主要阶段。换言之，一旦言辞列和小句复合体部分分离以至于一个言辞列不再必然对应一个小句复合体时，在体现过程中如何将二者联系起来就成为一个意义重大的选择（这一重要性因语域而异，但是选择即意义这一原则是普遍的）。

　　另一方面，一个小句复合体原则上可能对应一个言辞而非言辞列。这通过人际语法隐喻来实现（参见 Halliday，1985）：一个可以一致式地体现为一个情态助动词（can、may、will 等），或者一个情态附加语（perhaps、probably 等）的人际情态被升级为小句复合体中的投射小句，例如：

I don't suppose ‖ there's very much "there's probably not"

I think ‖ I might have walked out too from all the accounts

"I probably might have"

　　此外，小句中的一个或多个言辞可以由小句的成分体现。一个主要的资源就是概念语法隐喻，这将在第 6 章详细讨论。还有其他情况，如暗示时间关系的环境角色，例如"as a child，he was very shy（when he was a child，he was very shy）"（比较第 8 章8.2.2 节关于天气预报中带有 with 的介词短语）。语法在小句之下的级阶构成复合体，如 melted butter、a few shreds of lemon rind、a squeeze of lemon juice and chopped parsley。可以将它们中的一些理解为被语法压缩了的言辞列，因为它们共享一个或多个成分。因此以"Henry and Anne went to the store."这句话为例，如果他们一起去了商店，就可以理解为一个简单的言辞；如果他们分别去了商店，就理解为一个言辞列。

3.8　小结

　　我们已经辨识出两种主要的言辞列类型（联系言辞的方式）——投射和扩展。在这两种类型中，言辞间的关系可以是平等的，也可以是不平等的。原则上来说，这些关系将言辞组织为一个整体，也就是说，在一对言辞中，言辞间扩展或投射关系的领域就是每一个言辞自身。但在有些情况中，可能会特别涉及一些子领域。尤其是在详述言辞列中——主从详述小句复合体的语法告诉我们如下信息——详述关系小句包括一个关联表达（如果小句是限定的），小句紧跟在被详述的领域之后，无论它是一个完整的小句（"Mary could never feel comfortable with him，which was perfectly understandable"），还是小句中的某一成分（"Mary，who was very sensitive，could never feel comfortable with him")。

　　如果被扩展的部分不是一个言辞,而是言辞的一个成分,我们得到的就不是言辞列,而是成分的序列,它们由词组或者短语复合体来体现。因此当一个言辞列表达两个概念过程时,我们不说"Schank conceived of scripts and Abelson conceived of scripts as a solution to this problem",我们说"Schank and Abelson conceived of scripts as a solution to this problem"。这句话中有一个带有成分序列(充当某一单一过程的感知者)的言辞。用语法来表述,顺序关系保持不变,但是复合体出现的级阶取决于相关联的领域。如图 3-12 所示。

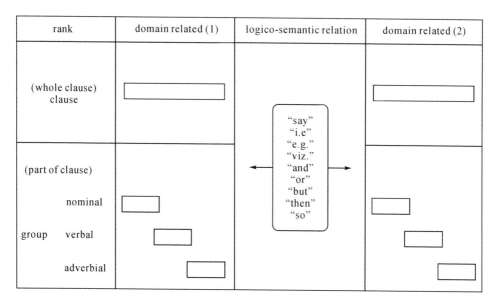

图 3-12　逻辑语义关系的不同领域

　　这里的一个问题是在怎样的程度上语义和语法可以协调同步。可以看出,言辞的语义序列在语法中可以由一个小句加上词组/词的级阶来体现,即在体现过程中言辞列是向下级转移的。倾向于研究这一可能性的观点认为它可以区分出像"Henry and Anne went to movies"这样句子中的潜在歧义——语法上来说,有一个词组复合体(Henry and Anne);从语义上来说,它既可以是一个言辞列(如果读出的语义是分开的话,就是"Henry went to the movies and Anne went to the movies"),也可以是成分序列(如果读出的语义是在一起的话,就是"Henry and Anne went to the movies together")。当然转换语法对这一领域的研究是对"分开"和"一起"给予了不同的深层结构。显然,一些语法上的词组复合体在语义上不能扩展为言辞列,如:Henry and Anne chatted 不可能是 Henry chatted and Anne chatted 的语法压缩,准确来说,它是 Henry chatted with Anne 的同源表达。在这种情况下,并不会有歧义出现。

　　言辞列之下的序列在语法中保留了逻辑体现模式,因此,扩展和投射充满了整个系统,组成言辞列。实际上,这是一般原则的一个实例:扩展和投射属于跨现象范畴,因为它们在整个系统都有体现,不仅是在跨级阶的逻辑环境中,而且在经验中也是如此。例如,一个言辞列内部的投射"Brutus said Caesar was ambitious",投射体现在一个简单的言辞内部,如"According to Brutus, Caesar was ambitious"。当系统扩展到语法隐喻部分时,这一特征将会特别探讨(参见第 6 章)。

4　言辞

4.1　两种言辞观

正如上文所述,言辞是体现一定变化的一个基本经验片段。就像一部戏剧,由一系列演员和道具组成,按照时间顺序展开。我们区分两种互补的言辞观:组成成分和时间。

从组成成分角度看,言辞是由其他现象单位(成分)的配置所形成的现象单位。所谓单位,意味着言辞是一个由不同功能成分组成的有机整体。(在"活动理论"语境中,对言辞中参与者和其他角色的解释,参见 Steiner,1988a,1991)在这方面言辞不同于言辞列,言辞列不是组成成分单位,而是有序排列的扩展和投射之所。

言辞在时间中发生,但是言辞的时间方面是典型地通过过程这个特殊成分得到识解的。我们将在讨论成分时,将言辞的时间方面放在"过程"里处理(参见第 5 章 5.4节)。本章余下部分我们集中讨论言辞的组成成分。

言辞的配置有两个相互联系的方面:①言辞所属的经验领域;②参与者之间的互动本质。

换句话说,作为一个经验理论,言辞的语义系统包含两个子理论:①涉及经验的不同领域;②一个涉及参与其中的各种现象的互动方式。我们在第 4 章 4.2 节中讨论①,4.3 节中讨论②。

4.2　配置——经验域

4.2.1　四个基本域

言辞系统将经验识解为四个广为接受的行动领域:动作和发生、感知、言语、存在和拥有。每种类型的言辞都有各自的一套参与者角色(如表 4-1 所示)。

表 4-1　言辞类型和参与者角色

		过程			投射
	动作者		范围		
	she	is playing	the piano		
	动作者		目标		
	she	is polishing	the piano		
动作和发生	动作者		目标	接受者	
	she	is giving	a book	to her brother	
	动作者		目标	委托者	
	she	is building	a house	for her brother	
	感知者		现象		
	she	knows	his father		
感知	感知者				
	she	knows			that his father has arrived
	说话者		话语内容	受话者	
	she	says	a few words	to her brother	
言语	说话者			受话者	
	she	says		to her brother	that his father has arrived
	载体		属性		
存在和拥有	she	is	a lawyer		
	标记		价值		
	she	is	his lawyer		

4.2.1.1　符号处理:感知和言语

投射言辞列一方面非常清晰地区分了感知言辞和言语言辞,另一方面通过将感知和言语作为具有将其他言辞设置为下一层次的符号现实的特殊力量的言辞,从而将它们与动作和存在言辞区分开来。这意味着,投射言辞列在两个层面识解感知和言语言辞:感知和言语本身的层面与感知和言语的内容层面。如第 3 章所述,投射言辞表征符号处理,通过加工产生另一个作为符号存在的言辞。符号加工的言辞包含符号过程本身(想、说等)和一个从事符号加工的参与者,如在"she said/thought→that he had left"中,she 是符号处理者,said 是过程。被投射的内容要么是一个命题（如"she said/thought→he had left"）,要么是一个提议("she asked him→to leave""she wanted→him to leave")。

符号处理是对感知和言语言辞的概括,强调二者均能投射。但是感知和言语在投射的层面有不同之处:感知投射内在的内容——观点,而言语投射外部内容——言辞。被投射内容的层面决定被投射内容的典型状态:言辞可以被引用和转述,在很多话语类型中引用更受青睐。相比而言,观点典型地用于转述,引用比较罕见。这意味着,观点被识解为比言辞更加远离共享经验。

这样,投射识解了内部符号处理(感知)和外部符号处理(言语),内部和外部之分通过感知和言语的内部结构得到强化。

①感知和言语沿着不同方向识解符号处理者。感知的内部符号处理者被识解为一个从事有意识处理的参与者,凭借服务于感知言辞而具有天生的意识。所以在 The thermometer thinks it is 35 degrees 中,符号处理者必须被识解为一个有意识的生物。

言语言辞中的符号处理者是一个有意识的说话者。既然言语是一个外部而不是内部的符号处理,言语中的符号处理者不像感知言辞,不限于人类意识,它可以是任何一种符号资源,一种"符号事物",如机构、文件及测量仪器等(参见 Halliday,1985:129—130)。因此除了"In the hospital's newsletter, he tells of one patient who stopped a two-week-long bout. ",我们也发现"The British medical journal *The Lancet* recently reported a study at Oxford university's John Radcliffe Hospital. "这样的例子。

"the thermometer thinks it is 35 degrees"需要隐喻性解读,而"the thermometer says it is 35 degrees"不需要。

我们通过将感知和言语的符号处理者分别叫作感知者和说话者以示区分。

②言语言辞将外部符号处理的对象识解为一个参与者形式——接受者,例如在句子"She told/asked/commanded him...""She said to him/asked of him..."中。与此相反,内部符号处理不能说出来,感知言辞不能与接受者配置。

通过言语和心理小句投射转述时,感知和言语言辞的语法体现具有细微差异。在言语小句中,接受者是言语小句的一个语法成分,如"she told him→to leave"。作为一个参与者成分,接受者也可在言语小句中充当主语,如"he was told（by her）→to leave"。心理小句看似一样,其实不同,因为心理小句没有接受者。如在"she wanted→him to leave"中,him 是被转述小句的成分,所以它不能充当转述心理小句中的主语,不能说"he was wanted（by her）to leave"。当被转述小句为被动形式时,这种差别也清晰地呈现出来。将可接受的形式"she wanted the car to be washed"和非一致式"she told the car to be washed"进行对比,分析它们之间的差别,即"she told the car→to be washed(这里 car 被识解为接受者)":"she wanted→the car to be washed"[①]。

③指向性。言语被识解为由说话者向接受者表达(she asked/told/commanded him——"她向他说话")。相反,感知包含两个互补的视角:感知者在感知中的投入涵盖了这种现象,或者现象被识解为影响了感知者的意识(she likes the design;the design pleases her)。

概念世界中的意识—符号中心外围的领域要么是积极的(动作),要么是惰性的(存在),如图 4-1 所示。

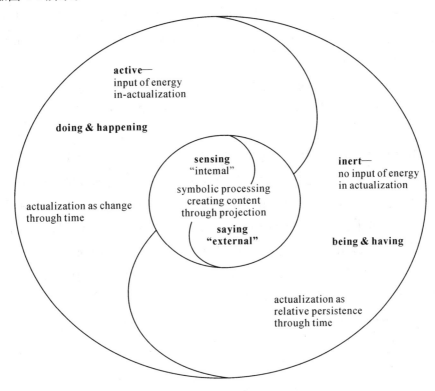

图 4-1　看作不同经验域的言辞的基本类型

当然这里有很多不确定性,包括一些边界情形,如感知和言语被识解为动作形式(因而不能投射),如 watching、listening、chatting、speaking。这些特征反映了这样的过程在整个语义空间的临界位置。下面将讨论边界情形。

---

① 就像往常一样,总有违背一般原则的情况。例如,she asked/told/persuaded/implored/encouraged/promised/threatened the car to be washed 是非一致的,she ordered the car to be washed 是可接受的。这就暗示了投射小句和被投射小句(she ordered→the car to be washed)构成成分边界的心理模型。

4.2.1.2 动作和存在

动作和存在不排除一个有意识的参与者的参与,但不要求一定有参与者参与,所以不具有"赋予"一个具有人类意识的参与者的效果。它们可以通过两个参数加以区分:时间和能量。二者均卷入它们的实现过程。

①时间。动作涉及事件随时间而变化的过程(包括不顾变化的力量保持一种状态)。变化可能沿着多个维度发生:环境,即空间(移动或倾向,具体或抽象);强度,即性质(颜色、大小、形状、硬度等)、数量(增加、减少);所属(所属权转换,部分的丢失或增加);存在(创造或毁坏)。相反,存在并不取决于任何时间变化。存在言辞在时间中展现时,唯一的变化就是过程本身在时间上的展现(参见第 4 章 4.2.1.3 节)。现实化的本质在任何时间点都相同。

②能量。动作需要某种输入才能发生。这常常来自动作的参与者之一——动作者(自发移动也是如此),但是能量源可能来自言辞之外(如"下落")。存在言辞不需要能量输入。

动作和存在言辞可以阐释为关于"变化量"的互补视角。识解为动作时,这种变化显示为一个参与者的真实变化;识解为存在时,变化表现为取得的或可获得的结果。思考一个因果,如"[动作]'he washed it'——<so>→[存在]'it was clean'",在这里,变化量可以识解为两个言辞("He washed it,so it was clear.")。或者可以识解为一个言辞,在此情形下可以采用两个视角:如果识解为动作,言辞"he washed it clean"详述为一个结果;如果识解为存在,言辞"he made it(be)clean"通过结果得到详述。"he cleaned it"在单个过程中包含上述两种视角。如图 4-2 所示。

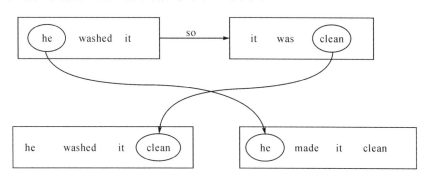

图 4-2 施事性和结果归属

动作和存在之间的互补性通过言辞的作格模型得到最为清晰的呈现,这将在第 4 章 4.3 节中进行讨论(参见"通用模型",尤其是图 4-11)。它不局限于增强型(性质/数量)的存在言辞,我们也发现如下小句:

环境：I put it on the shelf/it's on the shelf

they covered the floor with a carpet/the carpet covers the floor

属有：she's given him a new car/he has a new car

更精细的类型将在第 4 章 4.2.3 节展示。最后我们要注意，动作范畴包括事件，所以动作言辞属于"动作和发生"类言辞。而存在范畴包含：①处于某种环境关系中；②拥有。拥有本身就是"处于某种环境关系中"的特定情形。

4.2.1.3　时间展开

无论言辞以哪种方式出现，都要通过时间展开。这种展开被识解为过程本身的固有特征，在语法中通过时和体实现，因而可以验证过程和参与者之间的区别。展示为过程时，言辞在时间中展开；展示为参与者时，它持久不变——不管参与者是否发生了变化。极端情形是表示创造或破坏的过程，如写或擦除一个符号，通过该过程，一个参与者产生或停止存在。如图 4-3 所示。

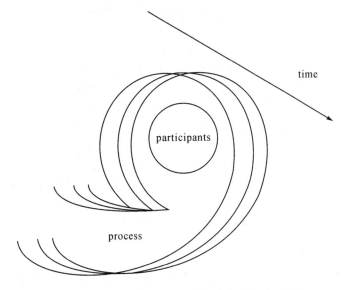

图 4-3　在言辞的时间展开中参与者和过程的互补性

这种互补性也可以通过与过程和参与者有关的各种不同指示成分（与"这里"和"现在"有关）理解。一个过程变得具有限定性，是因为它受时间约束，以说话这一动作为参照点。参与者变得具有确定性，是因为在一个参照空间里它处于固定处所。这种区别也出现在一个语篇的时间展开中。在语篇中，参与者具有作为话语指示对象而保持不变的潜势，但过程排除在外，除非它们通过使用语法隐喻成为名义上的参与者（参见第 6 章）。

4.2.2　语法体现

我们描述了不同类型言辞的语义区别，让我们将它们和及物性——识解言辞语义的小句的概念语法联系起来（参见第 2 章 2.12.1 节的总结）。不同语义类型，感知、言语、动作和发生、存在和拥有都在及物性语法中得到体现，如图 4-4 所示（参见 Halliday，1985，第 5 章）。由此，动作和发生体现为物质小句，感知体现为心理小句，言语体现为言语小句，存在和拥有体现为关系小句。不同的过程类型没有在语法中明确标识，它们是隐性范畴，只有在我们考虑其阻抗性（参见第 1 章 1.8 节）时才出现，如图 4-4 斜体部分所示。

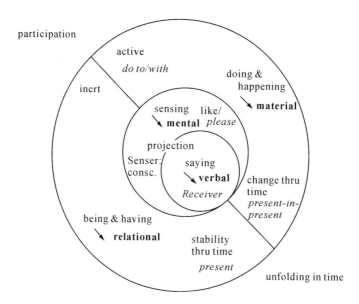

图 4-4　小句语法中的过程类型

言辞类型的语法阻抗性包括：

过程指向性：很多心理过程是典型的双向性的，出现在两种相反的配置中（I like it/ it pleases me，detest/revolt，fear/frighten，remember/remind，notice/strike），因此将有意识过程识解为现象影响感知者的意识（the music pleases him）或者感知者的意识拥有这种感知域中的现象（he likes the music）是可能的。物质过程和关系过程都没有显示这种双向性。

参与者性质：在心理小句中，感知者天生具有意识，如"she/he thought the moon was a balloon"，而"it thought the moon was a balloon"就不正确。这种限制不适用于物质和关系小句中的任何参与者。尽管感知者严格受到这种限制，但另一个心理过程的参与者——现象完全不受限制，它不仅可能是现象（she remembered the old house），而且可能是宏观现象（动作：she remembered him <u>coming down the stairs</u>）或元现象（事实：she remembered <u>that they had been happy in the old house</u>）。物质过程的参与者不可能是元现象。例如，虽然可能"推翻"建筑物之类的具体事物，或者观点和论点之类的抽象事物（"she demolished the house/their ideas/his argument"），但不可能推翻"元事物"（我们没有发现"she demolished that the earth was flat"的表达）。

在时间中展开：在物质过程中，无标记的现在时是现在中的现在（"he <u>is mowing</u> the lawn""I <u>am doing</u> the job"），而其他过程是一般现在时（心理：she <u>believes</u> he's mowing the lawn　关系：he <u>has</u> a lawn mower/I <u>am</u> busy）。

参与：物质过程有一个专门的代动词"do (to/with)"，如在"what he did to the lawn was to mow it"中。这不会出现在心理小句"what he did to the story was believe it"中，也不会出现在关系小句"what he did to the lawn-mower was have it"里。

投射：心理和言语小句不同于物质和关系小句，前者能投射观点和话语（引用或转述，参见第 3 章）。这些表征感知和言语的"内容"，如"David thought→the moon was a balloon"。投射关系通过箭头表征。言语小句有别于心理小句在于说话者不一定是有意识的实体，并且可能还有另一个参与者——话语接受者，这在心理小句中是没有的。

就所有语言系统来说，任何给定的实例或多或少都具有典型性，但是可能一些次类型处于主要类型的临界地带，语法通过创设临界情形和临界交融的方式识解这些连续的经验。行为过程就处于临界地带（Halliday，1985：128—129）：生理或心理行为过程如呼吸、做梦、微笑、咳嗽。这些可以阐释为物质过程的一个次类型或物质和心理过程之间的一个临界范畴。它们包括将有意识处理识解为主动的动作（观看、聆听、思考、沉思），而不是被动的感知（看见、听到、相信）。就像心理小句中的感知者一样，动作小句中的"动作者"也天生具有意识。但是在其他方面动作小句更像物质小句。和物质小句一样（不像心理小句），动作小句可以通过 do 加以探测，如"What are you doing?"，回答是 I'm meditating，而不是 I'm believing。另外，行为小句通常不能投射，或以非常有限的方式投射（对比表认知的心理小句"David believed→the moon was a balloon"和动作小句"David was meditating→the moon was a balloon"）[①]；它也不能接受一个"事实"作为现象（心理小句为 David saw that the others had already left，但行为小句 David watched that the others had already left 不行）。在这些方面，行为过程本质上是物质世界而不是心理世界的一部分，因为是生理而不是心理倾向，很多已经和心理过程相距甚远。

这样的临界情形，其阻抗性的模式并不是要和主要类型一致，这是一般语法系统的

---

① 行为小句引用的特殊情形，如"'You are late', she frowned."，参见第 4 章 4.3 节关于言语的讨论。

特点。图 4-5 表征了由言辞识解的全部语义空间，包括某些不确定领域。部分将在后续跟进，更多讨论参见 Martin & Matthiessen(1991)。

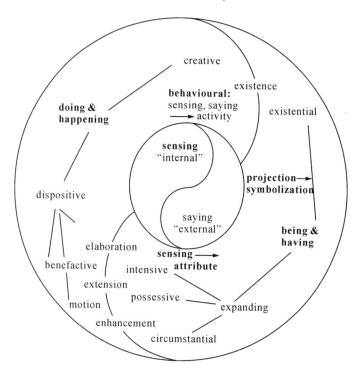

图 4-5　言辞的整体语义空间，含不确定和互补的主要领域

4.2.3　进一步精细化

4.2.3.1　感知类型

在精细化方面我们已经区分了各种言辞。为了说明分析可以进一步细化，我们将讨论感知言辞。这里投射被证明是区分不同类型的主要特征，感知将观点投射于存在，投射可以通过认知或愿望而实现。例如：

I just thought→I'd tell you that I appreciate it.

I think→I'll give it up.

They want→me to crawl down on my bended knees. (Pinter:《生日宴会》)

"I'll give it up"的观点是由思维过程创造的，在思维过程创造之前它并不存在。同样，"me to crawl on my bended knees"的观点通过愿望过程开始进入一种虚拟存在。相比之下，知觉和情感类型的感知不能投射观点。也就是说，观点不是某个人看见、听见、高兴、忧虑、悲伤等的结果。这两种类型的感知适用于"预先存在"的投射，即事实投射（参见 Halliday，1985）。例如：

It assures me [[that I am as I think myself to be，that I am fixed，concrete]]. (Pinter:《无人区》)

I was impressed，more or less at that point，by an intuition [[that he possessed a measure of sincerity the like of which I had never encountered]]. (Pinter:《无人区》)

We heard [[that you kindly let rooms for gentlemen]]. (Pinter:《生日聚会》)

这样，"that I am fixed，concrete"被识解为已经被投射的事物（因而可以添加"assure me of the fact that"），而这个事实引起确定的情感。这些特征归纳于表 4-2。

表 4-2　观点与事实

	观点被投射于存在之中	投射前存在的事实
认知和愿望	they thought→the earth was flat they wanted→the earth to be flat 认知和愿望过程创造观点	
情感和知觉	但情感和知觉过程不能创造观点	它们由事实激活 they rejoiced (at the fact) that the earth was flat： (the fact) that the earth was flat pleased them they heard (the news) that the earth was flat

语法一方面在认知与愿望之间画了一条明显的界限，另一方面在知觉和情感之间画了一条明显的界限。前者可以创造各种"观点"的世界，后者则不能——至少按照体现于英语语法的意识理论是如此。投射能力的差别是一组特征，它们整体上的作用是区分感知言辞的次类型——知觉、认知、愿望和情感。这些特征归纳于表 4-3。

表 4-3　感知次类型的区别

	知觉	认知	愿望	情感
(1) 投射观点	……	√：命题 He believes→she has left； It strikes him→that she has left	√：提议 He wants→her to leave	……
(2) 元现象	√： I hear（the rumour），see（evidence）that she has left； ……	…… *	……	√： He rejoices（at the fact）that she has left； It pleases him that she has left
(3) 作为情态	……	√：情态化 I think：perhaps I know：certainly	√：意态化 I insist：must I want：should	……
(4) 言语诱因	……	√：命题 I tell you：you know I remind you：you remember I teach you：you learn	√：提议 I persuade you：you want	……
(5) 方向性：逆反性	罕见 perceive：strike，assail sb.'s senses	一些 believe：convince forget：escape recall：remind	……	√ like：please grieve：sadden fear：frighten
(6) 在行为小句中识解为主动行为	√ see：watch，look（at） hear：listen（to） taste：taste	√ think：ponder，meditate	……	…… （仅作为情感）标记：giggle，laugh，cry，smile，frown

续表

	知觉	认知	愿望	情感
(7)相(瞬间,起始等)	√ see：glimpse, sight, spot	√ know：discover, realize, learn, conclude, deduce, establish, figure out；remember, recall, recollect；forget	……	…… (无系统的词汇化区别?)
(8)同源归属关系过程	√ look, sound, smell, feel (seem, appear)	……	……	……
(9)在归属关系过程中识解为属性	……	一些 know：certain, aware doubt：doubtful	一些 want：willing keen, eager；unwilling	√ delight in：delightful like：fond (of) fear：afraid
(10)等级性	……	一些 suspect, guess—believe, think—know	一些 want—need	√ alarm—frighten, scare—terrify, horrify；interest—intrigue；upset—devastate 也通过程度强化： greatly, deeply ＋ upset, enjoy
(11)具体化	有界,可数 sight(s)，view(s), perception(s), sensation(s)	有界,可数 thought(s), belief(s), memory(ies) 无界,不可数 knowledge, realization	有界,可数 plan(s),wish(s), intention(s), hope(s)	…… 无界,不可数 anger, fear, frustration, happiness, horror, joy, sadness

我们将逐个评述这些特征。

①观点投射。虽然认知和愿望都投射观点，但投射不同的观点（见第 4 章 4.2 节）。认知投射命题——有效或无效信息的观点：he believed/imagined/dreamt→that the earth was flat。愿望投射提议——没有实现但是希望实现的观点：he wanted/intended/hoped for→her to leave。投射是感知和言语之间的关键环节。参见④。

②现象性。感知过程可以涉及一个元现象，即由充当现象的先前投射的事实引发，如（the fact）that she is late worries me。涉及这种元现象类型的两类感知言辞是那些不能投射的感知，即知觉和情感。也就是说，虽然知觉和情感不能创造观点，但它们可以"回应"事实。在这点上，它们有点像某些关系小句，如（the fact）that she is late is a worry/worrying。参见⑧。

③情态隐喻。与情态助词和情态副词的一致式一起，认知和愿望可以分别用作情态人际系统的隐喻——情态化和意态化（Halliday，1985，第 10 章 10.4 节）。这就是说，一些认知过程代表可能性，如"I think：probably/I suppose：perhaps"。一些愿望过程代表意志和责任，如"I want：should/I insist：must"。例如：

"I think that in a sense you've had to compromise，haven't you?"代表"in a sense you've probably had to compromise，haven't you"

表知觉和情感的感知过程都不能充当情态隐喻。①

④言语后果。认知和愿望都可以通过言语行为产生，如"I have told you that：you know that：：I have persuaded you to：you intend to"。没有引发知觉和情感的言语类型。

⑤定向性。情感过程具有典型的双向性。它们可以被识解为情感涉及某种现象，或者某种现象引发情感。如"I like Mozart's music（'喜欢'型）""Mozart's music pleases me（'使喜欢'型）"。如图 4-4 所示。这里英语语法识解了对情感过程的两个冲突的解释的互补性。两种对立的关于我们是否控制情感的观点，似乎都没有独立建构一个全面的经验构架。愿望过程不是双向的，这里没有"使喜欢"类型，只有"喜欢"类型。这里，语法赞成我们控制自己愿望的观点。认知和知觉可能是双向的但偏向"喜欢"型，知觉过程尤其如此。像 the noise assailed my ears 这样的"使喜欢"型知觉过程是边缘化的。

---

① 情感与人际态度有关，如"I rejoice that she's returned：she has，happily，returned"。不像情态，态度不是对小句有效性的评估（从语法看，它不是语气修饰语）；相反，它是对小句中呈现的信息的评价。

⑥识解为行为。感知过程在语法中没有被识解为动作。但是如上所述,某些有意识的过程不仅被识解为感知,还可被识解为"做事"行为(似乎是一种主动的感知)。如:

Stanley (urgently)：**Look**—

McCann：Don't **touch** me.

Stanley：**Look**. **Listen** a minute. (Pinter:《生日聚会》)

Anna：**Listen**. What silence. Is it always as silent?

Deeley：It's quite silent here，yes. Normally. You can **hear** the sea sometimes if you **listen** very carefully. (Pinter:《往日时光》)

这里,look、touch、listen是行为小句,而不是心理小句中的动词。它们被识解为主动行为者控制的活动。其区别在最后一句中得到明显的提示:you can hear the sea sometimes if you listen very carefully. 所有的知觉方式可以被识解为行为或感知。一个重要的语法区别是现在的行为一般都被转述为现在中的现在(现在进行体),如"What are you doing? I'm watching the last whales of August."。但是现在的感知不会,如"I (can) see the whales in the distance."。① 另一个区别是只有感知能包括一个元现象类的现象。只要现象和日常事务的存在顺序相同,两个过程类型都没问题,如"I saw/watched the last whales leave the bay.",虽然我们说"I saw that he had already eaten.",但我们不能说"I watched that he had already eaten.",因为这句包括元现象。这是经验的心理域和物质域的边界。有一些行为过程和认知过程同源(考虑、迷惑、沉思),但从来没有行为过程和愿望、情感过程同源(咯咯地笑、大笑、哭泣、微笑等行为过程是情感的外在表现,但它们不是诸如欣喜、悲伤、恐惧这类惰性情感过程的积极变体)。

⑦相。不同类型的感知有不同程度的时间延展性潜势。我们有关于知觉和认知过程的持续、起始等范畴,如表知觉的除了 see,还有 glimpse、sight、spot;表认知除了 know,还有 discover、realize、remember。但愿望和情感过程之间没有类似区别。

⑧同源归属过程。表知觉的过程在感知类过程中具有唯一性,因为它们同源于一组归属式关系过程——将自己的属性显现出来让我们去意识的过程。如"Madam, you'll look like a tulip."。

---

① 也请注意表示能力时的不同:在"I can see birds in the sky."和"I see birds in the sky."之间没有太多区别,但"I can be watching birds in the sky."和"I am watching birds in the sky."的意义明显不同,事实上前者通常会解释为"I sometimes watch..."。

⑨识解为归属过程的属性。很多情感过程可以选择将情感识解为在以属性归属为关系过程中的载体的特征,这种选择存在于"喜欢"类型和"使喜欢"类型过程。所以,"I am afraid of snakes."是对心理过程"I fear snakes."的归属性选择。类似情况在另一个方向出现,如"snakes are scary"和"snakes scare me"。关系过程的另一种选择存在于一些认知和愿望过程,但是对情感过程更具有生成性。知觉域中的类似属性似乎总是涉及可能性(visible,audible)。

⑩等级性。与将情感识解为属性的可能性相关的是等级化或者强化情感过程,很多特征可以被强化。我们发现很多过程根据强度得以区分,如 scare、terrify、horrify;情感过程可以通过程度副词加以强化,如 much、greatly、deeply。虽然这些选择不面向知觉过程,但也向一些认知和愿望过程开放。强化是一个基本的情感特征。

⑪具体化。最后,当不同的感知类型通过隐喻识解为事物时,它们通过不同方式具体化。知觉、认知和愿望被具体化为有界的事物,即可数名词,如 sight(s)、thought(s)、plan(s),而情感被具体化为无界的事物,即物质,如 anger、fear、frustration①。也就是说,情感被识解为无界的,犹如水、空气、铁和石油之类的物理资源(参见 Halliday,1990)。其实人们可以从 Lakoff & Kövecses (1987)对美国英语中的"愤怒"的认知模式的讨论中看出,很多愤怒的隐喻将它识解为具体的物质(如作为盛在容器中的流体,"He was filled with anger.""She couldn't contain her joy.""She was brimming with rage.")。在被识解为无界的物质时,情感又更像特征(参见无界的 strength、height、heaviness、redness)。

通常,语言中考虑多种特征的图景并不简单,它是多层面的。但是也可能显示如图4-6 所示的感知系统的某些突出的特征。相比典型过程,情感似乎更接近特征—归属过程。它起因于投射,但不创造投射。与此相反,知觉本质上接近行为过程。认知和愿望与之不同,因为它们能够投射(使意识的内容得到实现),能够代表情态,所以一般不像行为和归属,它们可以解释为感知的中心类别。有证据表明,认知比愿望更接近知觉——有像 see 那样的跨界现象,既有视觉、知觉的基本意义,又有"理解"之义,而且二者可以以一种积极方式识解为行为过程。

---

① 一些认知过程也是无界的,如 knowledge、realization、understanding。

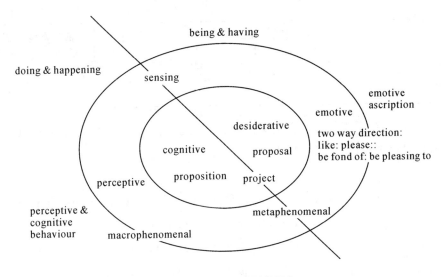

图4-6　不同感知类型的倾向

4.2.3.2　存在和拥有类型

表存在和拥有的言辞识解参与者之间的关系。它们将相同的全部关系范围识解为延展型言辞列,其基本的次类型对应扩展的次范畴:详述、延展和增强。一旦我们确认语义系统根据跨现象(不规则)原则识解现象(参见第3章3.8节和第5章5.6节),自然地,存在和拥有言辞识解关系的方式使得它们和延展型言辞列中显示的语义类型相呼应。它们不是识解一个任意不同的关系理论。

在存在和拥有言辞中,一个参与者可以详述、延展或增强另一个参与者。

①一个参与者沿着精密度级、实现、例示化维度详述另一个。换句话说,详述建立一种普遍性(精密度级)关系、抽象性(实现)关系或标记—类型关系,如表4-4所示。有另一个详述借以参与身份或成员资格的变量(参见第2章2.11.2节,Stephen在建构归属语法时怎样从例示化开始,然后进一步将精密度级考虑进去)。

表4-4　两栖动物详述

	身份—识别: 标记＋过程＋价值	成员资格—归属: 载体＋过程＋属性
精密度 (上下义)	frogs, toads and salamanders are ("constitute") the amphibians: the amphibians are (" are constituted by") frogs, toads, and salamanders	frogs are amphibians (amphibious)
实现	groda is ("means") "frog": "frog" is ("is meant by") groda	

续表

	身份—识别： 标记＋过程＋价值	成员资格—归属： 载体＋过程＋属性
例示化		This (specimen) is a frog

详述言辞可用来识解上下义语义分类。换言之，它们是一个意义潜势本身的系统结构理论，通过这个理论，它们能用来进一步详述这一意义潜势。如：

The fuels of the body **are** carbohydrates, fats and proteins. These are taken in the diet. They are found mainly in cereal grains, vegetable oils, meat, fish and dairy products. Carbohydrates **are** the principal source of energy in most diets. [...] Fats **make up** the second largest source of energy in most diets. [...]

②一个参与者通过组构关系、所有关系和联系关系延展另一个。和详述一样，也有交叉的身份或成员资格身份变量。如表 4-5 所示。

表 4-5　延展类型

	身份—识别： 标记＋过程＋价值	成员资格—归属： 载体＋过程＋属性
组成成分（整体—部分）	The sports centre comprises (consists of) four buildings; Four buildings make up the sports centre	The sports centre has (includes) a health clinic
属有	The students own all the equipment; All the equipment is owned by the students (is the students)	The students have lockers
联系	The training features videos of leading athletes; Videos of leading athletes are featured by (feature in/accompany) the training	The training involves a lot of hard work

延展型言辞可以用来识解部分—整体关系的分类。换言之，它们是语言中成分、语义组成和其他部分—整体关系的理论。所以它们可以用来创造同类之间的更深层的关系。例如，下面这段创建了夏威夷语中句子的部分—整体分类。

Sentences are sequences bordered by periods, question marks, or exclamation points. In Hawaiian they can be thought of as simple, verbless, or comtplex. The most common simple sentence **consists of** verb phrase ± noun phrase (s). Verb phrases **contain** verbs as their heads; verbs are defined on the basis of potential occurrence with the particles marking aspect, especially ua (perfective aspect). Noun phrases **contain** nouns or substitutes for nouns; these are names of persons or places, or are defined on the basis of potential occurrence after the article ka/ke (definite), or the preposition ma "at".①

详述和延展是相互同源的,它们提供替代的识解方式,表面看几乎没什么区别。所以,我们可以发现:

(a)详述型"Man"是"+male,+adult,+human":

"Man"是"a male, adult, human being"

(b)延展型"Man"由"+male,+adult,+human"组成:

"Man"具有"+male,+adult,+human"的特征

但是,如果我们技术化这些可选方法,它们确实构成了十分不同的解释意义的途径(参见第1章1.9.6节和1.9.4节)。在本书和系统功能著作的其他地方,对详述的阐释比其他理论更为深入,这就意味着强调贯穿于元功能中的实现、精密度级和身份,是对传统上强调成分和组成成分的补充。

③一个参与者在时间、空间、原因、条件等环境维度增强另一个参与者。表4-6展示了时间和原因范畴。

表 4-6　增强类型

	身份—识别: 标记+过程+价值	成员资格—归属: 载体+过程+属性
时间	Severe floods followed the rain: The rain was followed by severe floods	Severe floods ensued
原因	Heavy rain caused floods: Floods were caused by heavy rain	Severe floods resulted

所以增强型言辞可以用于识解时间和空间的排列或顺序,诸如时序、地图和结构。例如,下面关于骨骼肌结构描述的节选通过增强型言辞识解处所:

---

① Samuel H. Elbert & Mary Kawena Pukui: *Hawaiian Grammar*. Honolulu: The University Press of Hawaii, 1979, p. 39.

The fibrous connective tissue proteins within the tendons **continue** in an irregular arrangement **around** the muscle to form a sheath known as the epimysium (epi = above; my = muscle). Connective tissue from this outer sheath **extends into** the body of the muscle, subdividing it into columns, or fascicles (e. g. , the "strings" in stringy meat). Each of these fascicles **is** thus **surrounded** by its own connective tissue sheath, known as the perimysium (peri=around). ①

增强型言辞对时间和原因顺序的识解对通过隐喻方式建构知识具有重要作用,如下例所示(参见第 6 章):

The divergence of impulses from the spinal cord to the ganglia, and the convergence of impulses within the ganglia, usually **results in** the mass activation of almost all of the postganglionic fibers. ②

4.2.3.3 动作和发生的类型

在语言研究史中,所有主要传统中的语法学家和哲学家多聚焦于动作类言辞。一些次类型得到很好的探索:通常是那些有特殊结构特征的言辞,如涉及所有权转移的(giving)言辞,有一个附加的参与者角色(受益者,传统语法看作间接宾语或与格宾语)。动作言辞的最简单形式作为及物性理论的基础已经存在两千多年,但是学界几乎没有尝试过对具有交叉特征和次类型的物质小句的整体范围做系统处理。

这里我们将参考传统上已经识别的三种主要区分,然后在早期观察的基础上通过集合动作和存在言辞向前推进(第 4 章 4.2.1.3 节)。语法中语篇认可的次类型是:①不及物/及物;②在不及物性内部,行动/事件;③在及物性内部,结果宾语/受动宾语。第一个区分只涉及一个行为者的动作言辞(不及物:John ran)和那些还涉及动作对象的动作言辞(及物:Mary threw the ball),分别体现为"动作者 + 过程"和"动作者 + 过程 + 目标"。第二个是一个有生命的存在(通常是人类)的有目的的动作(John ran)和一个无意识动作或无生命的事件(John fell/rain fell)之间的区分。我们将在第 4 章 4.3 节进一步讨论这两种区分。第三个区分是动作发生前存在的目标(受动:Mary threw the ball)和通过动作实现的目标(结果:Jack built a house)。我们将使用处置/创造的

① Stuart Ira Fox: *Human Physiology*. Dubuque, Iowa: Wm. C. Brown Publishers, 1984.
② Stuart Ira Fox: *Human Physiology*. Dubuque, Iowa: Wm. C. Brown Publishers, 1984.

区分来解释动作言辞在其他言辞中的结果。

正如前面指出的,动作是一个涉及时间和能量变化的过程。这样的变化暗示了一个结果,结果可能多种多样,但是它总是可以被识解为另一个言辞的。因此,我们可以考察究竟是哪类言辞作为一个言辞的结果而出现。

①如果过程是创造性的,那么结果就是某个实体开始存在。这样的言辞可以识解为一种产生结果的动作,如 he baked a cake。但是也可能只是一个创造性的发生,如 icicles formed。在这两种情形下,作为结果的言辞是一个存在言辞:

> He baked a cake   结果是"there exists a cake"
>
> icicles formed   结果是"there exists icicles"

②如果过程是处置性的,那么结果具有多样性,它可能是动作言辞如例(a),或者是存在言辞,如例(b)。

> (a)the cat chased the mouse   结果是:"the mouse ran"
>
> (b)the boys mended the roof   结果是:"the roof was whole"
>
> John gave his sister a violin   结果是:"John's sister had a violin"

我们知道,除了存在言辞,表示"是"的言辞可以是详述(加强语气)、延展(所有)和增强(环境)。这样我们可以根据其所产生的言辞性质,识别动作言辞的更多的次类型,如表 4-7 所示。

表 4-7 根据结果而分的动作言辞次类型

动作言辞次类型		例子		结果
		发生	动作(to/with)	
存在/属有	存在	tomatoes are growing	John's growing tomatoes	"there + be + tomatoes"
	扩展 详述	the rat died	the cat killed the rat	"rat + be + dead"
	扩展 延展	Jenny's received an award	they've given Jenny an award	"Jenny + have + award"
	扩展 增强	he moved to Canberra	the government moved him to Canberra	"he + be in + Canberra"
动作/发生		the kite flew	Bobby flew the kite	"kite + fly"

注意,在一些情形下,结果体现于言辞借以实现的小句中,如在动作和发生类言辞

中的中间变异(John ran 的结果是 John run)和在带有结果成分的小句中(归属,角色),如 I'll boil the eggs hard(结果是"eggs ＋ be ＋ hard")、Let's appoint Fred timekeeper(结果是"Fred ＋ be ＋ timekeeper")。

4.3 配置——两种参与模式

我们探讨了言辞怎样将经验的类型和领域进行范畴化,并在精密度级上加以延展,下一步将说明言辞的语义系统产生怎样的参与者互动模式。英语语义系统中体现两种过程参加模式:

①特殊化:它将参与者互动经验分为四个领域——动作、感知、言语和存在。

②普遍化:它将不同领域中的参与者互动经验统一起来。这个系统在经验识解中保持统一性和多样性的平衡,即在区分经验的不同方面,以及在普遍化方面保持平衡。这些建构了不同但互补的视角,如图 4-7 所示。

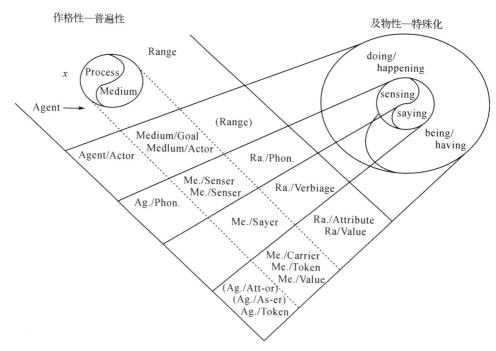

图 4-7 言辞的特殊化和普遍化阐释

4.3.1 特殊化模式

我们说特殊化模式,指的是语法通过区分过程类型、参与者、参与者之间以及参与者与过程之间的关系识解出为数不多的言辞类型，从而对我们的经验加以范畴化（或者我们通过语法对经验加以范畴化）。

语法将经验范畴化所依据的原则是什么呢？从最抽象的意义上讲，原则是所有现象可以被阐释为属于宏观经验领域的规则："内部"发生的经验域——我们的意识领域；"外部"发生的经验域——存在于我们周围的可感知的世界；那些不属于发生类，而是存在在其他事物中或与其他事物发生关系的经验域。我们分别把它们称为：①感知言辞；②言语言辞；③动作言辞（因为动作可能含有意图），更明确地说，动作和发生言辞；④存在言辞，（既然"所有"被识解为一种关系的存在），更准确地说，存在和拥有言辞。

每一种言辞都有它的特殊性质，这点从它们的词汇语法结构的组织方式可以显示出来。这里我们不打算区分它们的语法特征（语法中的过程类型的一般描述，参见Halliday，1985，第5章；Matthiessen，1995b，第4章；Davidse，1991，1992a，1992b，1992c，1996a，1996b）。但是我们将依据参与形式从语义角度描述它们。

①感知言辞。有一个参与者——感知者，被识解为一个从事"惰性"意识处理的有意识的存在物（感知不同于作为主动行为的有意识处理）。这样可能牵涉另一个参与者——现象。现象进入感知者的意识（或者由感知者的意识处理产生）。另外，感知者的意识处理可以在同一个言辞列中投射另一个言辞。

②言语言辞。这里涉及一个参与者——说话者，它是符号活动过程或"说"的发起者。可能有另一个参与者——受话者，它的作用是"解码"话语。所说内容本身可以被识解为一个参与者——言语内容，言语内容可被投射为一个言辞列中的另一个言辞。最后，可能有一个参与者，充当言语过程的目标。

③动作言辞。这里有一个参与者——行动者，实施过程。这个过程可能影响另一个参与者——目标（或者导致目标的产生）。其他参与者有受益者，从该过程中获得利益的参与者，还有范围——它是确定过程延展的领域的参与者。

④存在言辞。在极限情况下，只有一个参与者——存在物。但是通常有两个参与者——参与者以及通过过程与这个参与者产生关系的另一个参与者。它们可能通过归属产生关系，如特征—载体关系；或者通过识别产生关系，一种涉及两对参与者角色的复杂关系：识别者—被识别关系和标记—价值关系。后两个参与者具有交叉关系，所以有两种可能的角色结合：①被识别者/标记—识别者/价值；②识别者/标记—被识别者/价值。

语法对这些参与者做了各种限制，包括哪种范畴的成分与这些参与者产生联系，参与者怎样与过程发生关系，等等。我们关注的是对构成这些言辞类型基础的经验进行详细的范畴化。

感知被清晰地模式化为人类意识过程，其中有一个作为人类的感知者，所以，一个占据这个感知者角色的参与者就被赋予了人类意识。相反,现象则被赋予一种不确定的地位:在一种表现形式下(如"Do you like these colors?"),只是环境的一部分;在另一种表现形式下(如"Does these colors please you?"),现象似乎扮演了更为积极的角色。

为什么给大家这个印象呢? 部分原因无疑是同源形式"Are you pleased by those colours?"。这里现象 those colours 是间接带来的,与工具或方式相似。但这是一个更大的综合征的一部分:一方面,有与其他相关联的感知言辞,如"How do those colours strike you?",句子中的动词 strike 暗示了一种相对猛烈的行为。另一方面,典型的动作言辞的原型形式似乎与此类似,如"Were those boys hitting you?"(those boys 是动作者,you 是目标)。

动作言辞是以我们称为"行动与影响"的图式为基础的。总有一个行为者,那就是实施过程的参与者。在"the boys were jumping"中,过程就此停止,对它来说,一切在此。但是在"the boys were throwing stones"或"the stones hit the wall"中,行为者对动作的实施向外延展,以致对另一参与者施加影响,即所谓的目标(如图 4-8 所示)。在典型例子中(用语法术语"主动语态")小句按照字符展开,反映了动作者对目标影响的移动过程[①]。如上所述,后者后面可能跟随着影响结果的表征式——表示结果的特征(he knocked it flat),一个表示角色的环境(he cut it into cubes),或者表示处所的环境(he threw it into the corner)。

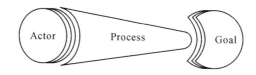

图 4-8　行动者通过动作过程影响目标

在言语过程中,说话者是符号资源,原型是人类,但未必总是如此(the instructions tell you to switch it off first)。过程也是符号的,但是这里有一种言语言辞的次类型,产生一种类似的行动和影响意义,说话者通过言语过程对另一个参与者"做了某个事情",如"don't blame the messenger""everybody praised her courage"。我们称这个参与者为对象。我们又可以和动作言辞做个局部性的类比(然而仅仅能是局部的,如,这样的言辞不能带结果性质的属性或其他结果性质的表征)[②]。

这些具有"影响力"的感知和言语言辞在这两个整体类型中只是次要主旨。感知言

[①] 这个符号性很容易被语篇功能所压倒,后者有自身的符号体现方式(参见 Halliday,1979a; Matthiessen,1988a,1990b,1992)

[②] 在惯用语 praised her sky high 中,sky high 是表方式的环境成分。比较 praised her highly(不是 praised her high)即可知这一点。

辞的一般主旨是"有意识的过程",言语言辞的一般主旨是"符号处理"。而在存在言辞中,我们将其主要主旨表述为"关系排序",其中没有任何表示影响的理念的痕迹。如果整体理解这幅图景,我们看到的是一种聚焦模式,其中人类意识过程和人类符号行为过程构成了经验的中心,而另外两种类型的言辞——动作言辞和存在言辞处于这个中心的两边,即一个(动作)处于具体的一极,经验被识解为"这个对那个产生影响";另一个(存在)处于抽象的一极,经验被识解为"这个与那个有关"。

这是通过概念库识解的一种模式,同时,它也识解一种对比的、互补的模式,所有言辞以相似的方式处理。这就是下面讨论的话题。

4.3.2　普遍化模式

特殊化模式由一套子模式构成:①影响;②有意识处理;③符号处理;④关系排序。跨越不同的经验域的普遍化模式有别于任何一个特殊化的子模式,它建立一个所有过程共有的主要参与者,这就是过程得以实现的参与者,我们叫它中介(如图4-9所示)。

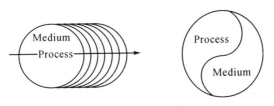

图4-9　过程展开的中介

中介与过程形成整个言辞的核心(参见第4章4.4节)——言辞中展开和持续之间互补所必需的部分(如图4-3所示)。起中介作用的参与者,由于具体领域不同,可能在各个方面会受到影响。痕迹可能是身体的、心理的等等。而中介的身份在这些经验域中普遍化了。

该模式识解一个通过参与者中介展开的过程组成的核心言辞。这就使得识解更深层的变量,即展开的动因,成为可能。过程中介的现实化可以被识解为由更远的参与者——施事导致(如图4-10所示)。如果言辞被识解为有一个施事,它就是他者施事格的;如果言辞被识解为无施事,它就是自我施事格的。

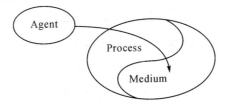

图4-10　外部施事导致的"中介＋过程"的现实化

例如：

> Several alternatives have developed：
> We have developed several alternatives（施事：we）

> The door opened：
> Catherine opened the door（施事：Catherine）

> The scones should cool on a wire rack：
> You should cool the scones on a wire rack（施事：you）

> She rejoiced（at the news）：
> The news delighted her（施事：the news）

> The batter will be very heavy：
> This amount will make the batter very heavy（施事：this amount）

语义上，中介是过程借以实现的参与者。正是在"中介＋过程"的组合中我们发现了前面提到的时间上的延展性（过程）和非时间上的持续性（中介）之间的互补性。中介和过程之间的密切联系以多种方式展现。

①就可能充当中介的现象的范围而言，中介是在所有参与者中最受限制的。我们可以通过比较普遍化言辞类型看出（如表4-8所示）：

表4-8　比较普遍化言辞类型

言辞类型	充当中介的现象的范围
动作	现象（任何一种，但不是元现象，如事实）
感知	有意识的存在
言语	符号资源
存在	现象（任何一种，包括元现象）

我们也可以通过比较更为精密描写的次类型弄清楚这一点（如表4-9所示）：

表 4-9　比较次类型言辞

言辞类型	充当中介的现象的范围
shine	heavenly body
ache	body part
decant	wine
neigh	horse
dress	salad

换句话说,不管何种类型的言辞,和过程联系最紧密的参与者是扮演中介的普遍化角色的那一个。这个参与者与过程属于相互期待的关系,这不是说只有马能嘶鸣(neigh),而是说凡是能嘶鸣的东西都被赋予了马的身份。

②在言辞分类中,中介的特征比任何其他参与者或环境成分的特征更具有判别性。例如,如果我们认为"strew, spill, pour, sprinkle"这类过程不是施事,而是中介,那么我们就能区分它们(参见 Hasan,1987)。（比较"sprinkle ＋ salt""spill/pour ＋ water/coffee""strew ＋ flowers"）。类似的有"blend, straighten, flatten""melt, freeze, evaporate, condense""crack, break, shatter"等。

③过程的实施方式各异,是中介起了决定作用。这可能是实现方式的主要变化,如"open ＋ door""open ＋ account""open ＋ eye",各自的过程分别是机械的、言语的、生理的;或者仅仅是使用手段的区别,如"brush ＋ teeth""brush ＋ clothes"。如表 4-10 所示。

表 4-10　过程的实施方式

	过程＋中介
控制通路	open/close ＋door
	open/close ＋eyes
	open/close ＋account
使结构(不)稳固	stand up/collapse ＋building
	stand up/collapse ＋argument
悬在地面之上	hang ＋prisoner
	hang ＋painting
破坏完整性	break ＋glass
	break ＋equipment
清除外在物质	brush ＋teeth
	brush ＋clothes
用乘骑工具旅游	ride ＋horse
	ride ＋bicycle

在很多情况下,过程实施方式的区别是词汇意义分类的基础(比较第 1 章 1.6 节),如表 4-11 所示。

表 4-11　过程实施方式的区别

	过程＋中介
清除保护层	skin ＋rabbit
	peel ＋fruit
	unwrap ＋parcel
生长走向成熟	grow up ＋child
	ripen ＋fruit
	age ＋wine
	mature ＋policy

这些是展示小句语法中中介和过程密切关系的方法,它们共同构成了小句核心。在语义上,小句核心识解了言辞的重力中心,言辞系统围绕它组织焦点。当我们说中介"现实化"过程时,我们是在说过程的展开是由二者融合成的——没有借以由虚拟转向现实的成分,就没有过程。

所以在语法中,中介以一个必需成分——小句中仅有的具有此地位的成分出现,这并不意味着我们会在小句结构中找到有名无实的中介映象。有各种不同的方式将中介呈现为隐性特征而非显性形式,但它必须以某种名义呈现,这就将小句中的中介和其他参与者区别开来。我们将在第 4 章 4.4 节讨论其他参与者。

如图 4-7 所示,中介和施事的普遍化参与者角色对应特殊化模式的不同角色——每种言辞类型的一个或多个角色。如在言语言辞中中介对应说话者,而在感知言辞中对应感知者。我们在表 4-8 中归纳了这种对应关系,而普遍化参与者角色,包括范畴、角色,将在表 4-12 中提及。

表 4-12　普遍化(1)和特殊化(2)模式中的参与者角色对应关系

(2)		(1)			
		施事	中介	范围	
动作	发生		动作者	领域	The river is overflowing its banks
			动作者		Lakes are forming
	动作 (to/with)	动作者		目标	The river is forming lakes
		发起者	动作者		The river is making lakes form
		发起者	动作者	领域	The rain's making the river overflow its banks
感知	喜欢		感知者	现象	The cat likes mice
	使喜欢	现象	感知者		Mice please the cat

续表

(2)		(1)			
		施事	中介	范围	
言语			说话者	言语内容	He's telling the cat a story
存在	存在		存在物		There were heavy showers
		创造者	存在物		The cold front brought heavy showers
	归属		载体	属性	The cat's hungry
		归属者	载体	属性	The thought of mice makes the cat hungry
	识别		标记	价值	The cat is our hungriest family member
		分配者	标记	价值	The thought of mice makes the cat our hungriest family member

除了中介和施事，我们可以识别另外两种普遍化参与者角色，即范围和受益者。范围角色无处不在，如图 4-7 和表 4-12 所示，它可以出现在被识解为自我施事型的任何类型的言辞中，也可以出现在某些被识解为他者施事型的存在言辞中。范围识解过程实现的全距或领域，涉及分类范围（如"play：play tennis/volleyball"），空间范围（如"climb：climb mountains/hills"）等（更多内容见第 4 章 4.4.2 节）。

受益者角色更加有限，它在某些动作言辞的次类型中充当接受者（如"they awarded her the Pulitzer Prize：they awarded the Pulitzer Prize to her"）或委托人（如"she designed them a vacation home：she designed a vacation home for them"），在言语言辞中则是受话者（如"they told her a story：they told a story to her"），它也出现在存在言辞的几个次类型中（如"he made her a good husband"）。

图 4-11 以图示形式归纳了普遍化参与者角色，它显示过程和中介之间的互补关系——过程通过中介实现。同时将其他参与者表征为外在于核心的成分，指示它们获得的角色关系类型（"×"表示增强，"+"表示延展，"="表示详述。参见第 4 章 4.5 节）。

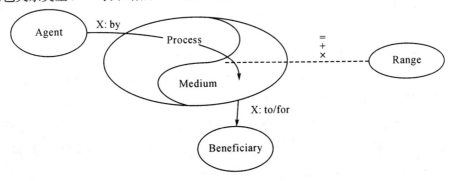

图 4-11　普遍化参与者角色

我们在这部分描述的两种参与模式在普遍性程度上有差别:特殊化模式将言辞识解为少量的有区别的类型——感知、言语、动作和存在。每种类型具有不同的参与者。而普遍化模式将言辞识解为均有一个通过中介实现的过程。这两个模式体现关于参与的互补的视角:一个是及物性的,另一个是作格的①。注意,在视角转换和普遍性程度之间没有必然的联系,普遍性模式通过作格识解是英语的特征。

4.3.3　动作和存在之间的互补性

动作和存在领域是显示两种参与模式具有互补性的最佳场所。两种模式体现了动作和存在之间的互补性,它们是识解事件流动中的变化量的两种方式。让我们首先回到表 4-7 的例子,其动作言辞(暂时)通过结果加以区分,这种差别呈现为存在或动作的形式。以下我们集中讨论"详述"部分。

构成老鼠生命的事件流的最后阶段可以被识解为过程"结束生命＋中介:猫",与终止生命有关的过程是通过老鼠实现的;也可进一步识解为有一个外部原因,即过程"结束生命＋中介:老鼠＋施事:猫";最后,过程的范围可以在成分内部识解或作为单独的成分识解,范围"过程:'死'"或者过程"发生/动作 ＋范围:'死的/死亡'"。普遍化模式考虑到下述可能性(如表 4-13 所示)。

表 4-13　普遍化模式考虑到的可能性

施事	过程	中介	范围	
	"happen：**die**" "happen"	"rat" "rat"	"death"	The rat died —[the rat did a death];但参见 the rat underwent/feigned death
"cat" "cat"	"happen" "do：**die**" "do"	"rat" "rat" "rat"	"dead" "dead"	The rat fell dead The cat killed the rat —[the cat did the rat dead];但参见 the cat struck the rat dead
"cat"	"be：**dead**" "be" "be"	"rat" "rat" "rat"	 "dead" "dead"	— The rat was dead —[the cat made the rat dead];但参见 the cat made the rat dead

如表 4-13 所示,普遍化模式为一系列识解老鼠生命终止的方式留有空间,其中"老鼠"总是被识解为"中介","终止"被识解为"过程"或者"过程＋范围"。但并不是所有可能性都会被词汇化,所以总存在一些缺口。这些缺口似乎具有系统性。由生命到死亡的转变分两个识解阶段:①发生/产生;②发生或存在的结果。第一阶段总是可以被识

---

① 关于物质小句领域的及物性/作格性互补关系的更多讨论,参见 Davidse(1992c)。

解为"过程(死亡的过程)",更严格地说,可以识解为"过程＋范围",因此范围是"可选的成分"。第二阶段必须识解为"过程(存在的过程)＋范围",不能识解为一个过程,所以范围是"必要成分"。在两个阶段,核心"中介＋过程"可以被识解为自我产生或他者产生,有一个附加参与者——施事。区别在于第一阶段能够清晰显示施事怎样通过中介使得过程实现,而在第二阶段只有这种引起关系得到说明①。

两个阶段相当于特殊化模式中识解变化的两种方式:第一阶段相当于将变化识解为动作,第二阶段相当于将变化识解为存在。从这个模式观察得出,变化可以被识解为动作——猫做了什么,给老鼠带来影响,即"'动作者:cat'＋'过程:strike'＋'目标:rat'";结果可被描述为可选的属性——"'行为者:cat'＋'过程:strike'＋'目标:rat'＋'属性:dead'"。或者,这种变化也可识解为存在——老鼠是某个东西,即"'载体:rat'＋'过程:be'＋'属性:dead'",这也可以表征为以猫开头的结构——"'归属者:cat'＋'过程:be'＋'载体:rat'＋'属性:dead'"。

图 4-12 结合两种模式表明:①它们怎样相互补充,即普遍化模式说明动作和存在怎样基于同一配置"施事＋中介＋范围",特殊化模式说明动作和存在在角色配置上的不同。②动作和存在怎样充当关于变化量的互补的视角,才能使二者分别将变化识解为"发生/产生"和"发生/存在"的结果。

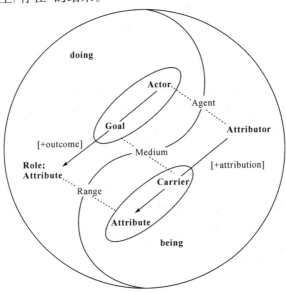

图 4-12　动作和存在作为关于变化量的互补视角

---

① 在以"dead"作为范围的例子中,措辞不是完全可接受;但在很多情况下,是正常选择:"the rain made it very wet""the luggage made it quite heavy""the discount made it very cheap""the news made him very sad""this experience made her very wise"。

　　动作和存在聚焦于变化量的不同阶段,但是二者都能向另一端延展以表示变化的来源(用"存在")或变化的结果(用"动作")。这种情况体现了动作言辞和存在言辞的措辞相似,如"he drove his car hot"和"he drove his friends crazy"。它们都能解释为"施事+过程+中介+范围",表明它们分别与"his car drove hot"和"his friends were crazy"有关系。同时它们被区分为动作对应存在:"动作者+过程+目标+属性"对应"归属者+过程+载体+属性"。这表明它们分别与"he drove his car"(没有属性)和"his friends were crazy"(没有归属者,但是与"he drove his friends"没有关系)有关联,并且能够解释为什么是"his car drove hot",而不是"his friends drove crazy";还解释了"his car drove hot"与作为另一种发生的"his car ran hot"同源(以及"his car moved/rolled/travelled"同源),而"his friends were crazy"与作为另一种存在的"his friends seemed crazy"同源的原因。

　　在上述简单构造的例子中,我们比较了"动作:纯粹存在的发生",但是存在也包含"产生",即"成为"。这种情况下动作和存在都识解导致结果的变化,但是分别使用不同的模式,即"过程"和"过程+范围"。如表 4-14 所示。

表 4-14　使用"过程"和"过程+范围"模式

The lava	cools	and	(it)	becomes	very hard.	It	becomes	igneous rock.
行动者/中介	过程		载体/中介	过程	属性/范围	载体/中介	过程	属性/范围
参与者:事物	过程		参与者:事物	过程	参与者:特征	参与者:事物	过程	参与者:事物

　　这里火山岩的首次变化被识解为动作:"发生——'中介/动作者:火山岩'+'过程:变凉'"。其中,"变凉"被识解为一个过程。所以,"变凉"是正在展开的事物,并且是不能轻易增强的。相反,第二个转变被识解为存在:"变成——'中介/载体:火山岩'+'过程:成为'+'范围/属性:很硬'"。其中,"变凉"被识解为特征而不是过程。所以,它是能够产生的东西,即能够获得的事物。第二种变化与第三种联系更紧密:"变得很硬:火成岩"。将"变凉"识解为过程或特征,这两种选择也很接近①,这点由一个与附有火山图片的平行语篇显示出来,如表 4-15 所示。

---

　　① 　这里指它们在言辞的语义空间很接近:"既然动作:发生"和"存在:成为"在类型学上是有区别的,所以第 2 章 2.11 节讨论的拓扑学视角是很有帮助的。这是阐述上述情形的一个很好的例子。

表 4-15　识解为"过程"或"特征"

The magma	cools and hardens	and		becomes	igneous rock.
动作者/中介	过程			过程	属性/范围
参与者：事物	递增的过程序列			参与者：事物	过程

这里硬度的转变被识解为动作言辞中的一个过程，而不是存在过程中的"过程＋特征"。所以，硬度没有被表述为一个增强的终点的形成。另外，它可被识解为一个简单言辞中的"变凉—变硬"的复杂过程。如上所述。

我们从表 4-7 中的"详述"开始，后续例子也得到了详述，即详述动作的结果，也详述了存在的关系。动作和存在也可以通过延展和增强进行对比与比较。这里有很多各种各样的议题，但是我们只限于观察动作和存在之间的边界。

在详述的情形中，"产生"和"引起"都可被识解为动作形式或存在形式。但是在延展和增强的情形中，没有从多重视角出发的比较，所以只能被识解为动作形式。表 4-16、4-17 列出了三种扩展类型的程式。

表 4-16　动作和存在的扩展类型（1）

	动作	存在	
	发生	阶段：起始	无阶段
详述	the lava hardened	the lava became hard	the lava was hard
延展	Jenny got an award		Jenny has an award
增强	Jenny moved to Canberra		Jenny was in Canberra
	发生/产生		存在

表 4-17　动作和存在的扩展类型（2）

	动作	存在	
	对/用……做	指派	无指派
详述	the pressure hardened the lava	the pressure made the lava hard	the lava was hard
延展	they gave Jenny an award		Jenny has an award
增强	they moved Jenny to Canberra		Jenny was in Canberra
	动作/使成为		存在

让我们回顾一下火山岩的短文来结束关于互补性的讨论。该语篇例示了本部分的主要观点。我们两次呈现该语篇，首先展示了体现动作言辞和存在言辞小句之间的差

异①,然后展示了体现自我施事和他者施事言辞小句之间的差异。在这两个语篇版本后面用图详述了该语篇。注意,我们将展示一个小句包含另一个转移二者特征的小句的情况。

①特殊性模式:动作/存在

The rocks that cover the surface of the earth are called the earth's crust. Most of the crust is made of igneous rock. Igneous means [[**made by heat**]].

Inside the earth it is very hot—hot enough [[**to melt rock**]]. The melted rock is called magma.

Sometimes the magma pushes through cracks in the crust. When **magma comes to the surface** it is called lava. **The lava cools** and becomes very hard. It becomes igneous rock.

②普遍化模式:自我施事/他者施事

The rocks [[that cover the surface of the earth]] are called the earth's crust. Most of the crust is made of igneous rock. Igneous means [[made by heat]].

Inside the earth it is very hot—hot enough to melt rock. The melted rock is called magma.

Sometimes the magma pushes through cracks in the crust. When magma *comes to the surface* it is called lava. *The lava cools* and becomes very hard. It becomes igneous rock.

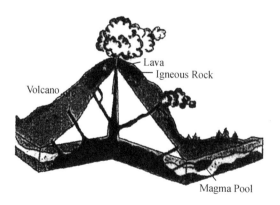

---

①　语篇中的这种差别的另一个例子,参见第 11 章 11.3 节部分关于鸭子的语篇。

说明：

特殊性模式：动作/存在。动作言辞和存在言辞在建构地理知识中相互补充。存在言辞识解地质条件（"rocks cover ［＝are all over］ the surface"，"the crust is made of ［＝is］ igneous rock"，etc.）和地质学的技术范畴（"igneous means ［＝is］ made by heat"，"the melted rock is called ［＝is］ magma"，etc.）。动作言辞识解地质活动（"magma comes to the surface"，"the lava cools"，etc.）。

普遍化模式：自我施事/他者施事。地质条件和地质活动被识解为自发产生，"to melt rock"和"made by heat"是例外，没有外在于"过程＋中介"这个言辞核心的原因。相反，表征技术范畴的言辞被识解为他者施事（"it is called lava"，"the melted rock is called magma"）。

这篇短文摘自一部关于采集岩石的少儿读物。在地质学学术话语中，参与的普遍化模式似乎扮演了重要角色——地质活动在"过程＋中介"模式中被识解为自动发生或由某个外在原因引起。这个模式比影响模式更中肯。在影响模式中，动作者发起一个过程，该过程延伸影响另一个参与者——目标。例如，结构"form ＋ limestone"首先被识解为自我施事，然后被识解为他者施事。

Limestone can form in many ways as shown in Table 4-4. Most limestone probably originates from organisms that remove calcium carbonate from sea water. The remains of these animals may accumulate **to form the limestone** directly，or they may be broken and redeposited.

4.4 参与的程度

4.4.1 识解参与者

言辞体现了对我们世界经验的分析和综合：分析它的构成成分，再将这些成分综合为一个构型。也就是说，通过分析，将过程、参与者和环境成分分离出来并赋予它们独立的现象地位，这是识解的一种创造行为。世界不是没有接缝的，也不是无组织的。世界作为经验呈现给我们的方式是变化多端的——在感知凸显性、物质影响、物质和心理利益方面。但是经验不是以既定顺序"赐予"我们的，我们必须识解它。不足为奇的是，不同语言有不同的识解方式。例如，降雨现象在意大利语中被识解为只有一个过程的言辞"rains",阿坎语中则被识解为"过程＋一个参与者(water ＋ fall)",在粤语中被识解"过程＋两个参与者(sky ＋ drop ＋ water)"。

和我们相关的是,一种语言中也有相当多的变化。在英语中,有如下同源表达式:

it started to rain/the rain started

there's a wind/it's windy/the wind's blowing

there was a fog/it was foggy

这种变异不仅限于天气,试比较:

I fear the consequences/I'm afraid of the consequences/The consequences scare me

He rejoiced/He felt happy

The shades darkened the room/The shades made the room dark

She was limping/She was walking with a limp

如例所示,系统中有很多方面保留对经验流进行替代性语义化的空间,这些在将经验量分析为独立成分的程度上有所不同:从未分析,到持续分析,再到分立是一个渐变体,如从"it's raining"(一个现象)到"the sky is dropping water"(由三个现象构成的配置)。如图 4-13 所示。

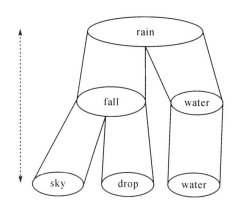

图 4-13 组成成分上的无分析到分析的渐变体

虽然有变异的潜势,但变异也不是任意和随机的。语义系统体现指导选择某个识解模式的普遍原则。这些原则包括[①]：

过程：(1)过程是没实现还是实现了；(2)过程怎样在时间中展开(结果侧面)。

过程和环境成分：(1)它们是不是：①普通类别；②一个类别的非特定表征；③特定表征。(2)它们对过程参与的程度及方式。

我们将采用参与度作为普遍原则的一个例子，即经验现象在语义系统中可以识解为具有或高或低的独立地位。

4.4.2　参与程度

我们使用术语"参与度"说明参与者在语法中的地位不是绝对的，它是一个程度问题。在语法将参与者识解的各种不同的功能角色中，我们将讨论处于对立的两个角色：具有典型参与者地位的"目标"和参与者地位没有得到清晰确立的"范围"。

①目标。我们已经了解到，特殊化模式中的目标相当于普遍化模式中的中介，不管在什么情况下，言辞表示的是做或处置。目标因其参与过程而受到某种影响，这种"影响"产生一个参与者或操控现存的参与者。

①Prepare **the sauce** according to your favourite recipe
②Fry **the aubergines** for 5—10 minutes
Skin **the tomatoes**
Heat **the olive** oil
Boil **the eggs** hard
Beat **all the items** together
Shape **the lentil puree** into cakes

如果目标是已经存在的东西，过程的结果是带来某个方面的变化：处所、构造、温度、形状等。结果可以被识解为一个单独的成分，起属性(hard)或角色(into cakes)的作用。

这些例子突出目标的参与者地位，展示的意义是目标可以被施加影响。在"范围"情形下，不存在影响。个体化是目标和范围的典型特征，它们的个体化程度还要进一步比较。在上述例子中，受影响的是一个类别的特定代表，或一组特定的代表，这是目标

---

① 参见 Hopper & Thompson(1980)关于及物性程度和 Taylor(1989)关于范畴的总论。

的个体化程度的特征。对照 move the piano 和 play the piano，前者中 piano 是目标，后者中的则是范围：

> move the piano　过程＋目标（类别的特定代表）
> play the piano　过程＋范围（工具的普通类别）

　　类别代表可以被施加影响（不管它们是作为特指还是非特指出现在话语中），而影响普通类别本身更难。所以，如果目标是一个普通类别而不是一组可列举的代表，那么它具有较低的参与度。这出现在语法中小句非常有限的情形之下，其中目标仅仅是能充当那种特定类型言辞的目标的现象类别——语法允许我们选择"目标—不及物"，意思是没有特定目标。例如①：

> he drinks _____ heavily ［alcohol］
> he eats _____ all the time ［food］
> they've gone to the hills to hunt _____ ［game］
> he buys and sells _____ ［any commodity］

　　这类例子是典型的习惯性的（过程重复展开）或持续性的（过程通过时间呈现）；这种跨时间的普遍化与跨潜在参与者的普遍化相互关联——都是对经验加以普遍化的方式。在特定情形下，对跨实体类别的目标的普遍化的表示方式是将目标作为物质处理，免除复数标记：they often shoot **duck** during the winter months。

　　这样的目标甚至可以并入过程，如"he is baby-sitting"（甚至"Who is baby-sitting me this evening?"）；这是一个受限的选择，言辞一般体现为降级的小句，在小句用来限制一个成分并体现为前置小句的情况下，也不鲜见，如 a fun-loving colleague、a wood-burning stove。

　　②范围。像其他参与者一样，范围在语法中是由名词词组体现的，但是它在操作上不参加过程：它不引起过程，也不实施过程，也不在身体和心理上受到过程影响。它规定过程得以实现的范围。例如，如果一个步行过程涵盖曼哈顿岛，可以表征为"过程＋范围"：they walked the streets of Manhattan。范围在以下三个方面不是典型的参与

---

① 在这里，由于其普遍性，目标在经验功能上是可以预测的。目标在语篇上也是可预测的，这是一个相反的情形：在话语中如此具体以至于通过照应可以推测。有代表性的情形是，一个显性的代词用于回指。但是在某些语域中可以省略，特别是说明语域，如在烹饪步骤中，"when all the pancakes are made, garnish the dish and serve——with cheese and egg sauce"。

者,即它与过程之间的关系、它的个体化程度、它的人际潜势。

第一,与过程的关系。范围不是受过程影响的实体,范围要么扩展过程,要么受过程投射。

①呈现扩展关系时,采用两种形式:范围以具体化形式详述过程,或者通过划定范围增强过程①。

第一种情形是详述关系,范围仅仅重述过程或者进一步描述它的类别、特征或数量②。这里我们经常发现相关对照组:"过程:过程＋范围"。后者可能涉及将过程名词化(语法隐喻形式)。例如:

过程	过程＋范围
(a)动作	
sing	sing a song
play well	play a good game
play twice	play two games
—	play tennis
err	make a mistake
clean regularly	do the regular cleaning
(b)言语	
ask	ask a question
ask politely	ask a polite question
—	tell a story
(c)存在	
matter	be important
suffice	be sufficient
attend	be attentive
—	be content

在类型(c)存在言辞(更具体说,归属式存在)中,范围是被归属的属性。这个结构"过程＋范围/属性"比只有过程的同源形式要普遍得多(即"be important"是优选结构,

---

① 范围详述过程,而环境成分"角色"详述一个在过程中具体的参与者。

② 这种重述可能包括对过程本身的名词化。

而不是"matter")。过程仅体现归属式存在的范畴意义——be a member of——范围承载了经验类别的具体信息。有趣的是,表范围的结构凸显了习惯(动作)和职业(存在)的一般现在时之间的歧义:"she dances/does a dance every night""she dances/is a dancer(by profession)"。

第二种情况是增强关系,范围具体说明某个为过程划定范围的实体,所以经常有一个同源形式,范围被识解为环境成分。例如:

过程＋范围	过程＋环境成分
(a)动作	
cross the street	cross over the street
climb the mountain	climb up the mountain
enter an agreement	enter into an agreement
(b)存在	
be a witness	act as a witness
become a prince	turn into a prince

②在存在投射关系中,范围表征主题(作为普通术语,如 issue、matter;或者作为过程的具体领域,如 politics、your holiday)。和增强一样,通常存在一个同源的环境形式。例如:

过程＋范围	过程＋环境成分
(a)言语	
discuss the issue	talk about the issue
talk politics	talk about politics
describe your holiday	write about your holiday
(b)感知	
ponder the problem	think about the problem
investigate the crime	find out about the crime

类型②和增强关系相似,因为二者的同源表达式采用环境成分的形式(语法上是一个介词短语)。而在投射类型中,环境成分是物质,在增强类型中则是延展或处所。这对应言语和感知、动作和存在之间的区别。

第二,个体化程度。我们在下面第 5 章会发现参与者处于个体化天平上的某个点,范围从最普遍（如"diamonds are forever"）过渡到最个体化（如"Elizabeth's diamonds were stolen"），范围成分倾向于天平的普遍化一端。这个特别体现在详述类型，范围通常表征一个泛类，如果言辞是存在言辞，范围作为属性，情况总是如此。例如：

Peter plays tennis（参见 is a tennis-player）

Peter plays the piano（参见 is a pianist）

His opinion is not important（参见 does not matter）

由此推出，当一个充当范围的成分通过词汇重复或代词照应而贯穿整个话语时，它很可能是作为一个类别而不是一个个体被重拾起来。

Sharon plays tennis at the same time every other day ... Tennis is a wonderful game，but tennis-players tend to be very obsessive.

Peter spends a lot of time at the piano ... It is a difficult instrument.

所以下面的照应形式是不可能的：

Peter used to play the piano; but he sold it。

第三，人际潜势。首先，表示范围的成分不可能在小句中作主语，即被赋予带有争论焦点负荷的人际功能（参见第 1 章 1.4 节）。这意味着由范围充当主语的被动小句远比由目标充当主语的被动小句要稀罕得多。即使出现了，充当中介的参与者（行动者、感知者或说话者）也往往是泛指类。所以，tennis is played by everyone 很常见，但 tennis is played by Sharon 是一个高度标记性的结构。其次，范围/属性范畴提供的是有限的个例。属性绝不能在小句中充当主语。

我们已经总结了两个参与者角色——目标和范围的特征，它们在参加程度上有很大差别，处于连续统的两端。我们先前看出中介和过程的联系是最紧密的，二者共同构成小句的核心。所以最高程度的参与就是在每个特定的言辞类型中与中介的泛指功能合并的参与者。在动作言辞中是目标，即受过程影响（移动、变化、创造、破坏）的成分。

在渐变体的另一端则是那些参与者地位很不确定的成分，那些与范围的普遍化功能合并的成分。如我们所知，这些和其他类型言辞——仅由过程组成，或由"过程＋环境"成分构成的言辞同源。这样我们可以扩展连续统，超出参与者地位进入环境领域。下节我们讨论环境成分角色，我们可以对它们在过程中的卷入度进行排序。

4.5　卷入程度——环境角色

如我们所提到的（第 2 章 2.4 节），一个言辞由一个过程、卷入过程的参与者以及相关或伴随的环境成分所构成。其中过程可视为结构中心——构型中反映其他相关部分排列的成分，这些其他成分（参与者和环境成分）不同程度地卷入过程的现实化之中。广义上说，参与者直接卷入过程中，环境成分则伴随在过程的边缘。

卷入的不同程度反映言辞和它的成分在小句语法中的体现方式。参与者体现为名词词组，一般处于体现过程的动词词组的前面或后面。环境成分和过程相隔更远，一般有两种类型。类型一是简单环境，表征一种特征，体现为副词词组，在成分里加以讨论（第 5 章 5.5 节）。类型二是宏观环境，体现为介词词组，反过来，它由"介词＋名词词组"构成。名词词组识解实体——能够直接充当参与者的事物。这里，实体只是充当过程中的环境成分——处所、工具，或者伴随的实体，等等（"don't walk on the grass""I washed it with sugar soap""she came with her children"），只是通过介词间接地进入过程。

这些宏观环境成分的地位如何？它们是压缩的或无动词言辞，充当其他言辞中的成分的角色。介词是一个小型动词，环境和言辞之间的界限很模糊，我们经常发现一些同源表达式，一个是介词词组，另一个却是非限定小句，如"I washed it using sugar soap""she came accompanied by her children"。出现在宏观环境中的实体和压缩形式的过程发生了联系，它通过中介参加主要过程，其参加并不直接。所以我们可以对比两种实体的不同地位：一种是直接参与者，另一种作为环境成分参加。如"this dictionary was published in two volumes"，这里 this dictionary 是目标，而 two volumes 以环境成分角色的方式间接进入出版这个过程。

有时一个实体在言辞中可以被识解为一个参与者或环境，在此情况下，将其识解为参与者意味着将它作为更直接的卷入者对待。比较以下几对例子：

实体作为参与者	实体作为环境
（1）动作	
shoot the pianist	shoot **at** the pianist
grab somebody	grab **at** somebody
paint the wall	spread paint **on** the wall
buy mother a present	buy a present **for** mother
（2）感知	

| guess the answer | guess **at** the answer |
| find something out | find out **about** something |

上例中，the pianist 作为环境成分比作为参与者更有可能毫发无损地逃脱，同样，guess at 比 guess 似乎更费解。

卷入的程度不同也反映在一个成分在人际元功能中起关键作用的可及程度。在原型上，参与者可以分配主语的地位，用于承载争论焦点的负荷，而环境成分不可以（参见Halliday，1985，第5章）。这种区分在现代英语中被模糊了，虽然介词词组作为一个整体不能充当主语，但是介词词组里的名词词组可以，如"the grass shouldn't be walked on"。

从某个成分在多大程度上卷入由言辞识解的过程这一意义上说，"卷入程度"可以被表征为一个渐变体：这种差异不仅体现于作为整体的参与者和环境之间，而且体现于这些主要范畴的个体之间，以至于在这个范围内出现一个连续统。

同时，穿过这个卷入渐变体，我们发现，像参与者自身一样，根据和"过程＋中介"核心体的关系，环境成分也分成明显的类型。这些类型对应我们熟悉的四种逻辑语义关系的转现象范畴：环境要么是投射的环境，要么是扩展的环境。如果是后者，那么就是详述、延展或增强。如果将卷入程度和逻辑语义范畴合并起来，我们可以用螺旋状形式表征言辞中的成分（如图 4-14 所示）。

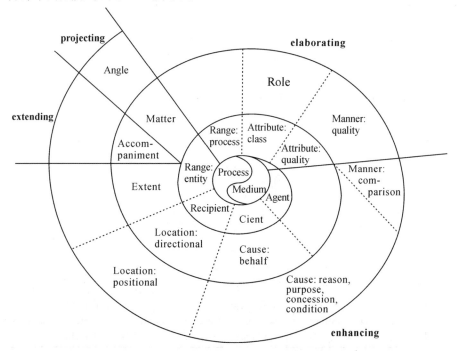

图 4-14　按照投射和扩展的类型区分的环境成分光谱

①伴随。表伴随的环境不与任何特定参与者角色对应。相反，它相当于通过增加或变异参与者自身进行延展，如"John came with Mary"与"both John and Mary came"同源，"Mary came without John"与"Mary but not John came"同源，"Mary came instead of John"与"not John but Mary came"同源。语法上，类似类型的参与者是通过名词词组复合体表征的。

②方式：比较。这个范畴处于详述和延展的边界。比较"he spoke like an expert"和"he spoke as an expert"，前者指以某种方式，后者指以某种角色。类似的参与者是归属小句中的属性参与者，如"he was/seemed an expert"被识解为详述。但是类似的言辞列是一个增强小句复合体，如"he spoke as if he was an expert"。

③角度。这种类型的环境与投射有关而不是扩展，具体而言，是与投射成分有关而不是被投射成分。所以没有同源的参与者，相反，角度相当于说话过程（语法上相当于话语联结中的投射言语小句）或者感知过程（语法上是观点联结中的投射心理小句）。所以，"according to the newspaper"相当于"the newspaper says"，"according to her students"相当于"her students think"。

表 4-18 中的例子展示了"过程＋中介"核心之外的成分，不同的卷入程度和卷入方式。

表 4-18　扩展和投射及其参与者/环境成分类型

	参与者	环境：内部	环境：外部
详述	属性：特征 they lived happy	方式：特征 they lived happily	
	属性：类别 he died a hero； he became a miser	角色 he died as a hero； he turned into a miser	
	范围：过程 he did/sang a song		
增强	范围：实体 she'll swim the river 范围：尺寸 she'll swim a mile	程度：实体 she'll swim across the river 程度：尺寸 she'll swim for a mile	
	施事 he opened the door；the door was opened by him	方式：手段 the door was opened by/with a key	
	委托者 he cooked her a dinner；a dinner for her	原因：利益 he accepted the invitation on her behalf/for her	原因：理由等 He accepted the invitation because of her

续表

	参与者	环境：内部	环境：外部
增强	接受者 he sent her an invitation：an invitation to her 受话者 she told him a story：a story to him	处所：方向 he sent a parcel to NY he postponed the meeting until 4	处所：位置 In LA，he sent a parcel In the morning，he postponed the meeting
延展	复合： she and her aunt are travelling	伴随 she is travelling with her aunt	
投射	范围：实体 the board discussed the financial situation	物质 the board talked about the financial situation	角度 According to the board，the financial situation...

这表明在整体的语义空间，有少量的普通领域可以根据在言辞中所分配的地位以不同方式加以识解。例如，有一个领域与过程的空间倾向有关。当被识解为外部环境时，它表现为过程在其中呈现的位置；被识解为内部环境时，它意味着过程指向的方向；被识解为参与者时，它体现为过程的接收者或容纳者。这样，这个普遍意念通过与其所处位置的生态区位匹配的形式表现。注意，在不同的螺旋带之间边界并不一致，无论如何，它们是模糊的，离中心的距离越远越模糊。我们的描述不可避免地由多种因素决定。外在环境，典型地与小句同源（如"while he was in LA，he sent a parcel"）。所以，我们可以通过言辞列识解同样的普遍关系——语法上显示为小句复合体中的一个联结。

5 成分

5.1 成分的基本类型①

　　成分充当言辞的组成部分。根据结构角色的一般分类,可以区分出三种主要的成分:过程、参与者和环境。除了这三种,我们还需要识别出第四种成分,即连接词,这种成分负责将言辞变成言辞列。

在英语中,这几种成分的直白式(原型形式)语法体现如下:

过程	↘	动词词组
参与者	↘	名词词组
环境	↘	副词词组;介词词组
连接词	↘	连词词组

　　相对于言辞来说,这些现象都是"成分性的"(就像 H 和 O 这样的化学成分相对于它们的合成物如 H_2O、CO_2 一样)。但是,成分自身的内部结构可以很复杂,比如下面例子中的过程和参与者:

过程:

动词词组　　　　　　　　　动词词组复合体

---

　　① element、figure、sequence 是贯穿本书的核心概念,本书统一译为:成分、言辞、言辞列。——译者注。对韩礼德概念库的研究,可参见陈海叶:《系统功能语言学的范畴化研究》。上海:上海大学出版社,2009。

will have boiled

cool and store

had been going to chop

is continuing to fail to meet

参与者：

名词词组	名词词组复合体
a shallow tin	lunch or dinner
invaluable advice	some boneless chicken pieces and a few
a tasteless vegetable	rashers of bacon
powdered white sugar	
thin slices of lemon	
ballpoint pen remover	

但是，从本质上来说，成分和言辞在内部结构上有着显著差异。言辞所包含的现象从本体上来说分属不同的类型——参与者、过程和环境，而成分的组成元素从原则上来说却属于相同的类型。也就是说，构成参与者的各个成分其本身就是潜在的参与者，而构成过程的成分本身都是潜在的过程。从语法上来说，参与者由名词词组，也就是名词的词群来体现；过程由动词词组，也就是动词的词群来体现。一个词组的极限情况则是一个单词。

环境和连接词的情况有点复杂。①宏观环境成分是由介词短语来体现的，而介词短语就像微缩小句；因此，它们的成分也属不同的类型——一个（次要）过程加上一个参与者。另一方面，这种简单类型的环境，是由副词词组，也就是副词词群体现的，比如 more soundly、not so very fast；再则是在极限情况下，仅仅由一个副词体现。②连接成分通常由连词来实现，比如 and、so、if、that、because、however；它们能够构成词组，比如 as if、and yet，但是更常见的情况是由副词来扩展（just because、even if）。除此之外，还有大量的其他类型的连词——介词短语，如 in addition、in the event（that）、for fear that 等；从早期的介词短语演变而来的名词词组，如（at）the moment（that）、（on）the day（that）等；以及各种各样涉及非限定动词的表达式，如 supposing（that）、provided（that）等。连接词识解的是小句纽结（体现一个言辞列）中小句之间的逻辑语义关系，但是它本身就是两个小句之一中的一个或另一个结构中的成分之一，比如"if you have some ink fish preserved in oil, add a few slices at the same time as the halibut"（Elizabeth David；《意大利食物》）。

5.2 参与者与过程的相似处和差别

  参与者和过程都是成分,都在言辞中充当角色;但是,过程只充当过程这单一角色,而参与者(如我们所见)要横跨的经验谱系却宽得多:有直接参与者角色、行为者、目标、感觉者、现象等;也有环境内部的间接参与者角色,如位置和原因。因此,从言辞的视角来看,参与者被识解为更为复杂的经验,这是从参与者能够充当多种结构角色这个意义上来说的,如图 5-1 所示。参与者和过程之间的区别也反映在它们的内部结构上,这一点我们会在下面讨论。

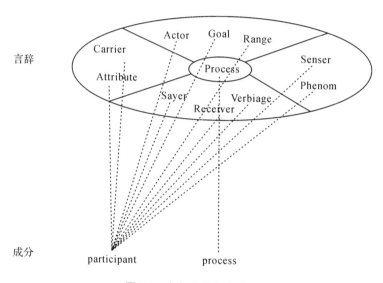

图 5-1　参与者的多功能性

  我们在讨论言辞时指出,参与者和过程在构成时间上是互补的:参与者是延续性的,而过程是在时间上展开的(如果从原型角度对名词和动词做功能—类型学比较,参见 Hopper & Thompson,1985)。这种互补性既表现在它们的相似处,又表现在它们之间的区别上。

  ①第一,参与者和过程这两种类型的成分都是从"此地 & 此时"出发:它们构建一条路径,这条路径从由互动库规定的时间与空间的实例,即言说行为的"此地 & 此时"出发,一直延伸到概念现象的某个基本范畴。如图 5-2 所示。

例如：

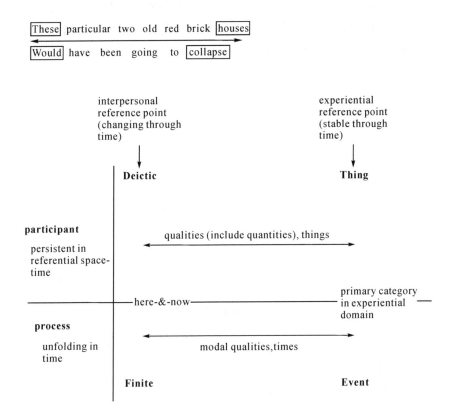

图 5-2　名词词组和动词词组结构的比较

换言之，两种类型的词组包括指称。但是指称分为两种不同的指称：名词性指称（如近/远）和动词性指称（如过去/现在/未来），它们在结构上分别体现为指称语和限定成分。这表明，由于过程是在时间里出现——存在模式是时间性的——它以这种方式与言语情景密切关联；而参与者存在于某种指称空间，它以具体的言语互动为基础（this＝"near me"; that＝"away from me"），但它也可以是一个更抽象的话语空间。后者是我们在话语实践过程中"记录"话语指称的空间 [this＝"about to be mentioned (by me)"; that＝"mentioned earlier"]。

②第二，这两类词组都对基本经验范畴——名词词组中的事物和动词词组中的事件——做出了规定。但是在简单动词词组中，基本经验范畴是唯一被词汇化了的语义范畴——其他范畴在语法上都表征为助动词，而名词词组却由大量的其他词汇构成。

③第三，两种类型的词组的结构在人际参照点（指称或限定）和经验参照点（反映为事物或事件）之间，构成了一条路径。但是在动词词组的情况中，这条路径是由一个或更多的时间关系构成，相对于在"现在"和事件发生的时间之间的某个时间维度上的某

个时刻的过去/现在/将来,如图5-3所示。而在名词词组中,正好相反,从指称到事物之间的路径不是一条时间链——尽管它的确是以另一种方式来反映时间。这条路径穿越各种不同种类的属性,从语篇和短暂性的属性(时间不稳定性)开始,向着不断提高的永恒性(时间稳定性)和经验复杂度移动。

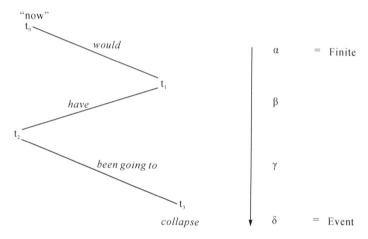

图5-3 动词词组中从限定到事件的时间路径

事实上,名词词组在创造经验复杂的范畴方面比动词词组的潜势大得多,这反映了参与者和过程的根本差别。名词词组具有交叉贯穿参与者表征中任何数量的属性的潜势,这就使参与者的类别排序比过程要精细得多。

时间永恒性和经验复杂性这两方面的区别都在语篇意义生成上反映出来。参与者倾向于在语篇展开过程中持续不变,也正因为它持续不变,所以参与者能够自然增加不同的属性。然而,过程在语篇中无法保持。动词词组的指称系统也就是时态系统,不同于名词词组的指称系统,在语篇的展开过程中,它不是一个追踪语篇中的过程实例的系统。要想在语篇中实现持续性,过程必须被重新隐喻化地识解为参与者(参见第6章)。当过程被识解为参与者之后,它们就被语篇确立为指称对象并得以保持。因此,在这些条件下,它们也能够添加各种不同的属性。

有些语法学家认为,参与者和过程之间还存在一种平行关系,这种关系与它们在时间—空间上的展示方式有关(参见Quirk et al.,1985)。我们以"物质"名词和"可数"名词的传统区分(它们被解释为一种无界的事物和有界、离散的事物之间的对比)为例,它们已经把这种区别映射到了过程域中的状态、非状态之间的区别上。因此,要辨认出更多的相似性就成为可能,比如参与者域中的复数和在过程域中反复或再三申明的所发生事件。这样的类比可以充当隐喻性再识解的基础(比较第6章)。例如:

they have demolished many buildings/many demolitions have taken place—he knew a great deal/he had a great deal of knowledge

　　the ball bounced again and again/the repeated bouncing of the ball—the train stops three times/the three stops of the train.

　　Jakendoff(1991)对该问题提出了他的解决方案,但是我们在这里不会深入探讨。它需要从逻辑语义关系的跨现象类型角度加以探究,而这种关系我们在本书的不同地方都有提到——尤其在讨论参与者和过程是如何在时间—空间上得以详述和扩展这个问题时。

5.3　参与者

　　参与者的初步分类图我们在第 2 章 2.5 节已经给出,这里我们把原图(图 5-4)拿过来。对宏观参与者的讨论我们暂且留到下面的第 6 章,目前这一节我们只讨论简单事物和属性。

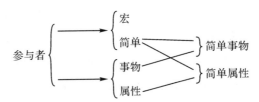

图 5-4　参与者分类中的第一步

　　我们已经建立了关于参与者的一般理论,通过“过程—参与者”构型中的三个归属式过程——“是”、“在某处”和“有”来定义“参加者”。这种构型有三个成分:过程(集约式、所属式、环境式)、属性(归属于三种过程之一)和载体。载体的角色明确了参与者的概念。根据该理论,参与者就是在话语中被配置属性、组成部分或环境特征的成分。例如:

　　(a) 属性:过程“是”

　　　　some dishes are very tolerant

　　　　the grain looks orange and full

　　　　a kitchen should be a cheerful place

　　　　the swede is more nutritious than the turnip

　　(b) 组成部分:过程“拥有”

　　　　it has branching stems covered with a green succulent flesh

spinach has a decided flavour which some people dislike

they have a pleasant fresh flavour

（c）情景特征（过程"在某处"）

this plant is like chicory

these mangos are from Mexico

the seeds will be inside long coffee-coloured pods

this effect might be because of over-heating

该分析揭示了参与者的两个重要侧面：①只有事物才可以"携带"或者被赋予属性；②被赋予的可以是不同类别——集约型（细述）、拥有型（延伸）、环境（增强）。接下来的两段是我们对该内容的评述：

从我们的经验来说，携带者和属性都是存在的："携带者"——事物、"属性"——性质描述词和其他修饰语。然而，参与者并不仅仅能够从经验上识解，还能够从逻辑上识解。也就是说，事物（通常）充当中心词，这个中心词可以有一连串的属性词来修饰它，而这种修饰关系从本质上来说是归属性的。因此，在名词词组中，没有什么成分和归属类言辞中的过程对等；相反，它是被识解为一种修饰性的逻辑关系，这种关系不能被明确地重复。比如，与言辞"the swede is nutritious"相对应的，我们有参与者 the nutritious swede，它和言辞所具有的经验性的多元结构（携带者＋过程＋属性）的不同之处在于，它可以从逻辑上通过添加更多的修饰语"the tasty tolerant orange nutritious swede"而得以扩展。也就是说，参与者可以被识解为能够获得属性的事物。

归属的种类范围和归属性言辞的种类范围一样多，正如我们在第 3 章 3.2.3.2 小节看到的那样，这些都可以用扩展的不同类别来解释。我们举例说明（如表 5-1 中对结构中角色的讨论）。

表 5-1　结构中的角色

（事物的）扩展	指称性	描述语	分类词	事物	限制语
（集约式）详述	these these a	nutritious cheerful	Mexican	swedes mangoes kitchen	
拥有性扩展	my aunt's the the		table	teapot stems leg	of the leek
（环境性）增强	these some a	chicory-like	18th c	vases mangoes plant	from Mexico

表 5-1 说明，参与者作为扩展了的事物——增加了属性特征的事物，是能够被解释

的;同时还说明,事物如何能够被识解为高精密度的类别(比如"this extremely desirable two-story double-brick executive residence"),而这些类别的范畴化都是由这些不同的归属类言辞——详述、扩展和增强来实现的。

以上例子中的事物相当于其同源归属类言辞中的携带者:

> These nutritious swedes/these swedes are nutritious—these vases from the 18th century/theses vases are from the 18th century—my aunt's teapot/the teapot is my aunt's(belongs to my aunt)

请注意,有了扩展这种方法,"携带者—属性"这一对应形式也许可以有个逆写形式,即事物与属性也许是最自然的对应形式,比如"my aunt has a teapot/the leek has a stem"。

可以把参与者定义为属性的潜在携带者,这一理论原则适用于各种类型的参与者。只不过需要附加一条,即基本上任何言辞都可以隐喻性地识解为"仿佛"它是个参与者。这正是语法隐喻的主要特征,这将在第6章详细探讨。例如"Our earlier encounter with this species [had led us to believe that...]",其中的encounter在语义上是个过程,可以试着比较"We had encountered this species earlier [and as a consequence we believed that...]",如果把encounter直白地识解为语法上的过程,那就不能把它划为归属类言辞。而一旦把它隐喻性地识解为参与者之后却可以这样划分:our earlier encounter with this species had been almost disastrous。这实际上是一种适合该类型的语法隐喻的离散语境之一,因此它间接地充当了我们所勾勒的一般原则的进一步例证。

5.3.1　事物和属性

从语法上来说,简单参与者由名词词组实现,它由事物和属性组成。从名词词组的结构来看,事物和属性的界限就在分类词和事物之间。如图5-5所示。

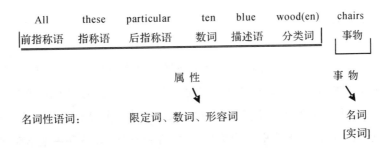

图 5-5　名词词组中的属性和事物

从语义上来说,分类词是类别的属性(比较第 5 章 5.3.3 节表 5-10):它们与事物相似,也许是从事物中派生而来的;但不同于事物的是,它们不能独立存在——不能在指称空间中被确立,也不能在动态语篇中被再识别。举例来说,在 a passenger train 中,passenger 无疑是指事物,passenger 在其中充当分类词,但它被识解为属性,因此不能当作 anaphoric reference 的指称对象,即不能说"this is a passenger train; they must have valid tickets"(试比较"this train is for passengers""they must have valid tickets",其中,passengers 充当事物。)从语法上来说,分类词体现为物质名词或形容词(参见下面第 5 章 5.3.3.1 节),这种语法类别的不确定性就是它们的地位象征,是属性但又是事物。属性和事物在名词词组中的这种分布,说明以下两点(两点又彼此联系):①事物比属性在时间上更具稳定性;②事物比属性在经验上更为复杂。关于这里的第二点,学者们已经从不同的角色出发讨论了这个问题:

Boole:

通称名词或描述性符号,要么表达事物的名称,要么属于事物的环境。名词性实词,无论是名词性专有实词还是普通名词,以及形容词,都属于这个类别。我们可以认为它们的区别仅仅在于:前者表达的是个体事物的物质性存在或者它所指称的事物,后者暗示存在。如果我们在形容词前面加上被人们广为知晓的主语"being"或"thing",那么它实际上就变成了名词性实词,这样一来,为了推理,也许可以用名词性实词来替换它。(1854:27)

Paul:

形容词表明单一的特性或者单一设想的特性,而名词则把特性的总和包括其中。(1909:251)

Jespersen:

那么,除了"摘要",我发现我们解决问题的方法,即我们的观点:总体上来说,名词性实词比形容词更为特殊。跟形容词相比,它们可以应用的物体数量更少。用逻辑学家的话来说,跟形容词相比,名词性实词的外延较少,而内涵更多。形容词显示并挑选出一种特征,一种区别性标记;而每一个名词性实词对于任何一个懂得它的人来说,意味着更多的区别性特征,而这些特征足以将

当事人或物识别出来。（1924：75）

尽管 Jespersen 放弃用 substance 一词作为名词性实词的个性化特征，但他仍然认为其中有着"真实的成分"（1924：79—80）：

> ……我更愿意强调名词性实词所表达的多种属性造成的更大的复杂性，这一点与形容词突出一个属性正好相反。这种复杂度至关重要，因此只有在极为罕见的例子中，才有可能通过将形容词与形容词堆叠起来，获得命名一个名词性实词之后所产生的概念的完整定义：正如 Bertelsen 所说的那样，总有一个 x 作为内核被认为是我们所规定的各种属性的"承载者"所无法定义的。这一点再次成为 substance 所做出的旧定义的基础，而这个旧定义被认为包含真理成分，尽管不是全部真理。如果一个人想有一个隐喻言辞，那么名词性实词可以被比作各种属性的结晶体，而这些结晶体在形容词中仅是以液体状态存在。

这种经验复杂度的差异依次与我们上述两点相互关联，即是否被识解为稳定的、在时间上具有持续性的、从根本上来说是个结构的、不同属性的集合体，而这些属性可以被结晶化（借用 Jespersen 的比喻）为一个有机整体。名词词组就体现了这种复杂度和永恒性之间的根本联系。

属性在经验上较为简单，它沿着单一维度比如年龄、大小、重量、音高、颜色，根据分级法或二分法（"分级：大—小，高—低"和"二分：男—女，死—活"）对价值做出规定。而事物的经验性比属性更为复杂。它们通常可以用精密分类来定义，这里需要好几个维度（参数）将它们区分开来（参见第 5 章 5.3.2.5 节和图 5-8 中服装的例子）。比如，请思考一下大小这个维度。它以 large、big、giant、small、tiny 等名称作为它各不相同的属性，都表示这个维度上的某个区域，但不规定它们具体是何种"物质"。假如我们寻找某些有具体尺寸为特征的物体，我们就会发现如 a giant、a morsel、a mini。然而，这些涉及的远远不止尺寸这个单一维度：a giant 是"任何可想象的，具有超人的尺寸和力量的人形存在物"，a morsel 是"一小口或一点点事物"，a mini 通常被理解为"一辆能够正常容纳乘客的补充用的小汽车"。小型物体通常是某些特别类型的物体，比如 droplet、booklet 和 kitchenette。

即使对于那些形成二分或分类对立体而非分级的属性来说，形容词（属性）和名词（事物）似乎在经验复杂度方面也存在差异。属性和事物之间的这种对比的标准案例涉及两个维度：成熟度和性别（如图 5-6 所示）。按照类别排列起来的属性通常是用源于名词的形容词来命名,但是它们在经验上仍然比名词简单。比如,思考一下民族性、哲学性说服和生物种类,这些作为属性都是类别,因此与事物最接近,而它们的扩展延伸仍然比与它们相对应的事物的扩展延伸更长,如表 5-2 所示。

表 5-2 分类性的事物和属性

举例	注释	意义作为事物	意义作为性质
Albanian	"of Albania"	"human：citizen"	(任何事物)"originating in Albania"
Aristotelian	"of Aristotle"	"human：philosopher"	(任何事物)"reminiscent of Aristotle"
canine	"of dog"	"animal：dog"	(任何)"doglike"

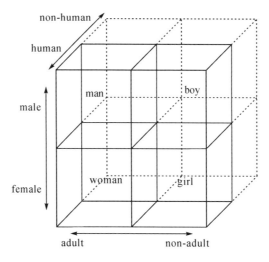

图 5-6 从简单属性看复杂事物

因此,an Albanian 意思是"一个阿尔巴尼亚的公民",而形容词 Albanian 可以指称任何具体或抽象的个体,如 Albanian wine、Albanian literature、Albanian economy。

5.3.2 事物

通过观察可以发现,事物在时间、空间上是相对稳定的,在语义构成和彼此的相互关系上相对复杂,事物的这些特质也以不同的方式识解在语言中。与其他成分相比,事物以下列方式来突出自己:①将自己作为成分在言辞中担当的不同角色;②自己对经验的基本范畴化的总重量和离散力;③容易被细化为大量的微观范畴;④复杂的内部结构;⑤彼此之间高度系统化的关系。我们在这一节探讨这 5 个特征,在第 6 章讨论事物的第 6 个特征,以及它们作为充当其他经验域的模型所具有的力量。

5.3.2.1　事物在结构中的角色

事物可以通过参照它在言辞中担当的角色来加以定义,即在归属类言辞中充当携带者,其语法识解为"携带者＋过程＋属性"。而事物的特点是它们可以在各类言辞中担当多种角色(如图 5-1 所示)。下面有一组例子,可以阐释其功能范围(如表 5-3 所示)。

表 5-3　事物的功能范围

言辞的类型	参与者角色	举例	看待 book 的角度
动作和发生	行动者	The book is losing its cover	book as material object
	目标	They burned 1000 books They printed 1000 books She bound the book	
感知	现象	She remembered the book	book as semiotic content/material object
	现象	She enjoyed the book	book as semiotic content
言语	言说者	The book says that winter is the best time to visit	book as semiotic content
存在和拥有	属性	This is a very heavy/interesting book	books as class of material object/semiotic content

从这里可以看出,同一个类别的事物在物质过程中,分别:①充当行动者、目标和受益者;②在心理过程中充当现象;③在言语过程中充当言说者、言说内容和目标;④在关系过程中充当携带者、标记、价值;⑤在位置环境中充当微小范围。

即使我们从作格角度来概括这些结构上的不同类型,这些例子依然覆盖了参与者谱系的全部:"book"出现时可以是媒介、施动者、受益者和范围。因此,这就使事物和所有其他成分之间有了显著差异。某一属性进入言辞中仅仅充当属性,过程仅仅充当过程,环境仅仅充当某些特别的环境角色。除此之外,属性、过程和环境的唯一功能性环境就是它们构成事物的一部分,也就是它们进入名词词组结构(如表 5-4 所示)。

表 5-4　进入名词词组结构

	in figure (clause)	in participant (nom. gp.)
quality	your hands are cold	your cold hands
process	a star is falling	a falling star
circumstance (loc.)	the cat sat on the roof	the cat on the roof
circumstance (matter)	the story concerns two cities	a tale of two cities

这些其他成分自己就可以进入某个事物并受其规定制约，这个事实是事物的相对复杂度的另一个表现。

5.3.2.2 基本范畴化之力及其散播力

事物的主要类别，在我们的传统语法教学中被呈现为一个以"名词"为词类的范畴意义的清单：诸如"人、其他有生命的生物、物体、机构、抽象事物"。我们将从这种范畴化开始，对它加以修改，并用于解释我们在第 4 章 4.2 节提出的观点，其大意是：言辞之间的主要区别在于有意识的过程和经验的其他形式之间的区别（如图 4-1 所示）：有意识的过程中的关键参与者，即感觉者，仅限于被识解为生来就有意识/无意识的事物。因此，我们把有意识和无意识作为其主要区别。这个做法也有助于英语语言对物体的最基本区分，即有界物质和无界物质。这样就以"有意识/无意识：动物/机构/物体/物质/抽象的事物"的形式做出了基本区分。

英语中的有意识名词和无意识名词之间最明显的区别体现在其嵌入英语代词系统中的表现，如表 5-5 所示。

表 5-5　有意识和无意识名词与英语代词系统

personal	conscious	*he/she*	non-conscious	*it*
interrogative	conscious	*who*	non-conscious	*what*

这一区分是无所不在的，因为第三人称代词为通过回指而建构语篇提供了一种重要资源。当然，有意识和无意识之间的界限是流动的、可协商的，不同的系统、不同的说话人（或者同一个说话人在不同的场合），可以在不同的地方划出界线。但是指导性原则是，"有意识的"意味着其典型是成年人类，也许可以向外扩展到婴儿、宠物和高等动物，以及修辞手段下的各种类别。

下面介绍更多的类别，它们在语法中是被作为普通名词来识别的，是被离散性地用于指特定范畴的例子[①]：

有意识的（人类）：person, people, man, woman, child, boy, girl；以及大量的钟爱语、恶语

动物：creature, animal

机构：place, show, set-up

---

① 普通名词用于回指，通常并不被强调，参见 Halliday & Hasan（1976：274）。比如："I don't know who that cat belongs to"和"But I've often seen the creature around"。

物体：thing，object

物质：stuff

抽象事物：business，affair，matter，move，event，fact

这些事物的基本范畴代表经验现象的秩序。这种秩序与它们内在引发变化的潜能有关，即它们发起过程并影响其他参与者的能力。

探讨该问题的方法之一就是注意每个参与者范畴通常与哪类参与者角色相关。重要的角色有感觉者、言说者和行动者。它们分别在感觉、言语和事件言辞中运作。然而在研究过程中我们发现，这样揭示的现象的总体范畴化展现出另一种复杂性：在最高层次，所有的现象都分布在物质和符号（意义）这两个大的经验域中。这表明我们应进一步修改基本范畴分类，将之分为两个域，如图 5-7 所示。这个图也把物体范畴和抽象事物范畴在两个经验域间分割开来。

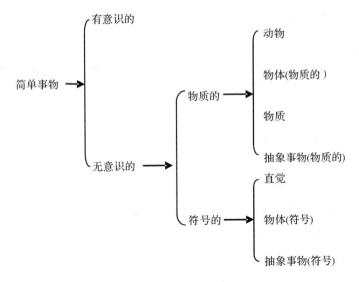

图 5-7　简单事物分类中的前几个步骤

对这些范畴我们依次做简要描述：

①有意识的（其典型为成年人）。

典型角色：以下三种言辞中的积极参与者——感知言辞（感觉者，如"do you think so?"）、言语言辞（比如"the teacher said..."），以及动作言辞（行动者，中动态，如"Pat skipped"，或有效态，如"Chris held the rope"）。

代词：he/she/they（I/you 也是）。普通名词：人称等。数的范畴：可数（单数、复数）。

有自愿行为[物质：动作，包括对另一参与者的行动　言语（符号）：言说]的潜力，以及各类有意识的过程(心理:感觉,包括触摸、思考、想要及感知)。

②动物。

典型角色:在动作言辞中的积极参与者(行动者,通常中动态,比如"birds fly")。

代词:it/they。普通名词:creature。数的范畴:可数(单数、复数)。

具有自发行为和移动的潜势(动物出现于其中并充当行动者的是无意识的自愿的过程;也许是有效的,比如"… was bitten by a snake");也有感知的潜势(看和听的过程中的感知者)。

③物体(物质)。

典型角色:在动作言辞中受影响的参与者(目标,比如 build a house、pick up sticks)。

代词:it/them。普通名词:事物。数的范畴:可数(单数、复数)。

具有空间上的延伸性,由于受约束所以以整体单位来参与言辞;如果是行为,那么就是在发生言辞中(在非自愿过程中充当行动者,比如 the button fell off)。

④物质。

典型角色:事物作为环境的一部分(介词短语中的范围,尤其是位置,比如 on the ground),而不是在言辞中直接充当角色。

代词:it。普通名词:stuff。数的范畴:不可数。

在空间中有伸展性,但是不受限制;能够被操纵、被测量;假如是言辞中的参与者,则通常被分配(目标,比如 cut the string、keep rain out)。

⑤抽象事物(物质)。

典型角色:在感知言辞中充当现象(比如 estimate the depth),在存在言辞中充当参与者(在归属性言辞中充当携带者,比如"the colours were too bright";在识别类言辞中充当赋值,比如"the score was 2—1")。

代词:it。普通名词:无。数的范畴:物质名词。

在空间上不延展、无界,通常是一种物质属性或过程的某个参数。

⑥机构。

典型角色:在言语言辞中充当积极参与者(言说者,比如"the ministry announced…"),在动作言辞中充当行动者(比如"the school is closing down"),在感觉言辞、思想言辞和意图言辞中充当感觉者(比如"the class decided that…")。

人称代词:it 和 they,普通名词。people、place 和 set-up 及数范畴中的可数名词单数①

---

①　当然,机构都是以复数形式出现——尽管相对来说这种频率不高,但复数代词 they 通常是指单数的机构。

都具有自发行动的潜势,典型地具有集体权威的符号性(表命令的言语过程、表决定和判断的心里过程),同时也具有物质性(物质过程,中动态和有效态)。

⑦物体(语义的)。

典型角色:在言语言辞中充当确定范围的参与者(言语过程中的范围,比如 read the notice、tell me a story);也充当积极参与者(言说者,比如"the book says...""the regulations require...")。

代词:it 和 they。普通名词:无。数的范畴:可数(单数、复数)。

可以作为物质物体存在,比如 book、clock,具有成为符号资源的潜势(因此在投射小句中充当言语者)。

⑧抽象(语义的)。

典型角色:充当感知或言语言辞中划定范围的参与者(在心理过程中充当范围,比如 find out more information;在言说过程中充当范围,如 tell the truth),在存在和拥有言辞中充当参与者(比如被拥有的属性——have you any evidence)。

代词:it。普通名词:一些承载了态度意义的词,比如 nonsense(无态度意义的词,比如 idea、fact)。数的范畴:不可数。

无界、符号性物质:可以被投射所限定(在名词词组中充当"事物 + 修饰语",比如 "the knowledge that they had failed"),没有实质存在。

正如人们所预料的那样,这类范畴分类的框架是笼统的,所以上述分类并非严格意义上的定义。它们的界限并不明确;我们也发现在一条渐变线上,有些类别是混合的、重叠的,介于范畴之间的中间类别。在这些中间范畴中,我们发现有三类比较显著,具体如下:

①表示大自然力量的名词(潮水、飓风等)、工具(比如身体部位的延伸)、人工动力工具(比如机车、工业机器等)。它们都介于动物和物质物体之间,通常是积极活动的(包括有效行为、搬动其他物体),但并非有意识的。因此,当行为者属于这类范畴时,其过程的识解并无具有意向的阶段性(比如"the hammer tried to force the lock")。

②人类集体名词:介于有意识的动物和机构之间。它们可以充当各类感知言辞中的感知者,包括那些代表迫切需要的;但是如果单数代词化,那么它们接受单数或复数的代词(比如"the family says it is united""the family say they are united")。

③离散的符号性抽象物:介于符号物体和(非离散的)符号抽象物之间,包括非个人化的事实、案例、心理性个体,如 thoughts、fears,以及言语功能性的"问题"和"命令";它们是有界的,不能充当言说者,但是可以接受一个投射句作为其修饰语(比如"the order to retreat""her anxiety that she might be disqualified")。

这些中间范畴如表 5-6 所示。

表 5-6　不同标准下的事物排序

		言辞中的角色潜势			参与者的内部结构		
		感知者	说话者	动作者（无效）	代词	普通名词	数 可数/不可数
	有意识	√	√	√	she/he/they	person & c	可数
无意识	物质领域 动物			√	it/they	creature, animal	可数
	物质领域 自然力量			√	it/they	—	可数
	物质领域 物体				it/they	thing, object	可数
	物质领域 物质				it	stuff	不可数
	物质领域 抽象概念				it		不可数
	符号领域 人类集体	√	√	√	it，…，they/they	—	可数
	符号领域 机构	√	√	√	it，…，they/they	place, show, set-up	可数
	符号领域 对象（符号）		√		it/they	—	可数
	符号领域 抽象（分立）				it/they	(see note)	可数
	符号领域 抽象（非分立）				it	—	不可数

我们认为,正是在事物这一范畴上,语法最大限度地捕捉到了人类经验的成分这一基本现象的复杂性。当和识解各类复杂事件——动作、感知、言说和存在的不同言辞结合以后,我们在上文所描述的各类参与者就突出了经验的双重本质——既是物质的,又是符号的——这个世界是由实体和意义之间的互动构建而成的。这些维度中的每一个都从最像事物的一端,到最像我们人类的一端,两端之间有连续带。语法施加了一种范畴化,这种范畴化是妥协的、流动的、不确定的,处于不断变化的进程之中,连同人类状况的变化,以及人类与其环境之间的互动所产生的变化,但同时又携带着这笔互相矛盾的经验的财富,把它一代代传递下去。

5.3.2.3　事物详述为微范畴

我们在上一节中认为,语法的作用是作为人类经验的理论,将纷繁的现象加以范畴化,将它们识解为参与者——有物质世界的具体物质,也有符号世界的抽象物质,并根据它们与人类之间的距离,将之定位于一个一端为人类,另一端是离人类较遥远的事物所构成的谱系。通过一方面指向小句语法,另一方面指向名词词组,某些较为广义的范畴就建立了起来,这样某些事物就可以归属于某一个范畴,而其他范畴都落在范畴分界线上。这样既显示出一类范畴的某些特征,同时又显示出另一类范畴的某些特征,甚至发现在两类范畴中都很合适。

但是,一类事物与另一类事物之间的差异是无限的,每一类广义范畴都包括无数的微范畴,而在这些微范畴内部(犹如快速瞄一眼 Roget's Thesaurus),又有一组组相对较小而密切关联的事物组合在一起。我们会很自然地认为它们是语义分类群,并因此把它们在分类中向上移动一些:身体的某些部位、家居用品、可食用的谷物、吸引观众的体育运动、情感失调等。这样的分组最方便的呈现方式就是词汇表和复合词汇表,但它们不仅是词汇的,还是词汇语法的,因而呈现出某些语法特性或颇有特点的组合。

下面我们看看部分微观域,并讨论它的特殊特征及其在总谱系中的位置。为了进一步揭示这种域的组织结构,可以参考下面第 5 章 5.3.2.5 节内容。

①职业相关:doctor、dentist、hairdresser、lawyer、teacher、butcher。

普通范畴:"有意识的"。

特殊特征:可以被客户拥有(如"my doctor""Jane's music teacher"—亲属/"my daughter""Fred's first cousin");以前是阳性,现在却是(重新设计为)通格(he/she);成员身份变动很大,比如 butcher 等,很可能在购物实践中随着变化而脱离这个范畴。

②家养宠物:cats、dogs。

普通范畴:介于"有意识的"和"动物"之间。

特征:在 he/she 和 it 之间交替变动;普通名词用作动物(如"she's a stupid creature");被专有名词个性化,内含态度的变体被称呼时仿佛有意识一样(如"what do you want?");与儿童说话时会扩展(如"pussy-cat、puppy-dog")。

③小规模的人类集体:family、household、class (at school)。

普通范畴:介于"有意识的"和"机构"之间。

特征:普通数(比如机构,如"the class is/are writing a report");可以充当感知者(如"the family seemed to think that...");代词化为 it/they,而不是 he/she,自我指称为 we,并被称呼为 you 或者第三人称("Do you eat together?""Does/do the household eat together?")。

④乐器:piano、cello、flute、drum。

普通范畴:物体(物质)。

特征:表征为使用定冠词的普通类别(如 play the flute、study the celio),在目标和范围之间轮换(如 play the piano、shift the piano),演奏者被识解为以"-ist""-er"结尾的派生词(如 pianist、flautist、drummer)。

⑤前端分叉的器具:scissors、pliers、tweezers、tongs、shears、clippers

普通范畴:物体(物质)。

特征:本质为复数(因此代词化为 they,如"the scissors/they are in the drawer");计算数目时用 a pair of (two pairs of shears,而不是 two shears),但是被指称时不能称为 both(对比 a pair of shoes、both shoes)。

⑥饮料:coffee、beer、whisky。

普通范畴:物质。

特征:虽然总的来说是物质,但是如果计数时,通常意思是 a kind of ("these soils are less fertile"),这个范畴的可数形式的可能意思,要么是 a kind of ("I like this coffee"),要么是 a measure of ("—Would you like a beer? —Two coffees,please!")。

⑦增强的几种方式:reason、time、place、way。

普通范畴:介于"符号物体"和"抽象事物"之间。

特征:可数,但常以单数出现;是主要的环境类别的名称(原因——why/时间——when/地点——where/方式——how);可以被关系分句修饰(而无须环境标记,如"did you see the way [that] they glared at us"),有时带有相应的关系副词的变体(如"did you see how they glared at us"),有时会同时出现两种(如"do you know the reason why they glared at us")。

⑧令人厌恶的人和事物:nuisance、mess、disaster、shambles。

普通范畴:抽象。

特征:构成形式上为可数(a nuisance),但一般仅限于不确定的单数(比如 nuisances,而 the nuisances、your nuisance 比较罕见,而且不属于该范畴);通常是感叹的、归属性的(that's a mess、what a mess),通常伴随人际描述语(a horrible shambles、an utter disaster)。

5.3.2.4　事物的内在结构

前面我们讨论了名词词组的横聚合潜势:语法如何构建了事物的表征,如何通过修饰而得以向外扩展。比如:

					自行车
				观光	自行车
			加强	观光	自行车
		十速的	加强	观光	自行车
	欧洲的	十速的	加强	观光	自行车
最新款的	欧洲的	十速的	加强	观光	自行车

(latest　European　tenspeed　reinforced　touring　bike)

扩展是通过增加属性进行的,正如我们所看到的那样,这些属性词通常在英语中是从右向左,根据系统程度排列的,最系统(最长久、最不特殊化)的排在右边,最例示化的(最不长久、最特别化的)排在左边。从广义上来说,它们是被语法分配了各种不同类型的功能,充当分类词、描述语、数词或者指称词(要了解这些分别表征哪些类型的属性,参见第 5 章 5.3.3 节)。

这种横组合资源通常根据下义原则(参见前面第 2 章 2.11.3 节)把事物识解为严格的类别。因此,观光自行车是 kind of bike,a reinforced touring bike 是 a kind of touring bike,等等。由于 touring 是个分类词,这就意味着,它是一个明确的集合中的一个成员:也许是 touring、racing、mountain、exercise、trail。描述语并不分配类别,但它们规定分类空间的一个特别维度,比如来自欧洲、美国、日本等。

有一种分类是转喻(部分一整体),即事物是通过它所构成的整体而分类的,比如车轮 bicycle wheel,自行车的轮子(是一个部分,wheel of a bicycle)。它们的意义通常并不确定。如果是确定的,那么它们就是严格的转喻(somebody stole my bicycle wheel);假如意义不确定,那么它们通常是按照类型来分类(the kids were playing with a bicycle wheel(wheel for/from a bicycle))。

5.3.2.5　物物之间的系统性关系

扩展了的名词词组揭示了物物之间的系统分类关系,这种系统关系把一个事物与另一个事物联系起来,很明显(从理论上来说),车轮是一种轮,山地车是一种车。当然,以隐喻的形式进行扩展总是可能的,比如 cart wheel (在 turning cart wheels 中)和 catherine wheel(一种鞭炮);严格来说,这些并不是车轮的不同种类,我们可以识别出来,因为这些要么不属于这一分类组织,要么这一分类本身是以隐喻形式扩展的。但是,这并不影响一般原则的有效性;的确,正是这一分类原则,才导致分歧的产生。

我们也要认识到,在 bicycle、tandem、scooter、car、van、truck、bus 这些词语之间,还存在着一种系统性关系。它们之间的词汇表达并没有给出它们之间的关系的线索,目前看来只是一个词汇清单。然而,它们仍然构成一种分类集:都是带车轮的机动车。在不使用名词词组的横聚合资源的情况下,我们仍然可以直接以命名的方法对事物做出分类——其组织原则不是横组合,而是纵聚合。

它们也有区别。纵聚合的分类策略,也就是创造新的事物名称,通常识解一系列并非按照严格分类关系,而是按照某种系统组织联系起来的事物。这种资源通常与特征网络即由特征系统构成的网络有关,这样一来,每个词项(作为事物的名称)都体现了这些特征的某种组合,这些特征都是从网络内部的不同系统中挑选出来的——这是一组系统变量值的特别组合。

图 5-8 以一个常识域——服装为例子。显然,像这样的集合并没有做严格分类,而

且会导致某种结果。这种将事物划分为特定语义域的分类,无论从共时(地区方言、社会方言甚至个人方言)还是历时的角度来说,都是高度变化的。因此,以前并不会出现的组合,也许就会出现(比如 pantyhose,涵盖了躯干的 torso),系统也许会改变它们的进入条件(比如,以前 trousers 有"男性"的进入条件)等。表 5-7 显示了每个服装词项是如何体现其从相关的系统集中选择某特征的。

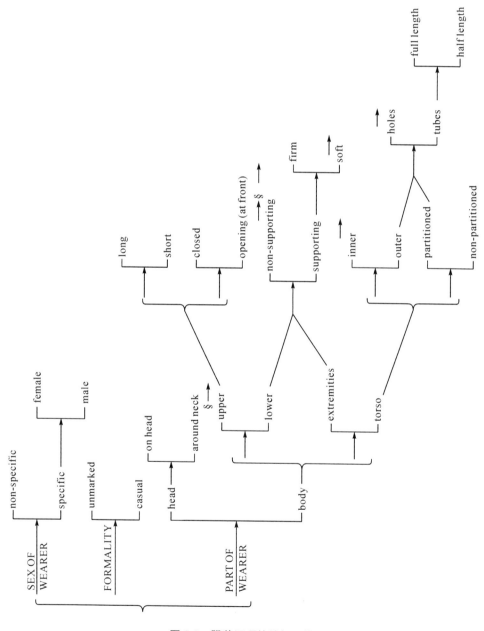

图 5-8　服装词项的特征网络

表 5-7　特征网络交叉定义的服装项目

事物(词汇项)	性别	正式程度	部分					
shoe			身体	下部且	极端	支撑：牢固		
slipper			身体	—	—	支撑：柔软		
sock			身体	—	—	无支撑：柔软		
stocking	女		身体					
panties	女		身体	下部且	躯干	里面且	分段	有孔
briefs			身体	—	—	—	—	—
under-pants	男		身体					
trousers			身体	—	—	外面且	分段：管状：全长	
shorts			身体	—	—	—	分段：管状：半长	
jeans		非正式	身体	—	—	—	分段：管状：全长	
skirt	女		身体	—	—	外面且	不分段	
vest			身体	上部且	躯干	里面且	分段	有孔、短、封闭
bra	女		身体	—	—	—	—	有孔
blouse	女		身体	—	—	外面且	—	有孔、管状：全高和短、封闭和开放
shirt			身体	—	—	—	—	管状：全高和短、封闭和开放
dress	女		身体	—	—	—	—	有孔、管状：全高和长、封闭和开放
coat			身体	—	—	—	—	管状：全高、长、开放
jacket			身体	—	—	—	—	管状：全高、短和开放
cloak			身体	—	—	—	不分段	长、短和开放
jumper	女		身体	—	—	—	分段	管状：全高、短、封闭
pullover	男		身体	—	—	—	—	有孔、管状：全长、短、开放

续表

事物(词汇项)	性别	正式程度	部分					
sweater			身体	—	—	—	—	有孔、管状：全长、短、开放
cardigan			身体	—	—	—	—	管状：全长、短、开放
waistcoat			身体	—	—	—	—	有孔、短、开放
glove			身体	—	极端	无支撑：柔软		
cap	男	随意	头部	头顶				
hat			头部	头顶				
scarf			头部	颈围				

此外，尽管特征化从根本上来说是经验性的，但这种系统也许很容易受到人际系统的侵入。比如"casual/formal"这个对立组就留下了这种痕迹。很可能在这种人际系统中最广为传播的是"desirable/undesirable"，人们通常称它们为"purr/snarl"这一对立组。这样的系统更容易被允许进入未加严格分类的事物域。有很多幽默的例子都与人称系统相关，比如"I have views""you have opinions""he or she has prejudices"。

这种资源，也就是对在系统上有关联的词汇语义集的识解，很好地证明了"词汇是最精密的语法"这个原则（Halliday，1961；Hasan，1987；Matthiessen，1991b；Cross，1993）。上面我们讨论了这个原则，也就是经验语法中的范畴是按照精密度级排序的，因此从被识解为言辞的那些最为笼统的过程类型开始，我们就可以把过程和参与者区分为越来越细的次级范畴，直至达到最终能够对词汇做出选择的程度。请注意，并不是词项本身作为网络系统中的词语。相反，系统是多种特征的系统，词项是作为特定的特征组合的综合体现而进入系统之中的。因此，词汇是完整词汇语法的一部分，推测必须有独立的已存在的"词典"作为语法运作的基础是没有必要的。

很清楚，这两种方法，也就是把词扩展到词组以及累积对比词，都是向事物分配属性的策略。比如，我们可以把 slipper 注释为：a soft supporting garment worn by either sex at the lower extremities of the body。概括来说，所涉及的属性来自上面任意一种语境的相同语义域，而且在语言中，这两种方法之间常有变化——有的时候说 slippers，有的时候说 soft shoes。可以和第 7 章做比较。我们在第 7 章指出，事物有很多不同的事物域，它们被识解为不同的英语词汇，但是在汉语中被识解为横组合建构体。比如 bicycle 在汉语是 self-propelled wheeler，英语 car 在汉语中是 gas wheeler，英语的 lorry 在汉语中是 goods wheeler，都属于"有车轮的机动车"的次范畴类别。尽管我们把这两种方法呈现为不同的两类，但还有一些识解模式介于两者之间，它们在两端之间构成一个连续统：合成名词（更多横组合性）和派生词（更多纵聚合性）。因此我们发现这样一些合成词，像 pushbike、motorbike；以及派生词系列，像"cycle：bicycle/monocycle/tricycle"。如果有需要，不难发现更多这种新范畴，比如 bikelet 或 megabike。不过也要注意从正式用语中派生出随意词汇的词形学策略：bicycle⇒bike（参见 omnibus⇒bus）。

那种对跟名词词组关联的系列词汇的严格分类通常是语言的特殊域的特征，可以和第 8 章中我们从烹饪域和天气域中采集的例子做个比较。这些有限制的例子都是在专业化的科学和技术的语域中找到的（参见 Halliday & Martin, 1993），它们中的部分甚至全部是以有意识地对语法资源的利用而设计的。以这种方式得以识解的"事物"包括某个科学理论的更为抽象的概念，还有那些被指定用来揭示影响人类经验的更为神秘现象的真实之物。

5.3.2.6 周期循环（复现）的语义原则

在各种各样的事物的范畴中，我们发现一种我们以前就建立起来的非常笼统的原则，也就是投射和扩展的原则展示出来的例子。事物的某些范畴具有将它们与其他范畴彼此联系起来的语法特征，如图 5-9 所示。

（1）投射作为事物

该范畴中的事物是不同类型投射的名称。在事物的分类中，它们是符号抽象词，其中有离散性的，也有非离散性的，而且作为语法类别，人们指称它们时，通常是把它们放在事实名词的范畴之内的。它们的语法表现不同，因为它们可以在名词词组中充当事物并以事实小句作为其修饰语，比如 the notion that pigs can fly（参见 Halliday, 1985，第 7 章 7.5 节）。这种小句具有独立充当言辞参与者的特性，比如 that the pigs can fly is an intriguing notion。

依据与情态的互动情况，这类事物可以划分为四个次类型：cases、chance、proofs、needs（如表 5-8 所示）。cases 代表简单事实，chances 代表某些带有情态的事实，proofs 是对事实的论证。第四类范畴，也就是 needs，是有意态相伴随的事实，也就是说，投射是 proposal 的投射，而非 proposition 的投射。

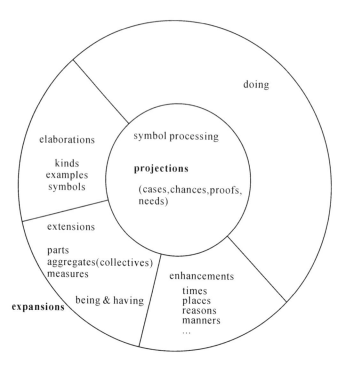

图 5-9 被识解为事物的投射和扩展

表 5-8 投射作为事物划分的四个次类型

投射类型	次类型	模态	体现事物的词汇项
proposition	case	（simple fact） "it is the case that"	accident, case, fact, grounds, idea, lesson, news, notion, observation, point, principle, rule
	chance	modalization "it may be the case that"	ability, certainty, chance, hypothesis, likelihood, impossibility, possibility, probability, theory
	proof	caused modalization "this makes it certain that"	confirmation, demonstration, disproof, evidence, implication, indication, proof
proposal	need	modulation	duty, expectation, necessity, need, obligation, onus, requirement, rule

　　这种类型的事物在语篇中起重要作用，因为它们具有回指语篇中上文被理解为投射的语篇的功能。比如：

[Graham's] simulated atmosphere evolved in much the same way as the real atmosphere had—the temperature rose, and evaporation and rainfall over the tropical ocean increased closely matching actual records.

Based on theses, Graham concludes that the increases in sea surface temperatures could well have caused the intensification of the hydrological cycle，explaining the warming. (*New Scientist*，4 February 1995)

（2）扩展作为事物

某些类型的事物是指一个成分，而该成分是其他事物的扩展，这种扩展是阐释（如 kind of、instance of 或 symbol of)、部分扩展（如 amount of、collection of 或 extension of)，或者增强（如 enhancement time of、place of、cause of、manner of)。下面是一些典型的例子（如表 5-9 所示）。

表 5-9　扩展作为事物划分的类型

扩展的类型	次类型	体现事物的词汇项
详述	符号	picture, drawing, portrait, painting, photo
	种类	type, sort, kind, mode, species, genus, brand, model
	例子	example, illustration, instance
扩展	组成部分	part, element, portion, top, bottom, side, arm, leg, trunk
	数量	unit, cup, glass, jar
	集合	herd, crowd, bunch, list
	扩展	combination, conjunction, addition, contrast
增强	时间	time (［that/when］we ran away)，era, period
	地点	place (［that/where］we ran away)
	原因	reason (［that/why］we ran away)，result, cause, purpose
	方式	way (［that/in which］we ran away)，manner

阐释类在名词词组中充当事物或平面。作为平面（结构上总是带 of)，它们常用于识解以某种样态或角度而出现的成分，比如"this will give you some picture of the situation"中的 picture，"a jet cat is a kind of passenger vessel"中的 kind, "there was no examples of successful integration"中的 example。作为事物，它们本身就是参与者，要么是物体（比如 is that picture for sale)，要么是抽象物（比如 Darwin showed how species first evolved)。

跟阐释类相似，扩展类也可以充当这两种语法角色。作为平面，它们规定某些数量（要么是容器，如 a jar of jam；要么是切片，如 a piece of cake)、一些聚集群（如 a crowd of onlookers)、某些侧面或构件（如 the other side of the argument、the top of the mountain、the truth of the tree），或者某种被增加的或被替代的事物（如 an extension of your ideas、the latest addition to the family、an alternative to this proposal）。作为事物，我们要再说一遍，它们是参与者，通常是具体的物体（比如 a glass jar、the top/lid of the canister、build an extension of the property）。

我们在第 5 章 5.3.2.5 节中提到增强类事物时把它划归为微观范畴，它们识解一般的逻辑语义关系，如原因、方式、时间、地点等。作为平面，它们对某个作为事物功能的成分的某些环境做出限制，如 the cause/result/purpose of the breakdown、the manner of the breakdown、the time/occasion of the breakdown、the place/location of the breakdown，也可参见 the circumstances of the breakdown。作为事物，它们给逻辑语义关系本身以参与者地位，这里常见的词是 reason、way、time、place，而现象则体现为一个由修饰性小句所体现的言辞，如 the reason/way/time/place we broke down。这些最靠近与投射之间的边界线：我们要么有扩展，如 the reason for which we broke down，要么有投射，如（原因）why we broke down。而那些带有原因和方式的，通常归入一种与某个言辞的识别性关系，比如 the reason we broke down was that、because the engine overheated。

由于这些不同种类的事物都是语义关系的名称，所以它们具有"两栖"地位就不足为奇了。想想这个表达式 a volume of poetry，在这里也许 volume 充当事物，被修饰而与 poetry 有关联，比如"she picked up an old volume of poetry from the shelf"；或者充当平面（扩展数量），比如"she has just published a new volume of poetry"。后面这个例子表明其"两栖"性的本质：属性 new 可以推定为 poetry 的属性（比较"I'd like a strong cup of tea"）。与此相似，在部分和整体（这是提喻修辞法的基础）之间、符号及其所指对象之间也存在"两栖"关系，这关系到究竟把哪一个识解为特定言辞中的参与者。总之，这样产生的不确定性就是是否要把扩展识解为独立的事物，或者识解为存在于它自身以外的某物的一个平面。这种不确定性有时会在来自语篇元功能的压力下被凸显出来，比如作主位，例如，我们是说"the end of that story you're never going to hear"，还是"that story you're going to hear the end of"。

和投射的名称一样，扩展的名称通常在创造语篇衔接中发挥作用，例如，"instances such as these..." "another way of approaching the situation..." "that aspect hadn't occurred to me"。这样的表达式把上文中的言辞和言辞列依次识解为参与者，这样就能够使说话人或写作者将语篇本身的结构表达得更为清晰。

5.3.3　属性

5.3.3.1　属性的地位

我们在第 5 章 5.3.1 节讨论过属性和事物在识解参与者中做出的互补性贡献。通过论证表明，属性和事物在时间稳定性和经验复杂性这两个互相联系的方面有所不同。事物具有时间上的延展性，同时很多不同维度也在事物上交汇；而属性的时间性却不那么稳定，且倾向于表征单一维度的值。因此，属性是在大小（big/small）、重量（heavy/light）和形状（round/square/rectangular/oval...）等方面进行识解。

根据其形成的对比类型，这些值可以分为三类：①二分，比如，死/活；②分级，比如开心/伤心；③分类，例如木头、塑料、石头等。在这三类中，从经验上来说最为复杂的是分类属性。比如，材料的分类（是否通俗分类或更富有科学信息的分类）是以各种不同的特征为基础的，它的外貌、织体，它的功能范围，它在不同语境中的相对值，等等。因此，分类属性最接近事物，它们常常体现为源自名词的形容词，甚至名词，而且它们倾向于发挥分类词而非描述语的作用（比如，人们通常是把事物分为类别，而不是描述事物）。

由于属性是分配给事物的，因此识解属性时是以事物为参照框架：在第一个例子中，一种属性使一个事物具有相对于同一基本范畴类别中其他事物的典型特征。thick book 并不等于 thick thing，相反，thick book 是相对于 slim book 而言的。thick 和 slim 这一尺寸是相对于书而言的，而 a thick book 比 a thick envelope 要厚得多。这种特征在分级属性中更为显著，这在语义研究中已经受到特别关注；而从原则上来说，它也是分类形容词的特征之一，即使是那些识解复杂类别的形容词也是如此。例如，把 wooden 这一属性分配给 spoon、a house 及 carriage 的标准是不同的，因为构成这些事物的实际材料是相当不同的。

作为范畴之一，属性位于事物与过程之间的渐变线上的某一点，而它们的地位在不同的语言中也不尽相同。在英语中，属性的归属与事物更接近，因为它们对参与者的建构起着主要作用：从语法上来说，英语更喜欢把属性识解为名词词组中的描述语，且形容词词类很明显与名词词类存在关联（相比之下，在汉语中，属性通常被识解为小句充当属性，而非名词性的描述语，形容词很显然与动词联系）。在这一点上，英语与拉丁语相似，拉丁语的传统语法中有个笼统的名词词类，它又分为名词性物质和名词性形容词。

参与者　↘　名词
事物　　↘　名词物质
性质　　↘　名词形容词

比如下面的例子，就是以 Lily 的语法为基础的。

　　名词是一种词类，它指代一个事物，没有时间或人称的差别。名词是可以被人们看见、触摸、听到或理解的事物的名称：比如，my hand 用拉丁语说就是Manus，hous 对应的拉丁语是 Domus，goodnesse 对应的拉丁语是 Bonitas。在名词中，有些是名词实词，有些是形容词。

　　名词实词可以独立使用而无须另一个词跟它连用以表明它的意义，比如homo 的意思是"男人"。而且它不用冠词，比如 hic Magister 的意思是"主人"，或者最多带两个，比如"hic & haec Parens"，意思是"父亲和母亲"。

　　动词是没有语态和时态的词类，表示做，比如，Amo（表示"我爱"）；或者表示遭受，比如 Amor（我被人所爱）。(R. R. ，1641：206—207)

　　在这里，名词和动词被区分为主要词类，而物质词和形容词只是次类别（很重要的一点是，某种特定语言中只有名词和动词而非形容词时，要记得精密度级 primary/secondary）。近代以来，常有人宣称形容词实际是静态动词，或"静态谓语"，这是谓词逻辑的立场：在谓词逻辑中，属性和过程都只是谓语而已，事物也是如此。它复杂化了英语语法的描述，不过也提醒我们属性作为言辞成分的这种中介地位。

　　我们说过，事物和属性都可以被识解为参与者，但并不是说它们是不同类型的参与者，而是说在参与者结构内部，它们担当不同类的角色。

　　通常来说，性质与事物组合起来在言辞中构成一个参与者。在 a dry plate 中，属性dry 是该名词词组中的描述语。属性独自担当参与者角色的唯一语境就是充当属性，在这里它和参与者之间是集约型关系：要么在存在言辞中，参与者充当媒介/携带者（也就是说，它的唯一功能就是拥有归属于它的属性）；要么在动作言辞中，参与者充当媒介/动作者，或者动作者/目标，属性从动作言辞中产生。比如：

存在：The plate's dry —I've made the plate dry.

动作：I've wiped the plate dry.

注意：在动作言辞中，如果 I 是行为者，那么属性可以省略，即 I've wiped the plate；而在存在言辞中却不能，因为过程本身就是一种规定，另一参与者即使出现，也只是充当规定者。

　　属性不是典型的参与者。我们已经注意到，从人际功能来说，它不能充当主语；而通过给名词词组增加一个体现它的名词或名词替代词 one(s)，它就可以被任命为参与者，如"this is a dry plate""this is a dry one"。事物可被任命为名词词组中心词来充当属性，这个事实证明了我们之前的论断：属性并不识解一个独立类别的事物，而是根据环境假定这个类别。因此，"this is heavy"相对于自己所归属的事物来说很重，比较"the truck was very heavy/a very heavy one"（也就是 heavy for a truck）和"the chair was very heavy/a very heavy one"(也就是 heavy for a chair)就可以证明这个论断。因此，在属性充当结果的发生过程中，要重新任命事物是不可能的，因此不能说"I've wiped it a dry plate"或"I've wiped the plate a dry one"。

因此在其典型的识解结构，也就是用作描述语或属性中，属性显然"像个参与者"；我们也许会注意到，当它以最高级形容词出现时，它看起来更像参与者（如"these are the driest""pass me the driest""the smallest will fall through the holes"）。但是在某些语境中，属性与过程或环境相类似。

①某些属性可以被识解为发生过程。比如，在"I've dried the plate"中有个同源形式，dry 用作动词。在这些情况中，属性并不重复用作属性。虽然我们通常不说"I've dried the plate dry"，但它可以以增强形式重新出现，如"I've dried it very dry"。很多属性形容词都能够以这种方式被识解为动词。

②有些属性可以在动作和发生言辞中充当描述性属性（与结果性相反）。在这种语境下，属性与表达方式的环境极为接近，比如下列同源句对：

属性用作特征	属性用作方式
she came home cheerful	she came home cheerfully
he walked in drunk	he walked in drunkenly

尽管意义互相联系，但这些同源句对并不同义；我们甚至可以想象有这样一个言辞 he walked in drunk quite soberly。它们说明了一点，当属性在言辞中充当特征时（而不是像在 the drunken man walked in/the man who walked in was drunk 中那样充当参与者），它更多被识解为环境。方式环境的典型体现方式是从形容词派生而来的副词（某些情况下它们相同），这是属性与环境相似的进一步表现。

图 5-11 是对多价值地位的属性的总结。

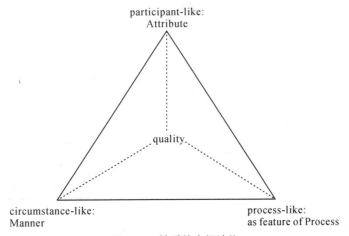

图 5-11　性质的中间地位

5.3.3.2 属性的类型

我们在第 5 章 5.2.3 节中说过,沿着两个语义维度,名词词组产生"移动":成分在时间上越来越稳定,而在特征分类上越来越复杂。从词汇语法上来说,这与从语法项[限定词、限定形容词(usual,same,typical)、基数词及序数词]到词汇项(一般是形容词和名词)的"移动"相对应;也就是说,从封闭系统到开放系统的"移动"。前者从分类来说很简单(尽管它们以难以用语言来理解而"闻名"),包括具体/非具体、个人的/指示的、近的/远的、全部的/部分的(参见 Halliday,1976:131—135)。相比之下,位于后端的成分倾向于被识解为复杂的分类,比如可以参考服装词汇的识解中涉及的多重分类(第 5 章 5.3.2.5 节)。也就是说,较高的经验复杂度要通过较高的分类复杂度来操作。我们用图 5-12 总结了名词词组中的语义移动,属性就分布在这些不同维度的不同点上,因此它们在充当不同类型的言辞中所扮演角色的潜势也各不相同①。表 5-10 提供了一个尝试性的分类。

	描述性词语	数词性	描述语	分类词	事物
时间稳定性:	短暂的	→		→	stable
与时间长度有关:	话语的	→		→	experiential
经验复杂度:	简单的	→		→	complex
词汇语法资源:	语法系统	→		→	lexical sets

图 5-12 参与者识解和体现过程中的渐变线

表 5-10 对属性的初步分类

属性				类型	同源言辞		例子
					修饰(类别)	事物	
投射	(作为感知)	(作为评估)			感知言辞:过程	感知者/现象	
	情感	态度(评价)		分级	rejoice, grieve		happy, sad; delightful, tragic; good, bad
	认知	可能性		分级	suppose, believe, know		doubtful, sure; likely, certain
	愿望	意态化		分级	like, want, desire		willing, keen; desirable, necessary
	—	通常性		分级	—		usual, common

① Thompson(1988)基于形容词在语篇中的使用,提供了对"形容词"的互补解释。

续表

属性					类型	同源言辞		例子
						修饰(类别)	事物	
						存在言辞		
扩展	详述	归属	类别	national	分类	归属	载体	Thai, Burmese
				material				plastic, wooden
				etc.				...
			状态	life	两分			alive, dead
				sex				female, male
				marital				single, married
				etc.				...
			感知程度	visual: colour & shape	分类			red, blue, pink; round, oval, square
				weight	分级			heavy, light
				texture				rough, smooth
				age				old, young
				etc.				...
			习性	(behav. qual.)	分级(动态)			skilful, naughty
			数量	inexact	分级			few, many
				exact	分类			one, two, three
		识别			分级	过程: be, resemble	载体标记	same, similar; analogous, different
	延展				分类	过程: accompany, replace, be instead of		additional, alternative, contrasting
	增强	时间			分类	过程: be before, after, at		previous, preceding, subsequent
		空间			分类	be above, within, outside		interior, external; anterior, posterior
		原因						consequent, resultant; conditional, contingent

属性可以根据投射和扩展的跨现象类型来识别。投射的属性和扩展的属性之间的

差别有几个方面,最根本的差别是它们的同源模式。投射属性与感知言辞中的过程同源,比如,the happy child(the child is happy)中的 happy 与 the child rejoices 中的 rejoice 同源。相反,扩展属性的同源模式则是在存在言辞中展示出来,其变异因次类型的不同而不同(见下文)。这一根本差异解释了其他差异存在的原因。比如,投射属性倾向于出现在像 like、please 这种感知言辞的同源对中(如 afraid/scary、suspicious/suspect/suspect、bored/boring),而扩展属性则不是。我们首先回顾投射属性,然后再讨论扩展属性。

投射的特征是分级的,正如我们所提出的,它们与感知言辞中的感知具有同源关系。它们通常由用作形容词的动词分词形式体现。它们所配置的用作属性或修饰语的事物,要么与感知者同源("like"类型,起源于动词时由过去分词体现,如 happy、sad、angry、afraid、frightened、certain、sure),要么与现象同源("please"类型,起源于动词时由现在分词体现,如 sad(dening)、tragic、irritating、scary、certain)。从这一点可以得出,当它们与感觉者同源时,它们归属于有意识的生命(就像在 an angry child/boss/cat 中一样);而当它们与现象同源时,那么它们不仅能够归属于事物,还能归属于元事物,也就是投射(比如"it's sad/tragic/irritating/scary/certain that they ignore world opinion")。在前一种情况中,这些属性可以"转移给"感觉者的感觉以具体例示,像 an angry face/look/letter/reaction。正像我们看到的那样,感觉与模态同源,而在情感感觉的情形中与态度同源;当它们所归属的事物(或元事物)与现象同源时,这些属性就被识解为非个人化的目标,"it is certain/likely/possible that the moon's a balloon"(对比"I'm certain the moon's a balloon")。对于"经常性"这类属性来说,这是唯一可能的方向。投射属性作为动作言辞的特征是不太可能或不可能的[因此很难解释"she polished it certain"(对比"she polished it clean"),而同时我们可以说"he drove her mad"(导致了存在言辞)及"he drove the car hot"(带特征的动作言辞),我们却不能说"he drove the car mad"]。

扩展属性通常不能归属于元事物,它们通过精密度、扩展和增强来扩展与它关联的事物。这些不同的次类型展现出不同的同源模式,但是作为"描述语(或者分类词)+事物"这种构型,它们都与言辞 be/have 同源。

最典型的属性是阐释类属性,这是归属类的次类型:与其所归属的事物之间是纯粹的集约关系,被识解为本质属性。阐述类属性通常可以分级,但某些类型是分类性的或两分性的。作为描述语(或分类词),它们与存在言辞的特征同源。它们中的很多都可以充当动作言辞中的特征(比如在"he squashed it flat"和"she painted it blue"中),并与该类言辞的结果关联(参见"she heated/widened/enlarged it"和"it was hot/wide/large")。归属类属性的情况较少,数量不多;它们作为语篇实例而非一般经验类别而归

189 / 第二部分 概念库

属于某事物。因此，它们不充当描述语，而是有特殊角色——数词（比如 two/many brave volunteers）。

识别类的次类型阐释类属性并不是本质属性，而是比较之下才具有的特征。因此，比较的标准总能够被人们识解："their car is the same/similar/different"和"their car is the same as/similar to/different from ours"。而且，它们与过程同源，"their car is/ resembles/differs from ours"。阐释类之间的"分界线：识别和增强：方式：比较"是模糊的，而且像"their car resembles ours"这类过程同源句，就属于增强域的范围。

扩展类属性与阐释：识别的相似之处在于，它们都是识解一种它们所归属的事物与其他事物之间的关系。这种关系通常来自作为语篇例示（thing as a discoursal instance）的事物之间，而不是来自一般作为经验类别的事物之间。因此，一种可选的解决方法就是能够替代我们刚才讨论的那种方法。扩展的特性倾向于充当后置指称成分而非描述语，它们能够指示它们所归属的事物的普通类别中的一个（或多个）例示的挑选方式，如"we need an additional two volunteers"意思是"志愿者这个普通类别的另外两个实例"。就像其他特性充当后置描述语一样，它们可以位于数词之前（如 additional two）；也可以跟随其之后，意思并没有显著变化，比如"we need two additional volunteers"。

增强类属性也与"阐释：识别"类及扩展类属性有相似之处，那就是它们识解的是它们所归属的事物和另一事物之间的关系。这是由如下事实导致的，它们在环境上与关联参与者的过程同源，如"subsequent/be（come）after"，"preceding/be（come）before"，"interior/be within"，"exterior/be outside"。比如在"previous occasions/ occasions coming before this one"和"interior design/design of what is within a house" 中。这种关系通常是将事物视为语篇实例而不是事物作为普通经验类别的时间或空间关系。正如扩展类属性一样，增强类属性倾向于充当描述成分（后置指称语）而不是描述语；作为后置指称语，它们在名词词组结构中位于数词之前，如 the preceding/ subsequent two meetings。在这里，它们与一个特定的所指对象相连，这个对象在当前情境中可以找到，如"the subsequent two meetings/the two meetings that followed this one"。但是，空间属性也可以是分类性的，其作用是将它们所归属的事物进行次分类，如 interior monologue、external pipes。在这里，它们与事物的普通范畴相关联，而且可以从经验系统中推理出来："interior monologue/monologue that is within a person" "external pipes/pipes that are outside a house"。

5.4 过程

关于过程充当言辞中的成分这一点的大部分内容我们已经在前几章讨论过了，要么在"言辞"一章,要么在涉及成分的小节(第 5 章 5.1、5.2 节)。这是因为言辞是过程的语义结构,拥有结构性的成分过程(体现为动词词组)作为其核心,而在理解参与者概念时,我们很自然会对比参与者和过程。

现在来概括一下要点。识解经验的关键是感知变化。语法将一个量子变化识解为言辞(通常为一个小句),并将言辞首先区分为有意识的言辞(感觉和言语)、物质世界言辞(动作和发生)和逻辑关系言辞(存在和拥有)。言辞的核心成分是过程:事物被识解为参与过程的个体并发挥不同的功能,其中之一就是过程借以实施的参与者(如果有"飞",就有会飞的或被放飞的某物,如"birds fly""people fly kites")。因此,小句的语法核心就是带有媒介的过程结构。

参与者位于指称空间,而过程位于时间之中。实现过程的动词词组成成分建了一个以"现在"(说话时间)为起点的时间中的"此刻",作为范畴化该事件的准备;体现参与者的名词词组以"此处"为起点在空间中构建一个"体",作为范畴化该事物的准备,二者有相似之处,但它们也有区别。事物缠绕在对众多事物的精密分类之中,而事件的分类却相当简单,它的复杂性就在于其自身对时间的识解。因此,动词词组的词汇是稀疏的——通常事件是唯一词汇化的部分,而名词词组的词汇却可能极为稠密(比较图 5-2、图 5-3)。

因此,从言辞的角度来看,过程是中心成分,它构成了核心,参与者和环境成分就是围绕该核心组织为一个有意义的句式(如图 4-13 所示)。从它自身的内在结构来看,过程是对进行中的事件的识解——被感知为在时间上有延展的现象。接下来我们主要探讨时间识解中涉及的各种参数,主要以英语为参照。

5.4.1 识别时间

识解时间经验不容易,不同的语言在识解时间的方式上各不相同。一种语言与另一种语言不同,同一种语言在时间进程中也各不相同。与我们在这里研究的一样,语法的时间模型是在人类的求生语境中无意识地演变的:这是人类在理解自身和环境之间的关系的过程中,在成员之间的互动过程中积累下来的选择智慧和集体智慧的一部分。与经验识解中的其他成分一样,时间的识解也是持续妥协的结果。通过妥协,人类多样且相互冲突的经验得到调节和适应,从而使一切都在整体中有了自己的位置。

在将时间经验转换为意义的过程中,发展出几个基本参数,与我们的讨论相关的有四个:

第一,对过程的时间分阶段:过程有开始、发生和结束。

(基本概念:过程占有一定量的时间)

第二,过程的时间视角:我们可以在时间焦点之内或之外来设计过程。这在不同的语言中,甚至在同一种语言内部,会呈现很多不同的样子。比如:①在焦点之内,进行中;焦点外,终止。②在焦点之中,本身很显著;在焦点之外,跟随在后面的比较显著。③在焦点之中,实施了;焦点之外,被视觉化了。(在这当中,这是最后一个与英语有关的)

(基本概念:过程与经验流的整体相关,包括其他过程)

第三,过程的时间剖面:要么有界,要么无界。

(基本概念:过程有时间延展的潜势)

第四,过程的时间定位:它可以作为过去、现在或未来而与"现在"相关联。

(基本概念:过程发生在时间的线性流之中)

以上每个变量都不同于其他变量,同时它们又彼此相连,因此它们之间存在某些关联模式。比如,一个无界过程(比如 travel)比有界过程(例如 arrive)放在时间焦点下的可能性更大(比如我们说 while traveling 的可能性比说 while arriving 更大);定位于未来的过程,开始的可能性比结束更大(例如"it will start warming up"的说法比"it will finish warming up"更常见)。某些组合或多或少会被排除,例如一个就要开始的过程可能有不同的视角(比如"the sun started to shine/the sun started shining"),而一个即将结束的过程总是被实施(比如"the sun stopped shining",而不是"the sun stopped to shine")。因此,在任何特定语言中:①这个或那个变量会被凸显出来;②两个或更多的变量可以组合成一个单一的语义系统;③任何参数都可以被识解为语法或词汇;④一些没有严格时间性的特征可以组合为一个整体,包括概念类,比如 attempting/succeeding,以及人际类,比如说话人看待过程的角度——对其可能性、理想程度等的判断等。

这些变量在语法化了之后,分别被称为:相(或时间分段)、体、动相、时态。

5.4.2　英语的时间模式

英语强调时间流中的定位(时态),不仅把时态识解为相对于"现在"的过去/现在/未来("they paid me/they pay me/they will pay me"),还把时态识解为与现在相对的某个时刻的过去/现在/未来["they are going to pay me"(现在将来时)、"they've been paying me"(现在完成进行时)],可能会有多达 5 次时间参照点的转移,比如:

They said they'd been going to have been paying me all this time...

这个系统已完全语法化,而且不同寻常的是,它还把时间定位识解为逻辑关系而非经验分类。因此,它就变成了言辞列时间参照的一种形式。时态范畴也和时间副词如

already、just、soon ("they'd already paid me/they've just paid me/they soon paid me")
等相结合。有趣的是，时间指示词（与"现在"相对）可以关闭；要么没有指示词（小句为
非限定小句，比如"not having paid me yet..."），要么指示词采取情态形式（说话人看待
过程的视角，比如"they should have paid me"）。

与时间定位相比，时间构面（体）在英语中相对隐蔽。（一些 20 世纪的语法学家把
系列定位理解为一种体，而把"现在……"当作进行体，把"past in..." 当作完成体；但是
正如我们在此呈现的那样，更早的描述对语义模型的揭示更为丰富。）不过，当没有指示
词定位时（小句为非限定小句），时间构面就会接管（替补）过来。在这种情况下，过程并
不参照"现在"，而是要么识解为实际化，如(on) reaching the gallery、turn left；要么识解
为视觉化，比如 to reach the gallery、turn left。有时，意义差别很小（比如 a way of
doing it/the way to do it），但差别总是有的（在第 7 章，我们会看到在汉语中，时间定位
相对比较隐蔽，而时间构面较突出——尽管焦点的转移方式与英语不同）。

时间分段明确，且已经词汇化，并有一套基本范畴系统，如图 5-13 所示。

图 5-13　时间分段的不同类型

比如：(这是上例五种时态的继续）

    ... but the money kept on not coming through

前面我们已经提到时间分段和角度的结合。注意，在这一点上，像在下面这些言辞
列中，时间分段创造了两个视角之间不断增大的语义距离。时间分段也延伸到其他并
无严格时间的范畴之中，而语法把它们识解为是相似的，尤其是心理努力（比如 tries to
do/succeeds in doing）和外观(seems to be/turns out to be)。

| started doing | went on doing | stopped doing |
| started to do | went on to do | stopped to do |

总的来看，有界与无界的时间剖面并不是可供过程选择的独立选项。有界性是一
种特征，一种可以归属为某些类别的过程，通常是动作过程的特征。试比较无界的 use
和有界的 use up (use some salt—but don't use it up!)。它处在词汇和语法的边界线
上，动词被 up 或某些其他方位类词（比如 drink up、eat up、load up、pour out、melt
down、fly away）所扩展。有界实际上并不是根据时间来定义的，它的度，通常就是它的

真正本质,是相关特定过程特有的,取决于总体言辞及其语境。如:

pour out the water　　　　"until the bowl is empty/until everyone has a drink"

write up the results　　　　"in a publishable form"

但这里显然存在比例,使我们能够将之视为英语语言中过程的重要子集合的系统特征。

很明显,在所有这些参数中做出的选择都与言辞整体有关(至少,它们对长段语篇是有此暗示的)。主要的过程类型——感知、言说、动作与发生、存在和拥有这些主要范畴都有本质不同的时间特征,并影响时间识解方式的各个侧面。如哪些是可能的时间范畴,相对的概率有哪些,以及不同的选择分别意味着什么。(比如,应该注意在诸如"I go/I'm going≠I know/I'm knowing"的成对句子中,总的来说是缺乏均衡性比例的)任何经验片段的部分意义在于它具有在时间中以不同方式来识解的潜势。

从概念视角来看,暂时性是过程的显著特征。正如我们所见,并没有语义或语法系统是专门用于将过程识解为精细类别的,因为它与事物不同。除时间的考虑之外,我们还发现可以根据过程在各类言辞中发挥作用的潜势来分类(见第 4 章)。在第 11 章11.3.2 节讨论不同的解决方法时,我们将再次提出如何区分过程和言辞这个问题。

5.5　环境

在第 4 章 4.5 节我们注意到,环境成分在语法上体现为副词词组或介词短语,它们代表两种不同类型的环境。类型 1 是属性,即简单环境(参见第 2 章 2.8 节)——但不是识解为某特定参与者的属性,而是言辞的整体属性。比如,"it rained steadily all night""they were shouting extremely loudly""it suits your complexion perfectly"这些句子中的 steadily、extremely loudly、perfectly。通常来说,这些副词在语法中是在形容词词尾加"-ly"派生而来的;还有几个副词形式特殊,例如 well(来自 good);有的时候,同一个形式既是形容词又是副词,例如 a fast car 和 she drives fast 中的 fast。

副词通常的功能是作方式,意思是"以这种方式,到这种程度"。如果动作的方式决定结果的属性,那么这类环境成分与结果属性之间几乎没什么差别,参见 don't chop the parsley too fine/too finely。有些副词表达式体现其他的类型环境,例如 everywhere(位置:空间)、recently(位置:时间);还有些由于属性自身而有不同的理解,例如 in a pointless manner 或 for no good reason(原因)中的 pointlessly。

有时候,方式这一成分是过程本身的属性之一,而不是过程的具体展开,比如 he was falsely accused/wrongly dismissed。这些与小句的过程成分的联系非常紧密(副词形式也充当属性的属性，例如"a frostily polite receptionist"和"what he says is superficially correct"中的 frostily、superficially；在这里它不是环境成分，而是名词词组中描述语的一部分）。

有些副词词组在功能上是人际的——说话人对言辞的评论，比如"they didn't argue"中的 sensibly，意思是"I consider their behavior sensible"［试对比"they didn't argue sensibly（in a sensible manner）"］。它们位于小句的概念结构之外，并不在小句所体现的言辞中充当属性，而是从互动库内部的特征中派生而来的。

类型2，由介词短语体现的环境成分较为复杂，因为它的结构中包含另一个成分——参与者，即宏观参与者（参见第 2 章 2.8 节）。比如 right under the table、without my knowledge、for the sake of peace and quiet 中的 the table、my knowledge、peace and quiet。在这些例子中，名词词组体现的成分仍然充当过程的参与者，不过是仅由介词的中介暗示出来。这种情况之所以可能，是因为介词本身就是一种辅助"过程"；这种过程在主要言辞中并不充当过程，而是与过程类型谱系发生系统性联系，主要但不仅限于存在与拥有过程。

在第 4 章 4.5 节，我们讨论了环境成分如何与参与者产生联系。在那里，我们把它们看作不正统的"案例"，这是从它们在较大言辞中的作用这个角度来看的。这样就产生了两个问题：第一，参与者和环境构成一条渐变线，而不是彼此之间有明确界限；第二，某些环境成分可以与参与者配对，并被看作一个相似角色较不正统的表现。这两点如图 4-13 所示。

现在我们从互补的视角来看待这些环境成分，也就是从它们的内部构造来看。正如我们曾经说过的，一个介词短语就代表一个微缩言辞，其结构与言辞的一个成分类似——也许与"过程＋范围"的关系最密切（因此我们把环境词组中的参与者称为"迷你范围"）。这就意味着，如果转换视角，那我们就可以探讨环境成分是如何与不同的言辞互相联系起来的。表 5-11 把两个视角结合在一起，展示了它们与参与者和言辞之间的关系。我们把从参与者到环境之间的渐变带称为过程实施中的"参与度"。这种参与度从最密切的媒介，也就是言辞核心的一部分，到那些看起来最遥远的环境，比如物质（例如 concerning your request）和角度（例如 in my own opinion）。中间是重叠区域，参与者和环境靠得很近，这两者重叠是因为某些功能要么识解为参与者在过程中的一种形式，要么是相伴随的环境。

表 5-11　参与者、环境和言辞之间的同源关系

	浓缩为参与者	环境成分	类型	扩展为言辞
详述	名词词组修饰语 heavy [rain]	方式：特征 [It rained] heavily	1 (简单)	存在：集约和归属——属性 [the rain was] heavy
	复杂名词词组中的事物 [I,] your lawyer [am speaking]	角色 [I'm speaking] as your lawyer	2 (宏观)	存在：集约和识别——价值
延展	复杂名词词组中的事物 [she] and her friends [departed]	伴随 [she departed] with her friends		存在：所有和归属——属性 [departing] she had her friends
				存在：环境和识别——标记 [departing] she was accompanied by her friends
增强	施事 the cloth [cleaned it]	方式：手段 [I cleaned it] with the cloth		动作——目标 [to clean it]，[I] used the cloth
	委托人 [She brought] the children [present]	原因：代表 [she brought presents] for the children's party		存在：环境和归属——属性 [she brought present] which were for the children's party
		原因：理由、目的、条件、让步 [they left home] because of the fire		存在：环境和归属 [they left home and] [it] was because of fire
	接受者 [I sent] John [the message]	处所：方向 [I sent the message] to John's place		动作：范围 [I sent the message] which reached John('s place)
		处所：位置 [I parked the car] outside the gate		存在：环境和归属——归属/处所 [I parked the car and] [it] was outside the gate
	范围：实体 [ice covered] the pond	广度 [ice was] all over the pond [They walked] for an hour		存在：环境和识别——赋值 [ice] covered the pond [their walk] lasted an hour
	范围：实体 [she sailed/crossed] the Pacific	广度 [she sailed] across the Pacific		动作：范围 [sailing] [she] crossed the Pacific
	言语内容 [they have described] the experiment	物质 [They have written] about the experiment		言语：言语内容 [they] have described the experiment
				存在：环境和归属——属性 [they have written something/ that...] which concerns the experiment

续表

浓缩为参与者	环境成分	类型	扩展为言辞
投射 —	物质 [they have written] about the experiment		言语——被投射言辞 [they have written] that/ how they experimented
—	视角 according to the paper [it's Wednesday]		言语——说话者 The paper says [that it's Wednesday]
—	视角 in their opinion [it's Tuesday]		感知——感知者 They consider [that it's Tuesday]

语法在这两者之间画了条线:参与者作名词词组,环境作介词短语。由于这种差异在本质上是延续的本质,我们发现三种混合范畴:看似环境,实为参与者(由介词引导);看似参与者,实为环境(无介词引导);一个是环境,另一个是参与者构成的对子,但它们在意义上区别不大。下面我们一一阐释。

①由介词引导的参与者:

接受者:give milk **to the cat**　　　　比较:give **the cat** milk

范围:play all night **at poker**　　　　比较:play **poker** all night

行动者:**a bus** ran over them　　　　比较:they were run over **by a bus**

②没有介词引导的环境成分:

范围: she jogs **30 minutes**　　　　比较:she jogs **for 30 mins**

位置: we're meeting **next Sunday**　　比较:we're meeting **on next Sunday**

③参与者/环境配对,意义几乎没有区别:

范围:cross the canal　　　　　　处所:cross over the canal [cross what?]
　　　　　　　　　　　　　　　　　　　[cross where?]

(施动者) bring the children presents　(原因) bring presents for the children
[bring who presents?]　　　　　　　[why bring presents?]

①中的角色基本都识解为参与者,而②中的那些成分主要识解为环境,这一点也由其他语法因素展示了出来。仅举一例来说明。与①相同的问题是"who?"或者"what?"(如"who did you give milk to?",而不是"not where did you give milk?");而与②相同的问题则是"how long?"和"when?"(如"when are we meeting?",而不是"what are we meeting on?")。

同理,在③中也有两个不同的成分,一个参与者,一个环境,但是这两者之间几乎没有区别。

类型1由副词词组体现各种环境,类型2由介词短语体现各种环境,该现象在语言中常有发生(因为语法痛恨确定性)。当我们回头看类型1和类型2之间的区别时就会发现这两种类型之间存在交叉，主要集中在一个方向：有介词短语识解言辞的属性，因而充当方式环境；比如 in a hurry、without proper care（比较 hurriedly、carelessly）。通常来说，这些在出现时也可以充当参与者的属性，比如在 he was in a hurry 中（体现为小句中的特征）、a man in a hurry（名词词组中的修饰语——而不是描述语，因为英语不喜欢把短语和小句放在事物的前面）。这些通常涉及某种隐喻，要么是语法隐喻（比如这里），要么是词汇隐喻（隐喻的传统意思），比如"they left the matter up in the air"。我们在另一个方向发现了一个不常见的交叉，例如副词 microscopically，它有 using a microscope 的意思（如"we examined the tissue microscopically"）。

环境有双面特点——一方面像参与者，另一方面又像图式。也就是说，注意到环境在英语以外的其他语言中是如何处置的这一点是很有趣的。就环境在语法中的识解方式而言，在像芬兰语这样的语言中，与英语介词相对应的经常是名词词组中的"格"，它们似乎更靠近参与者（相对于英语来说）；而在像汉语这样的语言中，与英语介词相对应的往往是动词词类，它们更靠近图式（也是与英语相对而言）。但是，它们通常的位置似乎在这两者之间的中间某处。

即使在同一种语言内部，无论环境成分在语法上如何识解，其地位总是多变的。在英语中，那些越靠近我们所谓的螺旋结构中心的越像参与者，比如上面所举的例子；而那些位于边缘的则更像言辞。我们可以给出该类型的同源句对，如表 5-12 所示。

表 5-12　该类型的同源句对

	环境	言辞
角色	as a child (he couldn't tell the difference)	when he was a child (he couldn't tell the difference)
伴随	without enough money (he was unable to complete his education)	not having enough money/since he hadn't got enough money (he was unable to complete his education)
原因：条件	in case of fire (call 9000)	if there's a fire (call 9000)

5.6　概念库的重要运作方式

概念库把经验识解为一个浩瀚、多维、高弹性的语义空间。我们能够研究的只是这个空间的一小部分。但我们所采取的研究角度是我们相信能最清楚地揭示概念库的组织原则的那个视角，该视角所突出的是系统中最不精密的一端，以便我们画出系统的整体地图，而不是各个孤立区域的细节地图。这意味着，正如从下面所看到的那样，我们是从词汇语法的语法一端，而不是从词汇一端来研究概念库的（这是不以人类为宇宙中心的后现代主义观点）。

除了展示那些能够测定概念意义的主要维度和系统，我们还尝试用这种方法推导出几条贯穿语法的经验识解的一般主题。

在这些主题中，第一个主题是意义作为扩展。语义空间域被详述、扩展和增强这三种向量所打开并定义——详述一个已经被标出的区域，并通过从其环境中获得的丰富语义而拓展其边界，以吸收更多内容，来增强该区域的潜势。[①]

第二个主题是投射而来的意义。这是通过人类意识层的感知和言语，创造出语义空间的新维度的一种方法，也就是通过感知和言语将另一由语言本身所构成的现实层投射为存在。

这两个意义主题共同运作，使人类得以将经验转换为意义，将意义的经验本身即意识的内在过程当作核心言辞，而把那些具备意义表达能力的（通常是人类自己）作为核心参与者。这些都充当识解"外部"经验，也就是动作过程和发生过程的互补性经验的参照点。图 5-14 是这两个运作方式在言辞列、言辞和成分三种环境之中的展示。

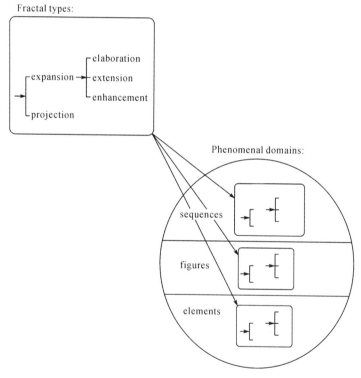

图 5-14　两个根本的语义运作方式

注：图中箭头后有文字，因为文字过小，不能辨认，无法标明。

---

① 关于该部分的研究，可以参见陈海叶（2009，第四章"概念库：经验识解的动力与核心"）。

由于投射和扩展的操作都要横跨不同的现象范畴，所以我们在第 3 章 3.8 节中把它称为跨现象范畴。投射和扩展作为跨现象范畴，在某种意义上，是概念库组织结构的"元意义"类型。因为它们是我们识解世界经验要遵循的原则，它们把量级不同且出现在不同语义环境中的语义组织整合生成完全相同的语义组织模型。所以，这些语义组织模型就构成了不规则类型。投射和扩展表现在言辞列、言辞和成分三个组织层次上，即作为言辞列、作为言辞及作为成分。表 5-13 是对我们在第 3 章至第 5 章所讨论内容的部分总结。

表 5-13　遍布概念库的投射和扩展

		投射	扩展	详述	延展	增强
言辞列		投射言辞列	扩展言辞列	重述	增补	限制
言辞	过程＋参与者	投射言辞	扩展言辞			
		感知	动作	详述结果	延伸结果（迁移）	增强结果（移动等）
		言语	存在	集约	所有	偶然
	环境	视角物质		角色	伴随	处所、广度、频率、方式、原因
成分	参与者:事物	有意识/（无意识）				
		投射名称（*fact*, *idea*, *possibility*, *chance*, etc.）	扩展名称	*type*, *kind*, *example*, etc.	*part*, *element*, *unit*, etc.	*time*, *place*, *way*, etc.
	参与者:特征	投射特征（态度、可能性、意态化）	扩展特征	属性、识别	增加、替代、对比	时间、空间、原因

言辞列、言辞和成分及其次类别在概念库中构成不同的环境。如果我们把某些经验现象识解为条件言辞列，那我们就要在概念总系统中给它一个位置，这个位置必须与它被识解为一个环境性原因言辞的位置完全不同。因此，这两种类型在系统中并非联系特别紧密的同源对。但是，不规则类型构成了一个额外的同源层，该同源层被作为一个整体投射到概念系统之中。我们可以把它称为不规则同源。因此，一个修饰性言辞列和一个比如像原因这样的存在环境言辞构成同源对。它们两个都是增强的不规则类型的具体表现。例如言辞列"ebola broke out so 52 people died"与言辞"the outbreak of ebola caused 52 deaths"同源，尽管它们的语义结构差异甚大。

投射和扩展的不规则类型也是语义系统借以创生新意义的主要资源。我们在第 2 章 2.11 节阐释了这种自动生成潜势。因此，概念库本身就采用了一种自动创生方式，来体现它将自身组织起来并获得进一步发展所依据的原则。由此一来，概念意义的主要系统就充当了一个网格，在这个网格里面，更为精密的范畴得以识解。在这里，我们特别强调，详述这一主题，特指它在识别类和归属类言辞（存在和拥有）之中的表现。我们试图阐明，详述是如何通过积极识解，从而将语言之外的经验"输入"意义库［例如"that（thing there）is a circle"］，以及在概念库内部的一个区域"运输"意义，以便在另一区域识解新的意义（如 balance means you hold it on your fingers and it does not go）。意义在精密度上的延伸——不仅能够跨类概括化，而且还能够把这些类型识解为空间的、开放性的类别，这是详述性潜势的功能，它利用的是系统自身的基本维度。

　　还有其他一些"跨现象"主题运作经常与这些互相联系，它们的范围更为具体。比如对感知空间的突出，以及对具体空间有所扩展的突出，以方便它们充当用于识解更为抽象的非空间域所依赖的模型。更具体地说，以人类身体作为方向性框架来做空间建构。

　　"通过意义识解经验"这个概念指的是人类意识对概念系统的识解，正是这些运作主题在概念系统中发挥关键作用。正如我们前面所说，扩展和投射是不规则的原则（fractal principle），它们在概念库的很多环境，即在不同的层次及同一层次的不同级阶上都可以生成组织。因此，这些环境通过不同的运作主题在不同位置的具体表现而相互联系。这就打开了系统的潜势，允许对经验做出不同的识解。比如，不同类型的扩展通过"修辞格"而创造新的意义潜势（如图 5-15 所示）。

　　具体来说，每种类型的扩展都贡献一种隐喻模式，如表 5-14 所示。

表 5-14　隐喻模式

			例子
详述——集约型	重述：识解 A 和 B 之间的相似性，以便可以用 B 来重述 A	隐喻	INTENSITY⇒LOCATION IN VERTICAL SPACE e. g.，He loved her very much⇒ He loved her deeply
扩展——拥有型	部分—整体关系：识解出某事物与 N 之间的部分—整体关系，以便组成部分 M 可以代表 N 的整体	提喻	BODY⇒BODY PART e. g.，She has many people to feed⇒ She has many mouths to feed
增强——环境型	识解出 O 与 P 之间的环境关系，以便环境 O 可以代表 P 的环境	转喻	OPERATION⇒MANNER OF OPERATION e. g.，Think! ⇒ Use your brains!

　　在这些例子中，修辞手段主要在词汇层面；它们所阐释的原则延伸贯穿了整个语法，这一点我们在下一章就会看到。该原则是，由于修辞"游戏"发生在不同的层次之

间,所以系统具有识解隐喻意义的潜势。这意味着,被识解的任何东西也都可以被再次识解,这样就又为语义空间的拓扑增加了一个维度。

如到目前我们所探讨的,概念库拥有其言辞列、言辞和成分这一框架,可用于充分识解我们的日常生活经验,并用于组织和交换常识。但是已经有证据表明,这并不能满足先进技术和理论科学的符号需求。在科学知识的建构中,系统需要在全球范围内调用隐喻的力量。

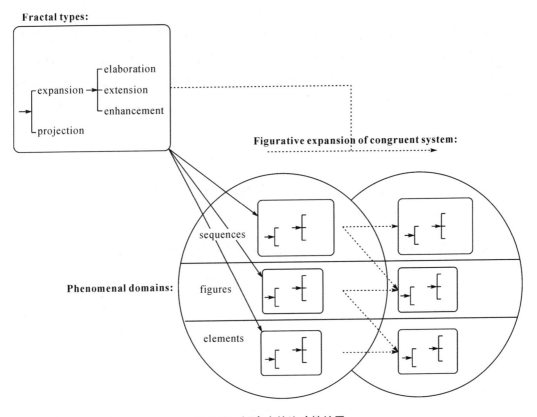

图 5-15　概念库的比喻性扩展

注:图中箭头后有文字,因为文字过小,不能辨认,无法标明。

6　语法隐喻

　　我们在第 2 章给出了意义库的概要。在概要中,我们认为,现象以"一致式"来识解,并在第 3 章(言辞列)、第 4 章(言辞)和第 5 章(成分)进行了深入讨论。为了对英语意义库的概要做出结论,我们将考虑这些内容是如何通过调用语法隐喻而得以扩展的(也可参见 Halliday,1985;Halliday & Martin,1993;Matthiessen,1995b;Ravelli,1985,1988)。

6.1　一致式和隐喻式变项

　　我们看到,言辞列、言辞和成分在语法中的一致体现如表 6-1 所示:

表 6-1　言辞列、言辞和成分在语法中的一致体现

	小句复杂度	小句	词组
言辞列	√		
言辞		√	
成分			√

　　这些内容可以在体现过程中通过进一步的选项而加以扩展。比如,言辞列可以体现为小句甚至词组,这就是我们提到的语法隐喻。语法隐喻扩展了系统的语义潜势。
　　假如在语篇中我们看到这样一段话:

　　Smith et. al. have shown that if one takes alcohol one's brain rapidly becomes dull. Alcohol's rapid dulling effect on the brain has also been observed by other researchers in the field.

　　其中两句话——if one takes alcohol one's brain rapidly becomes dull 和 alcohol's rapid dulling effect on the brain——之间又是怎样的语义关系呢?

从语法上来说，两者的级阶不同：前者是小句复合体，它和从属度不断升高的
"$^x\beta^\wedge\alpha$"是从属关系；而后者是名词词组，其结构为"指称语＋描述语＋分类词＋事物＋
属性"。假如两者在体现某个语义单位时都充当无标记角色，那么前者代表一个言辞
列，后者代表一个成分。我们还发现了第三种变体，它代表言辞，介于两者之间，比如
the effect of alcohol is a rapid dulling of the brain。

下面是一些有相似的同源关系的句对：

strength was needed to meet driver safety requirements in the event of missile impact	it had to be strong because the driver needed to be safe if it was impacted by a missile
he also credits his former big size with much of his career success	he also believes he was successful in his career mainly because he was formally big
some animals rely on their great speed to escape from danger	some animals are able to escape from danger by moving very fast

上述每对例句的语法地位都在小句和小句复合体之间变化，而要构建出第三种变
体形式，也就是一个名词词组并不难，比如"the strength needed to..."　"his crediting
of..."　"the reliance of some animals on..."。这一变体将充当其他言辞中的一个成分，比
如，"the strength needed to meet driver safety requirements in the event of missile
impact was provided by the use of specially toughened glass"。

为了理解类似句对的成员之间的语法关系，我们塑造一个模型—— 一个更简单的
例子——从系统功能语法的角度（但是仅解释其概念功能）。如图 6-1 所示。

假如我们把这句话"the cast acted brilliantly so the audience applauded for a long
time"作为讨论的出发点，并由此推导出它的同源句对"the cast's brilliant acting drew
lengthy applause from the audience"，我们可以在表 6-2 中看到所列出的各种同源句。

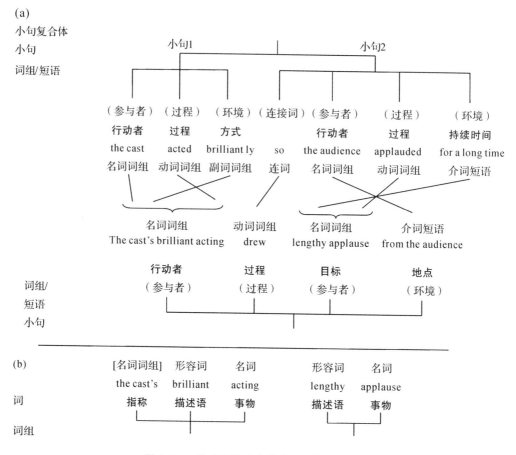

图 6-1   一致式和隐喻式措辞之间的对应关系

表 6-2   一致式措辞和隐喻式措辞

	一致式					隐喻式			
	词类	在词组/短语中的功能	词组/短语类型	在小句中的功能		词类	在词组/短语中的功能	词组/短语类型	在小句中的功能
cast	名词	事物	名词词组	行动者	⇒	名词词组（拥有）级阶转移	指称	名词词组	行动者
act	动词	事件	动词词组	过程	⇒	动词（分词）	事物		
brilliant	副词	属性	副词词组	方式	⇒	形容词	描述语		
so	连词	—	—	→	⇒	动词	事件	动词词组	过程
audience	名词	事物	名词词组	行动者	⇒	级阶转移的名词词组	范围	介词短语	地点

	一致式					隐喻式			
	词类	在词组/短语中的功能	词组/短语类型	在小句中的功能		词类	在词组/短语中的功能	词组/短语类型	在小句中的功能
applaud	动词	事件	动词词组	过程	⇒	名词	事物	名词词组	目标
long time			介词词组	持续	⇒	形容词	描述语		

让我们以评论形式来做个小结：①动词 acted 和 applauded 都在充当过程的动词词组中承担事件功能，都在不同的小句中被动词 acting 和名词 applause 所替代，都在名词词组中充当事物，两个名词词组在同一个小句中分别充当行动者和目标。②连词 so 的作用是表明两个小句之间的逻辑语义关系，它被动词 drew 所替代，而 drew 是在单一小句中充当过程的动词词组中充当事件的。因此，"... acted ... so ... applauded" ⇒ "... acting drew ... applause"。③副词 brilliantly 在小句1担当方式的副词词组中充当属性，已经被形容词 brilliant 所替代，并充当名词词组 the cast 的描述语。而 for a long time 这个表达式（从根源上来说是介词词组，但是现在被编码为单一项）充当小句2中的时间延续，而且它被形容词 lengthy 所替代，后者在名词词组（the audience）中充当描述语。

要详细展开分析，会占用很大篇幅；但我们可以用同样的概括方法，用清晰的语言，表达出任何一对同源表达式之间的关系。再举两个例子：

The truest confirmation of the accuracy of our knowledge is the effectiveness of our actions.

If we act effectively this most truly confirms that we know [things] accurately.

Griffith's energy balance approach to strength and fracture also suggested the importance of surface chemistry in the mechanical behavior of brittle materials. Chemistry was [determing]

Because Griffith approached [the study of] strength and fracture [using the concept of] balance of energy, we realized that surface important in how brittle materials behaved [under] mechanical [conditions].

虽然我们把这些句子按对排列，但是很清楚，这里的每个句子，都有数个同源表达式与它相对应。在这些句对的两个变体之间，要构建几个中间步骤是有可能的。在这

里,中间的意思是,在任何一个变体和那些与它相对的多个变体之间都存在最小距离。因此,上面第一个句对的中间变体就是:

> The fact that our knowledge is accurate is most truly confirmed by the fact that our actions are effective.

对比第 1 章 1.2 节中的例子。

这些例子引起了一些问题,在做理论探讨之前,注意它们展示出来的两个一般特征,两个互相联系的特征。一是在一系列重新措辞中的某个点上,通常有语法级阶的转移:从小句复合体到小句,以及从小句到名词词组。这种转移可以概括为如下形式:

（小句复合体）	a 发生,所以 x 发生
（小句）	事件 a 引起事件 x
（名词词组）	导致事件 x 的原因是事件 a

二是如果我们朝这个方向绘图(也就是级阶向下移),那么通常会丢失某些信息。如果我们用逆顺序把这句话重述一遍就可以证实:我们经常不确信如何构建较高级阶的变体。比如 the truest confirmation of the accuracy of our knowledge is the effectiveness of our actions,可以重新表述为 if we act effectively this confirms that we know things accurately 或者 how effectively we act confirms how accurately we know things。再如:

Increased responsiveness may be reflected in feeding behavior.	The way [the creature] behaves when it feeds shows that it has become more responsive.
	—or:
	Because [the creature] has become more responsive it behaves in a different way when it feeds.
Higher productivity means more supporting services.	If more goods are produced, more supporting services will services. be provided.
	—or:
	More goods cannot be produced

unless more supporting services are
provided.

　　这里的模糊主要在于动词。当这种逻辑关系体现为一个动词时,那就可能产生一两个模糊之处:①关系可以是原因或证据,要么"a 是 x 导致的结果",要么"x 是 a 的外在符号标记";②关系可以是任意方向,要么"a 引起了 x",要么"a 是 x 导致的"。尽管这是不确定性的主要来源,但绝不是唯一来源。下面这个例子说明了小句复合体被小句替代,或小句被名词词组替代时,信息丢失的情况。

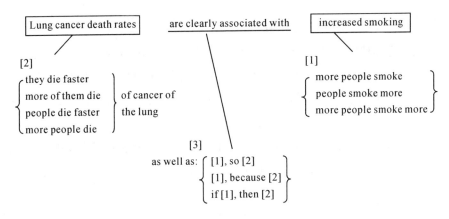

　　换言之,名词词组(比如 lung cancer death rates)的意义明晰度与跟它相对应的小句(例如 how fast people die when they have lung cancer/how many people die of lung cancer 等)相比略差。因此,一个这样的词组对应很多小句,而一个小句(例如 higher productivity means more supporting services)的意义比它所对应的小句复合体(比如"in order to produce more, you need..."或者"if you produce more, you will get..."等)的明晰度要差,这样的一个小句就与很多小句复合体相对应。这里的规律似乎是:如果一对同源措辞的不同成员所处级阶不同,那么级阶较低的那个包含的信息量较少。

　　这表明,我们在本节开始时展示的那个自造的例句,也许是这些更为浓缩的变体出现于其中的典型语境。而在那个例句中,较低级阶措辞的出现是对较高级阶措辞的重复(此处的信息在上文就阐述清楚了)。这就引向了一个一般的理论问题,即这种同源对的真实语义究竟具有何种地位。

6.2　语法隐喻的本质

这种语言现象我们在"语法隐喻"（Halliday，1985）这个总标题下提到过。如我们在上文举例说明的那样，一组同源对之间的关系是一种隐喻关系，但这是语法关系，而非古典隐喻中的词汇作隐喻的情况。为了阐明这一点，让我们转个方向，从隐喻的传统研究说起。

6.2.1　词汇和语法隐喻

传统的隐喻研究方法是"自下"开始来探问某个表达式的意思。比如，词汇 flood 要么是字面上的"洪水"之义，要么是隐喻性的，比喻强烈的情感，比如 she felt a flood of relief。但是，当我们"自上"看，并探问激烈的情感是如何表达的时，那字面表达要么是"she felt very relieved"，要么隐喻式地表达为"she felt a flood of relief"。

一旦像这样自上而下看时，我们就能看出，当前讨论的现象与隐喻的传统意义相同，不同的不是词汇，而是语法。因此：

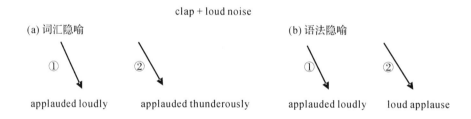

在这里，(a)中"音量"的词汇语义域被投射到"气象变动"的词汇语义域；而在(b)中，"figures"的语法语义域被投射到"参与者"的语法语义域。这两种情况的隐喻原则是相同的，唯一的区别是它们的概括程度。

词汇和语法隐喻并不是两个不同的现象，两者都是我们为了识解经验而扩展语义资源时所借助的同一概括性隐喻策略的不同方面。两者的主要区别就是精密度级。语法隐喻需要用另一个域来识解某个特定的域，而这两者都具有很高的概括性。如表 6-3 所示：

表 6-3　语法隐喻识解 1

一致域	隐喻域
言辞列	言辞

续表

一致域	隐喻域
言辞	成分：参与者
成分：参与者：属性、过程	成分：参与者：事物

词汇隐喻也涉及用另一个域来重新识解某一个域，这些域在整体语义系统中更为精密。如表6-4所示：

表6-4　语法隐喻识解2

一致域	隐喻域
参与者：事物：抽象…… bright＋idea	参与者：事物：具体物体…… brainwave
参与者：事物：抽象…… fanciful，unrealistic ＋ idea	参与者：事物：抽象…… pipedream
参与者：事物：集体：人类…… congregation in the charge of religious official	参与者：事物：集体：动物：…… flock

词汇隐喻还有两个特征，它们对隐喻的语法意义也很关键。一是横组合性。词汇隐喻倾向于出现在规则簇中，我们在这里称其为综合征。比如隐喻"congregation⇒flock"和"religious official⇒shepherd""group of believers⇒fold"等，共同构成一个综合征。二是纵聚合。词汇隐喻通常是朝具体化方向转移，是向着物体化（objectifying，使它像个物体，而不是使之客观化）方向移动，正如一些例子展示的那样[①]。要对语法隐喻的这些特征有更多的了解，参见第6章6.4和6.5节。

半个多世纪以前，Whorf（1956：145—146）对英语和其他欧洲标准语言中的延续性、强度和趋势等域中的隐喻性构建提供了富有启发的解释：

> 为了使话语能够满足现实情景的需要，所有的语言都必须表达延续性、强度和趋势。以隐喻的方式来表达它们，这是SAE甚至很多其他语言都具有的

---

① 由于词汇非常多，我们还没有对词汇隐喻综合征，或隐喻域在整体概念库中的位置有全面描述。但是，可以认识到隐喻的主要资源是人类的躯体经验，人类身体自身、具体现象在时空中的位置，以及日常社会生活特征等都是人们最喜欢的隐喻主题。Renton（1990：513—514）列出了37个这样的隐喻域，占其隐喻词典所列出的4215个隐喻项目总数的87％。最常见的是人体（3％）、动物（9％）、运动（4％）、食物和饮料（4％）、战争和军事（4％）、建筑物（4％）、地理（4％）、气象（2％）、科学和医药（2％）、颜色（2％）、商业（2％）、制造（1％）、其他类（1％）。描述它们所面临的挑战在于将词汇隐喻的域加以系统化，正如 Lakoff & Johnson 于1980年提出的及在他们的框架基础上进行的研究。

特征。隐喻是空间的扩展，也就是 size、number（plurality）、position、shape、motion 的扩展。我们用 long、short、great、much、quick、slow 等来表达时间延续性；用 large、great、much、heavy、light、high、low、sharp、faint 等来表达强度；用 more、increase、grow、turn、get、approach、go、come、rise、fall、stop、smooth、even、rapid、slow 等数不尽数的，几乎已经无法识别本来是隐喻的表达式来表达趋势，因为它们几乎是唯一可用的语言媒介。这个领域中的非隐喻性话语仅仅只占少数，比如 early、late、soon、lasting、intense、very、tending，而这远远不能满足需要。

这种状况是如何"契合"环境的其实很明显。把并非想象空间性的属性和潜势在我们的想象中加以空间化（只要任何空间感知性的感觉能够告诉我们），这是我们物体化这一整体计划的一部分。名词意义（对于我们而言）从物理身体向着较远种类的指称对象扩展。由于感知空间中的物理物体及其轮廓是以它们的尺寸和形状的术语来指称，且以基数词和复数词来测算的，这些内涵和测算的模式向非空间意义的符号扩展，因此它们有一个想象空间存在。物理形体在感知空间中 move、stop、rise、sink、approach 等，为什么不是它们的想象空间中的其他指称对象呢？这个问题太"远"，如果不经常借助物理隐喻，那么我们几乎不能够指向最简单的非空间情景。我"抓住"另一个人论点中的"主线"，但是如果他的"水平""高过我的头顶"，那么我的注意力就会"徘徊"并随之"漂移"并"失联"，因此当他"来到"他的"要点"时，我们就存在"广泛的"差异，我们的"观点"确实"相距甚远"，因此他说的"东西""看起来""非常"任意，或者甚至可以说是"很多"废话！

正如 Whorf 举例说明的那样，词汇隐喻在语法上有如下暗示。它们出现在总系统中的词汇精密度上，而由于语法和词汇形成一个由精密度级连接起来的连续统，所以词汇域事实上是对语法域的精密详述。因此我们可以举例说明，假如理解被隐喻化地识解为"抓住（grasping）"，那么我们可以得出这个结论：根据同样的物质模型，较高程度的理解也可以得到识解：比如在"she grasped the principle firmly"这个句子中，"understand very well⇒grasp firmly"。与此相似，如果强度被隐喻性地识解为在抽象空间里的位置或移动，那么这种词汇化识解就会在隐喻性言辞中的情景成分方面导致这样的语法后果，如"prices fell sharply""prices rose to a new high""costs hit the ceiling"等等。

因此，在很多情形中，词汇隐喻和语法隐喻互相伴随，这在意料之中。表演结束之后，我们最可能被告知的是"the audience gave thunderous applause"。在"she felt a flood of relief"中,不仅有 flood 的词汇隐喻,还有语法隐喻 a flood of relief。在这里,强度被表征为一个事物,而情感充当它的修饰语;而在 very relieved 中,强度的引入是把 very 用作描述语 relieved 的次修饰语,这样一来两个例子就形成了对比。与此相似,在这个语法隐喻的例句"increased responsiveness may be reflected in feeding behavior"中,也有词汇隐喻 reflected。但它们并非自动发生联系,在大多数语法隐喻的例子中,假如我们用隐喻性较弱的言语来重新表述,那就可以保留相同的词项,只改变它们的词性通常会发生词形变化,比如"we act effectively/the effectiveness of our actions"。

6.2.2　一致式语义生成的优先性

通常我们面临的问题不仅仅是一对措辞,而是一个更大的系列。这样产生的第一个问题就是,在这些不同的措辞中,哪个具有优先权:为什么我们会认为一个或另一个是非隐喻性的,或者至少比其他的隐喻性更少。在思考语法隐喻的过程中,我们不会坚持对"字面上的"和"隐喻性的"做简单的区分。相反,我们提出在"最少隐喻性"和"最多隐喻性"这两极之间存在一个连续统。能证明这一点的最直接证据是历史证据,这是从第 1 章 1.5.3 节中提到的语义史的三个轴的意义史这个角度来说的。

如果我们大致地浏览一组隐喻同源的措辞,那么该组中的任何一个成员句与所有其他成员句相比,看起来都有隐喻性。看"the announcement [was made] of his probable resignation"和"he announced that he would probably resign",没有理由说哪一句的隐喻性较低。但是如果我们动态地审视它们,即把它们放在时间中来解释它们之间的关系,那么在所有三种意义史中,总是有一个先于其他的,明显"he announced that he would probably resign"这种措辞要先于"the announcement of his probable resignation"产生。第一种较早地产生在语言中,较早地被儿童学会,而且也较早地出现在语篇中。我们也看到,由于信息的缺失,会产生一种派生而来的优势。比如,从"she announced that she was accepting"中可以推导出"the announcement of her acceptance",但假如是"the announcement of her acceptance",那么我们就无法得知是谁发出的 announcement,是她还是其他人(他们);她是否已经接受了,还是正在接受或是将会接受;是否这个案例不是她接受,而是她被接受——共有 12 种可能的措辞。根据这些情况,我们只能承认隐喻关系并不是对称关系:它有着明确的方向,而且这样的话,连续统的一端是隐喻性,而另一端就是我们所说的一致式。看下面这对句子:

Engines of the 36 class only
appeared on this train...

一致性   隐喻性

when the load was
reduced
or an engine
failed.

in times of reduced
loading, or engine
failure.

我们可以把这两句话像上面一样在一个隐喻级上做个相对的定位。"engine failure"这一表达式是在工业革命语篇"the engine failed"之后才演变而来的,要向孩子解释"in times of engine failure"时,必须把它说成"whenever an engine failed"(就像某个作者不得不对他的 7 岁大的儿子这样做一样);话语很可能是从"loads were reduced, engines failed"朝着"reduced loading, engine failure"的方向演变,而不是反过来。当我们从一个推导出另一个时,我们发现如果仅从一个方向推导,意义就会模糊:"reduced loading"也许与"loads were reduced, had been reduced"或者"were lighter than usual"同源,"engine failure"也许与"an engine failed, the engine failed"或者"engine failed"同源。

6.2.3 语法隐喻在内容系统中的定位

现在用我们的语义模型来解释一个典型的语法隐喻。看下例中的第二句:

The atomic nucleus absorbs and emits in quantum. Each absorption marks its transition to a state of higher energy and each emission marks its transition to a state of lower energy.

我们只看"each absorption marks its transition (to...)",它的一致式变体是"each time(whenever) it absorbs [energy], it changes/moves to..."。从语义上来说,这是一个由两个彼此之间有逻辑关系的言辞组成的言辞列。第一个言辞包含两个参与者,atomic nucleus 和 energy,它们与过程 absorbs 相关联。其一致式的体现公式如下:

sequence	clause complex
figure	clause
process	verbal group
participant	nominal group
logical relation	conjunction

　　第二个言辞与第一个相似，只不过（假设我们把它理解为 moves to）它是用情景替代了第二个参与者。我们可以给这个句式增加一个例子：

circumstance　　↘　　prepositional phrase

　　假如从语言进化的角度来看这些例子，那么当我们说它们是一致式时，我们不仅在说它们率先产生，也在说它们为何会产生。语法产生的语境之一，也就是它的元功能之一，就是识解人类经验；而且正如我们看到的，涌现的语法模型是将所发生事件的连续统识解为多种类别：组构的类别（转喻型）和类别的分类。其核心结构是"言辞"的结构，言辞可进一步构建为言辞列，也可以解构为"成分"。语法是如何识解这种现象的多层次性的呢？——是在小句结构中充当小句、小句复合体和成分：

sequence　　↘　　clause complex
figure　　↘　　clause
element　　↘　　element of clause structure

　　组成言辞的成分有三类：过程、过程的参与者和环境。那么语法是如何识解成分类别的呢？——是充当动词、名词和其他：

process　　↘　　verb (expanding to verbal group)
participant　　↘　　noun (expanding to nominal group)
circumstance　　↘　　(others)

　　环境可以是过程的某些属性，也可以是间接参与过程的某个参与者：

circumstance (quality)　　↘　　adverb (expanding to adverbial group)
circumstance　　↘　　prepositional phrase [preposition (=
(indirect participant)　　minor verb)＋nom. gp.]

　　这种识解模型我们在前面第 3、4、5 章已经讨论过，现在用它来构建我们的语法隐喻模型。上面描述的是一致式，"一致"是从语言演化的方式这个意义上来说的。当然，我们在这里把它们识别为两种不同的结构：语义结构和语法结构。这两种结构并没有先后之分，它们是我们对经验的整体符号化所做的分析性表征，即经验是如何识解为意义的。假如过去一致式一直是识解的唯一形式，那么我们很可能就不必将语义和语法分为两个不同层次了，因为那样的话它们只是内容平面的两个侧面，一面解释为功能，另一面则是形式。

为什么我们在现有的解释中要分为词汇语法和语义两部分呢？因为系统不断演化，超过了临界点，并通过强制区分符号的两个侧面，把自己丰富起来（即生成了一个更为丰富的经验模型）。这样两面都可以带上新的伙伴——言辞列可以由小句复合体之外的其他成分来体现，过程可以由动词以外的其他事物来体现，等等，依次类推。我们在本书的引言中简要描述了这个步骤，并把这个过程描述为中国阴阳符号两个侧面的分离（第 1 章 1.5.4 节）。

正是这一步骤促使了语法隐喻的诞生。当一个言辞列由小句复合体实现，过程由动词实现时，它就是一致式。这正是小句复合体和动词演化时发挥的功能。当言辞列由小句复合体之外的形式实现，过程由动词之外的形式实现时，它就是隐喻式。其他语法单位正在代替它们实现这些功能。

6.2.4　隐喻性转换的元功能影响

这种隐喻性转换对经验的建构有什么影响呢？假设现在有一个言辞列，它不是体现为小句复合体，而是体现为一个小句；过程不是一个动词，而是一个名词——就像上面很多例子一样。为了简洁，让我们建构一个新的小句，比如 his defeat led to his resignation 而不是 because he had been defeated he resigned。难道这两个说法只是同一个意思的不同说法吗？从原则上来说它们当然是同义。而众所周知，无价值的变体至少在语言上极度不稳定，所以很可能在任何其他语义系统上不稳定。即使由于历史进程的汇聚会产生一系列"自由变体"（比如语言接触情景中的各种不同类型），但是不久之后，这些变体就会用于识解其他不同的意义——那时候它们就不再"自由"了。

似乎很清楚，这些同源句对从来就不是自由变体，它们至少在某种程度上一直都具有语境特别性。比如，隐喻式倾向于出现在书面语中，而一致式更倾向于出现在口语中。问题不在于它们是否不同，而是在于它们如何不同，以及为何不同。它们之间这种系统性的区别，识解的又是何种意义呢？

为了探讨这个问题，我们用元功能对它做个简洁陈述：它们在概念、人际和语篇，或者这三者的任意组合上有什么区别吗？我们已经有明确证据可以表明它们在语篇意义上有所不同。例如"The atomic nucleus absorbs energy … Each absorption marks its transition…"，另一个这样的例子是"Cracks in glass can grow at speeds of less than one-trillionth of an inch per hour, …On an atomic scale the slow growth of cracks corresponds to…"。这里，从 absorbs 向 absorption 的移动，以及从"cracks in glass can grow at speeds less than…"向"the slow growth of cracks"的移动,在语篇修辞结构中都有明确地位。当它首次出现时,它作为我们之前并未听说过的新信息呈现在我们面前。当它第二次出现时,已经为我们所知:被想当然地用作出发点,朝向新信息移动("marks its transition to a higher energy""corresponds to the sequential rupturing of interatomic bonds at rates as low as one bond rupture per hour")。该模式之所以能构建起来,凭借的就是语法资源中语篇系统的"主位"和"信息",它用"主位—述位"和"新信息—旧信息"把语篇组织起来(Halliday 1967,1968,1985,1988;Fries,1981,1992,1995;Halliday & Martin,1993;Bateman & Matthisessen,1993;Matthiessen,1992,1995b)。

如果小句的主位(体现在第一个位置的那个成分)也清楚地被定位为已知信息,那么它就有很强的"背景"效果:信息是"你已经知道这一点,现在把它用作前进的起点,向着你不知道的信息前进"。同理,小句的剩余部分(要么是全部,要么至少是终极成分)被强烈地"前景化"。其总体结构很明显是推理和辩论的有力工具。

这和语法隐喻有什么关系呢？很重要的一点是,英语小句的主位必须是名词性的。并不是说不能是其他种类——副词、介词短语甚至动词,而是这些种类来体现主位时会带有高度的标记性(尤其是动词性主位),会包含与这些语境不相吻合的特征。唯一一种按照所要求的方式准确地识解信息而不会产生特殊效果的语法项目就是名词性的——可以是名词词组,也可以是名词化的小句或小句复合体。

因此,假如像这样的经验意义"nucleus ＋ absorb ＋ energy"或"crack ＋ grow ＋ slowly"被投射到"背景化为起点"的语篇意义上,那么它就必须被构建为名词性质,例如:

[the fact] that the nucleus absorbs energy

the absorbing of energy by the nucleus

the nucleus' absorption of energy

这样就构成了一个话语包,一个被打包并压缩了的信息包,一个随时能够在展开论辩时担当角色的信息包。这个信息包作为前景是被喜爱的,小句的高潮作为新信息,在明确邀请听话人/读者注意。它通常采取隐喻化的名词性形式,例如上面例句中的"its transition to a state of higher energy"和"the sequential rupturing of interatomic bonds"。我们之所以首先讨论名词性主位,是因为它在自身的条件下最容易解释,但是很可能,它和我们举例说明的整个特征群是相互伴随同时演化的。这个特征群的构成如表 6-5 所示。

表6-5　特征群的构成

语义单位	一致式地↘	隐喻式地↘
言辞列	小句复合体	小句
言辞	小句	名词词组
逻辑关系	并列（连接复合体中的小句）	动词词组

如果我们用表6-1来展示这一点，那么我们就会看到这个系统的隐喻性扩展是如何填充以前空缺的语法空位的，如表6-6所示：

表6-6　隐喻性扩展填充语法空位

	小句复合体	小句	词组
言辞列	一致：√	隐喻：√	隐喻：√
言辞		一致：√	隐喻：√
成分			一致：√ 隐喻：√

因此，"each absorption marks its transition..."表现了以下隐喻性特征：言辞列充当小句（整体）；言辞用作名词词组，即 each absorption 和 its transition to；逻辑关系用作动词，即 marks。（对比上面给出的一致式表达）英语中最先采用这种类型隐喻的作者之一是 Isaac Newton，在他的文字中，同一综合征的各种特征同时出现，例如：

The explosion of gunpowder arises therefore from the violent action whereby all the Mixture ... is converted into Fume and Vapour.

在这里，我们可以看到：言辞列体现为小句；言辞用作名词词组，即 the explosion of gunpowder 和 the violent action whereby；逻辑关系用作动词，即 arises。

比 Newton 早几十年的意大利人 Galileo（比较 Biagi，1995）的论文语篇中，也有同样的综合征，这很可能是因为英语受到意大利语的直接影响，当时很多17世纪的英语科学家都在意大利学习和工作。

根据目前得到的证据，我们的观点（将在下文考察更大范围、更多类型的语法隐喻）是：一对彼此以隐喻式和一致式相联系的同源措辞，虽然语篇意义不同，但其概念意义相同。这是一个似乎有道理的假设，一个可以在语篇生成过程中采纳的假设。但是我们有多种理由认为，事实上还有其他情形，这些并非全部。

我们列出如下理由：①我们想知道，为什么自身完全自足的背景—前景模式要依赖这种名词性打包策略？为什么没有其他同样有效的方式来编码这种修辞结构？②我们也许会注意到,这种信息包的使用,尽管产生于上述所描述的语境,但现在已延伸出这些语境——大多数科学和技术写作,以及很多其他种类的写作(更不用说口语语篇的很多实例)——都是用隐喻表征作为标准,无论它们是否为了满足语篇修辞结构的要求。③我们还看到,概念意义与概念化措辞之间呈现一种自然关系。这条连接内容平面的两个层级的强势原则,似乎不会由于语法隐喻的出现而被摧毁。相反,似乎恰恰是因为一致式原则仍然有效,才使隐喻的出现成为可能。

要解释这些观察到的现象,我们可以考虑其他两个元功能:概念功能和人际功能。我们在这里所考虑的隐喻实际上都是发生在概念域范围内的各种转移——从言辞列到言辞,从言辞到参与者,等等——它们的主要效果在概念意义上。它们沿某些线索构成一套再次识解经验的资源,那些产生于经验识解的一致式模式中的同一套范畴在重新识解时,必须重新部署。因此,当一定量的变化的经验被识解为一个言辞时,其结构为"原子核＋吸收＋能量",它就可以被重新识解为一个参与者"absorption（＋energy）（＋by atomic nucleus）"。在这里,言辞中的过程成分被再次识解为事物,而过程的参与者们都被识解为那个事物的属性。由于它们是属性,所以不再是"强制性"的;像其他任何事物一样,absorption 这个事物无须按照其属性做出进一步的规定。隐喻化转移并不意味着意义和措辞之间的自然关系遭到破坏,相反,当新的体现域透过隐喻而对语义范畴开放之后,这种自然关系被进一步扩展了。不过,这种转移导致语言与日常经验之间的距离扩大,语言的隐喻性识解模式使日常经验得以"重铸",而只保留某些一致式措辞的特征,但也增加了它原先并不具备的其他特征。

下面我们会较详细地探究语法隐喻对概念意义的影响(第 6 章 6.7 节、6.8 节),而在这里,我们只需要画一个元功能圈。我们已经说过,语法隐喻在语篇中很重要,现在我们可以把这种语篇意义与我们刚才提到的概念意义联系起来。从概念意义来说,语法隐喻是识解经验的资源,这样我们还有另一与一致式结构相并列的隐喻式结构。同时,这些不同的结构也会投射到不同的语篇模型上。比如,言辞投射到信息上,而参与者只投射到部分信息上,这样一个言辞被识解为一个参与者,就能够在这个信息内部被赋予某种语篇地位。

与此相似,概念库中的现象也会投射到人际意义结构中去。比如,一个一致式言辞投射到对话中的某个话步上;它在人际意义上被确定为提议或建议。这样,当现象在概念库中被隐喻性地再次识解时,也会对人际意义产生影响。比如,言辞"atomic nucleus ＋ absorb ＋ energy"可以在人际意义上规定为可供协商的提议:

—The atomic nucleus absorbs energy,does it?

—Yes, it does/No, it can't.

但是,当这个言辞被作为参与者而再次识解为"absorption（＋of energy）（＋ by

atomic nucleus)"时，它就不再具有被人际功能规定为提议的潜势；相反，它在语篇中会被视为理所当然。因为你无法和 the absorption of energy by the nucleus 产生一场辩论，它并没有被规定为一个可供辩论的立场。这样的人际差异在说服性语篇中会产生强有力的修辞效果（proposals 在调节性语篇中也有相似效果）。

但是，语法隐喻的人际意义可能在宏观层次、在人际关系的总模型和意识形态倾向中才能最清楚地被感觉到，它们都是在语篇的演化中涌现出来的。我们在后面会对此有深入讨论（第 6 章 6.7.3 节）。

6.3 语法隐喻是如何演化的——跨范畴化

在所有的语言及语言的全部用法中，都存在某种形式的语法隐喻。与词汇隐喻一样，语法隐喻不是什么奇怪的或额外的东西，它是语言作为社会符号系统内在本质的一部分，是语言扩展和丰富其意义潜势所借助的一个自然过程。即使是小孩子的语言，也从一开始就存在某种形式的语法隐喻。

成分的跨范畴化似乎是任何语言的语法都具有的特征。这就意味着：①每个词源本质上都属于一个主要词类；②至少某些词源可通过某种语法手段，比如句法或形态，转化为另一种词类。因此在印欧语系中，通常有一套派生词的词缀，以供词根在跨范畴时使用。比如在英语中：

> flake 名词 （flaky 形容词 flakiness 名词） flake 动词
> shake 动词 （shaky 形容词 shakiness 名词 shakily 副词） shake 名词
> awake 形容词 awaken 动词 awakening 名词

由于从希腊语、拉丁语中借用了词汇，盎格鲁-撒克逊语言资源得以增强，且大部分被用作词汇的生成手段。比如：

> analyse 动词 （analyst 名词 analysis 名词 analytic 形容词 analytically
> 副词）
> nation 名词 （national 形容词 nationally 副词 nationalism 名词
> nationalist 名词 nationalistic 形容词 nationalize 动词）
> behave 动词 behavior 名词 （behavioral 形容词 behaviorally 副词
> behaviorist 名词）

develop 动词　development 名词

　　上述都是把一个词项从一个词类转换为另一词类时所使用的不同手段。如果把这些词与不同类型的成分联系起来，我们就会发现，在某些情形中，其跨范畴化的语义本质是显而易见的。比如，flake——事物，turn into flakes——过程；shake（动词）——过程，shaky（形容词）——属性（是由过程转换为性质），shaker（that which shakes＝vessel in which dice is shaken）——事物；awake——属性，awaken（cause to become awake）——过程；analyse——过程，analyst（one who analyses）——事物。我们可以用普通语言给它们注释，而无须求助于技术。但是在某些情形中，这种转变不是那么明显，比如 shakiness、awakening、analysis、development 这些词的语义表征是什么呢？在这里，可以发现，我们恰恰在使用自己的元语言来下这个定义："quality of being shaky" "process of being awake" 或者 "causing to become awake" "process of analyzing, developing"。

　　这种情况的发生标志着另一种现象——属性或过程仿佛被当作事物一样来处理。语法通过将属性 shaky 跨范畴化，从而构建了一个想象或虚构的物体，叫作 shakiness；与此相似，语法通过将动词性过程 develop 跨范畴化而将之构建为一个名为 development 的物体，这种虚构物体或假拟事物的地位是怎样的呢？它们不同于别的成分，在跨范畴化之后，它们失去了其原有的地位（比如 shaker 不再是个过程，尽管它是由 shake 派生而来的）；但这些成分不同，它们不失去其原有地位，比如 shakiness 仍然是一种属性，development 仍然是个过程——只不过它们被识解为物。因此，它们是两个成分性语义范畴的融合或连接：shakiness 是个"性状性事物"，development 是个"过程事物"。所有这些融合性的成分都涉及语法隐喻。

　　那么这些融合成分是如何演化的呢？很可能是通过跨范畴化的词缀来扩展的。很多从古希腊语中孕育出来的技术性术语都以四个名词化过程为基础：①-της(-tes)，它最初的意思是"one who［＋过程］"，比如 ποιητης（poietês），意思是"one who makes"，后来演化为一个属性的名词化［比如 μανοτης（manotês），相当于"porousness"］；②-ια(-ia)，本意是"that which is［＋quality］"，比如 ευθεια（euthêia），意思是"that which is straight-a line"，它同样也演化为一个名词化的属性，比如 φαντασια（phantasia），相当于"imagination"；③-μα(-ma)，本意是一个过程的结果或目标，比如 ποιημα（poíema），意思是"that which is made"，通过一个抽象的产品，比如 πραγμα（prâgma，意思是"that which is done，deed"），朝名词化过程演化，比如 πληρωμα（pléroma，意思是"that which is made by filling，the sum"）、κινημα（kínema，意思是"movement，being moved"）；④-σις(-sis)，意思是"an act of ...［＋process］"，比如 πραξις（prâxis，相当于"doing"）、 ποιησις(*poíesis*,相当于"making，creation"),变得概括化而成为其他过程,比如 μιμησις (*mímesis*,意思是"copying")、κινησις(*kínesis*,意思是"moving，movement，motion")、παραλλαξις(*parállaxis*,意思是"alternating motion，alternation")。以上这些例子似乎在通过跨范畴化创造意义,通过经历中间阶段,借助隐喻化而进入意义创造,这种意义创造方法已经演化出来,即从一个过程派生事物,如 one who makes、that which is made;把一个过程识解为事物,如 making、creation;而 action of making、act of making 这两者之间并没有截然界限。

无论这些"事物"如何演化,但有一点可以确定,在我们所知道的语言中,没有哪种语言不存在这种隐喻性转换。只是在特定的历史条件下,它才成为语义系统的主流特征,就像今天的现代英语一样。下面是摘自某地方报刊中体育版的一个句子:

> Dorrigo cruised to an effortless win by virtue of a strong batting display which saw them compile 4/194 from 38 overs. (*Bellingen Courier-Sun*,1990)

语法隐喻程度如此之高的隐喻化句子,却没有显著的隐喻化动机,但我们无论如何也不会觉得这个句子与众不同。

6.4　语法隐喻的类型——成分

对我们来说,识别语法隐喻的类型,并明确地归纳出语法隐喻相对于语义所具有的特征是必要的。因此,我们介绍一下隐喻性的成分或特征与其他类型之间的一般区别。如上文所述,隐喻性的成分是融合性的,因为它们是两个语义范畴的融合。在前面第3—5章中,我们探讨了那些只能够归属为过程、事物、属性等单一范畴的成分(称为一般成分),并把它们与那些包含语法隐喻的融合性成分做了对比。融合性成分有两种范畴,比如过程性事物、环境性属性、连接性过程。

现在我们把英语中的主要语法隐喻类型列举出来,并加以分类。根据上面我们所讨论的跨范畴化的结论,我们将以从一种成分词类转换到另一种成分类别这种隐喻性转换作为我们分类的基础。这里,我们把每种类型视为一个独立现象。要提醒大家的是,语法隐喻的实例通常并不孤立出现。当我们在语篇中看到语法隐喻时,会发现它们往往是以典型的受到隐喻影响的"特征群"出现的(见下面第 6 章 6.5 节的深入探讨),其中存在着互相依赖的关系(比如在"the government decided⇒the government's decision"中,有一个关系"decide⇒decision",即过程充当事物;另一个是"the government⇒the government's"，参与者充当事物的拥有者）。尽管这里存在两种隐喻效果，但在下面的讨论中，我们还是把它们作为独立的分类来处理。

成分性隐喻是从一致范畴域向隐喻范畴域的投射，其基本类型及例子，我们都列在表 6-7 中。比如，"过程"这个范畴域可以借用事物域和属性域来做隐喻性地再识解（我们在"一致域"的下面添加了"∅"符号：标志着可以增加一个隐喻性过程，作为特征群的一部分已被隐喻化的一个事物，而这个隐喻性过程并没有相对应的一致式）。

表 6-7　成分性隐喻的域

一致式	隐喻式			
	⇒环境	⇒过程	⇒属性	⇒事物
属性⇒unstable				1 instability
过程⇒absorb			3 absorptive	2 absorption
环境⇒instead of；on the surface		6 replaces	5 alternative；superficial	4 replacement；surface
连接词* ⇒ for/because [*b*, for/because *a*] so [*a*, so *b*]	10 because of；as a result	9 causes, proves；ensues, follows from	8 causal；consequent	7 cause, proof；result
∅⇒		12 occurs；imposes；does，has		11 phenomenon，fact
事物，环境⇒ driver [be safe] decided [today]	13 事物的扩展（在环境 1 或 2 中） driver [safety], driver's [safety], [safety] of the driver today's [decision], [decision] of today			

   * 语法把言辞列一致式地识解为一个由连词连接的小句联结体（可以跟前面的第 3 章做比较）。一个连接，要么是并列，要么是从属。当言辞列被识解为并列时，最佳的顺序通常是象似性排列，因此，在"时间"和"原因"方面分别为"先前、然后、后来"和"原因、因此、结果"。原因言辞列还有个替代形式"结果，由于原因"（比如"I stove with none, for none was worth my strife"），这一种不常见；尽管可供选择的时间言辞列并不出现（这些关系当然可以通过衔接表达出来，也就是说，根本不用被识解为这样的语法结构，如"I strove with none"和"The reason was that…"）。当言辞列被识解为从属关系时，两种顺序都是可能的。在此处，把连接词和"结果"联系起来，通常暗示意向性。比如：

[β ∧ α："purpose"] So that they could get there in time，they broke the door down.

[α∧ β："purpose"] They broke the door down so that （"in order that"） they could （"would be able to"） get there in time.

[α∧ β："result"] They broke door down，so that （"with the result that"） they could （"were able to"） get there in time.

两者产生分歧的原因在于，从属识解的只是它自己按照从属性排列的顺序；而在并列中,其唯一顺序就是被语法施加于经验现象本身的顺序。

表 6-7 表明,隐喻性转换是有明确模式的。比如 relator 可以用任何一种类型的成分进行隐喻性再识解,但它自身不能在隐喻中作目标域。这种特别模式是一般的隐喻主旨的一部分。在接下来的第 6 章 6.7 节里,我们将要识别并解读隐喻性转换的各种类型及其主旨。

表 6-8 是对表 6-7 中各种类型所做的详细描述,每种类型都给出了一个例子。表 6-7 中标记数字的好几个类型都被进一步区分了次类型,由罗马数字表示。前面的两栏是把隐喻性转换当作语法现象来呈现:作为词类转换和功能转换(在小句、短语或词组之间,酌情而定)。第三栏是每种类型的例子。最后两栏说明隐喻作为不同类型的成分之间的语义关系:一致式变体的域、隐喻式变体的域。应该记住,几乎每个隐喻范畴都是多变的。无论在何处,只要有可能,我们都会从目前正在讨论的本章文本中抽取例子;但它们只是例子而已,不应该被理解为对范畴整体所做的解释。

表 6-8　语法隐喻的类型

类型	语法转移		例子	语义成分	
	语法类别	语法功能		一致式⇒	隐喻式
1	形容词⇒名词	描述语/属性⇒事物	unstable⇒instability; quick(ly)⇒speed	属性	事物
2	动词⇒名词			过程	
	i	事件⇒事物	transform⇒transformation	事件	
	ii	助动词⇒事物	will/going to⇒prospect; can/could⇒possibility, potential	时;态	
	iii	链接动词⇒事物	try to⇒attempt; want to⇒desire	相;偶然性	
3	介词(短语)⇒名词			环境	
	i	介词	次过程⇒事物	with⇒accompaniment; to⇒destination	次过程	
	ii	介词短语	位置、程度等⇒分类词	[dust is] on the surface⇒surface dust	次过程＋事物	
4	连词⇒名词	连接性⇒事物	so⇒cause, proof; if⇒condition	连接词	
5	动词⇒形容词			过程	属性
	i	事件⇒描述语/分类词	[poverty] increases⇒increasing [poverty]	事件	

续表

类型		语法转移		例子	语义成分	
		语法类别	语法功能		一致式⇒	隐喻式
	ii		助动词⇒描述语/分类词	was/used to ⇒ previous；must/will⇒constant	时；态	
	iii		链接动词⇒描述语/分类词	begin（to）⇒initial	相；偶然性	
6		介词（短语）⇒形容词			环境	
	i	介词	次过程⇒描述语/分类词	with⇒accompanying	次过程	
	ii	介词短语	位置、程度等⇒描述语/分类词	［marks are］on the surface⇒superficial［marks］	次过程＋事物	
7		连词⇒形容词	连接词⇒描述语/分类词	before⇒previous；so⇒resultant	连接词	
8		介词（短语）⇒动词			环境	过程
	i	介词	次过程⇒过程	（be）about⇒concern；（be）instead of⇒replace；（go）across⇒traverse	次过程	
	ii	介词短语	位置、程度等⇒过程	［put］in a box/in house⇒box/house	次过程＋事物	
9		连词⇒动词	连接性⇒过程	then⇒follow；so⇒cause；and⇒complement	连接词	
10		连词⇒介词（短语）			连接词	环境
	i	⇒介词	连接性⇒次过程	when⇒in times of；because⇒because of		次过程
	ii	⇒介词短语	连接词⇒位置、程度等	so⇒as a result，in consequence；if［it snows］⇒under/in［snowy］condition		次过程＋事物
11		＋名词	＋事物	［x］⇒the fact/phenomenon of［x］	（无）	事物

续表

类型	语法转移		例子	语义成分	
	语法类别	语法功能		一致式⇒	隐喻式
12	＋动词	＋过程			过程
	i ＋动词		［x］⇒［x］occurs/exists；［x］⇒ have, do［x］ (e. g. impact⇒have an impact)	（无）	
	ii ＋（使役等） 动词		make［x：y］⇒impose［y on x］； think［x＝y］⇒credit［x with y］	（agency 等）	
	iii ＋（相等） 动词²		started/wanted［to survey］⇒ started/wanted［a survey］	（phase 等）	
13	i 名词⇒ （各种其他）	事物⇒	the government［decided］⇒	事物	事物的 扩展
		（a）属性词	［decision］of/by the government		（修饰）
		（b）所有格描 述语	the government's［decision］		（拥有）
		（c）分类词	government(al)［decision］		（分类）
	ii 副词 ⇒ 形 容词	方式⇒描述语	［decided］hastily⇒hasty［decision］	环境	事物的 扩展： （描述性）
	介词短语⇒ 形容词	位置、程度等⇒ 描述语	［argued］for a long time⇒ Lengthy［argument］		
	副词⇒（其 他）	位置、程度等⇒ 拥有性描述语	［announced］yesterday⇒yesterday's ［announcement］		
	介词短语⇒ （其他）	位置、程度等⇒ 修饰语	［departed］for the airport⇒ ［departure］for the airport		

下面这个段落是典型的书面英语，我们按照表 6-8 中的语法隐喻类型做了分析① （摘自《悉尼先驱晨报》(*Sydney Morning Herald*)：

The Federal Government's decision to ask the Arbitration Commission
　　　13. i(b)　　　2. i

---

① 注意，当语法中有简单动词词组（类型 12i 和 12ii）时，这是把单一过程成分识解在言辞中。当 小句包含一个动词词组复合体（类型 12iii）时，这仍然是在（一致式地）识解一个单一过程，它现在位于 由两个言辞构成的一个言辞列这个连续统的某一点上。因此，"the government deregistered the union ⇒the government moved/acted（in order）to deregister the union"。可与第 3 章 3.4 节做一下比较。

to determine whether the BLF has engaged in serious industrial misconduct，
　　　　　　　　　12. i　　　　　　　　　　　6. ii　　　2. i

as part of its 　 move to deregister the BLF in certain states，is one of the
　　　13. i(b) 2. iii

weakest actions ever taken by a government in the face of industrial thuggery.
　　2. i　　　12. i　　　10. i　　　　　　　6. ii　　　　1

　　　　"Their 　 guerilla tactics and use of 　　 thuggery，violence and
　　　　13. i(b)　3. ii　　　　　　　2. i 13. i(a)　　1　　　　i

intimidation have had a disastrous impact not only on
　　2. i　　　　12. i　　　13. ii　　2. i

building employers but also on fellow workers in the industry. "
　3. ii　　　　　　　　　　6. ii

Obviously the Government is frightened of unions reaction to
　　　　　　　　　　　　　　　　　13. i(c)　2. i

its 　 move to impose proper behaviour on unions.
13. i(b) 2. ii　　12. ii　13. ii　2. i　　13. i(a)

按照这种方法，这段话"解包"以后是这样的：

The Federal Government have decided to ask the Arbitration Commission to determine whether the BLF have seriously misbehaved in the industry，as they are intending to deregister the BLF in certain states；no government has ever acted more weakly when people have behaved like thugs.

"Because they have used tactics like guerillas，and behaved like thugs, been violent and intimidated people，this has disastrously affected not only employers in building but also those who work with them. "

Obviously the Government is frightened how the unions will react when they begin to make them behave properly.

6.5　语法隐喻的横组合和纵聚合维度

在第 6 章 6.4 节中，我们对语法隐喻的个性化类别做了区分，比如"过程⇒事物"。

为了方便分析,我们把它们当作只有"一致式/隐喻式"这两个值的孤立项。现在,我们需要考虑两个方面。从这两方面来说,这是对实际发生事件的理想化的、过于简化的解释,我们需要在纵聚合和横组合这两个轴上增加一个维度——复杂度。

从横组合来看,语法隐喻的实例通常并不孤立出现,而是在有机簇或综合征中出现。从纵聚合来看,在语法隐喻实例和它的最一致同源变体之间通常存在其他的介于两者之间的表达式。这两方面的复杂度我们放在下面两个小节里讨论。

6.5.1　横组合的复杂度——成分隐喻的综合征

我们在上文提到,表 6-8 中所列的语法隐喻的个别类型不单独出现,而是以横组合簇或综合征的形式共同出现。我们把一些常见的综合征列举如下:

(1)　2i/1＋13i(a)　　　　　the fracture of glass/the instability of diamond

(2)　13i(c)＋2i/1　　　　　engine failure/union intransigence

(3)　13i(b)＋2i/1　　　　　the government's decision/indecision/indecisiveness

(4)　6ii＋2i/1　　　　　　interatomic bonding/industrial thuggery

(5)　13i(b)＋2i＋13i(a)　his threat by the police

(6)　13ii＋2i＋12i　　　　rapid bonding occurs

(7)　13ii＋2i＋13i(a)　　yesterday's decision by the group

(8)　5ii＋1＋13i(a)　　　the apparent innocence of the accused

(9)　1＋13i(a)＋13i(b)＋2i　the cogency of his argument

在表 6-8 所列出的所有类型的语法隐喻中,最常见的是类型 1 和类型 2,即"属性⇒事物"和"过程⇒事物"。由此可以看出,它们通常都是以具有综合征的成分出现,比如刚才举例说明的例子。这些综合征都由从一类成分隐喻性地向另一类成分的转移而构成,有些转换可以单独出现,而另外一些转换,比如像我们所称的 13 种类型,只能在类型 1 或 2 转化的驱动力下才能出现。

这些成分性隐喻的综合征大致分为三类,它们之间虽然并非截然不同,但仍然值得作为概念框架来使用。这种区别与隐喻性再识解所产生的级阶相关联:从言辞到成分,从言辞列到言辞,从过程言辞到过程作为事物的言辞。

1. 言辞⇒成分

在这里,言辞被按照参与者的模型而得以隐喻性识解。从语法来说,言辞不是被识解为小句,而是识解为一个名词词组。级阶也从言辞到成分发生转移,而且组成一个结构的各成分的语法地位也会随之发生转移。这些综合征的识解方式我们列在表 6-9、6-

10、6-11、6-12、6-13 中,省略了例(1)、例(2)、例(3)、例(4),因为它们包括在其他之中。

例(5) he was arrested by the police⇒his arrest by the police 　13i(b)＋2i＋13i(a)

表 6-9　对例(5)的识解

成分		言辞		
		过程 arrest	参与者 he	参与者 the police
参与者	事物	2i(过程⇒事物)arrest		
	性质		13i(b)(事物⇒拥有型扩展) his	13i(a)(事物⇒修饰性扩展) by the police
过程				
环境				

与上面的相似:the union's use of thuggery

例(6) (...) bond rapidly⇒rapid bonding occurs 　13ii＋2i＋12i

表 6-10　对例(6)的识解

成分		言辞		
		过程 bond	参与者	环境 rapidly
参与者	事物	2i (过程⇒事物) bonding		
	性质			13ii(环境⇒事物的扩展:描写性) rapid
过程		12i (＋过程) occur		
环境				

例(7) the group decided yesterday⇒yesterday's decision by the group 　13ii＋2i＋13i(a)

表 6-11　对例(7)的识解

成分		言辞		
		过程 decide	参与者 the group	环境 yesterday
参与者	事物	2i (过程⇒事物) decision		
	性质		13i(a)(事物⇒事物的扩展:修饰性) by the group	13ii (环境⇒事物的扩展:拥有型)yesterday's
过程				
环境				

例（8）the accused appeared to be innocent⇒the apparent innocence of the accused
5ii＋1＋13i(a)

表 6-12　对例（8）的识解

成分		言辞　（存在）		
		过程 appear	参与者 the accused	参与者（属性）innocent
参与者	事物			1（属性⇒事物）innocence
	性质	5iii（阶段过程⇒属性）apparent	13i(a)（事物⇒事物的扩展:修饰性）of the accused	
过程				
环境				

例（9）he argues cogently⇒the cogency of his argument　1＋13i(a)＋13i(c)＋2i

表 6-13　对例（9）的识解

成分		言辞　（存在）		
		过程 argue	参与者 he	环境 cogently
参与者	事物			13ii（环境⇒事物的扩展:描述性），cogent 然后：1（属性⇒事物）cogency
	性质	2i（过程⇒事物）argument 然后：13i(a)（事物⇒事物的扩展:修饰性）of argument	13i(b)（事物⇒事物的扩展:拥有型）his	
过程				
环境				

2. 言辞列⇒言辞

在这里，涉及类型 1 和类型 2 的转换的综合征出现在较为笼统的环境中，使用言辞的模型来识解言辞列——从语法来说，言辞列不是被识解为小句复合体，而是一个小句。

例（1）They shredded the documents before they departed for the airport⇒（They shredded the documents）before their departure for the airport　10i＋13i(b)＋2i＋13ii

表 6-14　对例(1)的识解

			言辞列　（存在）		
言辞	成分		言辞（They shredded the documents）	连接词 before	言辞 they departed for the airport
	参与者	事物			
		属性			
	过程				
	环境			（连接词＋言辞⇒环境） before their departure for the airport	
				10i（连接词⇒次过程）before	（言辞⇒参与者）their departure for the airport

例(2) They shredded the documents before they departed for the airport⇒Their shredding of the documents preceded their departure for the airport　13i(b)＋2i＋13i(a)＋9＋...

表 6-15　对例(2)的识解

			言辞列		
言辞	成分		言辞 They shredded the documents[（过程＋参与者＋参与者）]	连接词 before	言辞 they departed for the airport [（过程＋参与者＋环境）]
	参与者	事物	2i（过程⇒事物）shredding		2i（过程⇒事物）departure
		属性	13i(b)（事物⇒事物的扩展:拥有型）their		13i(b)（事物⇒事物的扩展:拥有型）their
		属性	13i(a)（事物⇒事物的扩展:修饰性）of the documents		13ii（环境⇒事物的扩展:修饰型）for the airport
	过程			9（连接词⇒过程）precede	
	环境				

这些"言辞列⇒言辞"隐喻的例子都涉及一个扩展类的言辞列,而这类隐喻性转换也会和投射性言辞列同时出现,比如:

The colonel declared his innocence.

在这里，一致式一般是投射性言辞，从属投射或者并列投射：

The colonel declared that he was innocent.

The colonel declared，"I'm innocent."

3. 带有过程的言辞⇒把过程作为事物的言辞

我们在前面(1)和(2)中都举例说明了几种综合征，它们代表了概念隐喻的重要主题(下面第 6 章 6.7 节还会进一步探讨)。但是，还有一些其他种类的综合征，并不属于这些范畴。以下所举例说明的都是"言辞的变体⇒成分"的综合征，其中只有部分言辞被再识解为参与者，而且综合征通常是涉及类型 12i(＋过程)的成分隐喻。

例(1) They surveyed they property⇒(they) did a survey of the property　12i＋2i＋13i(a)

表 6-16　对例(1)的识解

成分		言辞		
		过程 surveyed	参与者 the property	参与者(they)
参与者	事物	2i (过程⇒事物) a survey		
	属性		13i(a) (事物⇒事物的扩展:修饰型) of the property	
过程		12i (＋过程) did		
环境				

例(2) They started to survey the property⇒(They) started a survey of the property　12iii＋2i＋13i(a)

表 6-17　对例(2)的识解

成分		言辞		
		过程 start to survey	参与者 the property	参与者(they)
参与者	事物	2i (过程⇒事物) a survey		
	属性		13i(a) (事物⇒事物的扩展:修饰型) of the property	
过程		12iii (阶段⇒过程) start		
环境				

例(3) They discussed in the early afternoon⇒Their discussion took place (in the early afternoon)　13i(b)＋2i＋12i

表 6-18　对例(3)的识解

成分		言辞		
		过程 discussed	参与者 they	环境（in the early afternoon）
参与者	事物	2i（过程⇒事物）discussion		
	属性		13i(b)（事物⇒事物的扩展：拥有型）their	
过程		12i（＋过程）took place		
环境				

6.5.2　纵聚合的复杂度——隐喻度和"解包"的步骤

我们在选取例子来说明语法隐喻的典型综合征时，都尽可能选取那些成分中所含的隐喻性推导或重述能仅用一步就"解包"的实例。因此，在 the fracture of glass 中，fracture 已经从过程转移为参与者（事物），glass 也从参与者（事物）转移为事物的属性扩展。当我们把它重述为一个小句 glass fractures 时，事实上这已经是一个一致式表达了。

更常见的情况是，推导任何一个成分时，我们都需要在"解包"的过程中采取两步或更多步骤。比如 the development of our understanding，我们可以用相似的方法把它先解包为 our understanding develops。但是，our understanding 本身就是一个隐喻性个体，它包括一个从过程派生而来的"事物"和一个从参与者派生而来的"拥有者"；因此，它可以被进一步地"解包"为 we understand，像"[the way] we understand develops"一样。然后，我们也许可以把 develops 当作 be/become（属性⇒过程），就是"[the extent to which] we understand becomes greater"，也就是"we understand more and more"。上述例子中，有一两个句子不止一个步骤才能"解包"。

如果坚持把所有这些例句都做详细的讨论，可能需要占用很多篇幅。所以我们在此仅举一个简单的例子，用一种适用于所有语法隐喻的方法，来一步步"解包"。我们采用图示进行说明（语法功能都做了标注），如图 6-2 所示。

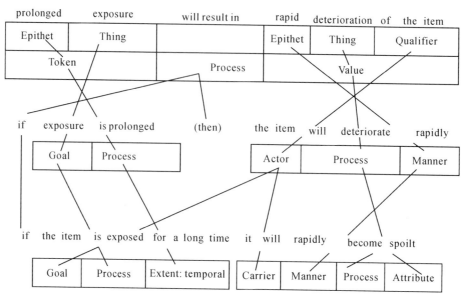

图 6-2 对隐喻化措辞的逐步"解包"

这又引出另一个(见下文的讨论)同等重要的事项,它把我们带回第 6 章 6.1 节提出的要点:隐喻度是相对的。我们可以对比一对句子,要求其中一个必须比另一个更直白。但是假如我们使用学生通常会为此而采用的(词汇)隐喻——因为学生最初了解到的隐喻就是这种形式,即朝"解包"或"打包"任意一个方向来重新措辞——那么我们很难定义究竟在哪个点上我们能说"我们现在到了终点"。很显然我们走得不会太长久,实际需要走的步数,事实上是极其有限的。但是,任何一个在其语义模式范围内具有合理复杂性的言辞列,在这一连续统的两端都很有可能表现出相当大的弹性。

下面是一个有趣而又能够用于"解包"的策略。拿一个高度隐喻化,但又具有合理性的非技术性的句子为例,把它重新措辞到一个 15 岁的少年能够读懂的程度。然后再继续措辞,使 12 岁的少年能够读得懂;再接下来,让 9 岁的孩子能读懂,然后再让 6 岁的孩子能读懂(间隔小于 3 岁或者年龄小于 6 岁很可能是不值得的)。最理想的做法是,和这些年龄组的一个或多个成员对话;如果找不到这样的对话对象,你也可以按照自己心中的想法来造句并尝试与自己对话。这种做法可能对小孩子没有任何启发作用,但这种做法会使你能够更深刻地理解并洞察语法隐喻的机制。下面是一个按照这种方法,一步步"解包"哲学语篇的例子:

The truest confirmation of the accuracy of our knowledge is the effectiveness of our actions. ①

15 岁 The fact that our knowledge is accurate is best confirmed by the fact that our actions are effective.

12 岁 What proves that we know things accurately is the fact that we can act effectively.

9 岁 The best way of telling that we know what's happening is to see that what we do is working.

6 岁 You know you've got the right idea because you can do something and it works. Like watering plants: you water them, and they grow.

3 岁 Look—wasn't it good that we watered that philodendron? See how well it's growing!

我们现在来编写对话,使之能够适合一个 3 岁的孩子,然后再把它沿着相似的线索重新"打包":

3 岁 Look—it must be raining! People have got their umbrellas open.

6 岁 You can tell it's raining because people have got their umbrellas open.

9 岁 The best way of telling that it's raining is that people's umbrellas are open.

12 岁 What proves that it's rainy weather is the fact that the umbrellas

---

① Leszek Kolakowski: *Main Currents of Marxism*. P. S. Falla trans. Oxford: Oxford University Press, 1981. 当然,有非常多的方法来"解包"这种特别的隐喻综合征。我们保留了主位排序(thematic ordering)(把"know＋accurately"放在"act＋effectively"之前),以及逻辑—语义关系的内部形式("actions prove knowledge",而不是"knowledge leads to actions")。我们认为,后面这个将会成为对话中的一部分。

have been extended.

15 岁 The fact that the weather is pluvious is best confirmed by the fact that the umbrellas are extended.

The truest confirmation of the pluviosity of the weather is the extendedness of the umbrellas.

跟词汇隐喻一样,语法隐喻可以在语言中再次编码,从而成为常用表达式。下面(第6章6.7.1节)我们将提到这种类型的两种英语例子:一种如 have a look、take a step,另一种如 span、cover、accompany。语法中还有一些最初特征也是隐喻性的(很多所有格形式的用法,比如"[he didn't approve of] my leaving home",试比较上面列出的综合征),但由于语言的自然演化,它们的源头变得模糊,所以它们早已丢失了隐喻意义。

语法隐喻总的影响是,随着隐喻程度的提高,成分与成分之间、言辞与言辞之间语义关系的清晰度也逐渐降低。我们以一则语篇为例来说明这一点,并把它与更为直白及隐喻度更高的变体联系起来:

[i](最直白)

glass		cracks		more quickly	
参与者 a	does	过程 b	根据	环境 c	由线性距离有多远来决定

	the harder	you		press	on it
根据	环境 x	参与者 w	做了	过程 y	对参与者 a

[ii]

cracks in glass		grow		faster	
a 中的参与者 b	做了	过程 d	根据	环境 c	由线性距离有多远来决定

the more pressure		is put on	
参与者 x、y	has	过程 z	done to it

[iii]

glass crack growth		is	faster
参与者 a、b、d	具有	属性 c	

if	greater stress		is applied	
（在……的条件下）	参与者 x、y	已经	过程 x	完成了

[iv]

The rate of glass crack growth	depends on	the magnitude of the applied stress*
参与者 a、b、d 中的 c	是……导致的	参与者 z、y 中的 x

[v]（最隐喻化）

glass crack growth rate	is associated with	applied stress magnitude
参与者 a、b、d、c	导致/是……导致的	参与者 z、y、x

请注意，语法识解的语义信息是如何在改为隐喻性措辞的过程中，一步步地从最直白到最隐喻化。

　　＊原版本：*the rate of crack growth depends on the magnitude of the applied stress*（摘自 Michalske & Bunker：The Fracturing of Glass. *Scientific American*，1987）。

6.6　隐喻、跨范畴化和级阶转换——语义生成资源

　　我们在语法讨论中提到（第 1 章 1.4 节），自然语言语法的多种资源中，还包括一种级阶转换潜势。正是借助这种潜势，一个语法单位才得以替代另一个语法单位而发挥功能：通常一个小句是在一个环境中发挥功能，而占据该环境的、占主导作用的是名词词组。这是语法资源随语言的演化而扩展的方式之一。

　　级阶转换并非本质上就有隐喻性。级阶转换和词类转换之间存在平行关系。从起源上来说，这两者都可以被描述为隐喻性语义生成过程：一个动词或形容词被改变形态而成为一个名词（这是词类转换，比如：strong/strength、lose/loss），一个小句被改变形态成为一个词组（这是级阶转换，比如：they went bankrupt/their bankruptcy）。但是作为一种共时关系，这两者并非都涉及隐喻；在隐喻表达式和一致表达式这两者之间，也许并不存在这种系统性替换。我们已经在跨范畴化的标题下讨论过词类转换的各种隐喻形式。与此相似，在下列级阶转换的例子中，也就是小句级阶被转换后，要么充当名词词组的中心词（如例 1、例 2），要么充当名词词组的修饰语（如例 3、例 4），这其中都没有涉及语法隐喻。

例 1 [[Not having a proper job]] made my life unbearable

(语义)非投射性言辞充当参与者

(语法)小句(充当名词词组的中心词)在小句结构中(充当施动者)起作用:"行动"类型

例 2 [[How they escape]] was a mystery

(语义)投射性言辞充当参与者

(语法)小句(作为名词词组中心词)在小句结构中(充当携带者)起作用:"事实"类型

例 3 That woman [[(who was) sitting behind the desk]] reminded me of Tracy

(语义)非投射性言辞作性质

(语法)小句作为名词词组的修饰语(定义关系小句)

例 4 The idea [[that anyone would visit/of anyone visiting]] seems incredible

(语义)投射性言辞作性质

(语法)小句充当名词词组的修饰语

当被转换项与原项之间产生语义融合时,词类转换就是隐喻性的。有个方法能够很好地说明这一点,那就是把同一词项的两个实例放在一起,一个用作(非隐喻性的)跨范畴化,另一个用作语法隐喻。让我们回头看前面一个例子(比较第 6 章 6.1 节),如表6-19 所示:

表 6-19　隐喻性词类转换

many failures	are preceded by	the slow extension of existing cracks
过程⇒事物	连接词⇒过程	过程⇒事物

更加直白地说,表 6-19 中的例子应该就是 many (pieces of glass) fail after the cracks have slowly extended,或者 often the cracks slowly extend and then the glass fails,这里的一致式是由一个连接词连接起来的两个言辞组成的言辞列;而在其隐喻式中,每个言辞都变成了参与者,而连接词则变成了有两个参与者支持的(关系)过程——"2i+9+2i"的综合征。因而在这里,failure 是一个隐喻性词类转换的实例,在两个特征之间存在着语义融合:

(1)过程(动词 fail 的词类意义)

（2）事物/参与者（名词 failure 的词类意义）

注意,这两者之间存在不对称性——一条时间线,这样作为特征的"事物"就仿佛是对原有的"过程"特征的再次识解:我们将之解释为"一个被再次识解为参与者的过程"。现在来试着比较一下技术语篇中的 failure,比如 heart failure。从词源来说,heart failure 无疑是 the heart fails 的语法隐喻,但它的隐喻性早已丧失,或者至少已经显著弱化(成为一个"死"隐喻),所以现在 heart failure 已成为唯一的一致表达式。同样地,试比较 he regretted his failure to act 与 that he had failed to act（或者 that he had not acted）,二者同源,这里的 failure 是一个语法隐喻;而在 he always felt that he was a failure 中,failure 已经是一致表达式,它和 he always felt that he had failed 也不是同源对。

讨论到这里时,我们发现,有时候级阶转换在操作上可以替代这种隐喻式的词类转换。在例 A-1、A-2 中就存在隐喻性词类转换:

A-1　a cow is a **ruminating** quadruped（动词⇒形容词;过程⇒属性）

A-2　**your escape** was a miracle（动词⇒名词;过程⇒事物）

与此相反,在 B-1 和 B-2 中,只存在级阶转换而没有词类转换,它们是同源的一致式:

B-1　a cow is a quadruped **that chews the cud/that ruminates**

B-2　it was a miracle **how/that you got away/you escaped**

在这里,ruminate 和 escape 仍然充当过程而不涉及词类转换。这对于我们现在解释下面 C-1 和 C-2 的意义是有帮助的:

C-1　a cow is a **cud-chewing** quadruped

C-2　it was a miracle **you/your getting away**

这些都代表一种语义妥协,也就是说,两种措辞方式都可以。现在这里的融合似乎是对称的,其中的 time line 如果去掉,那么"chew ＋ cud""you ＋escape"既是言辞,又是成分(的一部分)。语法在这里所识解的是不涉及词类转换的功能交换,言辞采取了一种特殊的小句结构,也就是保留了及物关系。

我们已经说过,语法隐喻在语篇中的典型表现是作为一种特征的综合征,它既包括词类转换,又包括级阶转换。现在我们来回顾一下前面我们描述过的两种出现频率很高的特征群,请注意这些特征经常出现在哪些地方(在这里我们忽略 13 种类型中的各种转换,因为它们是从类型 1 和类型 2 中自动产生的):

(1) Their frequent dismissal of personnel does not inspire peoples's confidence

[词类转换] 2+9+1(过程"dismiss"充当事物,连接词"cause"用作过程"inspire",属性"confident"作为事物)

[级阶转换]言辞列用作言辞

[一致式变体] Because they frequently dismiss personnel,people are not confident [in them].

(2) Rapid bonding resulted

[词类转换] 2+9 (过程"bond"充当事物,连接词"cause"用作过程)

[级阶转换] 没有(言辞用作言辞)

[一致式变体] As a result [the substance] rapidly bonded. ①

注意:在(2)中,另一个相关词语需要从上文语篇中推测出来。

这两个综合征,实际上是同一综合征的不同变体,决定了这种小句类型也许是现代科技英语最喜欢的类型。隐喻性的"事物"是被"打包"的过程,或是在语篇中有主位或信息价值的属性,它们被识解为小句的主位或信息单位中的新信息(小句中的"N-述位";参见 Fries,1992)。隐喻性"过程"是将两个言辞连接为一个言辞列的典型的语义关系之一:"原因"与"时间"是其中的典型关系,但在现代语篇写作中,"等同关系"已替代它们而成为主要类型——通常是通过进一步的隐喻化步骤。通过这一步骤,causes变成 is the cause of,而 results 则变成 is the result of。与此同时,在这两种逻辑语义关系之间又衍生出更多的差异:①两个经验事件之间的"穿卫衣"关系;②语篇中两个阶段之间的"抹清漆"关系,比如:

---

① 请注意下面两者之间的区别:*bonding occurred*,类型 11ii,其一致式为"[*the substances*] *bonded*""*bonding resulted*",类型 9,其一致式为 so [*the substance*] *bonded*。而 *bonding ensued* 这一说法很可能也是类型 9,一致式是 then [*the substances*] *bonded*——尽管一样,但隐喻式总是不够明晰,并暗示着也许会有不止一种一致式的"解包"方法。在第 6 章 6.4 节结尾处,impose 也存在相似的不确定性;我们认为"impose proper behaviour on"与"make ... behave properly"同源,但是它可以"解包"成为两个言辞,"act so that ... behave properly"。

①Political pressures brought about his downfall. Major changes ensued.

②This section illustrates the main argument. Further discussion follows.

这两个句子分别与连接关系中的"外部"衔接和"内部"衔接相对应（Halliday & Hasan，1976，第 5 章；Martin，1992，第 4 章 4.2.3 节）。

6.7　对语法隐喻的解释

隐喻综合征利用的是总是出现在语言中的非常普通的语义资源，而过去 500 年里不断变化的历史条件对语言提出的新要求，才使它们渐渐变得突出。语法隐喻在我们新意义的构建历史中起着重要作用。下面我们对该发展过程做的粗略梳理。

在经验的语义结构中，"过程"和"参与者"是以典型范畴出现的，不同的语言对它们之间的本质区别，以及哪种特定现象应归属哪个范畴，也有大体一致的看法。但是正如任何语言符号一样，总是存在一些不确定的领域。例如，雨、风、闪电，它们是过程还是事物？恐惧、担忧与遗憾等，是过程还是属性？诸如这样的例子使我们的范畴分类不能过于严格和具体，而这也为我们提供了一种类推方法，通过这种方法能够把现象从一个范畴推向另一个范畴。在跨范畴化中，某种语义特征激发了这种推动力，比如，"dark＋make/become ＝ darken"，"flake＋like/composed of ＝ flaky"。然而在隐喻中，这种现象被重新识解为另一种范畴；这里被利用的是由此产生的潜势，但只有范畴被识解为各不相同的范畴的前提下才可以，也就是说，要以各种不同的方式来识解范畴，而不是一种方式。在此过程中，原有的解释并不是被取而代之，而是和新识解合成一个更复杂的整体。

6.7.1　语法隐喻的运作方式

在这里的典型现象中，我们有可能识别出两个支配性运作方式：一个是主要运作方式，另一个是次要运作方式。主要运作方式很显然是向"事物"的方向移动。次要运作方式正相反：从"事物"向也许被理解为"属性"的方向移动（通过修饰、占有或分类对"事物"的扩展）。

我们下面要考虑的是对次要运作方式的解释，同时，总结隐喻性转换的原则，如图 6-3 所示（比较表 6-7）。

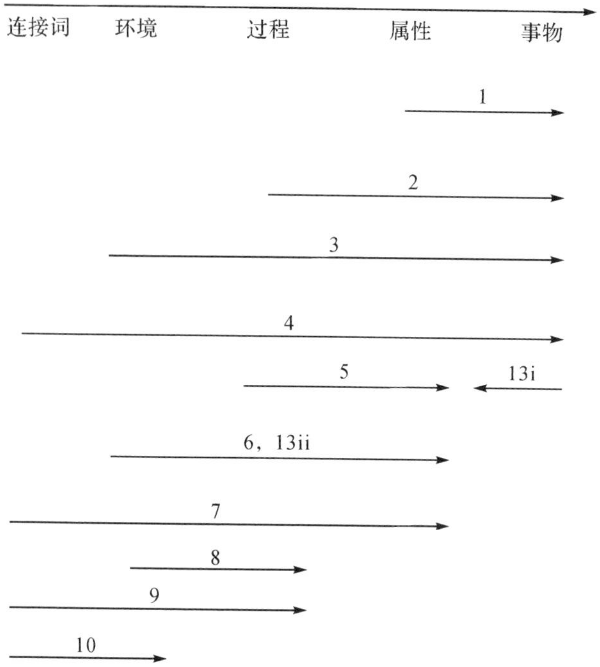

连接词　　　环境　　　过程　　　　属性　　　　事物

$$
\begin{aligned}
&\xrightarrow{\quad\quad 1 \quad\quad}\\
&\xrightarrow{\quad\quad\quad 2 \quad\quad\quad}\\
&\xrightarrow{\quad\quad\quad\quad 3 \quad\quad\quad\quad}\\
&\xrightarrow{\quad\quad\quad\quad\quad 4 \quad\quad\quad\quad\quad}\\
\end{aligned}
$$

5　　　　13i

6，13ii

7

8

9

10

图 6-3　隐喻化的方向

从图 6-3 可以看出，向"事物性"的转移是经验转换的顶点，也是转移最清晰的表达形式，它可以用更普通的术语来指称——"朝向经验的转换"——朝向识解经验的模式，这些经验最容易组织成纵聚合集和对比对。事物比属性更容易分类，属性又比过程更容易分类，而过程又比环境或关系更容易分类。由于"名词性"一开始就被用于识解名词以外的现象，因而隐喻不可避免是抽象性的。如果我们说外科医生 makes an incision（开刀）而不是说 cutting，那么 the cut 就被呈现为一种更抽象的经验。和通常的情况一样，如果隐喻化词语来源于更被人们看重的由拉丁语和希腊语词根生成的词汇，那么这种情况就会被进一步强化。

我们可以通过回顾各种不同的成分类型所体现的可用于识解经验的潜势，来探究"朝向'事物性'"的含义（比较第 5 章）。

参与者由名词词组来体现，这就允许存在多多少少不确定的扩展（通过单一不变的修饰结构）。这种扩展是语法构建事物类别的方法：将它们按照类别分为不同的组，赋予它们属性，给它们定量，然后再根据言语事件的"此时 & 此地"来识别事物的独特个体或数量，事物的集合或类别。这种扩展涉及事物的集合和属性，它们都是由词项来体现的；而这样也能识别体现为介词短语的环境或者体现为小句的言辞，并在描述或识别这样一个或一组事物时，可以把它用作属性，比如 this unique 20-piece handpainted china dinner service with optional accessories never before offered for sale at such a bargain price。

　　属性附着于事物,因此也对这种总扩展有所贡献。属性也有可能通过次修饰(至少为了增加强度)而实现它们自身的扩展(如 very long、longest、dark blue、red hot)。

　　我们在第 5 章 5.3.2.4 小节中讨论过,名词词组具有通过横组合扩展来识解分类的语法潜势。语法的这种分类潜势得到了名词词组用于识解特征网络的词汇潜势的补充。因此,通过将经验现象识解为事物,我们赋予了它语义详述的最大潜势。

　　过程由动词词组实现,而通常动词词组的唯一词汇材料是动词本身,它充当事件(物质行动/事件,有意识的过程或者动词过程,或关系)。状语补足语可以构成不同的词项,比如 make out(I can't make out the difference)、come to (she'll come to in a minute)、let on (don't let on about this) 等,除此以外,动词词组所做的任何对比都是语法性对比——时态和其他准时间系统和情态。没有一种词汇扩展会将过程分为不同的类别,或者赋予它们一系列对比鲜明的属性。

　　不同的过程彼此之间确实相似,然而它们之间也都有一些不同的特征,没有哪种单一的排列方法足以主导并构成它们之间形成永久性上下义关系的基础。比如,我们考虑表达动词过程的词汇子集 offer、tell、promise、threaten、recommend、warn:

　　　　(1) offer、promise、threaten 具有 offer 的特征,tell、recommend、warn 具有 command 特征;

　　　　(2) offer、tell 在方向上都是中性的,promise、threaten、recommend、warn 有指向听话人的特征;

　　　　(3) 在听话人指向的范围内,promise、recommend 有 desirable 的特征,threaten、warn 有 undesirable 的特征;

　　　　(4) offer、promise、recommend 带直接参与者("提议给接收者……""提议接收者应该获得……");

　　　　(5) tell、warn 带物质环境"about..."。

　　因此,跟参与者相比,过程被赋予特征且被分类的潜势要弱得多。比如,对待像 decide 这样的过程,我们可以给它增加一个环境,比如 he decided quickly 或者 he decided on the spur of the moment;但是,如果我们想要把这个情况识别为唯一,那么我们就不得不说 this decision、the previous decision、the only good decision he ever made。我们可以说 his absurd decision,但是不能说 he decided absurdly——至少意思不同,因为 absurdly 只能成为这个言辞的特征(他是如何实施了"决策"这个行为的),而不是如此这般决定这个过程的属性。

构成情景的次要过程(在英语中体现为介词词组)的可被分类性更弱。它们介于过程和连接词之间,而且只有空间时间性的次要过程才表现出真实的纵聚合组织(to/from/toward/away from、inside/outside/into/out of、before/after/in front of/behind 等)。

连接词的内部结构性最弱,因为它们只由人类间接经历,且这种经历是以其他构式之间的逻辑关系的形式体现出来的。它们具有次要过程的某些系统性特征,但除展示它们所连接的两个相对的结构之间的地位对比关系之外,它们还赋予这些结构以等同或不等同的关系(在语法中是从属/并列)——"x 在 a 之后""因为 b,所以 y/因为 b 以及 c,所以 y"。因此,一个连接词能够被隐喻性地再识解为任何其他范畴:

连接词:	(等于) so	a happened; so x happened
	(不等于) because	x happened, because a happened
⇒次过程:	because of	x happened because of a
⇒过程:	导致	a 的发生导致了 x 的发生
⇒属性:	因果的	所发生的事件 a 与所发生的事件 x 之间是因果(关系)
⇒事物:	原因	所发生的事件 a 是事件 x 发生的原因

相比之下,一个过程只能被再识解为一个参与者(属性或事物),一个属性只能被再识解为事物。

在英语中,施加在经验上的结构越多,那么要以事物的形式来识解该经验所承受的压力也就越大。但是,事物只不过是隐喻级阶的端点,如图 6-3 所示。过程虽然比事物受限多,但它比连接词的语义潜势更多:它收纳了包括时间和阶段在内的众多范畴,而且还被开放性词汇集所识解,但连接词构成了一个封闭系统。因此,要将连词隐喻化为动词也是有压力的,如将 then、so、because、before、therefore 变成为 follow、result、cause、anticipate、prove(环境是特殊情况,因为它们大多数都已经在次要过程和附属过程中包含了参与者——语法中的介词短语)。事物最容易分类并被组织为不同的类别,这仍然是事实。所以,语法隐喻的主要运行方式是以事物的形式来识解这个世界。

6.7.2 连接词的隐喻不稳定性

现在让我们从另一方面来看看隐喻移动现象,我们要问的不是参与者的哪些特殊性质使它们成为隐喻移动最喜欢的"目的地",而是连接词具有的哪些特性使其可变性最高,也最容易被替换。显而易见,在涉及的所有成分中,连接词在进行隐喻性转换方面最不稳定。可以说,它们第一个离开,还比其他成分走得更远。

我们也许可以把连接词的这种特性与它们在整体概念库中的地位联系起来。连接词识解的是扩展了的高度概括化的逻辑—语义关系,这种逻辑—语义关系将言辞连接为言辞列,这些关系包括详述、延展和增强(见第3章3.2节)。我们已经说过这个事实,即这三种语义扩展关系遍及语义系统的很多区域,它们出现在存在言辞的结构中,出现在言辞内部的各种环境成分中,出现在事物的分类中及其他地方,当然也出现在言辞列所识解的它自己的"家园"区域,是一个言辞和另一言辞之间的连接点。这样我们就能够将扩展性范畴的特征归纳为"跨现象的"和"片段的"两种(第5章5.6节)。说它是跨现象的,是从它跨越了概念系统识解的不同现象的类型谱系而重新出现这个意义上来说的;说它是片段的,则是从它充当经验识解的一般原则,并在多变的语义环境中衍生出不同量级的相同的组织模式这个意义上来说的。

正是连接词的这些特征使它们格外容易迁移:它们的一致式地位被隐喻性地取代(充当并列和从属连词),然后再在其他位置,以其他面貌出现——作为次要过程(在环境成分中)、过程、属性和事物。正是由于这种隐喻的不稳定性,连接词得以在经验的再次识解中起到核心作用,这是科学语篇的特征之一。事实上,这些特征使科学语篇的产生有了可能,从而为科学知识的构建提供了符号学基础。我们将在后面第14章再次讨论这个问题。

6.7.3　语法隐喻与经验意义

前文图6-3中提到的"次要运作方式",在表6-8中编号为13i,是事物(在名词词组中一致地识解为充当事物的名词)得以按照某些属性的模型——修饰、拥有或分类——被隐喻化处理。这代表着它沿着逻辑经验级后移了一步。因此,它与常见的趋势恰好相反,因为原本按照它自己的条件应该是一致式的参与者,现在却被处置为必须依靠其他参与者才能存在。

这种类型的转换仅仅出现在综合征之中,伴随着隐喻类型1或者类型2。在这样的综合征中,过程被重新识解为一个参与者;导致的结果是,过程中的参与者变成了"属性"。比如,在 Griff's energy balance approach to strength and fracture 中,参与者 strength and fracture 和 energy balance approach 变成了"属性",并被用来扩展隐喻性"事物"approach——可以和下面这句更为一致的句子做个比较:Griff approached strength and fracture in terms of energy balance。当然,过程自身也许已经由于其他事物而被隐喻化了,比如下列句子中的 replace:

The Council's proposed replacement of subsidies by a loan.

The Council proposed to replace subsidies by a loan.

The Council proposed to lend [money] instead of subsidizing.

这种主要模式混乱导致的结果是参与者变得更为抽象。在 the engine failed 中，the engine 已固定为事物。而在 engine failure 中，它似乎被解构为仅是某种"事物"的一个特征，这是把 failure 作为各种各样的对比类的一个方法，比如 crop failure、power failure 及 heart failure。在这里，engine 已失去它的身份——没有了描述语（注意：它不能被进一步个体化了——只有 failure 才可以，如 this engine failure/the earlier engine failure/any future engine failures 等）；而且它还将事物性与一个失败的短暂过程相交换。但是，它仍然处于言辞的参与者的包围之中。从语法上来说，它仍处在某名词词组之中。

因此，我们可以说，语法隐喻主要是"名词化"的趋势。但是从语义上可以看出，它是从逻辑向经验的转换，也就是说，最大限度地利用系统，且为了对经验进行分类而演化而来的潜势，这是通过将所有的现象转化为最容易分类的形式——或者至少转换为一种比它的一致式更容易分类的形式。我们在讨论 have a look、make a mistake 等的时候已经知道，如果你把 look、mistake 变为名词，那么就可以在名词词组内部对它们加以扩展，如"have another good long look""don't make the same silly spelling mistake again"。我们现在就有关于 mistake 各种不同的分类（spelling mistake），在性质方面，既有经验性的（long look），也有人际性的（silly mistake），还有数量和身份（that same mistake、another look、three mistakes）。当任何过程都被隐喻性地再识解为一个事物时，同样也要遵循相同的原则，就像我们在这一节所引用的那些例子一样。

应该记住的一点是，我们在这里提供的解释，始终是对英语语义的解释（在第 7 章我们将简要讨论汉语中的隐喻）。在英语中，隐喻性移动是从逻辑性到经验性，而在经验内部则是从过程到事物。因此，当我们发现自 Chaucer 的《星盘条约》出版六个世纪以来，科学话语的演化呈现一种向大众喜欢的小句类型的推进趋势（沿着上述图 6-3 中的隐喻路线），我们认为这是更高级的意义分类方法。在科学语篇的演化过程中，最常用的小句类型的演化顺序依次为：

a, so x

because a, x

a causes x

a is the cause of x

我们认为这种转换是朝向一种对意义的更高级的分类方式，但这种转移的基础就在日常的口语之中。请思考下面的例句：

①You made three mistakes.

②That was his biggest mistake.

③Give it another big push.

④She gave him one of her most heart-warming smiles.

⑤Can't I have just two little bites of your cake?

⑥That last dive was the best dive I've ever done.

这些都是语法隐喻的例子,都是把 mistake(动词 err)、push、smile、bite、dive 转变成事物(名词),让过程都采用像 give、have、do、take、make 这种很笼统的动词,因为它们都保留了言辞(时态、情态等)的全部语义潜势。将这些动词名词化的结果就是,将它们向所有与事物相联系的"属性"的潜势敞开了大门:它们可以被分类、被修饰、被量化、被识别、被描述。这一系列的隐喻在英语中已经被充分编码,而且事实上儿童几乎从一开始就使用它们。还有一种与学术语篇——教育性知识的语域——并不特别关联的类型,是"be/go + 次要过程⇒过程"(表 6-8 中的类型 8i)。比如:

①her speech covered five points ("was about")

②the road skirts the lake ("goes alongside")

③shall I accompany you? ("go with")

④this replaces the one you had before ("is instead of")

⑤who does she resemble most? ("is like")

这些句子都不在学前儿童语言的范围中。它们作为小学书面语,由学生习得,介于家庭日常生活的常识语言和中学的技术性教育语篇之间。我们将在第 14、15 章讨论常识性知识和教育知识之间的区别及互补性。

6.7.4　语法隐喻的意义

我们对于语法隐喻的理解,可以总结如下:

第一,由于参与者被明确地界定为信息,所以其语篇意义有所增加,尤其是它们可以被(主位系统和信息系统)识解为"背景+前景"模式,这就将言辞的信息潜势做到了最大化。

第二,由于结构关系不明晰,很多成分的众多语义特征也不明确,导致经验意义有所丧失(比如 engine failure:an engine/engines//the engine/the engines; failed/fail/will fail 等)。

第三,由于经验范畴变得模糊(比如很显然 failure 在人们的感觉中不是"事物",否则它首先就会被识解为事物),所以经验意义进一步丧失;现实的构建变成了脱离日常经验的、不可触及的、遥远的、非现实的构建。

第四,经验信息在潜势上有所增加,这是因为跟任何其他成分相比,参与者都能够在众多语义特征上加以扩展。这就使得任何被识解为事物的东西,都成为经验分类体系的一部分,该分类体系体现了对经验的总体本质的更高的概括程度。Martin 的研究

(Halliday & Martin,1993)证明,如果缺少了这种语法隐喻,要构建技术性知识事实是不可能的。

因此,语法隐喻是一种方法,它使事物具有两个转换方向。一个跨范畴的成分会失去其原有地位,这是它所合并的语义特征所具有的本质使然,比如,"像……"是个属性;因此当我们说 mousy(like a mouse)时,它只是属性——它不具有原来的 mouse 作为事物的原有特征。一个被隐喻化了的成分并不失去其原有地位,它的构建并不是它与任何新语义特征相关联而促发的。假如它有新语义特征的话,那也是隐喻化过程的结果。因此,failure 既是过程又是事物——它是一个被识解为事物的过程(或者说,它是个被识解为过程而再次被识解为事物的现象)。它最初充当过程的地位被保留了下来,但由于它已经被名词化,而名词的典型意义是事物,因此它也获得了某种语义来充当某一参与过程之中的事物,如图 6-4。它已变成一个"熔合性"构造,把语法演化为经验理论的过程中的两个基本特性合二为一。

然而,隐喻是危险的,因为它的力量过于强大,语法隐喻在这方面与隐喻是一样的,它使言辞内部的各种关系变得完全不明晰,这就要求它们应该在某种意义上早已就位。

在备受偏爱的"背景化"类型的语法隐喻出现的典型修辞语境中,正如我们所看到的,配置关系早已在先前的语篇中确定了下来,比较第 6 章 6.1 节的第一个例子:"... if one takes alcohol one's brain rapidly becomes dull. Alcohol's rapid dulling effect on the brain..."。在我们读懂这里的隐喻之前,它在语篇中已经就位:我们知道"rapid dulling effect"的意思是"causes ... rapidly to become dull",而不是任何其他可能意指的事物,比如"has an effect which soon becomes dull, or blunted"。但是,这只是个理想化例句,是我们为达到特定目的造出来的句子。通常配置模式要有语篇的漫长延伸——多篇或各类不同的语篇(尤其是技术语篇)才能建立起来,比如学校里用于教授科学课程的教科书。很常见的情况是,学习者不得不自己从各种资源中构建出各种配置关系,而这些关系在课本中任何地方都没有被充分地明示出来;这样,言辞就得从隐喻角度来识解——这的确是个艰难的任务。因此,语法隐喻的语篇分布范围越广,语篇的内容承载量对学习者来说就越大,这对该特定语域的外行来说极为不利。语篇成了精英者的语篇,它构建知识的功能和它限制外行人进入该知识领域的功能携手并行,这使该语篇成为除了那些有办法进入和已进入者,其他人都极难领会的内容。

语法隐喻能够制造模糊意义、神秘意义和排外意义,这种潜势使之成为一种建立和保持地位、威望及等级的语篇模式的理想方法,进而建立起技术专家论式的权威,它传递着这样的信息:"这一切对你们来说太难理解,因此把决定权交给我们吧。"(Lemke,1990b)即使那些利用语法隐喻来组织知识、构建知识最多的人——理论物理学家和自然科学领域的其他专家们——现在也发现,他们手中的这个好东西"好得过分了",所以他们也在寻找各种办法来克服语法隐喻，以使它的表现方式不至于太过极端。这涉及在经验识解过程中对语言的全盘考虑，对于这个问题我们将会在本书的后面进行探究。

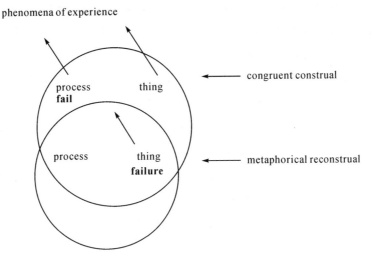

图 6-4　一致式识解和隐喻式再识解——连接性结构

6.7.5　隐喻作为人际再建构

Whorf 把人们的注意力吸引到他所谓的"标准的普通欧洲语言"中的一些普遍存在的隐喻现象已经很多年了，这些隐喻是按照物理空间里的具体行为和运动来识解认知过程的方式。例如"grasp/follow ＝ understand"，以及辩论的 line 或者 direction 等（比较 6.2.1 节）。Reddy（1979）深入地研究了隐喻，发现在英语中，整个言说域和感知域的语义域都布满了他所说的"导管隐喻"。根据这一点，意义是"包含"在思想或言词之中，而且可以沿着某种"管道"，从说话人传递给听话人。

Lakoff & Johnson（1980）在《我们赖以生存的隐喻》一书中展示了我们的许多基本概念图式和推理策略是如何受到它们在日常语言中的隐喻性装扮（make-up）的塑造。下面我们继续探讨这个域，用这样的例子——"you're going around in circles""their argument has holes in it""if we keep going the way we're going we'll fit all our facts in"。他们论证出，"辩论"的运作方式是被"旅程"和"容器"这两个隐喻合并识解的。这种跨越隐喻区域的连贯模式（或者用 Whorf 的话来说就是"一致性框架"是"概念配置"的典型）（1980：96），决定了"人类是如何处理概念"的及如何使它在日常生活中发挥作用。

尽管他们提到一些特别的语法范畴（比如，"with few exceptions ... in all the languages of the world the word or grammatical device that indicates

ACCOMPANIMENT also INSTRUMENTALITY"），但是 Lakoff & Johnson 的所谓
"我们赖以生存的隐喻"主要是词汇隐喻，也就是单个的词汇和在语义上关联的词汇的
集合。然而，有时候日常生活隐喻是通过语法中的隐喻性移动而产生的。例如，很多我们
用于表达行为过程的日常表达式，像 have a bath、take a look、give a smile、do a turn，都是以
名词形式来识解过程（其一致式为动词）。这样的语法隐喻比词汇隐喻更难以被我们有意
识地反思所理解，因此它们也就更为普遍地存在在语言系统之中，并成为常态。

　　我们认为，语法隐喻并不只是体现同样意义的另一种方式，而是对经验的不同的识
解，这种识解将多种语义特征融为一体（have a bath、do a turn 也许是"死隐喻"，但是在
bring about a conclusion 中，conclude 的过程意义和事物的名词意义之间存在明显的
融合），所以我们预估，在词汇隐喻中也能找到相同的现象，也就是被转换的用语的"字
面"意思将会保留下来，并与其在隐喻性环境中所获得的特征相融合。正如在 bring
about a conclusion 中 conclusion 一词合并了动词和名词的范畴（词类）意义一样，在 get
a handle on the concept 中，handle 合并了 handle 和 idea 两个词项的意义。当然，仅仅
一个或者几个例子很难说明什么，但是，如果存在一个体量相当大的一致性框架，这个
框架使同一个隐喻或隐喻综合征得以在语义空间的主要区域进行扩展，那么它在我们
对现实的总体构建中肯定起着重要作用。我们再引用 Lakoff 著作中的其他例子。在他
（1992）所研究的那些"被用于证明波斯湾战争合理性"的隐喻中，他识别出了一些主要
运作模式，并把这些称为"隐喻系统"。比如将国家比作人，将正义战争比喻成童话故事
（使用的是"抵抗"和"营救"的故事情节），使用统治者代表国家的转喻。同时选择将战
争比喻成暴力犯罪、竞争游戏及药物。他发现所有这些都是用来将萨达姆描述成恶棍，
科威特描述成受害者，以及用于构建"胜利"（游戏结束了）和战争的代价的概念，等等。
Lakoff 评论道："隐喻所做的，就是限制我们所注意的，突出我们的确看到的，并提供部
分我们借以推理的结构。"

　　Lakoff 的结论是，尽管隐喻无所不在，但我们可以学会识别并了解它可能造成的不
利影响（用他的话来说就是"that it can kill"）；我们也许还可以寻求更为温和的隐喻形
式来取代它。当我们从自己的角度看这些例句时，我们想给这种解释再增加一个维度，
即把隐喻性过程视为本质上的词汇语法过程，并指向总构块中的语法成分。这样一来
我们就能够做两件事：一方面，我们能够揭示出语义画面的另一个侧面，这是通过指向
所涉及的不同范畴意义之间的连接——这是语法语义学所涉及的；另一方面，我们可以
把这种特别的隐喻现象与系统的语义潜势联系起来，也就是把经验的识解当作一个抽
象的概念库。我们再次强调，要描写以这种方式所识解的抽象的"现实"，并不表示它是
"连贯"的，也就是具有内在一致性，没有自相矛盾。相反，隐喻的大部分力量都来自下
列来源的张力和矛盾：①隐喻自身的内部；②一个隐喻与另一个隐喻之间；③在隐喻和

概念库的其他区域之间。因此,为了透彻理解"war is game"这个隐喻,我们可以识别出几个与它相关的因素:它们两者通常都被识解为"行为＋范围"(比如,fight a battle/war、play a game/set);两者都能够互相充当对方的隐喻(比较体育评论语言);war-is-game 隐喻与它们在情感小句(比如"enjoy the game!")中不同的语义承载发生冲突,而且在非人称的存在句(there's a war on/there was a fierce battle last night——参见下面对战争语篇的去人称化)中更多。这并不是说,每一个词汇隐喻的实例都在整个语法系统中发生强烈共振,但是隐喻这一普遍现象,作为语言这种分层符号的内在特性是整个系统的特征,也就是以词汇语法来识解意义这个系统。

在第 6 章 6.8.3 节,我们将用一个例子来阐释(词汇)语法的"解包"原则,这个例子实际上摘自一份军事文件,因此从该角度对它予以评论会很有趣。它的一个突出特征是,有了语法隐喻的综合征,所有的人格化参与者统统消失了。还可以看到,这不仅仅是该特定小句的一个特征——因为贯穿整个语篇都没有人类参与者,the enemy 是唯一的例外,它是出现在该语篇中最接近人的事物。下面是一篇选段:

The Airland Battle Concept outlines as approach to military operations which realizes the full potential of US forces. Two notions—extending the battlefield and integrating conventional nuclear chemical and electronic means—are blended to describe a battlefield where the enemy is attacked to the full depth of his formations. What we seek is a capability for early initiative of offensive action by air and land forces to bring about the conclusion of the battle on our terms. [...]

This concept does not propose new and radical ways to fight. Rather it describes conflict in terms of an environment which considers not only conventional systems, but also chemical, nuclear, and electronic. It also forces consideration of this conflict in terms of reaching the enemy's follow-on echelons. Consideration of such a battlefield is necessary if we are to reinforce the prospects of winning.

隐喻要做的事,一是构建一个完全抽象的世界,它由真实的物体构成,例如 concept、approach、capability、environment、considerations、prospects、potential;二是把这个抽象世界构建为与高度具体的过程有着显著的冲突,而这些过程在隐喻被"解包"时会凸现出来。这就转而成为一种对现代战争的"超隐喻",在这个隐喻中,唯一采取的

"军事"行动也许就是一个本质温和的行动——将一条信息键入计算机——其后果是，数千英里之外，数不胜数的人们暴力地、完全非隐喻性地死去。即使这是个极端的、煽情的例子，但我们试图说明的要点对语言本身来说是极为重要的——正是语言所具有的这种（语法）隐喻潜势（语言本身就是分层概念资源系统的一个产品）才使人们按照这种互补性和矛盾来识解经验成为可能。

6.7.6　隐喻作为概念再建构

我们说过，语法隐喻在构建科学的或者非常识性经验的过程中居于核心地位。这个说法也同样适用于词汇隐喻：在各不同学科框架内被识解的经验都依赖于隐喻综合征，而该综合征从本质上来说是词汇语法，也就是说，它将词汇和语法隐喻综合征合并在了一起。我们将在本书第 14 章探讨这个问题。在这里，我们以经济语篇的例子（请回忆在第 6 章 6.2.1 节中 Whorf 对密集度的解释）来做简要说明。请思考下面来自美国联邦储备委员会的报告：

> **Steep declines** in capital spending commitments and building permits，along with **a drop** in the money stock **pushed** the leading composite **down** for the fifth time in the past 11 months to a **level** of 0.5% **below** its **high** in ［month］［year］. Such a **decline** is highly unusual at this stage in an *expansion*；for example，in the three most recent *expansions*，the leaders were rising，on average，at about a 7% clip at comparable **phases** in the cycle. While not signaling an outright **recession**，the current **protracted sluggishness** of the leading indicators appears consistent with our prognosis of **sluggish** real GNP **growth** over the next few quarters.

经济学是用经济事物来识解数量，要么用它们在空间（上文中的黑体）中的位置和移动，要么用它们的大小、增长/缩减（上文中的斜体）。这些词汇语法隐喻还可以被语法隐喻进一步地隐喻化，例如"'decline + steeply'⇒'steep + decline'"。这些隐喻移动能够在其他的移动中担当参与者角色，比如在"steep declines ... pushed the leading composite down"中。这份报告高度隐喻化，如下所示："people were committed to spending capital less and less quickly"⇒［people's］commitments to spending capital declined sharply"⇒"commitments to capital spending declined sharply"⇒"capital spending commitments declined sharply"⇒"sharp decline in capital spending commitments"。我们可以想象朝隐喻一端更进一步："sharp capital spending commitment decline"。

事实上,空间隐喻使人们得以在言语以外,还能够形象化地表达经济领域的思想。下面这个段落说明了空间隐喻如何充当两种符号系统之间的交叉点[①]:

> With these considerations in mind, we can construct the marginal cost of funds schedule shown in Figure 4. 6. **Region** A *represents* financing done by the firm from retaining earnings (RE) or depreciation (D). There is no risk factor involved in this **region**; the only cost of funds is the foregone interest hat could be earned by investing funds **elsewhere**. Thus true cost of borrowing in **region** A is equal to market interest rate. **Region** B *represents* financing done by borrowing from banks or bonds. The **sharp rise** in the true cost of borrowing is not primarily due to a *rise* in the market interest rate **at which** firms must borrow. It is due instead to the imputed risk factor which occurs with increased debt servicing. **Region** C *represents* financing done through equity capital. Here again there is no imputed risk, because the firm does not have to pay dividends. The **gradual upward slope** is due to the fact that as a firm offers more and more of its stock on the market, this will invariably **depress** its price and **raise** the yield that is paid.

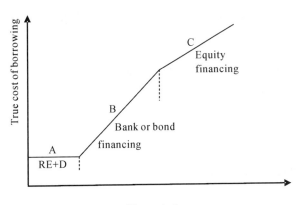

Figure 4. 6

这两种语义符号之间的关系通过识别类言辞的语言形式构建出来,比如 region A represents financing(以斜体表示);数量和量的变化都被语言识解为抽象的空间,例如

---

① Michael K. Evans: *Macroeconomic Activity-Theory*, *Forecasting and Control*. New York: Harper & Row Publishers, 1969, p. 89.

gradual upward slope（以粗体表示），也在符号空间里通过图示表达出来。

在经济学的意义建构中，经济类事物，比如价格、薪水、产量收益、融资等都是数量。同时，它们也是能够增长和缩减的弹性实体；它们还是"攀登者"，能够顺坡爬上爬下。这在某种情况下是不可能的连接——事物不可能既是数量，又是能够运动的弹性实体——但是，英语语义系统通过词汇语法隐喻使这一切成为可能。这种角度的增加是隐喻语义生成力的一部分。

我们在上面说到，和其他事物一起，在构建经济学"知识"的过程中调用空间隐喻，这可以充当与另一种形式的语义符号之间的界面，即在对数量的图形表征中象征性地运用空间。这种不同的符号模式之间的交叉原则也同样适用于语言学中的意义识解。我们自己对意义识解的讨论主要依赖抽象空间隐喻，其中最为核心的是意义网络隐喻和语义空间隐喻。这些隐喻使我们得以进到象征空间的图表，即系统网络（作为一种 acylic），和拓扑表征的图表中。顺次下来，系统网络能够像各种系统解释的计算机安装程序一样，以代数形式重新表述。关于如何重新表述拓扑表征以便使它们能够在计算机上操作，这仍然是个开放性的问题（参见 Matthiessen，1995a）。

当我们开始考虑以分析性术语来表征我们对（语法）隐喻的解释时，很自然地会出现很多问题，包括我们自己如何表征隐喻，因为我们自己是隐喻性地通过连接把它识解为语义空间的扩展。

6.8　语法隐喻的表征

我们已对语法隐喻做出了理论阐释，这个阐释把语法隐喻与我们的总概念库的概念联系在了一起。然而，仍然有个问题有待讨论，那就是如何在形式表征的低层次水平给语法隐喻以模型，尤其是如何表征连接性范畴。

6.8.1　以表征为目的的要点回顾

我们首先快速回顾一下语法隐喻的核心特征。概念库中的范畴是由概念语法中那些和它们一起演化来的范畴体现的。这些语言形式都是在语言中率先涌现出来的一致式体现，儿童最先学会，在语篇中也最先出现。比如，一个言辞列是由小句复合体体现，言辞列中那些关联的言辞则体现为小句复合体中互相连接的言辞，如图 6-5 所示。

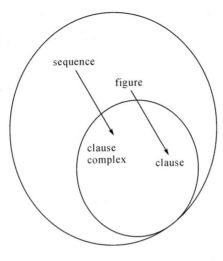

图 6-5　一致式体现

因此，如下面这个言辞列是由四个在时间上互相关联的言辞所构成的：

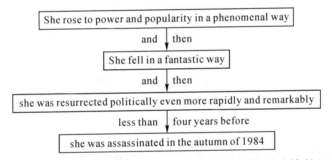

它将由一个小句复合体来体现，该复合体包含由增强关系连接的四个小句，其中前三个是并列关系，最后一对小句构成一个从属关系的次复合体：

She rose to power and popularity in a phenomenal way, ×2 she fell [from power and popularity] in a fantastic way, ×3α and then she was resurrected politically even more rapidly and remarkably 3×β less than four years before she was assassinated in the autumn of 1984.

（言辞内部也有隐喻——比如，相对于属性这一维度，阶段被识解为垂直运动（rise to power ＝ become powerful）——但我们关心的是，言辞列作为一个整体是如何体现的。如果解构言辞内部的隐喻，那么我们将得到下列类似句子：

She became powerful and popular in a phenomenal way, she became powerless and unpopular in a fantastic way, and she was made politically powerful and popular again even more rapidly and remarkably less than four years before she was assassinated in the autumn of 1984.

　　然后,系统借由级阶转移和类别转移得以扩展。这样一来,言辞列不仅能够体现为小句复合体,还可以体现为小句;言辞不仅可以由小句体现,还可以由词组/短语来体现,如图 6-6 所示。跟它们在语法中的一致式体现相比,它们在复杂度和级阶上都被向下推移了。

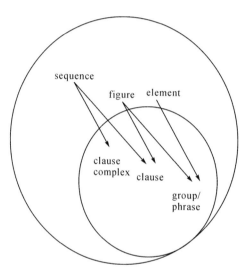

图 6-6　言辞列和言辞的隐喻式体现

因此,前面的那个言辞列可以由一个单一情景的关系小句隐喻性地体现:

　　Her phenomenal rise to power and popularity was followed by a fantastic fall and then by an even more rapid and remarkable political resurrection less than four years before her assassination in the autumn of 1984.

　　小句结构我们在图 6-7 中给出。这两种可供选择的体现方式展示在图 6-8 中,它体现为在词汇语法内部从一致式向隐喻式转移。这种表征表明,一致式和隐喻式只是体现方式的不同变体。但这样解释就够了吗? 在这里,让我们思考一下像图 6-8 所示的语篇的结构性构块的表征问题,然后我们转向语义系统的隐喻扩展应如何表征这个问题。

[1] Her phenomenal rise to power and popularity　was followed　by [2] a fantastic fall and then
by [3] an even more rapid and remarkable political resurrection
[less than four years before [4] her assassination in autumn or 1984]

价值：名词词组	过程：动词词组	标记：介词短语复合体	
by [2] a fantastic fall	and then	by [3] an even more rapid and remarkable political resurrection	[less than four years before [4] her assassinatioin in the autumn of 1984]

1 介词短语	→*2 介词短语

[3] an	even more rapid and remarkable	political	resurrection	[4] less than four years before her assassination the autumn of 1984
描述语	修饰语	分类词	事物	属性

图 6-7　言辞列作为环境性关系小句的隐喻式体现

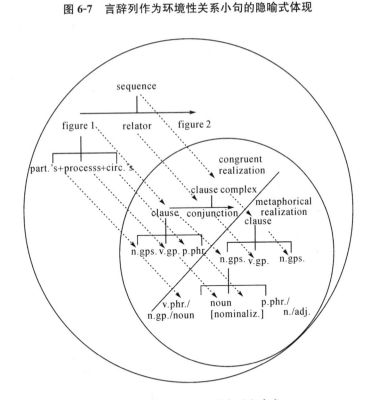

图 6-8　从言辞列的一致式到隐喻式

6.8.2　表征语篇实例

以下是我们在试图表征具体实例的语义结构配置时应当考虑的部分因素：

①我们如实地(以隐喻式)表征语篇吗？

②我们是要以"已解包"的形式(一致式)来表征语篇吗？

③我们要把它"解包"(朝一致式)到何种程度？

④如果我们给出两个(或更多的)表征式,那么我们想要表明它们之间的何种关系(我们如何表明隐喻式和一致式之间的同源关系)？

比如这个句子"[engines of the 36 class only appeared on this train] in times of reduced loading or engine failure"：

①我们要分析 in times of reduced loading 吗？

②我们是否要分析 when the load was reduced？

③我们是否将之"解包"为：when less freight was being carried？

④如果①②成立(并且③可应用),那么我们如何表明它们之间的联系？

第一,我们是否如实地(以隐喻式)表征语篇？

在解释上文介绍英迪拉·甘地(Indira Gandhi)的人生起落这个例子时,表征的负担完全放到了语义和词汇语法之间的层内关系上。其隐喻性变体只是作为一个体现式的变体被引入。在语篇的生成系统中,这暗示着并不是言辞列一开始就被体现为一个小句复合体,而是它的体现被"拖延"着,直至其语法域成为小句的语法域而不是小句复合体的语法域,而且及物性的小句资源被用于体现言辞列,就像图 6-7 中的例子那样。这就意味着,言辞列被体现为一个环境性关系小句。第一个言辞被体现为一个名词词组,充当价值,而剩余的三个言辞组合在一起成为标记,从它的内部来说是成了一个名词词组复合体(如果我们只是把介词 by 处理为一个结构标记的话)。最后一个言辞被进一步降阶为复合体中第二个名词词组中的属性语。这些体现性关系展示在图 6-9 中。

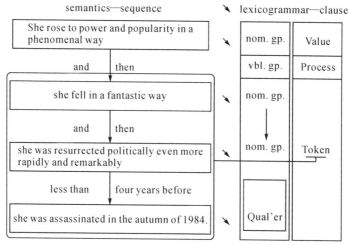

图 6-9 由小句体现的言辞列

在这种方法中,语法隐喻是体现的自由变体,它能够展开操作。考虑到某些目的,人们有更好、更实际的理由来采用它。但我们已经证明,隐喻版本不仅仅是某些更一致的表达式的无意义的(同义)变体;它是融合性的——也就是说,它包含着从它自身的词汇语法特性中派生出来的语义特征。因此,我们首先按照它的本来面目分析它——如图 6-10 中 engine failure 的例子。在这里,时间 when 的逻辑语义关系(一致式地识解为一个扩展言辞列)被识解为仿佛它是个次要过程 during,且言辞 load being reduced 和 engine failing 被识解为参与这个次要过程的成分。[①]

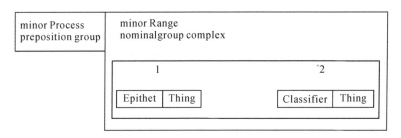

图 6-10　对隐喻式话语"as it stands"的分析

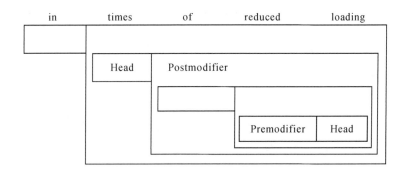

图 6-11　同一话语被表征为修饰结构

第二,我们是以"已解包"的形式(一致式)来表征语篇吗?

如果隐喻可以"解包"——去隐喻化——以产生更为一致的语言表达式,比如"whenever the load was reduced, or an engine failed",那么我们就能够以这种一致式语

---

① 在这里,当我们把 in times of 分析为一个介词词组时,我们已经不再是严格地"如其所是"地分析它了,因为名词词组结构的中心词是 times。换言之,逻辑语义关系"首先"被识解为名词性,好像它是个参与者成分(位置的次要过程)。这一点我们可以通过把名词结构按照逻辑表征为修饰语看出来(参见图 6-11)。更进一步地从经验上把 times 解释为事物,这是可能的;如果这样做,我们就是在说,它是积极的隐喻,因为它借由体现为一个名词,从而保留了参与者的语义特征。通常在分析当代语篇时,我们不把这类形式看作积极隐喻(比较诸如 in front of 这样的平面表达式),因为它们看起来在语义和语法方面都是静态的。从历史上来说,所有这样的表达式都包含了一个名词化的隐喻。

言来重新表述整个语篇(如图 6-12 所示)。在这里,时间的顺序性逻辑—语义关系被识解为一个从属连词 when(或 whenever),而 being reduced 和 failing 都被识解为过程。我们做这个分析是想说明,"in times of..."表征的是一个独立的言辞,而不是一个言辞内部的环境;由此,它是由一个包含两个言辞的从属言辞列构成,一个是归属类"the load was reduced"(或者很可能是一个"doing & happening",即"the load had been reduced"),另一个是"doing & happening",即"the engine failed"。该话语本来就是隐喻性的,我们可以把它重新措辞,使之更趋向一致式,这种分析揭示了两者之间的区别。

	... when	the load	was	reduced	or	an engine	failed
α	β						
	1				+		
		Carrier	Process: ascriptive & intensive	Attribute		Actor	Process: material
	conj.: hypo.	nom.gp.	verbal gp.	nom.gp.	conj.: para.	nom.gp.	verbal gp.

图 6-12　对改写为更具一致式形式的隐喻语篇的分析

第三,我们把它(向一致式移动)"解包"到何种程度?

关于这个问题,我们可以进一步在某一点"解包"隐喻,比如,从"(when) the load was reduced"解包为"(when) less freight was being carried"。这并不改变它作为言辞的地位,而只是将语义特征在言辞各成分中做了重新分配(如图 6-13 所示)。

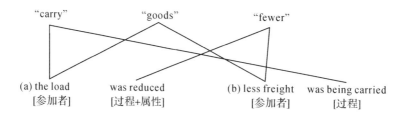

图 6-13　第一个并列性扩展言辞的进一步"解包"

有观点反对采取这个进一步的步骤,认为它引入了隐喻的又一个成分。在(a)中,括号部分是"(carry + goods):fewer",这是对信息的一致性识解,它以"the goods carried"为出发点(the load 充当主语/主位),fewer 放在顶点位置;而在(b)中,括号部分是"(goods+fewer):carry",它以一种相对来说很不一致的方式分配信息,也就是说,它在通常应该安排新信息 news 的这个位置,安排了 carry 而不是 fewer。换言之,去掉经验隐喻付出的代价是:引入了一个新的语篇隐喻。这就为回答为什么经验隐喻会率先演化这个问题提供了一个重要见解，即为了获得语篇权利(使语篇具有恰当的结构，比较上面第6章6.3节；Halliday，即将出版)，同时，这也是判断在"解包"过程中应当何时停止的一条标准。当然，这个特征只适用于某些类别的例子，而不是普遍运用，但这种考虑问题的方法和回答与我们第三个问题是有关的。

第四，如何表明一致式与隐喻式之间的同源关系？

现在该讨论第四个问题了——我们该如何证明对第一个和第二个问题的分析是互相联系的呢？这个问题实际上分为两个不同的部分：一是我们的表征中需要两个单独的阶段吗？二是如果两个的确都需要，那么我们是否需要有第三个来表明这两者之间是有联系的呢？第一个问题提出了隐喻性连接问题。在我们的解释中，语篇中的语法隐喻包含语义连接：它不仅是变体形式，与其一致式同源句意义等同，还吸收了它自身形式将会以一致式识解的那些范畴所具有的语义特征。因此，"engine failure"与"engine fail"并不同义，前者既是一个包含了参与者(engine)、过程(fail)的言辞，也是一个包含了事物(failure)、分类者(engine)的成分(参与者)。换言之，为了能够充分表征，一致式与隐喻式两种分析我们都需要。

只要隐喻能够"解包"并产生一个貌似更趋一致式的形式，这个结论就是可靠的。这也正是语法隐喻和技术语言的区别所在。几乎所有的技术性语言起初都是语法隐喻，只不过是无法进一步"解包"的语法隐喻。每当一个措辞被技术化后，它总会被识解为一个新意义，几乎总是如此；这种新意义在我们现有的知识建构中是指一种新事物(参与其中的实体)，而且它与任何更一致的同源对之间的连接关系(或多或少较快地)会瓦解。比如，当我们说"engine failure"现在已经成了技术用语，我们是什么意思呢？我们的意思是，它和言辞"an/the engine fails"之间的语义联系已被割裂(不能再被"解包")；一个新的意义，也就是一个抽象的、参与者个体或事物如"engine failure"已经产生，它具有完全充分的语义自由，并参与言辞中，去接纳类别和属性，等等。

但是，让我们现在回头看看那些尚未技术化，并仍保持了其语义连接特性的语法隐喻。在这里我们不仅要保持表征的两个阶段，即原本的隐喻化措辞，和它"解包"后的一致式措辞。我们还想重建它们之间同源关系的某种表征。这个可以以如图6-14(并比较图6-1、图6-2；如果这种图为彩色的，展示效果会更好)那样的合成表征来完成。

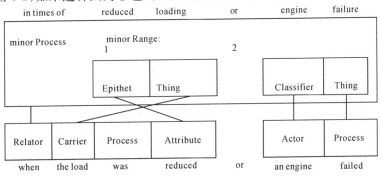

图6-14　隐喻式和一致式措辞的混合表征

也可选择另一种方法,将两者合为单一表征阶段。这样做很困难,因为会使结果显得异常复杂,但我们还是做了如图 6-15 的尝试。这样做的结果是,建立了以表 6-8 中显示的语法隐喻类型为基础的不同的连接性范畴。这种方法应当做进一步探究,因为它将语法隐喻作为一种语义生成资源的潜势更为明确地引发了出来。不过在这里,我们暂不深入探讨。

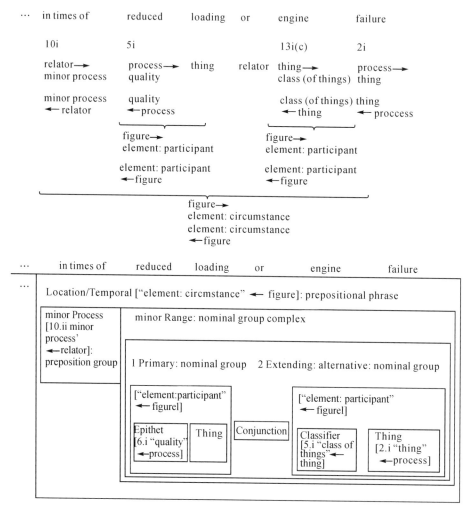

图 6-15 隐喻化措辞语篇的单一阶段表征

6.8.3 作为详述语义组配关系的语法隐喻

图 6-14(还有第 6 章 6.5 节中对"prolonged exposure"这个例子的表征)所使用的表征类型表明,隐喻是两个语义构块间的对应关系。通过语法隐喻构建起来的对应关系是一种详细阐述关系,也就是说,在两种模型之间建立起了一种恒等关系,两种模型可

以是一个言辞列和一个言辞，或者一个言辞和一个参与者，等等。在这种恒等关系中，隐喻式是标记，而一致式则是价值（比较图 6-4）："engine failure"代表的是（意思是，表示）"engine fails"。这就是详述关系的"核心"意义；但它还有"总结""提取精华"的含义——隐喻可以从语篇中累积的一致意义中"提取"意义。就两个构块的总体而言，恒等关系是适用的；但正如我们的表征式表明的，构块中的组成成分也彼此之间互相投射，如图 6-16 所示。

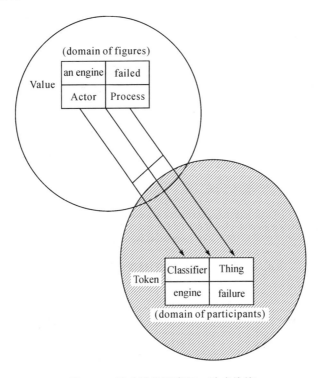

图 6-16　隐喻性标记表征一致式价值

因此，隐喻关系与层内体现的相似之处在于，前者识解的是标记—价值关系。而在这里是层次内部关系：恒等性只在不同的意义之间成立，在意义和措辞之间是不成立的。隐喻的基础在于将不同经验的语义域连接起来（比较第 6 章 6.2.1 节）：言辞的域是根据参与者的域来识解的，等等（正如在我们熟悉的词汇隐喻中，强度域是以垂直空间域来识解的）。正是隐喻在语义系统内能够繁衍意义这一事实，才打开了隐喻链存在的可能性，这条链以一致式为起点，以高度隐喻化为终点（即"A‴"代表"A″"代表"A′"代表"A"；比如"engine failure"代表"the failing of an engine""an engine failed"）。语义系统就是沿着隐喻的标记—价值关系这一维度而扩展的，但这种扩展仍然局限在语义系统的内部。

　　另一种可能的表征形式是按照 Jacobs（1987）中介绍的用于处理隐喻句对时的视角

(view)关系。Jacobs 认为,像"Ali punched Frazier"和"Ali gave Frazier a punch"句对之间的关系可以通过在两种过程类型之间建立起来的隐喻性视角关系而在概念结构层得到处理。用 Jacobs 的话来说,视角关系将行动隐喻表征为转换事件,如图 6-17 所示。根据这种表征,行为被视为一个转换事件,而行动目标被视为转换的接收者。视角关系反映的对应类型与 Halliday(1985)对语法隐喻的方格表解释是相同的,比较图 6-14。比如,"Ali gave Frazier a punch"这个隐喻式例子可以用图 6-18 来表示。注意,"a punch"的隐喻功能不是按照目标而是按照范围来定,用传统术语来说,它是个"同源宾语",而不是"直接宾语"(Halliday,1985,第 5 章)。

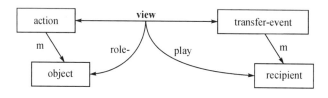

KEY:
m=manifest, a relation indicating the role of a concept;
role-play=relation used to roles of different concepts;
VIEW=a relation used to show correspondences between different concepts and their roles.

图 6-17　根据 Jacobs(1987)修改的隐喻性视角关系

Ali	gave	Frazier	a punch	
行动者	过程	接受者	范围	隐喻式
行动者		目标	过程	一致式
'Ali		(ii)Frazier	(i) punched'	

图 6-18　用方框流程图表示的隐喻性对应

对大多数类型的隐喻来说,考虑这样一个事实极为重要,即隐喻表征的是所发生事件的不止一个构块;隐喻为被表征的现象又额外增加了一个维度,而不是替换掉一致式维度。因此,"Ali gave Frazier a punch"和"Ali gave Frazier a rose"是相似的;但由于它的隐喻地位,所以与后者又不像:它引出了一个非隐喻性的同源句"Ali punched Frazier"。另外,两者之间还存在着语法区别,比如没有系统性的比例:

Ali gave Frazier a rose ：Ali gave a rose to Frazier：：

Ali gave Frazier a punch ：Ali gave a punch to Frazier

语法隐喻通常既会显示一致视角的特征,也会显示其隐喻视角的特征。

Jacobs 提供的方法可以解释某些类型的语法隐喻,但还是留下一些问题:①视角关系表征了两个概念及其角色之间的对应关系,但并未充分表征隐喻式观点的意义。比如,把 action 视为一个"转换事件"有何意义? ②没有说明选用隐喻式而非一致式应具备哪些条件。例如在"Ali gave Frazier a punch"这个例子中,关键因素很可能不是它被视为一个转换事件,而是发生了一件更为复杂的双重的"重新表达意义"的过程。过程"punched"被表征为一个参与者"a punch",因而它体现出事物的经验地位——它被客观化,因此可以被抛弃(就像一件礼物那样);由于同样的原因,它呈现出语篇潜势,通过该潜势它可以在小句的顶点即新信息的无标记位置出现。但是,它并不因此而丧失其作为过程的经验身份。

就表征语法隐喻的语篇来说,我们在本节讨论中使用的两种表征形式——合成箱式图和箭头域图(第 6 章 6.8.1 节的图 6-8)——都可以视为 Jacobs 视角法的变体形式。但它们的确还构成了第三种类型,因为它们表明了隐喻空间的结构,或者说是对空间的隐喻性建构,这是语法隐喻为经验的语义识解而增加的一个深度视角。箱式图以概要形式表明了这一点,它将语法结构中每个成分的语义都呈现得很复杂。箭头域图是以动态形式表现,一致式措辞的运作方式被逐一追踪直到其隐喻值。

正如我们展示的,这两种模式都描摹出了两种措辞之间的简单二分关系:一个是隐喻式,另一个是一致式。但我们已经不止一次地指出,语法中的隐喻维度事实上是一个连续统。通常在"最一致"和"最隐喻"措辞之间存在数不清的中间步骤,的确,这是对隐喻数值级,而不是对它的两端所做的合理清晰的界定。假如这两个同源措辞都沿着这条隐喻数值级定位,那么我们将它们相对来彼此定位几乎不会有任何困难:我们知道它们中的哪一个隐喻性更高。但是在任意两端的具体哪一点上不能走更远,这点我们很难做到。

要把这些中间步骤以某种表征形式表现出来,如图 6-19 那样并不困难。它并未吸纳任何新特征,而只是把派生方向与功能标签合并了起来。它在这里只是塑造出某种特例的演化历史,表明它一路走来逐渐具有了某种语义特征。当然还可能有更多其他的视觉性表征模式,没有单个的理想化形式,其方法也会因研究目的的不同而有所不同。只要能够突出弹性和方向性这两个特性,那么所画的表征图就能满足基本要求。

Value	=	Token	a capability for	early	initiative of	offensive action		by air and land forces	to bring about	the con-clusion of	battle	on our terms
What we seek	is											
we seek	that	air and land forces	should be capable of		initiating	acting offensively	early			in order to	conclude	battling	in our favour
we want		air and land forces	to be able to		start	attacking	early			so as to	finish	fighting	on top
		airmen and soldiers	must be able to		attack		early ?= finst		so as to		win	

metaphorical ↕ congruent

图 6-19　从隐喻到一致的中间步骤

|| [[what | we | seek]] |is | a capability [for [early initiative [of [offensive action [by [air and land forces]] [[to bring about | the conclusion [of battle]] [on [our terms]]]]]] ||

6.8.4　隐喻在系统中的表征

我们已经思考过隐喻化的例子在表征为与一致式构块相联系的语义构块时,很可能需要几个中间步骤。现在让我们进一步探究一下语义类型如何能够在整体语义系统中,被隐喻性地表征出与一致式之间的互相联系。这种表征必须满足我们在表征例子的过程中已考虑到的概念和语篇所要求的种类:

①概念:该表征必须表明隐喻构成了语义系统的扩展。这种扩展是详述扩展,它产生了标记—价值的语义关系链,还提高了用于识解经验的语义潜势。

②语篇:表征必须能够表明隐喻变体和一致变体是如何在语篇库——语篇语义——被赋予不同的值。

上述思考表明,最好把隐喻识解为语义系统的一个新维度的开口,以允许整个系统沿着标记—价值关系对自身加以详述。换言之,我们在图 6-8 中将关于语义和词汇语法的、用于处理语法隐喻的一种简化方式,重新识别为语义系统内部的一个维度。图 6-20表明了这种语义系统内部的隐喻维度的开口。

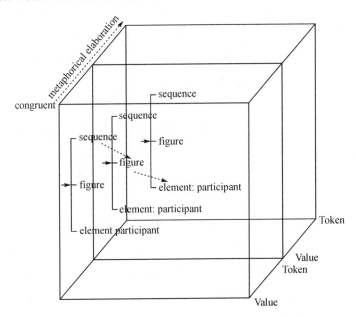

图 6-20　对语义系统的隐喻性详述

这个图示旨在表明:隐喻涉及从一个概念域到另一概念域之间的映射,并在这两者之间构建起标记—价值关系(比较图 6-16)。比如,言辞列的整体语义域可映射到言辞域上。标记域可以在进一步的隐喻移动中充当价值,比如从言辞到参与者的移动中。因此,隐喻性扩展能够涉及多个平面。正如我们在第 6 章 6.7 节中提到的,摆脱一致式而向隐喻式移动这一总趋势，就是从逻辑朝经验移动；在经验性内部，则是朝着存在和拥有言辞中的参与者域移动。我们在最后一部分会回到与这种移动有关的一个方面——从我们经验中的常识或民间（folk）模式向非常识或科学模式转移，并将从与"心"的识解相关的认知科学方面给予阐释（参见第 14 章）。因此，概念意义通过隐喻而增值，这也意味着，有更宽广的交际角色储备可供人选择。

每个平面都与语篇元功能之间有着相同类型的界面。在选择是否将某些现象识解为由言辞构成的言辞列，或者把一个言辞列再识解为一个言辞时，我们可以将这些不同的选项作为信息量子呈现在语篇中的概念表达对我们的启示做个比较。

每一个平面在词汇语法中都具有相同的体现潜势。因此，假如言辞列域在言辞域的内部被隐喻性地识解，那么语法中的体现域将自动成为隐喻的体现域，它将成为小句域而非小句复合体域。

图 6-20 通过例子阐明了言辞列和言辞之间、言辞和参与者之间的整体映射。我们还需要考虑局部映射：某些精细类型的言辞必须能够由某些更为精细的参与者类型来表征。因此，属性归属类言辞的典型表征是由参与者和属性来完成，而不是把过程具体化为事物："her speech was brilliant"⇒"the brilliance of her speech"。

我们的表征图是一张简图，很多细节有待填充，且表征不够明晰。在解决表征问题的过程中，我们认为还有一个关键点未提及，就是由于有了片段模型，整个隐喻性详述才有了可能，它贯穿整个系统。我们曾经表示，隐喻化详述是标记—价值关系，但是为了使这种关系成为语义系统内部的标记—价值关系，它还必须在这个意义上是自然的——即标记和价值域足够相似使标记能够代表价值。比如，言辞列必须与言辞足够相似才能成为该一致式价值的隐喻性标记。这种相似性背后的原则就是在第 3、4、5 章提到并在第 5 章 5.6 节中做过小结的片段模型，它贯穿于言辞列、言辞和成分的总体语义系统中的投射与扩展。

换言之，尽管语法隐喻构成了一个从某一现象域向另一现象域的移动——从言辞列向言辞、从言辞向成分等，但这种移动之所以可能就是因为这些片段类型在跨域过程中形成了连续性：从一个现象域向另一个现象域的隐喻性移动发生在同一跨现象域。例如，从"he added and smiled"向"he added with a smile"的移动，就是从一个言辞列的现象域向言辞现象域的移动（伴随从言辞"and smiled"向成分"with a smile"的转移），但是 extension 的跨现象域不变，扩展性言辞列"he added and smiled"与言辞"he added with a smile"是隐喻性同源，都有一个扩展性环境。

根据 Halliday（1994）附录 3 中给出的详解 cause 作为语法运作方式的例子，我们就可以沿着这些分析线索加以解释：cause 是一个总体增强型的跨现象类型。它在言辞列、言辞和成分中都有表现。因此，像其他跨现象类型一样，它形成了涉及语法隐喻的

跨现象同源关系,比如:

[言辞列(一致式):]

she died，**because** she didn't know the rules

[言辞(隐喻性):]

she died **through** ignorance of the rules

her death was **due to** ignorance of the rules

her death **was caused by** ignorance of the rules

ignorance of the rules was the **cause** of her death

[成分(隐喻性):]

her death **due to** ignorance of the rules（was reported in the paper）

总之,我们将会为每一组跨现象类型给出例子,如表 6-20(如需更多实例,可参见 Matthiessen,1995b:163—168)。

表 6-20　跨现象同源关系

	投射	扩展		
		详述	延伸	增强
言辞列	He ordered that the chief be dismissed.	The treaty was concluded, which was important.	He added and smiled.	Matthew sloped off to chat with Kate.
言辞	He ordered the dismissal of the chief.	The conclusion of the treaty was important.	He added with a smile.	Matthew sloped off for a chat with Kate.

7　与汉语的对比

迄今为止,我们的描述性解释几乎全部针对英语;既然我们已经建立起一个相当广泛的英语的概念语义资源地图(尽管不是特别精确),我们就应该能够把它和其他语言进行比较和对比了。在这里以及下面的第 7.8 节,我们将以前面对英语的概念语义解释为背景,对汉语的概念语义进行简要描述,并对跨语言的类型学变体给出大致结论。这种对比性的描写不仅在理论上,而且对诸如机器翻译和多语言语篇生成及理解等自然语言处理任务来说,也十分重要。

7.1　历史背景

假如把全世界的语言视为一个整体,那么从该角度来讲,英汉语言发展史具有很多共同特征。这两种语言都与人类漫长的定居生活有关。就它们的现代形式而言,英汉语言都受到其言说者漫长的生活的塑造:他们先是农业生产者,生活在村庄里,一生大部分时间都待在一个地方,并渐渐发展起了技术,同时也发展起了与他们的农业生活方式相适应的社会组织形式。英汉语言都有书面形式,有些群体成员学会了通过书面形式来阅读和写作以创造意义,还有一些人没有学会。此外,这两种语言都产生了语言艺术形式和其他具有很高价值的语篇,比如宗教语篇。这些语篇一方面编码为书写形式,一方面成为记忆形式。在以上方面中,汉语和英语在其历史条件上的共同点,与它们各自跟欧亚文化标记以外的语言相比较而言(或者与很多在它们各自内部发展起来的语言,比如高加索语言),要多得多。

它们之间也有很多影响深远的区别,很明显两者属于其所在文化连续统的不同端点,并且处于截然不同的物质环境中。特别是,英语是在从大陆中心向西而去的西进运动过程中产生的,而汉语则是在东迁的过程中演化而成的;与汉语的东迁相比,英语进入并穿越欧洲的过程更为不平衡、更加分散、更具破坏性,而汉语的东迁相对平稳、同质(虽然只是相对的平稳,但是相对于进入欧洲的人口迁移来说明显平稳得多)。更重要的是,汉语总是处于东方文化圈的中心,而英语——至少从它明确无疑的历史阶段来说——大多数时间处于边缘。从这方面来说，英语演化的条件和日语更为相似。英国和日本都遭到外部的入侵：英国遭到凯尔特人、罗马人、盎格鲁-撒克逊人和日耳曼人的侵略，日本被南太平洋群岛人、阿尔泰人侵略。两国都在大约500年到700年的时间里追随着先期到达的人群带来的生产方式和社会结构，包括封建主义结构。在时间方面，两者极其相似（甚至现在日本和英国的世袭君主制很可能是在同一世纪产生的）。与此相似，日语和英语也大约同时有了最初的书写形式——两者都借用了其他语言中的手写字母（就英语来说，是一种联系很松散的语言；而就日语来说则是汉语）。

日语与英语都是在各种不安和非连续性中得以演化，而且很可能它们在这一过程中都经历了克里奥尔语化（而汉语总的来说没有与其他语言混合）。日语的学术词汇是从汉语（从根本上来说是古汉语）中借来的，英语则是从拉丁语（归根结底是古拉丁语）中借来的；这两种语言的学术词汇都是在不止一场传递波中出现的，且这两种语言都是通过传承古典语言的口头语而受到调整［北方汉语（官话）和中部汉语（吴方言）的早期形式，以及日耳曼语和法语的其他早期形式］。在英语和日语的现代形式中，外来词的相对频率、功能和领域惊人地相似。这给英日两种语言造成的影响是，它们不得不发展起两种并存的、仅仅部分相似的音系系统，并由于它们在书写上不同的表征（在英语中，希腊-日耳曼词汇和盎格鲁-撒克逊词汇的拼写系统遵循不同的规范；在日语中，起源于汉语的词汇以片假名书写，而其他则以片假名和平假名混合书写）而（或多或少明确地）区别开来。在这一点上有个有趣的相逆现象：在英语中，学术词汇一般较长，而且词形复杂，而本土英语词汇短而简单；但在日语中恰恰相反。

英语和日语两种语言都有明显的技术性特征，因为英日两国先后成为"世界工厂"——英国是在19世纪，但在两次世界大战后被美国追上；日本也有过类似的情况。直到1500年，中国技术领先世界2000年；那时候，汉语的语篇技术形式可以比肩中世纪末的拉丁语。到20世纪初，汉语的科学语篇一直没有显著的发展。现在，科学汉语和科学英语是那么相似，一方面是因为汉语通过翻译借用了英语的某些语义风格，另一方面是因为科学语域一般来说需要同类的语篇组织方式。汉语中并没有，或者几乎没有借词；汉语不同于英语、日语这两种"借来的"语言，它是依靠"语义转借"——来创造新词，也就是从它自己的词根中，用并列的方法构建新的形式，通常是依照某些外部资源的模型。现在，这三种语言都是"环太平洋"语言，其中，英语分布在美国、加拿大、新加坡、澳大利亚和新西兰；汉语不仅分布在中国和新加坡，而且分布在凡是有中国人的海外地区；日语直到现在基本上没有向外输出。就我们目前看得见的未来而言（要预测到25年以后则是草率的），这三种主要的信息语言，从文字处理到机器翻译，很可能将成为信息技术的中心。

简单地回顾语言史之后，我们将通过与英语的比较，按照我们刚才勾勒的模型，就汉语的表征问题，提出几点建议。

7.2 某些一般特征的比较

汉语和英语的共有特征也是人类语言的共同特征。尽管有很多关于"语言普遍项"的假设，但没有清晰的定义——照我们的看法，主要是因为对它们的研究过于具体。这个问题，我们在此不做探讨。在接下来的部分，我们会简单呈现汉语中某些能和英语进行对比的特征——这是对概念意义的识解。首先我们开始讨论一些一般性观察，然后再讨论更为具体的内容（比较 Halliday，1956，1959）。

第一，正如我们在一开头指出的，语言的普遍特性之一是内容平面在语义和词汇语法中的分层组织，其中，词汇语法层构成一个连续统：它的一端是最符合"语法性"的特征，是仅包括两三个用语的封闭系统，它们沿着一条单一的维度互为定义，具有非常笼统的意义和使用语境；另一端则是最为词汇化的特征，是拥有数不清的词项的开放性集合，按照分类，它们沿着各种不同维度组织起来，并具有高度具体的意义和使用语境。

在大多数情况下，英汉两种语言中的各种语义域在词汇语法连续统上的分布定位差不多对等。因此，在这两种语言中，极性、人称、名词性指称显然都是语法性的，而数量庞大的过程、事物和性质的经验范畴词汇具有明显的词汇特征。但它们还有一两个显著差异。比如，汉语对一个过程"phase"的处理，比英语更有"语法性"：在汉语动词词组中，有一个由数目庞大而封闭的"后位动词"词组体现的、由完成体和趋向体两部分组成的系统网络。比如：

完成性——断，duàn，（分开、成两截）

折 zhé	break	折断 zhéduàn	break in two
剪 jiǎn	cut（with scissors）	剪断 jiǎnduàn	cut in two
切 qiē	cut（with knife）	切断 qiēduàn	cut in two
砍 kǎn	chop（e.g. tree）	砍断 kǎnduàn	chop down
摔 shuāi	fall（of person）	摔断 shuāiduàn	break（limb）by falling

方向性——出，chū，"exit"，常常用于合成词"出来"（chūlái，"come out"），"出去"（chūqù，"go out"）

看 kàn	look	看出来 kànchūlái	make out by looking
走 zǒu	walk	走出 zǒuchū	walk out
分 fēn	separate	分出 fēnchū	distinguish
赶 gǎn	chase, drive	赶出 gǎnchū	drive out

另一方面,汉语中的"时态"(线性时间)比英语中的语法化程度要差一些,英语是通过确定和不确定性的时间副词,例如 already、soon、yesterday、last year 等来识解构建时态,而在小句中不必对线性时间做出表征(见下一点)。

第二,在英语中,尽管词汇意义是随意的,但是,语法化了的意义在其功能环境下通常是强制性的。比如,英语名词词组 the train 完全是中性的,它介于 passenger 和 goods 之间,处在 electric、steam 和 diesel 之间,因为这些意义都被识解为单词,但很明确是单数(不是复数),而且被明确标记为"确定的——身份已知",因为数和指称都被识解为语法。因此,train 通常并不作为名词词组单独出现,它的指称总是规定好的(注意复数名词 trains 很明显是在指称系统中确定的)。

而在汉语中,不仅词汇意义,而且很多从语法上识解的意义也具有这种随意性特征。因此,"火车"(huǒchē,"train")是中性的,这不仅是从它所运货物的意思以及所用燃料的类型来说的,而且从数和指称上也是如此。它经常以名词词组形式单独出现,和英语的 a train、trains、the train、the trains 对等(汉语的数只在人称代词中有强制性,指称时完全没有强制性)。与此相似,汉语的体不同于汉语时态,它已完全语法化,还包括一个"中性"(无标记)用语,即完成体或非完成体都不能选择它。

第三,这点跟上一点相关,如果我们从英语的角度来看汉语,那么在它的词汇语法系统中似乎存在某种避免不必要的规定性的倾向。正如我们看到的,汉语的语法系统倾向于无标记的中性术语;中性术语是在系统中选择"出来的"——要么是因为系统选择与特定语境并无关联,要么是因为虽然有关联,但其意义是在其他语篇中或情景中被识解的。词汇也一样,至少在识解参与者时,汉语通常使用笼统的词语。具体词语的话,即使关联,人们也认为根据语境没必要使用它。我们只要用一个简单的例子就能说明这两方面的问题。想象一下,有个家长和孩子站在公交车站,公交车来到他们面前。讲英语的家长会说:"快,上车!(*Hurry up and get on the bus!*)"讲汉语的家长说:"你快上车吧!(*Nǐ kuài shàng chē ba!*)(you＋quickly＋go up＋wheeled vehicle [＋mood particle])"英语从语法上规定了指称——公交车必须能够识别(在这个例子中是被情景识别,他们也许也在谈论它),英语还从词汇上规定了车辆的类型。但汉语对这两方面都没有规定,认为没有必要用指称词(比如"那个",nàge,即 that),也不必规定车辆是与火车(huǒchē)不同的公共汽车(gōnggòng qìchē),还是马车(mǎchē)。这一例子似乎把细节都介绍清楚了,但有些奇怪。

第四,虽然汉语在技术和其他详述形式中,也具有和英语几乎同样显著的特征,即语法隐喻的名词化趋势,但也许在日常话语中,汉语中的语法隐喻不像英语中的那么普遍。举个简单的例子:在英语中,在商店或市场里,一句常用且非常口语化的关于商品情况的回答是"they come in all sizes"。而在汉语中,更可能的回答是"大的小的都有"

(dàde xiǎode dōu yǒu；there are both big ones and little ones)。这并不是因为汉语中缺乏有关"尺寸"的抽象用语,相反,在某些情况下,汉语中的这类词语比英语中的更为丰富;而是因为在汉语中,这类用语有两种不同的意义:一是"尺码"的意思,指"多大"(比如,这个是多大码,即"I need to know the size"),二是"尺寸"的意思,指"某个东西很大"(比如,这个尺码太大了,即"I'm impressed by the size")。但是,大量类似这样的表达式的名词化形式尚未在日常生活中占据主流。

所有这些方面,我们将在接下来的几节里,在更为具体的语境中举例说明。

7.3　汉语中的言辞列

在汉语中,言辞列、言辞、成分和在英语中一样,都被加以区分并且互相联系,它们在语法中也同样有直白的体现形式:

言辞列　　↘　　小句复合体

言辞　　　↘　　小句

成分　　　↘　　小句结构的成分

其总体的不确定程度与英语中的不相上下。

在书面语言中,小句复合体被编码为一个句子。在汉语口语(普通话)中,和在英语中一样,必须决定小句复合体从哪里开始,在哪里结束。因为在这两种语言中,即使没有明确的连词标记,也必须要识别出它是哪种语法结构。从语义上来说,在识解言辞列的过程中会涉及相同范围的逻辑关系:一个关系结的内部关系,要么是扩展或投射,要么是平等关系或不平等关系(也就是语法中所谓的并列或从属)。

主要区别就在语法本身。就扩展而言,在汉语中:①无标记的并列延伸关系,"and",通常不带任何连词标记;②在从属连接中,从属分句几乎总是先于它所从属的句子;③从属关系在主句中总是强制性地表现出来,而在从句中却比较随意,这一点和英语中的情况恰恰相反。当从属分句有标记时,连词可以出现在各种不同的位置(置于句首,跟在主语后面,或者置于句尾),甚至同时出现在两个或(努力做到)三个(全部)位置上[①],而不是仅限于句首。因此,在识解从属言辞列时,汉语偏好的常见句式如下:

---

①　有一个作者提到,在对话中,"假如他如果还不赞成的话"(jiǎrú tā rúguǒ hái bù zànchéng de huà,"if he still doesn't agree")这个小句中,"如果(if)"反复表达了三次〔假如(jiǎrú)、如果(rúguǒ)、的话(de huà)〕。

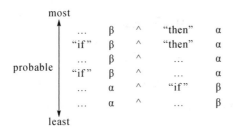

投射句也区分投射思想和投射话语，以及直接（并列）和间接（从属）两种投射方式。由于汉语没有时态系统，所以也没有时态言辞列；但是，汉语的指称转移方式和英语一模一样［试比较，明天（míngtiān，"tomorrow"）、第二天（dì'er tiān，"the next day"），以及代词和指示代词的转移］，而且还有为了达到语气的目的而做的细微调整，比如在直接问句和投射问句中。

汉语和英语在将几个言辞识解为言辞列时所依据的不同逻辑关系的纵聚合范围几乎是一样的，这就必然导致英汉两种语言的言辞列的横组合范围也很相似。当然，应该记住，我们在这里所关心的是那些在信息处理如文件自动整理和文件提取、语篇生成、语篇分解和机器翻译等过程中会遇到的语域。它们虽然并不都是技术语域，但在一定程度上都是跨国语域，因此它们对语义的影响渗透会从一国到另一国。在这些语域的汉英互译中，将言辞列按横组合维度进行一一匹配是可以做到的，因为一种语言的言辞构建在另一种语言中也会起作用。

至于单个的小句连接，这个汉语的语言事实——即汉语语法构建从属关系时是通过标记主句，而非从句——决定了如下两点：第一，在汉语中，并列和从属关系之间的不确定性比英语更高（除非只把那些被标记为从属分句的例子识解为从属，但这与我们以为的它们作为同源句集合在汉语中的比例恰恰相反）[①]。第二，一些英语言辞如果要进入汉语，就必须重新构建，尤其是众所周知的 unless 和 until，汉语中与"a not until/unless x"句型类似的表述是"如果 x/当 x 时，那么/才 a"。于是就有了连接词这个次系统，包括：就（jiù，"then"）、才（cái，"only then"）。但在英语中并没有什么表达方式能与这些直接对应，如："你答应我就告诉你（nǐ dāyìng wǒ jiù gàosù nǐ，'I'll tell you if you promise'）""你答应我才告诉你（nǐ dāyìng wǒ jiù gàosù nǐ，'I won't tell you unless you promise'）"。

---

①　也就是说，如果由两个小句构成一个连接句，而这两个小句都不被标记为从属，那么这两个句子就会标记为并列。但有一个强有力的观点赞同汉语中存在从属/并列系统，认为一个带有两个无标记分句的连接句极有可能被理解为"b∧a"（比较上面的流程图）。因此，x 高（gāo），y 低（dī）（x high，y low）的意思可以是并列"x is high and y is low"，也可以是从属"当 x 高时，y 就低"。（第三种解释"当 y 低时，x 就高"几乎是说不通的）

7.4　汉语中的言辞

　　汉语和英语在言辞方面显然具有可比性。与英语中的一样,汉语中的言辞通常是一个过程结构带一两个,甚至三个参与者作为可选项的环境成分(甚至天气变化过程也要求带一个参与者:rain 被识解为一个会"下落"的"事物")。两种语言在言辞的建构方式上的差异,主要表现在以下方面。

　　第一,过程类型的总体建构与英语中的相同:有"动作、感知、言语、存在"过程,包括参与者类型和参与者角色。在过程"动作"中,英汉两种语言的及物性潜势也非常相似,带有两个参与者的过程通常识解为作格,如"车子开(了)/我开车子"[chēzi kāi(le)/wǒ kāi chēzi,"the car drives/I drive the car"]。但是,通常都不把感知过程识解为某种现象对有意识者所采取的行动。"it pleases me"和"it reminds me"这种类型在(汉语中)并不存在规律性结构。类推性句式是以"使役性"的语义特征来分析建构的:

　　　　使我高兴 shǐ wǒ gāoxìng "makes me happy,pleases me"

　　　　使我想到 shǐ wǒ xiǎngdào "makes me think of,reminds me"

　　第二,和英语中的情况一样,汉语中的过程也是一个定位于时间之中的经验范畴。而在英语中,时间被识解为语法中的时态:识解为一种流动,它以或多或少、有延伸的"现在",形成一块介于"过去"和"现在"之间移动的却又无法穿透的障碍;每一个过程的例示都定位于该移动流中的某一点。在汉语中,时间被识解为体:具体来说就是与"延展 vs 终结"恰好相反,每个过程的实例都在与之相反中被赋予一定的值,要么是其"自身的延展性更突出",要么"根据其结果来说,其终结性更突出"。例如:

　　①我看着报 wǒ kànzhe bào "I(am,was)reading the newspaper"(非完成体)

　　②a. 我看了报 wǒ kànle bào "when I(have,had)read the newspaper"(完成体 1)

　　　　b. 我看报了 wǒ kàn bào le "I(have,had)read the newspaper"(完成体 2)

　　还有一个区别就是,体系统中包含一种无标记选项:

　　③我看报 wǒ kàn bào "I＋read＋newspaper"(无标记)

　　因此,尽管在英语中,言辞的每一个过程都必须定位在时态结构中的某一点(假如言辞是有争议的——从语法上来说,该言辞的小句是限定性小句),但在汉语中,过程完全可以视为中立的,不用把它归属为任何一个体范畴。

　　也许还要指出一点,在汉语中,还有最后一个类型,尽管它没有形式标记,但实际上表征着系统中的第三类标记用语——这一点和英语相似。在英语中,没有形式标记的肯定式和单数,与那些有语义标记和形式标记的选项是一样的(因此,作为范畴,单数会把复数排除在外,同样地,复数也把单数排除出自己的范畴)。汉语的某些范畴,比如肯定的极性也是如此。然而体不同,像"我看报"这样的中立体并不排除其他用语的意思,它只是不在完成体和非完成体的系统中做出选择而已。

第三,汉语中的属性包括属性自己内部的"be"(是归属类关系),因此,归属类言辞(比如,"我很忙/I am busy")就被识解为两个成分["I + be busy"/ 我忙(wǒ máng)]。因此,从句法上来说,它们在类别上属于动词成分,而不是名词成分——也就是说,在汉语中,"形容词"是动词;而在英语中,形容词则是名词的一种。和英语一样,汉语中的归属类言辞也定位在时间之中[但是要依靠体来实现,比如,"胖了(pàngle)""胖到顶点,变胖"]。属性可以用来识解参与者(比如,胖人(pàng rén)/a fat man),但是与英语相比,它的使用频率要低。在英语中,名词词组常常用来引出属性,如"描述语+事物",如fat man,而汉语喜欢通过小句引入属性,也就是"携带者+属性"(man is—fat)。因此,一个讲英语的人说"That's a very fat man",而一个讲汉语的人却说"那个人很胖(Nàge rén hěn pàng)"/"that man (is) very fat"。假如用汉语把属性识解为名词词组,那么就会出现这种倾向,首先它会被构建为一个言辞,然后再以级转移的形式来解构:"很胖的人(hěn pàng de rén)"/"a man who is very fat"。在一个简单的"属性+事物"言辞列中,属性常常是一种将来归属于某一事物类别的方式,比如"慢车(mànchē)"/"slow (= stopping) train",诸如"she has long hair""I have a headache"这样的言辞都被以归属方式来识解:"她头发长(tā tóufà cháng)"/"she+hair+be long","我头疼(wǒ tóu téng)"/"I+head+be painful"。注意,英语和汉语共同面对的这种结构问题,是把人而不是人体某部位作为主位(这意味着英语和汉语都是把人作为小句言辞中的第一个成分)。英语达到该目的的方法是,通过把属性构建"成为"一个参与者,并将该属性以所有格"I+have+a headache/a sore throat"的形式归属于人;汉语做到这一点,则是通过把人分离开,使之成为句法上的"absolute"放在小句句首,而把属性构建为谓语性,如"[as for] me + head + aches/throat + is sore"。英语中的这种结构略带隐喻性。(Fang,McDonald & Cheng,1995;Halliday,即将出版)

第四,汉语言辞的成分收纳能力与英语很相似。正如我们上面提到的,过程可以带一个、两个甚至三个参与者,而且它们的分布极为相似。和在英语中一样,"间接"成分是作为环境引入的,会有个"次要过程"将它们放置在相对于"主过程"的位置。在汉语中,这种环境成分更多地保留了"过程"的味道(不过,这是从它们的内部构造上来说的,见下文);英语介词的汉语对应词很明显是动词,它们可以独立构建言辞[比如,"到(dào)"/"reach;to";又如,"他到北京去(tā dào Běijīng qù)"/"he's going to Peking"和"他到了北京(tā dàole Běijīng)"/"(when) he has reached Peking"]。因此,环境语被改写为降阶言辞,这种现象在汉语中相对来说更为突出。

7.5 汉语中的成分

但是,在成分的构造方面,英语和汉语的差别极大——尽管在这方面其相似之处比差异更为显著。汉语没有形态变体或形态标记,但是参与者和过程这些主要范畴,很明显是被句法以词类——名词和动词的形式来识解的,包括词组句法和小句句法。在这方面,汉语的名词词组和动词词组与英语也十分相似。

7.5.1 名词词组

英汉名词词组都是用同样的材料构造的,其排序也大致相同,但是有两个明显区别。

第一,一个事物,无论是否与属性有关联,都可以独立使用,如"树(shù)/'tree, the tree(s)'""皮袄(pí'ǎo)/fur jacket(s)";但是假如它被明确识别(明确了的)(而不是被拥有),或者被量化(或两者兼具),那么它通常可以被归属为某个量词类型,要么是集体量词,表示部分的或表示数量,要么是个体量词。比如:

①三杯茶(sān bēi chá)/three cups of tea

②那块草地(nà kuài cǎodì)/that (piece of) lawn

③这两包衣服(zhè liǎngbāo yīfu)/these two parcels of clothing

④一所房子(yī suǒ fángzi)/one (individuated) house

⑤一棵树(yī kē shù)/one (individuated) tree

最后一类在英语中没有对等词。这就是汉语的单位词或量词,有时也叫作"名词分类词",因为汉语是根据一种混合标准,也就是以形状(长的、平坦的等)、自然类别(鸟、哺乳动物、树木等)和功能域(书、信、生活区等)为基础的标准,将事物分成不同的类别。因此,汉语不同于英语,英语语法区分了物体(有界的)和物质(无界的)这两种范畴;而在汉语中,事物并不是从本质上被识解为这两种类别,也就是说,在汉语语法中,可数/物质之间并没有明显对立。尽管如此,但这种差别实际上是被隐性识解的(这是在普通话中,而不是广东话),因为与类型(d)相对应的是,个体化量词[仅仅与类型(d)相对应的]是无标记词"个"(gè,混合语"piece, pieces"的原型),它在某些语境中替代具体的个体化词语。因此,"实体"就是任何可以用"个(gè)"来估量的人/事物,而能够以这种方式来定义的人/事物的集合,与英语中被识解为可数的人/事物的集合是相似的。

第二,在汉语名词词组的句法结构中,事物总是放在最后。因此,尽管英语是将属性词安置在事物的任意一边(简单的属性词在前,复杂的在后),而汉语却是将它们统统排列在前面。这样的结果是,也许在区分两种属性词——简单属性词和复杂属性词时,英语比汉语产生的效果要小;但是,在汉语的复杂分类结构中这一点变得很显著,我们在下文中讨论。

7.5.2　动词词组

汉语的动词词组不同于英语,它由一个动词和各种封闭类"助动词"构成;当然,它没有时态形式,却有情态形式来构成情态系统,尽管这种情态系统在汉语语法中的编码程度比不上英语,但是汉语的过程语义建构与英语有着重要差异。

假如一个过程发生在时间之中,那么从某种意义上来说,它就有开始、中间和结束,也就有意义。假如它们是一个延续性过程中不同的组成成分,那么它们就能被观察到;即使该过程是瞬间性的,但它们也表征着可能有的侧面,也就是人们思考该过程时可以有的不同视角。在英语中,过程的意义通常包括该过程的完成:假如我"割"一条绳子,那么我是把它割成了两截。如果要把一个过程识解为未完成,那么英语是使用意动性或表始性:try to cut it/start to cut it。在汉语中,过程的意义并不暗示它已完成;如果要识解为完成,那么往往还要另外一个动词来标记完成,要么是结果,要么是方向。例如,"剪(jiǎn)/cut""剪断(jiǎnduàn)/cut in two",以及"来(lái)/come""来到(láidào)/'come so as to arrive,reach'"。英语中其实并没有这种系统性区分,但是有几个过程是要求完成的,比如 seek,尽管其区别已经词汇化了,即"look for/find"。在汉语中,它是在语法中的编码;有一小组共 7 个方向词和一大组包括 60—80 个结果词,其中某些专门用于指一个或两个过程。当然这个系统与体的时间范畴有关:"过程+完成"通常是体的终结。如图 7-1 所示。

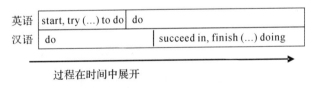

图 7-1　英语和汉语中的过程划分"阶段"

这种类型的隐性语法特征是很难举例说明的,因为这些特征取决于无数微细的语义相遇,而这些语义相遇完全不可能自动凸显出来,而且也不可能用试验的方法来研究,因为有意识的思考会歪曲语义过程:说话人说他将要说哪些话,和他实际所说的会大相径庭。但我们可以对比一下下列自发对话的措辞:

I	tried	to	phone	Sam	but	didn't	get	him;	he	was	out.
我		刚才		给	他	打		电话，		打不通。	
wǒ		gāngcái		gěi	tā	dǎ		diànhuà,		dǎbùtōng	
I		just now		to	him	call		phone		call-not-through.	

（I tried to telephone him just now but couldn't get through.）

在英语中，"I phoned Sam but didn't get him"这种说法是可能的，但是在上例情景中，被接受的可能性就不太大了——说话人实际上已经开始说了，但是他又更正了自己的话："I phoned"→"I tried to phone Sam, ..."。在汉语中，"I tried to phone him"["我试试给他打电话(wǒ shìshì gěi tā dǎ diànhuà)"的意思是"我做了个给他打电话的试验"]，这种说法根本不可能。因此，在英语中，表始动词/意动与完成的无标记体（通过暗指）形成对比，然而在汉语中，完成体与表始动词/意动的无标记体（通过暗指）形成对比。

在汉语中，由于否定过程而导致的后果，也许可以用四种不同的方式来识解：

	体 aspect	相 phase	
不剪 bù jiǎn	neutral	neutral	not + cut
没剪 méi jiǎn	culminative	neutral	not yet + cut
剪不断 jiǎn bù duàn	neutral	completive	cannot + cut (through)
没剪断 méi jiǎnduàn	culminative	completive	not yet + succeed + cut

这方面和英语中与主次时态相关联的极性结构形成了对比。

7.5.3 介词短语

我们前面说过，环境成分在汉语中的构建和在英语中一样，也是通过将一个参与者与辅助或次要过程联系起来，不过这种次要过程不能用来构建整个言辞，因为它只接受一个参与者。在英语中，这种类型的环境是介词短语，而介词词类与词汇动词差别很大，尽管某些介词的词源很明显是动词的非限定形式（比如 concerning、during）。在汉语中，这些次要过程比较明确地与言辞相关联，因为"前动词"（介词动词，与介词相似）词类中所有的词，同时充当完整过程的词。对于这些环境成分，我们还想说一点：它们与言辞整体联结所依赖的关系，通常不仅可以由次要过程来识解，也可以由次要过程加上一个概括化的、与此相关的参与者（事物）的一个侧面来识解。它们的通常表达式当然是一个地点，比如：

zài	huāyuán	lǐ	在花园里 in the garden
at	garden	inside	

其他更抽象的位置（包括时间成分）也是以同样的方式识解：

zài   bàozhǐ   shàng   在报纸上   in the newspaper
at   newspaper top

zài zhè zhǒng qíngxíng zhīxià   在这种情形之下   under these circumstances
at this kind of circumstances bottom

因此，构成次要过程的那种关系就被解构为一种"关系"（at，to，from，around，along）和一个"方面"（back，front，top，bottom，left，right，inside，outside，before，after，middle）等。

这些"方面"名词打破了词汇化了的"事物"在名词词组中充当最后成分这一原则而成为例外，因为这个原则在任何情况下都要遵循。另外，通过在"事物"后面加一个字"的（de）/of"，"方面"名词还能被识解为中心词，例如"书柜的前面（shūguì de qiánmiàn）/in front of the bookcase"。它们也因此拥有了和英语中的名词"front"同样的中介地位（比较 in front of 和 in/from the front of）。在汉语中，似乎有下面两种意思：

环境性的"前动词"（关系）：完全动词

环境性的"后名词"（方面）：完全名词

在汉语中，这两者好像都代表过程和事物之间关系的一面，而不是物质性的一面。在英语中，这两者之间却不存在这种对应，因为介词与动词的联系并不明确。

我们现在可以回到过程和事物这两个主要成分类别的建构的问题上来了。我们已经看到，汉语中的名词词组和动词词组与英语在几个重要方面存在相似之处。我们现在需要注意英汉两种语言在经验识解方式上的一个重要差异。

7.6 汉语中的过程与事物

我们看到，在英语中，事物的分类比过程要丰富得多。语法隐喻背后的原则之一就是，通过将过程重构为事物，将它们系统化地构建为不同的类别——从而将它们构建为某种科学理论的技术化的抽象表达式。相比事物，过程可构建为不同类别的可构建性要差很多，因为它们欠缺能够跨越时间的必不可少的稳定性。

这种区别在汉语的各个不同方面似乎都相当突出。过程被识解得非常具体，比如我们会注意到，汉语中有 13 个动词与英语中的 cut 相对应，有更多的词与 carry 相对应，等等。请看：

切 qiē	cut
剁 duò	cut (meat)，chop up
剪 jiǎn	cut with scissors
割 gē	cut (grain)，mow
裁 cái	cut (cloth)
削 xiāo	cut (skin off fruit)，pare
修 xiū	cut (nails, small branches)，trim, prune
裂 liè	cut (logs)，split
劈 pī	cut (firewood chips)，chop
砍 kǎn	cut(tree)，chop
拆 chāi	cut (paper)，slit
剌 lá	cut(skin, flesh)，slash, gash
刮 guā	cut (flesh)，nick
解 jiě	cut off, sever

拿 ná	take，bring, fetch, hold, carry
抱 bào	in both arms，against body
怀 huái	in the crook of one arm
捧 pěng	in cupped hands
挑 tiāo	on pole across both shoulders
担 dān	on pole across one shoulder
抬 tái	supported from underneath
提 tí	by handle
扛 káng	on one person's shoulder
扛 gāng	on two people's shoulders
端 duān	in hands with arms outstretched
夹 jiā	under arm
含 hán	inside mouth
叼 diāo	protruding from mouth
顶 dǐng	on head
背 bēi	on back
带 dài	(take) along with

"拿(ná)"和"切(qiē)"是极笼统的用语，通常用于抽象意义和隐喻意义；但它们并不是严格意义上的上义词——因为在具体语境中，人们更喜欢的往往是那些具体词。这不仅仅与英语形成了对比（英语更偏爱笼统的动词），更重要的是，还与汉语识解事物的方式大不相同。英语中的过程总是被识解得尽可能具体，而事物却被识解得尽可能笼统。识解的操作如下。

在汉语中，事物通常被识解为几组词：包括一个上义词和一群下义词，它们之间的关系在词汇自身的结构上就有明确显示：下义词是合成词，它由一个词汇成分加一个上义词构成。例如：

笔 bǐ	writing implement
铅笔 qiānbǐ	pencil (lead—)
毛笔 máobǐ	brush (hair—)
墨水笔 mòshuǐbǐ	pen (ink-water—)
……	……

车 chē	wheeled vehicle
电车 diànchē	tram (electric—)
火车 huǒchē	train (fire—)
自行车 zìxíngchē	bicycle (self-go—)
马车 mǎchē	horse cart (horse—)
汽车 qìchē	car (automobile)(gas—)
……	……

机 jī	in"机器(jīqì) machine"
打字机 dǎzìjī	typewriter (strike-character—)
计算机 jìsuànjī	computer (calculate—)
飞机 fēijī	aeroplane (fly—)
织布机 zhībùjī	loom (weave-cloth—)
割草机 gēcǎojī	lawnmower (cut-grass—)
洗衣机 xǐyījī	washing machine (wash-clothes—)
印刷机 yìnshuājī	printing press (print—)
照相机 zhàoxiàngjī	camera (photograph)
……	……

因此,这种类别的组织结构在命名中就十分明确:"一支铅笔(qiānbǐ)"就是一种笔(bǐ),"一列火车(huǒchē)"就是一种车(chē),等等。但是这种方法在英语中只零星出现,比如一些鱼类、树木和鸟类的名字,完全没有规律可言——有时甚至可能有欺骗性。例如,a shoetree 不是树(shoetree 不是 tree 的下义词),foxglove 也不是手套,sauceboat 也不是船。在汉语中,这种隐喻合成词极其罕见;另外,日常名词库中大部分都是以这种明晰的分类方式构建而成的。有时候,它们还可以扩展到更多层次。

除此之外,与识解过程要"尽可能地具体"这一原则不同的是,在指称事物时,原则是"只具体到你需要的程度"。因此,当你请朋友把铅笔递给你,而这支笔就在你们面前,两人都看得到时,就不用具体说是要哪支笔[bǐ(写字工具)];你只说,"我那个笔请你递过来(wǒ nàgè bǐ qǐng nǐ dìguòlái)"/"please pass me my '笔(bǐ)' across",或者只说"笔(bǐ)"。因此,在命名和语境都允许的情况下,汉语的日常话语总是在最概括化的层次上识解事物。

这意味着,将经验划分为过程和事物,这种二元对立在汉语中的语义化比在英语中明确得多。尽管在汉英两种语言中,同一个词项通常是名词或动词,但它们在句法上有着显著差异。另外,在汉语中,过程和事物的构建所依赖的语义生成原则与英语存在一些系统性差别。这样导致的一个有趣的结果就是,在不同的汉语方言中,过程的名称各不相同,然而事物的名称在全中国往往相同(当然,可能发音不同,但是词项是全国统一的)。不过,就我们当下的写作目的而言,现在最重要的是其对语法隐喻的重要意义。

7.7　汉语中的语法隐喻

我们对语法隐喻的简要评论将局限在它与科学技术的关系方面。和英语一样,在汉语中,技术用语通常是名词。我们已经看到,日常名词词汇的典型结构是如何将它自己借用到创造技术分类中去。一组组抽象的理论术语,就是按照这种模型,完全运用汉语的词汇资源构建了起来,而且它们之间的分类关系是完全透明的。试比较下列英汉术语:

率 lǜ	rate
频率 pínlǜ（repeat—）	frequency
速率 sùlǜ（fast—）	speed
音率 yīnlǜ（sound—）	musical pitch
呼吸率 hūxīlǜ（breathe—）	respiration rate
周转率 zhōuzhuǎnlǜ（turn-over—）	turnover
折射率 zhéshèlǜ（refract—）	index of refraction

因此在汉语中,从常识和经验向教育经验以及各学科技术知识的符号转换,似乎不像在英语中的那么突兀。

当然从它们在英语中的使用这个意义上来说,很多汉语中的此类用法都是隐喻性的。我们现在尚未对汉语中的语法隐喻类型做过系统研究,但是通过研究汉语各科学领域的科技写作,我们有这样的印象,即汉语隐喻类型的范围并没有很大不同(Halliday & Martin,1993)。普遍的倾向是,把其他现象再识解为事物,意味着——和在英语中一样——整个言辞都是被再识解为事物的属性。

汉语和英语的相同之处还有,汉语中的名词词组也会扩展以包容这类重构词。但是汉语的语言资源有些不同。另外,我们看到,汉语名词词组的中心词总是在最后,这个例子说明汉语的一个非常重要的原则,即修饰是回归性修饰——所有的修饰语都放在它们所修饰的内容之前。因此,所有被识解为属性的,都必须放在它所属的事物前面。

这就导致汉语句法具有相当的模糊性——事实上,比英语句法模糊得多,因为在英语中,属性的意义可以识解为介词短语和小句,跟在中心词后面。在汉语中,环境和言辞可以成为事物的属性,在名词词组中表征为短语和小句。但它们总是放在中心词的前面,和被识解为单个单词的"常见属性"放在一起。因此,在我们下面所举的小句例子中,所有充当中心词"断块(duàn kuài)""片断"的东西,共同构成一个名词词组,而"断块(duàn kuài)"在其中充当名词中心词。

由	断层	面	倾斜	相向		的	两	条
yóu	duàncéng	miàn	qīngxié	xiāngxiàng		de	liǎng	tiáo
from	fault	plane	inclined	towards (face to face)	**	two		

正	断层	组成,	两	断层	中间	相对
zhè	duàncéng	zǔchéng,	liǎng	duàncéng	zhōngjiān	xiāngduì
straight	fault	formed	two	faults	between	relatively

陷落	的	断块	[叫	"地堑"	或	"断陷盆地"]
xiànluò	de	duànkuài	[jiào	dìqiàn	huò	duànxiàn péndì]
depressed	**	fragment	[is called	"graben"	or	"depression trough"]

　　**注意:结构标记"的(de)"是个标志词,它表示放在它前面的成分修饰并从属于跟在后面的成分。

　　我们在上面已经提到,在英语中言辞被隐喻化地识解为一个个单个成分时为什么会丢失信息,比如"how many people die because their lungs develop cancer"和"lung cancer death rates"。在汉语中,丢失的信息会更多。原因有两点:第一,更多的语项(词、短语、小句)被黏合在一起(因为它们都放置在中心词之前),所以可能的括号划分法的数目也会更高;第二,名词词组内部的降阶成分之间的大多数语义关系在汉语中并不明晰,而在英语中,至少会有一部分明确关系被保留。我们可以比较一下上面汉语例子对应的英语译文:

　　A relatively lowered fragment between two faults, formed by two straight faults whose planes are inclined towards each other, [is called a "garden" or "depression trough"]

相比读其英语的典型译文,读者在读汉语例子时必须补充出更多的连接结构。

总体来说,语法隐喻在现代汉语中的技术语体及其他正式的书面变体中的范围,和在英语中大致相同。就它对意义构造的影响而言,语法隐喻的名词化形式(把过程和属性变成事物)给句法带来了相当程度的复杂性和模糊性,这一点对汉语的影响比对英语的更大。与此同时,技术词汇和技术性分类的建构,在汉语中比在英语中更容易做到。就技术语篇来说,英汉两种语言在其意义创生方面的差别并不太大;而这对任何一种共享信息的处理,比如在英语和汉语中都会涉及的多语言语篇的生成方面,都有很多启发意义。

7.8 汉语中的意义库——小结

汉语和英语在意义库的构建上有许多共同特征。因此,当我们思考它们是如何将所发生的事件识解为经验块时就会发现,这两种语言在很大程度上是一致的:汉语的言辞列倾向于与英语的言辞列相对应,而汉语的言辞也与英语的言辞相对应。与此同时,两种语言在系统的弹性程度上足以相提并论,正是依靠这种系统的弹性,现象世界中的同一事件既可以识解为一个言辞列,也可以识解为一个言辞——或者介于言辞列和言辞之间的某种形式。在英语中,我们也许可以说"she mended it ‖ by using string",或者"she mended it with string",也就是说,要么把方式识解为一个独立的言辞表达的完全过程,要么识解为一个以环境形式出现的次要过程。但是在汉语中,这两者互相重叠,因此,"她用绳子来修理(tā yòng shéngzi lái xiūlǐ)"可以用两种方式来解释。

系统这种弹性主要来源于概念库中投射和扩展的一般语义类型的表现形式。在英语中,正如我们展示的那样,我们发现投射和扩展的语义类既展现为逻辑上的各种关系,也在经验上展现为言辞的各种经验成分:

①逻辑表现:

作为言辞列识解中的言辞之间的关系(体现为小句复合体)

作为言辞识解中过程之间的关系(体现为动词词组复合体)

②经验上的表现:

作为言辞中的环境(体现为介词短语或副词词组)

作为存在和拥有类言辞中的环境性过程(体现为关系小句)

作为言辞中的非核心参与者,即除了 Medium(Agent,Beneficiary,Range)之外的参与者(体现为带或不带介词的名词词组)

识解的弹性通过语法隐喻得以增强，而这也是依赖位于参与者（体现为名词词组内不同类别的修饰语）内部的投射与扩展关系。我们已在系统各部分对可选项的范围做过说明，这里只举一例就足够了：

①逻辑性的

A 发生了，所以 B 发生。

A 引起 B 的发生。

②经验性的

A 发生引起 B/B 由于 A 而发生。

A 事件导致 B 事件的发生。

A 影响了 B[导致—发生]。

它还有其他的隐喻变体：

B 发生是由于 A 的发生。

事件 A 引起了事件 B 的发生。

A 发生是 B 发生之因。

正如我们在语法隐喻的语境中已证明的，在不同的识解方式中选择哪一种，这要取决于概念因素和语篇因素。这些因素"共谋"，以便在不同的语域中选择不同的识解策略：在随意言谈中采用直白的一致式（言辞列），而在精密的书面形式语境中采用隐喻式（存在和拥有言辞）。

只要在同一种语言内部存在这种变体，那么我们就可能在不同的语言中，发现类型学变体。比如，以一次言语事件的识解为例。英语常常用这种结构言辞："言说者＋过程＋接受者（A said to B）"。然而，汉语更偏爱介于两者之间的类型：（普通话）"A 对(duì)B 说(shuō)/A facing B said"，（粤语）"A 话俾(wɑ béi)B 听(tèng)/A said giving B to hear"。Trique 语是一种墨西哥语，在该语言中，一个言语事件是被识解为由两个言辞组成的一个言辞列（Longacre，1985：262—263），比如，"Gatah Juan → guni Maria"，这个我们可以大致解释为"过程(said)＋言说者→过程(听到)＋感知者"。Akan 语是一种西非语，它从广义上来说介于英语模式和 Trique 模式之间：一个言语事件被识解为一个言辞，却带进一个"接收者"，过程则被识解为一个由几个过程组成的言辞列（体现为一个简单小句内部的"系列动词结构"），比如"ka→kyerɛ""tell：say＋show"（比如"ɔkāa asɛm kyerɛɛ Kofi"；"'过程 α：[he：say＋Verbiage：something]'＋'过程 β：[show＋Receiver：Kofi]'"，比如"he told Kofi something"）。总体来说，Akan 语倾向于把英语中对等的受益者识解为这个模式，而且 Akan 语依据这些线索按照过程的言辞列这种方式来识解随意的、时间性的和空间性的增强句。

以上我们举例说明了经验识解中跨语言的类型学差异，但这些差异只是零散的片断,我们还需要对特定语言做出综合解释,并在此基础上进行语言比较研究。Pawley(1987)提到,在词汇以外的这个领域,跨语言的类型学研究相当缺乏,他还对 Kalam 这种巴布亚新几内亚语和英语,在变化经验的识解方面做了比较(用 Pawley 的话来说就是"将事件做了编码"),发现了它们的差异,完成了一项重要的研究。他认为,Kalam 语和英语,也许"表明了不同的语言之间在资源、编码诸事件等的惯例上,在外围等的变异上是有限的","也许 Kalam 语和地球上任何语言都不同,犹如和英语的不同"。(1987:335)

在 Kalam 语中,小句通常把 Pawley 所谓的"简单事件"(一个"概念事件,包括一个单一的、不加重复的动作",而且通常发生"在几秒钟或更短的时间之内")加以识解,并把它表征为一个最简过程。这个过程要么体现为一个单一的屈折动词(表明"主语"的指称对象和各种不同的其他范畴,比如时/体和语气),要么体现为一系列动词——"多达 5—6 个光杆动词加一个屈折动词"。它的动词类别和汉语、英语的关键区别是:其动词词根是个封闭集合,有大约 90 个成员,其中不到 30 个构成了语篇中所有动词例示的90%。[①]这些极少数的动词词根都有"非常广泛或抽象的意义",都是英语中很难表达的意义;例如,"d-"的意思是"控制;约束;获得;拿住;触摸……","g-"的意思是"做;动作;制造;工作;出现;发生……","md-"的意思是"存在;活着;居住;停留;保持……","mŋ-"的意思是"感知、感觉、意识到"。更为具体的意义,不是通过提高由动词体现的过程分类中的经验的精密度实现的,而是通过将动词或小句复杂化而达到的。

Kalam 语和英语都能在一个小句之内识解以下角色:过程(体现为动词)、"行动者/施事、受事"、"时间和受益者"。但是英语能大大地扩展小句的核心。比如,在英语中,所发生的事件一般被识解为一个言辞,体现为一个简单小句"The man threw a stick over the fence into the garden"[行动者(the man)+过程(threw)+目标(a stick)+位置(over the fence into the garden)]。它在 Kalam 语中则会被识解为三个言辞,并体现为三个 Kalam 语小句:

B	monday	d	yokek	waty	at	amb	wog-mgan	yowp
man	stick	hold	he-displaced-different subject	fence	above	it-went	garden-inside	it-fell
行动者	目标	过程		位置		过程	位置	过程

在英语中,运动路径也可以被识解为一个言辞列(体现为一个小句复合体),例如

---

① 根据 Foley(1986)的研究,说明其动词词根相当少,这是"相当多的巴布亚语言"的一个特征。他在书里讨论了 Kalam 语和其他巴布亚语言的"动词语义学"。

"The man threw the stick, so it went over the fence and then fell into the garden"。这不仅在概念上，而且在语篇上也不同，这样就允许概念意义无标记地映射到三个信息单位上而不是一个信息单位。

Pawley 识别出下列几种增强关系，以对比英语和 Kalam 语之间的三点差异。英语也许可以仅用一个单一小句就能识解它们，Kalam 语则需要用几个独立小句来识解它们：工具、方向、位置/来源、原因、受益人。Pawley 总结了以下区别：

> ……小句在英语和 Kalam 语中做着非常不同的工作。英语的小句结构是一个句法削足适履式的"普洛克拉斯提之床"，它把很大范围内的多种概念结构都堆到上面。比如，Kalam 语和英语不同的是，英语允许好几个概念情境/事件融合进一个单一小句。这个结果很大程度上是通过将某些情境/事件压缩为小句中的边际或背景化成分，表达为动词的论元。……动词在这两种语言中的确做着很不相同的工作。在英语中，说起完全动词和语法功能词的分工很方便，完全动词做的是词汇指称工作，语法功能词（助动词、介词等）做的是语法工作。在 Kalam 语中，动词做两种工作，但它们永远是完全动词。与英语相比，Kalam 语在动词词根可以被压缩进的信息量，以及与单个动词相关的格关系的种类这两方面比英语受到更多的限制。（1987:356）

要把我们刚刚探讨过的 Trique 语、Akan 语和 Kalam 语之间的跨语种语言变体的类型解释为概念、经验和逻辑三大元功能的两种模式的分工，这兴许是可以做到的。

在识解经验的某些流变时，汉英两种语言都有相当可观的资源将言辞识解为核心结构（过程＋媒介），加上一两个额外参与者和一系列各不相同的环境成分，而非常多的动词则组织为非常广泛的类别。在写作中，汉英两种语言通过语法隐喻从而经验化人类经验的程度更深（见 6.7.1 节，图 6-3）。其他语言，比如 Kalam 语，则会突出识解逻辑模式而弱化经验模式，从而以丰富的逻辑资源来识解一系列过程和言辞的言辞列。

总之，只要某种语言中存在这种不确定性，我们就有可能找到它们在类型学变体上的反映。我们再举三个例子来做简要说明。①我们看到，在英语小句的经验语法中，存在及物性和作格性这两个视角的互补：过程要么识解为"一个参与者正在做某件事，而这个动作也许（不）会延伸到另一个受影响的参与者"，要么识解为"一个参与者正参与某件事，而这件事也许（不）是由承担该动作施事的另一参与者所导致"。很可能所有的语言都在自己的及物性系统中，展示出了及物性/作格性的互补性；同时，这种互补性出现在不同的深度，以不同的比例出现。②我们提到投射时，认为它与人际元功能空间和概念元功能空间之间的边界重叠。在英语中，投射通常被识解为概念功能，尽管它与人际系统中的情态系统和语气系统有着密切联系。而其他语言将投射置放的位置与英语将投射安置于边界上截然不同，它们有时候突出投射的人际功能，比如通过转述这一特别范畴来实现。③某些过程类型倾向于位于主要范畴之间的边界上，从而形成混合范畴和重叠范畴；它们中较典型的就有英语中的行为过程和存在过程。与核心范畴物质、心理和关系过程相比，同等类型的过程很可能具有更多的类型变体（参见第 13 章 13.3 节）。

我们不是在此试图讨论类型学问题，而是的确想强调不同的人类族群之间在经验识解方面，存在的差异究竟能够达到何种程度。把那些与英汉语中研究得较充分的语言完全不同且地处偏僻的语言拿来做研究，是大有裨益的。此外，它们在成分的语义构成上也有明显差异。地处西南太平洋上的珊瑚礁-圣克鲁斯语系（Äyiwo；Nanggo，Löndä；South-western Santa Cruz）中，有个高度复杂的现象分类涉及的个体词项，通常有着非常专业的语义范围，它们连接彼此，以及动词或名词性词缀，包括三个跨类的名词类别和一长列动词范畴，以产生复杂的词汇[其意义通常（从我们的视角来看）完全隐晦难懂、不可预测]（Wurm，1987）。下面举的是一个来自名词词根的派生词的例子，它就说明了这一点：

> "-modyi"表示右手的概念和力量。它只和名词类别的前缀一起出现，比如"lo-"是通过劳动和努力而获得这一类别的前缀，这样就产生了"lo-modyi"（小扁斧，一种通过强壮的右手的劳动和努力获取其他物质的东西）；"mo-"延伸到远处的类别前缀，生成了"mo-modyi"（小的舷外支架独木舟，一种通过强有力的右手划桨时就能走很远的东西）；"oyd-"红树林类，生成了"oya-modyi"（一种木质坚硬的红树林植物）。（Wurm，1987：445—446）

人类的经验现象就处在被这么多交叉而相似的线条之中，尽管我们拥有同样的大脑，生活在同一星球上，但是诸如此类的语义投射的多样化方式不仅是可能的，而且是无法避免的。

我们以对汉语和其他语言的简要讨论结束了我们对意义库的探索。在这一部分，我们仅对意义库在语篇处理中的作用问题给出了建议。这些问题将要在第三部分做进一步探索。我们还将探讨我们在该部分未讨论的另一个问题，以及我们的研究方法和其他研究方法之间的相似之处和区别，这个探讨既是理论性的，又是描述性的。这将是本书第四部分的主题。

第三部分　意义库作为语言处理系统资源

现在探讨我们在第二部分中描述的意义库怎样能在语言处理系统,尤其是在语篇生成系统中充当一种资源。考虑到已经介绍了普通意义库,我们将从特殊域是怎样形成的开始,探讨意义库在语篇生成系统建构中的角色。

8　构建概念库

8.1　概要

在任何给定的语言处理任务中,往往需要模式化一种或更多的域作为我们普通分类学的一部分。我们已经挑选了以下两个特殊域说明怎样进行分类:①气象学:天气预报的概念意义(8.2 节)。②烹饪:食谱的概念意义(8.3 节)。

首先,我们必须说几句有关意义库延伸到涵盖这些特殊域的话。有两个要点:①语境和语言的关系;②第二部分中陈述的普通模型与类似气象学和烹饪等特殊域的关系。

8.1.1　语场和概念库

正如语义系统在功能上呈现多样化一样(概念功能、人际功能和语篇功能),语言嵌入的语境也是多样的。语境包括活动与语篇涉及的主题(发生什么和关于什么)语场和一般交际角色,尤其是语言创造的交际角色之间的互动关系以及说话者听话者之间关系的语旨(谁参与了)。因此,语场是得到文化认同的社会实践和社会关注的项目清单,语旨是得到文化认同的角色关系和互动模式的项目清单。现在,这些语境参数在某种意义上是独立于语言的,即使它们构建于语言和某种文化的其他符号系统之中。也就是说,它们涉及与由语言自身创造的现实即符号现实并存的现实。然而,第三种语境参数具体涉及语言在任何给定语境中的作用——符号方式,即语言资源是怎样使用的。这包含了媒介(口语、书面语和各种各样比如为说而写的子类型)和修辞功能(劝诱、说教和告知等)。

语场、语旨和语式共同定义了特定类型的语篇得到处理的"生态学矩阵",这类矩阵(特定的语场、语旨和语式赋值组合)和特定语篇类型之间存在系统的关系。我们通过语篇实例可以清楚看出这点,如食谱和天气预报。但是这都是普通类别的实例,有待通过系统潜势的个体化描写其特征。也就是说,不仅语境矩阵和给定的食谱实例之间,而且在矩阵和通常部署于食谱之中的语言潜势之间都相互联系。后一种相互联系被称为功能变体或一般系统潜势的语域,这早已为人们所熟知。功能方言的概念在 20 世纪 30 年代由布拉格学派提出(见 Havranek,1932;Vachek,1964),系统语域理论发源于 Firth (1957)关于限制性语言的讨论。语域这一概念在计算语言学,尤其是机器翻译中被确认为子语言。(见 Kittredge & Lehrberger,1982;Kittredge,1987)然而,我们可以推进一步,就像在 20 世纪 70 年代的系统理论所做的一样(见 Halliday,1978a),确认语境和语言间的共变关系并非不可区分,它是根据这两个层次各自的功能多样性进行区分的。语境参数分别和语言的元功能相互关联,语场关联概念功能,语旨关联人际功能,语式关联语篇功能。这些关联是相互预测的。因此,在三种语境变量中,语场与概念库中的变体有关。

从这个观点来看,语场的特征是调度和组织概念库。我们已经指出,这个范畴有两个方面。大部分语境同时具有第一层面语场和第二层面语场。第一层面语场是从事的社会活动(例如,指导某人怎样准备一道菜,预测明天的天气,打电话告知某人黄页信息),第二层面语场是活动中涉及的主题(例如,烹饪的配料和方法、气象学、建筑业务、国际旅行)。举个例子,在一个话务员为打电话的人提供信息的语境中,有交换信息作为一种服务的社会活动和信息领域,比如复印服务。这两者引导了概念库的展开。语场在这两个方面都会变化。对语场的一个充分的描写应该包括一种文化里可能出现的第一和第二层面赋值的类型。这个类型学能显示各种语场是怎样紧密联系以及它们是怎样形成"家族"的。因此,给出三个不同的语场:语场 1、语场 2 和语场 3。类型学将显示概念库的三种不同展开方式。每个语场投射到概念库的一个变体。也就是说,它可以被看成是激活整个语义资源的一部分(如图 8-1 所示)。将语场投射到概念库涉及特殊域和在其下特殊域得以划分的普通类型。

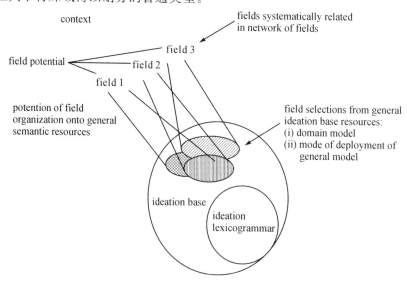

图 8-1　语境中作为组织投射到概念库的语场类型

一个给定的语场因此被视作在概念库类型中的原则性选择,可以说这是它从语境中投射来的语义意象。如果语场是从相对宽泛的方面加以定义的,它可能激活整个概念库的普通部分。但是,一个更加限定的语场可能只会激活特定的部分。在这种情况下,把完整的概念库缩减到只涉及特殊语场的部分可能会更有用,即建立一个特定语场的概念语义学(更普遍的是,这可能是特定语境的语义学,包括人际功能、语篇功能和概念功能)。但是,这样做的代价是将会把这个语场和其他与它相关的语场分离开来。

8.1.2 域模型和普通模型

正如我们说过的,域是语境场的语义关联。当我们模式化一个特定语场的概念语义时,我们创建了一个域模型。这与在第二部分勾画的普通模型是什么关系呢?

域模型是普通模型的变体。一个特殊域模型详细说明在特定的语境域中整体模型中哪部分语义系统,即存在风险的概念意义被激活(Halliday,1978a;参见 O'Donnell,1990)。因此,每个域都有它自己的语义配置,这在整个语义潜势的背景中可以看到。例如,烹饪领域中(参见 8.3 节),域模型在整个动作和存在言辞中相对狭小,包括诸如"切""发脆"等各种次类型。要是我们改变优势,整体模型看起来像是跨越所有这类语域特定的变体的泛化。

联系域模型和普通模型的关系是例示化。在任何给定层面,例示化能把系统和实例联系起来。因此,在语义层,例示化如图 8-2 所示。我们可以选择在例示化渐变体的任何一个点进行模式化。如果我们模式化语义系统,我们就有第二部分概述的"普通模型"。我们可以在另一端选择模式化一个特定实例:仅仅一个语篇的语义。但是,我们更可能去模式化一些中间区域,一个比整个语言意义潜势小但比任一单个语篇大的语义空间。换句话说,我们很期望模式化一个域。

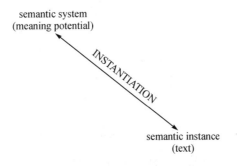

图 8-2 语义层的例示化渐变体

域处于系统和实例之间的某个地方,因此可以从两端加以考察。从系统一端看,域是通过时间按照潜势展开的方式,有规律地不断重复的模式化。从实例一端看,它是超越具体语篇实例的概括。

实例通常不会相互逐词重复,如一个食谱和另一个食谱之间有些变化。正是这种变化构建了域。每个语场的实例、整体的语义潜势通过略为不同的方式得到实例化。这种变化既证实先前的模式,也将它们往更新的方向推进。

因此,当我们将域模式化时,我们在描写意义潜势:一个意义不断被重组从而产生新的意义的语义空间。换句话说,我们在描述一个语域,更确切地说,在描述语域变体的区间(有时叫"功能变体",类似于"方言变体")。语域是整个意义潜势中的系统变体,从这个视角看来,域对应于语场的语境变量,即语域变异区域,它是由"正在发生的事情"决定的,也决定"正在发生的事情"的意义潜势。

图 8-3 显示了语域领域在概念库中在实例和变体维度方向的位置。整个语义潜势分成多个语域变体,作为实例的模式出现。在图表中,我们不得不在例示化和变体符号空间把语域呈现为不连续的位置移动。当然,这只是一个方便的表征虚构。一方面,语域领域形成各种家族,其中存在变异。比如包括各种各样不同类型的食谱的烹饪程序家族,或更大的创造工艺品的程序家族。另一方面,这一变体是多维度的。

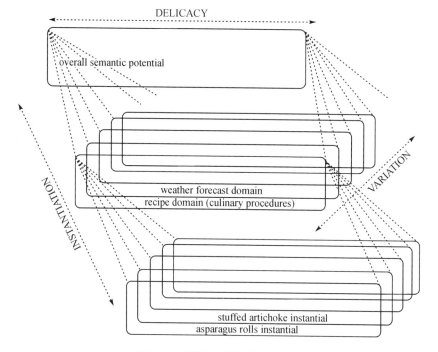

图 8-3　域模型与整体模型的关系

既然域是整个概念潜势的例示化,这个潜势中与类型相关的任何属性也存在域里。因此,食谱域中的"烹饪"就带有概念潜势中与烹饪相关的信息,尤其是关于参与角色和表现这些角色的现象的特征的信息。同时,很可能对特定的域附加特定限制。例如,可以把食谱中的烹饪和整个概念潜势中的烹饪区分出来,因为它必须有一个施为者,且这个施为者限定为听话者。

　　图 8-3 中显示了精密度与例示化的不同。精密度是详细的程度或者说精确性,即描述到什么程度。语境语场可能细化到不同的精密程度,如图 8-4 所示。我们可以比较与试验者相关的场域理论里的"语义场"范畴,这些是词汇语义(即意义的对比是由词汇选择体现的),这表明它们处于内容连续统更加精密的一端。我们的域模型很可能占据中间位置,出于大多数目的,我们将更加倾向于模式化,比如,"球队和球类运动",而不是过于普通一端的"娱乐"或具体一端的"曲棍球"。尽管这样的一个域是具体的,足以允许我们识解特殊的语义特征(言辞和成分等的各种类型),它也是普通的,足以在实例(大量例子)和潜势(能产生更多意义)方面涵盖合理的广阔的语义空间。

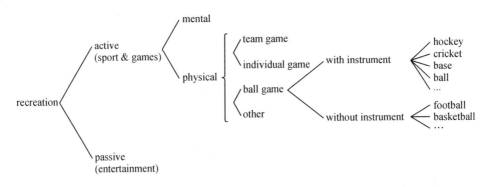

图 8-4　语场中的精密度实例

　　因此,在选择语场描述的精密度时,我们将把自己定位在由实例和变体限定的符号空间,与不够精密的范畴相关的任何属性都被较精密的范畴所继承。例如,"慢煮"是"煮"的一种,两者都是烹饪现象。但是,"煮"有很多中间步骤,也属于一种分解动作。因此,"慢煮"将继承以下参与者角色——动作者、目标、结果属性(结果变化的识解影响目标);和一般言辞一样,它可以和很多环境角色共现,如方式、时间和时长。对于"慢煮",这些属性不必再细化。例如,Highton & Highton(1964)把"慢煮"定义为"在低于沸点的水中慢慢煮"。这表明"慢煮"可以模式化为"煮"的一种子类型,其"方式"限定为"在低于沸点的水中慢慢煮"。同时,"慢煮"也会继承"煮"对"目标"的赋值限制:从烹饪中获得的值限定了目标,即只有能煮的东西才能慢煮。

　　或许把体现、例示化和精密度这三个概念区分清楚很重要。因为他们是不同抽象程度的阶。通过元语言动态描述它们最简单:当我们沿着这些不同的阶移动时我们在做什么。①体现是一个层级与另一个层级之间的关系(在语言作为原型的任何层次系统中)。当我们将注意力从语义上移到语境或下移到词汇语法和音系或字系学,我们是在体现中移动。我们可以在任何精密度上进行,从最普通到最特殊;我们在沿着例示化阶的任一点进行,从系统到语篇。②例示化是系统和实例之间的关系。当我们沿着这个阶转变注意力时,我们在体现于任何层级的潜势和它在同层级的实例中的展开之间移动(在气候和天气之间,我们使用隐喻解释)。另外,这一移动可以在任一精密度进行。③精密度是最普通的特征和最具体的特征之间的关系。当我们在语境层将注意力从娱乐转移到曲棍球,或在音韵层从长开鼻音转移到/pa:/,我们是在精密度中移动。我们将再一次沿着例示化阶的任一点进行移动。

在处理自然语言时以哲学方式研究模式化问题是很常见的。一种方式是从一些核心概念入手,推出域是什么或应该是什么样子。但是一个更有效的方法是创造一个域模型的轮廓并通过对适当语域中语篇语料库的词汇分析来发现它和普通模型之间的关系。比如,一个天气预报语料库或是烹饪语料库。事实上,这就是我们处理气象学域和烹饪学域的方式:探讨样本语篇中的词汇语法模式并把它们与语义系统联系起来。

现在我们进入这两个域模型的解释,即气象学和烹饪学。

8.2 气象语言

8.2.1 导论

毫无疑问,每一种语言的大量话语都与天气有关。就英语而言,这种现象涵盖日常问候语,属于 Malinowski(如 1923)所说的寒暄性交际习俗——通过聚在一起与人进行交际,以及在科学论文和报告中技术水平、抽象程度非常高的层面形成的气候理论。

气候和天气这两个术语的关系正如语言之于言语,正如系统和语篇中的实例之间的关系。天气是气候的例示化,气候是天气背后的系统。对于语言,这只是一组现象而非两组。当我们谈论气候时,我们在识解多维度微观变化的一般原则和趋势,这些变化实际上是我们在进行园艺或是在外种植时必须面对的,也是农民和士兵在任何地方安定时必须抗争的。所以,天气成了形成人类环境的主导因素。这些变化体现在无数新的或旧的、严肃的或幽默的民间俗语中,它们中有很多都试图预测接下来会发生什么。例如,"夜空红彤彤,牧人兴冲冲""早晨天红,牧人当心"。有的则表明进行预测是没用的,爱尔兰人很自然地表达了这个观点:如果你看见山,将要下雨;如果看不见山,正在下雨。在殖民时期,在印度服役的英国人常常解释住在那里的状况,他们说:"在英国我们没有气候只有天气;在印度我们只有气候,没有天气。"

既然我们不像过去我们祖先那样受天气支配,我们可以更积极地看待天气的变化:如果你不喜欢这个天气,只需等五分钟。

不管是最复杂层面还是最大众化层面,天气是一个适合应用混沌理论的好领域。这不足为奇。变量的数量不同,需要观察和测量的变化程度不同,确保天气和气候特征没有直接的关系。就像在声学中,在不同变量的位相中微小的起伏会产生完全不同的波形(给自动言语识别带来严重问题)。因此在天气中,在对不同成分计时中的小误差会引起局部天气模式以难以预测的方式变化。因而,预测天气和预测语篇是很相似的:一个人能够对人们要说什么或写什么做出一定的预测,并具有某种判断正确的可能性;这个可能性比运气要大得多,但还不足以简单地用来分析程序,因为有大量的变量在语篇中调节选择。类似地,预测天气似乎也有一个相似程度的可能性,但是接着出现高原现象,就很难再有进一步的提升。我们知道,最后使得预报超越这种水平的成功的是改变了给予混沌与秩序的相对视角:不是说"一个系统的无标记状态是秩序",我们的任务是透视其背后隐藏秩序的表面混沌,如果你说"一个系统的无标记状态是混沌,我们的任务就是给它施加某种顺序",你就开辟了进一步提高预测的精确度的道路(如大约 0.7 到 0.8,这在许多实际语境中是非常重要的)。语言模式明显是碎片化的,且模式不仅跨级阶重复,而且跨不同的体现水平(层次)重复,可能我们思维中相似的变化对语篇预测是有帮助的。(然而,语言学中的出发点与自然科学是不一样的,因为在语言学中一般公认的至理名言作为预测根本是不可能的。我们也许该强调,我们不同意此观点。)

Wignell, Martin & Eggins(1990)曾表明,在他们对一本中学地理课本做词汇语法分析(使用系统语法)时,学习者必须采取的关键步骤就是从语篇建构气候分类。这个分类既是组合关系(部分—整体关系——气候的组成部分),又是上下义关系(气候的种类),产生的结构如图 8-5 所示。它不是以表格或图表的形式呈现,但可以从语篇中复原;Wignell et al. 展示了呈现作为识解分类的基础的信息的过程中建立的话语—语义模型(过程类型等)。鉴于此,作为教育过程中掌握科学知识的一部分,学习者必须构建这样的类型学,我们可以把这个任务解释为学习者对意义的构建;反过来,这是在具体的词汇语法形式中识解的。意义生成或学习的发生学,更具体地说,学习科学背后的普遍原则,可以在 Lemke(1984,1990a)的著作中找到。Lemke 的"主位系统"(教师、课本、大纲和教育意识形态)要求学生们在意义库建构意义系统。在此过程中,孩子们同时在实例渐变体的两端工作,构建系统和语篇。他们必须从他们参与的书面或口语语篇中建立起地理意义(比如上面所说的两种类型学)系统,这些系统是他们创造他们自己的地理语篇的潜势。

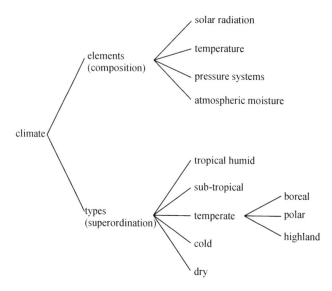

图 8-5　气候的地理学分类（整体—部分关系和上下义关系）

　　这里我们不是聚焦地理课本中的语言或作为科学结构的气候理论，而是与天气有关的另一个语域，即天气预报语言。我们把那些印在日报上的天气预报作为资源，具体用来分析的样本取自《芝加哥论坛报》(CT)和《纽约时报》(NYT)，但是我们并没有把自己仅仅限定在这两个机构所采用的语篇形式中。我们用第二部分中呈现的意义库描绘在这个语域中概念意义构建的特征，用以证明这种方法的原则，因为它们能应用到半专业化和半技术化的语篇形式中。需要在各种各样的信息系统中处理的大部分语篇是这种程度的专业化和技术化，所以这是作为例证的合适选择。它不是一个封闭的语域，也就是说，在它里面能列出一系列可能信息，但它也不是英语语言的任意样品。任何对英语掌握到一定熟练程度的人都能从情景中构建语篇，同样地，也能从语篇中构建情境。这是一个很典型的句子，"Tonight will be cloudy, with a chance of rain or thunderstorms."(NYT)，对像这样一个例子的来源是无可怀疑的。

　　最后介绍语法隐喻。这个语域不是高度隐喻化的，但是它确实包含了语法隐喻的例子，例如 in the wake of recent storminess。这是天气预报语言，必须这样处理——暴风雨被识解为一个参与者（事件），于是算作将现象构建为系统或事物集合的范式。天气在这方面是特别不确定的经验域。我们把之前提及的雨的例子作为不确定的过程或事件，因为二者都没有显得更像一致式。在天气预报的整个语义中，特殊例子的隐喻本质不是太重要；令人感兴趣的是，是否以及如果是的话，语法隐喻在多大程度上系统性地参与到将这方面经验识解到信息中去——一种用于政策制定和计划等的能被存储、传播、保留的商品。

　　首先我们试图通过语场、语旨和语式非正式描述天气预报的语境，即 Hasan &

Halliday（1985/9）所描述的语境配置。

①语场。让人们了解：通过大众媒体即新闻、报纸和日报传播信息。自然环境状态：自然现象，天气——目前情况和对近期（2 天内）的预测，确定具体区域（从区域到全球，重点在地区）。特点：解释事件；灾难预警；为特殊利益群体提供信息，即那些从事农业、园艺、划船、钓鱼、航空、运动的群体。

②语旨。专家对外行人说话，但只有适度的距离。专家观点：非个人的，承认不确定性；对内容持中立态度。观众：感兴趣的普通公众，加上一些有特殊关切的群体（他们的行为可能受到信息的影响）。独白。

③语式。书面：出版物，散文形式。修辞方式：告知，半技术的。附带其他视觉模式：地图，带有特殊（技术上的）符号。每天连续，具体说明原始时间和地点。

既然我们在这里涉及概念库，与情景相关的方面主要就是那些在"语场"下面描写的东西。如果我们生成语篇，对语场的描述将显示概念意义最可能被激活和最可能被凸显的领域。换句话说，它将指向蕴含在域模式中的语义特征。如果进行分析，我们就能够从语篇中被前景化的意义中构建语场；如果语场凸显（或如果它事先被知道），它可被用来指导分析，如通过对各种阐释进行分级和对复杂的分析过程进行管理。

例如，在用于这个研究的语篇样本中，在所有的限定从句中，2/3 有限定动词操作词 will，另外 30％有限定动词或一些其他情态形式：could、is/are likely 等。从语义上讲，这些表示将来时间和可能性，反过来，也是我们期望在表示预测和预言的语境中找到的意义。因此，从预测中，我们能够识解这样一个语境。要注意的是，重要的不是有一两个零散的指称将来时间的例子，而是将来已被接受为常模。从整体上（跨语境）看，它是高标记的时间指称选择（见 Halliday＆James，1993）；但是从局部上来说，在这个语境中，它变成了无标记选择（见第 13 章 13.3 节）。

下面，我们将在第二部分中勾画的语义模式下总结天气预报语篇的主要特点——识别言辞列（8.2.2 节）、言辞（8.2.3 节）和成分（8.2.4 节）。既然这不是一个定量研究，我们就涵盖了原始样本语篇中没有出现而其他天气预报语篇中出现的特征。目的在于显示特殊语域中的话语是怎样和语言系统中的意义潜势联系起来以及怎样从中产生的。

8.2.2　气象域中的言辞列

在天气预报语篇中被识解为言辞列的意义是有限制的意义。语篇中几乎没有投射（所研究过的样本中没有），尽管也有一部分详述（显然没有增强，见下面的言辞中的因果关系），在扩展中只有表延展的逻辑关系被使用。

反过来，延展关系是增加的或是转折的（对比的）关系。增加关系把两个相关的言辞在平等基础上用 and 连起来,如"The chance of shower will end by Sunday night, and winds will shift to north."(CT)和"Skies are expected to clear Wednesday, and afternoon highs will approach 70."(CT)。或者不平等,第二项为非限定形式,如 "Winds will shift to north, pushing('and this will push')lows into the low 50s." (CT)和"Tonight will be cloudy, with('and there will be')a chance of rain or thunderstorms."(NYT)。

表增加的关系能进一步延展,比如下面的例子——一个平等,一个不平等, "Warmer temperatures are likely Thursday, with('and there will be')partly cloudy skies and highs('will be')in the mid-to uppers 70s."(CT)。在样本中没有出现多于三个言辞的言辞列,几乎很少有多于两个言辞构成的言辞列(即单一连接)。

转折关系总是通过地点(这里下雨,那里干旱)和时间(上午晴天,下午多云)对比两个言辞。他们可能在不同程度上平等或不平等。注意,在第一个例子中,包含转折关系的言辞列在语法中不是被识解为小句复合体,而是复杂句之间的衔接纽带:

High pressure will keep skies sunny and dry from New England south to Maryland. However, the Virginias and Carolinas will be hot & humid...(CT)

Skies will be sunny tomorrow morning, but will become increasingly cloudy during the afternoon. (NYT)

Skies will be clear to partly cloudy over the rest of California, though widely scattered thunderstorms could develop in southern sections. (CT)

The heatwave in the Southeast will weaken slightly, although northern Florida will remain hot. (CT)

Morning skies will be partly cloudy today, becoming ("but will become") partly sunny by afternoon. (NYT)

当然,到那个时间,它们将不再是上午的天空了。第三种延展类型是比较少见的,即删减法,即"The rest of the south will be mostly dry and sunny, with only('except that there will be')isolated showers in Florida."(CT)。

详述关系不如延展关系常见,而且似乎总是不平等,如"High temperature will be 70s to low 80s, warmest in the Carolinas."(CT)。第二种言辞为第一种添加了细节。下面的也可能是详述,虽然它可能被重新解释为时间"同时","Skies will be partly sunny in Alabama and Georgia as scattered thunderstorms diminish later in the day." (CT)。

我们从这些例子中得出一些普遍原则,给定任何两个言辞:①如果它们表征某个固定位置(时间和地点)恒定的不同但相关的天气特征,那么它们形成一个增加关系;②如果它们表示不同位置(时间和地点)的相同天气特征,那么它们形成转折关系;③如果它们表示不同位置的相同天气特征,其中第二个位置是第一个位置的一部分,那么它们形成删减关系。这些原则没有涵盖的一个例子是:"Highs will be mostly 70s and 80s; a few 60s are likely near the Canadian border, and parts of the southern plains will reach the 90s. (CT)"。

这里,第二种关系可能被认为是转折关系。而整个句子是增加关系,因为最后两个言辞作为第一个言辞的例外,它们是相似的。

任一这样的连接可能会对言辞赋予平等或不平等的地位。当地位不平等时,言辞列看起来呈明显的下降趋势(在语法上,后接从句)。寻找一个支配状态的普通原则是很难的,但是在转折关系中,可能有一个评价韵律:如果感觉第二种情形比第一种更糟(不理想),那么转折关系更倾向于地位平等,因为显性"但是"具有一定的否定含义。比较"Morning skies will be partly cloudy today, becoming partly sunny by afternoon." (NYT)和"Skies will be sunny tomorrow morning, but will become increasingly cloudy during the afternoon."(NYT)。在纽约,至少晴天比阴天更受人喜爱。

系统中言辞列的假定的语义选择表征如图 8-6 所示。在不平等关系中,我们区分了那些可讨论和不可讨论的第二层次或次要言辞(语法上,限定小句与非限定小句相对),尽管在主要样本中唯一清晰的一个限定从句是"skies will be partly sunny … as thunderstorms diminish"(带有 although、though 的转折关系是几乎不从属的)。总体上讲,在语域中这样的区分是很重要的。

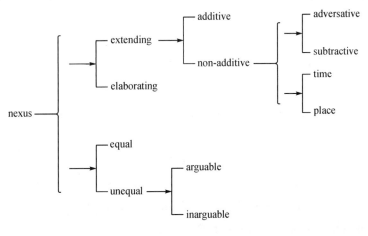

图 8-6 气象域中的言辞列

8.2.3　气象域中的言辞

所有样本中的言辞都有存在言辞,没有动作、感知或言语言辞。在存在、归属和识别这三种模式中,出现了前两种。

8.2.3.1　存在言辞

存在言辞包括存在、开始存在(出现)和保持(持续),有或是没有外在原因。我们首先解释这些没有原因的存在。

存在往往与某种可能性的评估有关,所以被隐喻性地识解为一种将可能性作为属性的拥有言辞。

rain is forecast today for the Middle Atlantic States and the Missouri Valley（NYT）

clouds and showers are likely in Idaho and parts of Montana（CT）

rain is likely in the Ohio River Valley and Kentucky（CT）

scattered showers are also expected in the Carolinas（NYT）

(注意:这样一些例子在它们的一致式中也是归属的。例如,"clear skies are forecast for tonight,high temperatures are expected",其感知言辞是"skies will be clear"和"temperatures will be high"。见下面 8.2.3.2 节)。

看来没有附加可能性的表存在状态的言辞主要发生在非限定小句中。例如:

with only isolated showers in Florida（CT）

(对于只有一个成分构成言辞的子语域,如 Variable cloudness,见这个部分的最后一段。)简单存在句"there will be..."总体上不被喜欢,尽管相关形式有时发生,但有"警告"之意,如:

an air pollution advisory is also in effect for Cook and Lake Counties until 4 PM Saturday（CT）

另一方面,出现通常凭借有没有附加可能性加以确定,如:

showers and thunderstorms will gather over the northern Rockies（CT）

widely scattered showers will develop in the Balkans（CT）

scattered showers may develop（CT）

像 gather 和 develop 等动词往往体现动作言辞。而在这里,他们表示存在言辞,在隐喻综合征中,天气过程被识解为参与者,如 showers。这些例子不同于表示做事的一致式言辞,例如:"birds will gather over the northern Rockies"(鸟将在北部洛杉矶聚集)。在参与者—过程结构的两方面中:①showers、thunderstorms 和其他这样的隐喻参与者与在动作言辞中涉及的动作者如 birds 是不一样的;②gathering 和 developing 等过程是相位的隐喻表达——它们是表始动词,带有开始形成的意义,然而在动作言辞中,这样的过程并没有起始的特征。

建立如下的一个语义划分是完全可能的:

modality/phase	A. be in existence	B. come to existence
1. absolute	rain will occur	rain will develop
2. possible	rain may occur	rain may develop

类型 A1 并不像表面看起来那样受欢迎的原因是不明显的——尽管它可能比 A2 更绝对,但起始相已经有一点不确定的语气。

继续存在和停止存在应包含在选择范围内(如"rain will/may persist""rain will/may cease"),尽管在研究的样品中比较少见。

在天气预报中,什么"事物"被认为是"存在"的呢? 它们往往是降水的各种形式,如雨、雪、阵雨等。有时,通过进一步的语法隐喻,可能性也被说成是存在,例如:

with(="there being") a chance of rain or thunderstorms (NYT)

the chance of showers will end by Sunday night (CT)

——后者表明将错过时机。

存在可能被识解为某些外部原因的影响,可以附加可能性,也可以不附加可能性。典型的原因是天气系统、锋面以及气压高低。

a warm front may bring scattered showers or thunderstorms to the northern Tennessee Valley (CT)

a separate weather system will bring thunderstorms to the eastern Dakotas and Minnesota in the morning and into the Great Lakes later in the day (CT)

low pressure will produce scattered showers from the Pacific (CT)

a cool front stalled in the Carolinas may set off scattered afternoon thunderstorms (CT)

在这个语境中,作为"形成原因"的 produce 和作为包含一个动作者的"动作"的 produce 之间有一个系统关系;这一关系类似于之前见到的 develop 和 gather(作为"开始存在"和作为"做事")之间的关系。这些为我们在第 4 章 4.3.3 节讨论的"存在"和"动作"的互补性提供了有趣的证明。

8.2.3.2 拥有言辞(属性)

拥有(带有属性的存在),像存在一样,区分了中性相"是"和标记相"开始存在""继续存在"或"停止存在"。属性的载体可能为天气的一个特征(作为成分的事物或特征),如天空、温度、暴雨;或是时间或地点;还可能涉及某些外部原因。

①载体为天气特征。由天气特征作为载体的言辞,往往由这样的配置构成:关系过程"be"、属性和时间或地点环境。如:

skies will be clear tonight (NYT)

some storms could be heavy with hail and strong winds (CT)

skies will be mostly sunny over the southern plains (CT)

high temperatures will be in the middles 70s[①](NYT)

lows will be near 60 degrees (NYT)

第一,时间环境被识解为天气特征。例如:

morning skies will be partly cloudy today (NYT)

afternoon highs will range from 50s and 60s in the northern Rockies to 100s in Arizona deserts (CT)

afternoon highs will approach 70 (CT)

在最后一例中,过程是"'be'+次要过程的隐喻"(在第 6 章类型 8.i,见表 6-8);一致式是"will be near 70"。

第二,属性自身可能是"程度"类型的一个地点环境,"程度"特征在过程中也会呈现出来:

rain will be scattered across the central lake again (NYT)

rain showers will be scattered from New England to the Virginias today (NYT)

showers will also extend from Montana, across northern Idaho, to Washington (NYT)

偶尔出现相关言辞,地点不作为属性,归属于天气特征,而是称为被天气特征描写的对象。如"sunny skies will dominate most of the region"。

在语法上,这样的例子都是识别小句,事实表明他们都选择语态——虽然在这里,

---

① 注意,这个例子中的 high 是温度的类别,不是特征——意思是"24 小时内的最高温度";参考 highs、lows。

同族被动句"most of the region will be dominated by sunny skies"表明 dominate 应该被解释为一种归属，也就是说，作为"'prevail'＋范围环境'over most of the region'"，而不是作为"'prevail over'＋'most of the region'"。

第三，尽管在目前研究的语篇中没有 become 的例子，但如言辞"skies will become cloudy in the late afternoon"在天气预报中是可能的句子。在很多例子中属性被跨范畴化，成为表示"形成"的过程，如：

the heat in the southeast will weaken slightly（"become weaker"）（CT）

scattered thunderstorms will diminish（"become less"）later in the day（CT）

skies are expected to clear（"become clear"）Wednesday（CT）

winds will shift to north（"become northerly"）（CT）

在最后一个例子中，shift 表达关系而不是物质，意思是 change so as to become northerly，而不是 move to the north（见 the sand dunes shifted to the north）。

第四，这结构可能包括外来原因，正如下面带有 keep（使保持）的例子一样："high pressure will keep skies sunny and dry from New England south to Maryland（CT）"。

②载体为时间或地点。那些载体为时间或地点的言辞的结构仅由"be"加属性构成：

the Plains States will be sunny, warm and dry（NYT）

tonight will be mostly fair（NYT）

most of the South West will be clear to partly cloudy and dry（CT）

northern Florida will remain hot（CT）

有时，这种关系被识解为获得过程，获得之物作为范围[①]，如在"some areas could get 1—3 inches of rain（CT）"中。

从上面我们看到一些存在言辞被隐喻性地识解为归属，即那些可能性是通过归属的特征体现的言辞，如：

rain is likely in the Ohio River Valley and Kentucky（CT）

scattered showers are also expected in the Carolinas（NYT）

widely scattered showers and storms are possible in the northern Tennessee Valley（CT）

---

①　这些例子处于存在和动作边界：动词 get 暗示一个动作过程，obtain 和 acquire 与之同族（参见 Halliday，1985：125）；更可能的同族似乎是带有 have 的存在过程。参见第 4 章 4.3.3 节。

　　这些言辞的一致式是存在言辞,如"there may be rain""there may be scattered showers"(不是"showers may be scattered")。同样,在一个拥有言辞中,可能性可以投射到归属特征,而属性被识解为载体参与者的特征("修饰语＋事物"识解"载体＋属性")。例如:

> warmer temperatures are likely Thursday（CT）
>
> clear skies are forecast for tonight（NYT）
>
> high temperatures in the 100s are forecast for Texas and the Southwest（NYT）

　　这些是拥有言辞,其一致式的意义是"temperatures may be warmer""skies may be clear"。这种关系如图 8-7 所示。

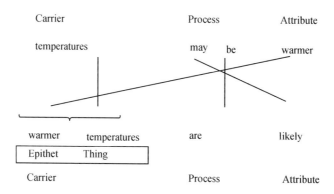

图 8-7　被重新识解为情态归属的情态化归属

　　有些例子是不确定的,如"heavy to severe thunderstorms are possible in Colorado and northern sections of Utah and Nevada during the afternoon（CT）",或者是"there may be heavy to severe thunderstorms"或者是"thunderstorms may be heavy to severe"。载体可能是一个过程的隐喻性名词化或表示特征的事物:

variable cloudiness is expected tomorrow（NYT）

gradual clearing is expected tonight（NYT）

8.2.3.3　言辞的总结

　　言辞系统网络如图 8-8 所示。这可能因为不能生成用处所作为载体的因果属性而显得太过局限,例如 will keep tomorrow fine;但是没有发现这样的情况。另外,它可能量太大,虑及所有带有存在和归属类型的相,只发现一个子集在所研究的语篇中得到表征。然而似乎没有明确的理由排除剩余的组合(如"rain will persist""a cool front will reduce temperatures")。把可能性投射于属性或存在物当作系统选择也是可能的,如图8-9 所示。

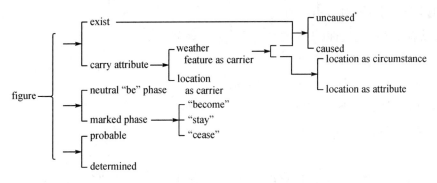

图 8-8　气象域中的言辞类型

让我们列举由这个网络产生的成分和结构,进一步说明系统网络(选择表达)和由网络实现的成分配置的路径。

(1)存在言辞

存在:非引起的

存在物＋Be 1(＋地点)(＋时间)

存在:引起的

施动者＋Be 2 ＋存在物(＋地点)(＋时间)

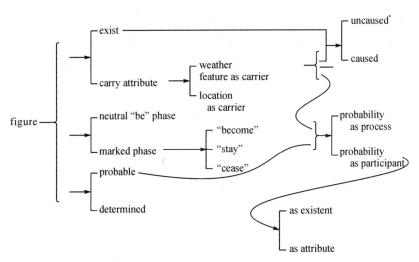

图 8-9　言辞类型,包括可能性识解

(2)拥有言辞

归属:天气作为载体:非前因的

载体＋Be 3＋属性(＋位置)(＋程度)(＋时间)

载体＋Be 5＋程度(＋位置)(＋时间)

载体＋[属性＝过程](＋时间)

归属:天气作为载体:引起的

施动者＋Be 4＋属性(＋位置)(＋程度)(＋时间)

归属:位置作为载体:非前因的*

[载体＝位置]＋Be 3＋属性(＋时间)

[载体＝时间]＋Be 3＋属性(＋位置)(＋程度)

[载体＝位置]＋Be 6＋属性

说明:

①Be 1＝"存在,开始存在,继续存在,停止存在";Be 2＝"使存在";Be 3＝"有归因属性的";Be 4＝"使有归因属性的";Be 5＝"有范围";Be 6＝"有所有物"。例子如表 8-3 所示。

处所＝"空间位置";范围＝"空间范围"。例子见下面 8.2.4.3 节。

②在这个网络系统中没有进一步介绍某些区别,也就是:

(a)有归因属性的↘Be 3/有范围↘Be 5;

(b)有归因属性的:"变弱"↘Be 3/"弱化"↘归属＝过程;

(c)处所作为载体:空间处所作为载体↘处所＝载体/时间处所作为载体↘时间＝载体;

(d)空间处所作为载体:有归因属性↘Be 3/有所有物↘Be 6。

③时间和处所特征未纳入网络系统,原则上,任何选择表达可能带有二者或其一。

表 8-1 和 8-2 显示了网络(各行)中的特征,并表明它们是怎样体现某些功能的存在或对某些功能进行限制(各列)的。

最后,我们记录跨范畴和交叉,展示了涉及的成分类型:

跨范畴	属性⇒状态	过程(weaken、diminish、end、increase、clear)
交叉	可能性＝属性	参与者:特征
	可能性＝存在物	参与者:事物
	时间＝载体	参与者:事物
	属性＝存在物	参与者:事物

表 8-1　存在言辞的特征

			Be	施事	存在物	属性	地点	时间
存在			Be		存在物 参与者 （特征） 事物		（地点）	（时间）
	非前因的		Be 1：过程，"存在" （be/come to be/stay being）					
	引起的		Be 1：过程，"导致存在"（bring，produce，set off）	施事				
	可能的		确定的			可能性 ＝属性		
	被决定的							
	中性相"be"		Be 1：be	be				
	有标记相	become	Be 1：gather，develop					
		stay	Be 1：persist					
		cease						

在气象域中有一个子语域，言辞似乎不是被识解为结构而是单个成分。例如：

Saturday：Mostly sunny；highs 78 to 83.

Saturday night：Clear；lows 58—63.

Sunday：Increasing cloudiness，chance of thunderstorms north；highs 80s.（CT）

然而，当进一步检查时，我们发现这些言辞与在基本语域中的言辞的语义结构是相同的，不同的是体现它们的语法结构类型。这些引用的是电报形式（见 Halliday，1985），把它们和它们扩展的同族关系配对是不难的：

Saturday：Mostly sunny；　　　　　　Saturday will be mostly sunny.

Sunday：Increasing cloudiness，　　　Cloudiness will increase

　　　　　　　　　　　　　　　　　　　　Sunday，

chance of thunderstorms north；　　　with a chance of thunderstorms in the north.

highs 80s.
high temperatures will be in
the 80s.

然而,语义上它们不需要任何特殊规定。

表 8-2　拥有言辞的特征

			过程 Be	施事	载体	属性	处所 (空间)	存在物 (空间中的 存在物)	时间
			Be		载体	属性	(处所)	(存在物)	(时间)
	天气特征 作为载体								
	处所作为 载体				"载体＝处 所"或"载 体＝时间"		处所		时间
	非前因的		Be 3:						
	引起的		Be 4: 过程,引起 某种归属	引起者					
归 属	可能的	可能性作 为过程	Be: 情态化						
		可能性作 为属性				可能性 ＝属性			
	确定的								
	中性相 "be"		Be 3: be						
	有标记相	become	Be 3: become, turn, shift						
		stay	Be 3: remain, stay						
		cease							

8.2.4　气象域中的成分

在天气预报语篇中出现的成分可以根据它们在刚描述过的言辞中的潜在功能来说

明。一般情况下,它们可以归类为过程、参与者和环境。①过程:存在、有归属、延展、拥有(等于上面的 Be 1—6)。②参与者:降水和其他天气现象、天气系统,气温和气压,时间和地点,可能性。③环境:时间和空间的处所和范围(等于上述地点 1—2)。我们将依次讨论这些成分。

8.2.4.1　过程

语篇中的所有过程都是关系过程类型:存在(包括停止存在)、有某些属性(包括使得有某些属性),或是有某些延展或属有物。表 8-3 呈现了这些类型和相应的例子。

表 8-3　过程:表存在的类型

言辞中的功能	类型	例子
Be 1	存在: come to be keep being	be
		gather, develop
		persist
Be 2	引起……存在	bring, produce, set off
Be 3 属性⇒过程	be ...(＝使某种属性归属于) become ... keep ... become ...	be, range, approach
		become, turn, shift
		remain, stay
		weaken, diminish, end, increase, clear
Be 4	cause to be ...(＝使某种属性归属于)	make, keep
Be 5	be ...(＝有扩大)	extend, be scattered, dominate
Be 6	be ...(＝有所有物)	have, get

另外,过程可能附加了可能性的表达式,如 may、could、should 等(可能性也可能被隐喻性地识解为一个参与者,作为存在物或属性)。

8.2.4.2　参与者

子类型"事物"参与者包括各种类型的"降水""天空""风""霜""云""条件""气温""气压""天气系统""锋面""特殊的时间和地点",它们也包括识解为事物的两组特征:天气情况的名称和可能性的名称。区分这些的条件是它们在言辞中扮演的功能角色和它们的特征。表 8-4 说明了在言辞中不同类型参与者在言辞中承担的功能。我们把属于子功能的属有功能从归属功能中分离出来(如,在"some parts will have showers"中的 showers),因为在这个语域中,"被拥有"属性模式比其他类型的属性更像存在物。

表 8-4　根据言辞中承担的角色分类的参与者

参与者类型		在言辞中的功能			
		1.存在物或属性	2.载体	3.施动者	4.属性
事物	precipitation	✓	✓		
	other：wind，frost，cloud	✓	✓		
	quality：quality of expansion（cloudiness，storminess）	✓　属性＝存在物			（见下文）
	quality：quality of projection（chance，possibility，likelihood）	✓　可能性＝存在物			（见下文）
	temperatures		✓		
	skies		✓		
	conditions		✓		
	places		✓　处所＝载体		
	times		✓　时间＝载体		
	front			✓	
	weather system			✓	
	pressure			✓	
特征（不识解为事物）					✓

现在我们可以根据它们的功能角色把事物分成集合：①存在物或属有；②载体；③施动者；④属性。之后详细说明分属于每个集合的成员的特征。

第一，存在物或属有。表 8-5 显示了充当存在物归属于参与者的特征。

第二，载体。所有充当存在物或属有的事物类型在拥有言辞中也能充当载体，如表 8-5 中关于它们的特征。此外，我们发现气温（分为 high/low；也称 highs）、天空（分成上午、下午、晚上或夜晚）和条件充当载体。

在这个功能中也有环境成分，即处所作为载体和时间作为载体。

处所＝载体（任一处所表达，例如：the Plains States、the northern plateau region、Texas、island、the northern half of the country、the Carolinas、the Rockies、the metropolitan area、the Northwest、the Mexican border 等）。

时间＝载体：today、this morning、this afternoon、this evening、tonight、tomorrow、tomorrow morning/afternoon/evening/night、mornings、afternoons、evenings、nights、the morning hours、the early/middle/later part of the day。

　　第三,施动者。在存在和拥有言辞中充当施动者的事物有 front、weather system 和 pressure,它们的特征与程度或位置、移动有关,如下:

事物类型	温度		空间	强度
	温度		**空间**	**强度**
前锋	warm, cool, cold	occluded	stationary, moving	
气象系统			separate, departing	
气压				high, low

　　第四,属性。所有能和充当存在物或拥有物(如表 8-5 所示)的事物一起作为修饰语出现的各种类型的特征,同时也能在归属言辞中作为属性出现。(如 heavy showers/showers will be heavy),尽管有些充当后者的功能的可能性比较小(如 occasional)。此外,其他特征在带有特殊载体的结构中充当属性,如表 8-6 所示。

表格 8-5　存在物或拥有物的特征

参加类型			时间—频率			空间—范围		强度				空间—处所
			偶尔	持续	变化	分散	独立	大	小	小/强/大风/中等	重度/轻度/重度	高/低
降水量	雨	阵雨 — showers	✓	✓		✓	✓	✓	✓			
		阵雨 — rain showers	✓			✓	✓	✓				
		阵雨 — thunderstorms	✓			✓	✓	✓				
		暴雨 — storms	✓			✓		✓				
		暴雨 — thunderstorms	✓			✓	✓	✓				
		雨 — rain	✓	✓						✓	✓	
		雨 — drizzle	✓								✓	
	其他	冰雹 — hail	✓			✓				✓	✓	
		冰雹 — hailstorms	✓			✓	✓			✓		
		雨夹雪	✓	✓						✓		
		雪 — snow	✓	✓						✓	✓	
		雪 — snow showers	✓			✓	✓			✓	✓	
		雪 — snowstorms	✓			✓	✓			✓		

续表

参加类型		特征类型									
		时间—频率			空间—范围		强度				空间—处所
		偶尔	持续	变化	分散	独立	大	小	小/强/大风/中等	重度/轻度/重度	高/低
其他	风								✓		
	霜									✓	
	云			✓							✓

表 8-6　结合具体载体的其他属性

载体	属性						
	扩展：详述						投射
	温度	湿度	［天空］	［风］	空间	强度	可能，期待，预测
温度	hot, warm, mild, cool, cold,［all＋er］freezing; high, low［＋er］; in the low/mid/upper［decile，e. g. 50s］						
条件处所时间	hot, warm, mild, cool, cold	dry, humid	cloudy	stormy			
天空			(partly/ mainly/ mostly＋) clear, sunny, cloudy, overcast				
前锋，气象系统					stationary, stalled, moving		
气压						high, low	
…							可能性＝属性 likely/probably, possible；expected, forecast，projected, predicted

8.2.4.3　环境

环境几乎专指时空——时空中的处所和范围，还有少数的方式环境。这些出现在我们样本中的环境成分罗列如下：

（1）地点 1：处所 in（on）/to/from/near [＋ place expression]；north/south/east/west of [＋place expression]

（2）地点 2：范围 over/across [＋place expression]；as far as [＋place expression]；from [＋place expression] to [＋place expression]；generally

（3）时间：today，this morning，this afternoon，this evening，tonight；tomorrow，tomorrow morning/afternoon/evening/night；during/in ＋ the day/morning/afternoon/evening/night；during/in ＋ the morning hours；during/in ＋ the early/middle/later part of the day

（4）方式：slightly，gradually

8.2.5　气象域评述

在这部分我们着手用概念库的普通语义特征在英语的一个特殊语域中去构建概念单元的语义表征——一个公布在日报上的天气预报"领域"。例子是来自这类语篇的文集，但是样本被当作展示这个语域中典型的意义结构的入口的一种手段，而不是作为一个覆盖所有可能性的语料库。因此，网络和结构范畴都超越了在样本中所出现的。用于例示成分的词来自样本语篇，但是当把覆盖面延伸到我们这里所包含的内容之外的时候，分派其他词到适合的范畴应该是不难的（如图 8-3 所示）。

在任一语域的语篇中，除非它是完全封闭和可列在单子上，否则总是有些特殊例子或多或少背离典型形式。在这里，我们发现"[most of the region will be sunny and dry] in the wake of recent storminess and [a departing weather system] may still exert enough influence to [produce showers in the Pacific Northwest]；in the wake of"和"exert enough influence to"都没有在我们的覆盖范围。它们本可以包含在内，但它们表征的模式在这个语域中几乎不具普遍性。所以，在生成天气预报语篇时没有它们也可以，在分析中没有对它们的解释损失也不大。我们关注的是典型的、频繁的和能产的模式（我们也忽略了那些报道过去天气的篇章，但是，适用于"tomorrow will be..."的原则也将适用于"yesterday was..."）。

对这种类型的描述能够由语法承担并转换成语篇。这里，我们没有尝试完全这样做（见下面第 9 章）。例如，过程中将来时间指示的描述被当作预选时态——将来时纳入语法。反过来，将来时由"will＋表征过程的动词"来体现。我们在词汇和语法上指出了一些措辞，以使描述更清楚；但是这些不一定是——事实上通常不是——仅有的产出形式。例如,我们详细描述了"clear skies are expected"和"skies should become clear",因为二者在语义上的识解是不同的:他们同源但是不同义。另外,我们没有把"skies are expected to clear"描述成是与"skies should become clear"相脱离的情况,不是因为我们认为它们的意义完全相同,而是因为这个区分更加精密,我们认为在目前的语境中是不合适的。两者之间的选择取决于语法。

有两个重要的原则在起作用。一是精密度。在这样一个经典模型中,词汇语法和语义都适应多变的精密度,两个同源结构根据所采用焦点的精密度,可能相同或相异。二是虽然我们把语义作为输入(在一个语篇生成系统中)来呈现,设想语法按照要求行事,我们的元理论立场是意义的建构,同时是语篇—语义过程和词汇—语法过程,所以在任何设计好的信息处理系统(如语篇生成系统)中将此模式化的特定方式是系统的加工品,一方面反映技术状态(硬件和软件),另一方面反映设计者的目的和他们对所处理的语言及语言变体的理解水平。

在目前的例子中,系统可能是一个抄录系统,语篇生成受语法驱动,但是在每个选择点都有一个"选择器"来询问意义库指令往哪个方向走。或者是人们可以根据一个原则(我们称为"委托者",代替"选择器"),通过它使语篇产生语义,然后语义将识解的言辞列、言辞和成分体现的任务委托给语法。在这两个模型中(见下面第9章),某些选择取决于语法。部分是出于纯理功能的原因,在这里我们应该重申我们目前的语义只是概念的——我们只描述了概念库,而不是互动库和语篇库,而这些也为语法提供了输入。尽管有了这些输入,但还是具有不完全确定性,语法从来不会彻底"从上面"受控。这将指引我们超出我们目前的范围去讨论语法内部的选择原则——默认选择、偏爱或避免重复,诸如此类。我们想强调的是一个信息系统需要足够灵活才能以各种方式建立语义和语法关系的模型(包括各种方式的融合);我们也强调,如果语法之上的层面被识解为意义库,即通过语法本身产生的语言概念而非以某种程度上独立于编码它的语言知识形式,那么往往更容易成功。

此外,意义库可以和距离更远的环境联系起来,即情景语境(Steiner, 1988a)。我们只针对产生天气预报语篇的情景类型做了宏观的描述。这里我们得出相同的看法:我们可以在一端或另一端建立关系模型,但是语篇和语境是一起识解的。这里有一个重要的变量,就是我们已提及的作为从"反映中的语言"到"行为中的语言"的渐变体。在"行为中的语言"类型的情景中,话语是整个活动中的一个相对次要的成分,语法和语义对整体的建构性明显不如"反应性"语言语境。在天气预报中,虽然天气自身不是由语言构成的,但预报行为是;整个情景是由大张白纸上的黑色标记建立的,这些黑色标记直接引起某些人潜意识的注意点,进而从中识解出特殊语境或情景类型;因为语义是情景特有的,读者知道自己置身哪里,在特殊实例中识解情景(哦,下午要下雨了),也许他会根据这个建构采取不同行动。

怎样使得非话语成分——天气——影响话语呢？过去,我外出,吸气。没有天气预报这类机构化语域,只有一些身体活动,物理的和意识的,形成了生存的整个连续统的一部分。现在,我们沿着这些思路可以想象:气象卫星记录气压、气温、大气运动等,发送大量的测量值,显示它们的原始时间和地点。现在天气变成了信息,但只是数值,还不是话语形式。运用来自情景的某些表征的指导原则,系统将测量值以言辞列、言辞和成分的形式识解为意义。系统采取这个步骤所需的知识表征为这种形式,即意义的形式,如"低压将带来降雨",这些意义形式虽然可能复杂得多,却是以相同资源构建的。作为结果的语义形式通过词汇语法识解成措辞,以语篇的形式输出。

系统也能设计为以其他非话语的图表方式生产输出,最典型的是地图。值得探索的一个有趣的问题是这些其他意义模式在何种程度上,在怎样的细节上,可以成为相同的整体模式的构成成分,例如作为一个给定的语义结构中的可供选择的措辞。在这个特殊语域似乎以地图的形式生成的很多东西能够以这种方式解释。地图上的等温线和小句如"high temperatures will range from 60s in the northern Rockies to 100s in Arizona"可以被识解为是对同一语义言辞或是言辞列的另一种体现形式。在这种意义上,很多视觉语义系统是说明性的,但不全是。

最后,我们要注意不是所有关于天气的语篇是与以上描述的语域相吻合的,即使它出现在同一报纸的同一标题下。这是一篇更为异质的气象语篇:

South in 6th day of deadly heat

From *Chicago Tribune* wires

ATLANTA—churches offered air-conditioned refuge for poor people, Alabama provided fans to poultry farmers and some merchants ran out of ice Thursday as Southerners baked and crops wilted under a killer heat wave for a sixth straight day.

But forecasters promised that relief from the 100-degree-plus temperatures was just a few days away.

具有由言辞识解的普通经验域的特征,所以天气预报属于存在物和属有——这是它们不同于上面所引用的最后的语篇(如 forecasters promised...)的一个方面。这并不意味着它们是完全静止的——有表示存在的相(开始存在等),也不意味着没有因果关系——锋面、天气系统和气压可以充当施动者。基本的观点是没有任何外部原因是存在的状态之一。从阶的角度讲,一个天气预报识解一个宏观的存在:环境的气象状态。

气象状态包含很多微观存在,这些微观存在根据自己意愿进入存在和移出存在。我们即将讨论的食谱中识解的域,在言辞的另一端——动作言辞,在这里一个人的行为影响世界(在厨房范围内)。

8.3 烹饪语言

今天天气晴朗,我们感到满足,但我们会担心今天的食物。我们需要一个计划,一个食谱。早餐似乎是自然的入手点——

①Put nutritious Kellogg's Sultana Bran into a clean bowl.
②Pour fresh milk.
③Ready to serve.
④Eat and enjoy Kellogg's Sultana Bran.

烹饪步骤是一种程序语篇——为达到某个明确目标的一连串的操作,如一套组装好的家具、一辆运转流畅的小车、一个精心打理的花园或一副餐具(Martin, 1985; Longacre, 1974, 1976)。程序概念可以认为是这个域的概括性解释,它是一个宏观操作,由许多微观操作构成。它由导向某个具体目标的程序(算法、动作言辞)支配,主导原因是目的性的。施动者试图去生产、组装、维修等。

从人际观点看,程序概念也可以被认为是对作者和读者之间互动的解释,它是宏观建议,由许多对读者的说明或指导构成。

8.3.1 烹饪的具体域

在通过普通分类解释烹饪语场之前,我们先介绍它自身特定的语域组织。在食谱中,我们发现这样的表征:厨师、食品(包括菜肴和它们的配料,如食用油、洋葱、备用物等)、炊具(刀等)和其他工具、时间单位(20—30分钟等),没有厨师干预而发生的烹饪事件,按食品烹饪操作进行;一种食物归类到一类菜肴或色泽等状态(嫩的、棕色等)的归类法。也有一个判断成分,或是个人的、厨师的偏爱,或是非个人的,一个行为的合意性或必要性。考虑以下例子①:

① 我们选用 N. B. Highton & R. B. Highton 的 *The Home Book of Vegetarian Cookery*(1964)一书中的材料作为例子。

Hungarian Potatoes

[ingredients]

Melt the butter in a saucepan and add the onion; cook gently until soft. Add the stock and the puree. Bring to the boil and add the potato cut into 1/2—3/4 inch dice. Add seasoning and paprika, cover and cook gently until tender, about 20—30 minutes. Taste and adjust the seasoning if necessary. Serve with garnish. (Highton & Highton,1964:192)

Roast Artichokes

Place some oil or vegetable/nut fat in a roasting-tin and heat to about 400°F. Place peeled artichokes in tins and roast until cooked. They will become discolored but the flavor is very good. You may prefer to roast them around a nut or similar savoury. If they are toasted in their skins, the skins are uneatable as they become bitter but the flesh is good. (Highton & Highton,1964:138)

Artichokes Chips

Peel artichokes, cut into thin slices and place immediately in acidulated water-leave there for 20—30 minutes and then pat dry with a clean absorbent cloth (a clean drying-up cloth is good but should be cleaned after use). Fry immediately in deep fat or oil. Serve at once. (Highton & Highton,1964: 138)

Asparagus Rolls

Prepare some small rolls (from your favorite bread recipe) well cooked and crusty, remove from the oven and slice off the tops. Scoop out the inside and fill with asparagus tips and mousseline sauce. Replace the lids of the rolls and warm in the oven for 10-15 minutes. This is a good savoury, either for the beginning or end of a meal, or as a supper dish. (Highton & Highton, 1964:139)

就言辞而言,上例有很多烹饪状态,如"until tender""until cooked""but the flavour is very good"。这里,表示某种物质特征的属性作为载体归属于一种配料或整盘菜。

（也有一种次要类型，将情态作为属性，将隐性言辞作为载体，如"if necessary"）然而，改变准备好的食物状态的操作往往起主导作用，如"then pat dry with a clean absorbent cloth""cook gently""leave there for 20—30 minutes"。这里，中介是食物，即一种配料或出锅的菜；施动者是厨师。改变的结果可以识解为描述中介的属性——"then pat dry""cut into thin slices"，或是这属性能识解中介的状态——"serve hot"（上述引用的食谱中没有例示）。可能的环境是地点（in tins, in the oven）、方式——特征（gently）、方式——手段（即设备，with a clean absorbent cloth）、原料（with asparagus tips and mousseline sauce）和时长（for 20—30 minutes）。图 8-10 显示了之前提到的类别的分组，图中也显示了对中介和施动者的赋值限制，作为烹饪域中表征该种限制的例子。

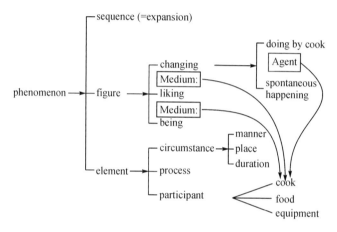

图 8-10　烹饪域（在食谱中）特有的分类

有趣的是，烹饪域中的烹饪法主要用一致式表示，语法隐喻即使有，也极少。如果我们是为孩子写的食谱，很可能会避免使用语法隐喻（参见第 6 章 6.8 节），我们发现在这个方面它们与成人食谱是非常相似的，它们也是使用一致式，例如：

> Grilled Cheese and Tomato Sandwich
> Preheat broiler.
>
> On a piece of Whole-Wheat Bread，spread slices of any cheese you like. Sprinkle a little dill weed，salt，and onion powder on the cheese. Place slices of tomato on top of the cheese and cover with another piece of bread.
>
> Put sandwich in the broiler，2—3 inches from the flames or coil. Watch carefully and toast until bread turns golden brown and cheese begins to melt. Turn sandwich over and repeat process.

在菜肴的复杂度和说明类型（控制行为，如 watch carefully）方面可能存在差异，但是这里面向孩子的食谱和面向成人的食谱，在隐喻程度上没有明显区别——两种类型都是一致式的。在这个方面，它们与面向儿童和成人的科学语篇形成对比。

图 8-10 的具体域分类学能够和其他具体分类学形成对比（参见 8.2 节），我们将回到这个对比关系。要点是关于以上的域分类学并不完全关涉整个概念潜势，而是把某些特征前景化了。现在我们探究它与普通分类学的关系。

8.3.2 与普通分类学的关系——概述

我们的域特有的分类与第二部分呈现的普通分类有何不同呢？我们将从烹饪分类着手解决这个问题：它的宽度、它的深度、它的局部性和它的偏爱类型。显而易见，烹饪分类在宽度上与普通分类学是不同的，有些普通范畴我们在烹饪分类中没有发现。例如，在言辞中就没有言语言辞。但是，比宽度更重要的是我们没找到的范畴的性质。例如，没有元事物——没有事实、想法或是言语内容，事物是非元的，它们主要是具体对象。

在烹饪分类中缩小范围意味着普通范畴如"动作""存在"和"物体"可以有相应的狭义解释。例如，在此语域中，"存在"是"集约的和归属性存在"，因为没有其他的子类型；"对象"的意思是"具体对象"，因为没有抽象对象。同样地，"动作"是"具体的动作"。图 8-11 显示了存在言辞子类型的限制性延展。

从图 8-11 可知，缩小宽度的另一个方面是分类折叠或缩短了中间的精密度。因此，"存在"能区分为"是"和"使……是"，没有"集约的""属性的""非相的"和"真实的"这样的中间步骤。（当然，这样的删减是有代价的，因为在存在言辞的范式中，"是"的信息会丢失）同样地，我们可以一步从对象过渡到厨师，因为只有一类人，所以在人物分类中不包括中间步骤。

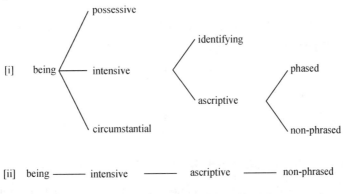

图 8-11 存在言辞子类型的限制性延展

缺少某些子类型会产生另一个重要的影响,即影响(语场特有的)分类的组织。在一般情况下,施为和过程类型是平行的,但是在烹饪分类中,施事特征只在动作言辞中比较明显,心理过程和存在过程居中(即没有施事特征可以呈现)。所以,两种语场特有的替代选择似乎是正当的,一个是过程类型作为主要区别,另一个是施事作为主要区别,如图 8-12 所示。

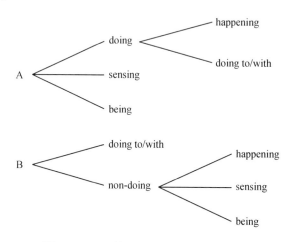

图 8-12　限制性语场中的可供选择的组织

分类 A 和 B 是不同的,但它们构成了我们普通分类的局部视角:它们对整个系统做了简单的介绍,但不足以表明施为和过程类型是独立的变量。从这两种分类来看,心理、存在和拥有过程似乎是不受影响的。

在 A 中,过程是物质世界(烹饪世界,物理宇宙等于厨房),是意识的世界(偏爱或欲望),是关系的世界(成员关系);如果它们是物质世界,那么是自然(发生)或由施动者(对……发出动作/用……做)引起的。

在 B 中,过程是引起的物理(烹饪)操作或其他自然动作,在这种情况下,它们发生在物质现实(烹饪)、意识或抽象关系中。

在任一种情况下,施事概念是相当狭义的。然而,在整个概念潜势中,过程的施事不仅是事物而且可能是元事物。在事物中,可以是抽象的事物和物质实体,如工具、动物、人物和自然力,但烹饪中的施事者概念局限(价值限定)于一个人,更具体地说,是一名(学徒)厨师,如图 8-13 所示。

例如,在烹饪语域中,工具通常不是扮演施事者角色,只是作为手段,使得过程发生:

[方法:]With a sharp knife,[施事者:]"you" cut...

参见一般情况:The knife cut my hand,[The point of the knife must pierce the centre of the grapefruit on each insertion]。(Highton & Highton,1964:54)

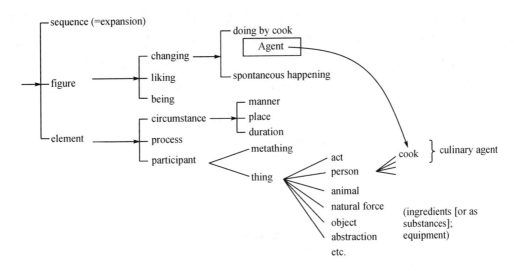

图 8-13　烹饪的施事者概念

但是,施事概念在烹饪世界中比较小,这不仅体现在可能的施事者的范围方面,而且体现在施动者参与过程的直接性和特征方面。一般情况下,施事不是内在意向的(意志的),这里却是有意向的:"向……发出动作/用……做"意思是"有意向地去做"。这受到了人际选择范围的强化:"有意志的施动者＝负责实施指令的听者"——刹、煎、添加、混合、捣碎等动作的施动者导致这些过程有目的地发生,而且,由食谱的作者来分配。(作者和读者在时间和空间上是分开的,在这方面,书面食谱不同于口头说明,口头说明可能有共同参与,如 let's,包含你和我)

与施动者意向性相关的是其参与过程的直接性。在烹饪世界里,我们有一种"亲自动手的"施事;而一般情况下的施事可能是间接的,例如,"we dress our dancers in white"。

当我们对比烹饪分类和普通分类的幅度时,我们发现某些语义类型缺失,如言语言辞和元事物。在出现的言辞中,出现频率可能有相当大的差异:有些类型是边缘的——它们几乎是缺失的;而其他类型在语篇中是受偏爱的,因而占主导地位。我们可以在语域的子类型的数量和食谱本身的标记数量中看到这些不同。例如,考虑第一种过程类型的划分,如图 8-14 所示。

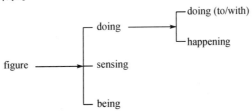

图 8-14　最普通的言辞类型

在这些言辞当中,动作言辞支配食谱中的标记(它们在方法阶段的每一个步骤中例示化)和子分类中的详述,可应用于各种原料的煎、烤、捣碎、混合、添加、去皮、舀出、沥水等。感知言辞的标志是极少的,它们的子分类是没有详述的(唯一的子类型是"喜爱")。存在言辞更加常见,但是它们的子分类也没有详述。如图 8-15 所示。

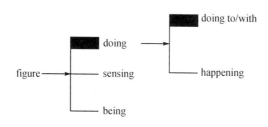

图 8-15　言辞类型的向心性

通过显示出不同类型的相对突显性,表 8-7 起到了修正早期的分类图景的作用(见13.3 节)。通过引入盖然率,我们能够根据其对域的贡献度对不同的类型进行划分。同样地,没有表征的类型可能并不是完全没可能,只是很不可能。例如,动作言辞在食谱世界里并非是难以想象的,它们是很不可能的,但是有时也会发生,如"may we suggest that you add a clove of garlic..."。

当我们认为动作是主要的过程类型时,我们证明了自己最初的观察——食谱是宏观动作(宏观操作)。

在这些简单的事物中,物质对象占主导地位。只有一类人,即厨师,所以这是一个只有一个施动者的世界。实际上没有抽象的事物(如味道、颜色、温度),只有具体的实物和物质。几乎没有特征和环境。特征是物质的(物质特征:质地、颜色、稠度)或是情态的(行为特征:必要性和合意性)。表 8-7 概括了关于普通分类限制的观察结果。简单介绍之后,我们将详细讨论烹饪语场。我们从言辞列开始。

表 8-7　烹饪域中的现象类型

类型			例子
言辞	动作	处置	chopping, mashing, adding, removing ...
		发生	simmering, boiling ...
	感知	知觉	
		思考	
		愿望	wanting, liking
		情感	
	言语		

续表

类型				例子
言辞	存在	集约式		being, making
		所有式		
		环境式		
	非投射			
	被投射(事实//观点/话语)			
成分	参与者	事物	有意识的	"cook"
			无意识的 animals	
			无意识的 objects (material)	onion, leek, fillet, cutlet …
			无意识的 substances	stock, flower, ham …
			无意识的 abstractions (material)	temperature, colour …
			无意识的 institutions	
			无意识的 objects (semiotic)	
			无意识的 abstractions (semiotic)	
		特征	投射	
			感知—扩展程度	brown, hot …
	环境			in an oven, on a plate, for 30 minutes

8.3.3　烹饪域中的言辞列

总的来说,在语义系统中,言辞列或是投射或是扩展,但是在烹饪域中只作为扩展①。扩展自身是很受限制的。最喜爱的类型是在平等的言辞中的时间增强,这把(子)程序识解为烹饪的一系列操作。增强也可能是不平等的,如表达时间限制或条件,在这种情况下,表条件的言辞基本上局限于非操作,即一种烹饪事件、一种感知或一种存在。例如:

详述:

This vegetable is not very popular; →it has a distinctive sweetish flavor,

---

① 偶尔出现其过程被识解为投射的言辞实例(参见 Halliday,1985,第 7 章)。它们表明可能有一种优先的替代方法,如"You may prefer to roast them around a nut or similar savoury"中的"may prefer to roast"。

and like brussels sprouts and celery，it is the better for having been frosted.

延展：

——转折：They will become discolored →but the flavor is very good.

增强：

——（1）时间：［连续和平等］Replace the lids→and［"then"］warm in the oven for 10—15 minutes.

［要点和不平等］When the pan and fat are hot，←pour in the egg mixture，stir slowly with a fork...

［限制和不平等］：

特征限制：roast → until cooked；cook gently → until the bottom is set and light brown；cook→ until nearly tender but not brown.

发生限制：（i）"until" place in a hot oven 375°F.—425°F. →until simmering well；heat → until the oil is just smoking.（ii）"before" and 2—3 tablespoons of cooked sweet corn to the egg mixture →before cooking.

——（2）因果—条件和不平等：

［特征限制］if the pastry tends to brown too much on top，← cover with a greased paper.

偏好限制：toss the artichokes in butter，chopped parsley and seasoning →if so desired；if you prefer not to mix proteins，← plain soufflés flavored with vegetables can easily be made.

——（3）因果—目的和不平等：

stir slowly with a fork →to allow the liquid to run on to the bottom and set；the omelette should be cooked as quickly as possible →so that the egg does not become tough and leathery.

8.3.4　烹饪域中的言辞

烹饪言辞的主要类型是厨师在食物上的操作，还有手段和时长——它是动作言辞（与发生相对）。手段是某种设备，时长是量化的时间单位。这个言辞角色的作用是区分不同的对象，即，［人］厨师（充当施动者或动作者角色）、［具体的］食品（中介/目标）、［具体的］设备（手段）和［抽象的］时间单位（时长）。言辞分类和成分分类的相互依赖是在第二部分观察到的相当普通的趋势的一个具体例子。如图 8-16 所示。

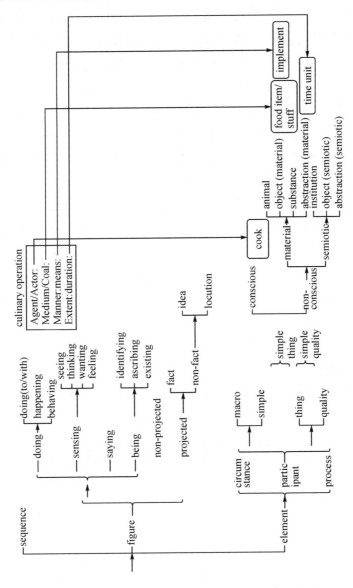

图 8-16　显示典型烹饪操作的网络系统

通过词汇语法表征的烹饪操作的子类型包括：wash and peel artichokes、cook the washed apricots for 5—10 minutes、with a knife make a cut、mash the potatoes with a potato-masher、add the tomatoes with a little seasoning、garnish with plenty of onion rings。

这个烹饪操作让我们认识到烹饪世界是什么样的。只有一个施动者——厨师控制这个世界，他或她只作为施动者参加操作。换句话说，厨师总是动作者，不是动作的对象或动作的工具。同样地，也只有食物这一中介。因此，从参与者角色的角度看这两种事物显然是不同的。也有另外两类事物,设备和时间单位。前者总是作为过程中的手段而不充当参与角色,它们从不与厨师竞争施动者角色,即在其他语域中工具和器械是可以的。时间单位在食物准备世界中从不在言辞中充当参与者,它们只作为表示时长的环境间接参与。

现在,可以去想象一个世界——不是只有厨师控制烹饪过程——这样的世界将不会是食谱的世界(它可能更多的是像厨房这样一个真实的世界)。

虽然烹饪操作占主导地位,但也有其他类型的言辞:烹饪事件、喜好/愿望和归属。为提供可能出现的一系列言辞的感觉,我们列出了以下一整套基本类型,包括烹饪操作的子类型和其他言辞:动作、感知和存在/拥有的子类型——我们将提供用过程填充过程角色的例子(Highton & Highton,1964:55—57)。

(1)动作和发生:prepare、finish/use/cut、halve、cube、slice、dice、chop、serrate、pierce、break、chew/grate、remove、free、take away、leave、drain/move、put、return/add、mix、join/sprinkle、spread、pour、pack/garnish、dress、fill、stuff、coat/grill、cook/chill/serve/allow(cut … into cubes/cube cut … in half/halve)。

(2)感知:desire。

(3)存在和属有:

集约式:be (attractive,underdone,soft,better)、make;

环境式:replace。

接着,我们也将列出言辞的例子,就像它们体现在行文中那样,有过程、参与者和环境角色的填充物(Highton & Highton,1964:54、55、138),如表 8-8 所示。

表 8-8　言辞中的过程、参与者和环境例子

过程	参与者角色		环境角色					
	中介	其他参与者角色	方式		地点	目的	伴随	作用
			特征	手段				
halve	the grapefruit							
allow	one half	受益者: for each person						
remove	pips							
cut	[the grapefruit]			a grapefruit-knife	around the centre			
remove	it							

过程	参与者角色		环境角色					
	中介	其他参与者角色	方式		地点	目的	伴随	作用
			特征	手段				
move	knife		up and down with a sawing motion					
free	each section							
remove	the skin							
sprinkle	grapefruit			with a little brown sugar				
add	kirsch							
chill	grapefruit							
put	a half cherry				in the centre			
chill	the melon							
cut	[the melon]							into wedge shapes
remove	the seeds							
serve	[the melon]						with powdered or chopped ginger and brown sugar	
may be used	lemon wedges							
to replace	the ginger							
serve	[the melon]				on cold plates			
wash and peel	artichokes							

续表

过程	参与者角色		环境角色					
	中介	其他参与者角色	方式		地点	目的	伴随	作用
			特征	手段				
place	[artichokes]				in a boiling white stock		with a squeeze of lemon juice and some fried onions	
add	herbs or a bouquet garni							
place	[dish]				in a hot oven...			
until simmering	[it]		well					
reduce	heat				to 300℉.－350℉.			
remove	bouquet garni							
drain	the artichokes							
toss	the artichokes				in butter...			
drain	the artichokes							
keep	[the artichokes]	范围:warm						
use	the stock					for a sauce		
cover	the artichokes			with it				
serve	[the dish]				in the casserole			

烹饪事件是涉及食物作为中介的过程,它们在没有厨师的干扰下持续,主要是 cooking、boiling、simmering、evaporating、smoking、coming away。在食谱中,它们是作为由厨师控制的过程条件产生的时间或因果联系,如"...until(it)has evaporated""...if (they)come away""...until(it)begins to smoke""...until the mixture comes away from the sides""…so that (it) does not boil"。

感知主要是意欲类,尤其是喜欢;厨师是感知者,菜肴的某种类型或某个方面是现象。在表条件的增强言辞列中,它们与烹饪操作有关,而且能够决定一种备择方法:"…if you want a more substantial stuffing""…if you would like a mere hint instead""(the rings can be egg-and-bread crumbed) if you prefer"。

存在和拥有言辞是归属式的,将特征归属到原料、行为或一道菜,或是把一道菜归到具体的种类:"…but the flavor is very good""…until (they) are brown""…until the pastry is smooth and pliable"。

8.3.5　烹饪域中的简单事物

简单事物可能会因它们在言辞中充当的角色不同而不同,正如我们在图 8-16 所见的。因此,我们就有:

角色类型	角色	填充物
参与者角色	Agent/Actor	cook
	Medium/Goal or Actor	food
	Range/Attribute	class [of dish]
环境角色	Manner-means (of doing)	items of equipment (i. e. implement)
	Manner-means (of doing)	speed,degree,etc.
	Duration (of doing)	time

这些对应关系表明烹饪世界在参与者和环境的特征、谁可能对谁做什么,以及怎样做三个方面受到的限制。当我们核对在动作言辞中人类和非人类能否作为中介和/或施动者参与时,这些限制表现得非常清楚,如表 8-9 所示。

表 8-9　烹饪语域中动作言辞表明施动者和中介类型(斜体)

		中介	
		非人类	人类
非中动:施事	人类	*chop the onions*	
		they built the house	they cured him
	非人类		
		it broke the wall	the arrow pierced him
中动		*until it begins to smoke*	
		it collapsed	they danced

　　这总结了我们对域模型的认知和它们与我们在第二部分陈述的意义库的关系。添加这样的域模型是功能语篇处理系统的一个必要步骤。它们的重要性超越了它们在语篇生成和分析中的角色。一方面,很可能在大多数任务导向语言描述中,无论是对自然语言的处理还是对其他领域,如教育、语言障碍、法律实践等,这个中间范围的域往往是最相关的;另一方面,在我们看来,概念意义的具体域的建模是我们在理论上理解人类认知性质的一个基本要素。

9　概念库在语篇处理中的使用

在这一章，我们将走出概念库本身，把它作为语境中的一种意义资源，置于与语言系统模型的其他部分的相互关系中加以考虑。我们将考虑在目前发展阶段中在技术上可控的生成系统。

9.1　生成系统的组织

9.1.1　与客户端系统的关系

以语篇形式（或实际上是图、表、地图等）呈现信息通常出现在最初并不是为生成语篇而设计的计算机系统。最典型的是，这是一个数据库系统或一个专家系统，我们称为客户端系统，因为它在形成的生成系统中从事服务和规定所要求的输出[①]，如图 9-1 所示。客户端系统将提供某些未加工的信息资源——一个数据库系统中的数据库（如天气信息）或一个专家系统的推理（以某种形式，如作为系统的规则和执行这些规则形成的痕迹）。

要建立的中心模块是语言系统自身的模型，概念库被定位在这里。另外，我们需要构建一个嵌入语言系统和客户端系统的语境模型。语境为协调客户端系统和语言系统服务，并支持生成过程。

为了适应客户端系统，我们必须着手语境和语言的建模。语篇和未加工信息资源的需求必须通过语场、语旨和语式在语境中加以阐释（见 8.1.1 节）。而且，未加工信息资源必须通过一个能够用言语表达的域模型识解。也就是说，在客户端系统中，有关信

---

① 或者如果这样一个生成系统已经存在，那么任务就是将客户端系统插入语境并且自定义生成系统，让它与客户端系统产生互动。

息资源的任何需求(不包括由语言生成器施加的需求),必须从数据库转换到意义库①。一旦数据库中的信息被转换成意义,它就可以融入概念库的意义中去,尤其是相关域模型的意义(参见 Sugeno,1993;Kobayashi,1995)。这个转换涉及对一个域模型中的对象和数据库的各种关系的分类及确定这个域模型在整体概念库中的例示化渐变体上的位置,如第8章8.1.2节所述(如图8-3)。转换也可能包括添加时间特征,这些不是编码在数据库中的信息。

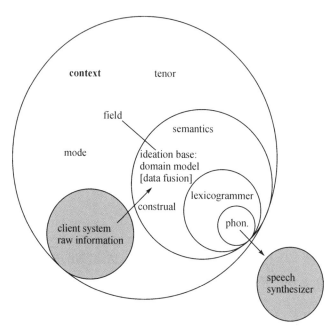

图 9-1　嵌入带有提供原始信息资源的客户端语境的语篇生成系统

因此,整体生成系统的开发包括"培育"一个语言成分和修正、扩展从客户端系统输入概念库的东西。扩展将在语义中以层次形式产生,在概念元功能中以元功能形式产生。此外,生成系统必须包括在客户端系统中不可能有的子系统——低一层次的词汇语法和音位学(字系学),当然,还有整个意义库的非概念部分——语义层中的互动库和语篇库。这个系统必须有一个与听话者互动的模型(与语境中语旨相关的互动库)和在语境中将概念意义和人际意义表征为语篇的模型(与语式相关的语篇库)。

如果任务是生成口语语篇,语篇生成器必须通过一个接口与话语合成器相连,正如图9-1所示。这样我们把语篇生成看成是连接两个独立系统的桥梁:从计算机科学中发

①　我们假设客户端系统没有被设想和模式化为基于语言的系统。然而,从我们的研究可以推断,我们认为它们是基于语言的。这样,专家系统中的推理将被模式化为语义过程,这就使得以一种显性方式建立语言的强大力量成为可能(Halliday,1995)。这也是道穗观野和他的研究者发明的智能计算方法。

展起来的客户端系统(数据库和专家系统等)和从电气工程发展起来的输出系统——语音合成器。这两个系统与语言系统的外部层面产生连接：客户端系统与语义层连接，话语综合器与语音层连接。在这种情况下，语篇生成系统是双重解释的——向上和向下。

9.1.2　生成系统

现在让我们进入这个问题：语言生成系统是怎样生成语篇的。我们主要从理论层面讨论(参见第1章1.9.1节)。我们最熟悉的工具是Penman系统，它实现了大量的设计属性。我们将利用这个系统进行讨论，但是我们的焦点是它对语言方面的指导和将来服务于语言发展的指导方面的理论思考。Penman系统在很多地方被研究过，如Mann(1982)认为，它是个早期设计；Mann & Matthiessen(1985)、Matthiessen & Bateman(1991)、Hovy(1988a,1991)、Bateman et al.(1991)、Matthiessen et al.(1991)和Bateman et al.(待出版)等讨论了由悉尼和达姆斯塔特两地合作开发的一个多语言推广项目。其他通行的语篇生成系统有：COMMUNAL系统，由Robin Fawcett和他的团队开发的[见Fawcett(1988b)；Fawcett, Tucker & Lin(1992)；Fawce(1981)的系统生成早期模型]；KPML系统(Komet-Penman多语言系统)，是由Bateman(1996)和他的团队开发的(见Teich,1995；Teich & Bateman,1994)，这是Penman和Komet系统共同发展的结果；MULTEX系统，是由Zeng(如1993,1996)开发的一个多语言系统生成器，它是Penman系统在悉尼的麦考瑞大学多元语言项目中的替代产品；还有O'Donnell(1994)用于句子分析和生成的WAG系统。

语篇生成系统能够通过我们在第8章8.1节讨论过的整体理论框架进行模式化。最基本的是，它可以建模为层次资源，沿着例示化连续统从整体潜势到特殊实例延伸，如图8-3所示。

9.1.2.1　资源的层次化

首先，我们回顾一下资源的层次结构。资源被层次化为语境和语言，语言再依次层次化为语义、词汇语法和音系/字系(见第1章1.2节，如图1-1)。我们发现，例示化过程是由层次化引导的。层次化简化了生成系统的整体组织，因为它把层次当作更加局部的组织域。层次化是一种管理复杂事物的方法。例如，有两个层次——语义和词汇，而不是一个大的难处理的语义语法系统。

同时，这个层次组织意味着具体描述不同层次间的关系，即描述层级间体现关系是很关键的。系统理论中，这个关系是通过更高层的组织来陈述的——一个简单的理由是：高的层级比低的层级能提供一个更综合的环境(正如我们的带有同心圆的层次图示)。例如：一个特定的语义特征如"可能性"在体现中可能会分散在语法的不同领域(I think,in my opinion,probably,will)。更具体地说,层级间的体现是通过层级间的预选择来说明的:语境特征由词汇语法系统中的预选体现,词汇语法特征由音系学/字系学系统中的预选体现。这种类型的预选在不同层次范围内可能采用不同的形式,但是原则是非常普通的。

(1)语境。语境是语言的"符号环境"(和其他符号系统如地图、图、表等),这个环境系统确定对语言施加什么要求及语言在回应这些要求时起到什么作用。有三套语境系统——语场、语旨和语式。我们在图 8-4 中给出了一个语场片段的例子。循环往复的各种语场、语旨和语式赋值的结合明确了整体文化语境系统中的各种领域。在多数情况下,语篇生成将发生在这样一个语境领域——一系列语场、语旨和语式赋值之内。例如,天气预报是在第 8 章 8.2.1 节中描述的语境领域中生成的。

语义中的语境体现。这样的语境领域随着语言的特殊功能变体或语域演化。在语义系统中有语域子系统。语域是整个语义空间中的语义领域,它由三种元功能组成,即概念库中的域、整个语义空间的人际、语篇部分的相似领域。我们对气象学域和烹饪域的说明构成了天气预报和烹饪语域的概念。

因此,语场、语旨和语式的特定语境规格是由语义系统中语域的预选实现的。图 8-1 显示了由不同语场预选的概念域①。在语义中的语境预选把整体潜势缩小到一个语域子潜势,一个语场规格把整体概念库中的概念潜势缩小到一个域模型的概念潜势。

(2)语义,即意义库。语义系统或意义库包括三种熟悉的元功能,即在第 1 章 1.3 节首先介绍的概念库,也就是我们已经聚焦的意义库的部分,还包括另外两个库:互动库和语篇库。三个库都是沿着例示化渐变体由潜势到实例延伸。正如我们所知(在第 8 章),概念库包括最普通的概念意义潜势域模型清单,这些域模型位于潜势和实例之间,在语场中与一定范围的赋值相联系。让我们详细谈谈互动库和语篇库。表 9-1 总结了将要讨论的三个库的各个方面。

表 9-1 意义库中的元功能多样性

	概念库	语篇库	互动库
向上：语境	语场	语式	语旨
意义模式	识解(经验)	将(概念和经验意义)创造为信息	实施(社会角色和关系)
语义单位	言辞列		
	言辞[变化量]	信息[信息量]	话步[互动量]
	成分		

---

① 如果介绍时间,我们可能将语境理解为激活语域。参见 O'Donnell(1990)关于激活的观点。

续表

	概念库	语篇库	互动库
语域变体	域模型		交换关系

互动库提供实施社会角色和关系的意义资源,尤其是在对话中。互动库包括采取和分配话语角色的策略、给予和要求评价的策略等等。这些策略的核心是一个互动单位或话步。一个话步往往是从概念库投射到言辞的:说话者把一定量的经验识解为一个言辞,在对话中把这个言辞作为一个话步加以实施,即一个命题或一个提议。言辞和话步之间的投射是我们共同识解和协商经验的一个主要特征。

互动库沿着例示化渐变体延伸。在例示化渐变体的潜势端,把话步作为域的人际策略是由人们在相互的意义交换中的选择规定的,他们采取给予/提供信息,或者劳务和服务,同时向受话者指定按要求接受或给予这类互补角色。这些构成了一种文化中的所有互动范式。在潜势和实例的中间,这些策略聚集在一定范围的语旨价值中。这种聚集类似于概念库中的一个域,它是根据语旨选取的整体人际意义空间中的一个区域,正如域是根据语域选取的整体概念意义空间的一个区域。构成聚集的人际意义的各种选择实施一种语旨关系,如客户和服务员之间(权力不平等、熟悉度低、情感中性),客户发出提供商品和服务及相关信息的要求,服务员做出反应;如两个朋友之间(权力平等、熟悉度高、正面情感),人际选择范围广泛;或是如天气预报的作者和读者之间(专长不等、不熟悉、情感中性),作者给予信息,读者接收信息。我们可以把这种聚集称为交换关系来突出它是语义的(即在意义交换中建构的意义),也是人际的(不是单边的、个人的)特点。为显示它与一个域模型相似,我们可称为交换或互动模型。但是我们避免了这个术语,是因为它暗示了识解某物,而识解是意义的概念模式——比起一个模式,它更像一个协议。

概念库中特定的域模型与人际库中的特定交换关系相关,它们共同形成一个语域的概念和人际方面。因此,一种交换关系有概念暗示:它包含某些而不是其他概念意义的交换,它也体现交换关系中互动者的劳动分工关系。例如:在一个地方商店的服务场景中,顾客可能需要某个领域的商品及与之相关的信息,反过来,服务员可能会提供所要求的商品及信息,同时要求商品(付款)(参见 Halliday & Hasan,1985;Ventola,1987)。这些包括商业交易的普通域和商业(如五金器材)的特殊域。因此,一种交换关系在与它相关的域模型中给意义以人际价值。正如我们所见,概念库同时体现经验的一致式识解和隐喻识解;而这些变体的选择,部分是根据人际距离在年龄和专长等维度的不同进行的(参见 6.5.2 节)。

语篇库是面向概念库和人际库的,它提供用于构建来自这两个作为共享语篇的信息的意义库的资源。一个概念言辞和一个人际话步以消息的形式识解为信息。这个消息与先前的话语相关,并以主题性和新闻价值的形式区分信息地位。从说话者角度看,语篇库是将一则则消息形成语篇,并引导听者解释语篇的一种资源;从听者角度看,它是构建如下解释(见下文,建立一个实例系统)的一种资源。我们将在 9.3 节回到语篇库并详细介绍语篇库及它与概念库的关系。

词汇语法中的语义体现。语义特征是由词汇语法特征体现的。在我们的讨论中,从各个方面解释了在概念元功能中的这种关系(如:言辞列↘小句复合体,动作言辞↘物质小句)。语义和词汇语法之间的关系是一种预选关系:语义特征如言辞列、言辞和动作是在词汇语法中通过词汇语法信息的预先规定体现的,主要是词汇语法特征的预选。例如:动作是通过预选小句特征"物质"体现的,这意味着体现动作言辞的小句是局限于物质小句的。这种方法是 Patten(1988)在他的语篇生成器 SLANG 中采用的,在麦考瑞大学的多元语言版 Penman 系统中得到进一步研究(见 Zeng,1996)。在词汇语法中语义的体现是直接的。然而,语篇生成领域的研究者已经研发了一种方法,以模式化词汇语法中的语义实现(见 Matthiessen,1990a;以便比较两种方法)[①]。

在这种方法中,体现是由语义和词汇语法间的一个界面做中介的。语义特征,如言辞列、言辞和动作,首先表达为在一个小句(复合体)局部计划中各种语场信息的说明。例如,动作可以表达为局部计划语场"言辞"(如言辞＝x/动作,意味着价值是动作类型的一个实例言辞"x")的一个特定类型说明。这个局部计划说明支持词汇语法和语义之间的特定界面,即选择器和查询界面提出的针对查询反应的计算。这种方法是为 Penman 语篇生成器设计的(例如 Mann,1983a,1983b;Matthiessen,1988b;Matthiessen & Bateman,1991)。

图 9-2 对比了这些可供选择的方法。直接体现因为不涉及增加层级间的界面而比较简单,而通过中介体现使得合并和综合来自不同资源(概念、人际、语篇)的信息更加容易。尤其是在 Penman 系统的发展阶段,词汇语法的语义环境正在被设计和规范,这个中介方法提供了一系列详细的语义资源中需要调解的信息的要求。在 9.2 节的例子中,我们将使用中介体现,因为它在 Penman 系统的讨论中是最常见的。

---

① 也使用了其他机制,如可阐释为层级间配对的实例关系(Jacobs,1985)、规则应用的语义条件(如在扩展的词组结构语法中)、语义和语法表征的统一(McKeown,1982)。

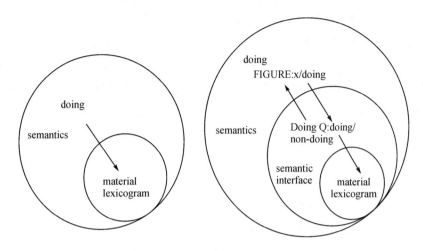

图 9-2 直接体现和通过中介的层级间体现

（3）词汇语法是将意义识解为措辞的资源。它被组织为一套表征措辞的系统网络。系统选择可能有与之相关的体现说明，这些陈述说明措辞（结构和语法/词汇项目）中的选择的体现（如图 9-3 所示），图 9-3 显示了小句中概念和人际系统的一个简单版本。

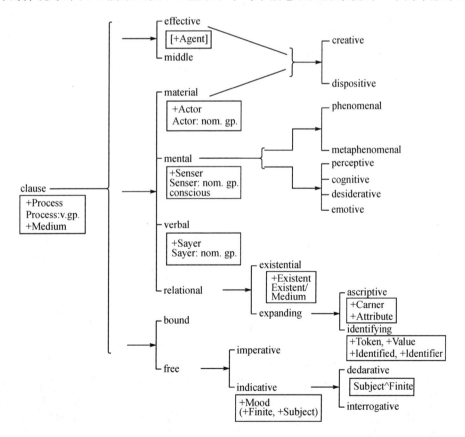

图 9-3 小句语法片段

词汇语法系统网络是按元功能（概念功能：经验功能或逻辑功能—人际功能—语篇功能）和级阶（小句—词组或短语—词—词素）分布的，并从语法到词汇按照精密度延伸①。正如我们所知，概念库是由概念资源体现的：言辞列和言辞分别由小句层级中的小句复合体和（简单）小句体现，成分由词组或短语层级体现。同样，人际意义由词汇语法的人际特征体现，语篇意义由语篇特征体现。语法将不同的元功能统一起来。例如：一个言辞、一个话步和一个信息被统一体现为一个小句。语法通过实现同一措辞中的概念、人际和语篇特征的结合来达到这种统一。例如，"well unfortunately they must have missed the train"这一措辞就是一个（动作和发生的）言辞、一个（给予信息，评估为肯定和不合意的）话步和一则消息的现实统一。

反过来，由词汇语法系统构建的措辞是由音系学或字系学这两个表达层体现的。图 9-4 显示了资源的层次组织，分为（语境中的）语场、语旨和语式，以及（语言内容层中的）概念功能、人际功能和语篇功能。正如我们所见，这些资源是沿着例示化渐变体潜势（文化语境中的语篇）、经由子潜势（情景类型中的语域）向实例（情景语境中的语篇）延伸。图 9-4 展现了作为可沿着例示化渐变体延伸的层次化资源。现在，我们标出由层次和实例定义的整个符号空间，然后讨论例示化过程是怎样通过空间移动的。表 9-2 呈现了实例和层次的交集，展示了整个符号空间[表 9-2 改编自 Halliday（1995）更全面的版本]。整个图表中概念部分我们用加粗的斜体表示。（我们没有说明音韵单元格，在讨论语篇生成中的概念库时，语音不在我们的讨论范围内；但是，例示化渐变体在语言这个最低层级中也是同等重要的）

---

① 在系统功能理论中，词汇被阐释为最精密和最具体的语法（关于这个观点，即对语篇生成的启示，参见 Matthiessen, 1991b; Cross, 1991,1992,1993）。语法包括句法和形态学，二者之间没有层级界限，只是下移一个层级：句法是小句的语法，词组/短语和形态学是关于词和词素的语法。系统功能语法理论可以被看作用于不同任务的计算语言学的语法（类型）家族的一部分。Winograd（1983）称这个家族为"特征和功能"语法，因为多数家族成员严重依赖包括特征和功能的（直陈）表征。另一个突出特点是将语法表征分为直陈数据结构和语法过程，合一是中心操作[参见 Shieber（1986），关于以统一为基础的语法；Kasper（1988），关于系统功能语法；Kay（1979,1993），关于功能统一语法的可互译性]。其他成员包括词汇功能语法、功能统一语法、广义词组结构语法、中心词驱动的词组结构语法。由 Pollard & Sag（1987, 1993）创立的中心词驱动的词组结构语法尤其具有比较兴趣，因为它对特征结构进行分类，这意味着语法的词形变化比先前生成语法中的方法得到更明显的凸显。系统功能语法将特征组织成系统网络作为中心原则，并强调其多功能性，这是独一无二的。这些属性的组合使得它尤其适合语篇生成。

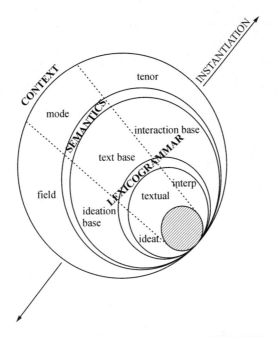

图9-4　整体资源中概念库的层次和元功能"地址"

表 9-2　沿着例示化渐变体延伸的层次化资源

层次化	例示化		
	潜势	子潜势	实例
语境	文化语境： 文化作为社会—符号系统；构建文化的系统—过程的社会符号特征网络；定义为语场、语式和语旨的赋值的潜势	"子文化"/情景类型： 社会—符号空间领域的网络	情境： 语场、语式和语旨实例的赋值；特定的社会符号情境事件及其结构
语义	语义系统（意义库）： 概念、人际和语篇意义网络；它们作为语篇、子语篇、言辞列、言辞和成分的结构 ——概念库	语域： 语义空间的拓扑领域网络 ——域模型（概念库中）	语篇意义： 语义选择表达式（通过语义网络和意义表征的特征） 特定语篇及其结构

续表

层次化	实例化		
	潜势	子潜势	实例
词汇语法	词汇语法系统：概念、人际和语篇表达网络；它们的小句、词组/短语、词、词素结构 		概念	人际	语篇
小句			
词组			
词			
词素					［语域］ 词汇语法空间的类型网络	语篇措辞：词汇语法选择表达（通过词汇语法网络选择的特征）及其表现 特定语篇（口语或书面语）的结构
音系			

9.1.2.2　例示化过程

在表 9-2 总结的模型里，我们可以加入例示化过程：在生成中，它们必须从潜势移向实例（从系统到语篇）；在分析中，它们必须从实例移向潜势（从语篇到系统）。这些过程明显处于时间之中，它们在时间中展开，因此，模型必须确定它们是怎样排序的（正如我们下文所显示的，在生成中，选择和体现倾向于先在高层被例示化，然后到低层；但是并没有严格的时间线性）。

在生成中，原则上例示化能够在例示化渐变体的任一点开始。这恰恰是例示化是个渐变体这一事实的意义所在。也许一个给定的生成任务能够通过一个现存的语域系统得到解决，因此，例示化可以在例示化渐变体的中间部分开始。也就是说，没必要从整个意义潜势中进行选择，而是只从一个更加有限的语域子潜势中选择（参见 Patten，1988，关于这种限制在语篇生成中的问题及解决方法的意义）。生成也可能沿着例示化渐变体向下进一步操作，在一个语域潜势中具有更局部的子潜势。

语篇是在话语发生学时间框架下生成的（见第 1 章 1.5.3 节）。事实上，生成是一个话语发生的过程：随着语篇的展开，它在例示化过程中产生意义，如图 9-5 所示。如果我们从系统的角度（而不是从每个实例的角度）看话语发生，我们可以发现话语发生建立了一个正在生成的语篇所特有的系统版本（参见 Butt，1983，关于语篇展开中的"语义漂移"；Butt，1987，关于"潜在范式"）：说话者或作者在创造语篇时使用这个不断变化的系统资源，听者或读者在阐释语篇的过程中必须重新构建某种类似于这个系统的东西——把不断变化的系统作为阐释过程的资源。我们将其称为实例系统（见

Matthiessen，1993c）。例如：在话语发生过程中，一个食谱被构建为通过言辞列系统的一系列有序环节，而一个百科条目可能被构建为一个系统分类方法，在精密度中逐步展开。一个实例系统可能完全符合它所例示化的语域系统，换句话说，在它里面产生的意义可能都是之前创造的。然而，它也可能产生新的意义——对于说话者和（或者）听话者来说是新意义。在任何一种情况下，例示化系统是由生成过程相继建立的；反过来随着发展，它变成一种进一步例示化的资源。下面我们将详细解释这个过程。

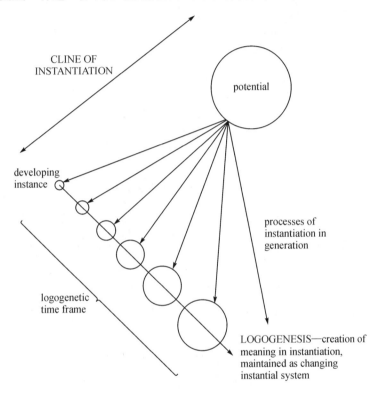

图 9-5　话语发生

　　我们已显示了例示化过程是怎样与例示化渐变体产生联系的。那么这个过程是怎样与图 9-4 所显示的和表 9-2 所陈述的另一个结构在整体维度，即层次维度上产生联系的？层次在符号概念中是有序的，但是它们在例示化时间里没有排序。例示化的过程能够在各个层级间向上和向下移动。然而，例示化的总体趋势是一个层级下移的过程，如图 9-6。首先，系统特征在最高层被例示化（选择），与它们相联系的体现陈述也被例示化（执行）。然后，这个层次的例示化说明在下一层得到体现。在这个整体层次的下移中存在着交叉：高层次系统直到低层次系统例示化后才需要完全被例示化。这意味着在低层次预先选择的话语发生环境中能够进行高层次的选择（关于系统理论思考及其在 MULTEX 生成系统中的应用的详细内容，见 Zeng，1996）。这反映了一个普遍理论原则:两个层次的关系是休戚相关的,例示化以"对话"方式进行。

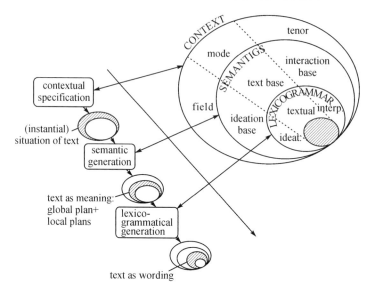

图 9-6　资源和过程的系统组织

　　为了达到当前的目的,在生成过程中区分三种主要阶段是很有帮助的:①情景说明,即将生成的语篇"位于"一个通过语场、语旨和语式加以描写的具体实例的语境中;②语义生成,语篇是整体计划的,更为局部的语篇计划是"孵化"出来的(作为意义的语篇);③词汇语法生成,语义计划体现在词汇语法措辞中(作为措辞的语篇)。

　　上面提及的两种在语义和词汇语法之间的投射方法,即直接和中介体现,对局部语义计划的体现有不同的影响。

　　如果体现是直接的,过程基本上将会是词汇语法系统网络中的一个反向链接穿越:预选项目具体说明精确的词汇语法特征,生成过程的主要任务是推断导致这些特征的路径和执行该路径上的任何结构性体现的表述。

　　如果体现是中介的,过程基本上将会是词汇语法系统网络中的一个同向链接,激活每个系统的选择器来咨询局部计划以获得做出该选择所需要的语义信息。

　　现在,我们将通过观察生成过程中的这三个主要阶段来解释生成系统是怎样运作的。

9.2　来自食谱生成的例子

　　我们将把下文中核桃仁和杏子馅的食谱(Highton & Highton,1964:127)作为生成任务的例子。

核桃仁和杏子馅

［原料］

1 oz. butter or suenut

2 large chopped onions

4 oz. coarsely grated or chopped almonds

6 fresh or about 12 soaked apricots, diced finely

1 tablespoon chopped fresh herbs

Grated zest and juice of 1/2 lemon

Sea salt and brown sugar to taste

［准备］(1)Melt the fat and (2) fry the onion (3) until slightly brown，(4) add the almonds and (5) continue cooking for 3—5 minutes. (6) Remove from the heat and (7) add the remainder of the ingredients.

［用途］(8) This makes a very good stuffing for cucumbers.

［变化］(9) If you want a more substantial stuffing (10) add a little mashed potato and ［替代方法］(11) use for stuffing marrows.

9.2.1　语境说明

食谱生成器用语境资源来计划和组织食谱,给予它上述语篇中用黑体表示的语篇结构:原料—准备—用途—变化—替代方法。这个结构是从情景语境中投射而来的。语篇主要是以食物准备活动自身的模式组织的,更概括地说,主要是基于以解决问题为目标的行为模式。问题就是做菜。语篇以确定解决问题的前提条件(原料)开始。然后,描述一步步实现目的的(准备步骤)算法。这个算法是食谱域中所有详细程序的抽象或总结。例如:语篇写着"Melt the fat and fry the onion until slightly brown",省去关于在哪里熔化油的说明和把洋葱放入已有熔化油的炒锅的步骤等等,因为一个成人读者能够有望"填充"这些步骤和说明。一旦介绍完这些基本算法,可以给予它变化。此外,有一个由做法产生的使用菜肴的说明(然后,又有一个由替代方法产生的替代菜肴的使用说明)。没有充足的理由说明在食谱中为什么"准备"之后是"使用",因为它不是程序的部分也不依赖程序,在很多食谱中,它放在原料前面。

语类结构潜势如图 9-7 所示［我们首先使用 Hasan 的传统(Hasan,1978; Halliday & Hasan,1985)］:可选性由圆括号表示,序列用"＾"表示;然后重新解释为简单的转换网络(参见 McKeown,1985,将"使用"的位置固定在最后)。

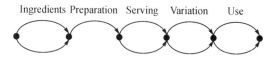

图 9-7　食谱的语类结构

准备是结构中唯一的必要成分,它是指导读者制作一道特殊菜肴的指令序列。根据各种因素的不同,可能会出现一个或更多的成分。

使用可能出现在烹饪程序的开头或结尾,它是一个怎样使用菜肴的说明,如作为第一道菜还是主菜肴。

原料说明在准备阶段中使用的原料,它通常是一个清单。在准备阶段提及食谱中使用的原料可能会满足描写它们的需要,在这种情况下,就没有原料了。

上菜说明怎样上一道菜——热的、即食的、配有香菜的等。

最后,**变化**可能会出现,提出准备的替代方法和(或)替代原料。替代方法或原料也可通过一个替代复合体在准备或上菜阶段介绍(配洋葱、酱油或一种绿色蔬菜,即时配上番茄或香草酱),在这种情况下,不必使用一个单独的**变化**成分了。

9.2.2　语义生成

语境说明指导语义生成的过程,它将概念库中的信息例示化,如上面显示的语类成分可被编入意义库的索引中[参见 Hasan(1984b)关于来自语境说明的语类成分的语义体现的详细讨论]。由于一般程序,特别是食谱是概念导向的(对照劝说性语篇如广告是人际导向的),每个语类成分对应特定类型的一个或多个言辞列。所以,比如"准备"被编入烹饪言辞列的索引中——如"切原料""煎煮原料"等操作言辞列。这是不同的语境类型投射特定结构于概念库的方式的组合。

图 9-8 表明了本语篇中例示化的概念库的特征。图示说明了语篇组织的言辞列,以及组成每个言辞列的言辞。我们用方括号表示食谱中的参与者——原料的充分说明,用尖括号表示其他隐含信息。这显然只是部分说明:范畴用非常普通的术语标记(不够精密),可能有些附加操作在实际语篇中被省略了,因为它们对于一个成年读者来说是"显而易见"的,如在将油加热之前,你必须点燃炉子,以及在哪里将油加热之类的其他信息。

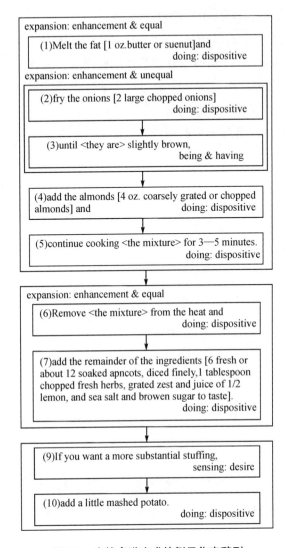

图 9-8　支持食谱生成的例示化言辞列

　　尽管食谱的结构基本上遵循烹饪序列的结构,话语中提供信息的方式有两个小变化:一是所有属于"原料"类型的指称对象都被提取出来呈现为"原料",然后它们通过回指照应被捡起(注意,这个以熟悉域类型为前提,如"1 oz. blatter or suenut→the fat"),有些烹饪书不将指称对象呈现为一个分立的语类成分,但是可以印刷成专门的字体,易于识别。二是替代方法不需要在构成主要方法变化的点上被呈现为变异,但可以通过使用分开:程序—使用—变异。

　　这是一个需要将语篇组织与言辞组成言辞列的组织区分开来的简单例证,语篇组织反映了对三个元功能、三个语境变量的考量。

　　域说明和修辞说明都是指导微生成的局部计划的一部分,所以它们可以用作应对语法和语义界面的"选择器和问询"的质询信息资源。

让我们假设图 9-8 中单元(1)的局部计划信息有三个元功能领域(概念库、互动库、语篇库),如图 9-9 所示:有一个特殊言辞表达加热煎锅里的油,这个过程由厨师对油(来自配料列表)执行操作[概念库];有一个表达指令的言语功能,将情态责任分配给读者[互动库];过程描写在计划中具有主位地位[语篇库]。

图 9-8 中单元(1)的局部计划中的元功能领域如下[①]:

计划 1:
figure:melting-figure 1
   process:melting 1
   actor:"you"
   goal:fat 1
move:(speech function:) instruction 1
   speaker:system
   addressee:"you"
   speaking-time:"now"
message:
   theme:melting 1
   recoverable (identifiable):fat 1

局部计划的概念部分是从例示化的概念库中提取的(如图 9-9 所示),制作填料的程序是作为一个包含一种特殊的烹饪程序的言辞序列存储的,如图 9-10 所示。

熔化的处所可以被认为是概念库的一部分,但是,既然只要假设读者是熟悉熔化、煎和加热过程的,它就是可以预测的,因而在语篇中没有被例示化。

---

① 在 Penman 系统中,局部计划用一个专门符号 SPL(sentence plan language)表示,如 Kasper (1989);我们使用相似的形式。

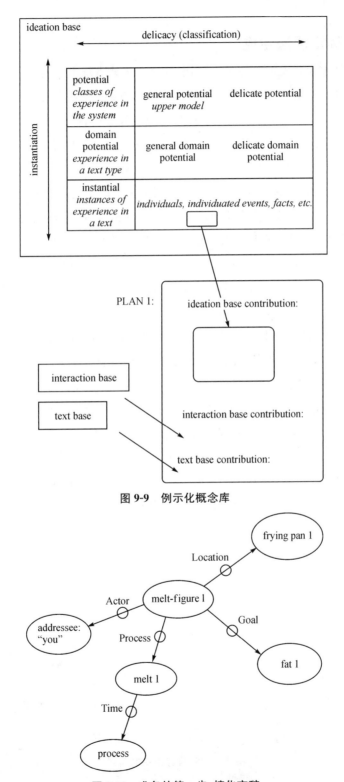

图 9-9 例示化概念库

图 9-10 准备的第一步：熔化言辞

9.2.3 词汇语法生成

语法为食谱生成器提供各种资源，用于符合语法地表征上述言辞的信息，并将该信息与人际和语篇考量结合起来。图 9-3 给出了我们例证所需的语法片段。

由于在 Penman 系统中的词汇语法选择是由选择器指导的（见 9.1.2 节），系统网络的遍历基本上是正向链接——从最不精密到最精密（在系统网络的字系表征中是从左至右）。如果有同步系统可以入列，每个入列都必须登记，理论上是并行的（见 Tung，Matthiessen & Sondheimer，1988），但在通行操作中是按序列进行的。对于很多可进入系统（即满足进入条件的系统），遍历的算法激活系统的选择器，逐句通过选择器决定树形结构，直到获取一个系统输出特征，选择那个特征，执行与之相关的体现说明。这时，该循环完成了，就可以再次开始一个新的系统——某些记录除外：假若一个新的特征被选定，遍历算法首先必须核对是否有其他可入列的新系统。更多关于遍历的详细信息参见 Matthiessen & Bateman（1991:100—109、236—240）。

我们从左往右看图 9-3 时，看到过程类型系统（物质、心理、言语、关系）。选择器提出大量的对语义的查询来确定熔化是什么过程。首先，它提出一个查询，可以简单地表述为：熔化言辞是在某种感知中即意识的处理中包含的有意识的存在的言辞吗？显然，熔化不是，但是生成系统是怎样算出这个反应的呢？它所要做的是核对言辞的分类。首先，它找到熔化言辞是概念库潜势中熔化言辞的例示化。接着，它移动到精密度级层，试图找到"感知"。它失败了，因为熔化的言辞属于动作言辞而不是感知言辞，所以得出的答案是"否"，它不是感知。使用的分类信息如图 9-11 所示。

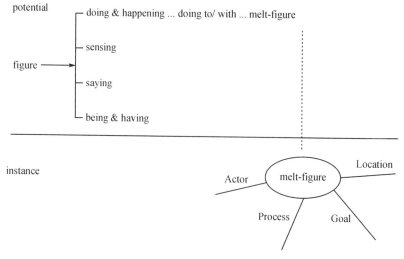

图 9-11　过程分类中的熔化

　　在否定回复之后,选择器优先提问下一个:熔化的言辞是说话的言辞,即涉及一个说话者和一个潜在的接收者的象征言辞吗? 选择器得到一个否定答复,因为在分类学中,熔化言辞不属于说话的言辞。然后,选择器问相似类型的问题以证实熔化言辞是不是一个存在和拥有言辞。结果不是。最后问:熔化言辞是一个包含动作者的动作言辞吗? 因为在那个模型中熔化言辞属于动作言辞,所以答案是肯定的,选择器通过选择语法特征"物质的"对其进行操作。结果是,在小句的及物性结构中有一个潜在的动作者(在网络中用[＋动作者]表示),如果语法的语气成分插入一个主语(在表操作的小句中),它就会出现,但是有更好的人际理由让主语保持隐性,也就是在疑问和命令中无标记的解释为"你"。

　　施事系统(有效的和中动态的)的选择器进行问询,选择语法特征"有效的"。结果是,功能施动者是潜在存在的,如果是存在的,就与动作者重合。在物质小句中有"目标",它与中介重合。对特征"有效的"和"物质的"的选择满足动作类型(创造性的、处置的)系统的进入条件,网络的及物性部分的遍历继续进行。

　　同时(原则上,尽管在目前的模型中,遍历是序列的),探讨了小句网络的语气部分。在这个领域的系统选择器做了查询,其反应不是通过咨询域模型进行的。相反,在互动库中对语气查询的回复是建立在互动库中对言语功能的分类的基础上的(参见Halliday,1984b)。选择器发现:食用油的熔化是一个指令,听话者(读者)对指令的成功接收,没有好的理由来明确地指定读者。选择器选定一个带有隐性主语(当主语是听者时,它是一个缺省选项)的祈使句。因此,如前所述,潜在成分主语/施动者/动作者是隐性的。图9-12解释说明了语气结构和及物性结构的结合。

Melt	the butter
谓语动词	补足成分
过程	中介/目标
［动词词组：非限定］	［名词词组］

图 9-12　语气和及物性结构的结合

　　于是,谓语/过程发展为一个非限定动词词组,而补语/中介/目标成为一个名词词组。

　　现在我们进一步考虑后面两个单元,即单元(8)和(9)的生成。

　　为表达单元(8),生成器必须对及物性和语气做不同的选择。选择器发现要呈现的过程是一种关系而不是熔化之类的烹饪操作:菜肴被呈现为属于某种类型的填料,即黄瓜的填料;选择"关系的和中动态的"特征,接着选择"归属的"特征。及物性结构的结果是归属物/中介(this)过程(makes)归属/范围(a good stuffing for cucumbers)。与此同时,生成器告知读者信息而不是命令读者,直陈系统(陈述句和疑问句)的选择器发现目前的言语功能是一个陈述而选择"直陈的"。结果,主语排在限定动词前面。表 9-13 显示了及物性结构和语气结构的结合。

表 9-13　图 9-8 中单元(8)的及物性结构和语气结构的结合

This	makes	a good stuffing for cucumber
主语	限定/谓语动词	补足成分
中介/载体	过程	范围/属性
	[动词词组：限定：现在]	[名词词组]

作为这个语篇中的最后一个例子,让我们从食谱的变化阶段考虑单元(9)。"想要"言辞属于"感知","反应"是一个中间类别。基于这个分类,选择语法特征"心理的"和"反应的",满足现象类型(现象的和元现象的)系统的进入条件,所以选择器确定现象参与者是什么性质,它问询环境这个所要求的现象即更多的填料是元现象(观点、事实或言语)还是普遍现象。问询分类后,发现填料是事物而不是元现象,因而选择语法特征"现象"。结果,功能现象被预选为一个名词词组而不是一个小句。在言语功能方面,生成器是做出假设而不是陈述或指令,因而选择语法特征"从属的"。

从经验意义角度看,食谱的准备部分是宏观过程,是一个宏观操作(表处置的动作过程):对食物的有序的系列操作。从人际角度看,是一个宏观提议、宏观指令:对读者的有序的系列指导。

在这部分我们讨论的生成例子中,我们聚焦于概念库信息的使用,同时对互动库和人际小句的生成做了一些观察。然而,我们对语篇库谈得很少,只注意到它对局部计划也有贡献。原因是我们要采取一个单独的步骤探讨在语篇处理系统中语篇库依赖概念库的方式。我们即将进入对 NLP 做较少工作的领地,我们的讨论将更加具有探究性。

9.3　支持语篇库的概念库

语篇元功能在很多方面区别于概念元功能——它的组合推进方式是波形的,带有周期性突出;它本质上是动态的,因为它把语篇组织为过程;它是二阶的意义模式。这里我们将关注最后那个特征(参见第 1 章 1.3 节),因为这一特征引入了语篇库的性质和在目前技术下它是怎样被模式化的问题(见 Matthiessen & Bateman,1991:219—230;Bateman & Matthiessen,1993)。

9.3.1　语篇元功能的二阶性质

语篇元功能是二阶的,在于它涉及符号现实,即意义形式的现实。现实的维度本身是通过其他两种元功能构建的:一是概念功能识解自然现实;二是人际功能实施主体间的现实。(参见第 1 章 1.3 节和图 1-4)因此,就其他方面来说,语篇元功能的功能是"使能"功能,它接收通过其他两种元功能产生的符号资源,使其具有可操作性:

> 在第三个标题下的所有范畴(即模式,MAKH & CM)是二阶范畴,因为它们是参照语言定义的,它们的存在取决于前面的语篇现象。在这个意义上,相比其他两个,语义系统中的语篇成分被认为具有"使能"功能:只有将符号互动编码为语篇,意义的概念和人际成分才能在环境中具有可操作性(Halliday,1978b:145)。

这个语篇元功能的二阶和"使能"性质在语境层面及内容层面均可见。在语境层,相较于语场和语旨(进行中的社会过程和互动者角色),语式(情景中赋予语言的功能)是二阶的;在内容层,即语义和词汇语法层,相较于概念和人际系统中的及物性、语气等,语篇系统中的主位和信息系统及各类衔接是二阶的。见 Matthiessen(1992)对语篇元功能的整体讨论。

语篇元功能的二阶性质的很重要的一个表现是语法隐喻(参见第 6 章)。语法隐喻是对语法资源的一种二阶使用:一个语法特征或一组特征被用作另一种特征或另一组特征的隐喻。因为特征是由结构体现的,一个语法结构代表另一个语法结构,就会产生第 6 章讨论过的语义效果。例如:一个识别小句可被用来表示一个非识别小句,从而为另外一个小句提供另外一种识解,识解为"被识别者＋过程＋识别者"的结构。因此,通过名物化"你想要的东西",将它等同于 this,作为"what you want is this"或者"this is what you want",小句"you want this"可能被重组为一个识别小句:

> ... and I said "I am not competent to do it and I wouldn't have my name on the title page to do it" and I said "I'm bloody sure that Hilary and Gavin aren't competent to do it either" and I said "if *this is what you want*, I would put maximum pressure upon somebody like Derek Brainback to do it" but I said... (Svartvik & Quirk,1980:802—803)

图 9-14 显示了这两种小句的关系。

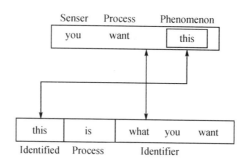

图 9-14　小句被识解为识别小句(1)——主位识别

　　识别隐喻背后的动机实际上是语篇的:识别小句中的替代配置构成了小句中分布信息的语篇替代,消息被构建为两个术语间的一个等式,系统被称为主位识别。这里重要的是语篇组织是由语法隐喻的二阶资源实现的。也就是说,语法回到了它本身:它重新识解自己,对语篇产生一种特殊的效应,如图 9-15 所示。然后,我们可以发现经验语法隐喻是创造一个语篇意义的载体的一种策略,正如第 6 章所述。

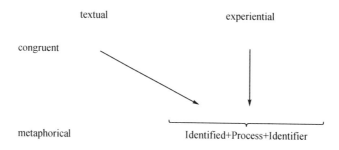

图 9-15　由经验隐喻负载的语篇组织

　　一个相关的语篇系统是主位谓相(predication)(形式语法中的分裂结构),类似地采用识别类小句以在语篇中实现特殊的语义平衡[1]。我们再次给出一个来自 Svartvik & Quirk(1980:255)的例子:

　　A:There's a lot more in grammar than people notice. People always notice the lexis.

　　B:Yes.

　　A:Lots has been done about that——but I mean you can only get so far

---

　　[1]　主位识别和主位谓相系统都将唯一的身份分配给等式的被识别术语。但二者中身份凸显的种类是不同的。在主位识别中,原始言辞被重新构建,效果是二阶(符号)凸显;而在主位谓相中,言辞没有被重新构建,但一个成分被显性谓语化,其效果是将一阶(自然的或者主体间的)凸显分配给谓语化成分。

and so much fun out of "pavement," "sidewalk," etcetera.

 B：Mm.

 A：It's the grammar where the fun is.

 B：// 1 **Yes** // 4 it's the **grammar** which is interesting //

这里"the thing which is interesting"被识别为语法而不是词汇。图 9-16 呈现了"the grammar is interesting"和"it's the grammar which is interesting"两者间的关系。

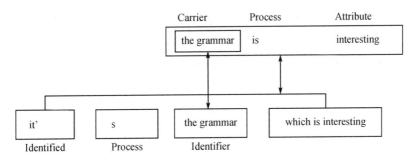

图 9-16　小句被识解为识别小句(2)：主位谓相

9.3.2　作为二阶语义资源的语法隐喻

这两个小句系统,主位识别和主位谓相是英语语法中整个主位系统的构成部分。它们生成一些结构,其中的识别关系过程用于重新将言辞识解为等式(两者一起被称为"主位等式",Halliday,1985:41—44)。但是概念语法隐喻往往有这种类型的语篇功能,它们由语篇元功能征用,为信息量提供替代分组。下面是运用这种概念隐喻的两个例子。

一是表知觉的隐喻性心理小句,如 the fifth day saw them at the summit(参见Halliday,1985:324—325),可以用来创造两个信息量子——"感知者(主位)+现象(新信息)"。考虑以下例子(分级小句中的主位有下划线,第二段;表季节的主位用斜体表示;新信息中的相关结果用粗体表示)：

One of Australia's most majestic mountain ranges is one of Sydney's most popular year-round playgrounds. The Blue Mountains to the west of the city have beckoned Sydneysiders to its resorts since the last century, but only after World War Ⅰ have the pleasure of the Blue Mountains been developed to attract foreign visitors as well. The main town in the mountains is Katoomba, 104 km west of Sydney.

Spring and fall are the most beautiful times of year here. *In springtime*, millions of wildflowers and tree bud, <u>and the many planned gardens in the region</u> start to flourish. *In fall*, the North American species of trees introduced long ago to the region—oak, elm, chestnut, beech, and birch—do the same in the Blue Mountains as they would in the Catskills: turn brilliant reds, oranges, and yellows. *Summer* finds **campers and hikers descending on the mountains in throngs**, and *winter* is the time the mountains are at their quietest and most peaceful, offering perfect solitudes for city escapees.

If you're looking a swinging resort, the Blue Mountains may not be for you...

这里隐喻小句"summer finds campers and hikers descending on the mountains in throngs"是在主位和信息两方面受语篇激发的。从主位的角度看,把 summer 作为小句的无标记的主位——四季的一段。从信息的角度看,它把 campers and hikers descending on the mountains in throngs 归为一个信息量(隐喻性心理小句的现象)。比较一致式版本,它具有相同主位(有标记),但有不同的新信息的结果,即"<u>In summer</u>, campers and hikers descending on the mountains in throngs"。

二是第二类示例中,小句或小句复合体被名物化为小句中的中介参与者,它的过程仅意味着"发生"(也就是存在这样一个过程:happen、occur、take place、begin、continue、stop)。中介构成一个主位信息量,如下面的例子(在进程中的信息就斜体表示,新信息的关联点用粗体表示):

The speed of light, and of all electromagnetic waves, was given as a constant by Maxwell's equations, and this speed and the existence of the waves themselves as independent of any outside effect. However, Einstein realized that if an observer was travelling alongside a light wave at the same speed as the light wave, *the wave would essentially disappear*, *as no wave peeks or troughs would pass by the observer*. But <u>*the disappearance of light waves because of the motion of an observer*</u> should not happen **according to Maxwell**, so Einstein concluded that either Maxwell's equations were wrong or that no observer could move at the speed of light. He preferred the latter explanation for a particular reason.

这里隐喻小句将前面的小句复合体"the wave would essentially disappear, as no wave peeks or troughs would pass by the observer"概述为一个主位的名物化参与者"the disappearance of light waves because of the motion of an observer"。

9.3.3　用概念库陈述的语篇库

图 9-15 中所示例的通过语篇成分部署概念隐喻的原则也适用于语义层次的库。语篇库构建言辞中的信息状态(把它们呈现为围绕信息量组织的信息),引导一个言辞向另一个言辞移动。在前一种功能上,语篇库可以阐释为陈述概念库的模式。也就是说,概念库中概念意义的表征构成第一阶表征,通过一阶表征,二阶的语篇意义就能被确定。

我们已知道概念意义被表征为一个大网络,其节点是由各种各样的关系连接起来的(如上下义关系和参与者关系)。当语篇生成时,网络中的某些节点被选择加以呈现(参见 Sigurd,1977)。例如,图 9-17 呈现了一个在传记研究中的信息语义网络,关于 Joseph Conrad 的由企鹅出版公司出版的《诺斯特罗莫》中的简短传记(汉语中讨论该语篇的表征和生成,见 Bateman,Matthiessen & Zeng,即将出版;语篇表征作为意义网络的讨论,见 de Beaugrande,1980)。

我们把这个网络画成一连串的言辞,过程(be born、pass、be 等)作为附带参与者角色(中介、范围)和环境角色(时间、地点、目的等)的节点。我们仅列入了源语篇中出现的信息①,任何实际的语义网络会包括任一特殊语篇中很多没有呈现的信息:生成语篇意味着从网络中已给的信息中做出选择(就像第 8 章中的食谱例子)。我们以这种方式组织示意图,以便于看出人们是怎样将它作为语篇阅读的。竖轴表示过程时间,从 1857 年开始。同一横轴线上的过程由语篇中小句复合体中的某种逻辑语义关系联系起来。真实的 Conrad 的传记内容如下(没在图 9-17 中用图表示的小句用斜体表示;概念主位画线表示,这是目前要讨论的),注意图 9-17 表征的仅仅是对概念意义的一种可能的"语篇呈现"。

---

① 语篇提供了有关 Conrad 的例示化信息,我们没有表征这些意义例示的语义系统潜势。这个潜势可能包括上下义的分类。

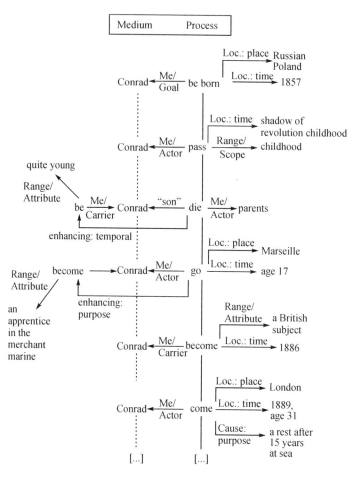

图 9-17　非正式概念语义网络的例子

<u>Joseph Conrad</u>（originally Konrad Korzeniowski）was born in Russia Poland in 1857, and _____ passed his childhood in the shadow of revolution. <u>His parents</u> died when he was quite young. <u>At the age of</u> <u>seventeen</u> he went to Marseille to become an apprentice in the merchant marine. *This began a long period of adventure at see*, <u>Conrad</u> *having his share of hardship, shipwreck, and other accidents.*

<u>He</u> became a British subject in 1886. <u>In 1889</u>, at the age of thirty-one, he came to London for a rest after fifteen years at sea. *On this short London holiday, he began writing a sea novel, <u>which</u>, after surviving subsequent jungle travel, shipwreck on the Congo, and a railway cloakroom in Berlin, came into the hands of Edward Garnett and through him to a London publisher. The book was 'Almayer's Folly',* _____ *destined to be the*

first of a long series of novels and stories, _____*mostly inspired by his experiences of life at sea,* <u>*which*</u> *have placed him in the front rank of English literature. He died in 1924.*

一旦语义网络被确定,就可以在网络上陈述语篇模式,比如那些受语法隐喻影响的模式(如图 9-15 所示)。表征这种模式的一种方法是划分网络——将网络分成由大量的相关节点集合和连接组成的域或空间①(见 Hendrix,1978,1979)。Bundy 简要地描述了分割的语义网络:

> 通过节点和联结的组合强化语义网络组织和表达能力的方式。节点和联结算进一个或更多的空间,空间自身可能被放进更高层级的远景,远景可以自动利用和构建成具有层次的结构。有效编码(包括连接词和量词)的逻辑陈述是划分网络的重要动机,但是涉及的划分机制是有充分根据的、普遍的和强有力的,足以支持各种各样的语言和世界知识的动态表征。(1986:110)

正如上述描述,这样的划分已经被用于呈现各种各样的信息;令人特别感兴趣的是使用分区的空间来表征凸显的语篇状态。Grosz(1978)提出把焦点表征为语义网络中的分隔空间的观点,她将之称为焦点空间。一个焦点空间"包括对话的某个部分中处于对话参与者的注意焦点中的项目"(Grosz,1978:233)。由于焦点只是一类语篇地位的凸显,我们需要概括 Grosz 独创的建议:总体上语篇地位的凸显可以在语义网络中模式化为分隔的空间。基于这个背景,现在可以简要地提出怎样模式化语篇库中的信息的建议:

> (i)语篇信息的二阶特征是通过概念库(一阶表征,比如图 9-17 中显示的片段)中已存在的语义网络来定义而获得的。这仅仅是一个初步的近似;如我们在第 6 章中所提到的,在本章中指出的,语篇元功能事实上可能激发概念隐喻作为负载语篇组织的一种手段。
>
> (ii)构成语篇状态的语篇凸显可以被模式化为语义网络中分隔的语篇空间。正如上文提到的,这是 Grosz 的焦点空间概念的普遍化,包括主位空间、新信息空间、识别空间等等。这也只是一个初步近似:语篇凸显是一个程度问

---

① 作为一种替代,我们可以通过语义网络描述过程——过程贯穿网络并使其线性化为语篇;通过使过程访问某个言辞列中的网络节点,主位的语篇状态可以被模式化(参见 Sowa,1983b)。关于点阵中语篇和人际意义的一般讨论,见 Park-Rhodes(1978)。

题,我们必须把语篇空间看成一个中心区域,一个没有清晰界限的区域,即凸显顶点。从凸显顶点我们可以移动到更边缘的区域,非凸显的槽。这样的梯度变化不仅对处理主题性和新闻性,而且对通过"桥接"处理识别性非常有必要(参见 Clark,1975;例如:从中央可识别整体到更边缘可识别部分的"桥接")[①]。

在概念库中的概念语义网络上描写的语篇空间的使用可以通过对图 9-17 添加主位空间加以说明,如图 9-18。除了 Conrad 的父母,主位空间是 Conrad 或时间。

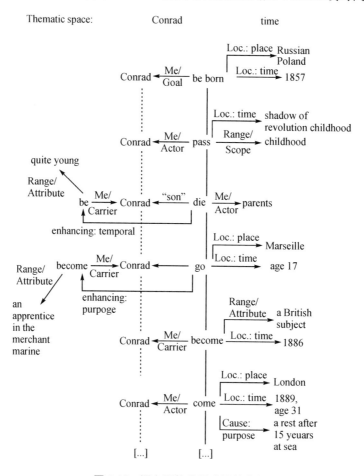

图 9-18　语义网络分隔成语篇空间

概念语义网络中的主位空间可以看成是对主位的系统理解的一种模式和由 Martin

① Grosz(1978:273)对显性焦点和隐性焦点进行了处理。当语义网络中的一个物理对象处于显性焦点时,它的子部分就处于隐性焦点。

提出的一种发展方法,这里语场对应我们根据概念库中概念语义网络所讨论的内容:

> 发展的方法……建立了一个看待语场的视角。这个在语类结构不同阶段得到实现的视角对语篇语类结构往往敏感。发展的方法是语场借以建构的透视镜。在给定语场中的所有可获得的经验意义中,它将只挑选一些,并通过主位时间将它们编织起来使语篇得以实现——给予话语参与者保留、返回的东西——一个方向、一个观点、一种视角、一个栖息处、一件商品。(Halliday & Martin,1993)

因此,说话者选择主位空间作为进入更大区域的概念语义网络的入口。从听话者的角度看,这些主位空间构成整合呈现在语篇中的新信息的标志(参见 Reinhart,1982)。如果我们把听话者处理语篇看成某种程度上是用新信息扩展他/她目前的语义网络,那么主位空间将会把他/她引到合适的扩展点。

在 Conrad 的传记中,基本上有两种竞争的节点类型要被分隔到主位空间:Conrad 自己和他一生中的重要时间。(在语篇第二部分,Conrad 的作品作为另一种主位类型出现,但在图 9-17 和 9-18 都没呈现)作者通过这两个选项轮流解决这个冲突。在图 9-18 显示的片段中,当 Conrad 移居新的目的地(伦敦、马赛)时,其生活发生了变化,所以选择时间主位(当然,一个人可以以这种方式来写,因为时间始终属于主位空间;对比 Fries(1981)和 Martin(1982)提供的语篇的不同主位的版本)。这里,Conrad 还是小句的主语。即使 Conrad 是主位,语篇在语义网络中的移动基本上还是以时间为顺序的(某些详细的旅行体现在独立小句中)。

到目前为止,我们已经暗示了通过将语义网络分隔成表征语篇凸显顶点的语篇空间来简要描述语篇信息的可能性[①](初步的,因为在这个阶段空间是分散的有界区域)。这仍然给我们留下了将不同语篇状态之间导向性的变化进行模式化的任务(并不是不与概念库中的组织相关,参见第 3 章 3.4 节和 3.6 节;在最后的总结性例子中我们将再次回到这一点)。为处理 Grosz 所谓的焦点表征的动态需求,我们可以运用计算机语言学中形成的处理语篇历史的一个机制。Grosz 使用"存储栈"这个计算机概念来模式化从一个焦点空间向另一个焦点空间的过渡或变化,如图 9-19 所示[②]。随着语篇的发展,焦点空间一个接着一个在顶部存储,因此最新的总是在存储栈的顶部。存储栈本身能

[①]　既然在这个阶段空间都是分离的有界区域,分隔的效果就是使凸显看起来像一个范畴特征。更具理论信息的表征应该将凸显显示为渐变体,参见 Pattabhiraman(1992)的凸显模式。

[②]　作为一个排序原则,存储栈的意思是"最后先出",这和队列形成对照,队列原则是"先进先出"。关于交换模式化中的存储栈的讨论,见 O'Donnell(1990)。

够被用作话语时间推进的记录。现在,存储栈总是从顶端被操纵:如果一个新的焦点空间被添加到这个存储栈,它就会被推到存储栈的顶部;如果一个旧的焦点空间要被移走,它就会从存储栈的顶部离开。

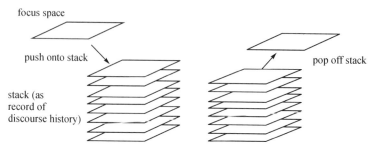

图 9-19   作为连续语篇状态模式的存储栈

例如,连续的主位空间可能从下往上准入,如"at the age of seventeen""in 1889 at the age of thirty-one""on this short London holiday"。虽然基于存储栈机制的解释是关于语篇状态凸显怎样在语篇发展中得到操控的显性模式,但显而易见的是,从功能语言学角度看,存储栈是对语篇历史的过于简单的记录。尤其是它没表征那种其他语篇研究途径已经揭示的各种层次性组织或内部相互依赖的嵌套组织,如 Fox(1987)讨论的所指和修辞组织(根据修辞结构理论建模)。一篇典型的旅行指南语篇可以证明有关主位的问题:发展的总体原则是空间的(即徒步旅行的空间),是以空间主位构建的,这种语篇类型通常局部上变成其他原则。比如时间的,"As the battle ended, the last six cadets are said to have wrapped themselves in the Mexican flag and _____ jumped from the hill to their deaths rather than surrender to the U. S. forces",这是一次在墨西哥城里一个公园的游历。在做了时间绕道之后,语篇重新回到空间发展,如图 9-19 所示。这是语篇中一个很典型的主位选择(参见谈话中的暂停交流)。尽管被打断,回到先前的从一个主位移向另一个主位的原则也是没有问题的,但有必要使用一些策略来标记返回的主位,比如"as for""as to""regarding+名词词组"。

为了模式化我们刚解释过的那种情形,McCoy & Cheng(1991)提出层级树形结构作为控制焦点转移的一种机制,而 Hovy & McCoy(1989)把这项工作与修辞结构理论联系起来。Batanan & Mattbiessen(1993)建议修辞结构理论可以被用来模式化从一个语篇状态到另一个语篇状态的转变。这些修辞过渡构建了语篇发展的方式(见 Fries,1981,1995)。Conrad 的传记解释了这个原则,但是,这一方式有点复杂:过渡的主要类型是时间序列,这意味着主位空间很可能包括时间参照,因而从一个空间向另一个空间的过渡将沿着时间序列发生;但是,序列通常包括一个不变的参与者(这个语篇中是 Conrad),这也很可能是主位候选项。

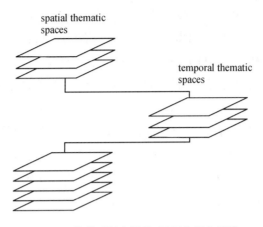

图 9-20　绕道时间存储栈，回到空间存储栈

9.3.4　语篇库的总结性例子

现在我们用一个例子来总结我们讨论过的与概念库相关的语篇库。假定生成系统此刻处于可以生成小句复合体的第一个小句的位置，如"At the age of seventeen he went to Marseille to become an apprentice in the merchant marine"。局部计划列入以下信息：

Plan 5/going

```
figure: going-Marseille-figure
 :actor (Conrad/person)
 :process (going/happening
     :time ty < tx)
 :destination (Marseille/place)
 :time (17/age)
```

```
Move: speech function(going-act/statement)
```

```
Message:
:theme ( age 17)
:identifiability identifiable (Conrad)
```

这个计划在图 9-20 显示为概念库中的例示化意义。

概念信息是一种熟悉的类型。"Going 23"例示化"行走"这种普通类型，这是移动的一个子类型。也就是说，潜势是对表意成分的一种分类（并非严格分类）。例如：可能会发现"行走"是一种言辞，言辞反过来是一类现象（类型学中最普通的概念）。Going 23 包括一个参与者 Conrad，以及两个环境成分——"Marseille"和"age 17"。它被选择为动词化，是移交给局部（微观）生成过程的局部计划的一部分。但是局部计划也包括语篇（和人际）信息，即主位被计划为 age 17。这是一个概念库中语篇分隔的详述，它表征一种语篇信息状态。参照语篇库处理的其他主要现象——语篇转换就能找到其动机。正如我们在第 3 章 3.4 节(如图 3-10)提出的,语篇库支配的语篇的关系组织(修辞转换)可能受概念库中的言辞列的支持。这很可能出现在叙述语篇(比如这部分讨论的传记)和程序语篇中(比如之前讨论的食谱)。无论如何,在整体语篇计划中包含小句复合体"At the age of seventeen he went to Marseille to become an apprentice in the merchant marine"的局部计划的那个点上,言辞列中引入了目的关系;但是言辞列自身与前一个言辞列在时间上是连续的,如图 9-21 所示。也就是说,通过时间的连续性,夫马赛扩展了前面的语篇,所以有充分理由选择一个表示时间扩展的主位——Conrad 的年龄(体现在小句句首部分 at the age of seventeen)。

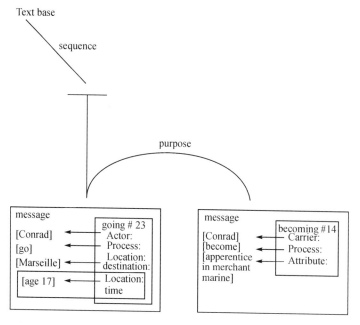

图 9-21　语篇计划中的修辞转换

显而易见,概念库支持语篇库:语篇信息可以被表述为遍及语篇库的模式——分隔和分隔间的移动。与此同时,概念库的组织方式——演化的各种配置——一定是由语篇压力形成的。例如,假如一种关系能够被识解为"that boy's hair is green"或是"that boy has green hair",在英语中把整体识解为载体,部分识解为归属的偏好可以在语篇方面得到理解:它意味着整体可以充当主位。我们已经知道语篇元功能是解释概念隐喻的一个强有力的部分:当意义在语篇中分布时,概念意义被重新识解,以适应语篇结构。这是一个进化的英语系统和设计系统,比如与逻辑系统最大的不同之处在于:后者不是设计来识解语篇差异的,而是标准形式。

第四部分　理论和描述的多种研究路径

10　意义研究的不同方法

本书一开始就谈到我们对自己所采用研究方法的一些粗略观察——把知识视为意义，通过语法研究知识，对不同类型的符号史加以解释等等（第一部分）。然后我们引入概念库，详细讨论了不同类型的现象（第二部分）。之后详细介绍了不同域的模型在概念库中的分布，以及语言处理系统如何利用这些概念资源（第三部分）。现在我们要把自己的研究方法和其他研究方法做比较——有理论方法，也有整体的描述性方法（本章），还有详细的描述性方法（第 11 章和第 12 章）。

10.1　逻辑—哲学取向与修辞—民族学取向

为了研究概念库，哪怕对其历史背景做略胜提纲式的说明是不可能的。我们发现西方思想界研究意义主要从两个传统出发：①一个以逻辑和哲学为取向，把语言视为规则系统；②一个以修辞和民族学为取向，把语言视为资源。（参见 Halliday，1977）

通常来说知识表征的背景是逻辑—哲学传统，知识库也是该传统提出的。20 世纪 50 年代以来该传统和认知科学点框架下的认知主义之间的联系已经形成。修辞—民族学传统与知识模型和知识表征相关，虽然很少人提到这一点——例如，近期人类学家和人类语言学家所做的通俗分类研究（通常是在民族学框架内进行）、布拉格学派框架内的知识研究，都对理解概念库结构有重要意义。我们的这项研究属于第二个传统——但我们也考虑到了第一个传统，我们使用的不同版本的意义库的总体知识环境主要来自第一个传统。确实，在很多方面这两个传统是互补的，它们对整幅图景的不同方面各有贡献。然而，我们自己的研究是基于功能的，如本书第一部分所述。

心理语言学家的主流研究，比如 Miller & Johnson-Laird（1976）的研究属于逻辑—哲学传统范围。对语言学的意义研究做出显著贡献的另外两位研究者，Lamb（1964，1992）和 Wierzbicka（1980，1988），都或多或少从我们提到过的两种主要的传统中有所借鉴。

上述两种意义研究取向的外部差别在于，他们分别将哪些原则视为模型。这些外部差别与内部差别也有关联。首先，这两种取向的差别在于，相对于其对语言分层的解释,它们将意义安排在什么位置。位于层内:意义被视为固有的——构建在语言自身内部,因此是语言的组成部分;把意义解释为固有的,这是包括我们的研究法在内的修辞—民族学取向的特点。位于层外:意义被视为超验的存在于语言界限之外的东西。把意义解释为超验是逻辑—哲学取向的特点。

意义的很多传统概念都属于第二类——意义是所指,意义是观点／概念,意义是意象。这些概念的共同点是,它们都是意义的"外部"概念,不是从语言内部层次来解释意义,是以语言外部的某种机制来解释语言,要么是"真实世界",要么是类似意象的另一种符号系统。"超验观"的现代分歧在 Barwise(1988:23)的世界取向传统和思维取向的传统中被解释为对意义的公共阐述和私人阐述:

> 从 Tarski 开始,语义学的世界取向传统就关注公共意义,试图以句子或语篇的真实条件来识别其意义,这些真实世界的条件可以用来保证意义的真实性(Davidson,1967;Montague,1974)。对比而言,心理学传统却试图用内在有意义的心理表征来识别私有意义(Fodor,1975;Jackendoff,1983)。

世界取向传统通过指称世界(的模型)来解释意义。例如,一个专有名词的意义是世界中的某个个体,而像 run 等不及物动词的意义则是一组个体(例如,一组个体从事"跑"这个行为)。思维取向传统通过指称思维来解释意义,通常把语义解释为"可言语化"的认知系统的一部分。

其次,这两种方法在应当将什么视为意义的基本单位这点上存在分歧。逻辑—哲学取向的观点是,基本单位"由下而上",即由语法决定——因为句子被视为编码命题,所以语义的基本单位就是命题(和在命题微积分中一样)①。相比之下,修辞—民族学取向的观点是,基本单位"自上而下",即由语境决定——因为语言被认为是在语境中体现其功能的,语义的基本单位是语篇(参见 Halliday & Hasan,1976;Halliday,1978a)。因此在逻辑—哲学取向中,语义首先意味着命题语义②,而在另一个研究取向中,语义意味着语篇或语篇语义学[我们还没有试图把语篇语义纳入我们的讨论范围,要了解系统功能话语中更具综合性的语篇语义模型,可参见 Martin,1992。而 de Beaugrande(1980)提供了一个更充分的关于语篇语言学的意义取向的研究方法"de Beaugrande 的新框架"]。

再次,这两个取向的语义模型的元功能范围不同。在逻辑—哲学取向中,意义与表

---

① 请注意,命题在这里的意思不同于我们人际语义学中的 proposition,后者与 proposal 相对。
② 这在某种程度上有所变化,比如 Hans Kamp 和他的追随者们的形式语义研究。在计算机语言学中,有必要很早就建立语篇模型,因此起源于逻辑—哲学传统的语篇语义学的各种方法在 20 世纪 70 年代就已经出现了。

征、指称、内涵、外延或"关于"方面密切相连，所以元功能范围限定于概念元功能内，语义意味着概念语义。而在修辞—民族学取向中，意义与修辞紧密相连，所以元功能范围包括全部三个元功能，即语义意味着概念、人际和语篇语义，是多功能的。如果用逻辑—哲学方法描述人际和语篇意义（在该方法范畴之外），那么该研究属于语用学范畴，而不属于语义学范畴。例如，言语行为理论被认为是逻辑—哲学取向对言语功能的解释（或是对其概念识解的解释），所以被归入语用学中。

最后，我们注意到，这两个取向所关注的语义结构类别不同。倾向于逻辑—哲学取向的学者们关注横组合结构：他们关注语义结构——包括与结构有关的原则，比如句子成分和语义分解。例如，在分析"词汇"的意义时，他们倾向于把词汇分析为是由语义成分、语义标记、语义基元等构成的（Katz & Fodor，1963）。而在修辞—民族学取向中，学者们关注横组合和纵聚合的结构，通常更强调纵聚合：他们始终关注语义系统，关注意义潜势——包括分类原则和系统的元功能同时性。例如，民族学学者研究动物、植物、疾病等的通俗分类（参见前面第 2 章 2.11.3 节）。系统功能学者们则试图描绘语义系统，如言语功能和连接词的语义系统。另一个例子就是我们正在讨论的概念库。

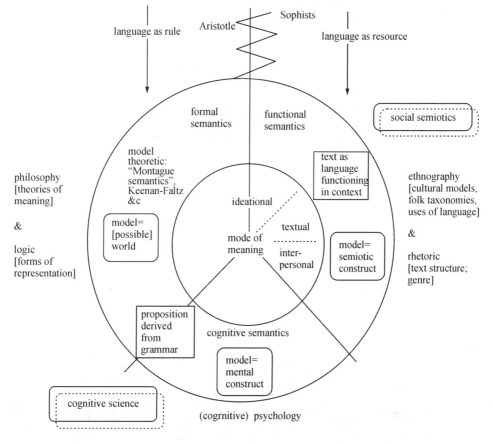

图 10-1　意义研究的两个传统

我们用图 10-1 来表述上面所提到的两种不同取向的内部差别。我们现在转向逻辑—哲学传统内部的两个变体，即"世界取向"的形式语义学（10.2 节）和"思维取向"的认知语义学（10.3 节）。

10.2 形式语义学

逻辑—哲学传统的相关讨论主要有 Kneale & Kneale（1962）的逻辑史，Large（1985）、Knowlson（1975）、Slaughter（1986）、Salmon（1966，1979）对早期西方科学阶段的"人工语言"史及其分类的研究，Sowa（1983a，1991）、Brachman（1979）和 Brachman & Levesque（1985）对人工智能的现代知识表征以及对前人研究的注释，Eco 等（1988）对意义和认知地位差异的当代观点研究，Bursill-Hall（1971）关于中世纪的意义理论。在此，我们只关注一些特别重要的发展阶段，如图 10-2 所示。

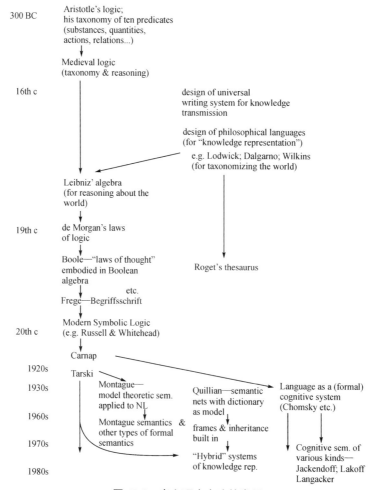

图 10-2　意义研究方法的发展

逻辑的发展作为"符号设计"的传统,其本身在现有语境中就是有趣的,而逻辑系统正是通过"符号设计"而从语言演化的资源中发展出来的。设计逻辑系统就是为了达到某些与推理有关的目的,当这些系统开发出来以后,哲学家和语言学家们却用这些系统来阻挡语言,用它们来表征意义,并把意义加以理论化。20 世纪,尽管发展形式语言学的目的是支撑逻辑系统,但它也被当作研究自然语言语义的模型。

正如我们展示的那样,自然语言包括"自然逻辑"(第 3 章);在哲学语篇中,它渐渐地转变成了逻辑模型和推理模型。这样的哲学模型首先是以语言构建的,但是后来发展为人工设计的符号逻辑系统。Leibniz 曾设想要用"思维代数"进行正确的推理。他记录了 Wilkins 和其他人在"人工语言"方面的研究工作,而这些起初是与分类结构有关的(在意义的经验模式范围内),但 Leibniz 最关切的是推理(在意义的逻辑模式范围内)。尽管他并未完成自己的工作,但是符号逻辑被视为他为设计特殊逻辑符号所付出的努力的延续。19 世纪,de Morgan 规定了"推理定律"(演绎推理等);之后,Boole(1854)构建了代数算式"布尔代数",来表达连接、非连接以及否定关系,他认为这个代数式构成了"思维定律"。1879 年,Frege 出版了他的《概念演算》(*Begriffsschrift*),其副标题为"一种按算术语言构成的思维符号语言"。Frege 的著作为谓词逻辑奠定了基础,大体上也成为现代符号逻辑或数学逻辑的基础。他对形式语义学的涌现做出的一项贡献是区分了 Sinn 和 Bedeutung(Frege,1892),翻译成英语就是 sense 和 reference(含义指称)。这一区分后来被 Carnap 发展为"内涵"和"外延",是模型—理论语义学的基础之一。

随着 20 世纪逻辑系统覆盖范围的扩展,将其作为描述语言意义的表征资源也就有了可能(参见第 1 章 1.9.2 节)。20 世纪 30 年代,Alfred Tarski 提出了研究语义的真值条件法,用以说明谓词逻辑的人工设计符号系统。他批评了当时的真值对应理论,因为该理论认为,如果一个命题与一个事实对应,该命题则为真(理论由 Russell 和 Wittgenstein 提出,但事实上可追溯到 Aristotle)。因此,Tarsky 采用另一版本的理论,认为真值要用真值条件来定义[1]:当且仅当一个命题指向世界中的一个真实事态时,该命题才为真。一个经常被引用的例子是:"'snow is white'[该命题]为真的条件是,当且仅当'snow is white'[世界的事态]。"这样,事态就被表征为世界的各种模型,逻辑结构的"意义"要么是这些模型的扩展,要么是它们的真值。例如,一个常数扩展后是一个个体,一元谓词扩展后则是一组个体。因此,逻辑系统的语义以模型理论来陈述。这种意义研究法就是客观主义法:(扩展的)意义是存在于世界中的现象。没有中项来识解

---

[1]　Haack (1978: 99)将 Tarsky 的真值理论称为一种语义理论。关于该理论是不是一种对应理论,见 Haack 1978:112—114)。

意义,也没有感知系统能协调符号表达及其扩展式。"真",是一种对应,而不是(像日常话语那样)人们普遍拥有的那种常识。

20 世纪五六十年代,哲学家 Richard Montague 认为,人工设计逻辑的语义学就是描述自然语言意义的模型:"在研究了日益复杂的形式语言之后,他开始认识到,由于英语拥有英语词汇和包括各种英语结构的结构操作法列表,所以,英语本身就可以被视为一种形式语言系统。"(Thomason,1974:16)Bach(1989:8)将此称为"蒙太格论点",即"可以把自然语言描述为对形式系统的解释"。换言之,可以认为是一种自然的、演化的语言,比如英语,是一种形式的、人工设计的"语言",如同谓词逻辑一样。为了获得这种认可,自然语言必须去除歧义,以使其表达式就像形式逻辑一样不再有歧义。但是,Montague 本人并没有将该方法视为对英语的一种隐喻处理。在一篇题为《作为形式语言的英语》的论文中,他写道:

> 我反对认为形式语言和自然语言之间存在重要的理论差异这种观点。……我把真值理论的构建——或者说,把更笼统的"真"的概念置于一种模糊的解释之下——将之视为严肃的句法学和语义学的基本目标;麻省理工学院的理论推进并没有为实现这个目标提供有用的研究成果……相应地,我要提出一种精确的处理形式语言的方法,使之成为真值理论的最高点,我相信这种方法有理由被视为日常英语的一部分……你们将会发现,这种处理方法与通常的句法理论和谓词计算的模型理论(或语义学)是相似的(当然,谓词计算的模型理论是 Alfred Tarski 提出的)。

形式语义学也逐渐被人们称为"蒙太格语义学(Montague semantics)",在语言学界有 Dowty (1981)、Bach (1989)、Cann (1993)、Partee (1975)等人做该方面的研究,而 Keenan & Faltz (1985)则将之推向更深层次。在哲学界,Barwise & Perry (1983) 则以"情景语义学"的形式将新思想引入形式语义学。要了解对形式语义学的最新评价,参见 Bickhart & Campbell (1992)的研究。

在与句法的关系方面,语义的形式研究法是配置性的,该方法是按照横组合构建而成的,即,较大的横组合单位,比如句子的意义,是由较小的单位如名词和动词的功能构建而成的。这种语义配置与句法协作,所以句法规则本身就变得极为重要,而不仅仅是规则运用的结果。为了达到这个目的,Montague 运用了某种形式的范畴语法,把这些句法规则加以形式化。

在模化意义的过程中,形式语义学把它模化为既有外延性又有内涵性的意义:外延意义按照某种世界模型中的几组实体投射出来,内涵意义则是一个语言表达式及其在任何可能世界中能扩展这两者的关系。所以,形式语义学关注的是语义表征式如何与某种语言以外的世界模型建立联系。Dowty et al.(1981:5)在介绍真值条件语义学的特点时,强调了语言和世界之间的关系:

> 真值条件语义学,与其他所提及的研究方法[包括 Katz & Fodor、Jackendoff,和 MAKH & CM(生成语义学)提出的]形成鲜明对比,它完全基于这种假设:语义学应当研究的内容规定了语言是如何与世界联系起来的,换言之,就是解释语言内在的"相似性"。

当然,这是概念取向:这里只是把焦点放在表征意义上。一个主要方法就是,要运用固有的理论术语来构建世界的各种模型,并把这些模型与它们的语言表达式联系起来,也就是上面所提到的模型理论法。

该意义研究的模型理论法是先验性的,即意义存在于语言之外的世界之中。这一点被模型理论法的支持者们看作其理论优势。Dowty et al.(1981)批评了其他各种意义理论,因其忽视了"语言内在的相似性",以及它与真实世界之间的关系:

> 任何理论,只要忽视了这一核心特征,就不能算是一个充分解释自然语言的理论。像语义标记系统或某类形式逻辑,给出句子意义的方法实际上是把它翻译成另一种语言,而没有进一步说明语言和世界之间的联系,以对语言做出解释。Katz 和他的伙伴们好像就是采用了这种方法(Katz & Fodor,1963;Katz & Postal,1964),还有 Jackendoff(1972)的研究及生成语义学的框架(Lakoff,1972;McCawley,1973;Postal,1970)也都采用了这种方法。

形式语义学似乎和认知科学的关注点相去甚远,但形式语义学的研究常常是在认知科学家们所制订的宽泛的研究范围内展开的。Johnson-Laird 从认知角度对模型—理论语义学做出如下评价:

> 模型—理论语义学的力量在于它能清晰而严格地研究意义的配置……一些理想化的做法是用它来指导心理语义学,这显然把模型—理论语义学的普遍性用法复杂化了。比如其中一种理想化模式是把语言映射到模型而不提及人类思维,但这种省略造成了某些在解释有关信念的句子的语义以及其他诸如命题态度的句子时难以解决的困难。而在心理模型框架中,这些困难却能够迎刃而解。(1983:180)

……模型—理论语义学应该说明在理解句子时哪些东西会被计算,而心理语义学应当说明它们是如何计算的。(167)

Johnson-Laird 的心理研究法是以心理模型为基础的。与此研究法相对,Jackendoff 的研究是在认知语义学框架内部,他认为形式语义学对"相似性"的解释过于简单化了:

> ……对于这个幼稚(却几乎为人们普遍接受)的答案,也就是语言传达的是真实世界的信息,我要辩驳几句。(1983:24)
>
> ……如果我们所在的世界的确归功于配置性心理过程,那么对于一种心理学理论来说,它需要仔细地把环境的输入源和人们所在的世界区分开来,这点至关重要。为方便起见,我把前者称为真实世界,把后者称为投射世界(称为经验世界或现象世界也是合适的)。(28)
>
> ……现在已经很清楚,为什么我们必须驳斥认为语言所传递的是真实世界的信息这一幼稚的立场。我们能够有意识地进入的只是投射世界——一个被我们无意识地组织起来的世界。我们能够谈论的只是那些已经获得大脑表征的事物。因此,语言所传递的信息一定是关于投射世界的信息。我们必须把这种幼稚的立场解释为,这是我们把投射世界看作真实世界所导致的结果。
>
> 按照该观点,真实世界在语言中只扮演了间接角色:它在组织投射世界的过程中充当某种素材。如果真是这样,那么我们就必须质疑自然语言语义学中被传统上认为是真值和指称的那些概念的核心地位。真值通常被认为是一组句子(真实的句子)和真实世界之间的关系,指称被看作语言中的表达式和它们在真实世界中的所指对象之间的关系。既然拒绝了真实世界和语言之间存在直接关系的观点,那我们就不应当将这些概念当作构建意义理论的出发点。因此,像 Davidson(1970)等的研究方法与我们自己的观点是背道而驰的,他是根据 Tarsk 的真值递归理论来解释自然语言的语义的。(29—30)

在 Jackendoff 的描述中,投射世界是感知的创造性行为的结果:它被构建为一种感觉输入的模型,但是需要添加大量来自感知系统自身的信息。Lakoff(比如 1988)从认知语义学(见下文)中另一不同取向出发,对自己提出的"客观形而上"(形而上的现实主义)提出了批评。他详细评价了该立场,并指出如果意义存在于客观世界中,那么会出现哪些问题:

认为意义只存在于符号和外部现实的关系之中这一观点,就是含蓄地宣称颜色范畴以及其他任何次范畴都不是有意义的认知范畴。然而颜色范畴是真正的心理范畴。它们是有意义的,用于推理的,因此必须解释它们的意义。但是,假如不放弃意义的符号范畴,那就无法改变客观认知机制以兼容它们。那样做就意味着放弃了客观主义的核心。(Lakoff,1988:132)

已经强调过,现实不是给予我们自己的东西,而是我们必须构建一种对它的解释——或者我们说,我们必须识解我们的经验。解释是个符号过程,而我们的解释不但要考虑具体的自然世界,还要考虑作为符号建构体而产生的社会—文化域(见 Hasan,1984a,可参考 Whorf 的讨论)。意义的建构力或许在科技领域最容易观察到,该领域中的语言资源都是隐喻性用法。例如,金融市场的专业概念主要是用空间位移概念来构建的(参见第 6 章 6.7.4 节):

With exports **falling** to their **lowest level** in a year, the trade deficit **widened** sharply relative to the average **shortfall** in the first quarter. The fact that export demand in April **stands at** a 16% annual rate **below** the first quarter average underscores the combination of adverse currency effects and **sluggish** activity abroad. Import demand **rose** fractionally, with all of the gain reflecting an **upturn** in the energy area.

但在日常语言中,我们也能看到解释过程;在这里,数量和强度也是通过空间资源做出隐喻性构建。

10.3　认知语义学

在过去的 10 到 15 年间,认知语义学从生成传统中生发出来。这是 20 世纪 50 年代伴随认知科学的诞生而发轫的一个认知研究项目,是人工智能以及 Chomsky 认知取向语言学的自然发展。

10.3.1　认知语义学内部的两种研究方法

采用认知法研究语义的人都有一些共同的假设,即语义结构是概念结构的一部分,都倾向于拒绝形式的、蒙太格风格的语义学。这一点我们在上文引用的 Jackendoff 和

Lakoff 的论述中已经指明。然而，他们两人似乎也分成两派，按照美国东西海岸来分比较方便。

在东海岸，Jackendoff（比如 1983）以他早期对语义学的研究（Jackendoff，1972）为基础，发展出了认知语义学的生成类型①，他称之为概念语义学。这与现代生成理论的一些内容融合在一起，比如 X-bar 句法次理论。Jackendoff 提出了概念本体论和对概念结构的几个建议，这些我们会在后面 10.3.2 节讨论。该版本的认知语义学与逻辑—哲学传统之间的关系或许更为密切（参见 Jackendoff，1988:81—82）。

在西海岸，一些语言学家发展出了用于替代生成语言学的认知语言学。其中有些人的研究基础来自生成语言学（比如 Lakoff、Langacker；Lakoff 的起点是生成语义学），但已经远离这一传统。就生成语法学家们的研究计划来说，他们扩大了研究范围，也就是将隐喻包括进来并将之作为一个突出特征（Lakoff & Johnson，1980 及后续著作；如 Lakoff，1987，1988），还包括一个详细的理论模型，来说明语言与认知和感知之间的关系（Langacker，1987）。还有一些研究者将语篇作为研究取向（最突出的要数 Chafe，1979；1987；Tomlin，1987a，讨论认知事件在语言学中的折射）。这一认知语义学观点与修辞—民族学传统之间的关系可能更加密切（从本源来讲或许不那样密切，但从发展方向来看是的），认知人类学的研究兴趣在于通俗分类，而最近的兴趣则在于文化模型，这为两者提供了一个结合点。

西海岸的认知语义学研究的诸多方面都与概念库的组织相关，比如前面提到的隐喻系统研究、Talmy（比如 1985）的词汇化研究和 Chafe（1970）早期的意义结构研究。在后面第 12 章 12.3.2 节我们将简要讨论 Chafe 对"语义动词"的分类。

10.3.2 Jackendoff 的概念语义学

Jackendoff（1983）从生成语法学家的角度做了一项关于语义和认知的重要研究。其中，他提出由语言驱动的概念类型的本体。尽管他的研究目的是理论性而不是描述性的，提出的本体并不是很广泛，但这已成为该领域研究的一个参考框架。简述该本体的特点并将之与概念库的组织做一番比较是有裨益的。

Jackendoff 认为语义组织是概念组织的一部分，也就是能被言语表达的部分；该立场使他区别于其他生成学家。在语义结构和概念结构之间的关系上，他识别出两个可能的立场（1983；如图 10-3 所示）：

---

① Jackendoff 把他的研究方法称为概念语义学，而 Lakoff 则把自己的研究方法称为认知语义学。我们则使用认知语义学作为认知取向的语义研究方法的统称。

（1）概念结构是超出语义结构的进一步层次，由一个通常称为语用学的规则成分与之相联系。语用学规定了语言语义与语篇以及语言以外的环境之间的关系。

（2）语义结构可以只是概念结构的一个子集，也就是那些恰好可用言语表达的概念结构。

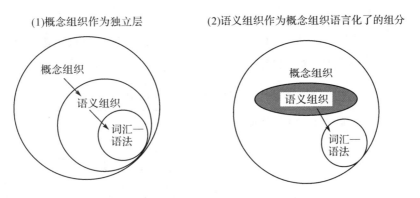

图 10-3　概念组织和语义组织的两种可能的关系

Jackendoff 和一些人现在更倾向于第二种立场，而代表美国西海岸认知语义学的 Langacker 也持同样立场：

> 意义是心理现象，必须参照认知过程才能对它做出最终描述。所以我支持 Chafe（1970：74—76）采用"概念的（conceptual）"或"概念的（ideational）"的意义观……我认为至少在理论上（如果实践上还不行）可以用有原则的、连贯的、明确的方式，对思维、概念、感知、意象和一般心理经验等的内部结构加以描写。概念结构这个术语可以不加区分地应用于任何该类实体，无论语言的或非语言的。那么，语义结构就被视为由于符号目的且根据语言惯例而形塑的概念化结构。因此，语义结构被当作根据语言惯例的命令的符号目的而塑造的概念化。（1987：97—98）

从我们的立场来看，这似乎是对意义的先验解释；而我们更喜欢用一种固有方法来研究意义，把"概念组织"解释为由各种不同的符号系统创造出来的意义，而语言则是其中的主要系统（参见第 1 章 1.1 节）。我们将在下文回顾该方法的启示，可参见第 14 章。Jackendoff 提供了来自感知研究的证据来证明，在以语言表达的概念范畴和那些需要以想象来描述的范畴之间存在某种有趣的对应。这对除语言之外的符号系统，比如近来对视觉艺术和图解所做的系统研究来说，无疑是个补充（Kress & van Leeuwen，

1990，1996；O'Toole，1989，1992，1994）。

Jackendoff 严肃认真地看待概念组织和句法组织之间的关系，这也许会受到来自古典形式主义观的挑战，但从功能观来说它是很自然的（参见第 1 章 1.1 节）。尤其是他发现了句法类别（就是生成术语中的范畴）和概念类别之间的对应性。这种对应性事实上是概念本体的重要证据来源。特别是 Jackendoff 使用"wh-"特殊疑问句和非疑问指称语词来支持该本体，他识别出了事物、数量、地点、方向、方式、事件和行为。例如，必须识别出事物和地点，因为英语中两种形式都有："what did you buy?"和"where is my coat?"。其本体如表 10-1 所示，里面附有每种类型的语法证据。最左边一列提供的是把该本体转换为我们的概念库的粗略翻译。

表 10-1 Jackendoff（1983）的本体

概念库本体	Jackendoff 的本体范畴		
成分：参与者	事物	what（did you buy?）	
	数量	how long（was the fish?）	this, that, yay long
成分：环境	地点	where（is my coat?）	here & there
	方向	where（did they go?）	that a way
	方式	how（did you cook the eggs?）	thus, so, this way
成分：过程	事件	what happened（next?）	that ... happen
	行为	what（did you）do?	do it

Jackendoff 将其本体与"标准一阶逻辑"做了对比之后得出了重要结论：逻辑的本体类别在很大程度上无法与语言学观区分开来——这种类型的逻辑不是自然语言的语义结构的充分理论（参见第 1 章 1.9.2 节我们提出的逻辑作为表征系统的地位问题）。与这类逻辑相比，Jackendoff 的本体具有更高的区分度。然而，我们相信，与概念库描写所需要的相比，他的理论还不够丰富。辨识出的类别基本上是一个位于一阶或二阶精密度上的词类的语义相关词（就如人们在传统语法中发现的那些）的清单。该清单并不是穷尽性的，并不包括任何重要的纵聚合组织（即不包括任何以表明诸类别是如何被归入某个包容格架的），也不包括一些英语概念语义学中最有启发性的区分，例如对现象和元现象的区分、对投射作用的识别，以及通过语法隐喻系统而做的扩展。

这些都是一般性的观察。由于 Jackendoff 依赖指称作为证据来源以完成他的本体区分，事实上他或许已经注意到了"延展指称"（向"宏"的移动）和 Halliday & Hasan（1976）所讨论的事实指称（向"元"的移动）这些关键的语义现象，参见第 2 章 2.11.3.2 节。

回顾 10.1 节中对 Barwise 对比思维取向的意义观和世界取向意义观的讨论，我们注意到 Barwise 总的观点是反对思维取向观的：

> 表征性的心理状态具有意义，这一点和句子、语篇完全相同，说一个人的话是什么意思是个复杂的问题。这就使得用心理表征来解释语言意义的努力变成了对主要问题的逃避：各种类型有意义的表征，包括句子和状态，是如何表达其意义的？(1988:38)

我们存在这个问题，但我们认为，其解决方案是要采用一种社会—语义的意义观，比如我们现在提出的观点。Jackendoff 是用概念术语来看待投射世界的信息。因此，现实的建构被看作一个发生在个体意识内部的过程。我们自己的观点——投射世界是个语义建构体，突出了人际的视角：意义是合作识解的。意义是要交流的，投射世界根据对意义的人际协商而得到校验。这意味着一致和冲突占据了通常以真实和虚假来概念化(参见 Eggins，1990)的域中很大一部分。语义系统(作为语言系统的一部分)是共享的，它是我们社会存在的一部分。所以，尽管我们认为概念语义系统识解人类经验这一观点与 Lakoff (1987:1988)所谓的"经验主义认知"立场相似(这是他自己阐述的观点，与他所谓的"客观主义认知"相对)，然而两者的不同之处在于，我们认为识解经验是一个主体间性过程。它既是符号性的(建构意义)，又是社会性的(如同 Peter Berger 的"现实的社会建构"，参见 Berger & Luckmann，1966；Wuthnow et al.，1984)。正是这两个视角的交叉呈现出我们试图在本书提出的社会符号的特点(参见 Lemke，1995；Thibault，1993)。

10.3.3　Fawcett 的互动思维认知模型

在系统功能语言学内部，Fawcett (比如 1980)率先提出了互动思维的认知模型，它和我们目前采用的研究方法有许多基本的相似之处，比如在内容平面内部识解过程配置的经验系统。然而，在我们当前讨论的这一语境中有两个特别有趣的互相联系的差异：

> ①在 Fawcett 的模型中，内容平面内部只有一个系统—结构圈：系统被解释为语义，并通过一个"体现成分"与(内容)形式连接，形式包括词项和句法，而句法是结构模型而不是系统模型；
> ②在 Fawcett 的模型中，语义学与"宇宙知识"是分离的，后者是语言系统以外的一个"成分"，包括"长期记忆"和"短期知识"。

就第一点而言,在我们的模型中,有两个系统—结构循环圈,一个在语义中,另一个在词汇语法中。语义系统中的术语是用语义结构来体现的,而语义系统和结构则是由词汇语法结构来体现的。正如我们在第 6 章看到的,语法隐喻是我们把轴和层次性视为独立维度的主要原因,这样我们才既有语义系统和结构,又有词汇语法系统和结构。我们允许将内容系统划分为语义和词汇语法,这样就更有利于我们用意义来识解知识。也就是说,如果词汇语法包括系统,那么语义就会变得更有力、更广泛。相应地,对我们来说,在第二点中,"宇宙知识"被识解为意义,而不是识解为知识。这种意义首先是在语言中创生的;但我们注意到,意义在其他符号系统中也会产生,包括其他的社会—符号系统和符号系统,比如感知系统等(参见第 15 章)。我们的解释确立语言在整体系统中的核心地位。总的来说,它是一个能够以诸多符号系统来识解意义的符号系统。

尽管 Fawcett 的模型在某些方面比我们的模型更接近主流的认知科学,但它仍是一种系统—功能模型。换言之,它和我们的理论研究一样,处于相同的理论框架内。

10.4 自然语言处理对意义的研究

我们迄今所做的讨论都植根于语言学、哲学或人类学,其中一些与自然语言处理(NLP)有联系。例如,Rosner & Johnson (1992) 的研究就包含对计算机语言学中 Montague 语义学的贡献,Lamb 的研究从一开始就是计算机方向的。然而,也有大量的语言学研究者更侧重 NLP 内部,以及 AI 的某些方面。关于语义学领域的大部分研究都与表征问题有关,例如 Brachman & Levesque(1985)有关知识表征的论文集,以及 Sowa (1991)编撰的文集。Schank 从 20 世纪 70 年代至今的研究是个例外:他和伙伴们不仅关注表征的形式(脚本、概念依存①),还关注词汇意义产生基本行为和状态(重点在前者)的本体论。我们将在 10.4.1 节对该研究做简要讨论。

在过去 10 年间,对综合本体的研究兴趣在升温,对 Penman"上层模型"的研究可以看作该取向的早期和延续研究,这方面可参见 Klose et al. (1992)有关 LILOG 项目的研究。其他 NLP 研究通常都是词汇取向,因此对我们的研究来说是个补充,包括:对词典中定义词汇时体现的语义组织的研究,比如 Amsler (1981)的研究;日本电子词典研究

---

① 概念依存理论,是用若干语义基元来表示所有行动和状态的一种思想。这一理论是 R. Schank 在 20 世纪 70 年代初期提出的,目的在于为自然语言的机器处理提供比较全面的手段(包括对输入原文的释意、翻译、推理和对问题的回答),同时也为研究人的语言处理提供一种直观理论。采用概念依存理论的自然语言处理程序,将语义作为首要的考虑因素,而几乎摒弃传统语法的一切形式,其效果是用精确性换得灵活性,因此有人称为"无语法型分析程序"。

所"概念词典"中"概念"的同义词组织(Thesaurus-like)(例如 009 号技术报告,1988);普林斯顿大学开发出来以揭示宏大词汇集中的词汇语义关系的词网系统(WordNet)(参见 Miller & Fellbaum,1991);由 B. Levin 和其他人负责(参见 Levin,1993)的 MIT 词汇项目;九州工业大学的 Okada、Nakamura & Okada(1991)、Hobbs(1984,1987)等旨在通过对词义的严谨、翔实而细致的研究推导出朴素世界观的 Tacitus 项目。有一种植根于语言学和计算机语言学的研究方法是 Dahlgren(1988)的朴素语义学,它有自己的本体论(参见 10.4.2 节)。

10.4.1　Schank 的概念依存

Schank 的基本方法发展于 20 世纪 70 年代(Schank,1972;Schank & Abelson,1977),此后被许多系统和解释加以检验、优化(Schank,1982;Schank & Kass,1988)。目前的方法包括:①对宏观组织的描述(脚本和后来的记忆组织包);②对微观组织的描述[进入概念依存(CD)关系的基本行为和状态]。

微观语义组织受控于 CD,它是模型中被开发出来的第一部分,Schank & Kass(1988:182)认为其特征是"一个关于句子意义表征的理论"。CD 坚持几条原则:表征应当标准(有相同意义的句子只有一个表征)、无歧义(一个特定的 CD 结构应该只有一个意义)、明晰(要把语法上含蓄的信息处理明晰)。此外,CD 表征旨在做成"无语言"——早期这样做的动机是机器翻译工作需要一种"无语言"的表征。

CD 理论的基础是我们将之解释为扩展的延伸次类别(参见第 3 章 3.4 节)——是一个分解性、组合性取向的理论,而在这方面,它与我们第 4 章 4.1 节讨论的 Jackendoff 的理论相似。Schank & Kass 用了一个物质隐喻来进行说明:

> CD 的基本命题成分被称为概念式。一个概念式可以表征行为或状态。概念式包含一个主要谓语和几个格位(case-slots)。行为概念式的主要谓语是基本行为之一(称为 ACTs),状态概念式则是基本状态之一。每个格位都可以由符号或另一个概念式来填充。行为概念式有一个行为者、对象、方向,有时还有一个工具格。工具是另外的行为,是为了完成主要行为而执行的。状态概念式规定着对象及该对象身处其中的对象的值(沿着某个任意级阶)。(1988:184)

行为和状态之间的区别我们是熟悉的,我们在多种研究法中遇到过。显然 CD 中的配置并非基于级阶:不同的(非基本)行为之间的关系是依照解构而不是系统同源而展现的。ACTs 与我们的言辞一致,只不过它们的复杂度(也就是它们的扩展潜势)是用它成分中的延展,而不是按精密度中的详述来解释的。这就意味着,ACTs经常包含其他行为,而言辞只是在有限的条件下才这样(例如,感知言辞中的现象,"Can you see the eagle landing?"中的"the eagle landing")。让我们思考一下 Schank & Kass(1988:186)提供的例子,其中的ACTs我们已经用黑体突出:

Mary gave John her car
CD:(**ATRANS**(行为者(人(名字:Mary)))
　　　　　　(对象(客观物体(类型:车)))
　　　　　　(方向(从(人(名字(Mary))))
　　　　　　　　(到(人(名字(John)))))))

Mary read *"Fine Dining in New Haven"*
CD:(**MTRANS**(行为者(Mary))
　　　　　　(对象(信息)
　　　　　　(方向(从(书(名字 *Fine Dining in New Haven*)))
　　　　　　　　(到(成分(部分(Mary)))))
　　　　　　(工具
　　　　　　　　(**ATTEND**
　　　　　　　　(行为者(Mary))
　　　　　　　　(对象(眼睛(部分(Mary))))
　　　　　　　　(方向
　　　　　　　　　(到(书(名字 *Fine Dining in New Haven*)))))))))

　　第一个例子与动作言辞一致,因为"giving"在转交行为的分类中是很笼统的,所以用一个简单的 ACT ATRANS 来表征("某种抽象关系比如拥有权、所有权或控制的转移")。接受者角色充当DIRECTION的"目的地"。第二个例子与感知言辞一致。顶级的 ACT 表征为 MTRANS(动物之间或一个动物自身的信息转移)。除一个 INSTRUMENT 角色由另一个概念式填充以外,其他角色和 ATRANS 一样,该概念式的行为是 ATTEND(把一个感官趋向于或聚焦到一个刺激物上面的行为)。所以粗略的解释就是"玛丽通过命令自己把眼睛转到'Fine Dining in New Haven'上,而在心理上将信息传到身体的某部分"。这种对"read"的分析是把"read"视为扩展的一种形式,具体来说是一个增强言辞列,这一点很吸引人。
　　ATRANS、MTRANS 和 ATTEND 都取自同一组的 11 个基本行为。按照我们最初对言辞的区分,我们把它们列在一起。分组基于我们对 Schank & Kass (1988:184—185) 中的定义和范例所做的解释,如表 10-2 所示。

表 10-2　Schank 的基本行为和我们的言辞分类

概念库中的言辞次域	基本行为
动作(doing)	ATRANS
	PTRANS
	PROPEL
	MOVE
	GRASP
	INGEST
	EXPEL
感知(或者作为行为)[sensing(or as behavior)]	MTRANS
	MBUILD
	ATTEND
言语(也有其他的)[saying (but also other)]	SPEAK
存在和拥有(being & having)	(基本状态,比如 JOY、ANGER、HEALTH ...) *

* 状态与归属加强型中的言辞似乎是和"动作"一致的。

让我们来看看 Goldman(1974)在其 BABEL 系统中对词汇区分和选择的解释,这样我们就会明白 Schank 的概念依存是如何用于区分非基本行为的。在一个区分网络中,Goldman 运用 ACTs 及对其角色填充物的限制来区分词汇的意义。举例来说,假如有一个概念表征式"亨利(Henry)＋摄取(ingest)＋啤酒(beer)"(这里的摄取是上文清单中引用的基本行为之一),那么词汇网络将允许我们选择"喝"来表达"摄取",因为"啤酒"是液体。

总之,BABEL 带有一种概念结构。因为 BABEL 跨越了区分网络,所以每当遇到一个网络节点它就会根据其定义性特征对该概念结构进行检查。结果就是对一个单词意义做出选择。Goldman 对 BABEL 中的 15 个区分网络做了进一步研究。我们对其中一个做了修改,并把它作为一个对各种角色的值加以限制的系统网络呈现在这里。它包括某些摄取过程,如图 10-4(我们保持了 Goldman 区分网络的二分法,以及它作为一种严格分类的安排)。上述这些区分都是基于摄取的原因和所摄取物的本质。第一个问题确定了行为者摄取它的目的是"健康";假若如此,那么就选择"为了健康"这一特征,所选词项就是 take(比如在 take cough medicine 中)。

　　这个例子说明了基本行为如何进入(非基本)行为的类别之中。它还表明,当它们被这样解释时,"基本"的意思似乎是"不精细"。这是对"基本"这一概念的详述而不是延伸,但是这样就使基本行为与概念结构中的其他行为,比如上文的 read 之间的关系不甚明朗。图 10-4 中的系统解释提出了各种各样的问题。例如,"基本"行为能自己组织为一个系统吗? 能够充当行为的各种角色填充物的实体(物体等)类别有何含义?

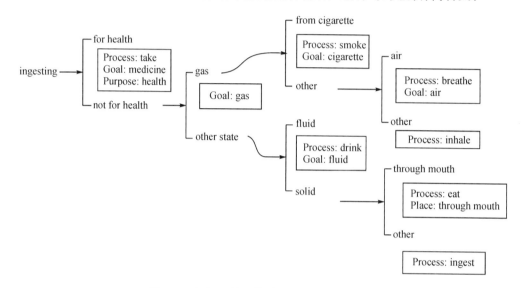

图 10-4　词汇系统网络(根据 Goldman, 1974)

　　CD 意在"无语言"。对于某些语言中的语法化,CD 表征式不能以概念库那样的方式予以支持。所以,第一,CD 理论无法解释语法是如何组织的(或许在 AI 中的关注度不如语言学)(因为它与特定的语法之间并无自然的关系);第二,它无法揭示语法是如何识解经验的——某个特定语言的语法所做的贡献会被中立化,大概就像一致式识解和隐喻式识解之间的差别那样。在其他条件相等的前提下,CD 表征并不支持语法化,这一事实使它看起来好像有严重缺陷。可能你会说,事实上这正是它的部分优点——它开放了语言的中立表征这种可能性,正如 CD 理论的倡导者们说的那样。然而,那并不是唯一可以采取的路径(参见第 7 章);建构一个多语言的概念库,以融汇不同语言的观点,这是可能的(Bateman, Matthiessen & Zeng; Zeng, 1996)。

　　在所需要做的更为宽泛的解释中,CD 是要做的第一部分。虽然 CD 的域(domain)是在句子中,但是 Schank & Abelson (1977)提出了一种在我们看来是基于情景语境的组织形式——他们的脚本。"从本质上来说是一条与某种具体常规情景关联的、事先打包好的推理链。"(Schank & Kass, 1988:190)后来最为出名的脚本是餐馆脚本——一个多概念式的序列。脚本可用于支持语篇生成和理解中的多重过程。在系统理论和 Firth 的系统—结构理论中,有相当一部分是把情境类型的组织分成不同的阶段:首先是 Mitchell(1957)的开创性研究,后来是 Hasan(1978,1984b)的研究,随后各种研究纷纷展开,Cross (1991) 把它应用于语篇生成。一个差别是,在系统研究中,情景类型总是被视为情境语境类型或树图的一部分,并因语场、语旨和语式的变化而做相应改变(参见 Martin, 1992)。Schank (1982)引入了一个新概念——记忆组织包(MOPs),作为对早期脚本的继承;这些记忆组织包在某个抽象层级上相互连接,被组织成"多场景",使其中一个场景能够被几个 MOPs 合用。这足以表明,一个像级阶一样的组织,以升序的形式——概念式、场景、MOPs 以及 MOPs 的序列,被投射到概念库上。脚本或许可以解释为一个从特定情境语境投射到概念库上的常规序列。

10.4.2　Dahlgren 的朴素语义学

Dahlgren(1988)和他的同事们对语义组织做出了可以与我们的概念库相提并论的、有价值的、相当广泛的描述,其目的之一就是要以一种计算系统来支持语篇处理。Dahlgren 称之为朴素语义学,因为其意图是要建立起"与词汇相关的详细的纯真理论"(1988:28),也就是说,在朴素语义学中,进入系统的移步通过词汇,这与我们通过小句和基于秘密语法(cryptogrammar)的方法形成鲜明对比。(因为这涉及词汇意义,其任务显然并不支持概念库信息的语法化,而是要用于语篇理解中基于词汇意义的推理)它的提出作为基于基本意义的理论的替代,并以原型理论为来源,其目的是反映语言和心理两种证据。

概念被组织成一个本体层级,被称为本体层级而不是分类层级是因为朴素语义学是现实主义理论。层级里的每一个节点都有与之相关的分类类指知识(1988:33)。这种知识是根据特征的类型比如年龄、颜色、性别、位置、有组成部分等来组织的,对于名词概念来说,共有 54 个这样的特征,被区分为"典型特征"和"内在特征"(59)。所以,像 office 作为工作场所这个意义被给出如下特征(60):

```
{地点
    <典型的:>{有组成成分(＊,椅子),
    有组成成分(＊,课桌),
    有组成成分(＊,打字机),
    位置(城市商业区)}

    <内在的:>{有组成成分(＊,门),
    有组成成分(＊,窗户),
    位置(建筑)}}
```

也就是可以用一个识别类小句来表述：办公室是一个有椅子、桌子和打字机（通常），位于市中心，并有门和窗（内在特征），位于某一建筑内的场所。它被识解为一个带有延伸（with）和增强（in）角色的参与者：这些特点与我们在概念库中定义类型特点时使用的角色有可比性，但我们设定的角色以语法为理据——它们在语法之中被识解为参与者、言辞等"特征"。Dahlgren 识别出一组特征丰富[其中，名词有 54 个（如前面已经提到的）]和另一个关系类型（位置、时间、原因、可能性）联系较小的特征集。前者属于参与者域，正如我们预测的，我们发现与不同类型的描述语相对应的是这些特征——颜色、大小、年龄等。后者属于言辞范围，也如我们预测的，其与增强（环境）性角色相关的特征是地点、时间、原因、可能、结果、后果、方式和目的。这是对从语法识解为小句的言辞角度来研究动词语义所具有价值的肯定。①

现在，尽管特征集不是任意大，但是与本体中众多节点相连的特征集可能的组合数目是很大的。Dahlgren 证明了各种组合是如何受到种类类型（对名词而言）和关系类型（对动词而言）的限制。她把这些"相关的限制"的特征总结为"对真实世界的常识性反映"，"种类类型是在其描述中带有推测性特征的种类的类型语词"（69）。例如，在名词本体中有 ENTITY 类型，其特征类型"有部分"和"其中部分"都与之关联，还有更精密的 PHYSICAL 这一类型增加了"颜色""大小""质地"。从我们的概念库角度来看，这些都是与体现性陈述句有关的类型，把它们当作系统网络中的类型的主要原因是它们拥有与之关联的"特征"。还有更为精密的类型，但它们仅仅是继承了次精密类型的"特征"。

我们提出的实体类型呈现在图 10-5 中（以 Dahlgren 于 1988 年出版的著作中的第 2 章和第 4 章为基础）。该本体中的名词种类的类型如下：实体、有情感的、生命、动物、物理的、社会的、角色、人、命题的、用具和机构（74）。

关系次本体反映了 Vendler（1967）的分类，我们会在第 12 章 12.2 节针对它给出评论，它增加了"心理/情绪/非心理"和（对事件而言的）"目标/非目标"。这些分类的证据一部分是心理学的，但是对个体类型并没有足够的详细讨论，也没有有助于做出区分的语言学证据来使我们对比他们的总分类和我们自己的分类。

---

① 把朴素语义学中所使用的全部的特征组做一个回顾，并从我们概念库的角度对它们做出系统的解释，这样做可能会有所帮助。然而，其中大多数特征只是罗列了出来，所以要有把握地读出它们的意义来支持我们的解释，这样做是有困难的。

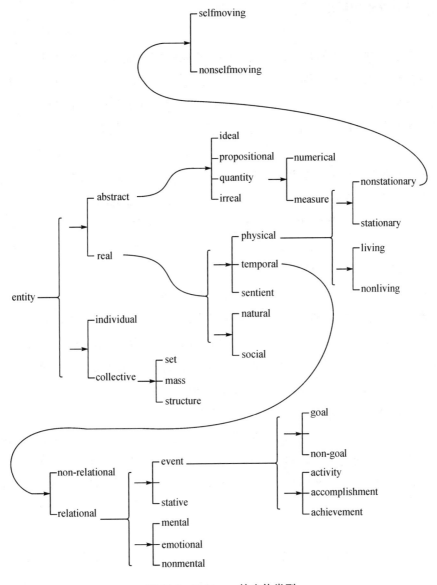

图 10-5　Dahlgren 的实体类型

10.5　从分层角度看意义

　　现在对本章回顾意义研究的不同方法做个总结。让我们提出这样一个问题，意义系统，也就是语义系统是如何与语言系统内外的其他系统相联系的。假定我们把语义系统的分层解释为中间层，那么我们可以把研究意义的各种不同的角度可能采取的语义理论沿下列线索归纳出特征：

①层内部（语义的内部组织）：某个意义理论可能聚焦在意义组织本身，运用某种框架来描述意义关系，例如，意义潜势的纵聚合组织，就像我们现在所做的研究；语义同源的不同维度，比如像在（经典的）成分分析中那样；意义的横组合解析，像 Katz & Fodor 的理论、解释语义学和生成语义学。

②层之间：一个理论也许会集中在语义分层的层界面上——意义是如何向上与语境（根据我们的方法）以及如何向下与词汇语法联系起来的。(a)层内部——向上（语义相对于语境）：意义是如何向上与语境联系起来的，这个问题在修辞—民族学取向中而非逻辑—哲学取向中非常突出。我们在第8章和第9章讨论了研究意义的语境角度（比如可以参见图8-1），讨论了意义在语场、语旨和语式这些语境情境中的区别之间的关系，以及它们在意义上的语域差异。(b)层内部——向下（相对于词汇语法的语义研究）：语义与词汇语法之间的界面属于语言内部，并已在意义研究方面吸引了所有立场学者的关注，而对语义和语境之间的界面的关注却不同。在逻辑—哲学取向中，在生成语言学内部，解释语义学聚焦在语义表征中如何能够自下，也就是从句法表征中推导出这个问题；在20世纪60年代后期和70年代初，辩论的一个重要问题就是层内部的方向性以及层内部边界的实质。由此产生的一个关键问题，尤其在20世纪70年代和80年代早期，就是句法是不是自治的。在乔姆斯基的标准理论中答案是肯定的，但这遭到蒙太格和那些受他影响用 tandem 来构建句法、语义规定的人们的反对（就如 GPSG 和 HPSG 不断发展的那样）。在修辞—民族学取向中，我们采取这一立场，即词汇语法不是自治的，它相对于语义来说是自然的，我们研究概念库的方法正是基于这种理论假设（参见第1章1.2节）。这就解释了语法隐喻进一步的可能性，那就是打开语义和词汇语法之间的界面。

③层以外（语言与非符号系统之间的关系）：该理论也许聚焦在普通语言和非符号系统之间的联系。我们已经讨论了这种聚焦是如何嵌入意义研究的超验法之中的，在这种研究法中，意义被"输出"到物质世界或精神领域。

以上研究意义的分层维度我们用图10-6表示。我们并不是在暗示一种特定的理论仅仅只研究与层相关的三个区域之一就行。很显然，解释语义学既与句法和语义之间的映射有关，也与用解构法对意义的内部组织的研究（比如 Jackendoff，1972）有关。从对语言的分层解释来看，这些不同的方法彼此之间并不是绝不相容——过去人们通常都这样认为：作为研究意义的互补视角，它们聚焦于语义层的不同侧面，即它的内部组织或它与其他系统（如语言的、概念的或物理的）之间的界面。当然，这并不是说，这些方法能够组合成一个内在一致的意义理论。例如，要把一种模型—理论法和一个经验主义认知法或者我们固有的研究法相互调和起来是十分困难的。然而，从我们的立场来看，这不是说构拟一套能将符号系统和物质系统联系起来的模型所需要的步骤是有意义的，但是这种关系的构建必须以这种方式给出，即我们能够展示出，人类作为生物有机体和社会符号是如何与他们的物质环境发生互动的。这些问题我们暂留在这里，本书的最后一部分会讨论。在第 14 章将对"心"的构建问题化以后，我们将要在第 15 章 15.1 节讨论语义系统是如何与其他系统建立起联系的。

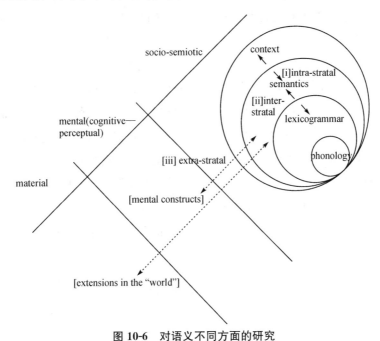

图 10-6　对语义不同方面的研究

11　变形和转换

在前一章我们通过其处于整体的语言模型的相对位置（以及环境）比较了对语义系统的不同解释。但是如果任务是构建知识库，那么问题是语言在多大程度上卷入其中。英语的概念意义的解释可能与我们在此倡导的明显不同。姑且避开不是从语言解释出发的意义研究（参见第 10 章 10.1 节），还有一些与我们的研究形成对照的研究，它们基于语言，其参照点是语言学或者哲学。其他研究处于语言学驱动的模式或受到其他基础支持的模式之间，如格语法中的深层格理论（如工具和受益人）以及具有从谓词逻辑派生出来的语义术语的各种理论。后者可能导致这样一种争论，既然谓词逻辑被用来表征英语的语义结构，这个结构必定与谓词逻辑相似。就是说，它们可能导致来自元语言而不是对象语言的争论。我们将首先考察已经在本体论和本体论范畴的研究中采用的可能的参照系（11.1 节），然后讨论由于语言"扭曲"思想和现实而不能作为参照系的观点和与此相关的由于句法学"扭曲"语义而不能依靠的观点（11.2 节），最后讨论特征的类型学状况，示例在另一类现象的模型上解释一类现象的趋势（11.3 节）。

11.1　参照框架

图 10-6 中总结了各种不同的意义视角——层级内、层级间和层级外。如果我们为自己设立一个知识库本体论任务，这些视角都可能起观测点的作用（还有其他视角下面将提及）。

从我们的立场看，参照系的选择遵循"知识库"作为"意义库"的设想（见第 1 章 1.1 节），其中意义是内在的（见第 10 章 10.1 节）。综观我们关于意义库的组织的讨论，我们提及了层级内的考虑（诸如同源模式和我们在探测过程中出现的转现象类型）和层级间的考虑。关于后者，我们凸显了"自下"的词汇语法层级的考量（见第 1 章 1.2 节和第 2 章 2.2 节）。主要原因有两个：第一，意义库必须通过由语言构成的语篇实现，因而如果词汇语法从一开始就是意义库的一部分，实现的陈述将会更加简单。第二，意义和措辞之间、语义系统和词汇语法系统之间是一种自然的关系，它们都是内容层。我们也提及语义与语境之间的关系(第8章8.1节和第9章9.1节),虽然它没有成为意义库中特定区别的主要依据。正如意义库必须在词汇语法方面得到解释,它也必须在语境方面得到解释。在我们的讨论中,我们强调语域或功能变体是通向语义和语境之间关系的钥匙。

如果站在不同的立场,参照框架可能是超语义的,原因要么是意义研究是超然的而不是内在的,要么是模式化的对象被看作知识而非意义。对"格关系"或者"深层格"构成的言辞中参与者角色和环境角色的研究,为对比不同参照系提供了一个很好的例子。Starosta对比了两种研究这类角色的方法:

> 格关系是获取于(非谓语)名词和它们的统领者动词、介词或其他名词之间的语法—语义关系。格关系包括那种在传统或现代生成语法中通过"施事""受事"等术语描写的直观范畴。它们的功用是在显性语法配置(词序、格的屈折变化等)、语义角色概念和范围现象间起中介作用,同时促进语言如荷兰语中的话语衔接。
>
> 费尔模传统的格语法并非基于与动作、过程、状态及其参与者,以及动作、过程、状态中必备或选择性的参与者充当的角色有关的语言直觉。这些角色是经典格语法和很多计算应用中的"格关系"或"深层格",也是基于 Gruber (1965)研究的乔姆斯基传统中的"主位关系"。在实践中,建立这样的角色和语言没有必然的联系:我们想象这样一个无声的动作画面,如一个人正在用干草叉往马车上装干草,确定这样一个动作发生所必要的成分(从事装载的人、装载的东西、装载的场所、装载的工具),并且为每个成分分配一个"格关系"(或"主位关系")。那么关于那个情境的句子中的格关系必须对应于先前建立的无声画面中的角色。因为这种测定独立于通过语言描写动作的特定方式,所以这种研究中的格关系在跨语言和跨句子的情况下都是不变的。
>
> 在费尔模的格语法和 Gruber 主位关系传统中,这种情境导向的程序反映于使用释义确定格关系:如果两个句子真值相同,就是释义,这是一种更为准确地表达它们具有相同外在情境特征的方式……实际上,这种实践相当于识解一种情境类型,它独立于语言,所以格关系必然是普世的……(1988:115—117)

正如 Starosta 所描述的,提出应对"格关系"的考量来源于外在语义视角。与此相反,Starosta 自己的研究是基于语言的:

　　格关系的词格语法研究不同于费尔模的格语法和乔姆斯基的主位关系分析,因为它们的定义不是直接通过外在情境,而是通过这些情境的句子的特有视角加以陈述的……所以,如果两个不同句子指的是相同的情境,但是从不同视角描述,它们会包含很多不同的格关系……通过视角而不是情境对格关系重新定义导致该理论的特定语言的和跨类型的解释力,这反映在大量的普遍化中,可以说它们使用了这种定义而不是费尔模的情境定义。(119)

　　我们的研究也是以语言为基础的:言辞中的参与者角色和环境角色都是基于内部语义考量(如投射和扩展的转现象类型)和从下层、词汇语法的层级间的考量。几乎与费尔模的《格辩》同时出现的,最初关于小句中及物性角色的系统研究(Halliday,1967,1968),具有 Starosta 所主张的基于语言的参照框架。[①] 从系统视角对相关问题的进一步讨论,参见 Martin(1996a,1996b)的研究。我们会在第 12 章比较和对比这个领域的某些议题。

　　对示例的"格关系"的考察适用于组织"知识库"的所有领域。在一个关于知识库的本体论讨论中(知识基础),Lang(1992,引自 Klose 等,1992)区分了具有概念基础的本体论类型和具有语言基础的本体论类型。

　　从我们的立场看,通过 Lang 的范畴(b)驱动的类型明显属于概念库,它们在层级内部和层级之间驱动。通过范畴(a)驱动的类型定义上属于超意义的,所以它们不属于概念库。然而,如果我们将知识重新构建为意义,那么接下来我们简单地将这类类型归于超语义的概念系统(正如语义的认知研究那样,参见第 10 章 10.3 节):我们将必须探索这些类型被语言之外的符号系统识解为意义的可能性。我们将在第 15 章 15.1 节讨论语言和其他符号系统之间的关系。这里首先重述所有经验均被识解为意义的观点。语言是将经验转换为意义的主要符号系统,语言是唯一能转换其他系统中识解的意义的符号系统(包括概念系统),因而能整合我们不同来源的经验(参见 Sugeno 对数据融合的应用,1993 年的著作)。

　　可能有人反对这个观点,因为它没有给科学或超自然模式留余地,例如没有考虑到科学提高了我们对世界的认识的可能性。这种反对意见是错位的:这种模式在概念库中识解为整体意义潜势中的域模式(参见第 8 章 8.1 节)。

---

　　① 我们必须注意,Fillmore(1968)通过考虑语法标准,包括沃尔夫的隐性范畴,很好地解决了这个问题。

11.2　变形的理念

　　试图创造一种整体上与语言无关,尤其是与词汇语法无关的本体论,似乎是来源于西方思想史上熟悉的一种信念:语言存在于我们和我们对世界的真实的或科学的理解之中,语言以某种方式扭曲我们对现实的认识。有两种略为不同的信念:第一种是语言扭曲现实的观点,或者作为一种变体,语言扭曲我们的思维(包括我们关于现实的思考)。这就是语言外欺骗,语言通过表征其他事物的方式欺骗我们。第二种是句法扭曲语义的观点。这就是语言内欺骗,语言通过一部分表征另一部分的方式欺骗我们。以下我们对二者做简单讨论。

11.2.1　语言扭曲(我们关于)现实的观点

　　语言扭曲现实图景、语言和思维错配的观点,反映在"表层"和"深层"的对立之中,因为这些出现在一种突出的语篇生成的研究中。在这种模式中,"深层生成"与思考表达什么(语言背后的思维)有关,而"表层生成"与怎样表达有关(见 McKeown & Swartout, 1987)。这种观点 Whorf 在很多年前讨论过,某些方面与今天仍然有关。Whorf 将它作为"自然逻辑观":

　　　　按照自然逻辑,每个人自婴儿期开始就能流利说话这个事实使得每个人成为自己清晰表达和交流的专家。他只需参考他和别人都应该有的普通逻辑和推理的基础。自然逻辑说交谈只是一个与交流有关,而与表达观点无关的附带过程。交谈,或者语言使用,被认为只是"表达"已经通过非语言产生的事物。构想是一个独立的过程,叫作思想或思考,它被认为与特定语言具有完全不同的特征。语言中的语法,被认为仅仅是惯例性和社会性的正确标准。但语言使用受到正确、合理或者智慧的思维的指导远多于受到语法的指导。

　　　　在这个观点中,思想不依赖语法,而是被认为是依赖与所有宇宙观察者都一样的逻辑和理性的法则去表征能被聪明的观察者独立"发现"的宇宙原理,不管发现者说汉语还是乔克托语。在本族文化中,数学公式和形式逻辑公式获得了处理这样一种事物秩序的声望,这就是纯粹思维的领域和法则。自然逻辑认为,虽然语言不同,都是表达同一个思维原理的平行方式,因而在某些细微方面确实存在差异。因为是近距离观察,所以这些细微方面显得很重要。自然逻辑认为,数学、符号逻辑、哲学等是与语言相对照的、直接涉及思维领域

的系统,并不认为它们是语言的专业延伸。(1956:207—208)

在描述了自然逻辑的特点之后,Whorf 接着澄清它的两个问题:

> 自然逻辑包含两个错误。首先它没有看到语言作为现象对于语言使用者来说具有的背景性质,因而外在于表达自然逻辑的说话人的批判意识和操控。这样,当作为自然逻辑学家的任何人在谈论理性、逻辑以及正确思维的法则的时候,他往往只是与自己语言或语族中的具有某种背景性质的纯粹语法事实保持一致步调,而不是与所有语言中的普遍语法事实以及共同的理性基础保持一致步调。其次,自然逻辑错误地将通过使用语言获得的关于主题的共识当作达成共识的语言过程的知识,即受到轻视的语法学家的领域。(1956:211)

语言的这种曲解作用由早期的欧洲人文学者提出,他们认为中世纪的学者过分聚焦语言,而科学家的真正任务是识破言语的伪装,深入现实的底层(如弗朗西斯·培根著名的关于自然语言诱惑性权力的警告)。自然语言被认为是新的科学知识的不充足的载体,因而有必要创造人造语言记录、转播和延伸新的科学知识。人们认为人造语言将会与经验的对象世界更加协调一致。

当今,这种态度在人们谈论语言的时候依然盛行。它在 20 世纪 50 和 60 年代对机器翻译起着主导作用,分析的任务被看作剥离语言外衣下的潜在的观点(Firth 于 1956年尖锐地谈到语言是赤裸观念的外衣的观点。)当"国际语"模式被提出后,很多研究者没有将它当作调节不同语言系统的意义结构,而是当作无语言的概念和概念结构的表征(参见 10.4.1 节中 Schank 提出的概念依存关系)。

当语言包含于某个交际模式中时,我们经常遇到认为语言扭曲现实的观点,这种模式的普遍理念是语言是撒谎的工具,至少是掩盖真相的。如果语言从交际来描写,将它作为信息传递的工具,尤其是将它与基于真值的语义合并,人们可以猜测到这种观点可能出现的原因。

11.2.2 词汇语法(句法)扭曲语义的观点

句法扭曲语义的观点暗示了语法与意义的关系是间接和任意的。这种观点在现代语言学中站得住脚,因为意义要么从其范围中被彻底排除,如美国结构主义语言学家;要么被保持距离,乔姆斯基用了深层和表层结构这样的隐喻来表达,只有深层结构具有意义的可靠性。这就为分析"表层 X 就是深层 Y"模式的分析铺平了道路。我们看到了如下启示：形容词实际上是动词（如 Chafe，1970），名词实际上是动词（参见 Bach，1968），代词实际上是冠词（Postal，1966），否定实际上是一个（更高级的）动词，时态实际上是一个（更高级的）动词（参见 Huddleston，1968），助词实际上是完全动词，动词词组复合体其实就是嵌入小句的浓缩形式，语气就是分离的言语小句，等等。如 Bach 认为名词、动词和形容词之间的区别是表层的，名词其实是另外的事物：

> 英语语法传统上保留对名词、动词和形容词的严格的区分。我的目的是说明这些"词性"的差别只存在于一个相对浅层的层面，其深层的更为基础的两分法是不同的。通过使用"句子"而非"英语句子"，我试图表明不同语言的深层结构都是相同的，即我同意普世的词根规律的观点。（1968:91）

> 简而言之，我在众多证据的基础上，证明名词来自基于谓语名词成分的关系小句的猜想是有道理的……我试图表明诸如名词、形容词和动词等词性之间的区分在词根中没有这种直接的表征，而是一种语言转换发展的结果。……基础成分看起来很像现代逻辑学家如 Rudolf Catnap、Hans Reicbenbach 等的著作中常见的逻辑系统。特别是这样的系统没有对名词、形容词和动词进行词汇项的次分类，更为基础的是对变元、名词和一般性"谓词"的区分。……一个具有普遍基础规律的系统和此类系统非常接近，而此类系统毕竟是分析存在于自然语言中的最基本概念关系的结果，所以不足为奇。这样的系统直接表明这样一个观点：即使每种语言的具体的词汇项千差万别，任何语言都有可能表达任何概念内容。这是以一种最强烈的方式对洪堡特理论、萨丕尔-沃尔夫假设的直接否定。（1968:121—122）

这样的分析经常受到普遍语法观点的支持，如"在某些语言中'否定'是一个动词，所以声称整体上看是一个动词是有道理的"。正如 Bach 的引文所示，它们想要成为深层结构，像谓词逻辑那样的真正的结构。表层结构看起来像逻辑结构的"扭曲"版（从转换角度）。但是谓词逻辑来源于语法的一个特殊领域，它是小句的经验方面的简化版，可以用作某些言辞类型的理想化模式，用于显性的以规则为基础的推理，但它并不是要做一个分析一种自然语言的整体语义结构的工具①。这种观点已经被大部分人抛弃，表层结构在语义上不可靠的观点不再普遍存在了。

---

① 通过我们的层次化元语言模式（见第 1 章 1.9.1 节）可以发现，将谓词逻辑（或其他逻辑系统）范畴当作语言范畴可以构成一个下移层次：元语言中的表征层面的范畴进入对象语言的理论描写之中。

拒绝这两种关于语言扭曲作用的观点，我们不是要提出一种语言与之完美匹配的另一个版本。以上理论的错误之处在于它们错误地识解了符号系统的本质——我们不得不回归到根本的体现关系。符号系统不是一个可以显示和隐藏其下层事物的外衣，相反，它是将经验转换成意义，而系统中每个层次由其他层次识解，也识解其他层次。在这个意义上，一种"语言"，也可以像科学理论和逻辑一样人为地构建和设计出来。但是这样的符号学，最终和自然语言相关，自然语言在整个现实的建构中起"同谋"作用。

但是不管是否以这种方式设计，自然语言还是会继续进化。17 世纪人工语言不再使用，但这不意味着自然语言的形式会一成不变地保持下来。相反，新的语域一直在进化，有些以系统知识和实验科学的形式重新构建经验。

11.3　特征的地位——一个示例

我们不想更详细地阐述提及的各种观点，但是将它们作为部分在整个图景中考虑似乎是很重要的。不仅因为这些观点曲解自然语言，还因为它们能阻碍基于特定语言的活动的进展，例如，完全通过自然语言执行计算的"智能计算"的实践（Sugeno，1993）。在下面的部分，我们将通过考察构成言辞的一种成分类型即特征，解释这些观念，并且表明描写这些理念的方式如何受到这种思维的影响。这将借助语言内曲解的观点——句法和语义的错配。但是人们承认此观点背后隐含着对现实的曲解。在第 12 章，当我们观察很多可以作为可选方式的各种不同的描写时，我们也会发现某些关于语言的这种一般视角的痕迹。

对特征进行分类的问题在语法上经常将它作为词类问题加以讨论：形容词是稀奇的动词、稀奇的名词还是完全是另一类词？三个问题都有人提出，三个答案都是肯定的。这些问题本身反映传统语法的一种偏见：语法是以词为基础的。我们对这些问题的研究是功能研究，不是从脱离语境的词类开始，所以从小句开始探索。与语义相关的一个问题是英语中的言辞是如何组织起来的。这使得我们从意义环境视角——"从上面"观察问题。

11.3.1　一些重要的及物性类型

有两个及物性类型对讨论特征在其他语义类别中的地位具有重要意义：中动物质小句和中动关系小句。这些类型在第 2 章和第 4 章进行了描述，它们在过程类型和施动性方面都有区别。下面是烹饪的例子：

中动物质(发生):

Add the mushrooms, washed and chopped, and cook until *all the liquid from the mushrooms* [中介/行动者] *has evaporated* [过程].

中动关系(归属):

Use a little stock or apple juice, *if the stuffing* [中介/载体] *is* [过程] *too firm* [范围/属性].

This [中介/载体] *makes* [过程] a good stuffing for a whole *cabbage* [范围/属性].

They [中介/载体] *will become* [过程] *discoloured* [范围/属性],
but the flavour [中介/载体] *is* [过程] *very good* [范围/属性].

这两种类型分别体现动作和发生、存在和拥有。让我们回顾一下它们的结构,讨论它们不同的话语贡献。

第一,上述物质小句表征一个有中介参与的发生,这种发生是一个从液体到气体的变化。小句表示在液体蒸发过程中烹饪继续进行。我们可以通过图 11-1 表征通过这种方式识解的语义结构。

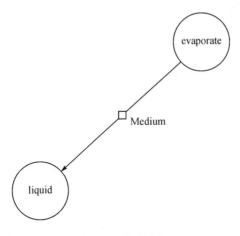

图 11-1　发生言辞

在烹饪中,物质小句构成整个程序的主体,这是这些语篇与叙事语篇的共同之处。这里有一个由物质小句向前推动的传统故事:

Jack and Jill went up the hill to fetch a pail of water. Jack fell down and broke his crown, and Jill came tumbling after. Up Jack got home and he trot as fast as he could caper; went to bed to mend his head with vinegar and brown paper.

物质过程自然地提供了一种时间序列,这是其他过程类型少有的特征。

第二,关系小句表征的是对与特征或类别相关的中介的描写。更宏观地说,中介是一个集合中的成员,它被定义为一个特征或一个类别。这种关系是由参与者(载体和属性)和核心关系合成的。核心关系不一定是状态,也可以是存在或者成为,二者均置于时间之中,就像一般的过程。但是参与者是静态的事物,载体是一个个体或类别,属性是一个持久的特征或更宽泛的类别。表示"成为"的关系过程的属性适应于成为的终极状态的载体,它是一个表结果的属性。我们可以将最后那个关系小句的语义结构表征为图 11-2。

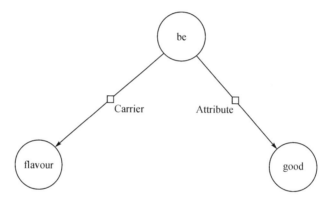

图 11-2　归属式存在言辞

描写和特征刻画主要利用及物性语法资源表征关系过程。考虑《新国际百科全书》中的词条 "duck":

DUCK. (...) The ducks <u>are</u> a large and well-defined group of birds of the order Anseres and the family Anatidae. They <u>are distinguished</u> from the swans and geese by <u>having</u> the tarsi scutellate in front, and the sexes <u>are</u> unlike in color; and they <u>are separated</u> from the mergansers by the shape of the bill, which <u>is</u> broad and flattened.

The term "duck" <u>is</u> generally restricted to <u>designate</u> the female, while "drake" <u>is</u> the term applied to the male.

The ducks <u>are</u> largely animal feeders (insects, snails, frogs, fish, etc.), although some species <u>are</u> noted for their fondness for wild celery and other vegetables.

The legs are short and placed far back, so that ducks **move** with difficulty on land, and with the characteristic gait known as a waddle, but they are splendid swimmers, and are noted for their powers of **diving and swimming** under water.

The neck is short as compared with geese or swans. There is a peculiar anatomical feature of the windpipe, consisting of a large dilatation of the trachea on each side at its bifurcation.

The tongue is large and fleshy and very sensitive.

The plumage is remarkably thick, soft, and compact.

The wings are stiff, strong, and pointed, giving the power of rapid and vigorous flight, though the speed of wild ducks has probably been exaggerated.

The tail is of variable shape and made up of usually 14 or 16 feathers.

The oil gland is always present and well developed, with two openings, and crowned with a tuft of feathers.

The ducks **have been** easily **tamed**, and many breeds are known which will be considered later by themselves. (...)

这里鸭子归属于各种类别(动物饲养者、游泳者等),具有区分性质的子部件得到具体说明,根据其特征归属鸭子的不同部位的特征得到描写。注意这个语篇被组织为一系列的详述关系(组别、归属等)。

当我们观察采用物质小句和关系小句的语篇时,二者之间的功能差异显得十分明显:它们为创造语篇做出不同种类的贡献,如在烹饪之类的程序语篇中,物质小句的作用是表达程序步骤。相反,关系小句在语篇的不同阶段出现,它在涉及作为程序结果的食物的用途阶段出现(参见第 9 章 9.2.1 节):

SWEET CORN STUFFING.

[Ingredients: ...]

[Procedure:] **Melt** the butter and cook the onion in it without browning. **Strip** the cobs and add the sweet corn to the onion. **Cook** for a further 2—3 minutes. **Remove** from the heat and add the remainder of the ingredients.

[Use:] This makes a good stuffing for tomatoes.

关于"用途"的其他例子:

These <u>are</u> lovely when fresh but after a day or two they should be warmed through before being eaten. They <u>are</u> very pleasant served with soup or salad.

Young beetroots <u>are</u> very good on their own.

This dish <u>is</u> very attractive in appearance.

11.3.2　三种不同的及物性阐释

前面的讨论表明,将物质小句和关系小句区分为在话语中具有互补作用的两种不同的类型具有重要意义。在我们的阐释中,两者都没有给予优先权,然而,在一些描写中,其中一个在另一个的模型中得到解释。中动物质小句起到作为阐释中动关系小句(归属式)的模式的作用。同样中动关系小句起到作为阐释物质小句的模式的作用。为了便于讨论,我们首先区分三种不同立场。

①根据第一种立场,一个物质核心过程被阐释为关系过程的参与者。这给了"形式主语＋be＋谓语"符合逻辑的分析:"Socrates ran"被分析为"'主语:Socrates'＋be＋'谓语:'running'"。在语法类别方面,动词就是系动词加形容词。

②第二种立场在核心过程和参与者在分布方面的观点与第一种立场相反。关系过程在物质过程的模式上得到阐释,属性(参与者)被解释为核心过程。所以,"Socrates was white"被分析为"Socrates whited"。系动词不是被阐释为表征一个过程,而是当作一个时态、人称和数的"承担者"。

③第三种立场接受物质过程模式和关系过程模式,但不是通过一个模式阐释另一个模式。在这种模式下,"Socrates was white"不像"Socrates ran",而是直接与"Socrates was a philosopher"相关,进而与"Socrates was the teacher of Plato"相关。在这个模式中,核心过程是动词,参与者是名词性成分(名词和形容词)。

这三种立场通过图 11-3 加以概述。

三种途径对词类分配带来不同的结果。根据第一种途径,动词实际上就是形容词(它们的真正形状通过形容词分词揭示),第二种途径假设形容词就是动词,它们只是碰巧表面上有缺陷(英语),因为它们不能添加屈折词素。第三种途径将形容词归为"名词性成分",它依然有两种可能性,充当独立的词类或者组合为名词。各种可选途径归纳于图 11-4。

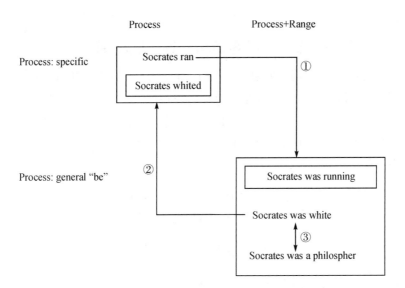

图 11-3　及物性模式——三种立场

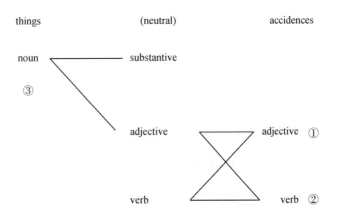

图 11-4　可选模式的词类分配

三种立场的及物性模式和词类分配如表 11-1 所示。我们从①和②的阐释开始，一种配置转换为另一种配置。

表 11-1　及物性模式和分类途径

位置	及物性模式	分类
①	关系（归属式）	动词是形容词（形容词性分词）
②	物质	形容词是（状态）动词
③	关系和物质	形容词和动词 (a)形容词是名词 (b)所有都不同

11.3.3　转换阐释——形容词和动词 VS. 名词

第一二种立场将一个配置转换为另一个配置以至于前者可以在后者的模式上得到阐释,同样地词类也得到转换:形容词实际上就是动词或动词实际上就是形容词。两种转换阐释可以看作试图发现一个权威的逻辑形式,即主语—系动词—谓语或者主语—谓语,而不是必须操控各种不同形式。这两种逻辑结构形式分别符合关系模式和物质模式:

物质模式		关系模式		
主语	谓语	主语—系动词—谓语		
动作者	过程	载体	过程	属性

11.3.3.1　主语—系动词—谓语(关系模式)

我们已经看出,将形容词和动词一并考虑的两种途径中,一种是基于归属式关系小句模式——"Socrates was white"。按照这个模式,"Socrates ran"中的动词其实是一个系动词加上一个形容词,"Socrates was running"(关于这种扩展的可能性,见亚里士多德《论阐释》)。这种途径是中世纪逻辑和哲学语法所追求的(参见 Padley,1985:374;Kneale & Kneale,1962:206—207 关于 Abelard 的论述)。我们也在皇家港口哲学语法学家及 Wilkins(1668)的著作中发现了这种途径。1924 年,Jespersen 注意到,"逻辑学家们喜欢将所有句子都分析为三种成分——主语、系动词和谓词",并且认为语言学家"必定发现这种分析是差强人意的"。他们似乎确实如此。这种途径可能不再有任何追随者(除非是关系模式上的进行体和被动态分析;参见 Langacker,1978)。可能有人辩称系动词的语义动机是充当基本时态或情态和归一性的场所。然而,这是一个人际功能,不是概念功能:在英语小句的语法中,确实有一个充当这些范畴的场所的成分,即限定成分,它和谓语动词分开,与另一个人际功能、主语合并形成小句的语气成分。(如"主语:they""限定词:will""谓语动词:come""反问限定词:won't""反问主语:they?",参见 Halliday,1985,第 4 章)。然而这个成分总是在动词词组中,没有必要创造一个人工系动词充当其功能。

尽管中世纪的"主语＋系动词＋谓语"分析不再受到喜爱,但它不会像在物质过程模式中阐释关系过程的对立立场那样牵强附会。按照关系阐释,"Aristotle runs/jogs/swims(well)"意味着"亚里士多德是一组奔跑/慢跑/游泳实体的成员",这类似"Aristotle is a(good)runner/jogger/swimmer"。但是需注意,我们是怎样达到物质模式和关系模式之间的明显的一致关系的。我们采用物质类型的一个特殊情况,这里物质过程的发生不是具体的实例,而是一个依动作者的能力而定的潜势(它与一般现在时相关,而在物质小句中无标记的现在时是现在中的现在,如"Aristotle is running")。使

用关系模式,这个"行为潜势"可以作为将行为归属于类别的基础[比较几对小句:
"Socrates speaks Greek/Socrates can speak Greek"(言语)和"Socrates is a speaker of Greek"(关系);"the door opens easily 'can easily be opened'"(物质)和"the door is easy [[to open]] 'is an easy one to open'"(关系)]。然而,如果我们转向物质过程,它的出现是一个特殊实例的情形,如"Jack is running up the hill"就没有明显的关系过程替代它。同样,反复发生而形成习惯的动作,如"Socrates swims twice a week",就不能通过关系表征(除非通过将 Socrates 分派为一周两次的游泳者,如"Socrates is a bi-weekly swimmer")。

这种对应关系在描写类别的语篇和语篇片段中,即那些本质上是关系过程的语篇中显示出来。思考以下关于鸭子的语篇和地质学语篇的摘录(源文的同源变异用斜体标记)。

关系:

The ducks <u>are</u> largely animal feeders (insects, snails, frogs, fish, etc.), [...]/

The legs <u>are</u> short and placed far back

but they <u>are</u> splendid swimmers [...]

The tongue <u>is</u> large and fleshy and very sensitive.

The plumage <u>is</u> remarkably thick, soft, and compact.

[...]

The ducks <u>are</u> easy to tame or The ducks are easily tameable

物质:

The ducks <u>feed</u> largely on animals ...

so that ducks <u>move</u> with difficulty on land, and with the characteristic gait known as a waddle,

but they <u>swim</u> splendidly, [...]

The ducks <u>have been</u> easily <u>tamed</u>, [...]

Rivers are agents of erosion, transportation, and deposition.

That is, they carve their own valleys and carry the eroded material downstream, where it is either deposited by the river or delivered into a lake or ocean.

Rivers are the most important agents in transporting the products of erosion:

they <u>drain</u> glaciers, and, even in their infrequent times of flowage on deserts, they probably are able to <u>carry</u> more material than the wind can.

在地质学语篇中,作者在关系和物质模式之间列举了一种重述关系("that is"";"),语篇谈的是河流的泛指类别,这是可能的。表 11-2 归纳了依据发生类型而产生的物质和关系过程之间的不同。

表 11-2　及物性和发生潜势

过程类型	发生类型		
	潜势	习惯实例	个例
物质	Socrates swims well	Socrates swims in the morning	Socrates swam across the river; Socrates is swimming
关系	Socrates is a good swimmer	Socrates swims is a matutinal swimmer	

11.3.3.2　主语—谓语(中动物质模式)

现代述谓逻辑采用不同的视角,名词、形容词和动词都被当作谓词。上述提到的第二个途径将其中的两个形容词和动词一并归入动词词类。这个模式就是一个物质模式,由"Socrates ran"进行说明["run (Socrates)"]。依据这个模式,"Socrates was white"实际就是"Socrates whited:'white (Socrates)'"。按照这个观点,形容词是表层的类别,表层结构的特征是需要一个系动词负载时态、数、人称。

这个途径的一个例子来自切夫。切夫将形容词当作"语义动词"。他评价自己对传统分析的态度:

把 in 作为动词词根违背基于表层结构研究的传统，事实上，前面将 wide 作为动词词根，也是如此。在英语和其他很多语言的表层结构中，in 在传统上被当作介词，wide 被当作动词。二者前面都是 be 的各种形式，be 充当动词的表层角色，如"The knife is in the box""The road is wide"。但在这些句子中，be 不是实义动词词根，它的功能是承载时态和其他像 in 和 wide 之类的依附于词根的屈折单位，因为这类屈折单位作为英语中的表层词项，不能有词尾变化。另外，我们发现英语中的表层词组如 the knife in the box 和 the wide road，不出现 be，而且 in 和 be 似乎完全在动词语境之外。很多读者可能认识到，这样的词组容易在 in 和 wide 作为动词词根的语义结构的基础上加以解释……值得注意的是，在有些语言中，这样的词项确实以动词形式，而不是介词和形容词出现在表层结构中。(1970:159—160)

在另一个语境中，切夫重申了如下态度：

能表达单个新概念的一个明显的词序类型是由系动词后接形容词、介词词组或名词词组。本叙述文中的例子包括"is funny"(1)，"was interesting"(38)，"was at Wesleyan"(19)，or "was still a men's school"(20)。在很多这样的例子中人们可能想象其他语言可以用一个词表示该概念，该词在该语言中已经成为惯例。(1987:34)

切夫提供了三个观点支持他的立场：①"be 在这样的句子中肯定不是实义动词词根，它的功能是负载时态和其他屈折形态单位……我希望的是由词序列表示的单个特征的无争议的个例"。②"我们发现英语中的表层词组如 the knife in the box 和 the wide road 中没有出现 be，而 in 和 be 似乎整体上在动词语境之外"。③"重要的是观察到在有些语言中这样的词项以动词，而不是介词和形容词的形式出现在表层结构中"。

当然，第一点不是论据，也不可能试图作为一个论据，它只是一个假设：be 不是实义动词（按我们的术语，它是一个过程）。其实它只是假设"be 表征过程"的另一种选择。

哲学家和语言学家通常声称有一些只有普通意义的词项，它们是没有具体意义的结构中的占位符、替代词和代替品，如 it、there、one、be、do。关于 be，仅仅是一个表示归属关系的集合中的最普通成员的观点是中肯的，归属集包括 seem、appear、look、sound、taste、feel、weigh、measure、number、become、turn、fall、grow，等等。它们在下列补充例子中与 be 形成对比，即真实(be)与貌似(seem)归属之间的对比：

He's very nice. /No, he only seems nice.

She seems very nice. /She is very nice.

这样的词也可以表现为 be 的更具体的变体,如 weighing 是表示存在的一个具体的方式,weigh 用于表示"be +in weight":

It's five pounds. / It weighs five pounds.

仅仅因为其意义普通,将这最普通的成员的关系意义排除是讲不通的。它与更具体的成员形成对照,就如 do 与充当物质小句的更具体的动词形成对照。

切夫的第二点从名词词组的结构阐释小句结构。如果这个论点具有效力,我们一定能表明下列关系:"wide/road [in 'the wide road']和 wide/road [in 'the road is wide']"。换言之,wide 与 road 具有功能可比性的关系。但我们并不这么认为,相反,在名词词组中,它们是修饰和被修饰的非对比性关系;而在小句中,它们通过与其他可能的关系形成对照的过程形成参与者一(归属)与参与者二(载体)的关系。

另外,一个词项可能不出现在环境 X 中,而总是出现在环境 Y 中,但如果它出现在环境 X 中,并不意味着它没有意义。如 for 是表示持续的标记,它可能不出现在"we worked seven hours"中,但如果它出现其中,不能说它没有持续的意义。

切夫的第三个论点也许同样不是论点,而是作为基于不同语言的合理性分析的观察报告。在任何情况下,它不能直接用于英语,除非我们设想所有语言以同样方式范畴化人类经验。但是这种设想还没有得到证实。正如我们在第 7 章对汉语的特征描述中所见到的,在这一点,汉语和英语在系统上有区别,因为汉语的特征由一个比英语中的形容词更像动词类型的类别体现。但是这种区别不是支持英语在特征识解上真正像汉语的论据。相反,它表明特征在本体论上的不稳定性是跨语言的(参见第 5 章 5.3.3 节)。

总结起来,我们在物质和关系小句的范式内区分了下列转换阐释,如表 11-3 所示。

表 11-3　转换阐释

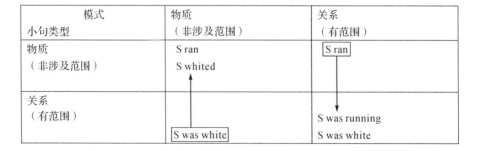

小句类型 ＼ 模式	物质 (非涉及范围)	关系 (有范围)
物质 (非涉及范围)	S ran S whited	☐ S ran
关系 (有范围)	☐ S was white	S was running S was white

11.3.3.3　补充范例

我们陈述了具有两个相关参数——过程类型(物质/关系)和范围(增加可能的范围参与者,有范围/没有范围)的范例。表格显示似乎"物质小句"和"没有范围"总是联系在一起的,"关系小句"总是和"有范围"联系在一起的。这些是无标记组合。其实范围和过程类型是独立的参数,英语中范例的剩余部分得到充实。因而,转换阐释提出了一个问题。

有核心过程作为范围参与者,很多没范围的物质小句可以识解为"有范围":"do(过程)＋ a dance(范围)"代替"dance(过程)"。有范围过程是一组普通过程:do、make、take、have、give。所以在11.1.1.2节假设的虚拟形式"Aristotle [主语] was [系动词] dancing [谓语动词]",演化出了一种实际的小句类型"Aristotle [中介] did [过程] a dance [范围]"。两个过程 be 和 do 在普遍性方面具有可比性,两种都很普遍。但是它们的区别与物质过程和关系过程的区别一样明显,这一点在二者的非标记性时态选择方面得到显示。如"Aristotle is dancing"/"Aristotle is doing a dance, by contrast with Aristotle is wise"(见第2章2.11.3.1节和第4章4.2.2节关于时态选择的论述)。

同样地,虽然典型的归属式关系过程是有范围的,归属于载体的特征充当属性/范围,但我们也发现了没有范围的归属式过程。如我们开始用"The problem is [过程] (very) important [范围/归属] (to me)",我们可以将它与"The problem matters [过程] (a great deal) (to me)"联系起来。在某种意义上,属性成为过程 matter 的一部分,犹如手段成为动词的一部分,如 hammer。这类归属过程包括 matter、count(如 your past achievements don't account)、suffice 和 figure,也包括一组评价性过程,如 stink、suck、drip、reek。但是在英语中这是将特征归属于一个事物的非标记性方式,这些过程也明显不是物质过程,这在非标记性时态选择中得到显示,如"it doesn't matter(it is not important)"而不是"it's not mattering",等同于"it is not important"而不是"it is not being important"。范例归纳于表11-4。

表11-4　范例:更宽聚焦

	不涉及范围	有范围
物质	*A danced*	*A did a dance*
关系	*A's ideas mattered*	*A's ideas were important*

这样看来,所讨论的两种途径都有问题。接下来让我们考察第三种途径。

11.3.4　非转换的关系过程阐释

第三种途径不涉及及物性模式的转换,依然将归属式小句与关系小句保持一致,没有将其移入物质领域。而既然归属被阐释为参与者而不是过程,它统一了参与者概念。我们依次探索这两种结果。

11.3.4.1 集约型关系——归属和识别

让我们转向关系过程范例,从三个例子开始。在我们的阐释中它们都被当作集约型关系过程放在一起:

（1a）This is very savoury _____

（1b）This is a good savoury _____

（2）This *is* the best savoury　　The best savoury is this

例（1a）和（1b）是归属式集约型关系,它们表征所属关系,指称对象包含在"开胃"物质类别之中。

例（2）是个等价集约型关系过程,即识别型关系过程,this 被识别为 the best savoury。识别关系可以翻转,即"The best savoury is this"。识别和包含关系是集约型关系的两个版本:识别是包含关系的极限情形,而包含是局部的识别。所以,尽管"habits are complicated acts"表征包含关系——习惯属于复杂行为类别。下面的定义属于识别,对"复杂行为"的具体解释变为对一个成员类别的描述。

Habits are complicated acts which, when learned, become automatic through constant repetition. Habits may be good or bad. Good habits are useful, for they make us more efficient by saving time and energy.

作为识别关系,它是可逆的:"Habits are complicated acts which, when learned become automatic through constant repetition: Complicated acts which, when learned, become automatic through constant repetition are habits"。相 反 "Habits are complicated acts"是不可逆的。识别和归属关系的相似性在于二者都能由 be、remain 或 become 表达,其区别在于二者属于不同集合。如图 11-5 所示。

图 11-5　集约型关系标记

这里有个等价式关系后跟归属式集约型关系,前者识别颗粒,后者描述其特征:

> To complete our understanding of natural radiation，it is necessary to consider another particle. This particle is the neutron，and it is particularly interesting because of its central role in atomic and nuclear bombs.

另一个关系类型是拥有,它的一个重要次类型,是部分—整体关系。如果特征被表征为抽象事物,它就可以被拥有。人们可以拥有美、美德和优雅。像"She has great beauty"和"She is very beautiful"之间的潜在的释义关系表明拥有和存在关系之间的密切联系。二者通常在描述上协调配合。下例中二者是重述关系:

> Minerals are crystalline substructures；that is，they have an orderly internal structure(arrangement of atoms) ...
> Protons are heavy and have a positive electrical charge ...
> In addition，an atom may have neutrons in its nucleus. Neutrons have a mass slightly lighter than that of a proton plus an electron，and are electrically neutral.

总之,独立阐释归属式关系时,它有如下近邻关系,如表 11-5 所示。

表 11-5　关系范例的组成

	中动	非中动
所有式	This has a good savour	
集约式	This is a good savoury	This is very savoury
	This is the best savoury	This is the most savoury

我们将转向第二个推论,对比参与者和过程的含义。

11.3.4.2　参与者(名词:实体名词和形容词)和过程(动词)比较

如果物质模式用于阐释归属式过程,如"This is very savoury",过程的概念将扩大到包括 savoury 的体现,而参与者的概念将缩小到排斥其体现(转换、物质模式②)。相反,在我们的阐释中参与者是一个包括特征的体现更加泛化的概念,如图 11-6 所示。

在统一的参与者概念中,参与者和过程语义的类别体现如下:

语义	语法(类别)
参与者：	名词词组
	名词＝实体名词/形容词
过程：	动词词组

这就是说,参与者由名词词组体现,过程由动词词组体现。这种普遍化的意义在于例外都是隐喻性的。尤其是只有当一个过程被识解为参与者时过程才由名词形式体现(见第6章)。

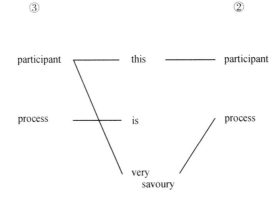

图 11-6 非转换模式③和转换、物质模式②对比——参与者概念

我们知道,如果过程是物质类型,通常有一个同源形式引起语法隐喻,通过它事件被识解为一个配置普遍过程,如 do、make 的范围参与者。如果过程是物质,隐喻不涉及过程类型的改变。

我们可以将这个与心理小句的情形进行对比。这里,在隐喻版中,感知被识解为拥有式归属关系过程的范围/属性,带有普遍化的归属动词 have。这里产生了从心理过程类型向关系过程的变化,如表 11-6 所示。

表 11-6 过程表征——一致式和隐喻式

		一致式过程	充当参与者的隐喻过程（范围）
		［动词词组］	［名词词组］
①	物质	He danced	He did a dance
②	心理	He hated dogs	
	关系		He had a hatred of dogs

在语法隐喻的情形下,我们不仅需要一致式表征,而且需要隐喻式表征来描写隐喻的结构。例如"he had a hatred of dogs"中的归属名词的修饰语相当于一致式中的现

象,如表 11-7 所示。

表 11-7　隐喻式和一致式表征

	He	had	a	hatred	of	dogs
隐喻式	载体	过程	属性			
			指示	事物	限制语	
一致式	感知者			过程	现象	
	He			hated	dogs	

　　所以,分析特征时将它看作其他而不是本身显示的那样,没有理论和描写优势。相反,这不仅使得描写复杂化,更重要的是它不能说明家族关系的系统模式。这是我们相信的普遍原则的一个小小的指示:如果你将语言看作变形,你终将曲解语言。

12　言辞与过程

语法语义学以语言学或语言哲学为基础,其特点是从语法的低级层面而不是高级层面开始,从语法类别而不是功能开始。这是以词为中心并且侧重于描写词语类别的传统语法方法的继续(因为它起源于对语言中可观察的特征的研究,参见 Halliday,1984a),就如在第 10 章 10.1 节所提到的一样,我们在讨论词类和它们的语义赋值——形容词的恰当解释和动词类型等时,发现了这个倾向。

如果将我们的构架和别的实际存在或可想象的方案做全方位的比较,就会太费时间,所以此处我们只强调关键的方面。我们必须记住我们处理的是一个语义系统,而不是一个无关的项目集。所以讨论架构中的任何一个节点意义都不大,应该将焦点放大。如我们认识言语言辞时,还要看到其伴随的其他特征:现象和元现象的区别,思想和措辞的区别;投射被组成言辞列而不是言辞;投射源被确定为一个参与者以及对物质环境成分的识别。换言之,我们必须考虑一个语义空间中的一组特征。

这一章我们关注的是将言辞的配置现象——过程、参与者和环境成分进行分类的几种可选方法。不仅在语言学,而且在哲学社会学中都提出过各种分类方法。我们寻找的是英语语义中的系统特征,而不是偶然性的或自动遵循其他系统的特征。

12.1　过程分类标准

在第 5 章 5.4 节中,我们从两种视角讨论了过程:一个过程既是对参与者的组织,也是一个有具体的时间例示的事件。这两个视角形成建立过程类型的不同分类标准。如"will have left"是"they will have left the house by now"的过程部分,将 they 和 the house 组织起来。但作为一个事件它有自己的内部组织,即"will→have→left",如图 12-1 所示。

这两个视角分别与两个语法单位——小句(组织参与者视角)和动词词组(时间例示)相联系,这使两个视角的区别变得模糊:首先句法学家依然未能识别动词词组的统一性,偏爱以谓语为基础的成分——动词短语,然后在内部将助动词分离或将其放在动词之外。另外将动词词组复合体的一部分转嫁到高一级的节点上(如 seem、continue)。

其次对直接成分而不是以级阶为基础模式的成分的偏好有效掩盖了对任何一个层次所做的概括。

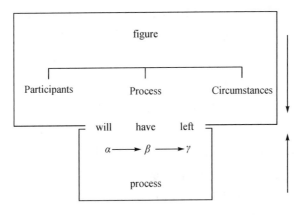

图 12-1　两种过程观

从参与者的组织视角看(见第 5 章 5.3 节),卷入过程的参与者的特征决定过程的类型。相关变量包括:①过程是否创造或产生参与者? ②参与者是否只限于有意识的存在? ③参与者既能作元事物又能作事物吗? ④过程指向某个参与者吗? ⑤过程给参与者带来利益吗? ⑥过程自动发生还是需要能量输入? ⑦过程是从物质上影响参与者还是影响其意识? ⑧过程是对称的吗? ⑨过程是反射性的吗?

这些问题导致这样一些分类:行为、交易、发生、感知、关系、存在和环境等。这里提出的作为概念库的一部分分类法,基于两个宏观考虑:①过程类型,言辞或过程配置与哪种现实有关(物质世界、意识世界、符号世界或者抽象关系世界)? ②施事,过程的发生(连同中介)是由外在实体引起的吗?

在时间例示角度,要考虑将过程的发生当作一个具体时间里的事件(参见第 5 章 5.4.1 节):它是怎样在时间上展开的,它的时间变化轮廓是什么。相关变量如下:①过程在发生中是均一的还是分解为一个由不同的相度组成的序列? 是一个小画面还是小戏剧? ②发生的时间是一个相对短的间隙还是一个持续的时间段? ③考虑发生的整个时间周期还是只是一个时间相度(如开始或结束)? ④过程倾向于只发生一次还是重复发生?

这些问题导致如下分类,如静态、动态、完成、未完成、一次性、反复、延续等。

这里所做的区分是以变化为基础的,是否随时间变化,即变化是否存在于过程的发展中? 常见的两分法就是状态和非状态(用对立的术语静态和动态表示),这一点得到哲学家(参见 Nordenfelt,1977)和语言学家(参见 Quirk et al,1985)的支持。状态和非状态具有不同的时间侧面,状态是均一的,一个表示状态的过程,每次检查它都是一样的;非状态或变化不是均一的,在过程的发展中,某些东西将会发生变化,如参与者的空间位置(如移动过程),或者参与者的一部分或参与者的某个属性(如颜色和温度的"特征空间"中的属有和处所)。

如上所见,两个视角代表了两个不同的侧面,一个是过程的配置、参与者和环境成分——及物性侧面,另外一个是事件在时间中的展开——时间侧面。

这两个侧面不是没有联系的,一个及物性结构成分的规格就决定了时间侧面:如构成过程的完结的被创造的目标(如"Mr. Blandings built a house"),构成过程限定空间的范围(如"They sang two Hungarian folk songs"),构成过程的时空终点的目的地(如"He walked to the store"),构成终极状态的表示结果的属性(如"He was shot dead"),等等。但是仅仅出现这样一个成分不足以决定时间侧面,它受到成分的有界性的影响:成分是否在数量上充足,单位数量确定还是无限? 一般说来,时间侧面由其他因素决定,如参与者和环境成分的出现及它们在数量上的有界性。

下面观察一种特殊的,很多研究者以之为基础的过程的时间分类法:Vendler (1967)的活动、完成、实现、状态分类。这涉及两种视角,但我们用过程类型贯穿二者,便于对它们进行比较。然后探讨一种以控制为基础的分类(目的性、意志性等),一起考察使用这种区分的理论和以状态—非状态做区分的理论。

12.2 时间侧面——活动、完成、实现和状态

学者对时间范畴的体、相度等做过很多研究,也提出过各种分类法。Vendler (1967)的古典哲学方面的讨论不代表近期的工作,但它被后来的很多研究使用(见 Verkuyl,1972;Dowty,1979;Nordenfelt,1977;Platzack,1979;Foley & Van Valin, 1984;Dahlgren,1988),所以把它作为和后来在此基础上发展的理论相比较的起点[①]。尽管认识到其他因素如宾语出现与否进入描写之中,但 Vendler 强调"由各种动词预设的时间图式"。

Vendler 以是否拥有进行时为基础区分两组动词[②]。

第一组:组里的动词通过回答问题"你在做什么?"而分为两类:活动和完成。表活动的动词在时间上是均一的(如 drawing、running、eating 等),而表完成逐步达到极点(如 drawing a circle、running a mile、eating a steak 等)。Platzack(1979)为了显示他们的时间侧面把他们称作无限制过程(活动)和限制过程(完成)。

---

① 系统功能语言学对"动词的体"的讨论,见 Steiner(1999,3.1 节)。

② Vendler 对"进行时"的特征描写实际上出现了问题:表实现的动词(见下述)可以和次级现在(进行时)相配。

第二组:第二组动词可以回答问题"Do you [verb：know/love...]"。Vendler 分为两个次类:实现和状态。Platzack(1979)称为准时事件和状态,实现包含一个向终点变化的短暂的过渡(如 reaching a peak、spotting、realizing 等),状态不涉及变化(如 thinking that、knowing、having 等)。

Vendler 讨论的四种类型及其时间特征如表 12-1 所示。

表 12-1　Vendler 的四种事件

类型		承认"持续"时态	时间侧面	例子
事件	活动(无界)	yes	均衡	running, pushing a cart
	完成(有界)	yes	高潮	running a mile, drawing a circle
	实现(准时)	no	瞬间发生	reaching the top, winning a race
状态		no	持续一段时间	having, believing

Platzack 使用三个维度来区分 Vendler 的四类事件:变化/无变化、限制/无限制(时间)、延续/非延续。如果以表格形式排列为相互独立的维度,就会发现一定的相关性,如"无变化"(状态)暗示延续性和无限制性。使用转引自 Platzack 的 Schneider(1977:33)的图示表征方法,我们就能将四个事件类型的参数分析概述如下表 12-2 所示。

表 12-2　Vendler 的四个事件类型的参数和图解分析

表 12-2 中出现的相关性暗示了图 12-2 所示的 Platzack 的三个参数的系统排列有可能作为一个系统阐释。Dahlgren(1988:85)得出了类似排列,表征为一个决策树形结构。

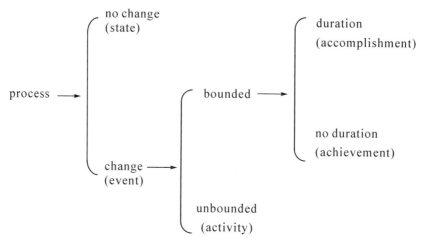

图 12-2　时间参数的系统结构

　　在提供 Vendler 的以时间为基础的对事件的分类后，现在可以将前面介绍言辞的分类（动作/发生、感知、言语、存在）与其交叉。使用 Vendler 提供的例子，发现它们之间具有一致性，如表 12-3 所示。

表 12-3　Vendler 的事件分类和言辞类型之间的关系

	动作	感知	言语	存在和属有
活动	run, walk, swim, push/pull sth., think about			
完成	paint a picture, make a chair, grow up			
实现	reach a peak, win a race, die, start	recognize, realize, spot		
状态	[习惯，e.g. he smokes]	desire, want, like, dislike, love, hate, know, believe, think that		have, possess, dominate, rule

　　从表 12-3 可见，活动类事件总是动作言辞的过程，其中表移动的过程（中动或有效）构成了一个重要次类（如 walk、run、push 等），具有单个目的地的情况除外（如 fly to Nairobi、walk home 等）。我们发现一个行为过程，如 think about（Vendler 的例子），也可加上其他行为，如 ponder、listen to、watch、look at、smile。但是具有限定范围的行为过程不能划分为活动类，它们具有限制性，如"watch the film Brief Encounter"。

　　完成类也类似地属于动作言辞过程，表结果或创造的活动构成主要次类，完成（时间限制）在于创造目标（如 make a chair、build a gazebo 等）。但也发现中间类型的动作言辞，如 grow up，具有特定的终结状态。

　　某些情况下活动类与完成类的区别有赖范围(range)的出现,没有范围的 climbing 是活动,而有范围的 climbing,如 climbing a mountain 是完成,climbing 的过程可在时间上无限延续,但后者受到范围的限制。又如 sing/sing a song、smoke/smoke a cigar、play/play a game of tennis、run/run a mile。比较 play a game of tennis 和 play tennis,前者表示打网球的具体量值(完成),后者则表示打球的具体种类(活动)。

　　这同样适用于由过程创造的目标:如果目标是一个单位,就是完成(如"Henry is making a chair");如果是无限制的单位,则是活动(如"Henry makes chairs for a living")。如果目标是物质名词,要看它是否习惯上是不是以限定单位生产的,如 make tea(完成)、make gold(活动)。

　　另外,结果性属性的出现与否决定一个非中动态的物质过程是完成还是活动。所以 beating somebody 是活动,beating somebody dead 是完成。同样,环境成分的出现与否也决定一个动作言辞的过程是完成还是活动,如 walk(活动)、walk to the market(完成,与空间范围、时间限定有关)。还有,如果一个过程得到扩展,那么其解释可能由活动变为完成:running 是活动,stop running 则是完成。

　　Vendler 的实现类事件是表过渡的:完成类在一个时间段内发生,但实现更具有瞬间性。从表 12-3 中可知,过渡可以是行为的(如 die、win a race),也可以是感知的(如 recognize、realize、spot)。在行为类过程中,实现可能存在于为过程规定的范围中。die 是实现,实现的特征可以特指,如 die the death of a hero。

　　从 Vendler 的例子看,状态可以是感知言辞过程(如 desire、like、hate、know、believe),也可以是存在言辞过程(如 have、possess)。但是根据 Vendler 的观点,"Do you smoke?"是一个关于状态的问题(对比"Are you smoking?")。可以看出,行为习惯表示状态。如果扩展感知和存在言辞过程,状态就不会再存在。"She has stopped loving him"就是实现类事件。再如"I'm beginning to believe that he knew all along" "I'm understanding the problem better and better""I'm liking this album more"。

　　当我们讨论四种类型言辞作为出发点的时候,我们发现动作类言辞可以是活动、完成或实现;而作表示习惯解释的时候,就是状态(就是所谓的永恒真理)。感知言辞的过程,可以是实现,但主要是状态。有感知活动,如 ponder、listen、watch、smell 等,但我们将这些解释为行为过程而不是没有行动表现的感知过程。

　　表 12-3 中,言语言辞过程没有示例,但我们把这些过程与不同事件类型交叉时,找到了各种类型的事件:言说的状态、言说的实现、言说的完成、言说的活动。如"the sign says that visitors have to take off their shoes""the law states unambiguously that this is a felony"表状态,能理解为使役性感知的言语似乎是实现,"remind sb. that..."就是"使某人记起","convince sb. that..."就是"使某人相信"。另外在言语言辞中,范围特指

一种体裁或言语化的言语功能单位时，就是完成，如 tell a story、ask a question 等。最后有言说的活动，如 speak、talk。

存在言辞中的过程就是状态。但是表示起始的动词（如 become、turn、grow）等，它们可以是完成，如 become an adult、grow dark、turn sour 等（范围：变化的结果）；可以是活动，如 become larger、grow heavier 等（范围：无限制）。顺便提一下，比较表示行为过程的 widen、grow、expand 等，由于没有终极状态，所以是活动；而表存在的 become wide、big、large 等是完成。

对 Vendler 的过程类型和言辞类型的交叉研究的结果概括于表 12-4 中。

表 12-4　详细对应表

	动作	感知	言语	存在和属有
活动	run, walk, swim, push/pull sth., ponder	ponder	speak, talk, chat	be (naughty/difficult)
完成	paint a picture, make a chair, grow up		tell a story, ask a question	become, grow, go
实现	reach a peak, win a race, die, start	recognize, realize, spot	convince, remind	turn, fall
状态	（习惯，e.g. he smokes）	desire, want, like, dislike, love, hate, know, believe, think that	say, ask, tell	have, possess, dominate, rule

从对 Vendler 的事件类型和我们的言辞类型的对比中，可得出如下结论：首先，Vendler 提出的区分是针对动词的，但我们发现，参与者和环境成分的结构与体现言辞的核心过程的动词一样，在决定一个过程是活动、完成或实现时起着重要作用（参见 Enrich, 1987）。其次，它们的关系不是特别系统，如 sing（活动）、sing a ditty（完成）、sing folk songs（活动）、sing a ditty every morning（表习惯的完成：状态）。在某种意义上，特定的事件类型是一个过程与它的参与者和环境成分的特定结构的自动化结果。

状态和非状态（事件）的区分比事件的次类型（活动、完成、实现）的区分，我们的过程类型的相关性更稳定，现将他们的关系表述为蕴含关系，如图 12-3 所示。

这些关系并不奇怪。假如一个过程涉及两个方面——配置（言辞由过程、参与者和环境成分组成）和时间——时间侧面，没有参与者的过程（气象学过程）为了被识解为过程必须涉及变化（因此它们总是事件），类似的还有一个参与者的过程，存在过程是极端个例。相反，为了将一个状态识解为过程，过程作为参与者的组织者必须高度重视，所以必须要被识解为两个参与者之间的关系。

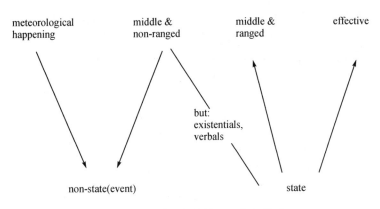

图 12-3 言辞和状态性——蕴含关系

如前所述,Vendler 的分类形成了其他各类框架的基础,将在后文中讨论 Dowty (1979)对 Vendler 分类的发展和 Foley & Van Valin(1984)在他们的分类中对 Dowty 的分类的运用。

我们的结论是作为对过程潜势的详细阐述——过程识解中的开放选择,Vendler 的分类基本是具有现象性质的。过程的时间侧面是对各种系统因素产生的结果的解释,这些因素包括过程所处的言辞的组成成分的侧面、言辞涉及的参与者的特征和数量、过程本身的相度,但是时间侧面不确定语义潜势范围。

12.3 控制(和状态性)

我们已经讨论了以时间区别为基础的过程分类,下面讨论加入控制概念的分类法——关注的是言辞中过程和参与者的总体特征而不只是过程成分。但这样的分类体现了控制和状态性:总的问题是是否过程中的参与者之一控制过程的发生。控制参数用来区分下列几对参与者角色:

控制	不可控制
agent	patient
actor	undergoer
agent	force

可能的控制种类各种各样,学者们对这个概念的使用各不相同,如图 12-4 所示。

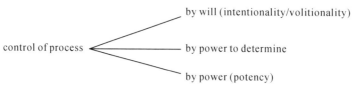

图 12-4 控制的类型

我们可从对"自然力量"施事（agent）的分类中了解各种控制概念的区别：Chafe（1970）认为它们是有影响力的实体，所以叫施事，而 Dik（1978）把它们作为力量，Nordenfelt（1977）也把它们当作非施事的（non-agentive）（尤其是非意图的），如图 12-5 所示。

图 12-5 破坏与控制

对自然力量的不同处理暗示了通过意志的控制是比通过力量的控制更强更具限制性的概念：①意图性——Nordenfelt（1977）的控制概念，它是由意图性决定的。②潜能——Chafe（1970）的控制概念，只限于非状态，指一个行为由一个潜在的行为者执行。③决定力——Dik（1978）的更具概括性的概念，适用于状态和行为（如果事件中的实体之一，即控制者有力量决定这个状态是否要获得，那事件的状态是受控制的）。

12.3.1 意图性

Nordenfelt（1977）在 G. von Wright 和 D. Dowty 的基础上对事件做了哲学描述，"它关注的是世界中的事件，而不是语言中的词或其他成分"（41）。然而，"事件的范围和内容是由普通的英语句子决定的。所以，'John runs'表示一个事件，'The wind breaks the window'和'Peter kills John by shooting him with a gun'也是"。这两种观点的一致性不太清楚：它们似乎在描述行为（行为的哲学识解）和描述英语中行为的识解（英语中行为的哲学解释）之间摇摆不定，但是这种摇摆不定表明了以哲学为取向的研究在行为和意图范畴上的特色。

Nordenfelt 区分了状态、过程和事件（关于状态和过程的发生），并且将他们与使役和非使役结合起来。施事其实就是意图性，它独立于使役性。如"A holds the book"就是使役的和施事的，而"The pillar supports the bridge"是使役的和非施事的。Nordenfelt 将施事表述如下：

  ……我将采用完全与意图性概念相联系的一个有说服力的概念：*行为概念*。根据这个观点，一个行为就是一个事件，它是直接由作为施事的人意欲的，或者是被施事认为是实现其意图的必要方式。(1977：54)

  在意图性进入语言的语义系统的程度上，原则上它可以在概念层识解为言辞系统的某个方面或在人际层表现为表意志的情态。如果在概念层识解，它可能就是一个作为整体的特征或者是过程或参与者的局部特征。

  在英语中，意图性能在祈使情态（意态）的人际系统中以意向形式体现，如"He won't be ordered around(refuses to be)"，它独立于概念系统中的施事性。意向是指向主语的，即小句中负责情态的成分，而不是行为者或施事（如被动句所示）。

  意图性在小句中可以识解为表方式（按计划）的环境成分，如"He found the book by chance""He turned left by mistake""He turned left intentionally"。也可以识解为实现过程的投射型和增强型动词词组复合体，如"She intended to leave at four""She happened to be in the neighborhood"。它也可成为更精密的过程类型的某些词汇的对比因素，但是我们无法证明意图性是言辞的语义系统及其及物性的语法识解中的基本变量。相反，一个例子被识解为意图性或非意图性依赖于很多因素，如最积极的参与者的意识。所以 Nordenfelt 的对比施事和非施事的例子中都包含人与非人（无生命的对象和力量或低级生物）的区分，如"A keeps water running/The pump keeps the water running—A shuts the door/The wind breaks the window—A starts the engine/The germs initiate the deterioration of the organism—A lets the door close/The window breaks"。

12.3.2　潜能

  Chafe(1970)对状态（如"The wood is dry"）和非状态做了基本区分。非状态包含经历这个过程的参与者（涉及一个受事的过程成分，如"The wood dried""Henry died"），或者是以动作者身份控制过程的参与者（由施事完成的行为成分，如"The boy sang"）。Chafe 用来区分过程和行为的主要方法是"What did N do?"（行为）/"What happened to N?"（过程）：

   —What happened to the wood?

   —It dried.

   —What did the boy do?

   —He sang.

在这样的例子中,过程(Chafe 定义的)和行为可解释为表示中动的动作言辞的次类型,而受事和施事可作为对行为者的进一步区分,如图 12-6 所示:

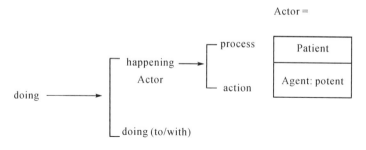

图 12-6 根据潜能分类的两种行为者

"What happened to the butter?"和"What did Henry do?"两句都可以由"Henry melted the butter"来回答。过程可以由施事执行,且可以结合一个行为给出一个"行为过程":"Henry(施事)melted the butter(受事)"。在 Chafe 的分析中,作格分析和及物性分析之间会出现摇摆不定的现象,将施事用于及物性模型中的中动和非中动,但又将非中动的过程和受事的组合用于作格模式中,如图 12-7 所示。相比之下,我们的解释(基于 Halliday,1967,1968,1985)既能适应及物性模式(行为者+过程[+目标]),也适应作格模式(过程+中介[+施事]),如图 12-8 所示。

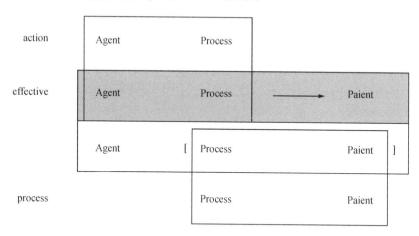

图 12-7 Chafe 模式中作格和及物性之间的摇摆不定

Chafe 的施事概念更接近我们的行为者(及物性功能)概念,而不是接近我们的施事(作格功能)概念;但是它比行为者限制更严格,因为我们的行为者可以对应 Chafe 的受事。行为的施事是"一个有力量做某事的事物,一个有自我驱动的力量的事物"。施事

"主要是有生命的事物,但也包括 heat、wind、ship^① 等"。Chafe 将这些事物描写为"有潜能的"。

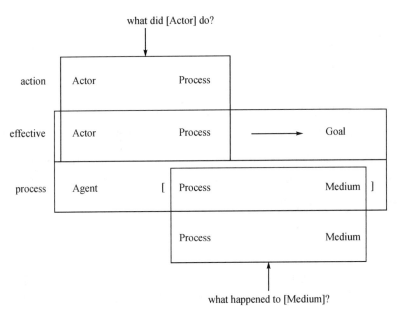

图 12-8　表征及物性和作格模式

似乎 Chafe 的范式不完备,除了行为－过程之外,我们还能发现行为－行为和行为－状态。试比较:

	非动作	动作
过程	The butter melted	The sun melted the butter
动作	The soldiers marched/ate	The officer marched/fed the soldiers
状态	We were warm	The sun kept us warm

Chafe 将他的控制概念与事物类型(语义名词)联系起来,施事是具有潜能的事物,一般是有生命的名词:

言辞类型	参与者角色	事物充当者
行为	施事	有潜能者
		(有生命/无生命: heat、wind、ship 等)

(注意:该模式将潜能作为一类事物的固有特征:固有的行为能力。)

这种言辞类型与事物类型的相互联系与下列两种联系形成对比:①言辞与参与者

---

① Dik(1978)的处理方法——"The wind opened the door"被识解为一个不受控制的过程。对 Dik 来说,控制不仅是力量,更是决定性的力量。

类型(感知过程的感知者)和②意识(固有的感知能力):

言辞类型	参与者角色	事物充当者
感知	感知者	有意识的生物

对比:

言语	说话者	符号源

问题出现了:我们是否应该将潜能(行动的能力)范畴加入我们的分类并且将它和有意识性(感知能力)结合起来? 语法中明显反映了意识概念:除了提到的价值限制,我们也发现它反映在代词选择中("he/she vs. it""who vs. which/that"等)。另外隐喻性感知者是明显可辨别的,如"My car dislikes inexperienced drivers."。但是是否潜能也同样可清晰定义呢? 让我们首先讨论动作言辞,考虑一下是否所有施事都具有潜能。

是否所有行为者都有潜能? 答案在于我们怎样定义潜能。如果言辞是中动的,可以理解得窄一点,因为行为的施事与过程的受事相反(在 Chafe 的意义上):y(在 y 过程中)可以是施事或受事。然而如果言辞是非中动的,Chafe 的范式只有一个选择:x 在 x(y 过程)中只能是施事。既然施事应该是具有潜能的,应该对潜能概念做较为宽泛的解释。虽然 Chafe 认为,施事多数是有生命的、具有潜能的,但他也指出:"似乎有一些名词,没有生命但可以用作施事。"例如:

The heat melted the butter.

The wind opened the door.

The ship destroyed the pier.

[注意下列言辞列中的潜能:John (Actor/Patient) fell and [he] (Actor/Agent) hit the rock (Patient)。这里"John 跌倒"对石头产生了某种作用。然而除了人、动物、自然力量和一些自我驱动的物体,我们发现工具、抽象概念、条件以及事件充当施事。给出一些抽象领域的例子以平衡 Chafe 的具体例子很重要:

Lack of sleep **killed** him in the end.

The key **opened** the door.

Circumstances **scattered** the family.

Those proposals which **do not affect** the basic structure of the constitution and those whose which do.

Quantitative proposals **set** fixed limits on fiscal aggregates.

Politically committed art **took over** one wing of the modernist movement.

The myth either **had to redeem** us from " the formless universe of contingency " or more programmatically, to provide the impetus for a new project for human endeavor.

When the sense of progress **is checked** by depression or recession, by war or social disruption, ...

The new systems of transportation and communication ... **tightened** the skein of internationalism ...

Through these mechanisms capitalism **creates** its own distinctive historical geography.

所有这些例子都有动作的施事(非中动:行为者/施事)。有的将施事概念从具体行为扩展到抽象行为,但在 Chafe 模式中,仍然属于行为—过程。我们的施事概念不仅限于行为,也涉及其他过程类型(见第 3 章 3.3 节);不但有行为的施事,而且有感知过程的施事(现象对感知者的意识产生冲击)和存在过程的施事。当我们从动作言辞转向其他类型言辞的时候(Chafe 没有涉及,因为他的施事只限于行为),发现有很多潜能概念不能适应的情况:

Brilliance in other people scares me. (感知言辞施事＝现象)

The fact that you lied didn't surprised me at all. (感知言辞施事＝现象)

The solution to our problem is this: (存在言辞施事＝标记)

Anne's my sister-in-law. (存在言辞施事＝标记)

The schedule kept us busy. (存在言辞施事＝归属者)

我们可以选择对潜能做宽泛的解释,也可容许非潜能的施事,后者将"行为"范式进一步扩展。表 12-5 概括了 Chafe 的不同过程类型环境中的可能的施事:明显能看出可能是潜能的或非潜能的。

表 12-5　扩展到非潜能施事的范式

第一参与者＝		外界参与者＝	
		[施事:潜能]	[施事:? 潜能]
状态	The wood is dry [Patient]	The sun made/kept the wood dry	The lack of rain kept the wood dry
非状态	过程	Henry died. The wood dried. [Patient]	They killed Henry. They dried the wood.	The lack of medicine/Greed killed Henry.
	行为	Henry sang. The soldiers marched. [Agent: potent]	(They made him sing.) He marched the soldiers.	

　　Chafe 的分类模式被 Cook(1977)采用,并保留了各种分类。Cook 将我们讨论的东西(状态/非状态:过程/行为/行为—过程)制成表格,与他自己的另一个表格(基本/非基本:经验格/受益格/方位格)进行对比。我们可以在图 12-9 中对它进行系统表征。

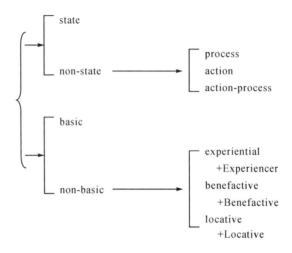

图 12-9　Chafe/Cook 分类的系统表征

　　"非基本"选项指的是增加一个参与者:受益者、经验者或方位。如表 12-6 所示。

表 12-6　Chafe/Cook 分类和过程类型(物质过程,除非另有标明)

	基本	受益(＋Ben.)	方位(＋Loc.)	经验(＋Exp.)
状态	Os. Proc. *broken*, *dry*, *dead*, *tight*[relational]	Ben. Obj. Pro. *have* (*got*), *own* [relational]	Obj. Loc. Proc. *be* (*in*), *be* (*on*) [relational]	Exp. Obj. Pro. *know*, *like*, *want* [mental]
过程	Obj. Proc. *break*, *die*, *dry*, *tighten*	Ben. Obj. Pro. *find*, *lose*, *win*	Obj. Loc. Proc. *come*, *go*, *move*	Exp. Obj. Pro. *feel*, *hear*, *see* [mental]
行为	Ag. Proc. *dance*, *laugh*, *play*, *sing*	Ag. Ben. Pro. *arm*, *bribe*, *help*, *supply*	Ag. Loc. Proc. *come*, *run*, *go*, *walk*	Ag. Exp. Pro. *frighten*, *please* [mental] ask, question [verbal]
行为—过程	Ag. Obj. Proc. *break*, *dry*, *kill*, *tighten*	Ag. Ben. Obj. Pro. *buy*, *give*, *sell*, *accept*	Ag. Obj. Loc. Proc. *bring*, *place*, *put*, *take*	Ag. Exp. Obj. Pro. *ask*, *say*, *tell*, *speak* [verbal]

12.3.3　决定力

　　像 Chafe 一样,Dik(1978)使用控制和状态性(动态性)参数来对过程类型(按他的话说,就是事物的状态)做出最普遍的区别。区别之一是他将两个参数结合以至于在他的分类中出现了受控制的状态,不只是有受控制的过程(Chafe 的过程行为)。总共有四个基本的事物状态类型:行为(action)、位置(position)、过程(process)、状态(state)。

表 12-7　Dik 的事物状态的基本类型

	控制	不可控制
动态的	行为 John ran away	过程 John fell down
静态的	位置 John stayed motionless	状态 Roses are red

每种类型的状态、行动、过程等都可有一个或更多论元(arguments),如"John ran away""John read a book""John gave Peter a book""John sent a book to London""John took a book from the shelf"都是行为。

Dik 认为这两个参数"使我们能简单地确定许多有关作为整体的核心述谓关系的选择限制"(1978:35)。他给出的例子是①命令和请求及许诺,②方式,受益者[我们称为"代表"(behalf)和工具(我们称为一种"方式"(means)]。这些可分为两组,第一组与语气有关,第二组与环境成分有关。根据 Dik 的观点,它们的分布与控制和不可控制的区分相互联系,如表 12-8 所示。

表 12-8　事物状态和"选择限制"(后两行不属于 Dik 的分类)

	情态		环境成分	
	命令和请求	许诺	代表	工具
+控制	John, come here!		John cut down the tree for my sake.	John cut down the tree with an axe.
+控制	Bill ordered John to be polite.	John promised Bill to be polite.	John remained in the hotel for my sake.	John kept himself in balance with a counter-weight.
一控制	John, fall asleep!		The tree fell down for my sake.	The tree fell down with an axe.
一控制	Bill ordered John to be intelligent.	John promised Bill to be intelligent.	The tree was red for my sake.	John knew the answer with his intelligence.

我们依次对这两组进行评价。

情态是一个人际系统而不是经验系统,直接引语祈使句的问题是一个参与者是否能充当主语。根据 Dik 的观点,如果事件状态是控制的,参与者只能作主语。然而我们要提出两个不同的概念，一个是参与者控制过程的经验概念，另一个是情态责任的人际概念（Halliday，1985，第 4 章）。所以祈使句中主语就是负责命令的参与者。例如：

Fall asleep，will you.

Don't be stupid；be intelligent instead！

（两个都没问题）一个参与者被给予情态责任，即使从经验的观点看，被分配这个责任的参与者通常并不被认为控制了该过程。这样的例子都是可能的，正因为情态责任和控制在元功能上是两个不同的变量，它们之间只有非标记性联系。主要的限制是人际的：祈使句中的主语负情态责任，必须是相互作用的，即说话者、听话者，或两者的结合。如"Be Quiet""Go to sleep！""Be patient！Be Guided by your Parents！""Don't be scared！""Don't get mad，get even！"这些都含有隐含的听话者主语，不管它们的参与者角色如何，都分配有使命令成功的责任。

第二组考虑与环境成分有关。注意 Dik 选择将焦点放在环境成分而不是参与者上，这点很重要：假设对过程来说，参与者比环境成分更核心（更直接与之有关），那么人们会期望它在过程分类中的影响更大。既然我们将参与者结构作为言辞类型的出发点，我们的分类法和 Dik 的控制可以相互补充（如图 12-10 所示）。另外，如果我们把言辞的更核心的部分作为分类的原始基础，很清楚哪些成分必须考虑：过程及与之相关的参与者。如果把环境成分作为原始基础，必须考虑哪些环境成分应该被纳入。为什么 Dik 选择的不是物质（matter）？如果我们选择物质作为中心标准，那么投射参数比控制参数更重要，因为只有投射言辞（主要是感知和言语）才有物质环境成分①。

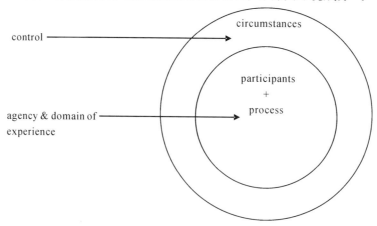

图 12-10　参数和核心

---

　　①　这得到大量文本的支持。如一个摘自《时代周刊》的约 90000 字的样本中，标记"about"的物质环境成分同感知和言语一同出现，而不是与动作和存在一同出现，除非存在言辞包含一个心理属性。

施事与手段有关(见 Halliday，1985:139)，手段的出现有赖于施事实施的控制，这似乎是有道理的。但"代表"的情况怎样呢，它是否有赖于控制过程的显性施事的控制呢？考虑下面例子：

The door was ajar for the sake of the cat.

The air-conditioning was off for our sake.

Dik 通过动态性和控制描述了各种类型的"方式"的分布特点。他认为状态(－控制，－动态)与方式不匹配，而其他行为、位置和过程与各种次类一致。考虑下面存在状态的例子，摘自关于存在行动(黑体表达方式)①的讨论：

> Short arguments for their existence ["the existence of acts", MAKH & CM] are easy enough to come by. Here is one I rather like.
>
> (1) Sirhan killed Kennedy
>
> is true; and surely it is equivalent to
>
> (1′) There was a killing of Kennedy by Sirhan,
>
> which is therefore also true. But if there was at my time an entity that was a killing, there was an act at that time. So there (**tenselessly**) are acts. (Thomson，1973:13)

仅以 Dik 的例子为基础，似乎动态的事物状态对应于动作言辞或那些非中动的感知言辞，而静态的事物状态对应于存在言辞或中动的感知言辞。控制的和不可控制的事物状态的区别没有任何可比的一般规律。所以，"John ran away (action)"和"John fell down (process)"都是动作言辞。同样地，"John remained in the hotel (position)"和"The substance is red (state)"都是存在言辞。

另一方面，如果我们将我们的言辞类型作为出发点，还会发现其他不相符之处。第一，Dik 没有给出任何言语言辞的例子；第二，动作言辞都是动态的，存在言辞都是静态的；第三，在感知言辞中，有部分中动感知言辞是表状态的，又有一个非中动的。如"The dog frightened John"被解释为过程(Dik 定义上的)，感知言辞在他的分类中没有形成均一的类别，他也不接受经验者(experiencer，参见感知者)和被经验者(experienced，参见现象)功能：

> ……经验已经被概念化于非经验中，在语内和语际任何比喻都具有可操

---

① 注意将(1)隐喻性地识解为(1′)后内容的变化。

作性。不存在潜在的对经验的单个语义表征方式,也没有特别的功能需要分配给经验者和被经验者去承担,某个经验参与其中是对谓语的意义和由谓语联系起来的相关方面的特征的解释结果。① (1978:41—43)

Dik 引用的经验表达法如下:

Example	Dik's type	Our type
John was afraid of the dog	state	being & having: intensive
John had a great fear of the dog	state	being & having: possessive
The dog frightened John	process	sensing

按照我们的说法,前两个例子是存在言辞,它们是"John feared the dog"的隐喻形式(参见第 6 章 6.8 节和第 11 章 11.3 节)。因为它们是隐喻性的,所以不能构成反对识别一类心理过程的一致式表征形式的论据,正如其他例子如"Henry began his walk"不能作为反对将"Henry [actor] began to walk[process]"识解为一个动作言辞的论据。语法隐喻确实起着重新组织经验的作用,这是我们将它叫作隐喻而不是把它合进一致式选择中的理由。由于它们是情感类的感知言辞,前两个例子和它们的一致式一样,具有将事实作为现象的可能性,如"John feared that the others had lost their way","John was afraid that the others had lost their way ['because of the(possible) fact that']","John had a gretat fear the others had lost their way [All in the senses of ' was distressed by the (possible) fact that']"。

在第三个例子"The dog frightened John"中,经验被表述为"似乎某种力量作用于经验者",我们认为这不是反对将这个例子解释为感知言辞的论据,相反它只是反映了对它的作格解释,dog 是施事,在这个例子中相当于 Dik 的力量,John 是中介。换言之,在我们的模式中这两种解释都是同时获得的:"The dog [施事/现象] frightened [过程] John [medium/senser]"。作格解释引出了它与其他一些例子的同源关系,如"The wind [施事/行为者] opened[过程] the door[中介/目标]";及物性解释保留了它与"John [中介/感知者] feared [process] the dog [范围/现象]"的关系,John 的身份在两句中都保留为中介:"John feared the dog"和"The dog frightened John"。也就是说,一个结构为"感知者+过程+现象"的感知言辞,可以表征为现象冲击感知者的心理过程

---

① 附带说明,我们可能注意到这个最后的观察结果可以应用于区分控制和不可控制(如行动—过程)。

（非中动：现象是施事），或表征为感知者的心理过程遍及某种现象（中动：现象是范围）。关于这种言辞的相反视角（like/please、fear/frighten、believe/convince 等）是感知言辞的一个显著特征，也是把它当作一个不同类型的理由。（隐喻变体也是一样，如"John was afraid of the dog/The dog was scary［to John］"）

Dik 讨论的感知言辞的例子"The dog frightened John"是现象性的而不是元现象性的，所以不能说明把它当作显著不同的类型的理由。我们已经知道，一个感知言辞可以与一个元现象或事实结合（"It frightened/surprised/pleased John that there was no reply to his letter."），它们在这方面与动作言辞很不相同。如虽然元现象能够使感知者（有知觉的人）高兴或害怕，却不能打开门（行为）。表 12-9 对 Dik 的事物状态类型和我们的言辞类型进行了比较。

表 12-9　Dik 的分类和言辞类型

	动作	感知	言语	存在和拥有
行为	John ran away			
过程	John fell down	The dog frightened John (effective)		
位置				John stayed motionless
状态		John saw a beautiful bird (middle)		Roses are red

表 12-9 清楚地表明，Dik 的描写没有体现感知言辞的一般规律，它没有考虑投射、反转性、充当现象的实体的广泛性、要求感知者必须是有意识实体等内容，也没有将言语言辞当作区别于其他类型的类型。在言语言辞中，投射依然是考虑的重点。所以 Dik 的描写没能解释语法作为世界的符号中心的识解作用。存在言辞被分为位置和状态，而像"John became the leader"和"the milk turn sour"这样的例子被理所当然地划为过程。因为存在言辞被分裂，那么扩展的不同类型（详述、延伸、增强）表现为存在过程的不同次类型（内包式、环境式、所有式），这样的概括就难以进行。然而要对言辞的核心（过程＋参与者）及言辞（特别是包含投射的言辞）在言辞列中的作用进行解释，这样的概括是必要的。

12.4　Foley & Van Valin

12.4.1　根据特征和包摄而分的两种语义角色

Foley & Van Valin 把他们在"角色和指称语法"（1984，第 2 章）中对及物性的研究描述如下：

> 对小句结构的分析的基本问题之一是对谓语及它们与论元之间语义关系
> 的描述……这一章我们将讨论记录小句的语义角色结构的系统。这个系统一
> 方面以行为者和承受者两个对立的概念为基础，另一方面是以将谓语分解成
> 一组基本谓词和操作词这样一个程序为基础的。

如引文所示，他们提出两组语义角色。一是宏观角色：这些是"谓语和它的论元之
间的一般语义关系"——行为者、承受者。二是特定标记的语义关系：动词被分解成谓
词、普通操作词（DO，BECOME）和连接词（CAUSE）；所以特定标记的语义关系（题元
关系）就是根据动词的这种语义表征进行分配的：施事（agent）、效应器（effector）、处所
（locative）、题元（theme）、受事（patient）。

在我们看来，这里有两个方面比经典的格语法先进：

第一，宏观角色的引进，使得很多概括化成为可能，尤其是在与句法功能的接面上，
如语态的陈述（行为者相对于承受者作主语）。

第二，特定的格角色的确定是以动词分类作为原则基础的。

但是从系统观解释，上述两组角色之间的关系是一个精密度的差别，没有涉及一种
语言的及物性系统可以体现两种互补的视角（如作格＋及物性）以及不同语言使用不同
的及物性模式（如英语和塔加拉族语）这样的系统观点。RRG（格与指称语法）与 SFG
（系统功能语法）在这方面的区别可列表如下：

两组角色之间的关系	RRG	SFG
不同视角	无	作格模式和及物性模式
不同精密度	宏观角色和特定标记的语义关系	普遍化的作格角色和特定及物性角色

与系统功能语法中使用的及物性范畴相比，角色与指称语法的范畴在语音学意义
上都是普遍性的：

> 这些结构具有和雅各布逊区别性特征（distinctive features）相同的地位。不
> 同语言以不同方式使用不同的结构集，但它们为音韵系统的各个方面的统一描
> 写提供了基础。所以这章将要展开的概念就是非位范畴，通过它们，分析家创立
> 了对具体语言的动词系统的位（emic）的分析。（Foley & Van Valin，1984:28）

12.4.2　宏观角色

宏观角色即行为者和承受者,表述如下:

行为者(actor):谓语的论元,它表示实施、影响、唆使或控制由谓语所表示的事态的参与者

承受者(undergoer):论元,它代表的不是实施、影响、唆使或控制事态的,而是以某种形式受其影响的参与者(Foley & Van Valin,1984:29)

Foley & Van Valin 提供了一个例子:

The hunter shot the bear.　　The bear was shot by the hunter.
行为者　　　　承受者　　承受者　　　　　行为者

这个例子说明行为者和承受者可以以不同方式映射到句子主语和宾语上去。他们指出,这也适应于单论元谓语(single-argument predicate):

John ran down the street.　　The janitor suddenly became ill.
行为者　　　　　　　　　承受者

Mary swam for an hour.　　The door opened.
行为者　　　　　　　　　承受者

The boy went to the store.　　Fritz was very unhappy.
行为者　　　　　　　　　承受者

既然它们是一般化的角色,行为者和承受者就不能等同于格角色或题元关系(theme relations)。行为者和承受者都可以遍及很多更具体的格角色。Foley & Van Valin 给出下列例子说明这一点:

Colin killed the taipan.　　Phil threw the ball to the umpire.
行为者/　　　　　　　　承受者/
施事　　　　　　　　　题元

The rock shattered the mirror.   The avalanche crushed the cottage.

行为者/   *承受者/*

工具   *受事*

The lawyer received a telegram.   The arrow hit the target.

行为者/   *承受者/*

接受者，目标   *处所*

The dog senses the earthquake.   The mugger robbed Fred of ＄50,00.

行为者/   *承受者/*

经历者   *来源*

The sun emits radiation.   The announcer presented Mary with the award.

行为者/   *承受者/*

来源   *接受者/*

                                                        目标

行为者和承受者特征的描述没有区分作格性和及物性视角，即使行为者和承受者特征表明它们相当于及物性中的"行为者＋目标（Actor＋Goal）"，但行为者和承受者不是这样使用的。如承受者既相当于目标[SFG]又相当于行为者[SFG]，在这方面，它又像中介[SFG]，但是行为者[RRG]也相当于中介，如表 12-10 所示。

表 12-10　行为者和承受者与施事和中介的比较

	施事	中介
行为者	［物质和非中动］ Colin killed the taipan	［物质和中动］ The sun emits the radiation ［心理和中动］ The dog senses the earthquake
承受者		［物质和非中动］ Phil threw the ball to the umpire ［物质和中动］ The door opened ［关系和中动］ Fritz was very unhappy

比较上述描写的 RRG 中行为者和承受者的特征以及 SFG 中中介和施事的特征：

> 中介：每一个过程都有一个与之相联系的参与者，这个参与者是过程中的关键角色，通过它过程得以实现，没有它过程无法实现……这就是以之为介质的过程产生的实体。
>
> 施事：除中介之外，还有一个充当外部原因的参与者……要么过程表征为自发产生，这时没有单独的施事；要么过程表征为由外部产生，这时有一个起施事作用的参与者。(Halliday,1985:146—147)

RRG 中的行为者－承受者模式应用于英语中，不能获取体现在中介概念中的重要普遍性规律，如：

> 不论小句是非中动还是中动，中介是相对受制于过程的，如"The door opened/She opened the door""the ice melted/she melted the ice""the milk spilt/she spilt the milk""she grieved (at the news)/the news grieved her"。
>
> 中介是通过词汇搭配与过程紧密联系的参与者。
>
> 中介是一个与过程合并而构成小句核心的成分，正是这个核心决定了过程的次类划分和解释(参见"run ＋ dog""run ＋ factory""run ＋ nose""cut ＋ hair""cut ＋grass""cut ＋ meat""kill/die ＋ animal""kill/die ＋ light""kill/die ＋ motion")，也是这个核心负载着主要的系统潜势(对比"open ＋ door/open ＋ bank account"和"run ＋ door/run ＋ jogger")。
>
> 中介不能作环境成分的参与者，所以(除了特殊的小句：中被动态)不能由介词引导。

12.4.3　特定标记角色和动词分类

Foley ＆ Van Valin 指出有两种研究特定标记角色(关系)的方法：

> (i) Fillmore (1968)的格语法。这里很多格角色被划为通用的一组，这些角色独立于小句谓语而存在，尽管谓语动词可以通过格框架进行分类。
>
> (ii) Gruber (1965, 1976) ＆ Jackendoff (1972, 1976)的题元关系：这些明显来源于对谓语的语义分解。题元关系"是抽象谓语的论元位置的一个功能"，如 CAUSE 和 GO；GO 是一个三位谓语"GO (x, y, z)"，这里"$x ＝$ 题元""$y ＝$ 来源""$z ＝$ 目标(目的地)"。(1984:33—34)

　　Foley & Van Valin 遵循第二种途径,但是他们的分解不是以 Jackendoff 的研究为基础的,而是以 Dowty(1979)的动词分类为基础,而 Dowty 的分类又是以 Vendler(1967)的动词类别为前提。我们在 12.2 节已经看到,Vendler 的分类基于过程在时间中展开的方式——它的时间侧面;而系统语法考虑的过程类型基于对核心及物性的考虑——参与者怎样相互作用,它们是哪种实体,是否具有投射作用,等等。注意语义分解是一种将纵聚合的系统关系作为横组合关系来处理的方法,诸如 go 和 cause 实际上都是被假定为动词和谓语的抽象语义分解的结构成分。

12.4.4　Dowty 对 Vendler 的动词类别的发展

　　Dowty(1979)将他的描写置于 Vendler 的四种动词类别——状态、活动、完成、实现的基础上。对于 Dowty 区分状态、活动、完成、实现的标准,Foley & Van Valin(1984：37)做了概括,认为这一标准主要在于确立在时间中展开的过程的时间侧面(如表 12-11 所示)。

表 12-11　区分动词类别的标准

		状态	行为	完成	实现
例子		know, believe, desire, love，have	run，walk, swim，push a cart，drive a car	paint a picture, make a chair, deliver a sermon, draw a circle, recover from illness	find，lose，die, recognize，spot
时间侧面	做非状态性测验	—	√	√	?
	has habitual interpretation in simple present tense	—	√	√	√
	V for an hour, spend an hour V-ing	OK	OK	OK	bad
	V in an hour, take an hour to V	bad	bad	OK	OK
	V for an hour entails V at all times in the hour	√	√	—	N. A.
	x is V-ing entails x has V-ed	N. A.	√	—	N. A.
	complement of "stop" [i. e., in phase with "stop"]	OK	OK	OK	bad
	complement of "finish" [i. e., in phase with "finish"]	bad	bad	OK	bad
	x V-ed in an hour entails x was V-ing during that hour	N. A.	N. A.	√	—

续表

		状态	行为	完成	实现
其他	ambiguity with "almost"	—	—	√	—
	occurs with studiously, attentively, carefully, etc.	bad	OK	OK	bad

Foley & Van Valin 引用的项目被 Dowty 描写如下:

> 那个观点是各种不同的动词的体的特征可以通过假定一个同质的谓词类别得到解释:静态谓词＋三到四个句子操作词和连接词。英语静态动词在逻辑结构上直接对应静态谓词,而其他类动词具有由内嵌于复杂句中的一个及以上静态谓词组成的逻辑结构,而复杂句是由这些表示"体"的连接词和操作词构成的。(1979:71)

值得注意的是,这里 Dowty 关注的是解释动词"体"的特征,即与过程在时间中展开的特征,而不是作为及物性配置的组成部分的过程的特征。

操作词和连接词如下:

> DO:在施事的无中介的控制之下(Dowty, 1979:76)
>
> BECOME:在 Φ 是任何谓词形式和 t 是任何时间的位置,如果 Φ 在 t 时是真的,BECOME Φ 在 t 时是真的,而在 t-1 时是假的(Dowty, 1979:118)
>
> CAUSE:事件之间的逻辑连接词(参见增强型言辞列)

四种动词类别的语义逻辑结构如表 12-12(Foley & Van Valin,1984:39)所示。

表 12-12　动词类别和逻辑结构

动词类别	逻辑结构
状态	谓词(x)
完成	BECOME 谓词(x)
行为	DO (x,(谓词(x)))
实现	Φ CAUSE ψ(Φ 是行为型动词,ψ 是实现型动词)*

"＊":这个阐述引自 Foley & Van Valin,其实 ϕ 和 ψ 不是动词,只是涉及动词解释的逻辑结构而已。

12.4.5　角色与指称语法的动词类别

如前所述,这里的语义分解是通过横组合处理纵聚合的系统关系的方式。然而操作词和连接词可以识解为纵聚合关系的系统特征,而不是谓语的逻辑结构成分(横组合解释)。如图 12-11 所示。

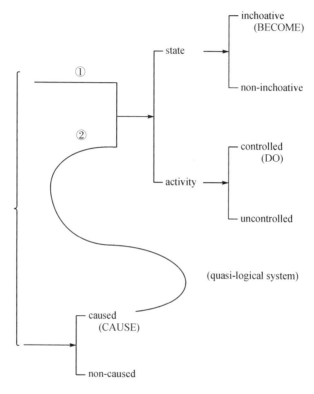

图 12-11　Dowty 动词类别的系统解释

这个系统解释提出了一些在 Foley & Van Valin 的分解方法中没有出现的有趣的问题:这些系统是严格意义上的经验系统还是准逻辑系统,这组特征是穷尽的还是需要增加以涵盖其他类型的扩展(参见第 3 章 3.2 节,这里显示这些特征是遍布整个语义系统的)。

Foley & Van Valin 指出,Vendler 的动词分类值得怀疑:

> 动词类别之间有相当多的相互关系,在 Vendler 的四分法中不容易表示……如行为型动词后加上一个特定的目标,就变成完成型动词,如 walk(行为)、walk to the store(完成)。(1984:39)

这是这些类别不是动词类别的重要原因——这个分类法实际上不仅是从动词中来的,而且从参与者和环境成分中来的,即它们是否出现? 如果出现,是否有界? 是否具体? 这再一次说明(参见 3.1 节),Vendler 的分类法不是一般语法或语义系统中的固有的系统,而是对过程在时间中展开这个侧面的一种可能的解释,这种解释由多种因素决定。Foley & Van Valin 提出 Dowty 的分类法和逻辑分解怎样以一种原则方法从动词结构中产生格角色,它们组织状态动词和行为型动词的次类型。它们建立的不同类型和语义关系如表 12-13 所示。

表 12-13　角色与指称语法的动词分类

类型			例子	角色
状态	处所		*be*, *in*, *at*, *on*, *under*	题元, 处所
	非处所	存在状态	*be tall / sick / dead / happy / afraid / fat*	受事
		属有	*have*	处所,题元
		感觉	*saw*, *smell*	处所,题元
		认知	*know*, *think*, *believe*	处所,题元
实现				BECOME ＋ 状态
行为	潜在可控制	可控制	*smile intentionally*, *walk*, *swim*, *talk*, *ignore*	施事
		不可控制	*smile instinctively*	操纵器
	运动		*fall*, *roll*, *rotate*	题元
完成			*break glass*	x CAUSE（BECOME 状态）

这里识别的类型在图 12-12 中通过系统网络的形式(状态和行为)加以解释。语义角色可以通过体现表达介绍,如图 12-13 所示。一旦它们通过这种方式显性化了,很多问题就会出现,如:

　　(i)既然"属有""感觉"和"认知"在语义角色方面具有相同的结构重要性——"＋处所""＋题元",为什么不合并为一组呢?

　　(ii)语义角色是怎样限制的呢? 什么实体可以充当题元、受事等? (注意:这点必须在体现说明的系统网络中加以明确)

　　(iii)上述系统网络的入列条件是什么呢?

　　(iv)对及物性还能做哪些预想呢,如投射? (所有通过解释变得清晰的是题元、处所和效应器这些角色的分布)

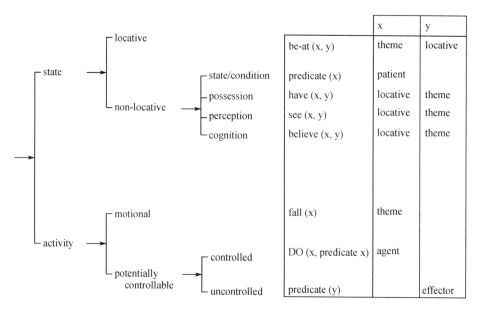

图 12-12　角色与指称语法分类的系统解释

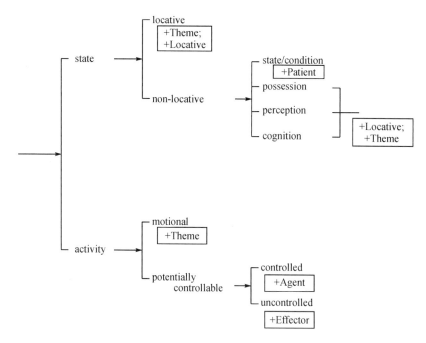

图 12-13　体现说明的增补

　　在他们关于为什么一些动词类型应该通过语义角色来解释的推断中，Foley & Van Valin 的描述与我们在概念库中对动词类型的描述有两点不同：①Foley & Van Valin 是从真实世界的描述中推断的。②Foley & Van Valin 是从释义和隐喻化变体中论证的。

第一，他们对感觉的解释似乎是以物理解释为基础的，而不是以对语法中的反应性的探讨为基础的：

> 对感知事件的考虑产生感觉动词的逻辑结构的线索。从物理方面看，如视觉的、听觉的和触觉的某种刺激，和感觉者的感知器官建立联系，而这在感知者的神经系统中触发一串复杂的事件链。既然这个过程的关键特征是刺激和感知器官的联系，感觉可以看作有一个基本的表处所的方面，同样我们将感觉动词分析为其意义具有处所成分。[参见 Wierzbicka（1980）关于感觉动词的处所分析的论证（48—49）]

就其本身而言，这些观察没有隐含对感觉的符号学阐释：语法和语义学可以像现代科学一样识解我们的世界经验，但是没有理由说明为什么必然是这个情况。相关性在于它怎样在语法中识解。

第二，在对认知型动词的解释中，Foley & Van Valin 求助于释义（paraphrase）和隐喻性描写：

> 像 know、think、believe 这类命题态度动词具有明显的静态释义，这些释义揭示了他们的逻辑结构特征。
>
> (2.29)　a. Fred believes/thinks that Ronald is a fool.
>
> 　　　　b. Fred is of the opinion that Ronald is a fool.
>
> 　　　　c. Fred holds the belief that Ronald is a fool.
>
> (2.30)　a. Barbara knows the French cooking thoroughly.
>
> 　　　　b. Barbara has a thorough knowledge of French cooking.
>
> (2.31)　a. Max knows that the world is round.
>
> 　　　　b. It is known to Max that the world is round.

这组对(a)组句子的释义揭示了这些动词的静态特征，尤其是(2.29b)和(2.30b)。也揭示了他们意义的所有（或拥有）方面，如(2.29c)和(2.30b)。我们在上文中论述了可让度的属有部分地是一种位置关系，所以"知道"和"相信"似乎也有处所成分在其意义中。认知动词的处所方面在我们平时使用的各种隐喻中更清楚地显示出来……在它们中，隐喻和其他思想被描述为某个东西存在于某人的心里或脑海里。所以认知动词的意义的一个重要方面是位置,从(2.29)—(2.31)我们可以得出结论:思想、信仰和知识置于思想者、信仰者和智者的脑子里。

这种论述似乎类似于经典转换语法中使用的策略:在转换语法中,观察到一个结构有一个改写式(经常是隐喻式),就把这个结构分析为是从这个改写式中产生的。我们发现系统中的过程对子:过程+范围。如"(doing) dance/do a dance"和"(sensing) know/(being & having) have knowledge",这个发现意义重大。但是这不意味着dance 在语义上与 do a dance 一致,或 know 在语义上与 have knowledge 一致。如果我们按照这个思路论证,大部分语法结构可以通过隐喻式重构为存在过程,体现为关系过程小句(见第 6 章),比较:

> She is exploring the other alternative/She is engaged in exploring the other alternative
>
> He is patrolling/He is on patrol
>
> They are fighting/They are at war
>
> It hasn't rained for seven years so forests burn frequently/The seven-year lack of rain leads to frequent forest fires

这种解释性还原模糊了及物性系统中建立的多重视角。

最后让我们把 RRG 动词类别和我们设想的基本言辞类型结合起来,这个比较是以 Foley & Van Valin (1984) 讨论的例子为基础的,如表 12-14 所示。

表 12-14　RRG 动词类别与我们的言辞类型的比较

			存在	感知	言语	行为
状态		处所	√			
	非处所	存在状态	√	情感 ??		
		属有	√			
		感觉		√		
		认知		√		
实现				识别、认识		
行为	潜在可控	受控制		忽视		√
		不受控制				√
	运动					√
完成						√

在概念库中有些类型不能确定 RRG 中的相等的类别是什么：气象学现象、非中动的感知、表情感的感知、言语过程、识别过程，以及使役型归属式存在言辞。列表中言语动词的缺失与我们发现的其他类似分类模式是一致的。然而作为识解投射和非物质经验的关键，言语动词是很重要的。下面讨论参与者角色。

12.4.6　两组角色之间的关系

Foley & Van Valin 将宏观角色和特定标记角色的映射关系阐述如下：

> 行为者可以是施事、效应器或者处所，主要依与之共现的动词而定。在任何给定的小句中，尽管有承载不止一个这样的语义关系的多个论元出现，行为者可以解释为只是其中一个，对行为者的各种可能解释，即在动词逻辑结构中将名词词组与论元位置联系起来，总是遵循一个严格的层次关系。所以如果小句中出现一个以上关系，那么行为者身份的可及性层次为：施事＞效应者＞处所。关于承受者的情况更复杂，因为具有单个逻辑结构的特定动词可以允许两个承载不同语义关系的论元充当承受者，而对行为者来说没有可变的选择。一个分配可变的承受者的例子是：
>
> a. John gave the book to Bill.
> b. John gave Bill the book.

Foley & Van Valin 概括了关于宏观角色和特定标记角色之间的关系，如图 12-14 所示。

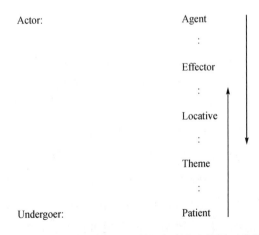

图 12-14　Foley & Van Valin 的两组角色之间的对应关系

如前所述，宏观角色被看作句法功能，如主语和宾语的接面。它们有助于许多句法结构如语态(主动/被动)的具体描写。

如开头所述,RRG 在这一点上的描述有赖于普遍化概念。而对及物性的系统描述,如英语和汉语,有赖于可选视角的概念。参与者角色中介、施事、范围和受益者所体现的不只是与过程所特有的参与者角色动作者、目标、领受者、感觉者、现象等具有不同程度的普遍性,更重要的是它体现的是不同的视角。它们能抓住一种语言的及物性系统的各种不同的事实。另外如 Martin(1996)对塔加拉族语的及物性分析所表明的,语言之间允许及物性变异很重要。塔加拉族语体现的模式与英语的及物性模式有很大不同。

在 RRG 中,及物性是在语义学中研究的:宏观角色和特定标记角色都是语义角色,而且特定标记角色是与语义谓词一起提出的(和操作词 DO 和 BECOME、连接词 CAUSE 一起)。相比之下,我们对及物性的处理是在语义学(言辞的聚合和组合组织)和词汇语法(及物性语法)中进行的:在语言的内容层面——词汇语法的概念成分和概念库识解——是一个系统。对及物性的两个层次的研究使得语法隐喻资源模式化成为可能,也是研究多语系统中文本生成的基础。

12.5　内在不确定性和系统解释中的变异

我们在不同地方都注意到语言在整体上的不确定性,这是语言在识解经验中发挥作用的必要条件。我们对自身内部和外部所发生事件的经验是丰富的,且具有多面性,任何试图将一个受规则束缚的确定的指称框架强加给它的符号系统都不会发挥生存资源的作用。

我们试图表明这样的不确定性是一个积极特征,并且将它放进我们的元识解中——没有将它显示为某种难以控制的或异常的奢侈品,而是把它当作称为常模的事物的无标记状态。在这个程度上,我们的语法学本身变成了语法的隐喻,即我们在自己的描述中能够规定这种不确定性。

我们在概念库中研究言辞时,强调不同类型言辞:行为、感知、言语和存在言辞的界限的流动性。我们在语法中将它们识解为一个过程类型系统:在基本精密阶上分为物质、心理、言语和关系过程。这是连续统上的部分,或者说是 n 个维度语义空间中的一些领域,但它们不能用独特的自我选择的标准划分,一个分层的符号学规定了三个视角,我们把它们叫作上部视角、外部视角和下部视角:从上部考察一个特定层次意味着把它当作某个内容的表达式,从下部考察意味着把它当作某个表达式的内容,从外部考察意味着把它放在其本身的层次语境中研究(即关于该层次的其他特征)。采用这种三目的视角(trinocular)，通过核心及物性识别出各种过程类型，对我们来说似乎是最有利于操作的途径，因为它阐述它们的意义是什么，它们是怎样表达的，他们的系统潜势是什么，而不需要以牺牲其中两个视角为代价来突出其中一个。

然而，即使我们采用这个途径，也不是强加于及物性描述的唯一的确定形式。我们已经知道，Martin(1996a)在对塔加拉族语的过程的系统分析中，对核心及物性提出了不同的解释：他是在取向性方面而不是在配置方面定义它，所以通过一个非常不同的关于参与者作用的概念发挥作用。即使在我们自己的关于英语的结构模式中，也产生很大"影响"，一个明显的例子就是 Fawcett(1987)，我们前面提及 Fawcett 的系统理论，尤其他的 COMMUNAL 自然语言处理系统；Fawcett 的语篇生成模式的整体框架与 Penman 的稍有不同，但基本的语法设计一样。然而，两者在关系过程的处理方面以及对关系过程和物质过程的区分方面表现出不同。

关系过程和物质过程之间的界限特别模糊，正如 Fawcett 指出的那样，归属式和环境式(后者的原型就是空间和时间的处所)的语法识解可以以以上的方法解释。Fawcett 将给予过程和获取过程合入关系－归属范畴，将环境式减为只有处所式，而将去的过程和送的过程包括进来(这部分的讨论，参见 Davidse，1996b)。正如我们所料，这种交替式分析体现了某些我们在言辞阐述中没有涉及的普遍性，但也忽视了某些我们阐述过的普遍性。[很难找到 Fawcett 放弃区分归属式和识别式的动机，因为这不能以他提出的方式解释为一个语篇(主位)系统，参见 Davidse，1996a]这里要提出的是一个符号系统，对任何与意义有关的现象没有一个唯一正确的描述，层次关系不是原因－结果关系，一个层次系统不能简化为内容－表达式对子。

当然，这不是说我们采用一种可选的方法来表征具有内在不确定性的语法特征，如及物性系统中的过程类型时，这种选择是没有意义或者是任意的。相反它对语法学整体产生共振作用。(或者应该是这样，如果这种方法具有某种程度的综合性)语法学和语法具有类似性，正如没有一个语法领域与其他部分分离，每个描述性陈述都会在整个陈述中产生影响。Fawcett 的另一种关系过程模式，具有其特殊特征，如把"给"和"放置"过程作为施事格所有式和处所式("make … have""make … be at")，而不是把它当作物质过程处理。这个模式必须在它的整体解释性的语境中进行理解：①与它在及物性系统中的反射(repercussions)有关，包括三目的视角在及物性系统中的反射(上部视角，作为意义的概括化；外部视角，作为作格性、精密度和向词汇移动的结果；下部视角作为体现规则)，以及整个内容类型，涉及因果关系、施事性、配置等等。②与 Fawcett 的整体结构设计有关，他的结构有别于我们的，因为对于语义和词汇语法两个层次来说，它有一个单一的系统－结构环路，再加上一个认知性表达的描述。

12.6　小结

在这部分,我们探讨了对元语言的分类和比较,试图得出其他研究方法与我们的方法在理论和描述上的相似性。我们的焦点是在认知科学和自然语言处理语境中发展起来的途径,所以没有探讨社会符号学和欧洲传统的功能语言学理论问题,也没讨论诸如 Ernst Leisi(1955)、Eugene Nida(975)、Adolf Noreen(1904—1912)的不朽的 *Vart Sprak* 或 Roget 的 *Thesaurus*。在认知科学和自然语言处理研究的方法中,我们没有讨论词汇视角的研究方法,如 Igor Mel'chuk 的和其他内容(包括词汇功能),以及 Levin (1993)或 NLP 中关于其他百科性质的研究项目。我们也没有涉及语义学中特殊主题的重要研究,如 Kiparsky & Kiparsky(1970)对事实的经典处理,或 Givon(1980)和 Ransom(1986)对所谓互补的语义学的研究方法。这些方法有很多相似性,也有很大区别,值得指出的是这些差别可以追溯到语义系统的本质。原因如下:

第一,系统体现了提供多种识解相似经验类型的互补方法,如将感觉识解为非活动的感知或主动行为,或对各种类型的现象做一致式或隐喻式识解。如果一个人关注一个有限的、设计出来的符号系统,那么当他面临多种选择的时候,恰当的策略是选择一个正规的形式。如果他关注的是整体的语言,唯一能够长期坚持的反应是承认变异并且探索它的功能。

第二,从语境多样性的观点看,系统是多系统的,在一个给定的语境或一组语境中,语义系统的某些部分会以系统方式部署,而其他部分会处于非活动状态。例如教某人一个程序,如果该语境是语义系统的唯一证据资源,那么我们可以忽视感知和言语言辞以及投射的逻辑关系。但在普通系统中,这个系统是在不同类型语境中发生作用的整体语义生成资源,这些言辞和言辞列对语义系统的功能以及我们对它的基本原则的理解都是非常重要的。

第五部分　语言和经验识解

13　作为多功能的系统与过程的语言

13.1　系统与过程的类型

我们把语言当作一套符号系统,把这个概念置于观念史的语境中,尽管是简单的方式,但这非常有帮助。我们可以想象,术语"符号"位于这样一个线性分类的结构中:物理的—生物的—社会的—符号的。而术语"系统"是"系统与过程"的缩略形式,没有一个词能囊括气象学和动力学两个视角(我们提到"气候系统"这个术语,同样注意应该怎样理解它)。

为什么是线性分类呢?这四种类型系统存在一个排序问题——这在元(meta)层面上容易理解:这是在过去五百年的学术史中,人们研究和解释它们的顺序。也许我们应该在这里补上一句,我们并不把学术史等同于西方学术史,在解释语言的过程中,事实上除了西方学术传统,我们明显地吸收了其他学术传统。但是由于复杂的历史原因,正巧是欧洲的思想家首先破解了密码,是他们把我们对现象的理解提高了一个层次,一个被称为"科学"的层次,当然这并不是事情的结束,无疑还应该获取更高层面的理解,一个我们今天已经达到的高度。密码的破译是有历史顺序的,在这个层面上首先必须理解的是物理系统,然后是生物系统,之后是社会系统。每一步之间都存在几代人的差距:那种将伽利略和牛顿与拉马克和达尔文分别开来的时间间距,或者缩短点,就是将拉马克和达尔文与马克思、韦伯及涂尔干分别开来的时间间距。换言之,对这些不同类型的系统与过程做出可比性的洞察是要跨越一定的学术距离的。

当我们认为在每一个系统的组成方面,现象本身就存在排序问题,这似乎是可理解的。物理系统只是物理系统而已,然而生物系统不仅是生物系统,还是物理系统。社会系统包括三方面:社会的、生物的和物理的。这使得我们越来越难以理解。这不是说社会系统比生物系统复杂,生物系统比物理系统复杂。有很多使事物变得复杂的方面让我们的观察具有意义。它们在这个具体的方面变得越来越复杂,就意味着我们更加难以认识相关现象的本质。系统与实例之间的关系是存疑的,或者说,在这些不同经验领域中的"事实"的本质是什么,一个生物事实不同于一个物理事实,而一个社会事实又不同。当系统是社会系统的时候,要建立能被观察到的现象和隐藏在被观察的现象背后的系统—过程之间的关系要难得多,因为涉及的现象同时是三种不同的现象。

这种情况造成的结果(无疑也是解开密码需要更多时间的原因)是每一个新的步伐要求改变视角。为了理解物理系统,其关键途径就是测量,它的主题是数学,视角则是大纲性的。但是这对解释生物系统不能发挥很好的作用,这些系统通过变化能得到更好地理解,所以视角必须变化,变为动态的,其主题是进化。对于社会系统来说,动态视角本身缺乏解释力,在 20 世纪它已被另一种大纲式研究途径——结构主义替代。我们所说的社会系统的概念就是结构主义者的术语。

在解释这些学术运动的主题变化,即人类经验在不同领域提出的挑战的时候,我们没有忽视和否认欧洲几个世纪以来发生的社会和政治过程的重要性,要理解结构主义的发展,就像理解之前的革命理论一样,将这些主题变化放进一般历史语境中是必要的。但是忽视或否认学术议程的相关性是片面的。这些方面构成了整体历史图画的基本要素,没有一个方面能脱离出来作为其他方面的终极原因。

那么符号系统的情形怎么样呢? 为了避免过分简单化,让我们弄清在系统序列中每一步增加了什么。生物系统是物理系统加上"生命"成分,它是一个活的物理系统。相比之下,社会系统是一个附带"价值"成分的生物系统(这就解释了采用大纲途径的必要性,因为价值是以结构形式体现的东西),那么符号系统是附带"意义"成分的社会系统。意义可以被认为(已经被 Saussure 认为)只是一种社会价值,但它是不同意义上的价值——通过符号识解的价值。因为意义本质上是聚合性的,所以只能在符号中得到解释,索绪尔就是这样理解并把它表述于价值定义中的。符号系统就是社会系统,其中价值进一步转换为意义。

在最初的语言学讲授中,学生被鼓励从多模态视角考察语言。在声学和发音的物理方面,语言可当作物理系统研究;在发音的生理方面和脑神经生理学方面,语言可以被当作生物系统研究;当然在词汇语法、音韵学和语义学这些核心领域,语言可以被当作符号系统来学习。如果语言学被认为是一个学科,即如它的研究对象(在这里指语言)所定义的,那么它应该包含所有四种不同的方法和理论。

学生也被鼓励承认除语言系统之外,也承认符号系统,包括艺术形式如绘画、建筑和音乐、礼仪和其他行为模式,也包括在化妆和服装上的自我表现形式。然而语言作为原型符号系统,在很多方面与其他系统是不同的:它是唯一专门进化为符号系统的系统;它是其他所有系统都能转换到其中的符号;它是人类作为一个整体,或任何一个个体识解经验,建构社会秩序所采用的符号。另外,其他系统都是派生的:它们只有参照经验模式和在语言中建立的社会关系形式才具有意义潜势,这就是我们把语言当作意义系统原型的理由。

　　但是这个学术策略也存在一个问题：第四种类型系统的密码还没有被破解。这个问题有两个方面：一是我们还没有完全理解一个语言事实的本质。这是实例方面的问题。二是我们还没有充分理解符号学中因果关系的本质，这类似于经典物理学的因果关系。这是体现方面的问题。确实，Saussure 甚至 Hjelmslev 在理解方面迈出了巨大的一步，但是我们仍然在争论 Saussure 的真正意义是什么（在我们看来他没有清楚地区分实例和体现两个概念），而 Hjelmslev 在很大程度上被忽视了——Lamb（1966a，1966b）几乎是唯一一个始终在自己的研究中跟随他的人。很可能到 21 世纪这幅图画才会清晰起来。

　　已经很清楚的是大家熟悉的现象和观察者之间的相互影响。我们谈到物理的、生物的、社会的和符号的系统都是现象范畴，在非常大的意义上它们的确是的。但它们也可以被认为是观察者所采取的不同态度，这样我们发现物理和生物系统正被识解为符号系统，这是一种能揭示物理和生物过程的新的方面的学术游戏。它在我们的范围之外，也在我们能力之外，所以无法研究。但是它为我们的语法学，为把语法理论作为人类经验的元理论增加了一个完整的新的维度。

　　这里我们只简单概括将自然语言阐释为识解人类经验的形式意味着什么，同时，也会涉及它的其他符号功能。我们强调概念功能，这是本书所关注的。但是语言作为构建人类社会的方式，这种同样重要的互补的功能可能被推到幕后。所以这一章将提供机会把概念库置于更广泛的社会符号学环境中。

13.2　意义模式回顾——元功能的和隐喻的

13.2.1　元功能

　　我们一直在强调语言是创造意义的系统，它的意义潜势是围绕三个主题——我们称为概念、人际和语篇元功能——展开的，其中概念元功能又由一个经验成分和一个逻辑成分组成。这些是内容层面——语法（通常意义上的词汇语法）和语义的不同方面。既然语言的"发电厂"在于语法，我们称其为语法方面，但是不能认为它只存在于语法而不存在于语义之中，坚持这点很重要。问元功能是语法的还是语义的是毫无意义的，唯一可能的回答是"是"。

　　概念功能方面，语法是人类经验的理论，是对我们周围及内部发生的一切的解释，分为两部分：一是过程本身的表征，我们称为"经验"；二是过程与过程之间的关系的表征,我们称为"逻辑"。两者一起构成了概念元功能,通过它,语言识解我们的经验世界。词语"识解"用来提示知识建构——当然我们也用它来作行动指南。

人际功能方面,语法不是理论而是行为方式,是我们对社会关系的构建,包括对社会的规范和我们在社会中的地位的确定,以及那些属于临时对话情景中的关系。这些构成人际元功能,通过它,语言构建我们的社会集体,从而也构建集体中的个人。词语"构建"用来提示一种设定形式——当然也是我们在其上不可避免地创立一种关于我们自己以及与我们相关的"别人"的理论的东西。

语篇功能方面,语法就是创造信息。它产生话语,即产生有意义的语言语境的模式化措辞形式,从一个视角看,这种"语篇"元功能有一种能动力量,因为是它使得其他两个功能发挥作用。同时它也产生一个他自己的世界,一个由语言构成的世界,通过语篇功能,语言不仅识解和扮演我们的现实,而且成为它自己识解和扮演的现实的一部分。

在所有这些元功能中,语言不会接受或再生任何现成的语义空间,在语法识解它之前,不存在这样的语义空间。

13.2.2 概念元功能——经验功能

经验的基本成分是变化。当某个事物从一个状态变为另一个状态,它就会将自己投射到我们的意识中来。这可能是外部环境中的某个事物。我们可以在婴儿身上看到这种现象,他通过一种剧烈的扰动,如洪亮的声音或闪电,被猛地拉进符号过程。语法以过程结构的形式识解这个变化的经验:语法的基本成分是小句,小句提供过程在其中展开的参数。

语法是通过将过程解构为成分来完成对经验的识解的。在英语及其他很多语言中,也许在其他所有语言中,成分有三种:一是过程本身;二是某些在过程中识解为参与者的现象;三是其他与过程有关的环境现象。

假如我们站在岸上,有一个快速运动穿过我们的视线,我们在语法上将它识解为"birds + are flying + across the sea"。很明显这不是使这样一个经验语义化的唯一方法:它可以识解为单一的不可分析的现象,如"It's winging."。事实上有些过程被这样识解,如在英语中的天气过程,"It's raining."。但是在多数例子中,语法提出的理论是,这是一个复合现象,一个不同功能成分的有机结构,在这里过程是 are flying,过程的参与者是 birds,相关的环境成分是 across the sea。还有可能是其他事物飞过海洋,诸如昆虫、飞机等;也可能是鸟在别的地方飞,如在树上飞,或者是鸟不是在飞而是在做别的事,如唱歌或吵架。这种意义潜势比用不同的词汇去识解每一种可能的结构的力量要大得多。

人类语法中迈出的重大一步就是普通名词的演化,或者说普通词,因为在这个意上动词也是"普通"的：也就是表示类别而不是表示个体。通常认为它们由"专门"的词演化而来，原型是个体的名称；个体发生学证据表明这只是一个源泉而不是唯一的源泉，另一个在人际功能中。尽管如此，以这种方式识解过程要靠概括所有类别的现象。语法建立过程类别、参与者类别和环境成分类别。有很多不同方法区分类别，很多语言中通用的方法就是词的分类，如图 13-1 所示。词的分类根据它们的内部形式，或根据它们进入更大结构的方式（或两者）。最复杂的是环境成分的类别，因为这些成分自己构成复杂的结构；它们可以是简单词（一类副词），但它们也可能是像英语介词词组这样的结构，其功能是引导潜在的参与者，不过是间接引导，像 across the sea 中的 sea。其背后的理论是一个实体可以以两种方式介入，直接作为过程的参与者，或者作为环境成分角色间接介入，如过程发生的地点。这个间接参与者经常被识解为参加一种与主要过程间接相关的次要过程（在语法上，一个介词词组是一个压缩的小句的变体）。

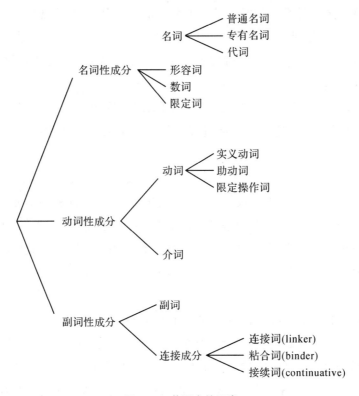

图 13-1　英语中的词类

同时，在承认普遍的过程范畴识解我们变化的经验的时候，语法也承认不是所有过程都一样。作为人类我们意识到（我们又可以通过婴儿的动作看到）现象分为两种不同类型：我们能看见、听见的发生在我们外部的现象和发生在我们意识中的现象——思想和感情及有别于所见所闻的看和听的感觉。语法将它们识解为物质过程和心理过程。

心理过程只属于有意识的存在,即人类或一些和我们亲密的动物伙伴。各种语言以不同方式识解这种模式,而且分界线不一样,我们总是将我们的描述与英语的个别性联系起来。英语中语法假定介于两个过程之间的第三个过程:"行为"过程。这里内部事件被外化为身体的行为,如凝视、沉思、哭。

语言本身是人类行为的一种形式。使用语言对语法来说,构成了另外一种类型的过程,即"言语"过程(或更好是"符号"过程)。一个说的行为不只是外化了内部事件,它主动将它们转化为另一个事件。它也和很多其他符号事件相似,这些符号事件不要求有意识的信息源(如"your diary says you have a dental appointment""the light says stop")。而这些事件依次渐变为其他事件,语法将他们识解为不同的现象:一致关系(包括一致,如红色意味着停止)和归属关系。这种表达式,在英语中通常有 be 动词,似乎不可能标记为"过程",但语法像这样严格地表示他们,所以我们称它们为"关系"过程。其实它们是在描述符号系统的两种基本关系的基础上形成的:体现(realization)[识别型过程,如"this is(体现)my sister"]和例示化(instantiation)[归属式过程如"she is(例示化)a student of law"]。最后还有表存在的现象——依旧在语法中识解为过程类型。存在的东西可能是一个持续一段时间的实体,如"there is a letter for you"。但在很多语言中,也可以是发生的事件,如"there was a fight"。这里我们也可识解为物质过程(people were fighting),这说明存在过程也是介于关系过程和物质过程之间的中间类型。

所以语法的这部分——小句语法,建立了一个关于构成人类经验的过程类型的理论。在英语中(相对比较典型),我们称为主要范畴的物质、心理和关系过程在诸多形式方面具有明显的区别,其他三个像是混合的或处于它们之间的中间类型。(其实言语过程范畴比其他两个区别更明显,考虑到它在语义系统中的重要地位,我们始终将它作为基本范畴处理)整个图像是一个连续统,但不是在两级之间——我们用圆圈表示。图13-2 表示这个连续统。

语法在以这种方式识解经验的过程中,提供一种用以思考的资源。对单个的过程严格分类将会产生不连续性,而两级连续统又会两极分化。语法提供的是一个灵活的语义空间,连续而具有弹性,能屈能伸而不会失去分类顺序。由于它随着人种进化,所以充满了异常、矛盾和折中,就是这些特征使得小孩学会它成为可能,因为只有这种系统才能适应经验的固有的无序性。

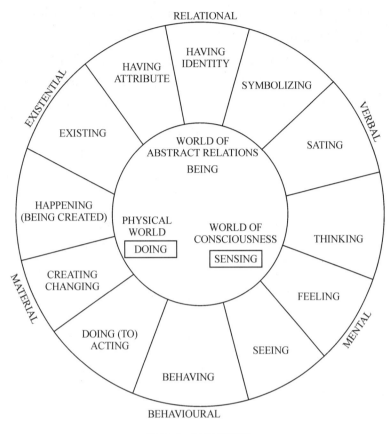

图 13-2　过程类型圈

　　语法将一两个最有利的参与者结构与每个过程类型联系起来。过程类型之间的结构有很大区别。英语中的心理过程中"感知者"（那个知道、思考的人）与人称代词 he 和 she 有很强的联系，以至于用 it 放到这个角色就产生异常（如"It didn't believe me."），因为我们不知道 it 是什么。同时所有过程都被阐释为具有某些共性，因为都有一个参与者内在地和过程联系起来——没有它过程就根本无法出现，像 birds 在"The birds are flying."中，这可能是唯一的参与者，这种情况下参与者当作可数的（尽管没有意志），过程就止于此。另外另一个参与者可能介入其中，要么是一个外部施事，如"The children are flying kites."中的 children；或者是一个目标，如"I'm writing a letter."中的 letter。至于心理过程（这里就是上文提到的矛盾），语法不能确定感知者之外的参与者是否充当施事这一点，如果我对某事表示怀疑，我可以说"Your story doesn't convince me."，这就使得 your story 看起来像施事，或者我也可以说"I don't believe your story."，这就使得 your story 的角色十分不同——不是确切的目标，像是表达范围。很多语言的心理过程都表现出这样的矛盾状态，这一点明显与经验中的物质过程不匹配。

　　至于构成过程结构的成分，我们已经明白经验的语法理论的基础在于简单的词类演化：名词、动词和其他。但是小句的结构成分不是名词和动词，他们是由名词和动词扩展而来的更复杂的表达式，我们称为名词词组和动词词组。从他们所造成的扩展的种类来看，二者之间有很大不同。形式模式因语言不同而不同，但潜在原则相对稳定。

过程在时空中发生，语法可以以不同方式将它模式化，如发生的事件是上行还是下行，过去还是将来，真实还是虚构的。通常参照点就是言语情景：将正在说的话与此时此地的瞬间联系起来的指示特征。在英语中通过将过程放在一个线性的时间刻度上，以"现在"作为"过去"和"将来"的支点来实现指示，或者也可以将过程放在一串时间刻度上，说话者强行加入自己的判断。动词还有很多附属物——情态、体和相度等，语法将它们识解为过程特征，考虑英语例子"wasn't going to start trying to help"。另外，过程本身一般不会被识解为系统分类，动词主要通过语法手段而不是词汇手段扩展。

另外，表征在时空中持续的实体的原型的参与者，不易受到这种变化的影响，但是它们的分类更详细。这些分类可以识解为不同词汇项目之间的系统关系；所以 eyes、nose、mouth、chin 是 face 的不同部分，而 lamb、pork、mutton、beef 是不同种类的 meat。类似情况也出现在动词中，但是在很小的程度上。识解事物分类的其他资源是名词词组的扩展，但在这里图景与动词不一样。名词扩展可以通过语法也可通过词汇，所以尽管实体（和过程一样）在指示上与"这里—现在"有关，它们（与过程不同）也具有广泛的分类和描述，例子"those two nice colorful picture postcards of Honolulu that Sandy sent us"表明了这些资源的作用，cards 被分类为 postcards 而不是 playing cards，postcards 被分类为 picture postcards 而不是 plain postcards，picture postcards 被描述为 colorful 和 nice（表示说话者的态度）；它们被量化为 two，被指示为 those。另外环境特征（of Honolulu）和整个过程可以放进来作为对谈论的个别明信片的更具体的描述，所以语法具有对参加过程的任何一个实体做复杂的类别和次类别的识解的潜能，另外也可以通过使用专有名词而不是普通名词将它命名为一个个体。专有名词已经完全具体化，所以在经验功能里很少扩展（常常通过人际功能扩展），但是普通名词可以无限扩展，这种资源把我们的世界组织到详细的事物分类中。

小句的第三类构成成分，我们在上文中称为"其他类型"（即既不是动词词组又不是名词词组的成分），是以过程的第三方的表征形式进化到过程中的，这可能是过程在发生方式上的某个限制性条件（英语中的副词词组），或者是一个间接参与过程的实体（英语中一个介词短语，由"介词＋名词词组"组成）。间接参与者和直接参与者的界限是模糊的，有时过程中似乎具有相同角色的东西，可以通过两个方式识解，看下面几对例子：

they gave the winner a prize/they gave a prize to the winner

he acted Hamlet brilliantly/he acted brilliantly as Hamlet

she rides her bicycle to work/she rides to work on her bicycle the farmers chop down the trees/the trees are chopped down by the farmers

在上述例子中，the winner、Hamlet、her bicycle、the farmers 首先以直接参与者出现，然后以间接参与者出现。这里语法其实在使用加减介词的结构资源识解各种不同的对比关系，这与其在信息中的地位有关。但是这种区分意义重大，因为这样的环境成分往往充当某些本身就是参与者的实体的限制条件，而不是过程的限制条件，像"the ice lies thinly on the water""thinly""on the water"是小句的环境成分，我们也有"the thin ice (lying) on the water"，这里，thin 和 on the water 成了 ice 的修饰语，然后就是"the thin layer of ice on the water"。既然有一个名词词组置于介词短语中，这就为进一步扩展提供了可能，像"the ice on the water in the pond by the oak trees in the corner of the wood"。所以将一个环境成分并入参与者的表征式中不只是对它的详述增加一个特征，它多少留有与整个过程合并的不确定空间。（我们已经指出介词词组是缩短的小句，所以这两者构成了一个独立资源，使用过程来描述一个具体的实体类别）这种潜势对科学和数学的发展是至关重要的（见下文）。

13.2.3　概念元功能——逻辑功能

现在进入语法的概念资源的逻辑部分，不是关于单个过程而是关于过程与过程之间的关系，将它称为"逻辑"是在自然语言逻辑这个意义上使用的，即语法逻辑，而不是形式逻辑——尽管前者是后者得以派生的源泉。

构成我们经验的变化不都是相互独立的，相反，我们的经验是一个变化导致另一个变化，原则上经验链是无限的。但是关系的具体特征依变化而不同，所以语法以小句节点的形式识解过程之间的关系。第一个过程可以通过时间顺序或因果关系让第二个过程与之联系起来，这个过程又可通过相同或不同的关系使另一个过程与自己联系——两种情况下的关系都被识解为存在于一组过程成员之间的关系。所以在概念元功能中，逻辑系统产生了不同于经验系统的语言结构。在逻辑世界中，部分不是有机配置的组成成分（不像小句中的过程、参与者和环境成分），它们是在潜在的反复关系中相互坚守的成分，而且每个成分代表一个完整的过程。

两种逻辑关系被语法以这种方式识解：一是扩展，两个过程处于相同的经验层面，第二个过程被解释为对第一个过程的某个方面的扩展；二是投射，其中第二个过程被识解为属于不同的经验层面，它被第一个过程投射到符号层面。这两种逻辑关系都描述了复杂的语义空间。

在概念上扩展一个过程的最简单的方法是详述：再说一遍（或者其他类似方式，重复是极端的方式），或者举例说明，或者以其他方式澄清。语法以韵律手段表现这种符号关系：重复相同的语调模式，如"we're shut out""they won't let us in"。但是这不能体现在书写中，于是各种纯书面符号得到使用，有代表性的是"i. e.""e. g.""viz"。第二种类型的扩展是通过将另一个过程识解为一个过程的增补（and 是极端例子），或替代物，也可作为某种限制或对比形式，从而延展这个过程；这里使用了连词 and、or、but、instead、besides。第三种扩展类型是通过另一个过程设定一个具体的语义关系来增强第一个过程，主要的语义关系有时间、原因、条件、让步和方法。这里语法又使用了一系列不同的连词，它们标记起增强作用的小句（如 when、because、by、though、if 等），或被增强的小句（如 then/at that time、then/in that case、so、thus、yet 等）。

在投射中，一个过程被用来识解另一个过程，这样后者成为某个人说或想的表征形式。具有这种投射能力的过程类型是言语和心理过程，如"he says（that…）""he told（her to…）""she thinks（that…）""she wanted（him to…）"。所以投射在内容层面的两个层次上起作用：言辞层面，投射通过言语过程进行；或意义层面，通过心理过程进行。因为语法能以这种方式投射，符号事件包括外化为言语内容的或内化为思想的都被带进了整体的经验现象领域。

也许在所有语言中都存在这样的逻辑系统关系，尽管使用的形式资源各不相同，或者关系本身的系统语义结构各异。在英语中及其他很多语言中，语法对进入这个逻辑连接中的两个过程的相对地位做了系统区分，要么两者被识解为处于平等地位，要么一个被识解为从属于另一个。原则上任何一个扩展或投射类型都可以做两种解释：并列或从属。但事实上存在某种程度的偏向性：一定的结合受偏爱而另一些不受偏爱。如在英语中，如果一个过程被识解为对另一个过程的简单的重新叙述或增加，这两个过程很可能地位平等；而一个过程被看成是对另一个的增强，二者地位通常不平等——方法从属于通过它所取得的效果，原因从属于结果。（注意，这些是整体的量化趋势，在具体的例子中有两种选择）同样在投射关系中，言语投射中的两个成分在地位上是平等的，而心理投射中的两个成分是不平等的。这不奇怪：既然你能听见一个人说的话，你给了措辞一个充分的直接经验的地位，像在"Mary said：'I'll wait here for you tomorrow'"中；然而你不能观察到一个人所想的，所以它更可能被识解为依附于投射它的那个过程，如在"Mary thought/decided she would wait there for him the next day"中。在第一句中，指示的立场是说话者的，即 Mary，她所说的话被引用作为"直接引语"；在第二句中，指示的视角是现在说话者的，Mary 所想的被转述为"间接引语"。另外，有转述言语，甚至引用思想，其中的讲话者充当无所不知的叙述者，但是这些组合在日常英语中不受青睐。

在概念元功能中，语言将人类的经验——人类的经验能力识解为一个巨大的意义动力库。它创造一个高度弹性化的语义空间，其中每一个向量都形成一线张力（向量就是我们在系统网络中所说的系统），并在这个空间里移动以创造各种互补性：互补的甚至矛盾的经验结构、不确定性、歧义性和混合性。所以语法作为经验的普遍理论，是各种充满张力的妥协的集合。经验的任何一个维度都不是以理想形式表征的，因为这将与其他维度发生破坏性冲突。相反，每一个维度都比较粗糙以至于可以和那些与之相交的部分共存。我们可以用英语中的简单例子说明这种妥协：

①单个过程和逻辑上相关联的过程链：如"she told me/she gave me to know"。

②相关联的过程和过程内相关联的成分：如"they fight harder than we fight/they fight harder than us"。

③过程本身和参与者：如"the day dawns/the dawn comes"。

④两个过程和一个带有环境成分的过程：如"use a spade to dig the ground/dig the ground with a spade"。

⑤过程中的参与者和环境成分：如"she rides her bicycle to work/she rides to work on her bicycle"。

⑥一群参与者角色和另一群参与者角色：如"the mistake didn't strike me/I didn't notice the mistake"。

⑦一种过程类型和另一种过程类型：如"why do you grieve/why are you sad"。

这样的成对结构不是同义词，因为每一个表达式将正在谈论的经验与其他不同的经验集连在一起。很明显不同语言协调这种可能的互补性结构的方式会有很大不同。我们从英语的角度勾画了大概情况，但是尽量做到使其他语言也能提出同样的问题。每一种语言都以自己的方式识解经验——正如布拉格学派所说的，有它自己的"性格学"。每种语言体现了有效的妥协机制，各种机制的集合就构成该语言使用者对现实的构建。

13.2.4　人际元功能

这本书关注的主要是我们所说的"概念库"，即人类通过语言识解集体和个体经验的意义系统。我们谈论语言的"现实建构"，指的就是我们想到的现实方面。但在识解经验的同时，意义系统通过语言扮演着人际关系，这种意义的人际成分并不小于构成我们"现实"的部分。如果说概念成分指的是作为思维方式的语言，那么人际成分指的是作为行为方式的语言。现实存在于我们的思维和行为，二者同等重要。

我们说语法扮演人际关系，指的是各种人际关系，从各种事务性会面中的即时言语角色交换（"How are you? —Good, thanks; and you? —Coming along. Now what can I do for you?"）到持久的构成社会结构的家庭或其他网络。我们较少注意语言的这方面元功能，至少在学术语境中：部分原因是作为具有读写能力的成人，习惯于纯粹考虑概念意义（语言是表达思想的工具）；还有部分原因是谈话是一种行为方式——对其他人产生作用的方式(通过其他人对我们的共有环境产生作用),并且在此过程中构建社会,这一点不是显而易见的。但是人际和概念功能是社会符号的两个方面。

我们通过语法做事的最直接方式是选择言语功能。一种言语功能是命令,这是让某人做某事的最直白的方法,但是我们往往认为它不是典型的方式。所有言语功能都是行为方式,不管是命令、提供、提问还是陈述,或者无数的合并形式和次范畴。所有对话都是意义交换的过程,其间说话者在扮演一种特殊的人际关系,包括自己的角色和他分配给听话者的角色(即他在为自己和别人的行为指定一个解释网络)。在语法上,每次当他说出一个小句,他不只是识解一个过程,除非他使它在逻辑上从属于另一个过程,同时执行一个言语功能;这体现两种同时的选择。说话者要么给予,要么请求别人给予,即需求。而给予或需求的交换物可以是货物和服务或者信息,下面每一种合并形式定义了一种基本的言语功能:

给予+货物和服务:提供　　[接受提供的货物和服务]

需求+货物和服务:命令　　[给予需求的货物和服务]

给予+信息:　　　陈述　　[接受给予的信息]

需求+信息:　　　提问　　[给予需求的信息]

如果交换物是货物和服务,那么给予或需求的行为是典型的非言语行为:交换的不是意义结构,而是别的,是意义产生交换。原则上听话者不必说任何话,但听话者往往会说话,通过反转角色,提供用命令来回应,命令用提供来回应。

(offer) Shall I help you find it?

—Yes, please do! (command)

(command) Come and help me find it

—All right; I will. (offer)

如果被交换的是信息,那么这是由意义构成的。说话者的行为和听话者对提问回应的行为一定是言语行为,因为这里语言不仅是执行交换的工具,也是交换本身的本质。

选择一个具体的言语角色只是对话的一个步骤,语法通过语气系统创造的是一种用于争论或会话参与者动态交换言语角色的潜势。语气系统和与之有关的其他系统一起识解各种言语功能变异;而且原则上任何概念意义可以映射到人际意义上,这就使得在对话中识解经验的任何方面成为可能。如果说概念元功能是语言的"第三人称"表现,那么人际功能是语言的"第一和第二人称"表现,是"我"和"你"之间的互动关系。当然"我"和"你"是建立在语言中的,它们不存在于社会符号之外。一旦被构建,我和你就成为经验的一部分,就可以和"他""她""它"一起被提及,但是注意(人际意义不发生变化,这点不同),每次说话者改变,概念意义也会发生改变(这就是小孩难以掌握"我"

"你"的原因)。注意在这种关系中语言识解的基本区别不是常说的"我"和"其他"之间的区别,而是"我和你"与"其他"(第三者)之间的,这种区别记录在语法的任何地方,如在语气系统中。如果没有将这些角色付诸行动的"第二人称",就不可能有"第一人称"。

语气系统将小句构建为谓项中的一个话步,作为一个"命题"(陈述和提问)或"提议"(提供和命令)。通过将对立的"开"或"关"合并起来,语气系统为谓项提供了空间:每个小句都分配一个正的或负的归一度,每个命题或提议选择其中之一,如"that was a snake"或"that was not a snake","catch it!"或"don't catch it!"。同时人际语法远比这复杂,它抵制简单的"是""否"归一度,在两者之间打开一个广泛的语义空间。这就是"情态"领域,这里互动者提供了他们的判断和意见的不同方面,探讨正在说的事情的正确性,所以一般将它们置于正负两极之间的某个位置。

在做语法解释的程度上,不同语言的这种空间建构有很大不同。英语中在"是"与"不是"之间存在四个明显的语法横断面,两个由命题的归一度产生(it is/it isn't),两个由提议的归一度产生(do! /don't do!),前者是沿着"可能性"和"经常性"这个维度的,其中"可能性"更复杂(因为更具可辩论性)。如:

That was a snake.

—It wasn't. It can't possibly have been a snake.

—Couldn't it? Don't you think so? I think it might have been.

—It probably wasn't. But snake can appear round here.

所有这些都表示可能性,只有最后的 can 表示经常性,表示"有时"。注意,说话者或者听话者的判断总是被体现为一个情态选择,而不是"第三者"的判断。后者则是指"义务"和"意愿"维度,"意愿"包括倾向和能力。如:

They should clean this place up. People will leave it so untidy.

—They can't; they haven't got the equipment. They aren't supposed to clean it.

—You mean they won't. But someone must. Can we?

—I don't see why we shouldn't. Will you help?

虽然这些都是从提议的意义派生的("you are supposed/required/allowed""I am able/willing"),但它们不只限于具有这些功能的小句。义务与意愿在语法中被识解为命题,所以可以自由与第三人称连用。但它们仍然体现说话者和听话者对涉及的义务与意愿的判断("he ought to help""she will help")。

情态是说话者将自己的观点融入话语的一种丰富资源:对可能性和典型性的评价,对形势的正误的判断,对这方面别人态度的判断。还有很多由语法资源构建的人际意义。它们包括对某事物的合意性、合理性和自明性的评价,对某人某事的态度的表达,具有相似的经验意义但突出人际内涵的词汇集(有时称为"purr 词"和"snarl 词")、个人称呼和指称的各种形式(亲属术语、个人名字、敬语、爱称、辱骂等)。最新的"评价"领域的理论描述,参见 Martin(出版中);分析随意会话中的评价,参见 Slade(1996)。

不像概念意义往往位于语法结构中的可描述的位置,人际意义往往由一堆词汇语法特征或由其他手段如声音特征和语调群等串起来,贯穿整个话语。这标志着人际意义更具有弥漫性,它们不是与一个成分,而是与整个言辞相联系;或者是与对话中的一个话轮相联系,甚至与扩展的话语段落相联系。某种特殊的人际色彩可以显示说话者与他人之间的关系的整体情况,因为社会群体是天然有等级的,很多语言的语法人际成分规定了具有不同程度的不平等和距离的社会关系网络。所以有正规的词汇语法变异形式用于保持说话者和听话者之间的结盟关系,这样的形式可以置于语法结构中的某个地方(如动词的结尾),或者以韵律的形式分布在整个小句的措辞中。但是即使在像英语这样的语言中,其语法中没有建立系统的言语风格,这方面还是有些功能变体:在不同的口语和书面语样本中,我们不难区分哪些是正式的,哪些不是正式的。

人际意义被映射到概念意义的各个方面,从最小的到最大的:从小句的情态和言语功能〔甚至词汇的形态特征,像很多语言都具此特征的"指小词(diminutives)"〕到影响整个语域的场景,如与官僚语言相联系的权力和距离的氛围。这些都是语言发挥行为作用的不同方式,这些意义像概念意义一样都是通过语法产生的。

13.2.5 语篇元功能

语言意义结构中有第三个成分,这就是我们所说的语篇元功能。如果我们要找一个术语来与用于注释概念功能、人际功能的表达式"语言作为思想"和"语言作为行为"搭配,我们想到"语言作为信息"。但它本身不会提供信息,它是一个理解难度较大的概念,因为不像概念元功能和人际元功能,语篇元功能没有明显的功能。所有语言的使用都涉及语篇的创造。

这正是语篇元功能得以理解的语境。之所以称为"元功能",因为它指的不是单个话语的功能——实例的功能,而是语言系统的功能成分。它们在起源上是功能的,也就是它来源于表现为具体实例的语言的功能。如果我们观察儿童发展他们的母语,我们可以看到系统的概念资源和人际资源怎样从最早的符号交换中产生,这种方式合理模拟元功能的原始进化。语篇元功能的不同在于它不是产生于这种外在语境,它是内在于语言本身的。语篇元功能是我们给予语言创造话语所必需的系统资源的一个名称,它确保每个语篇实例与它的环境相联系。"环境"包括情景语境和语篇的其他实例。相对于其他元功能,语篇元功能以一种能动角色的形式出现,没有语篇资源,概念结构和人际结构都毫无意义。

既然这些资源以话语为导向,任何一种语言中的很多"语篇"系统有一个潜在的高于小句和小句复合体的领域,它们建立语义衔接的关系,而且不受语法结构有限性的限制。但是它为整体语法提供了一个关键的维度。在这种情况下小句发挥了信息量的作用,它被组成一个信息,根据小句所处的话语环境,各种可能结构被赋予不同解释。这些结构没能像其他元功能的结构一样得到充分描述,它们在 20 世纪上半叶因为布拉格学派的马泰休斯和他的同事的工作引起了语法学家们的注意。但是将小句识解为一个信息的典型方法似乎是合并两个视角——说话者视角和听话者视角。我们可以清楚看到这种模式在英语中的存在。

从说话者视角看,一个信息有一个具体出发点,布拉格学派将它叫作"主位"。在英语中,主位总是包含一个具有经验功能的成分,典型的就是过程的一个参与者;它也可能包含其他成分,如说话者要将他的观点主位化,可用一个表情态的人际表达式。像在英语中,将一个成分主位化的标志是将它置于小句的开头,紧跟其后的包括第一个经验成分组成了说话者选择的出发点。如"But surely time is defined as that which you can't turn back?",这里主位是 but surely time,说话者围绕主题"我所说的与以前所发生的相反"(but)来识解一个信息,"这是我的意见,但我要在这点上挑战你"(surely)。"起始点是主题时间",剩余部分就是信息的主体,语法上标记为述位。

但是只有当它与结构"已知信息＋新信息"配对时,结构"主位＋述位"才成为信息。这是从互补性角度将信息识解为具有新闻价值的东西——引起听话者注意的东西。信息可能并不包含听话者没听说的东西,很多"新闻"是完全熟悉的,只是在此做比较或重述。另外,整体信息中可能包含未知信息,如小说的第一个小句。但是信息是按照原型方法被识解为已知信息与新信息之间的平衡,高潮就是信息焦点——"这就是你注意的焦点"。这个焦点往往出现在末尾。但是(不像"主位＋述位")"已知信息＋新信息"结构在英语中不是通过词序标记的——它由语调特别是音高突出,即语调中的最大起伏点(升、降或二者复合)来标记。这背后的原则很明显:如果主位总是在前面,述位总是在后面,则没有将它们合并的可能;而信息的强有力形式——因为它具有高度标记性,是两者都相互映射的形式,如在"no wonder they were annoyed"中(这里焦点在人际主位 no wonder 上)。

所有语言都表现某种小句的语篇组织形式。这种有信息量的在两者的张力中识解出来的说话者－听话者互补性在多大程度上是语法的普遍性或原型特征,我们还不知道。如在澳大利亚的各种语言中,小句的概念结构和语篇结构之间的关系比印欧语言更为复杂(主位被映射到不同的及物性角色上)。甚至在英语中,信息流的产生方式已有公允的意见,但这在多大程度上应视为连续的运动,在多大程度上视为两个不同周期的交叉(正如我们想要解释的),大家意见不一。也许原则上主位状态比以听话者为中心的"已知信息＋新信息"模式与小句(作为经验和人际选择的核心)更相关。在英语中,后面模式定义的信息"量"其实与小句是不一致的,它可能更大或更小。但所有话语都是围绕着这两个主题组织的,并在它们之间向小句"增加价值",因而使得话语在所处语境中有效地产生意义。

除了对小句语法的贡献,我们所说的语篇元功能成分含有另外一组资源,他将小句或小句复合体识解为没有形成更多语法结构的更长的话段。这些是创造"衔接"的资源,分为四类:指称(reference)(有时叫作"phora",用以区别于语言哲学中的"指称")、省略(ellipsis)、连接(conjunction)和词汇衔接(lexical cohesion)。

指称是用可理解的符号来提及事物,包括语篇中的实际提及,或情景语境中的潜在提及。英语中的指称系统是人称代词,主要是第三人称代词和限定词,如 he/him/his、she/her/hers、it/its、they/them/theirs,指示代词 this/these、that/those 以及特立独行的 the(表现为 that 的弱化形式)。这些系统发挥着指示的功能,当它们用于前指和后指(即语篇指称关系)的时候,就创造衔接。还有来自通过使用比较关系的词如 same、other、different、less、smaller 等的第三种指称衔接。

在省略中,小句的语义结构的一些特征并不明显体现在措辞中,所以这些特征无法解释,除非能从别处找回。这里不是指称意义,而是措辞被重新找回,往往是从前一个小句中找回(指称可横跨语篇中很大的范围)。省略是对话的特征,特别是像"提问—回答"这样的相邻对。英语中有时插入一个替代词作为占位符,如"—Which lanes are enclosed?—The north bound ones."中的 ones。

在连接中,识解小句复合体的各种表示扩展的逻辑语义关系被用来作为衔接的资源。有相当多的起连接作用的表达式,从单个词,如 however、moreover、otherwise(很多是合成形式),到介词词组,如 in that case、in other words、at the same time(通常包含一个指称词),它们涵盖了与我们所说的"详述""延展""增强"的相同的意义范围。但是它们在语法中不建立任何结构关系,只能在书面语中识别出来,通常后面跟句点(句号)。

词汇衔接指的是由词汇方式产生的衔接,即选择一个与前面出现过的词有系统关系的词。通过这种方式产生衔接的语义关系的范围是很广的,但有四个条件,它们是:①重复,说话者仅仅复述相同的词。②同义词/反义词,选择一个意义相同或相反的词。③下义词/部分义词,选择一个在纵向上有种类关系的词,如 melon-fruit、wheel-car;或横向上有部分关系的词,如 melon-plum、wheel-mudguard。④搭配,不暗含个别的语义关系,但意味着选择一个有规律地与前面的词相联系的词,如 aim 后面通常跟着 target。这样就可以从两者中找到共鸣。

就语篇元功能而言,任何一个小句都体现了两组语义选择。一是它的信息组织。一则从说话者流向听话者的信息,其界限由说话者的出发点和说话者投射到听话者上面的注意的焦点确定。二是它与前述话语、其他话语和整体的符号环境建立的衔接。这就使得小句能够发挥思想和行为的作用。但在发挥这种能动作用的同时,语篇成分展开了一个新的意义潜势维度,因为它识解了一个深远的由语言构成的"现实"层面——不是语言的行为意义和思想意义,而是它的信息意义。在现代社会,我们越来越多地依靠交换信息而不是交换商品和服务生活,所以这部分意义潜势正在得到重视。但是它一直存在着,这不是历史上第一次证实它是一种不可或缺的资源。

13.2.6 概念隐喻

前面我们将小句描述为经验意义结构——一个由进化为经验理论的语法创立的过程、参与者和环境成分结构。同时我们通过涉及另外两个意义层面——人际的和语篇的,试图补充和深化这种描述,对小句做更充分的理解。我们必须认识到它同时作为思想、行为和信息进化——它不仅是我们的经验现象的表征,也是在人际空间里移动的社会行为工具(也规定了这个空间和在空间里的人)——还是一个符号结构。通过这个结构,语言本身成为自己所识解和建构的现实的一部分,也成为现实的隐喻。

这三大元功能是相互依赖的,离开任何一个都无法发展。当我们谈到小句将这三个维度的意义映射到单个复杂语法结构的时候,我们似乎在暗示每个维度独立"存在",但是不能。有或可能有单功能的符号学,但那是不全面的,是用于完成具体任务的。一种普遍的、全部目的的符号学必须在行为和思想的相互影响中(一种理解方式和行动方式),同时在运作领域将符号本身包括进来才能发展。这样的符号系统就叫语言。

我们习惯于认为语言典型地体现为言语(speech),因为语言最初是以口语形式进化的。同时口语媒介也是典型情况下小孩掌握语言的方式。但是像我们在第一部分说明的那样,和口语一起发展的另一种表达形式,它同样可以以一种规范的形式表征语言,这就是手势语(sign)。

13.2.6.1 手势语

正如我们在前面的讨论提到的,从一种观点看,手势语是一种体现的变体,就是说语言的意义——它的语义系统可以在声音或手势中被识解。事实上有这样建构的手势系统,这就是所谓的"手势英语"。如果我们考虑两种表达形式的本质,声音和手势,很明显它们具有不同的特征。手势在手语使用者身体和肢体确定的三维空间呈现,而且在此空间中接收者是可及的;所以除了时间的连续性(两者共有的),手势媒介可以利用空间变异参数,即发音器官(手指、手、手臂和其他身体部分)及其位置、方向、推力(运动方向和速度)等等。

在最直接的意义上,关于它们识解能指(措辞成分和它们的合并排列)的潜势,声音和手势两种表达形式都是开放的,两者都不能设立词素和语法结构总量。但是它们用来创造意义的资源种类有很大区别。

两者的主要区别在于其象似性潜势,我们一直在谈论人类经验的视觉特性,很多经验被构建为处所,尤其是空间运动。现在手势资源和声音资源都包括发音器官在空间的位置和运动,但是声音器官的位置和移动,除听话者看不见之外,会受到更多限制,所以尽管它允许一定程度的象似性(如闭元音与"小"相联系,开元音与"大"相联系),但整体上这只是这个系统的边缘性特征而已。即使允许有表示响度和长度的象似性潜势,口语系统还必须是约定俗成的,这就是语言符号的"任意性"原则。

相比之下,手势具有更多的通过象似性识解经验的潜力。所以 Johnston 认为:"手势依据它的象似性程度分为透明的、半透明的、模糊的、不透明的。"(1989:16)尽管多数手势处于两个极端之间——Johnston 把它们分为半透明和模糊,而不是不透明和透明,那些他标记为"模糊"的手势在象似性方面有一个通用解释[如 2388:n. CAMERA,v. TAKE A PICTURE,PHOTGRAPH。模糊动作,通用解释为"拿起相机,按住快门按钮"(第 301 页)]。这就表明即使通用解释也"只是聋哑人的一种民俗"(16),但系统作为整体是象似性的。这一特征在两个重要方面得到证实:一是在由元语向母语过渡期婴儿能够学会的那些识解经验基本范畴的手语(例子有 1291 GET;1479 HOLD;1824 RUN;2473 BIRD;2759 DRINK,CUP;36 BED;163 UP),这些明显都是象似性的,所以有将象似性定为常模的倾向。二是单个手势可以在象似性方面做些修改,如 1471 "v. LARGE,BIG,(扩大)great,(扩大和强调)enormous,huge,immense"。参见 Johnston(1989:494—499)"手势修正"部分。正如 Johnston 所评价的:"一种本身就是视觉的和空间的语言比一种听觉的语言有更多机会将它想要象征的世界的视觉和空间性质映射到自己身上来。"

打手势者也是另一个语言社区的成员,(主要是)说英语的,或其他任何一种语言的成员;这两组成员相互作用,很明显这两种语言体系之间没有绝缘。这就产生两种接触现象:一种是英语通过手势表现的直接形式(手势英语和手指拼写),包括很多新的、"人为的"手势。另一种是持续的英语表达式,进而英语的意义模式对手势语言本身的干扰。由于有听力能力的群体成员给予手势语低的地位,情况进一步复杂化。这些成员包括教育权威人士,他们(由于不了解)不仅拒绝把它当作教育和系统知识的潜在工具,在某些情况下还试图压制它。

但是对于天生没有听的能力的孩子来说,手势语实施了自然进化的母语的功能。从他们对基本的"概念库"——我们在本书中一直使用的术语——的建构这一意义上来说,这是他们识解经验的原始方式。(它也发挥其他功能的作用;参见 Johnston,1992)在同样的意义上,但不是以同样方式,在澳大利亚或英国的手势语中识解的语义系统不是英语的语义系统,尽管它以上面提到的方式持续受到英语的渗透。它是一个以Trevor Johnston 为澳大利亚人实施的语法和话语的系统研究为基础的,需要通过自己的术语进行描述的系统。这样的描述主要是为满足聋哑人的需要而设计的。但是作为考察口语的语义的原始资料,这一系统具有普遍意义,使我们能根据两种现实建构对它们进行观察。

因为表达上的更大的象似性潜能,通过手势语我们可以对概念意义的经验识解做进一步研究。通过连续的时空中的手势动作,语义空间可以在象似性方面得到识解。对打手势的人来说,这种语义空间建构是身体经验及打手势者与对象之间的共有的视觉经验的一部分。

13.2.6.2　隐喻式和一致式表达

从比较的观点看,口语语言和聋哑人手势语言作为对共有经验的两种可选识解方式,具有隐喻关系。初看起来似乎只是不同的表现形式,其实与之相联系的是不同的意义结构。对这方面做进一步研究超出了我们的范围和能力。但是它让我们想到了与它具有惊人相似性的隐喻的另一个维度。很多语言可以通过两种媒介体现:口语和书面语。最初这只是语言的两种表现形式,但我们仔细观察口语和书面语言的时候,发现两者在语法结构上有区别。我们发现书面语言的结构为名词词组,而口头语言的典型结构为小句。在语法中我们的经验被识解为意义,我们看到的是经验结构的不同形式,一个是以言辞表达的形式,另一个是以成分表达的形式,成分构成言辞,它们主要是指充当参与者的实体。

我们的主要研究体现在术语"隐喻"中,它用于语法中的隐喻语境。我们使用"语法隐喻"来指在英语或其他很多语言中衍生的可作为对过程和特征的另一种可选表达式的一组复杂的体现形式。在词类方面,典型地被识解为动词和形容词的意义可被识解为名词。但是我们知道这只是影响整个语法中的经验意义识解的较广较深的现象的浅层表现。

用一个简单例子说明一下:表达式 in times of engine failure 和 whenever an engine failed 通过语法隐喻相互联系。一个具体现象被识解为:①一个以名词词组作补足成分的介词短语;②由连接词引导的从属小句。另外词汇内容也以两种不同方式识解:

	①介词短语	②从属小句
time	领头/名词词组中的事物	从属连接词
engine	修饰 time 的 of 短语中的名词词组的类别词	领头/做施事的名词词组的事物
fail	领头/修饰 time 的 of 短语中名词词组的事物	领头/充当过程的动词词组的事件

如果我们只考虑哪些成分充当事物时,两者是互补的:①中事物名词是 time 和 failure,而在②中,唯一的事物名词是 engine。这种关系在通常的词汇意义上类似于隐喻关系,只是这里的改变不是词汇之间而是语法类别之间的。

从纯描述的观点看,站在另一形式的立场,每种形式都是隐喻的,没有给予任何形式内在的优先权。而一旦我们考虑历史,就会出现明显的优先权,即与我们选择考虑的三个历时维度相同的优先权——系统发生(语言的历史)、个体发生(语言在个体中发展的历史)、语篇发生(语篇产生的历史)。在这三方面历史中,小句形式②产生最早,这种识解形式在英语历史中产生;形式①只是之后长期发展的结果。它首先出现在孩子的生活中。孩子在已有读写能力和受过一段教育之后才能掌握形式①,它首先出现在一个文本的展示中。我们很可能首先听说发动机坏了(engine failed),然后才听说发动机坏了这一现象(a phenomenon of engine failure)。如果我们注意时间上的连续性,然后给出一对这样的表达式,我们能分清楚哪个更具有隐喻性。这就是一个脱离我们所说的"一致式"的过程。

"一致"当然也是一个不确定的词,它指的是在人类历史的现阶段我们能识别表征共享的编码经验的语言形式,就是我们指的"过程+参与者+环境成分"的结构形式。这在一些语法中被识解为:动词、名词和其他。如果我们将其与英语联系起来,它就是被当作母语学习的英语形式,其中现象是以小句形式解释的,事件与事物保持动态平衡。原型事物是具体的对象,可以通过相似性与其他对象联系起来,以至放在一块形成一个类别,如发动机。原型事件是一个可感知的环境中的变化,或者是感知者意识中的变化。过程是一个涉及一两个这样的对象的事件,或者一个对象和一个有意识的生命。当孩子从自己建构的元语言进入母语时,这就需要提供一个用来合理构建个体经验的理论。在一定的历史条件下,这个理论可以被修改或重建。无疑在早期人类历史上有过灾难性的巨变,导致相对较快的语言变化——这是相对于一直在进行的系统的演化而言。我们没有办法了解这些,但是我们的语法隐喻似乎代表了这样的部分重建。这里在科学和技术的语境下,一种完全不同的"现实"正在被识解。

也许会认为 in times of engine failure 和 whenever an engine failed 这样的表达式只是同义词,并不暗含经验的重构。但这种观点有两个问题:第一个问题是上面提到的历史的问题。如果没有先后顺序,那它们就是自由选择性的(然而语言很少像暗示的那样浪费自己的资源)。既然措辞的一种形式首先出现,它就不可避免地获得了丰富的语义。既然名词是作为事物类别的名称发展的,任何一个体现为名词的东西一定获得了事物的地位,隐含了具体事物作为原型的情况。所以在 engine failure 中,语法识解了一个叫作 failure 的事物;而名词词组满足 failure 的类别(用另一个名词作类别词),如 crop failure、heart failure、engine failure,所以 engine failure 和 engine fails 不是同义词。因为在 engine failure 中，事件 fail 作为一类事物的名称获得了附加语义特征。

第二个问题是纯粹的规模（scale）问题。如果不多见，只是有些这样的隐喻例子出现，它们可能对系统整体不会产生很大影响。但是如果语法中产生大规模的变化，由于它影响整个现代英语的语域，不能简单地作为无意义的变异而丢弃。如我们在第 6 章所见的，隐喻过程本身是高度系统化的；另外它们以典型的特有方式出现，以至于受影响的不只是结构的某一方面。相反整个视角转向一边，以至于配置中的每一个成分都被重构为别的东西。当这种模式在整个成人生活的话语中始终占统治地位的时候，它实际上是对经验的重新语义化。

13.2.6.3　语法隐喻的起源——科学话语的进化

为什么这个具有重大意义的发展会产生呢？最重要的一个因素无疑是科学和技术的发展。关于语法隐喻形式的出现可以追溯到古希腊西方科学的起源。一步一步追寻其发展，我们会发现语法在每一阶段的发展体现了世界观发展的一个阶段。

古希腊的哲学家、科学家 Thales、Pythagoras、Anaximander 和他们的继承人，继承了一种具有上面提到的语法的语言，经验意义作为事件和事物的均衡的相互作用而在小句模式中得到识解。名词不享受优先地位。在他们的作品中（最初在他们的言语中，只是我们无法了解到），他们将这提炼成一种学术语言。我们不知道他们对这个过程有多少考虑，但他们不可能有明显的语言规划。他们所做的只是探求日常希腊语的资源，它的基本的语义生成潜势，尤其是两种语法能力——形成新词的能力和扩展语法结构的能力。

其中第一类是创造技术词语的资源。为了系统的学术，有必要将使用的词汇技术化，这就提出两个要求：一是词语要能够在抽象意义上得到解释，因为他们需要指涉的不是外部表象，而是隐藏在背后的特点和规律；二是他们需要以系统的规则的方式相互联系，形成稳定的分类。古希腊语是一种小社区语言，这种发展的潜势主要在名词中，所以存在大量构成名词的后缀，通过其他词类的词，如动词、形容词进行范畴转换。它们中有两种特别有力量：表主动的词尾"-sis"和表被动的词尾"-ma"。大量带有这些后缀的派生词存在时间很长：如从 prásso(do)派生出名词 prâxis(a doing, action)、prâgma (something done, a deed, act)，从 poiéo(make)派生出名词 poíesis(making, creation, production)、poíema(something made, a product)。通过这两个和其他名词化后缀，古希腊科学家创造了数以百计的新技术词汇；并且通过将它们与别的派生资源混合，他们发展了一系列语义相关的扩展形式，如下面的一组词是从 állos(other)派生的：

(1)alloiosis(change, alteration)

　　(2)allotrios(belonging to another)，allotriosis (estrangement，alienation)

　　(3)allasso（make other，change），parallasso（make alternate），parallaxis (alternation，alternating motion)，parallagma (interchange，variation)

　　通过这种方式,他们奠定了技术话语词汇成分的基础,创立了词汇成分无限扩展的原则。

　　第二种发挥作用的资源是句法资源,即名词词组结构。古希腊语的名词词组和现代英语的名词词组很相似:有相似的中心词两边加修饰成分的序列,允许介词短语和小句作修饰成分(有顺序的差别),其中包括一个近似于英语中定冠词 the 的指示成分。所以任何一个名词都可聚集那些明显具有描述作用的修饰性小句或短语,类似于英语 "the electrons in an atom""the angels which make up a triangle"。需要复杂的名词词组结构的语境是数学学科,因为学者们要做越来越复杂的测量,如他们试图理解星球的运动而所做的测量。下面是 Aristarchus 作品里的一个名词词组的英译文,Aristarchus 有时被称为"古代的哥伯尼",他是第一个提出地球围绕太阳转的人。

　　the straight line subtending the portion intercepted within the earth's shadow of the circumference of the circle in which the extremities of the diameter of the circle dividing the dark and the bright portions in the moon move

　　在希腊语原文中,有 32 个词(因为 of 相当于名词所有格,所以略少于英语词)。注意这只是小句的主语,后接"is less than twice the diameter of the moon"。①

――――――――――

　　① 当时必须开始的一个小的语言学工程就是确保这样的结构中的介词短语置于中心词之后而不是之前。也有可能将一个修饰性词语插入指示语和中心词之间,相当于英语中的 the in an atom electrons。这只有有限的扩展潜势,如通过改写 the House that Jack built,我们看到以下变式:

This is the that Jack built house.

This is the that lay in the that Jack built house malt.

This is the that ate the that lay in the that Jack built house malt rat.

This is the that killed the that ate the that lay in the that Jack built house malt rat cat.

……

有修饰性短语或小句在末尾,该结构"向右"分枝(使用派生于欧洲正字法的线性隐喻),因而对增加更多成分的限制更少。另外,可能将修饰性成分置于中心词之前(英语不是这样)有助于避免一些歧义,如"(which is) intercepted in the shadow of the earth"和"of the circle along which ..."都修饰 circumference,而希腊语使用"intercepted-in-the-shadow-of-the-earth circumference of the circle along which ..."使结构变得更清晰。英语译文不能遵循这个顺序。

希腊人创造的科学话语形式被吸收到拉丁语中。尽管拉丁语在某些重要方面不同（如没有定冠词，在名词词组中不容易接受介词短语作修饰成分），但它在语言和文化方面非常接近希腊语。多数希腊语派生复合词可直接借译到拉丁语中（如从 periphereia 到 circumferences）。拉丁语有自己的名词化后缀，像"-atio(nem)"和"-mentum"，以及非常相似的扩展名词词组的潜势。因为拉丁语作为学术语言，应用于欧洲大部分地区，所以发展了相应的语义生成能力。拉丁语在中世纪继续发挥这种作用，但是到了现在，虽然它的词法大部分没变，但它已显示出欧洲本地语言的语义模式。所以当拉丁语被这些语言替代时，这种转变和早期希腊遇到的拉丁语的转变没有不同：首先希腊人在希腊语形式中发展出新的意义，然后这些意义被吸收到拉丁语中。之后拉丁语发展新的意义，而这些意义被吸收到现代欧洲语言中，这些语言又发展出新的意义。所以技术和科学话语是连续进化的，在每一次进化中，系统的一个成分就会得到保留。

这种话语首先出现在乔叟的英语作品中，例如他于 1391 年写的《论星盘》。这里我们发现相同的语言资源在起作用：名词充当技术术语和扩展的名词词组。前者中一部分是技术的（处理星盘的构造和操作），一般是盎格鲁-撒克逊或诺曼法语，像 plate、ring、turret(eye or swivel)、riet（来自 rete、net，即 grid）、moder（mother，仪器的主体部分）；一部分是理论的（来自天文学、数学和普通方法论），主要是拉丁语借词，像 altitude、ecliptic、climat(气候带)、degree、equation、conclusion、evidence。后者没有达到壮观的长度，但是包括所预想的小句和介词短语的混合，如"the same number of altitude on the west side of this line meridional as he was caught on the east side"。这是明显的组织知识的话语，但他的出发点不是日常生活语言。

伴随文艺复兴时期"新知识"的出现，一种不同的科学语言开始出现，它更多依赖语法隐喻。最初的名词化使用是抽象的，具有最低程度的隐喻性，在 conclusion 和 the same number of altitude 这样的表达式中具有语法隐喻的痕迹，只是出现在日常语言中。当我们看牛顿的作品时会发现如下公式化表达式：

... by these two Experiments it appears, that in equal Incidences there is a considerable inequality of Refractions.

... the cause of Reflection is not impinging of Light on the solid impervious parts of bodies, but...

... if the thickness of the bodies be much less than the Interval of the Fits of easy Reflection and transmission of the Rays, the Body loseth its reflecting power.

这些结构包含许多语法隐喻，将他们与更一致的表达式比较，如"light is refracted unequally（even）when it falls at the same angle""light is reflected not because it impinges on the solid, impervious parts of bodies""if the body is much less thick than the interval between the points where the rays are easily transmitted, the body is no longer able to reflect（light）"。为什么表达方式只沿着这些轨迹变化？

这些结构摘自牛顿的《光学》，如果我们看下去，会发现它包含三个同时存在的话语。在其中的一个阶段牛顿描述他的试验，而在另一个阶段得出实验结论，在第三阶段给出数学解释。第一阶段的语言是非技术的、非隐喻的，如"I looked through the prism upon the hole, and turning the prism to and fro about its Axis, to make the Image of the hole ascend and descend … I stopped the prim…"；第三阶段就像从 Aristarchus 那里引用的段落一样，如"The excesses of the Sines of Refraction of several sorts of rays above their common Sine of Incidence when the Refractions are made out of divers denser mediums immediately into one and the same rarer Medium, suppose of air…"。这里引用的语法隐喻的例子以第二阶段的为典型，牛顿通过逻辑步骤论证自己的论点，他不断将论点归纳为某一点，或预示后面发生的事。一个典型的言辞列如下：

> … when Light goes out of Air through several contiguous refracting Mediums as through Water and Glass … that Light … continues ever after to be white … the permanent whiteness argues, that …

隐喻的名词化 permanent whiteness 总结了前面表示归纳推理的言辞列。在引用的段落中也有类似表达式，如"an inequality of Refractions, the impinging of Light on … Bodies, the thickness of the Body, reflecting power"。

名词化结构 inequality、impinging、thickness 不是技术词汇，而是在上述实例中被技术化了，但是它们不会失去作为特征和事件的语义地位。为什么他们被重新识解为名词呢？答案可在语篇隐喻中寻找。为了在信息中发挥必备的作用，即作主位和信息焦点，它们不能是完整的小句，它们必须是被包装进小句结构的单个成分，而能达到此目的的可用成分就是名词词组。不是把它识解为一个过程，如"light impinges on a body"，而是将这种现象识解为一个参与者，如"the impinging of light on a body"，那么它在话语的语法结构中呈现明显的被描写状态。

这里开始出现的是一套实验科学的语法，它是一种识解经验意义的方法，这使得它在语篇中能组织为一种高级知识话语形式。另外这不是有意识的语言规划行为所实现的。相反，尽管新学术非常关注语言，并且认识到如果要适应新的需要，语言需要重新装备,但他们是从词汇而不是从句法角度看待这个问题的——一个将词汇分类明确化和严格化的问题。他们提出的设计系统对揭示语言的本质是有益的(如在后来 Roget 在 *Roget's Thesaurus* 中所体现的一般规律),但对科学研究没有作用。语法创新虽然不是设计的,但具有无限价值。

当这些过程和特征变为名词的时候,动词并没从这些场合消失。科学话语仍然以小句形式写作,小句中也有动词。让我们再看看牛顿《光学》中的那些例子:

those colours argue a diverging and separation of the heterogeneous Rays from one another by means of their unequal Refractions

The variety of Colours depends upon the composition of Light

The cause of Refraction is not the impinging of Light on the solid, impervious parts of Bodies

我们可以为第一、第二个例子假设一个更具一致式的表达形式,"colours vary because light is composed [in this way]; because those colours [appear]we know the heterogeneous rays diverge and separate from one another…"。动词 depend upon 和 argue 两个都表达两个名词化过程之间的逻辑语义关系:一个外部原因,如"*a* happens, so *x* happens";或一个内部原因,如"*b* happens, so we know *y* happens"。这是另一种语法隐喻,逻辑关系的一致式表达就是连接。这两种隐喻共同作用,将两个过程识解为一个:事件 *a* 导致事件 *x'*,事件 *b* 证明了事件 *y'*。当然这种结构在英语中并不是没有出现过,只是出现得不多。而从牛顿时代之后这种结构逐渐被吸收,成了科学语言的最有力的小句类型,和我们今天发现的一样。

我们已经指出,这种变化的直接语境是话语,即非常重视论辩形式的实验科学语域的进化。这通常只被认为是一种特殊的体裁——科技论文。但这只是事情的一个方面——没有这些小句语法的变化就没有这种体裁的出现。同时它们具有其他重要影响。我们已经指出语法隐喻的作用之一就是使很多语义关系变得含蓄:如果一个事件被识解为一个小句,语义关系就由语法成分的结构拼写出来;而如果它被识解为一个名词词组,就不是这样,或只能部分地做到这样(比较"his energy balance approach to strength and fracture"和"he investigated how strong [glass] was, and how it fractured, [using the idea that] the energy […] balanced out")。总的来说,语法的隐喻程度越高,读者就越需要知道更多才能懂得这个语篇。

但是,语义关系变得不那么清晰意味着它们的关系本身没有改变。在某种意义上说这是对的:我们能够"解包"一个隐喻,专家们在怎样"解包"方面大体一致。但在另一种意义上说就不正确。我们知道科学话语是随着技术分类和数学结构的创造而出现的,它们尽管处于边缘领域,通过创造一个不曾存在的新的抽象事物领域调整经验的符号识解。但是文艺复兴带来的变化是根本性的,不只是使抽象事物领域大大延伸,更重要的是被识解为现象的过程和特征变为事物——他们被语法隐喻重新识解。我们已经在英语中例证了这种变化,但是这种变化也发生在那些吸收了中世纪拉丁语的符号功能的所有语言中。

我们已经表明,以这种方式重新识解经验的动机首先证明了其是语篇的。当我们在发展一串详细论述的逻辑论证,以至于复杂现象必须在信息组织中给予一个明确的定义状态(小句作为信息)的时候,这样的现象必须构建为名词形式。但是语法的各部分之间并没有绝缘,所以其不可避免地具有概念功能。任何表现为主题主位的语义结构在及物性中都有一个功能,它潜在的功能是一个过程的参与者,所以在一定层次上是一个实体——事物。如果我们说"diamond is transformed into graphite",这是一个含有两个事物的过程。如果我们将它重新识解为"the retransformation of diamond into graphite",则变为一个事物,diamond 和 graphite 只是作为环境成分将它描述为某种事物。

这种经验的重新构建是复杂的:被识解为事件的东西成为事物,原来的事物只是充当事物的附属物。同时被识解为过程之间的逻辑关系的东西被重新构建为过程,所以"the transformation of diamond into graphite is caused by…"的另一方面也很复杂,给予现象的原有的地位没有失去,只是以新的现象进入隐喻网络。所以 transformation 不仅是一个事件,还是一个过程;is caused by 是一个过程,也是过程之间的逻辑关系。但我们知道这种重新识解的主要效果是名词化方面的,在识解过程中将其他现象转变为事物。这是概念方面的主要变化,在历史符号学中起着重要作用。

在经典物理学中,经验的流动是受到控制的:在观察和检验经验时,必须阻止现实的流动。对经验的控制一部分是一个物理事件,另一部分是符号事件。经验的符号控制是通过语法的名词化能力实现的。既然首先是语法识解它,语法就能在别的关系中重新识解它而改变它。语法隐喻在人类世界建构中起着重要作用。

但是语法隐喻对人类世界的建构后来被发现是非人性的。十八世纪末,牛顿《光学》发表后的一百年里,人们反抗物理世界的刻板僵化;他们不能接受由科学话语,即一种从事物角度识解所有经验的语法提出的意识形态限制。二十世纪,科学家们自己也已经对它产生厌倦,发现它阻碍他们从事不确定性和流动性研究,更不要说作为意识和交际,一个本身需要作为符号性的系统—过程解释的宇宙概念了。一旦我们用符号想象现实,语言有识解现实、保持现实、转换现实的能力就不足为奇了。

13.3　语言中的不确定性和盖然率

我们还没明显突出语言中的不确定性概念是有理由的。突出不确定性就是把它当作特殊的标记性特征，从我们研究的现象中凸现出来，从而扭曲、动摇这种现象。我们理所当然地认为不确定性是一个发达的功能符号系统的常规和必然的特征，它是我们在表征和解释语言的方法中应该建立的东西，而不是需要特别标记的东西，是我们经验识解的背景而不是前景。

我们需要观察不确定性对我们关于意义库的观点的重要意义。说一种自然语言是一个不确定的系统意味着什么呢？一般来说，它暗示那些将语言构成一个系统——一个"顺序"，而不是无序或混乱状态的普遍范畴，但不是绝对的。也就是说，它们并不表示确定的界限、固定的成员标准或层次之间没有静态关系。我们可以说这些范畴是"模糊"的，因为这个术语用于模糊逻辑、模糊计算等。但我们愿意为现象本身保留"不确定性"这个术语，因为"模糊"经常应用于现象的理论模型（指的是元模糊而不是模糊）。

顺序和无序的争论出现于语言学历史的各个时期，就像类推与异常、理论与使用等的争论一样，但多数理论站在顺序的立场。一部分原因是有序容易描述，其实描述行为就是利用顺序，因为它包括命名、分类。这适用于所有系统知识。另一部分原因在于语言本身的特征，或者至少是那种通过设计一种语言学对其进行描述的语言。语言学研究的唯一对象是书面语，而书面语比口语表面上显得更有顺序性。

我们说"表面上显得更有顺序性"，是因为实际情况复杂得多。书面语的顺序性的直接表象是以整齐的字组和字行呈现在我们面前，而口语则显著表现为犹豫、开错头、食言、清嗓子等——只是我们没有展示它的历史的一个结果。我们不考虑临时的努力和初稿，直接"出版"最后的产品。如果我们对口语采取类似措施就会发现二者没有显著区别：口语和书面语一样都具有有序性。

当我们考察概念库的时候开始出现重大变异。我们在语法隐喻中清晰地见到这种变异，因为它明显与书面语而不是口语有关。语法隐喻使我们的经验客观化，将存在与行为转化为事物；在这个过程中，它给顺序以特权，因为经验能被范畴化为类别和类别层次，它们比由一致式语法赋予的过程和特征更具有确定性。但是书面语的非隐喻式识解有更多的确定性。我们可以引用书面语和口语话语之间的两个普遍区别：一是书面语将语篇识解为由空间和其他标点符号标记的清晰的构成成分，在口语中表达式没有明显的开头和结尾（我们不能指停顿，因为它们往往出现在预见性较小的事物前面的转折点；停顿很少标记语篇的语法界限）。二是口语中的很多人际语篇系统由语调来体现，而很多语调对比不是范畴的而是渐进的。所以在组合和聚合上，书面语往往更具确定性。这样在我们的主流语法传统中，广为接受的语言模式强调清晰的成分结构和分类。不是不能容忍混合的或中间范畴，而是将它们作为例外而不是常规处理。

13.3.1　不确定性的类型

我们试图证明人类没有一个单一的、确定的经验结构能使我们生存。我们必须以不确定的方式来看事物：一会儿这样，一会儿那样；部分是这个事物，部分是那个事物。及物性系统是一个例子，它处于语法的经验成分的核心地位。在概念库中也许有五种基本的不确定性类型：歧义、混合、重叠、中和以及互补——尽管从一开始就必须认识到这些范畴本身就具有某种程度的不确定性。下面逐个对它们进行简单描述：

①歧义（a 或者 x'）：一种措辞形式识解两种意义，两种意义相互排斥。

②混合（既是 b 又是 y'）：一种措辞形式识解两种不同意义，两种意义混合为一个整体。

③重叠（部分是 c，部分是 z'）：两个范畴重叠以致一些成员表现出相互之间的特征。

④中和：在一定语境中两个范畴之间的区别消失。

⑤互补：一些语义特征或语域用两种相反的方式识解。

下面是这些不确定类型的例子。

（1）歧义

①must：

You must be very careful! (when you do that)

　　——obligation "it is essential that you should be"

You must be very careless! (to have done that)

　　——probability "I am certain that you were"

这里听者或读者会采用这种或那种解释，通常不会注意到有另一种可能的意义。在①中属性暗示了这种选择（人们通常不会教一个人粗心），参考"You must be very sure of yourself (before you do that/to have done that)"。比较例②，这里歧义是一个典型的识别式小句。

②Home is where your heart is.

　　——标记^价值 "if you live in a place, you love it"

　　——价值^标记 "if you love a place, it is home to you"

（2）混合

They might win tomorrow

　　——ability "they may be able to"

x

——probability "it is possible they will"

这里表示间接情态的 might 合并了"能力"和"可能"两种意义,而不是要求听话者从中选择一种。但是如果动词词组是表"过去"的,这句又会产生歧义:

They might have won

——ability "they were capable of winning (but they didn't)"

——probability "it is possible that they won (we don't know)"

(3)重叠(介于两者之间的情况)

过程类型	物质	(行为)	心理
例子	wait	listen	hear
1	非标记现在: 现在的现在 I'm waiting	非标记现在: 现在的现在 I'm listening	非标记现在: 一般现在 I hear
2	不能投射 ＊I'm waiting that they are away	不能投射 ＊I'm listening that they are away	能投射 I hear that they are away
3	不归属于意识 it (the bus) waited	归属于意识 it listened＝the cat	归属于意识 it heard＝the cat
4	受到 do 的探究 the best thing to do is wait	?	不能受 do 的探究 ＊the best thing to do is hear

行为过程如 listen、watch 与物质过程共享某些特征("现在的现在"作为非标记时态,无投射),而与心理过程共享其他特征(中介/行为者是有意识的存在)。它们处于"行为"与"感知"的分界线上(所以在某些语境中可以重述为 do,但不是所有语境)。

(4)中和

	限定	非限定(有介词)	非限定(无介词)
I get tired...	条件:if I run		running
		来源:from running	
	原因:because I run		
		方式:with running	
	时间:when I run		

如果这个环境中的从句是限定性的,它就会选择一种类型的增强关系,如条件、原因或时间。如果从句是非限定性的,这种区别就部分地或整体上被中和了。

（5）互补性

及物性①及物性视角：dry＝make dry（比较 wipe）

they	'll dry /wipe		"What will they dry?"
Actor	Process	+ Goal	"the children will dry the dishes"
they	'll dry /wipe	the dishes	

及物性②：作格视角：dry＝become dry（比较 fade）

		they	'll dry /fade	"What will they dry?"
+Agent	Process	Medium	Process	"the sun will dry the clothes"
the sun	will dry/fade	them		

如第 4 章所讨论的，语法采取两个互补的视角看待施事——及物性和作格性。多数过程以一个视角为参照，这里我们例证了一个动词在两个视角中运用自如的互补性。

所有这些类型的局部不确定性见于内容层面的所有领域，要么在同一层次，要么在层次之间的接面（当然包括双关，它们形成于内容与表达形式之间）。它们有些包括很普遍的范畴，从而在更大的范围内形成共鸣，如及物性和作格性之间的互补。我们说是局部的，这是和不确定性的整体形式相对而言的，它是整个语言系统的特征，也可能是任何发达的符号系统的特征，即它的盖然率特征。既然我们没有将这种特征模式化，也许用几个段落大致介绍一下是很重要的。

13.3.2　盖然率

我们不时提及语法的个别特征的相对频率。例如在作为语言过程的资源的意义库的两个例子中，特定模式作为特征重复出现：将来时在天气预报中，祈使语气在处方中。每种情况下这是一个所谈论语域的专门特征：在天气预报中，将来时态相对于其他基本时态更为频繁。

这样说意味着英语话语中有一种一般的预期，相对于其他基本时态，将来时在其他情况下比在这里出现的频率要低。换句话说，在英语语法中，对基本时态系统——过去、现在和将来的相对频率有某种整体预期。同样，对祈使和陈述语气的相对频率也有某种整体预期。所以语篇中的频率应该解释为系统的潜在的盖然率的表现。

直到最近才可能确立这种整体的盖然率，因为这样做必须处理大量的例子，所花的时间远远不是分析一个语篇的语法的时间所能比的。大半个世纪以来，我们一直熟悉词汇的盖然率，因为词相对来说容易计数。有人认为一个词出现的整体盖然率是它在语言系统中的必要功能（Zipf，1935）。那些了解一门语言的人对词汇频率非常敏感，而且如果要求他们解释某个不理解的词，那么他们容易用一个更普通的词注释一个罕见的词。显然，同样的盖然率原则也适用于语法系统，虽然这个建议遭到很多抵制，但有时以一种有趣的自相矛盾的形式呈现：当听到说他更有可能使用这个特征而不是那个特征时，说话者抗议说他完全有自由偏离常模——而没有认识到在此情况下，必然有一个让他违背的常模。

我们现在有一个很大的关于英语和其他语言的语料库，通过软件的复杂程序可以存取，并有可能通过确定语法频率来与词汇中建立的量化模式匹配。现在还不容易，因为语法范畴不是以一致的无歧义的形式体现的，必须有一种相当复杂的模式搭配，使得程序能够识别看起来非常规范的语法范畴，如英语中的时态和语气。有些研究，如关于英语的基本时态，在一个具有125万个限定小句的语料库中，发现过去时和现在时的数量几乎相等，而将来时是三者中最不普通的（Halliday & James，1993）。

这让我们在天气预报中对将来时态的考察具体化了。我们正在说的是英语中有一个整体的盖然率模式，包括一个时态系统的盖然率模式，其中，将来时的盖然率是（比如）0.1。然而天气预报语域提供一个局部模式，在这个模式中将来时的盖然率是0.5，这改变了基本时态系统的意义，因为它颠覆了计分从而在不同方面建立新的关系。它构建一种新的经验领域，其中将来时成为常见的时间维度，它是过去时和现在时的参照点。

这说明这种系统的盖然率的一个强大的特征：它适应系统功能变异。我们把第三部分列举的那两种语篇类型——天气预报和烹饪步骤作为语域变异的例子进行了讨论：语篇中的意义选择怎样随着语境功能，即交际过程的价值而发生系统变化。我们指出这种变异很少是绝对的，除非在封闭的语域里或"限制性语言"里，没有任何主要选择是完全被排除的。所发生的是盖然率重新被设定。也许这是一个小小的影响很多语义特征的偏移现象。但是通过重新排列，这个或那个系统可以坚持下来，正如我们的两个例子中分别发生在时态与语气上的情况一样。实际上我们可以将语域变异定义为词汇语法和语义系统的盖然率，包括概念库中的盖然率的重新设定。

我们通过语篇中的频率观察这些盖然率。所以为了研究语域变异，我们需要具有涉及大范围的关于功能变异的语篇的庞大语料库（注：不可能存在关于这种变异的高度组织化的样本，有的只是方言变异而已，你不能量化一种语言的功能扩展）。这就使得确立整体的和局部的盖然率成为可能。有人反对说在一种语言里确立整体盖然率毫无意义，既然每一个语篇都处于一个具体的语域，语言系统作为一个整体就不可能存在这样一个量的侧面。但是这两种视角只是代表了观察者的不同立场。只要我们愿意，就可以改变焦点深度，只是要以我们能得到的语篇数量为条件——这不会对观察结果带来影响。（当然可能影响它们的用途，但以具体研究目的而定，为了某些目的我们需要知道的是整体盖然率。有趣的是没人反对词汇中的整体盖然率观点。）

整体盖然率的意义体现于不同的形式，包括历时的和共时的。语言中的历时变化是一个量的过程,在这过程中系统每个层次上的盖然率被渐渐推向某个方向,时而变得绝对化以致某个系统产生剧变。每个时态形式的实例化,即任何时候一个人用英语说话和写作,只是在很小的程度上扰乱了系统的盖然率——因为我们说的"系统"和"实例"是从不同时间和深度观察的同一现象。当然有更大的变化类型:语言克里奥耳化。克里奥耳化系统依次非克里奥尔化,或者是彻底停止使用一种语言。在"实例"的末端,一个价值很高的实例可以发挥不相称的作用:来自《圣经》和莎士比亚的引文成为英语中熟悉的"哈姆雷特因素"的触发器(在今天的媒体话语中,几乎每个"变化"都是"海量变化",它进入关于变化类型的一般分类范畴)。但是这种定性的作用是在显微镜式的定量作用的影响下发生的,这种定量作用就是一种毫微符号过程,一种语言通过它用无数的在日常生活中见到的实例被重新构建为一种潜势——正如我们经常说的纯粹的数量重要性。在历时的个体发生学维度,即通过观察语言在人类小孩中的产生和发展,可以发现相似的逻辑论证:非常有价值的语篇实例(韵文、有趣的故事等)和发生在周围的谈话(孩子接近整体盖然率的通道——注意孩子不是通过挑选出功能变异开始学习语法的)的数量相互作用,产生一种意义潜势,这是对言语社区共享的盖然率系统的合理复制。

在共时性方面(即以这种方式把它概括性地视为一种意义潜势),一种语言就是一个盖然率系统:如果我们说,在语法中有一个基本的时态系统——过去时/现在时/将来时,我们把附文设想为"依附于它们的某种可能性"。但是我们不能一次只使用一个语法系统来写或说。各系统相互交叉(我们选择时态、语态、归一度、语气、及物性等),而且呈现线性连续关系(我们在小句 1 中选择时态,然后在小句 2 和 3 中继续选择它)。每个实例都有自己的环境,前面的实例和同时出现的具有自己的盖然率集合的系统的实例。我们不在这里讨论这个问题,只是提及不确定性的一个重要方面,即系统之间的部分联系。我们将语法模式化,似乎每一种选择都是独立的,时态的选择不受语气的选择的影响。事实也许就是这样。但当选择同时在两个系统中进行时,一种选择就充当了另一种选择的环境,对盖然率产生条件性作用。这可能是逐步变化的迹象,也可能是系统整体的一个稳定的特征。Nesbitt & Plum (1988)在定量研究的基础上指出,在英语中,投射系统(话语/思想)与组配系统(并列/从属,即在这种环境中,引用/转述)互为条件,这样引用/话语、转述/思想之间呈现正相关。换句话说,受偏爱的合并形式是下面例示的那样:"She said,'I understand now.'/She thought that she understood then."。这就意味着在识解人们的言语和感知的时候,我们允许将人们的言语投射进我们自己的指称空间("She said she understood then."),也允许投射人们的思想,就像我们听见他们表述一样("She thought,'I understand now.'")。但这是有标记的选择,与我们对这些经验的普通表征形式形成明显的对比。这又牵涉这两种环境中的

thought 的释义，非标记的形式是"hold the opinion"（可以被说话者争论，—but she didn't）；标记形式是"said to herself"。

这样的局部联系，就像作为整体的盖然率（事实上就像不确定性的所有形式一样）在语法学中很难用一种明晰的方式表征。在语篇生产和分析中，我们早就认识到了这点[①]。在计算处理中难以处理这些不确定性，所以我们知道：人类很难建造一台像人一样能处理符号任务的机器。（我们不要陷入这样的陷阱："我们现有的逻辑不能解决，所以它不会出现！"）这里的相关问题是，在我们的整个经验识解中，语义不确定性的地位如何？本书中我们没有讨论这个问题，但是我们试图在我们的解释框架中体现一种关于不确定性的普遍意识。

13.3.3　不确定性的重要意义

我们怎样从经验的语义识解的观点来概括不确定性的重要意义？首先它存在于一个正在显示的普遍原则，即"如果不确定性是语法的一个典型的不显著的特征，那么这就是事物存在的方式"。我们的"现实"天生是杂乱的，以一种有利于生存的方式，用一种具有定义清晰、界限分明、排列有序的典型范畴的符号系统来识解经验是很难的。这是设计的系统，包括符号系统的问题：一般它们不能充分描述这种杂乱性。

其次，各系统具有不同的盖然率侧面，以致（按照信息理论）它们负载不同的信息：系统中的盖然率越是偏离，它就带有越多的冗余信息——这样我们就越少注意它的非标记状态。例如，我们已经发现，在一个英语小句中，肯定形式的出现频率是否定的十倍(Halliday & James, 1993)。这就意味着我们已经将这样一种推定建立在我们的言辞意识中：某事存在或发生，而不是某事不存在或不发生；如果一个过程被识解为否定，那就还要做额外的工作。这也适用于将来时，即将一个言辞分配于表达将来时态，需要另外的语法能量。

然后，在经验的整体结构中，社会行为领域的多样性由语义特征排列的变异，即语域变异来体现。盖然率重新设置，在某些情况下，一两个"关键系统"受到强烈影响，以至局部常模偏离系统，甚至颠覆由整体常模设立的偏离。在这里我们发现天气预报中将来时接替基本时态。我们在上文说过，我们只在这些方面描述语域变异，如正在进行的词汇语法的盖然率重设，它在交际过程层面发挥着识解正在进行的变异的作用。

最后，不考虑盖然率，概念库中也有一些领域的识解，包括某种我们在上面提到的不确定性，让我们以上面的例子为基础，做简单说明。第一个与歧义和混合有关，例证

---

① Penman 系统的功能生成语法从 1980 年开始将盖然率系于系统。当测试语法时，它们被任意生成。盖然率分析，参见 Sampson(1987, 1992)。

来自人际元功能,这里概念库中识解的意义正受到评估(判断为可能的、值得的等),同时主观地规定为命题(陈述、疑问)或提议(提供、命令)。

情态是从说话者的角度看是什么和应该是什么。可能在每种语言中,情态在范畴上具有不固定性和可改变性。在英语中,有一个规定比较明显的语义领域在很多语法系统的交叉点上得到识解,这些系统包括:①类型——可能性/经常性//义务/愿意——意向/能力;②价值——中/高/低;③倾向——客观/主观;④直接性——直接(中性)/遥远(间接);⑤归一度——肯定/否定,或别的系统(概括见 Halliday,1985)。这些都是综合地以不同方式体现的,其中一种方式就是通过情态限定操作词 can、could、may、might、will、would、should、must、ought to(和一两个边界成员)体现。整个领域贯穿着很多不确定性,但不止一个种类。在一个"角落",如果我们把价值和直接性合并,那么得出的措辞,就情态的表达类型来看,是有歧义的。must 具有三个明显不同的意义:①可能性[如 that must be Mary (certainly that is Mary)];②义务[如 you must wear a helmet (it is essential that you wear a helmet)];③愿意,即意向[如 if you must make all that noise (if you insist on making all that noise)]。

从下面这个例子可以推断这些都是有歧义的,例子"she must complain"必须解释为这些意义的一种,当然语境通常会使意义明确。如:

在……之后	例子	系统阐释
"I wonder why they take all the trouble just for her"	—She must complain.	可能性:"the reason is certainly that she complains"
"I don't think they'll let her return it"	—She must complain.	义务:"it is essential that she should complain"
"whatever happens she's never satisfied"	—She must complain.	愿意:"she insists on complaining"

但是站在对立立场,如果将低价值和间接性合并,结果就是典型的混合(blending)而不是歧义:如"it couldn't hurt you to apologize"是"it would not be able to hurt you"(愿意:能力)、"it is unlikely that it would hurt you"(可能性),甚至"it would not allowed to hurt you"(义务)的混合。而从混合的角度来看待它,在"我想的东西"/"要求的东西"领域,最容易将低价值的"我能想象的东西"和"允许的东西"混合,尤其是在"间接"的条件下(假设地、投射地、试探性地)(体现为 could、might);最难将高价值的"我想象的东西"和"要求的东西"混合,尤其是在"直接"的条件下(体现为 must),如图13-3所示。这表明在情态这个各种元功能本身相互重叠的复杂领域("what I think is"和"what ought to be"混合到"what I think ought to be"中),不确定性延伸到了不同类型的不确定性之间。

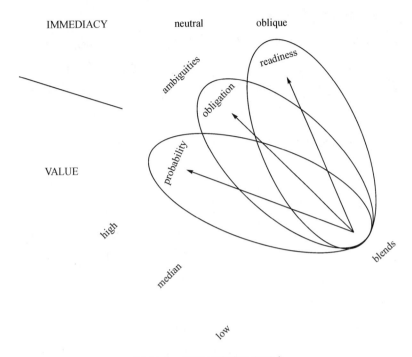

图 13-3　情态中的歧义和混合

接下来要说明的是重叠与互补性,我们可回到及物性系统。我们知道语法区分很多过程类型:物质、心理、言语和关系。这些区别是由一群句法参数造成的——相互联系的参与者角色的结合,呈现为每一个角色的实体的类别与其他言辞合并的潜势、相互联系的时态体系等。既然这些参数在不同地点"划定最后界限",就有重叠的地方,就有与某组范畴相同特征的混合范畴。以行为过程为例,它们是一个混合范畴,一方面与物质过程重叠,另一方面与心理过程和言语过程重叠。行为被识解为这样一种类型的言辞:(像心理言辞)典型地有一个有意识的参与者作为中心角色,并且不延伸到第二个参与者。但同时不能投射,并且有一个和物质言辞相同的时间框架。所以行为过程横跨一条模糊的边界。在那些有第二个直接参与者的言辞中,某种形式的施事贯穿所有不同类型的过程,但是施事是人类经验的一个复杂的方面,一直以来语法无法一笔描绘它,而是通过基本的互补性来识解它,即及物性和作格性之间的互补性。所以包含两个直接参与者,如"行为者＋目标"的物质言辞,是沿着两条不同的轴排列的:一条是及物性,以力量(机械能量)从一个行为者向另一个实体延伸的潜势为基础;另一条是作格性,以从另一个作为外部资源的实体传入施事(表原因的能量)的潜势为基础。所以"the earthquake shook the house"既可以识解为"earthquake ＋ shake"加上非强制的目标"house",也可识解为"house ＋ shake"加上非强制的施事"earthquake"。在互补性的情况下,领域的某些部分和一个视角联系得更紧密,另外一些部分与另一视角联系得更紧密,但整个图景需要两者的碰撞。

现在要说明的是中和。当两个言辞通过某种逻辑语义关系联结为一个言辞列,两个言辞之间存在广泛的可能的语义关系——时间关系、原因关系、条件关系——这些得到了详细解释。除此之外,还有别的关系,如方式关系、根源关系等。这些关系的区别在于或多或少地被中和了,其中一个小句被识解为从属于另一个小句。当一个小句从限定状态向非限定状态移动时,这种中和就出现了。如在"they get caught taking bribes"中,同源限定小句,即"they get caught if they take bribes""they get caught when they take bribes""they get caught because they take bribes"之间的区别被中和了——它不是三者的混合,也没有歧义。在具有表伴随的介词的非限定小句中可以看见一种具有中等程度的特指性的中和,像在"they get caught for taking bribes"中。这里出现的问题是,这两个言辞之间具有联系明显是由依赖关系识解的,但是这种联系的本质——建立了哪种逻辑关系——没有进入描述之中。

当然,在整体语义空间的不同领域,这些不确定性都有不同的语境,某些类型的歧义似乎不像是体现形式的结果(可以说,不只是语法双关),而是另一种互补性,语法似乎"以两种方式表达事物"——两种解释必须同时接受。存在言辞中的"标记＋价值"结构有时就是这种情况。如果动词是 be,这些小句常常是有歧义的,因为这个动词不标记被动态,然而有些有赖于以两种方式解释的谚语似的名言,如"One man's meat is another man's poison"既是"标记＋价值"——"what one person likes may displease another",也是"价值＋标记""what one person dislikes may please another";观察"what's sauce for the goose is sauce for the gander",它只能识解为"标记＋价值"。从下面用来回答个人财富的普通经济学例子,可以看出这些是潜在的歧义:

> Total net personal wealth is between two and a half and three times Gross Domestic Product.

这可能意味着"个人财富占 2.5—3 倍 GDP(标记＋价值:这就是它是怎样评估的)",或者"个人财富表示为 2.5—3 倍 GDP(价值＋标记:这就是它是怎样计算的)"。参见 Halliday(1985,第 5 章)。

很可能这些不同种类的不确定性使得语法给经验提供合理的识解成为可能——一种十分丰富又可改变的、足以让人类生存的语法。我们再强调一下,这里引用的例子是个别语言,即英语的概念库的特征,没有别的语言会完全一样。其实不确定性的分布可能就是语言之间甚至是同一语言中的变体之间存在最大差异的特征之一。但是每一种语言依赖于不确定性作为一种意义资源,即使我们的语法还不够明确地将它们梳理出来。

13.4　多系统性

前面的讨论（和我们自始至终的处理）中出现的一个特征是概念库的多系统本质。概念意义潜势不只包含一个系统，而是几个这样的系统。用 Firth 的话说，它是系统的系统——在两个相互区别而又相互联系的方面。

第一，具有内部互补性。

在识解经验的一致式模式中，具有元功能互补性：概念潜势提供两种互补的经验识解模式——由投射和扩展作为主要语义主题的高度概括化的逻辑模式和具有过程、事物、特征、环境成分分类的更加具体化的经验模式。

在这个一致式模式中，有不规则的互补性：高度普遍化的语义类型投射和扩展在互补的领域——言辞列、言辞和参与者中得到表现，例如有些识解为具有时间扩展的经验现象可能表现为一个言辞列或一个配置。

同样在一致式模式中，存在系统互补性：概念潜势提供系统互补性，如过程参与者的作格性和及物性，数量的物质性和可数性（单数/复数）。

在一致式模式之外，存在隐喻互补性：概念模式在一致式模式本身和隐喻模式之间提供互补，使得将某些现象看作已经识解的东西而把它当作另外一种现象重新识解成为可能。

这样的互补性构成了系统不确定性的一种形式，这种形式使得系统在包含一种以上识解经验的方式这个独特意义上允许"多系统性"。

第二，概念库在另一种意义上，即语域变异上也是多系统的。

我们已经知道，这样的变异可以在语言系统的盖然率本质方面识解为与系统条件有关的盖然率变异。从这个视角看，一个语域是系统的一个具体的盖然率背景，从一个变为另一个语域是这些盖然率的重置。当我们沿着例示化方向从潜势向实例变化的时候（见第 8 章图表 8-1 和 8-3），整体上是"同一个"概念语义系统的东西，看起来可能像是不同系统的集合。上面已经指出，这种效果是数量上的；在同一系统内部提供不同视角这个意义上，它也是质量上的。我们提到进入天气预报领域时时间视角的变化，在限制性情况下，这种影响可能是质量上的，因为在给定的语域系统中，某些选择不出现，盖然率为 0。我们对菜单和天气预报的描述包括这种说明，例如，我们提到在烹饪界对施事性的高度限制性识解。

整体概念库由很多不同的语域变体组成，我们称为域模式的特定语域系统。正如整体概念库是关于我们周围和我们内心的整体经验的理论一样，它是一个为整个文化共享的理论,不同的语域变体组成我们经验的"次理论"。这些次理论相互补充,因为它们与不同的经验域有关,如第三部分中的烹饪和气象域例子。这种互补性纯粹是附加的,虽然作为社会整体来说,它构建了劳动部分的符号方面,通过它不同的人认识了整个文化经验的不同方面,但是这样的次理论或多或少与同一领域有关,给识解共同的文化经验带来另一种理论视角。Halliday(1971)说明了在威廉·戈尔丁的小说《继承者》中,当戈尔丁提出两组早期人类的世界观的时候,通过及物性资源的两种应用是怎么实现这一点的,这些关于共享经验的不同视角被构建为相同整体及物性系统的变体。从教育的观点看,最基本的互补性是从日常生活语域向教育语域移动,这是指从日常模式或普通模式向"非普通的"系统和技术知识模式移动。概念系统是多系统的意味着它支持这些关于经验的不同理论视角,各种语义变异表明语言之于经验的不同理论解释。在下一章我们通过考虑在日常生活和认知科学中识解的人类意识来说明这一点。

14　识解概念模式——日常生活和认知科学中的意识

作为理解我们经验的资源,概念库使我们能够识解不同理论,包括常识性的和科学的理论。在通俗或普遍理论与科学或非普遍理论之间,有一个渐变体,在渐变体的任一点上两种理论可能相互竞争。概念库凭借多系统性适应这个渐变体上的变异,不仅从通俗到科学,而且贯穿各种选择:它体现经验的一致式和隐喻式识解,而且在整个结构空间内提供弹性。我们将讨论这种变异,特别是那些我们提供概念库作为概念选择的现象——心智、知识、认知,这些也是认知科学的关注对象。通过第二部分的讨论,我们将提出认知科学域在通俗模式内得到概念识解,但是这个模式在认知科学本身通过隐喻得到延伸,这种延伸实际上导致将知识解释为意义。先让我们对通俗到科学之间的渐变体及其所涉及的自觉意识程度的变异做些评价。

14.1　体现在概念库中的模式

文化研究者区分了不同种类的文化模式——通俗模式、专家模式、科学模式(见Holland & Quinn,1987)。认知科学用个体心智的科学模式进行操作,但是我们将提出,这是未加鉴别的建立在通俗模式的某些方面的基础上的模式,特别是在本身的探究域的选择或视角方面。我们的讨论与概念库中识别的模式——普遍潜势模式和更具体的域模式有关。

14.1.1　不同抽象层面上的模式

任何一个经验模式都存在于不同的抽象层面,如图 14-1 所示。它是文化语境的较高层面意义的配置,同时在概念库里通过意义得到识解。这两个抽象层面的关系——语境和语义是层次关系,所以一个模式是一个在语言(和其他依赖于语言的符号系统如解释性图画和图表)中识解的文化结构。

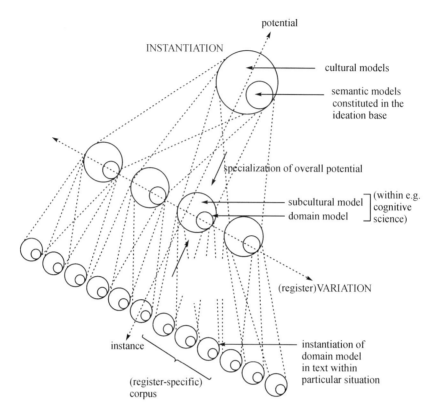

图 14-1　模型中的不同抽象层次和例示化程度

在这两个层级上,各种模式也是置于例示化的渐变体上(见第 8 章 8.1 节和图 8-3),运行于潜势和实例之间,前者是文化语境中产生意义的整体资源,后者是具体情景语境中由这个潜势中选择的意义构成的实例语篇[①]。例示化渐变体的潜势一端包含文化所接受的所有语境—语义模式。日常通俗模式在文化中很可能被每个人无意识地接受,因为它们是以随意会话实例的日常模式,也因为它们在密码语法中被识解为是一致的。我们经验现象的普通模式,包括我们的意识——看、思考、需要、感觉,都属于高度普遍化的模式。

相比之下,科学模式是更受语境限制的,它们是在我们与科学语言相联系的情景类型中发展、维持、变化和传播的。我们可以通过语场、语旨和语式描述它们(Halliday & Martin,1993:54):

语场:①扩展、传递或探讨知识;②在物理、生物或社会科学中。

语旨:同一群组内部向专家、学者或外行说的(如专家向专家)或群组之间说的(老

————————

① text 或 discourse 在这里不是理解为语言中体现为言语或书写这样的最低抽象层次的东西,而是语言和更高层次的文化意义的配置。就如本书一以贯之的那样(见 Halliday,1978a;Halliday & Hasan,1985;Martin,1992)。

师向学生)。

语式:声音的或书写的途径,最具一致性(如具有书写途径的正规"书面语言")和较少一致性(如正规的具有声音途径的语言),以及修辞功能变异——说明的、劝告的、争论的、想象的等。

这些语场、语旨和语式值描述了高等教育机构、研究机构、技术开发机构中很多不同的情景类型。然而相对于作为整体的文化语境,这些情景语境是很有限的:只有文化的部分成员参加这些情景类型并且与这些在文化成员中发展、保持、变化和传递的科技模式接洽。在这方面科学模式明显是次文化模式:语境方面它们位于潜势和实例之间。如果我们集中于个别科学模式,如认知科学中心智的模式,它们更加会受到语境的限制。图 14-1 说明了例示化渐变体中语境—语义模式的分布。如图 14-1 所示,例示化的一个固有特征是变异。科学模式(像其他次文化模式一样)与另一个相比各不相同,有时互补有时冲突。

14.1.2　不同意识层面上的模式

从日常通俗模式到科学模式会有一系列变异,专家模式处于两者中间(Linde, 1987)。这样的模式,可以让人们清楚意识到各自的差异及差异程度(参见 Whorf, 1956,批判性意识的概念)。相比属于日常模式的某个模式,我们更加容易意识到属于亚文化的模式。比起通俗模式来,我们更加容易意识到科学模式。

不管一个模式的范围和复杂性如何,我们可能更加注意作为文化结构的模式而不是语言结构的模式,因为语言来自我们有意识的注意。语言的某些方面比别的更接近有意识的知觉(Halliday, 1987),这些是语言更加暴露的方面,也是往往最先学会的方面。在西方关于语言的思考中,语言最暴露的方面是"词",交谈就是"将事物转换为词","词"的通俗概念是两个抽象概念——词汇和语法的重合。

词汇:作为词项的词,或词位(lexeme)。它被识解为一种隔离物,一种能计数和按(字母)顺序分类的"事物",人们找"单词",将思想转换为"单词",将单词用口头表达出来,或让别人把词说出来。现在人们以辞典形式将词汇集放在书架上或藏在电脑里。专业知识被认为是术语。词汇的分类组织较少受到影响:这在 *Roget's Thesaurus* 里有很明显的体现,只是在标准词典里不明显。当人类学家们开始研究体现在植物、动物、疾病等的通俗分类中的文化知识时,词汇分类是他们系统研究语言的第一个领域。

语法:语法系统中一个层次上的词。这就是我们今天所知道的古代西方语言学理论研究的内容,即根据词的格、数、体、人称等而发生的词形变化进行研究。这样的以词为基础的系统确实为语法语义研究提供了一种途径,但是它们识解的意义总是比表现为形式变体的范畴复杂一些。语法学家必须认识到隐性模式。

只是在更近的时代语法的更隐性的领域——那些继 Whorf 之后,我们所称的密码语法(参见第 2 章 2.8 节)得到系统研究。Whorf (1956)区分了隐性范畴和显性范畴并指出隐性范畴也经常是"隐型"——意义复杂且可及性难度大的范畴。小句语法和小句复合体语法的很多方面基本上是隐性的。对体现在日常语法中,特别是心理过程理论中的隐性特征的分析给认知科学带来了启发。

除对不同语法单位如词和小句的不同认识程度之外,人们对语言资源组织的各种功能的认识程度也不同。尤其是在构建和考虑更具意识的模式时,人们容易认识到那些具有解释和表征经验的功能的语言资源,那些概念元功能资源。但他们不易认识另外两个元功能——人际的和语篇的——是因为这些元功能不体现经验表征,而是以不同方式反映我们与世界的接洽。然而尽管当我们建立一个语言和心智的"科学"模式时,这些元功能往往被忽视,但它们的重要性不亚于概念元功能。下面我们还要讨论关于概念意义和人际意义之间的平衡问题(语篇元功能的相关讨论,见第 9 章)。

14.1.3　科学语域的出现

在西方早期的科学中,新的语域以系统知识和实验科学的形式进化为对经验重建的一部分(参见第 13 章 13.2.6.3 节)。也许在这些新语境中最先进化的是在十六世纪和十七世纪那些与植物和草药的调查、储存及运输有关的新知识的语域。这些语境对语言资源施加影响,这些资源的意义创造能力相应增强。我们可以假设从日常语言语域——关于世界的通俗模式,包括植物和草药的通俗分类,到更专业的科学模式的逐渐发展过程。随着人们逐渐意识到新知识的迅速发展和处理及储存的需要,有意识的语言设计开始了,其中明显地讨论并确定了术语和分类;同时——在这种情况下没有有意识的设计——新的意义方式在言辞和言辞列结构中得到进化。

在研究植物和草药信息更科学的方法的进化中,不能仅追溯到从通俗分类到科学分类的变化,还需要追溯到简洁统一地表征信息的话语组织的变化,这在 Linnaaeu 的描述中达到顶峰。下面这些约 225 年的摘录引自 Slaughter 的描述:

Banckes(1525):

Asterion or Lunary groweth among stones and in high places. This herb showeth by night. This herb hath yellow flowers whole and round as a cockbell, or else like to foxgloves. The leaves of this herb be round and blue, and they have the mark of the moon in the middle, as it were three-leaved grass, but the leaves thereof be more [larger] and they be round as a penny; and the stalk of this herb is red, and this herb seemeth as it were musk, and the juice thereof is yellow. And this herb groweth in the new moon without leaves, and every say springeth a new leaf to the end of fifteen days, and after fifteen days it loseth every day a leave as the moon waneth, and it springeth and waneth as doth the moon; and where it groweth, there groweth great quantity. The virtue of this herb is thus. They that eat of the berries or of the herb in waning of the moon, when it is in *singo virginis*, if he have the falling evil, he shall be whole thereof; or if he bear this about his neck he shall be helped without doubt.

Gerard (1597):

The first of the Daffodils is that with the purple crowne or circle, having some narrow leaves, thick fat, and full of slime juice; among the which riseth up a naked stalk smooth and hollow, of a foot high, bearing at the top a faire milk white floure growing forth of a hood or thin filme such as the floures of onions are wrapped in: in the midst of which floure is a round circle or small coronet of a yellowish colour, purfled or bordered about the edge of the said ring or circle with a pleasant purple colour; which being past, there followeth a thicke know or button, wherein is contained blacke round seed. The root is white, bulbous or coin-fashion.

Bauhin (1620):

From a short tapering root, by no means fibrous, spring several stalks about 18 inches long: they straggle over the ground, and are cylindrical in shape and furrowed, becoming gradually white near the root with a slight coating of down, and spreading out into little sprays. The plant has but few leaves, similar to those of *Beta nigra*, except that they are smaller, and supplied with long petoiles. The flowers are small, and of greenish yellow. The fruits one can see growing in numbers close by the root, and from that point they spread along the stalk, at almost every leaf. They are rough and tubercled and separate into three reflexed points. In their cavity, one grain of the shape of an Adonis seed is contained; it is slightly rounded and ends in a point, and is covered with a double layer of reddish membrane, the inner one enclosing a white, farinaceous corn.

Carolus Linnaeus（1754）《植物属志》：

Utica

Masculi flores

CAL. Perianthium tetraphyllum：foliolis subrotundis，concavis.

COR. Petala nulla.

Necturium in centro floris，unceolatum，integrum，inferne angustis，minimm.

STAM. Filamenta quatuor，subulata，longitudine calycis，patentia，intra singulum folium calycinum singula. Antherae biloculares.

随着植物的普通知识渐渐变为科学知识，我们可以看到专业话语形式的出现。Linnaeu 的描述可以转换成一种人工设计的框架系统，这就是今天用于基于框架的遗传网络系统（参见第 1 章 1.9.5 节）。

随着人工符号系统的出现，日常语言语域和新兴的专业语域继续存在、发展，关于世界的通俗模式将与科学模式共存（如 Halliday & Martin，1993）。一定程度的相互可译性可能被保留下来，如逻辑或数学公式的语言解释，这就构成了使日常语言与更加科学的变体产生联系的语境之一。在人工变体和自然进化的变体之间总有功能上的互补性，它们可以与不同活动领域搭配，如在野外观察并研究鸟的人的语言与鸟类学家的语言。但在其他情况下两者紧密结合为单个领域中的次主题，例如在数学学习和实践中自然语言与数学表达式一起使用。这种相互渗透还蕴含一个符号互补性，但是较为敏感。揭示这种互补性，需要对语境做出精确解释。

14.1.4　通俗模式到科学模式的变化

通俗模式到科学模式的变化的产生经历了很长一段时间，它包含好几个因素，如图 14-2 所示。

如上所示，通俗模式是日常情景类型中思维的无意识背景的一部分，它们在没有任何有意识的计划下进化，并且不与学术语境相联系。当然通俗模式也可能更具意识——这就是那些人们谈论的自己相信的模式（参见下文讨论的图 14-3 所示）。科学模式是在更加受限制的情景类型中有意识地设计的，通常在学术机构中作为思考世界的资源。

正如我们在上文指出的（如图 14-1 所示），我们可以将通俗模式和科学模式解释为概念系统的同一基本系统中共存的变体。在第一个例子中，我们会意识到它们在特殊域中是不同的，例如，通过不同的词汇语义结构产生作用。但它们倾向于整体上以不同方式识解经验——科学模式往往依赖语法隐喻因而体现经验的隐喻式识解。如图 14-3 所示。

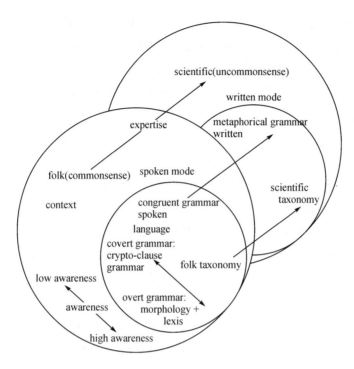

图 14-2　通俗模式到科学模式的变化

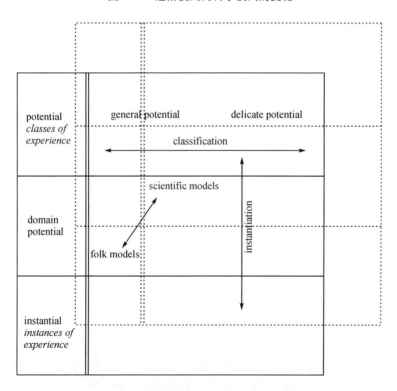

图 14-3　概念库中的通俗模式和科学模式

在由通俗模式向科学模式的进化中,学者们注意的语言的第一个方面,如我们所预料的一样,是词汇。所以在十六世纪和十七世纪的早期科学中,学者们关注对世界的分类学解释,他们认为普通语言使他们失望,开始探索人工语言的可能性,这在主教威尔金斯(1668)的《普遍语言和真实字符》里达到顶峰。这意味着科学家们正在放弃将通俗分类法作为解释世界的一种方式,而是走向科学分类,使分类更加细化,术语的定义更加明确(见第 2 章 2.11.3 节)。正如他们所认为的,这个问题的解决结果不是人工语言的发展,而是普通语言形式方面的新规则的发展。

在语法内部,存在某种词汇的语法结构的意识,如 Wilkins 在派生词汇学(拉丁语)的基础上介绍了"超自然小品词",以便能以系统方式扩展词汇。但是这些学者没有讨论语法中不够突出的方面——小句和小句复合体的隐性范畴。他们似乎没有意识到在话语建构中这样的模式的作用。然而到了这个时代,科学英语的密码语法已经沿着第 6 章讨论的方向发展了。这种变化的进程在牛顿话语中以及在十八世纪晚期和十九世纪的学者的作品中被加快。牛顿的工作标志着纯粹分类科学的结束,这奠定了基于实验、普遍规律和预示的新模式的基础。所发生的变化中最主要的方面是经验的具体化——过程借以被重新识解为事物的语法隐喻。在日常语言中,"A attracts B, so B moves"是两个小句组成的复合句;在科学语言中则是"attraction causes(or: is cause of)the movement"。这里日常的小句复合体,即由两个行为过程组成的言辞列被压缩进一个带有两个名词化成分的小句,和一个单个存在过程(cause "be causally", or be)。当它们被重新识解为事物时,过程失去了时间方位和参与者,如"A attracts B"可能被重新识解为 attraction。attraction、repulsion、motion、gravity、accleration 等也能和植物及动物之类的普通事物一样进行分类,它们成为隐喻性事物分类的一部分。这些基本资源已经存在于日常语言中——名词词组用于表征事物和将它们进行分类①,名词化词缀用于将非事物重新识解为事物,等等;但是它们的潜势在更大程度上得到使用并且以非常不同的方式进行。这种语法中的变化蕴含了对静态具体的世界的看法的变化——以至于Bohm(1979)指责说语言使得表征现代物理学讨论的那种流动的事物变得很难。Bohm的不满是针对普遍意义上的语言的,但是他的目标应该是科学语言。随意话语的日常语言基本上是流动的语言,以 Bohm 所要求的相同的方式识解经验(Halliday, 1987)。

在过去的大概十年中,不同学科语域中的语义模式的系统研究表明,科学模式不只是在物理学,还在第二层次、第三层次的学科中得到识解。Unsworth(1995)表明概念库的资源怎样用于物理学重新识解普通经验,如我们能听到的声音被识解为极小的和极

---

① 名词词组能够提供对事物进行分类的资源,但是动词词组不能提供对过程进行分类的资源(参见第 4 章)。所以,如果 remember 被具体化,它就能被识解为一个容易分类的事物 memory,如 short memory/long memory、semantic memory。

大的过程言辞列,然后通过语法隐喻浓缩进"事物",如振动、收缩和稀薄等。Wignell 等(1990)表明分类层次是怎样在地质学模式中建立的(见第 2 章 2.11.3 节)以及地质学过程的言辞列怎样"蒸馏"进隐喻性事物,如岩化。在这些模式中,专门化是一个显著特征。相比之下,Eggins 等(1993)表明过去的初中历史课本中的模式不依赖于专门性(除了少数表示时期的专门术语,如"文艺复兴"),而是依赖于对过去的隐喻性重构。不是人们参加随着时间展开的过程,而是这些过程被重新识解为具有时间定位的事物(如饥荒、战争、迁徙)。这就使得历史模式将那些人们能观察到的具体的历史事件普遍化,并且使识解长期模式和趋势成为可能。

现在我们转向人类经验的另一个领域——我们参与看、想、要、感觉的经验,即意识过程。我们先复习这些过程的一般通俗模式,然后探讨这个通俗模式怎样在认知科学中被重新识解。

14.2　感知——通俗模式

我们已经表明概念库系统识解意识的模式——一个有意识的存在做出的有意识过程。有意识过程能够创造一个更高层面的思想世界(或我们说的意义),某些方面相当于 Popper 的第三种世界,这就阐释了作为将言辞连接起来的方式——投射和扩展的基本区别(第 3 章)。有意识过程本身似乎是经验识解中的主要言辞(第 4 章),它们在区分不同类型参与者中起关键作用(第 5 章)。这个通俗模式是在随意会话过程中通过无数的邂逅构建起来的,在日常生活语境中反复例示化。

有意识过程分两种:感知和言语。既然我们现在探讨的是"心智"的模式化,第一个例子就是与感知有关的,言语过程后面涉及。让我们通过探讨关于说话者和作者怎样识解意识的语篇例子来复习通俗模式。在下面的对话段落中,一个说话者谈到她自己的有意识过程:

语篇(1):随意会话摘录(反馈语省略)

When I feel really depressed, I **think** "what a horrible lot", and I call them to myself—I **think** "they are absolutely horrible". "What other parent ever had such children?" I **think**; "I've simply devoted my life to that lot". But when I'm feeling in a good mood, and I **see** them sort of more or less as individuals, I **think** to myself "I don't **care** whether they are sort of particularly devoted or not." "They're so lovely" I **think**. (Svartvilk &

Quirk，1980：319）

感知过程由摘录中的黑体表示，下面是我们有关分析的注释。

①feel。"I feel depressed"和"I'm feeling in a good mood"两个小句处于感知和存在的边界，既然它们似乎和"I am depressed"（关系——归属式，feel 作为非重读音节）同源，这里我们将它们作存在过程处理；参考下面的平衡：

I feel depressed/I am depressed 和 I don't feel depressed/I am not depressed

不同于"I feel that I am depressed"（心理过程——认知，feel 重读），这里均衡性失效：

I feel depressed/I feel that I'm depressed ≠ I don't feel depressed/I don't feel that I'm depressed

最后一句没有和"but in fact I am"形成矛盾。

②see。小句"I see them as individuals"可以是心理——"认知 ＋ 投射"——"I consider that they are individuals"，也可以是心理——"感觉 ＋ 角色"——"I see them in their guise as individuals"。后者的解释与"I look at them as individuals"同源，但"I look at them as individuals"似乎更合理。当然两种情况中的 see 言辞都是感知言辞。

③care。小句"I don't care"在语法上是心理的——情感。下面的小句"whether they are … devoted or not"是投射句。但它属于"事实型"小句，不是由心理过程本身投射的（见下面第二段）。

说话者将自己的思想过程识解为：①感知言辞，由心理过程体现（I think）；②被投射言辞，由代表小句"内容"的小句体现——由他的思维所投射的思想（"they are absolutely horrible""I don't care whether they are sort of particularly devoted or not""they are so lovely"等）。感知言辞是一个由过程（think）和从事感知的参与者即感知者（I）组成的配置；也就是说，意识被识解为在时间中变化和持续的互补性——一个有意识的参与者参与一个延展的过程。

在语法中，"思想"是一个通过投射关系合并了小句复合体中的"感知"小句的独立小句，如图 14-4 的结构解释。在我们的分析中（不像主流语法传统的分析），被投射小句不是投射小句（心理或言语）的构成成分。理由有很多，有些是语法的，如它不是主位谓语的焦点（我们不能说"It is that they are absolutely horrible that I think."），它不能作心理小句的被动式的主语（我们不能说"They are absolutely horrible is thought by me."），它可以由替代式 so 推定（so 也可以在小句复合体中对条件小句进行推定，如"I think they are absolutely horrible and my husband thinks so，too."）。但是这些依次反映了投射的语义本质：这是两个小句之间的关系，不是一个小句成为另一个小句的参与者的手段。这样我们可以说明这些与"事实型"小句之间的区别：在"事实型"小句那里，思想小句是一个投射，但它不是正在进行投射的伴随的心理小句。这些预制的投射发挥结构成分的作用，如"I don't care whether they are devoted or not. "，比较"It is not whether they are devoted or not that I care about. "。图 14-5 表明由思想小句识解的命题是怎样被参与感知过程的感知者投射为"意识的内容"的。这个内容是感知过程产生的，由感知者实施；它被识解为比感知过程本身更高层次的符号抽象（即它总是离实体语境更远）。

I		think	they're absolutely horrible
1		⟶	2
心理小句			被投射小句
感知者	过程		
名词词组	动词词组		

图 14-4　心理小句投射观点小句的小句复合体

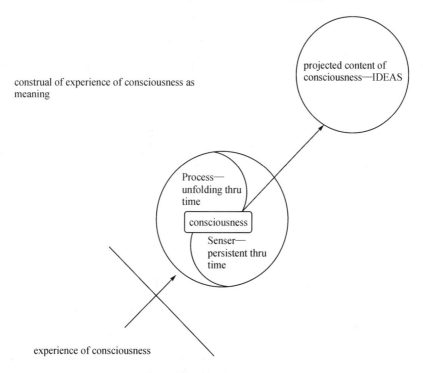

图 14-5　语法将意识识解为意义

在上面的会话中，由感知言辞投射的"观点"是引用的——一种内部独白。典型的感知言辞投射观点是转述①。投射的潜势及这两种投射模式之间的对比,显示了感知言辞和言语言辞之间的相似性;有趣的是,这个摘录中的一个感知言辞包含了一个更具言语言辞特征的参与者——受话者 myself (I think to myself)。我们将在 14.4 节转向感知言辞和言语言辞的关系。

随意会话中的说话者经常涉及识解自己的意识。其实 Painter (1993)证明了小孩最初是怎样学会识解心理投射的:从他自己作为感知者的言辞开始。系统使得小孩能够通过识解作为感知者角色的其他人来推广自己的意识经验,因为他建立了一个模式,其中这个角色可以由任何有意识的存在(原型是人类)充当。所以在叙述中,作者经常在图 14-4 的模式上识解他或她的意识。被投射的思想主要是转述而不是引用。如:

语篇(2):摘自 *A First Time for Everything*

Jessica Steele, *A First Time for Everything*. Mills & Boon.

投射	语篇
''β	If she were to be truthful,
《〈α〉》	Joss **owned**,
''β	she didn't feel very much like going out that Monday evening.
α	She **could not have said**
''β	why particularly it was that the Beacon Theatre Group had no appeal that night,
	though, as she poured herself a second cup of coffee,
α	She didn't think
'β	the dull and gloomy weather had very much to do with the way she was feeling.
	Silently she sipped her coffee,
	and a few minutes later she carried her used dishes from her dining-room and through to her smart cream and pale green kitchen,
α	**knowing**
'β	that she would go out
	It wasn't in her nature to let anyone down,

---

① 如果只考虑措辞,大量言辞可以被阐释为转述。但是话语语境的音韵体现清楚表明,它们是引用投射。

投射	语篇
	and Abby，her closest friend，was at present smitten with Fergus Perrott
	and，for some reason，seemed to need her along
	to boost her confidence.
	Joss set about tackling her washing up，
α	**reflecting**
'β1α	that Fergus **had not asked** Abby
'β1"β	to go out with him yet，
'β1+2	but that these new and frequent visits to the Beacon theatre Group—an offshoot of the Beacon Oil Sports and Social Club—seemed to be Paying dividends.
	She was **sure** she **had seen** a gleam of interest in Fergus's eyes last Friday
	as he **had watched** Abbey during rehearsals.
	All three of them worked for Beacon Oil at Beacon House，London.
	She and Abbey both on the secretarial side，
	while Fergus worked in personnel.
	Thinking of last Friday，
α	Joss **pondered**
'β1	that she must have been feeling a bit like today's weather then-
'β1+2	or maybe started to feel in the need of something more stimulating than her present job，
α	For she **had realized**
'β	that she had been only half joking
'βxβα	when she'd **asked** Fergus then
'βxβ"β	if his department had been notified of any interesting secretarial vacancies.
	…
	Leaving her neat and tidy kitchen，
	Joss went
	to get ready to go and pick up Abbey.
	They **had known** each other for three years now.
	[] the whole time in fact

投射	语篇
	since, at twenty years old, Joss, with her feet well and truly on the secretarial ladder, had started to work at Beacon Oil.
	In an attempt to lift her glum spirits, Joss tried to count her blessing.

这里 Joss 的意识过程被识解为她的活动言辞列的一部分。感知言辞伴有思维的内容，由被投射的观点表征。Joss 作为行为者，感知言辞经常被识解为与动作言辞同时发生，如"as she poured herself a second cup of coffee, she didn't think the dull and gloomy weather had very much to do with the way she was feeling"。这里表示增强的言辞列用于识解平行展开的感知言辞和行为言辞，同一个人分别起着感知者和行为者的关键作用。除了运用感知言辞识解 Joss 的意识活动，作者也利用了一幅抽象的心理空间运动的词汇隐喻图，"boost her confidence""lift her glum spirits"。下面将谈论词汇隐喻。

像语篇(1)一样，语篇(3)提供了一个关于说话者识解他自己的有意识过程的例子：

语篇(3)：随意会话摘录

A：Oh dear, (sighs) one **forgets** how time runs[?]. I **think** Malcolm's twenty-seven, twenty-eight, perhaps a bit more. I **don't know**.

B：I eventually **estimated** twenty-eight, twenty-nine. I must have looked at him for some time.

A：He want-

B：He's not, he is not easy to **guess** actually.

A：No. He got a brilliant first when he was twenty and it meant he couldn't graduate till he was twenty-one. They wouldn't give it to you. And he stayed—did he stayed at Oxford to do a postgrad year or did he come immediately here? I **can't remember**. He's working for a Ph. D. here I **think**.

B：Emm

A：But I **think** he gets so involved in his computer business that I **don't know** how his Ph. D. going.

B：**Shouldn't think** he had much time left.

A：I **shouldn't think** so. (Svartvik & Quirk, 1980：153)

　　这里被投射的言辞是转述而不是引用（例如，"one forgets how time runs"而不是"one forgets：how does time run?"）。如上所述，转述是感知言辞投射的典型方式，感知言辞又被心理小句体现为一致式。然而有些心理小句是隐喻式的，它们代表情态的人际评价。所以投射小句复合体"I think → Malcolm's twenty-seven，twenty-eight or more"与具有语气修饰性状语的简单小句（Malcolm is probably twenty-seven）或语气成分中带有情态限定式的简单小句（Malcolm will be twenty-seven...）同源。既然投射心理小句，如"I（don't）think"，在概念上体现了一个感知言辞，它将说话者识解为"说话时刻的感知者"（在隐喻式中只出现在一般现在时中）；同时，它规定了说话者自己对对话的"介入"——关于被投射句包含的命题的正确性的判断。

　　人际隐喻处于构建自我的概念模式和人际模式之间的关键点，在概念模式中我们将自己识解为有意识的感知者，而在人际模式中我们将自己扮演为与受话者交际的说话者。隐喻以这样的方式将两者拉到一起，概念识解代表人际扮演（如图14-6所示）。这样日常话语语法明显指向通过人际意义构建自我的重要性——这种自我不仅被识解而且被扮演。然而认知科学家只是从概念视角形成他们的研究目标和目标模式，没能考虑其发挥扮演作用的人际视角。

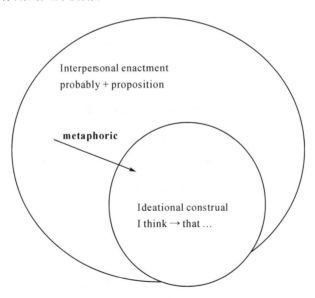

图 14-6　概念识解代表人际实施

　　日常语法对感知的识解的贡献是大的，它的一些特征对主流认知科学的一些非常识模式具有特殊意义。语法以能够投射思想的心理过程的形式将意识从经验的其他部分中分离出来，而意识也可以通过能够投射话语的言语过程的形式"外化"。这种"世界观"可以通过连环画的形式进行描述，如图14-7所示。连环画形式一方面明确区分感知言辞和言语言辞,另一方面明确区分存在言辞和动作言辞;后者通过图形表示,前者用它们被投射内容的语言表示。连环画编码了投射的更高层次的本质和它们在语言中的建构。

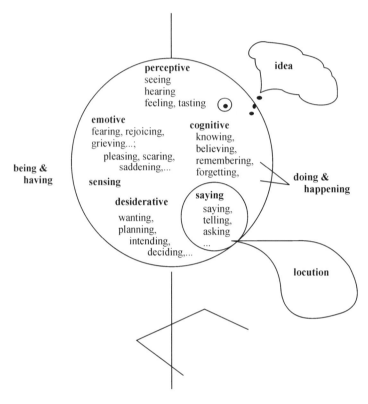

图 14-7　词汇隐喻的心理容器模型

　　语法将感知识解为表示变化的整体经验的一个有界的语义域,通过词汇特别是通过词汇隐喻得到了进一步的丰富(参见第 6 章 6.2.1 节)。与空间有关的隐喻,将心理作为容器,将一个有限空间或物理实体联系起来,强化了语法对感知的有界域的识解。我们引用上面语篇(2)中的语法隐喻,"boost her confidence, lift her glum spirits"。词汇隐喻还包含以下例子:

　　①心理:

　　a. 作为空间的心理:cross one's mind、be out of one's mind、to be driven out of one's mind、get something out of one's mind、search one's mind、at the back of one's mind、to put at the back of one's mind、at the front of one's mind;

　　b. 作为容器的心理:occupy the mind、escape/slip one's mind、an open mind、a closed mind、keep in mind、to have in mind;

　　c. 作为身体器官的心理:blow one's mind、to boggle the mind、to have something on one's mind、the mind recoils。

②其他心理结构：

a.作为垂直空间位置的情感：be up/down、be high/low、depress sb.、lift sb's spirits、sprit is soar，fall in love、love deeply、abhor/detest/dislike deeply；

b.作为包含于人体内的液体或气体的情感：explode、vent one's anger、blow one's top、to boil over、to smoulder、to cool down、to keep the lid on。

以上心理空间作为参与者或环境成分可以进入表示存储、搜索、穿越、逃避等的物质过程，也可以进入由"being＋处所"表示的关系过程。有趣的是，我们注意到在这些不同的词汇隐喻中感知者仍然出现，他们没有被隐藏。事实上，相当多的建构在物质小句模式上的词汇隐喻保留了投射的选择自由（如图 14-8 所示）：

He	kept	in mind		that the moon was a balloon
感知者	过程	处所	→	观点小句
	remembered			

图 14-8　含有物质词汇隐喻的投射

接下来我们思考一下这种通俗模式是如何影响（主流）认知科学中的意识模式的。

14.3　从通俗到科学

从对意识经验的日常识解——关于感知者感知现象或投射思想的通俗理论——到认知科学识解经验的方法之转变的本质是什么？当通俗理论被重新识解为科学理论的时候，我们就能明白这种转变的本质。当 Dennet（1981）描述通俗心理学的时候，他已经做了这种转变（黑体）：

What are beliefs？Very roughly folk psychology has it that **beliefs** are information-bearing states of people that arise from **perceptions** and that，together with appropriately related **desires**，lead to intelligent **action**. That much is relatively uncontroversial，but does folk psychology also have it that nonhuman animals have beliefs？If so，what is the role of language in belief？Are **beliefs** constructed of parts？If so，what are the parts？Ideas？Concepts？Words？Pictures？Are **beliefs** like speech acts or maps or instruction manuals or sentences？Is it implicit in folk psychology that beliefs enter into causal relations，or that they don't？How do **decisions** and **intentions** intervene between **belief-desire** complexes and actions? Are **beliefs** introspectible，and if so，what authority do the believer's **pronouncements** have?（1990：91）

Dennett 不是像人们在日常语言中说的那样使用"people believe that...，people wants others to..."等，而是使用了 beliefs、desires 等。这里带有感知者、感知过程、一个进入感知者的意识的现象或者一个被投射为独立小句的思想的心理小句，被重新识解为带有一个由名物化心理过程作事物和中心词（既没有参与者又没有被投射的思想）的名词词组。这种重新识解是由语法隐喻产生的，正常情况下由小句识解的意义被识解为由名词词组识解的意义，似乎由名词词组识解就是常规的。如果 Dennett 试图构建通俗理论，而不是将它作为一个科学理论来识解，就会这样来写：

Very roughly，when people believe something，they believe that something had happened because they have seen or heard it happen；and if they believe that has happened and they want something else to happen，they do something about it.

识解我们意识经验的两种模式的语法比较如图 14-9 所示。

（1）通俗模式（一致式识解）

they believe   *that something has happened*   *because they*   *have seen or heard*   *it happen*

αα：		α'β	→	^{x}β		
心理：认知和元现象：思想		小句：投射（思想）		心理：感觉和宏观现象		
感知者	过程			感知者	过程	现象
名词词组：有意识	动词词组			名词词组：有意识	动词词组	小句：行为

（2）科学模式（隐喻式重新识解）

beliefs（＝information-bearing states）   *arise from*   *perceptions*

关系：识别式和环境式

标记	过程	价值
名词词组	动词词组	名词词组
事物：名物化认知过程	事件：动词化连接的原因关系	事物：名词化感觉过程

图 14-9　一致式的通俗模式通过语法隐喻重新识解为科学模式

　　科学模式是隐喻式的,它代表一致式的通俗模式的隐喻。由于言辞变得简洁,从一致式转入隐喻式,很多概念信息就会丧失。在语法方面,一个小句复合体压缩为一个小句,小句复合体中的小句压缩为名词词组。结果表示认知思想的投射(sb. believing that ...)和表示感觉的行为感知(sb. seeing sth. happen)之间的微妙区别没有了,参与者也不明确了。(心理小句的投射能力在 Dennett 对 belief 的定义中得到了回应,即"[标记/被识别者] beliefs [过程] are [价值/识别者] information-bearing states ...",)使参与者可能变得模糊意味着在实践中、在科学模式中的感知者被隐没了,结果我们在生命过程中的意识被识解为不相干,代之以我们的经验不可及的无意识过程。

　　从通俗理论的一致式模式到在认知科学中提供理论资源的隐喻模式的变化通常能够在关于人们怎样感知他们的经验现象的描述中找到,请看 Restak 的一本关于"心智"的入门书中的段落(黑体、下划线和斜体):

　　　　... to explain the mind's operation in thinking. Here, for example, is an everyday situation: two people meet on the beach. Michelle **recognizes** that she's encountered Michael before, but can't come up with his name. But she does **recall** that he's a doctor, specializes in paediatrics, and lives in New York City.

　　　　Michael **remembers** Michelle's name but can't *dredge up from* **his memory** any biographical details about her. He **recalls** they met previously at a party given by a friend to celebrate the completion of his residency. Michael can bring vividly to **mind** what Michelle was wearing and how attractive he found her.

　　　　Ordinary **experiences** <u>like this</u> raise important questions about how <u>thinking</u> is organized. Why is it that Michelle can **recognize** Michael's face, **remember** significant facts about him, but can't come up with his name? In Michael's case, the organization would seem to be different: he can **remember** names but specific life details are only a blur. What kind of mental organization in Michael might account for these differences?

　　　　The most popular metaphor for <u>the human mind</u> is that of a huge and intricate filling system. When Michael and Michelle encounter each other, **facial recognition** sets off <u>an elaborate search through "files" stored within billions of neurons</u>... (1988:242)

Restak 首先给出一个常识性描述,使用一个带有投射思想的心理小句的一致式语法:"Michelle recognizes→ that…, she does recall → that…"。接着他用了一个属于我们的日常词汇语法的词汇隐喻表示"记得"——"dredge up from memory, bring to mind"。这里 mind 被识解为一个在空间上延伸的对象,即一个容器。在一个建立于控制一个宾语的物质小句模式但依然是心理的小句中,mind 也被识解为一个环境成分(from memory、to mind),因为它的结构中具有有意识的参与者(感知者),也因为它能投射("bring to mind → what Michelle was wearing";参见"bring to mind → that she was intelligent""dredge up from memory → that she was a physician")。当做出常识性描述之后,Restak 使用隐喻方式提出非常识的科学描述问题,如"experiences like this"(而不是"people experience similar situations"或类似的形式)、thinking(而不是"how people think")、facial recognition(而不是"people recognizes faces")等等。(当 Restak 后来回到对一个具体的日常经验情景做说明性描述时,他回到了一致式模式)

Restak 也采用了我们在普通模式中见到的心理空间的词汇隐喻——一个物体能藏于其间,也能被搜索等的空间(facial recognition sets off an elaborate search through "files" stored within billions of neurons)。通俗模式的空间隐喻被认知科学家继承。在他们的心智模式中,它发挥了过程资源的作用——在动作言辞中的储存、搜索或补救等过程,存在言辞中的放置过程。也就是说,感知过程具体化了,动作过程和存在过程替代它了。空间隐喻也为将心智作为计算模型开辟了道路,人类记忆可以在计算机里模拟。

Restak 引文中的变换代表了我们认为的关于主流认知科学家在识解他们的研究对象时所出现的情况。为了进一步说明认知模式的一些特征,我们摘录了来自 Gillian Cohen 的《认知心理学》(1977)第一章的引言部分,分析了每个小句的言辞类型——行为、感知、言语和存在,如表 14-1 所示。

表 14-1　对有关认知的段落的分析

语篇 (过程用黑体表示)	言辞类型			
	动作	感知	言语	存在/拥有
(1) Semantic <u>memory</u> **is concerned** with the structure of <u>knowledge</u>, with [[how <u>knowledge</u> **is** stored, cross-referenced and indexed]]: it **is concerned** with the organization of everyday world <u>knowledge</u>, and with the representation of meaning.				√ [[√]] √
(2) Semantic <u>memory</u> **is** not just an internal dictionary [[in which linguistic terms **are listed and defined**]]				√ [[√]]

续表

语篇 （过程用黑体表示）	言辞类型			
	动作	感知	言语	存在/拥有
（3）The elements **are** concepts， and although most concepts **are defined** by their properties not all concepts **are** verbal ones.				√ √ √
（4）Facts or propositions **are represented** by concepts [[**linked** in particular relationships]]， and sets of propositions **combine** **to form** related areas of knowledge.				√ [[√]] √ √
（5）Although there **is** a common core of culturally shared knowledge，semantic memory **is** personal because each individual's knowledge and experience **differ**.				√ √ √
（6）It **is** not just a static mental encyclopaedia，but a working system， in which new facts **are constantly being incorporated**， stored knowledge **is being updated and reclassified**， and particular items of information **are being** **sought，located，assembled and retrieved**.	√ √ √			√
（7）It **represents** one of the most important, interesting and difficult areas of study in cognitive psychology today.				√
（8）Semantic organization **is** especially important because it **is** one of the most powerful and pervasive determinants of performance in mental tasks.				√ √
（9）[[How knowledge **is** arranged]] **determines** [[how we **speak** and how we **understand**， how we **solve** problems and how we **remember**]]	 <-- [[√]]	 [[√]] [[√]]	 [[√]]	[[√]] √
（10）It **is** worth [[**analysing** in some detail the reasons [[why semantic memory **is** especially intractable to study]]]] because many of these problems **are** endemic in cognitive psychology generally， and because the limitations [[which **are** inherent in our methodology]] **are** quite strikingly **illustrated** in this area.	[[√]]			√ [[√]] √ [[√]] √
（11）Methodological problems **will form** a recurring theme throughout the book.				√

续表

语篇 （过程用黑体表示）	言辞类型			
	动作	感知	言语	存在/拥有
(12) The validity of theories of cognitive function **depends on** the power of the research methods，				√
so that we **cannot hope to assess** the value of the evidence，nor the truth of the conclusions	√			
unless we **scrutinize** the method，	√			
probing their weakness，	√			
and **trying** to evaluate the advantages and disadvantages of different approaches.	√			

注：第(9)句中的 how we speak 是言语活动，处于言语过程和物质过程的边界，我们可以阐释为言语（但它不能投射）或者行为（这里将它作为物质过程的次类对待）。

感知言辞不是由心理小句体现的，而是由在各种过程类型中承担角色的名词词组体现的（主要是关系过程）。我们可以将这个科学语篇与日常话语片段进行比较，如表 14-2 所示。

表 14-2　人们思维的通俗模式与人们感知的科学模式之间的比较

	物质	心理	关系
通俗模式： 小句		You would see her...；I've known her come in and say...；I'd forgotten I'd been ill；I remember now when she carried Walter...；I think she deemed I wasn't big enough...	
科学模式： 名词词组在小句中起作用	in which new <u>facts</u> are constantly being incorporated, stored <u>knowledge</u> is being updated and reclassified, and particular items of <u>information</u> are being sought, located, assembled and retrieved.		Semantic <u>memory</u> <u>is concerned</u> with the structure of <u>knowledge</u>... Facts or propositions <u>are represented</u> by concepts...

心理学语篇中的主要过程类型是关系过程，being、representing、defining 等等。句(6)中有一个简短的行为过程，描述可能的记忆操作。其只有两个带有感知者(we)的一致式心理过程，一个表示理解（how we understand），一个表示记忆（how we remember），但两个都出现在一个级转移（内嵌）的小句复合体中：

[[How knowledge is arranged]] determines [[how we speak and how we understand，how we solve problems and how we remember]]

另外，句子的意思是我们如何感知由我们对知识的排列决定。

在行为言辞中，心理结构充当受制于心理空间的目标：

处所	目标	过程	行为者
in which	*new facts*	*are constantly being incorporated*	?
	stored knowledge	*is being updated and reclassified*	?
	and particular items	*are being sought，located，*	?
	of information	*assembled and retrieved*	

这些言辞都由被动式体现，行为者不出现。这样使得识解没有明确的人作为施事的感知言辞成为可能。这些过程是在非个人的层面上启动的。Edelman(1992)对上述例子说明的一般趋势做了评价：

> 人的记忆根本不像电脑记忆……在任何一种形式里，人类记忆涉及主题与已有知识网络之间的无限联系，这是无法通过有限的计算机语言——存储、恢复、输入和输出充分表现的。具有记忆的话，人必须能够重复一种行为，确认它并且将事物和范畴与自己的时间空间位置联系起来。要做到这一点人必须有一个自我，一个有意识的自我。否则人必须设定一个"小人"（在计算机里，是我们，即制订程序的人）去执行检索。

表 14-1 中的摘录是十分具有代表性的。让我们再引用一个例子。下面的摘录来自一本关于认知科学的教材的开头章节(Stillings et al, 1987：1；黑体表示一致式心理小句的过程，下划线表示隐喻化为名词词组的感知言辞或者表示感知的名词)：

What is Cognitive Science?

One of the most important intellectual developments of the past decades has been the birth of an exciting new interdisciplinary field called cognitive science. Researchers in psychology, linguistics, computer science, philosophy and neuroscience **realized** that they were asking many of the same questions about the nature of nature of the human mind and that they had developed complementary and potentially synergetic methods of investigation. The word cognitive refers to perceiving and knowing. Thus, cognitive science is the science of the mind. Cognitive scientists **seek to** understand <u>perceiving</u>, <u>thinking</u>, <u>remembering</u>, <u>understanding</u> language, <u>learning</u>, and other <u>mental phenomena</u>. Their research is remarkably diverse, ranging from **observing** children, through programming computers to do complex problem solving, to **analysing** the nature of meaning.

1.1 The Nature of Cognitive Science

Cognitive scientists **view** <u>the human mind</u> as a complex system that receives, stores, retrieves, transforms and transmits information. There are four important <u>assumptions</u> to this information-processing view.

Formal information Process

The first corollary is that information and information processes can be studied as patterns and manipulation of patterns. To clarify this <u>assumption</u>, let us **look** at an example. **Consider** the following longhand multiplication problem...

正如上面例子所说，认知研究的目标是由概念隐喻建构的，如具体的感知（perceiving、thinking）或感知名词（mind、mental phenomena）。也有很多体现为一致式的感知言辞——具有投射潜势的"感知者＋过程"的心理小句。但是认知科学家不研究感知言辞，他们识解研究认知科学的过程，感知者就是（认知）科学家。这是体现为一致式的感知言辞在科学话语中的常规使用，但是由于科学家自己的心理过程的一致式识解和他们试图理解的心理过程的非一致式识解之间的分离，使得它们异乎寻常。

14.4　主流认知科学中的模式

概括一下至此所做的全部讨论：尽管关于认知的科学阐释的领域是由感知过程的语法决定的，但这个模式已经非人格化，感知通过抽象的"事物"（如知识、记忆和概念）得到隐喻化识解。这说明主流认知科学基本上是通俗模式的一个复杂的变体，而不是一个不同的替代方式。

①一致式的概念系统将意识从我们的其他经验中分离出来，并且将其识解为一个认知域，具体化为"媒介＋过程"的互补性，这里有意识的存在物（媒介）感知、思考、想要、觉得。所以感知是通过感知者作为媒介引起的。这个过程可以将思想投射到一个符号存在中去，这个在一致式系统中识解的感知者

感知的领域(that...)被认知科学接受。然而它不是作为有意识过程理论被接受,而是作为一个现象——即感知变为研究的对象。

②既然不是作为一个理论被接受,通俗理论的基本见解就被忽略了,即感知者感知的言辞通过语法隐喻被重新识解为参与者。尤其是感知域被具体化为心智,所以不是某人觉察某事在发生,或某人认为月亮是个气球。认知科学模式是 perception、vision、cognition、learning、memory 等。

③既然感知言辞被具体化为参与者,感知过程就相应变为事物,感知中的参与者即感知者被隐藏了。通俗模式中的感知者/感知互补性,本是感知者将思想投射于存在的一个特征,现在丧失了。

④既然感知言辞被具体化为参与者,它们本身就可以在参与者角色中被识解。通俗模式的另一个特征被接受,即它的空间隐喻被保留并更具体化。所以心智被识解为一个空间,在这里感知的隐喻性参与者包含在动作过程和存在过程中,思想、概念、记忆①、印象被存储、放置、恢复、激发等等。

⑤既然感知言辞被具体化为参与者,这就为感知的科学分类开辟了道路:记忆——长期/短期记忆、感官记忆、意义记忆,回忆——自由回忆,学习——联想学习/认知学习/经典条件学习,等等。

⑥既然感知者被隐藏,作为感知者/感知互补性的特征的投射丧失,通向人际领域的大门——这里感知者被规定为话语交际中的参与者——被关闭了,概念/人际互补性中的人际成分丧失了。(参见 Matthiessen,1993a)

图 14-10 表现了感知的隐喻化识解的中心主旨,即感知是从感知言辞中"析取"出来的一个领域,被具体化为一个参与者变体,这些参与者在发生于被识解为容器的心智中的存在过程和动作过程中充当角色。

主流认知科学中的"科学模式"主要是关于处于个体心智中的信息。② 这种信息以某种方式组织为一个概念系统。一篇由澳大利亚认知科学研究理事会于 1989 年 10 月发布的"业务通讯"提出如下定义:

---

① 记忆作为空间的广泛的词汇隐喻早于认知心理学几百年,见 Yates(1966)将"记忆剧院"作为辅助记忆的原始观念。

② 除了认知主义的途径,还有一种物质途径,它体现于语义的形式研究,其中语言表达的相关性是中心,这些表达形式通过可能识解模型加以阐释,参见 10.1 和 10.2 节。但是有一种形式—认知联盟:意义不是被阐释为某物自身,而是语言外的东西——心理建构体(概念、观点等)或物质(真实世界中的所指物或可能世界的形式模型)。

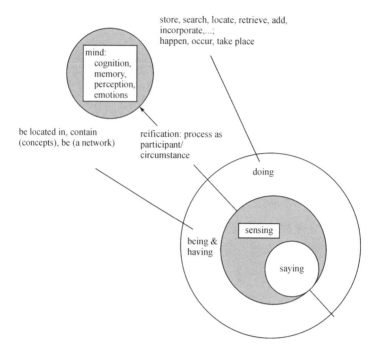

图 14-10　心理领域的科学识解

　　认知科学是关于心理过程的系统研究,通常涵盖的学科包括认知心理学、语言学、哲学、计算机科学和神经科学。认知科学的目标是阐明隐藏在如下认知任务背后的信息获得和信息处理机制:感觉、识别、信息存储及恢复、问题解决、语言习得、语言理解和语言生产。认知科学家试图构建和测验关于心智的简明理论,详细描述出现在认知活动中的信息处理的种类,将完成这些任务的能力的习得、变化及损害的方式模式化。认知科学家通常用形式的或计算的方式表达心理过程的模式。

　　其他定义包括 Simon & Kaplan 的观点:"认知科学是关于智能和智能系统的研究,特别是指智力行为的计算。虽然没有提出真正令人满意的关于智能的定义,但当智能被我们人类表现出来的时候,我们通常乐于去判断。"(1989:1)还有 Wortman & Loftus 的定义:"对认知心理学家来说……发生在一个人心里的思想过程和我们能看见的明显的行为一样重要。"(1985:129)

　　主流的认知科学模式基本上是从众多的常识模式中派生的。它使我们在一致式语法中识解的经验产生隐喻性距离,以致我们经历的意识过程能被重新识解为我们不可及的"潜意识"领域——动作言辞和存在言辞,而不是感知言辞在其中发挥作用的抽象空间。这似乎至少从通俗模式中迈出了一步。通俗模式也许可以合理地看作 Lakoff

(1988)意义上的经验主义的认知模式——一个与感知者体现出来的日常经验直接联系的模式。这样心理过程的隐喻隐藏了过程中的感知者——有意识的存在物,即正在思考、知道、相信、记忆等的人。将感知者隐藏起来并不是偶然的,其实,认知科学家通过隐喻重新识解心理过程方式的一个主要特点是语法隐喻使得将描述与日常经验拉开距离成为可能。Restak 表述如下:

　　　　心智是怎样构建这个表征系统的呢? 脑子里发生了什么使得词语的卵石激发众多的联想? 当然简单的内省不能提供问题的答案。尽管当联想出现时你主观上能意识到,但你不知道它是怎样跳入你脑海的。很多心智活动依然是不可及的。有时我们"知道"某个词语,可在"舌尖上"就是说不出来。
　　　　甚至我们相信的思维的产生和方式可能是错的。几年前进行的一项实验显示了我们对心智活动操控的可及程度……
　　　　心智活动和我们对这些活动的可及性的差别是试图发现我们的思维方式的一个方面。(1988:243—244)

　　这在语法中识解了一致式 we think、we believe、we know 和隐喻式 the mind's operations 之间的对比。这种对比体现了我们的日常经验,如看、感觉、思维、记忆等,和认知科学的科学模式之间的冲突。实际上 Dennett(1988)的概括就是"目前捍卫和设想的认知理论是亚个人水平的理论"。以此为取向的话,似乎人作为一元化感知者是由作为我们关于意识过程的通俗理论一部分的语法建构的幻象。

　　D'Andrade (1987)讨论了通俗模式的两方面的科学发展——理论心理学和心理分析,他提出"虽然理论心理学和心理分析模式修改了通俗模式,但明显地这些是对已存在的心智概念的修改。"这两个模式从两个方向偏离了通俗模式:①他们重新将感知言辞解释为行为言辞和存在言辞,也就是说,它们以物质的方式解释心理现象。当然随着认知心理学的发展,这种情形发生了变化,已经允许谈论心理过程。②他们强调动机是一个重要的无意识心理因素,所以在对人类心智的工作机制的描述中,介绍了无意识。在语法的过程类型系统中,不存在区别于能投射思想的感知言辞的有意识类型的无意识类型。D'Andrade 将这些区别概括如下:

　　　　所以即使理论心理学模式和心理分析模式有通俗模式的渊源,但它们都与通俗模式有很大的区别。就是说,通俗模式认为有意识的心理状态具有主要的因果力量。在通俗模式中,一个人做他所做的主要是因为他有意识的感觉和思考。理论心理学模式的因果中心在于机体的各种各样的物理状态——

机体组织需要、外部刺激、神经激活。对于心理分析模式来说，因果中心在于无意识的心理状态。假设心智运作的因果中心的处所存在以上差别，这三种模式可能会继续分化。

14.5 感知之外——通俗和科学

在某种程度上，D'Andrade 在无意识通俗模式中识别的脱离感知的两个方向——物质的重新阐释和"无意识"是相反的：前者在更易于用科学方法观察的方面重新识解感知（即方法，而不是内省），而后者引进一个比有意识感知更难以观察的因素——无意识的动机。他们的共同特点是，都将心智解释为远离我们日常感知经验的东西。

同时，心智的"科学"模式没能像英语语法一样扩展意识。其实英语语义和语法系统中体现了两种互补的视角，它们共同指向认知科学中建构的"信息"和作为它研究对象的"心智"的另一种解释。

概念方面：感知者和说话者。语言的概念资源是一个经验理论，所以它们比较直接地反映于像认知科学之类的有意识设计的理论。如果我们停留于概念元功能，心理过程就会得到识解，但是我们也发现其他具有互补作用的过程——说的过程（言语过程）、象征过程（一种关系过程类型）。

人际方面：互动者。如果我们从概念元功能转向人际元功能，即我们通过与其他人交往的资源就会发现我们是在用行动实施有意识的自我——不是通过识解而是通过行动实施它。由于这种意义是非指称的，科学理论中不会加以描述。

这两种视角——心理（言语和象征）过程之外的过程识解的视角和把意义不仅作为识解而且作为实施的视角，都不在认知科学对心智的模式化中。我们的观点是，当我们试图理解人类这个复杂而重要的领域时，可以将其有效地带入这种描述中来。这样既可以丰富认知模式又可以摆脱信息的困扰，因为它将知识看作独立于意义的"事物"，将心智看作个体有机体的高级特性。

关于这两种视角的更多资源的共同特征是两者都依赖于投射。①投射的潜势由感知和言语共享，并且（如我们在第3章所见）当把它们放在一起考虑时，它们揭示了体现在通俗模式中的一个强有力的原则——通过投射，我们将"意义"经验识解为一个有层次的现象，"意义"由感知言辞投射，"措辞"由言语言辞投射。②投射也将意识的概念方面和人际方面连在一起。在概念方面，投射是一种识解方式——在感知和言语言辞中，感知者和说话者识解意义和措辞。在人际方面，投射是一种行动表达方式——在话步中,话语参与者用行动表达命题和提议。语气和情态人际隐喻使两者的关系显露出来,话语参与者既在人际方面用行动表达命题和提议,又以这样一种方式识解这个行动表达,即这个概念识解是对人际行动表达的某些方面的一个隐喻。

图 14-11 对比了科学和通俗模式的两种扩展。

这两种路径通向体现在通俗模式中的感知言辞之外及通向感知的概念域之外,对个体心智概念具有重要意义,所以对认知领域具有重要意义。含蓄地说,认知科学不应只是"认知",应该也是符号的,因为是意义的概念使我们看到了感知和言语的联系,以及意识的理论与意识的行为之间的联系。通俗模式——从无数代人的共同经验中无意识地和集体地发展而来——通过多重视角,识解和实施了作为一个人的复杂性。语言作为一种资源使得"认知操作"成为可能并且确保认知活动不是主体的而是主体间的。通俗模式就是通过语言资源折射"心智"而使其得到扩展。

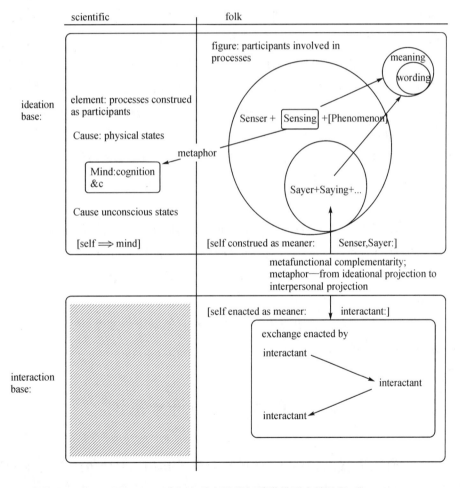

图 14-11 感知言辞在通俗和科学模型中的扩展

15 语言和意义的产生

关于语言和意义的讨论(在这里再次强调我们只描述了意义的概念成分——概念库——不是人际和语篇视角),我们试图以语言为中心做综合描述。语言不是二级层面的符号,它不能展示更高层面的存在领域创造的意义。借用 Firth 的一个讽刺,没有"赤裸的思想"潜伏在背景中等人去为它们穿衣。在意义对于作为人类的我们的意义上(这是我们知道的关于意义的唯一意义),是语言创造意义。语言能创造意义,因为它在三个不同而又互补的方面与物质存在(我们自己和我们的环境)有关。第一,语言是物质世界的一部分。语言过程在生理(包括神经)和物理空间、时间中发生。第二,语言是关于物质世界的理论。语言用"丰富的"理论模式模式化时空环境和它本身(参见Matthiessen,1991a;Matthiessen & Nesbitt,1996),即既识解它(概念库)又实施它(互动库,interaction base)。第三,语言是物质世界的隐喻。语言本身构成一个有层次的元功能的系统,重新演绎自然(物理—生物)的、社会的和符号的系统—过程(元功能)中的环境构成,也重新演绎所有系统—过程所特有的内在矛盾及用以描述次级系统—过程(层次性)的分型模型。

换句话说,语言作为我们自己进化的一部分得到进化。它不是任意的,相反是以物理的、生物的、社会的和符号的形式对我们自己的存在符号进行折射。它不是自足的,它本身是一个更复杂的符号结构的一部分——这个结构,正如第一部分试图表明的,能够层次模式化,以致语言作为整体通过体现与更高层次的语境联系起来(情景语境和文化语境)。我们认为,这种语言语境化,是将语言和其他系统—过程,包括其他符号系统和别的系统联系起来的关键因素。

15.1 语言和其他符号系统

上一章我们从通过意义识解经验的观点,回顾了影响认知科学的心智的科学模式。我们指出,"心智"是概念库的一个结构,它归功于体现在日常语法世界中的常识性图景,但仍然存在问题,因为它只是从一个方面进行描述。科学模式从心理过程的语法

(看、感觉、思维)开始,但它忽视了言语过程——虽然两者都是有意识的过程,但在语法上关系密切,都具有通过投射创造意义的特征。它从概念功能开始,但忽略了人际功能——尽管我们对意识的通俗感觉来自两方面。我们感觉自己是有意识的存在,因为我们不仅思考和感知,而且说话。所以这不仅归功于作为交际行为的意义的本质,同样也归功于作为个体反应的意义的本质。

另一些人也对已经确立的"心智"学术观提出批评,最近有些书的标题提出了各种选项:体验性心智、社会心智、话语心智。这说明心智的概念应该和其他现象——生物的、社会的和符号的现象紧密联系起来。下面会谈到这些。做到这些后,心智本身往往会消失,所以作为一个独特的结构已经没有必要。经验不是以知识的形式由心智识解的,我们可以说经验是由语法识解的,"知道"某个事物就是将某部分经验转换成意义。采用这个视角就是通过符号的、社会的和生物的系统来建立"认知过程"理论,所以将它们看成进化过程的一个自然的伴随物。

15.1.1 相对于其他符号系统的语言意义表征

我们在这本书中,将自己置于元符号空间领域,即我们采用一个特殊视角看待我们要解释的对象。我们主要关注的是"意义",我们对意义的解释是内在的,所以意义是语言内的,不是某种独立的、更高领域的人类经验(关于语言外的意义生产系统,参见15.1.2节)。语言中主要的意义生产资源——内容层面(我们聚焦的概念库就是一部分)——分为两个系统:词汇语法系统和语义系统①。语义系统是外层,是经验转换为意义的界面。内层是语法,它策划这种转化产生的方式。这种解构将内容层面分为两个系统(第1章提到过)是婴儿期后人类符号的一个独有的特征,相当于 Edelman(1992)所说的作为智人的显著特征的"高阶意识"。

既然我们对怎样识解经验感兴趣,我们就一直将注意力集中于语义学,"言辞""成分""过程""事物"之类的概念都是语义理论的范畴。但是在模式化语义系统时,我们面临一个选择,即我们应该将它推出高于语法多远的距离。既然必须做出与语法有关的决定,就是要了解理论结构抽象到什么程度。我们选择将自己置于低抽象水平上,使语义和语法保持在呼应的距离范围之内。原因有很多:第一,我们要表明在识解经验时语法在发挥作用,既然我们提出"概念库"而不是"知识库"作为认知理论的替代选择,我们

---

① 语义学作为一个研究领域处于语言学之内。我们必须清楚并不是在传统的词语意义研究的意义上,而是在语义理论,即整体的自然语言的意义产生系统的意义时,它才处于语言学之内。语义学与整体的词汇语法相关。如果要凸显词汇意义,那么我们可以谈论"词汇语义学";如果要凸显封闭的语法系统的意义,那么可以谈论"语法语义学"。但是正如词汇语法是个连续统,二者之间的意义更是如此。所以,除非在个别实例中,否则没必要做出这种区分。

就要安排一些明晰的范畴使得它们能在词汇语法中得到识解。第二,我们将语法描述为"自然的"而不是"任意的",这是人类语言从初级符号(如人类幼儿时期的符号)进化的一个基本方面(参见15.2节)。第三,我们要解释通过语法隐喻产生的意义潜势的巨大发展,有赖语法和语义范畴之间的初始一致性。

但是在发展一个不太抽象的模式之前,不可能产生一个抽象模式。我们必须继续联系语法。研究系统语义学的其他学者注意保持这种连通性,阐明语义范畴是怎样通过语法得到识解的。例如 Hasan(1996)的语义网络,Martin(1992)的话语语义学和 Fawcett(1994)的语篇生成模式"GENESYS"(Fawcett 将他的模式描述为"认知",但以语法为基础)。功能语言学总的来说正在往更抽象的语义表征方向发展,但还没看到综合性描述。

15.1.2 社会符号系统和生物符号系统

现在我们需要将意义的固有概念导向语言之外的符号系统。其他符号系统是一个非常复杂的概念,有很多方式索引这些系统,但我们可以根据它们与语言(的语义系统)的关系确定它们。这种关系也许是各种各样的。首先让我们区分广义的"社会符号"和"生物符号"范畴。

(1)社会符号系统

第一,通过语言体现的社会符号系统,这个范畴相当于 Hjelmslev(1943)的"内涵符号",即一个以语言作为表达层面的高级系统。这类包括理论,即每一个理论构造,科学的、哲学的、美学的等都是通过语言体现的更高层面的符号;也包括制定的社会制度,如法律、金融制度章程和操作规程。Martin(1985,1992)按照这个将体裁和意识形态解释为通过语言体现的社会活动结构和意识形态的形式。(对 Martin 观点的批判,见Hasan,1995)

从语义的观点看,这些系统为语言构造了语境,所以它们可以模式化为普通语言学理论的一部分,解释为语言本身的较高层次。也就是说,我们可以扩展这个系列:语音系统体现词汇语法系统,由语音系统体现的词汇语法系统体现语义系统,由词汇语法系统(由语音系统体现)体现语义系统——这就是我们所说的"语言"——体现语境系统(即考虑为符号潜势的"文化")。

既然这些高级层面的系统(理论、制度、体裁)是通过语言体现的,它们就被体现为语义和语法的次系统。这些次系统就是我们所指的语域,参见第8章烹饪和天气预报的例子。

第二,寄生于语言的符号系统(使用它们的都是有语言能力的存在物这一意义上),这类包括视觉艺术、音乐和舞蹈、装扮、烹饪、安排居住空间和其他形式的意义产生行为；也包括示意图、地图、统计表、图形等等。很多社会符号系统包括社会符号系统和寄生于语言的符号系统，如宗教仪式和多数形式的戏剧表演。

这些系统以两种形式和语言发生联系。一方面通过语言的转喻——它们是更高层次系统得以体现的互补的非语言的资源（如意识形态形式通过艺术作品体现，理论结构通过示意图体现）。另一方面它们通过隐喻和语言发生联系。它们在层次和元功能上都是根据语言本身的意象构建的，所以可以作为原型模式化到语言上，被描述为"似乎"它们具有自己的语法和语义（Kress& van Leeuwen，1990，1996；van Leeuwen，1988，1991；Steiner，1984，1988b；Winograd，1968；Otoole，1994，1995；Mathhissen，Kobayashi & Zeng，1995；Lemke，出版中）。（特别参见 Otoole 对绘画、建筑和雕刻在层次和元功能方面的联系的分析）

（2）生物符号系统

第一，语言与生物环境连接的生物符号系统。

一是与内容层面接面的系统。这指的是人类的知觉、触觉、视觉等系统和过程。它们本身就是符号的，因为有机体所"看见"的就是由脑子识解为意义的东西，这又变为对语义系统的"输入"，然后转化为语言类的更高层面的意义。

二是与表达层面接面的系统。这是语言生产和接受的生理系统和过程：声音的发动系统（气流机制、喉咙的限制和振动、舌和嘴唇的运动、口腔的造型）和耳朵各部位的声音接受系统。当语言是书面语时，类似的视觉表达、生产和接受的系统都会发生作用。

第二，作为生物符号系统的大脑。构成各种连接系统的神经活动本身在广义上就是符号的，诸如用于描述人脑活动的"交际""信息交换"之类的术语，是"符号系统和过程"这个概念的抽象程度较小的变体。

同时，在大脑里语言将生物—物理世界的过程物质化，在这个意义上我们可以认为神经网络"体现"语言系统。在这个视角上，语言和脑的关系本身就是符号关系，类似于语言内部内容层面和表现形式之间的关系。通过类推，没有神经网络（大脑的某些部位）的某些部分专门用于语言或语言内的某个次系统形成这样的必然或"自然"的关系。这种类推是中肯的，因为事实是语言与感知系统共享神经网络和神经过程中的"体现形式"，使语言发挥动态开放系统的作用，在与环境的交流中不断改变以在时间上持续下去。

15.1.3　现实结构的演化

神经生理学家将脊椎动物大脑的进化解释为这个物种构建现实潜势的进化（Jerison，1973；Edelman，1992）。进化使机体与环境的关系产生不断的变化，两者的关系不断复杂化,以至于环境的有机体的式样变得越来越复杂。这就说明,这是人脑结构进化出的越来越复杂的驱动力。

Edelman(1992)将这种进化视角与意识(他通过大脑神经病学进行描述)的出现联系起来。他从我们所指的符号方面解释意识,区分了有赖于场景和意象的初级意识与有赖于语言中意义识解的高级意识:

> 初级意识是心理上意识到世界上的事物的状态——具有现场心理意象的状态。但是它没有对一个人的过去或将来的感觉。这种意识可以认为为非语言和非语义的动物所有(112)……显而易见,如果这种生物学描述正确的话,初始意识肯定是有效的……初始意识有助于提炼和组织发生在具有多重平行信号环境中的复杂变化……初级意识提供一种将现时输入与它的行为和过去的奖赏联系起来的方式。通过呈现一个相关场景,在将复杂的学习任务排序的时候,提供一个相适应的指挥注意的方式。(第121页)……初级意识是向高级意识进化所必需的。但它只限于我们称为现在的一个时间块的可记忆的时间间隔。(122)

> 相比之下,高级意识涉及思维主体对自己的行为和情感的认知。它体现了个人的模式,不仅是现在的,而且是过去的或将来的模式。它表现了直接意识——非推理的,或不涉及感知器官和接收者的心理事件的直接意识。这是作为人类的我们拥有的除初级意识之外的意识。我们意识到我们有意识(112)……怎样才能突破只能"记住现在"(即初级意识的限制,MAKH & CM)的限制呢?不精确的答案是:通过新的符号存储形式和发挥社会交际及传递作用的新系统的进化。用最发达的形式,意味着通过进化获得语言能力。因为人类是拥有语言的唯一物种,所以也意味着高级意识已经成熟(125)……通过与同类个体的交际获得的符号关系的长期存储,对自我概念至关重要。这种获得伴随与自我、非自我及与事件有关的句子的范畴化(132)……一种基于在语言社团中出现的语言的内在生活成为可能……高级层面的意识在生物个体的图景中添加了由社会建构的自我。部分有意识思想从即时的限制中解脱出来且在社会交际中不断丰富,为预见将来状态和计划行动留下了空间。(133—134)

Edelman的描述表明了第4章讨论的关于人类识解意识过程的潜势的进化价值。与主流认知科学相比,Edelman把语言当作主要资源并且将它和自我的社会结构联系起来。

我们关于"意义库"的概念与这一阐释思路是完全相容的（参见 Halliday，1995a），人脑是在构建"现实"的功能模型中进化的。我们更喜欢通过识解经验将"现实结构"概念化。这在很大程度上不是因为它避免关于现实的终极本质的形而上学问题——我们准备接受一个广义上的唯物主义的立场，而是我们还有三点考虑：一是人脑识解的不是我们所指的环境本身，而是环境对有机体和物质及两者之间符号交换的影响。二是我们要强调进化观点，因为这样允许我们从研究人类与其他物种的共同点开始，而不是总强调我们自己的独特性：当我们谈论"现实结构"时，不可避免地把我们自己的结构作为常模，而长尾小鹦鹉、大蟒、海豚会识解非常不同的经验——相互之间不同的经验以及不同于人类的经验。三是经验的概念是或可以是一个集体概念，经验是同类物种的成员共享的东西——在 Durkheim 的经典表达中被识解为一种"集体意识"。

最后还需阐明一点。Edelman 对高级意识的解释说明这种意识形式（不像初级意识）是在语言中构建的。语言是一个社会符号系统，所以高级意识是通过社会符号构建的；既然社会符号系统是集体的，所以高级意识必然是集体的。集体意识是人类社会群体——特定文化成员的一个属性。但是我们必须区分社会群体意识和整个种类的意识，后者对于经验的集体识解是编码在大脑的结构中的。所有人都有相同的大脑，在这个程度上所有人以相同的方式识解经验。人生活于群体之中，而其所处环境各异，从这个角度来说，不同群体以不同方式识解经验。这一点对于我们的重要性在于语言既是人类作为整体所共有的，又是特定群体所特有的资源。两个成分在语法中识解时，我们无法区分它们。但是将经验构建为意义——作为共享活动和合作建构的资源时，语言角色给了作为人类环境属性的集体意识的概念以实质内容。

我们已经发现，在高级灵长类动物中，在其他方面相同的情况下，生活在社会群体中的种类比以个体生活的种类具有更复杂的大脑结构（Dunbar，1992）。这也是我们对语言解释的某种回应。在对概念库的描述中，我们强调经验识解的互动、对话本质。但我们也强调概念库只是整个语义资源的一个成分：在用语言识解经验的同时，我们也用它来实施人际关系。因为我们是社会动物，有一个附加维度的意义需要语言来处理（参见第 9 章 9.1.2.1 节关于概念库和互动库的讨论）。我们不能观察到这些资源是怎样在整个人类历史中进化的，但我们能观察到它们在人的个体中是怎样发展的。在最后部分我们从个体发生学角度简单介绍我们的主题。

15.1.4 "个体"的生物、社会和社会符号环境

人类个体同时是生物的个体、社会的个体、社会符号的个体。

作为一个生物个体，他/她是一个有机体，作为人类的一个成员存在于生物群体中。作为一个社会个体，他/她是一个人，作为社会的一个成员存在于社会群体中。"人"是

一个复杂结构，它可以定义为社会角色的一个星座或进入社会网络的一个角色（见 Argyle et al，1981，从社会学角度的讨论；Firth，1950，将角色与语言联系起来；Butt，1991，借助于社会网络的社会学模式，从系统功能角度进一步发展了这个理论）。

作为社会符号个体，他/她是一个意义表达者，作为一个言语社团成员存在于一个表达意义的群体。"意义表达者"也是一个复杂结构。关于个人主体的社会符号结构，见 Thibault（1993）的研究；关于借助意义潜势概念将个人主体模式化，参见 Sefton（1995）的研究。

个体性的这些层面相互映射：一个意义表达者是一个人，一个人是一个生物有机体。这些映射是很复杂的，并且在每个层面上每个人都生活在不同的环境中——处于不同的关系网络中。Lemke 关于个人主体概念的洞见如下：

> 生物有机体和社会人是极其不同的社会结构。社会实践的不同体系，包括构建这两个概念，使之产生意义并得到使用的话语实践，根本是不可通约的。作为可识别的个体的分析单位，人类有机体的生物概念依赖于我们在这个单位的交叉互动中构建身份、有界性、完整性和连续性的特定的科学实践……社会传记的人物，只要我们构建他的身份、有界性、完整性和连续性，就是一个个体，但是我们用于这些构建中的社会实践和话语是很不相同的。我们通过社会互动、社会角色、具有社会和文化意义的行为模式等方面来定义一个社会人……我们只能通过一个复杂的合并过程获得一个关于个体的人的通俗概念：将社会传记人物映射到物理生物的有机体上面去。这其中伴随着话语的文化模式和与之联系的行动实践。因为人类个体的经典概念是这样构建的，如果我们不再对一个所有推论体系所指称或对之发生作用的单个实体做传统的形而上的推测的话，就再没有理由认为通过这些实践体系构建的个体和通过其他方式构建的个体是一样的。（1995:81）

Lemke 接着探讨"个体"的物质、社会和符号建构，并且提出我们应该从哪里和一般认可的个体概念分离（参见第 14 章关于个体的心理方面）。在讨论的最后他写道：

> 我们需要现代的皮亚杰来撰写《儿童自我意识的建构》，他应该告诉我们儿童（日后的成人）卷入以符号和物质为媒介的，与社团其他成员及物质环境的互动影响中后，怎样渐进地重述导致我们构建自我意识的发展轨迹：一个通过眼睛往外看的自我，一个通过"意志"和"目的"启动运动行为的自我，一个能"感觉"到对它所处的身体产生影响，但又不属于身体的物质部分的感知的自

我。它将会告诉我们是怎样被教会将自己看作自我的故事。

这就是儿童借以学会怎样表达意义的过程的一部分。

15.2　识解经验——个体发生学视角

15.2.1　原始语言和语言

一个婴儿自出生后就是一个社会存在(Trevarthen，1987)。新生儿能与母亲交流，和她们说话，也能识别母亲在和他说话。婴儿的整个身体都积极地参与这种交流。这就是"前语言"(前意义、前语篇)，但它不是语言——目前没有区别符号和非符号行为。当幼儿意识到自己和他们周围的环境时，就会感觉到形成在他们经验的两个层面——他们觉察到的"外部"发生的经验和"内部"发生的经验之间的张力，其实是在它们的边界内部。我们可以观察到三四个月的婴儿努力调和这些复杂感情：他们能看到一个彩色物体，伸出手试图抓住它往自己身边拉。这个经验的内部和外部形式必须达到一致，为了达到这一点，幼儿开始以一种新的明显具有符号性质的方式行动。一个典型的"表意行为"的例子就是当一些需要理解的骚乱发生时五个月左右的婴儿可能高声尖叫。成人将这些原符号解释为："是，那是小车起动了，太吵了！"这样意义在作为幼儿持续经验的两个截面——物质和意识之间产生影响。

幼儿逐渐建立一个这样的原符号清单，到了第一年的末尾这些符号开始形成系统，即元语义域或微观功能方面的对比性术语集，有代表性的有工具领域(如"我要/我不要")、规章性领域(如"那样做！")、互动性领域("我在这里/你在哪里？")和私人领域("我喜欢它/我对此感到好奇")。这些都预示了成人语言的语义动机——经验元功能和人际元功能，虽然它们之间没有直接对应关系；所以，互动性符号是婴幼儿用行动表达自己和照顾他的人或其他亲近的人之间关系的符号，那些表达好奇、快乐/不快乐的"个人"符号，构成了探讨经验符号的开端，开辟了对现象进行命名和分类的道路(Halliday，1975，1984a)，这里我们看到了后来语法中出现的过程类型的早期语境(Halliday，1991)。原始语言的直接意义在于通过这些特殊语境中的符号性行为，婴幼儿识解了"自我"与"他者"之间的基本区别，并进一步将"他者"分为人和物(参见

Halliday,1978b)。关于自我的意识出现于由这些系统规定的各种符号角色的交叉处①——当然也来自对自己是普遍对话性过程的参与者的一种觉悟(Halliday,1991)。

原始语言是与爬行阶段相联系的,即婴幼儿能够移动,但是还不能走路或跑步的阶段,一般是八个月到十四个月,这个时间也有很多"变异"。原始语言的成分是"符号"(即内容/表达对子),它们在形式上与高级哺乳动物的符号资源相同(灵长类动物和鲸),但有一点很重要:其他物种的符号被编码成在成年中使用的交际形式,而婴幼儿的符号是向一个不同的系统过渡的,所以没有形成固定模式,而是不断在两个符号层面变化②。

幼儿放弃起作用的原始语言转向成熟形式的"语言"的原因和方式是什么? 首先讨论原因:原始语言从两个维度限制了意义,你可以用它说话,但是不能建立对话。也就是说允许意义交换,但它排除任何形式的人际动力。在人际动力中意义是在前面的基础上扩展的。你可以用它指向某物,但不能用来指称某物,所以说它允许集中于一个对象,但是它排除任何形式的概念系统,在概念系统中现象被识解为配置和分类。要使这成为可能,我们需要另外一种不同的符号,一个允许介于符号的两面之间的纯抽象层面的表征符号。换句话说,就是符号必须解构,以致内容与表达形式不直接接面,其关系以一种系统组织的形式为媒介(词汇语法)。换言之,符号必须层次化。

幼儿从原始语言向语言的转变是从出生的第二年开始。对幼儿个体的集中观察已经在其他地方做了描述(参见 Painter,1984,1989; Oldenburg,1987),我们可以认为整体上它们概括了语言的系统进化,虽然我们只能推测进化的方式(明确地说在人类符号学历史中,我们今天所知道的所有语言都远远脱离了那个阶段,这点很重要)。在这个阶段他们学会识解成分和言辞,且以这种方式使经验结构和人际关系的实施语义化。通过语法他们学会生成词组和小句,同时在及物性和情态中进行系统的选择。

本书关注的是概念库,所以我们一直没有考虑意义的人际方面,我们也没有将重点放在话语的对话模式上。最后考察个体发生的时候,我们明确强调这样一个事实:意义是一个互动过程,学习表达意义的幼儿通过对话识解他们的符号资源。这根本不是一个可选的附加物,从而使学习变简单的一个东西,这是指号过程本身内在的特性。符号

---

① 有一种观念,这些角色预示了小句及物性结构的功能:原始受益者(工具域)、原始施事(规范域)、原始载体(互动域)、原始感知者(个人域)。

② 显然,猩猩和大猩猩、鲸鱼和海豚会通过规定意义的符号交流,这些似乎被组织为符号系统。可能这些已经进化为类似人类的、具有层次的语言形式,但是,据我们所知,这些还没有得到证实。一个有趣的例子是宠物猫和宠物狗。它们用符号和人类交流,但似乎不能或很少相互交流。这类宠物和小孩之间的亲密关系不仅仅是物质层面的关系(它们大小相似),也是共享的符号层面的关系——它们共享一种语言形式。

系统是社会系统,意义在共享的社会意识中产生。当幼儿依赖被当作交际动物,"表意群体"的内部人员追踪他们——无意识地与他们一起创造语言的时候,这一点在原始语言中已经显而易见(见 Halliday,1979b)。我们也发现这点在话语形式,在幼儿参与构建共享经验的叙述的方式中得到证明(Halliday,1975:112;Painter,1989:55)。当我们把"识解经验"作为概念库的元功能领域进行讨论时,我们指的是群体、文化和种类的共享经验,是通过对话获取这种共享经验并且能够识解自己关于共享经验的经验。话语的对话本质也是作为隐喻、作为人类存在的社会条件的符号表征来满足幼儿。

15.2.2 普遍化、抽象化和隐喻

经验符号识解的前提是普遍化:指称的一般原则由"专门"向"一般"迈进。如前所述,原始语言是非指称性的。幼儿通过采取一系列步骤逐渐解构原始语言符号进入指称,如"我要妈咪……""我要妈咪!""妈咪在哪里?""妈咪!"(见 Halliday,1992)现在符号已经变为一个词,发挥专有名词的作用。其他符号以类似方式同时被解构,如"我要我的(玩具)鸟""我的鸟在哪里?""我的鸟",更进一步,这些成为普通名词"鸟"。幼儿已经学会命名一类事物,这就开辟了两条道路:①构建类别的层次——"鸽子"是"鸟"的一种,等等。②命名其他种类的成分、过程和属性,它们只能识解为普通名词。既然这些成分具有不同而又互补的功能,就有可能将它们作为复杂成分或言辞合并到一个有机结构中,如"蓝鸟""鸟飞""小鸟飞走了"。这些资源适合通过词汇语法识解经验。

普遍化的原则也就是命名一般类别而不是特殊个体,使得构建概念库成为可能。当达到这个阶段,幼儿能够从原始语言向母语转化,构造言辞和言辞列,同时把它们构建为对话交换的话步(提问、陈述等——互动库)以及信息和信息量(语篇库)。换言之,他们学了怎样根据成人指号过程的元功能原则"表达意义"。但是如果要产生那种我们在本书中一直认为的话语(用天气预报和烹饪说明),那么在概念库能呈现应有的形式之前,有两个方面需要进一步的发展:第一个是抽象化,第二个是(语法)隐喻。幼儿要一段时间以后才会有进一步的发展。

普通名词不一定抽象,如鸟并不比鸽子抽象。但是一些词具有纯抽象的所指,如cost、clue、habit、tend 和strange;它们是识解我们经验的某些方面,但没有与之一致的事物或过程。幼儿起初忽略了它们,到了四岁或五岁,他们开始处理抽象意义。这是我们认为幼儿能够上学的时间,因为他们要学会读写必须处理抽象意义(见像 spell、stand for、beginning of a sentence 之类的词汇)。不只是书写媒介,整个教育界要求这样的意义抽象性,考虑一下小学课本中的例子,如"Some animals rely on their great speed to escape from danger."或者"The time taken by the earth to rotate once on its own axis is a day."。

这里所发生的是,经验正在被重建,以建立一种系统组织和明确的知识形式。幼儿已经知道动物因为害怕会逃跑,也知道太阳一天围绕地球运转一周,但他们必须在一个更新的更抽象的符号框架内重新学习这些事物。当 Nigel 在 4 岁 11 个月时有如下对话:

> Nigel:Why does as plasticine gets longer it gets thinner?(sic.)
>
> Father:that's a very good question. Why does it?
>
> Nigel:Because more of it is getting used up.
>
> Father:(doubtful)well...
>
> Nigel:Because more of it is getting used up to make it longer,that's why; and so it goes thinner.

这里 Nigel 表现了对会话原则的理解。几年后他在学校学到如下段落:

> Put a label on each (container) to show two things:
>
> (a) the quality it holds
>
> (b) what fraction of a litre in it. (sic.)
>
> Put all that measure 1 litre together. Some will be tall, some short, some rectangular, some cylindrical for milk or drinks, some wine bottles or carafes. But they all contain a LITRE. A litre is a litre, whether long round or square... so all kinds of shapes can be made to have the same capacity. (K. Perret & G. Fidds,1968:71)

注意语法识解相同经验领域的不同方法,首先是幼儿说出的常识的形式,然后是被重新构建的知识的形式。

但是当经验重新被识解时,还有进一步转换发生,这次是技术知识。这种重新识解也在从小学到初中的转化中被制度化:当幼儿从小学进入初中,作为青少年,他们学会根据课程——数学、科学(化学、物理学和生物学)、地理、历史等,来组织他们的经验。在符号方面,关键因素就是隐喻符号,要使幼儿首先学会母语的符号纽带,一方面连接言辞和成分,另一方面连接小句和它们的及物性功能,从而被系统地(并且或多或少仪式化)解开。经验范畴被解构,在剩下的学校教育里,在语法隐喻的客观化框架下,重新被范畴化。我们已经在第二部分(第 6 章)描述了这些作用,这里不再重复解释(参见 Derewianka,1995,对一个幼儿的纵向研究)。到了幼儿受教育的第 11、12 年,他们的经验以以下方式被识解：

> Every similarity transformation，if not a translation，reflection，
> rotation，or enlargement，is the product of two or more such
> transformations. ①

> What would be the order of magnitude of the moment of inertia of the
> Earth about its axis of rotation?②

这些成分都是经过隐喻化识解变成参与者的过程和属性——rotation、magnitude、enlargement 等，加上由动词 be 识解为过程的识别关系。当青少年的概念库开始适应这种技术化的意义潜势时，我们认为它们达到了符号方面的成熟境界。

"普遍化—抽象化—隐喻"的发展为语法提供了符号能量，使它能为科学形式的经验的识解提供动力。用这种速写式的方式表达使得这种变化显得过于激烈，或缺乏连续性，这是误解。相反，以上是稳定的发展顺序，在过渡中以三个发展更快的阶段为标志：从原始语言到语言（普遍化，与人的活动相联系），从常识性语言（口语）到书面语言（抽象化，进入小学），从非专业书面语言到技术语言（隐喻，进入初中）。这些在各种形式的经验之间具有明显的语法和语义连续性，可通过分析特殊实例的语法显示出来（如上面的例子）。同时个体发生视角表明，当我们从婴儿到成人，我们的经验一直在不断被识解和重新范畴化。这是发生在人类历史中的过程的结果——进化事件既是物质的又是符号的，既不能归结为由技术驱动的纯物质过程，也不能归结为由意识形态驱动的纯话语过程。如果问是否我们的技术化自然语言的概念库必然是按照自己的方式进化而来的，那么这个问题是毫无意义的；但是，如果问考虑到人类物质资源和符号资源的巨大需求，概念库将来进化的可选方式是什么，那么这个问题是中肯的。

---

① A. McMullen & J. L. Williams：*On Course Mathematics*. Melbourne：Macmillan，1965，p. 153.

② E. D. Gardiner & B. L. Mckittrick：*Problems in Physics*. Sydney：McGraw-Hill，1969，p. 58.

参考文献

ALLEN J，1987. Natural language understanding［M］. Menlo Park，CA：The Benjamins/Cummings Publishing Company.

AMSLER R，1981. A taxonomy for English nouns and verbs［C］//AMSLER R. Proceedings of the 19th Annual Meeting of the Association for Computational Linguistics. California：ACL.

ANDERSON J，1983. The architecture of cognition［M］. Cambridge，Mass.：Harvard University Press.

ARGYLE M，FURNHAM A，GRAHAM G A，1981. Social situations［M］. Cambridge：Cambridge University Press.

BACH E，1968. Nouns and noun phrases［M］//BACH E，HARMS R. Universals in linguistic theory. New York：Holt，Rinehart and Winston.

BACH E，1989. Informal lectures on formal semantics［M］. Albany，NY：State University of New York Press.

BACH E，HARMS R，1968. Universals in linguistic theory［M］. New York：Holt，Rinehart and Winston.

BALLIM A，WILKS Y，1991. Artificial believers：the ascription of belief［M］. Hillsdale，NJ：Lawrence Erlbaum.

BARR A，FEIGENBAUM E，1981. The handbook of artificial intelligence［M］. Menlo Park，CA：Addison-Wesley.

BARWISE J，1988. On the circumstantial relation between meaning and content［A］. Eco et al. Meaning and Mental Representations［C］. Bloomington & Indianapolis：Indiana University Press.

BARWISE J，PERRY J，1983. Situations and attitudes［M］. Cambridge，Mass.：The MIT Press.

BATEMAN I A，1985. Utterances in context：towards a systemic theory of the intersubjective achievement of discourse[D]. Edinburgh: University of Edinburgh.

BATEMAN J A, 1989. Dynamic systemic-functional grammar: a new frontier[J]. Word, 40(1-2).

BATEMAN J A, 1996. KPML development environment—multilingual linguistic resource development and sentence generation[M]. Darmstadt, Germany: IPSI/GMD.

BATEMAN J A, KASPER R, MOORE J, et al. , 1990. A general organization of knowledge for natural language processing: the Penman Upper Model[R]. Los Angeles: Information Sciences Institute, University of Southern California.

BATEMAN J A, MATTHIESSEN C M I M, 1993. The text base in generation[C]// HAO K, BLUHME H, LI R. Proceedings of the international conference on texts and language research. Xi'an: Xi'an Jiaotong University Press.

BATEMAN J A, MOOMMA S, 1991. The nondirectional representation of Systemic Functional grammars and semantics as Typed Feature Structures [R]. Darmstadt: GMD/Universität Stuttgart.

BATEMAN J A, MATTHIESSEN C M I M, NANRI K, et al. , 1991. The rapid prototyping of natural language generation components: an application of functional typology[C]//Proceedings of the 12th international conference on artificial intelligence. San Mateo, CA: Morgan Kaufman.

BATEMAN J A, MATTHIESSEN C M I M, ZENG L. A general architecture of multilingual resources for natural language processing[M]. MS: Macquarie University & GMO/IPSI.

BECKER J D, 1975. The phrasal lexicon[G]//SCHANK R, NASH-WEBBER B. Theoretical issues in natural language processing. [S. l.]: Association for Computational Linguistics.

BENSON J D, GREAVES W S, 1985. Systemic perspectives on discourse: selected papers from the ninth international systemic workshop, Volume 1[C]. Norwood, NJ: Ablex.

BENSON J D, GREAVES W S, 1988. Systemic functional approaches to discourse: selected papers from the twelfth international systemic workshop[C]. Norwood, NJ: Ablex.

BENSON J D, CUMMINGS M J, GREAVES W S, 1988. Linguistics in a systemic perspective[M]. Amsterdam: Benjamins.

BERGER P L, LUCKMANN T, 1966. The social construction of reality[M]. Garden City, NY:Doubleday.

BERLIN B, 1972. Speculations on the growth of ethnobotanical nomenclature[J]. Language in Society(1).

BERLIN B, BREEDLOVE D, RAVEN P, 1973. General principles of classification and nomenclature in folk biology[J]. American anthropologist(75).

BERLIN B,KAY P, 1969. Basic color terms: their universality and evolution[M]. Berkeley,CA: University of California Press.

BERRY M, 1981. Systemic linguistics and discourse analysis: a multi-layered approach to exchange structure[G]//COULTHARD M, MONTGOMERY M. Studies in discourse analysis. London: Routledge & Kegan Paul.

BERRY M, BUTLER CS, FAWCETT RP, et al. , 1996. Meaning and form: systemic functional interpretations[M]//Meaning and choice in language: studies for Michael Halliday. Norwood, NJ: Ablex.

BIAGI M L A, 1995. Diacronia dei linguaggi scientifici[C]//FAVRETTI R R. Proceedings of the international conference "Languages of Science". Bologna: [s. n.].

BICKHART M H, Campbell R L. Some fundamental questions concerning language studies: with a focus on categorial grammars and model-theoretic possible world semantics[J]. Journal of pragmatics(17).

BOHM D, 1979. Wholeness and the implicate order[M]. London: Routledge & Kegan Paul.

BOOLE G, 1854. An investigation of the laws of thought: on which are founded the mathematical theories of logic and probability[M]. London: Macmillan.

BRACHMAN R J, 1978. A structural paradigm for representing knowledge[R]. Cambridge, MA:Bolt Beranek and Newman Inc.

BRACHMAN R J, 1979. On the epistemological status of semantic networks[G]// FINDLER N V. Associative networks: representation and use of knowledge by computers. New York:Academic Press.

BRACHMAN R J, LEVESQUE H J, 1985. Readings in knowledge representation [M]. Los Altos, CA: Morgan Kaufman.

BRACHMAN R J, FIKES R, LEVESQUE HJ, 1983. KRY PTON: a functional approach to knowledge representation[J]. IEEE computer, 16(10).

BRACHMAN R J, SCHMOLZE J, 1985. An overview of the KL-ONE knowledgerepresentation system[J]. Cognitive science, 9(2).

BREW C, 1991. Systemic classification and its efficiency[J]. Computational linguistics,17(4).

BRILL D, 1991. LOOM: reference manual[M]. Los Angel: University of Southern California.

BUNDY A, 1986. Catalogue of artificial intelligence tools[M]. 2nd ed. Berlin & New York: Springer-Verlag.

BURSILL-HALL G L, 1971. Speculative grammars of the Middle Ages: the doctrine of partes orationes of the Modistae[M]. The Hague & Paris: Mouton.

BUTT D J, 1983. Semantic "drift" in verbal art[J]. Australian review of linguistics, 6(1).

BUTT D J, 1987. Randomness, order and the latent patterning of text[G]//BIRCH D I, O'TOOLE M L M. Functions of style. London: Pinter.

BUTT D J, 1991. Some basic tools in a linguistic approach to personality: a Firthian concept of social process[C]//CHRISTIE F. Literacy in social processes: papers from the Inaugural Australian Systemic Functional Linguistics Conference. Darwin: Centre for Studies of Language in Education, Northern Territory University.

CAFFAREL A, 1990. Mediating between grammar and context: a bi-stratal exploration of the semantics of French tense[D]. Sydney: University of Sydney.

CAFFAREL A, 1922. Context projected onto semantics and the consequences for grammatical selection[J]. Language sciences, 14(4).

CANN R, 1993. Formal semantics: an introduction[M]. Cambridge: Cambridge University Press.

CHAFE W L, 1970. Meaning and the structure of language[M]. Chicago: Chicago University Press.

CHAFE W L, 1979. The flow of thought and the flow of language[G]//GIVON T. Syntax and semantics 12: discourse and syntax. New York: Academic Press.

CHAFE W L, 1987. Cognitive constraints on information flow[G]//TOMLIN R. Coherence and grounding in discourse. Amsterdam: Benjamins.

CLARK H H, 1977. Bridging: TINLAP-1[G]//JOHNSON-LAIRD P N, WASON P. Thinking: readings in cognitive science. Cambridge: Cambridge University

Press.

CONKLIN H, 1962. Lexicographical treatment of folk taxonomies[C]// HOUSEHOLDER F, SAPORTA S. Problems in lexicography. Bloomington, Ind. : Indiana University Research Center in Anthropology, Folklore, and Linguistics.

COOK W A, 1978. Case grammar: development of the matrix model (1970—1978) [M]. Washington, DC: Georgetown University Press.

CROSS M, 1991. Choice in text: a systemic approach to computer modelling of variant text production[D]. Sydney: Macquarie University.

CROSS M, 1992. Choice in lexis: computer generation of lexis as most delicate grammar[J]. Language sciences, 14(4).

CROSS M, 1993. Collocation in computer modelling of lexis as most delicate grammar [G]//GBADESSY M. Register analysis: theory and practice. London: Pinter.

CRUSE D A, 1986. Lexical semantics[M]. Cambridge: Cambridge University Press.

D'ANDRADE R, 1987. A folk model of the mind[G]//HOLLAND C, QUINN N. Cultural models in language and thought. Cambridge: Cambridge University Press.

DAHLGREN K, 1988. Naive semantics for natural language understanding[M]. Dordrecht:Kluwer.

DABEY A, 1978. Discourse production: a computer model of some aspects of a speaker[M]. Edinburgh: Edinburgh University Press.

DAVIDSE K, 1991. Categories of experiential grammar[D]. Leuven, Belgium: Catholic University of Leuven.

DAVIDSE K,1992a. Existential constructions: a systemic perspective[J]. Leuvense bijdragen(81).

DAVIDSE K, 1992b. A semiotic approach to relational clauses[J]. Occasional papers in systemic linguistics(6).

DAVIDSE K, 1992c. Transitive/ergative: the Janus-headed grammar of actions and events[G]//DAVIES M, RAVELLI L. Advances in systemic linguistics. London: Pinter.

DAVIDSE K, 1996a. Turning grammar on itself: identifying clauses in linguistic discourse[G]//BERRY M, BUTLER C S, FAWCETT R P, et al. Meaning and choice in language: studies for Michael Halliday. Norwood, NJ: Ablex.

DAVIDSE K, 1996b. Ditransitivity and possession[G]//HASAN R, CLORAN C, BUTTD G. Functional descriptions: theory in practice. Amsterdam: Benjamins.

DAVIDSON D, 1967. Truth and meaning[J]. Synthese(17).

DAVIDSON D, 1975. Semantics for natural languages[G]//DAVIDSON D, HANNAN G. The logic of grammar. Encino, CA: Dickenson.

DAVIES M, RAVELLI L, 1992. Advances in systemic linguistics[M]. London: Pinter.

DE BEAUGRANDE R, 1980. Text, discourse, and process: toward a multidisciplinary science of texts[M]. Norwood, NJ: Ablex.

DE BEAUGRANDE R, 1994. Function and form in language theory and research: the tide is turning[J]. Functions of Language,1(2).

DE BEAUGRANDE R, in press. New foundations for a science of text and discourse [M]. Norwood. NJ: Ablex.

DENNETT D, 1990. Three kinds of intentional psychology[G]//GARFIELD J L. Foundations of cognitive science: the essential readings. New York: Paragon House.

DEREWIANKA B, 1995. Language development in the transition from childhood to adolescence: the role of grammatical metaphor[D]. Sydney: Macquarie University.

DIK S, 1978. Functional grammar[M]. Amsterdam: North-Holland.

DIK S, 1986. Linguistically motivated knowledge representation[J]. Working papers on functional grammar(9).

DIK S, 1987. Generating answers from a linguistically coded knowledge base[G]// KEMPEN G. Natural language generation: recent advances in artificial intelligence, psychology, and linguistics. Dordrecht: Kluwer.

DOWNING P, 1980. Factors influencing lexical choice in narratives[G]//CHAFE W. Cognitive, cultural and linguistic aspects of narrative production. Norwood, NJ: Ablex.

DOWTY D,WALL R, PETERS S, 1981. Introduction to Montague semantics[M]. Dordrecht:Reidel.

DOWTY D R, 1979. Word meaning and Montague grammar[M]. Dordrecht: Reidel.

DUNBAR R, 1850. Secret Life of the Brain[N]. New scientist(Supplement Number 4).

ECO U，SANTAMBROGIO M，VIOLI P，1988. Meaning and mental representations [M]. Bloomington，Ind.：Indiana University Press.

EDELMAN G，1992. Bright air，brilliant fire：on the matter of the mind[M]. New York：Basic Books.

EGGINS S，1990. Conversational structure：a systemic-functional analysis of interpersonal and logical meaning in multiparty sustained talk[D]. Sydney：University of Sydney.

EGGINS S，1994. An introduction to systemic functional linguistics[M]. London：Pinter.

EGGINS S，WIGNELL P，MARTIN J R，1993. The discourse of history：distancing the recoverable past[G]//GHADESSY M. Register analysis：theory and practice. London：Pinter.

ELLIS J M，1993. Language，thought and logic[M]. Evanston，Ill.：Northwestern University Press.

EHRICH V，1987. The generation of tense[G]//KEMPEN G. Natural language generation：recent advances in artificial intelligence，psychology，and linguistics. Dordrecht：Kluwer.

FANG Y，MCDONALD E，CHENG M，1995. On theme in Chinese：from clause to discourse[G]//HASAN R，FRIES P H. On subject and theme：a discourse functional perspective. Amsterdam：Benjamins.

FAWCETT R P，1980. Cognitive linguistics and social interaction：towards an integrated model of a systemic functional grammar and the other components of an interacting mind[M]. Exeter：Exeter University Press.

FAWCETT R P，1981. Generating a sentence in systemic-functional grammar[M]// Halliday M A K，Martin J R. Readings in systemic linguistics. London：Batsford.

FAWCETT R P，1984. System networks，codes and knowledge of the universe[M]// FAWCETT R P，HALLIDAY M A K，LAMB S M，et al. The semiotics of culture and language. London：Frances Pinter.

FAWCETT R P，1987. The semantics of clause and verb for relational processes in English[C]//Halliday and Fawcett. New Developments in Systemic Linguistics，volume 1：Theory and Description. London：Pinter.

FAWCETT R P，1988a. The English personal pronouns：an exercise in linguistic theory[G]//BENSON J D, CUMMINGS M J, GREAVES W S. Linguistics in a systemic perspective[M]. Amsterdam: Benjamins.

FAWCETT R P, 1988b. Language generation as choice in social interaction[G]// ZOCK M, SABAH G. Advances in natural language generation. London: Pinter.

FAWCETT R P, 1994. A generationist approach to grammar reversibility in natural language processing[G]//STTZALKOWSKI T. Reversible grammar in natural language processing. Dordrecht: Kluwer.

FAWCETT R P, TUCKER G H, LIN Y Q, 1992. The COMMUNAL Project: how to get from semantics to syntax[C]//Proceedings of the 14th International Conference on Computational Linguistics. [S. l.]:[s. n.].

FAWCETT R P, HALLIDAY M A K, LAMB S M, et al. , 1984. The semiotics of culture and language:volume 2. London: Frances Pinter.

FAWCETT R P, YOUNG D J, 1988. New developments in systemic linguistics, volume 2: theory and application[M]. London: Pinter.

FILLMORE C, 1968. The case for case[G]//BACH E, HARMS R. Universals in linguistic theory. New York: Holt, Rinehart and Winston.

FIRTH J R, 1950. Personality and language in society[J]. Sociological review, 42(2).

FIRTH J R, 1956. Linguistic analysis and translation[M]. The Hague: Mouton.

FIRTH J R, 1975. Papers in linguistics, 1934—1951 [M]. London: Oxford University Press.

FODOR I, 1975. The language of thought [M]. Cambridge, Mass. : Harvard University Press.

FOLEY W A, 1986. The Papuan languages of New Guinea [M]. Cambridge: Cambridge University Press.

FOLEY W A, VAN VALIN R, 1984. Functional syntax and universal grammar[M]. Cambridge: Cambridge University Press.

FOX B, 1987. Discourse structure and anaphora: written and conversational English [M]. Cambridge: Cambridge University Press.

FRAKE C, 1962. The ethnographic study of cognitive systems[G]//GLADWIN T, STURTEVANT W. Anthropology and human behavior. Washington: Anthropological Society of Washington.

FREGE G, 1879. Begrijfsschrift, Eine der Arithmetischen Nachgebildete Formelsprache des

Reinen Denkens［M］. Halle：Nebert.

FREGE G，1892. Über Sinn und Bedeutung［J］. Zeitschrift fur Philosophie und philosophische Kritik(100).

FRIES P H，1981. On the status of theme in English：arguments from discourse［J］. Forum linguisticum,6(1).

FRIES P H，1992. Structure of information in written English text［J］. Language sciences,14(4).

FRIES P H，1995. Themes，methods of development，and texts［G］//HASAN R， FRIES P H. On subject and theme：a discourse functional perspective. Amsterdam：Benjamins.

FRIES P H，in press. Towards a discussion of the flow of information in a written Englishtext［C］//GREGORY M J,CUMMINGS M J，COPELAND J. Relations and functions in andaround language. London：Continuum.

GIVON T，1979. On understanding grammar［M］. New York：Academic Press.

GIVON T，1980. The binding hierarchy and the typology of complements［J］. Studies in language，4(3).

GOLDMAN N，1974. Computer generation of natural language from a deep conceptual base［D］. California：Stanford University.

GOODENOUGH W，1956. Componential analysis and the study of meaning［J］. Language(32).

GROSZ B，1978. Discourse knowledge［G］//WALKER D. Understanding spoken language. Amsterdam：North Holland.

GRUBER J，1965. Studies in lexical relations［D］. Massachusetts：Massachusetts Institute of Technology.

GRUBER J，1976. Lexical structures in syntax and semantics［M］. Amsterdam： North Holland.

HAACK S，1978. Philosophy of logics［M］. Cambridge：Cambridge University Press.

HAIMAN J，1985. Iconicity in syntax［M］. Amsterdam：Benjamins.

HALLIDAY M A K，1956. Grammatical categories in Modem Chinese［G］//System and Function in Language. Selected Papers. Oxford：Oxford University Press.

HALLIDAY M A K，1959. The Language of the Chinese "Secret History of the Mongols"［M］. Oxford：Blackwell.

HALLIDAY M A K，1961. Categories of the theory of grammar［J］. Word,17(3).

HALLIDAY M A K，1963a. The tones of English[J]. Archivum linguisticum,15(1).

HALLIDAY M A K，1963b. Intonation in English grammar[J]. Transactions of the philological society,62(1).

HALLIDAY M A K，1966. Some notes on "deep" grammar [J]. Journal of linguistics,2(1).

HALLIDAY M A K，1967. Intonation and grammar in British English[M]. The Hague:Mouton (Series Practica XLVIII).

HALLIDAY M A K，1967. Notes on transitivity and theme in English[J]. Journal of linguistics, 3(1/2).

HALLIDAY M A K，1968. Notes on transitivity and theme in English[J]. Journal of linguistics, 4(2).

HALLIDAY M A K，1971. Linguistic function and literary style: an enquiry into the language of William Golding's The inheritors [G]//CHATMAN S. Literary style: asymposium. New York: Oxford University Press.

HALLIDAY M A K，1973. Explorations in the functions of language[M]. London: Edward Arnold.

HALLIDAY M A K，1975. Learning how to mean[M]. London: Edward Arnold.

HALLIDAY M A K，1976. System and function in language: selected papers[M]. London: Oxford University Press.

HALLIDAY M A K，1977. Aims and perspectives in linguistics [J]. Applied linguistics association of Australia (Occasional Papers Number 1).

HALLIDAY M A K，1978a. Language as a social semiotic: the social interpretation of language and meaning[M]. London: Edward Arnold.

HALLIDAY M A K，1978b. Meaning and the construction of reality in early childhood[G]//PICK H L JR, SALTZMAN E. Modes of perceiving and processing information. Hillsdale, NJ: Erlbaum.

HALLIDAY M A K，1979a. Modes of meaning and modes of expression[G]// ALLERTON D J, CAMEY E, HOLDCROFT D. Function and context in linguistic analysis: essays offered to William Haas. Cambridge: Cambridge University Press.

HALLIDAY M A K，1979b. One child's protolanguage[G]. BULLOWA M. Before speech:the beginnings of interpersonal communication. Cambridge: Cambridge University Press.

HALLIDAY M A K，1983. On the ineffability of grammatical categories［G］// MANNING A，MARTIN P，MCCALLA K. The 10th LACUS Forum. Columbia：Hornbeam Press.

HALLIDAY M A K，1984b. Language as code and language as behaviour：a systemic-functional interpretation of the nature and ontogenesis of dialogue［G］// FAWCETT R P，HALLIDAY M A K，LAMB S M，et al. The semiotics of culture and language. London：Frances Pinter.

HALLIDAY M A K，1984c. Listening to Nigel［M］. Sydney：University ofSydney.

HALLIDAY M A K，1985. An introduction to functional grammar［M］. London： Edwanl Arnold.

HALLIDAY M A K，1985. Spoken and written language［M］. Geelong，Vic.：Deakin University Press.

HALLIDAY M A K，1987. Language and the order of nature［G］//ATTRIDGE D， DURANT A，FABB N，et al. The linguistics of writing. Manchester： Manchester University Press.

HALLIDAY M A K，1988. On the language of physical science［G］//GHADESSY M. Registers of written English：situational factors and linguistic features. London：Pinter.

HALLIDAY M A K，1990. New ways of meaning：a challenge to applied linguistics ［J］. Journal of applied linguistics(6).

HALLIDAY M A K，1991. The place of dialogue in children's construction of meaning［G］//STATI S，WEIGAND E，HUNDSNURSCHER F. Dialoganalyse iii：Referate der 3 Arbeitstagung. Tubingen：Niemeyer.

HALLIDAY M A K，1992. How do you mean? ［G］//DAVIES M，RAVELLI L. Advances in systemic linguistics. London：Pinter.

HALLIDAY M A K，1993a. Towards a language-based theory of learning［J］. Linguistics and education(5).

HALLIDAY M A K,1993b. Systemic theory［G］//ASHER R E. The encyclopedia of language and linguistics：volume 8. Oxford：Pergamon Press.

HALLIDAY M A K，1995a. On language in relation to the evolution of human consciousness［G］//ALLEN S. Of thoughts and words：proceedings of Nobel Symposium 92 "The Relation Between Language and Mind". London：Imperial College Press.

HALLIDAY M A K, 1995b. Computing meaning: some reflections on past experience and present prospects[J]. Paper presented to PACLING(95).

HALLIDAY M A K, 1996. On grammar and grammatics[G]//HASAN R, OORAN C, BUTTD G. Functional descriptions: theory inpractice. Amsterdam: Benjamins.

HALLIDAY M A K, in press a. Things and relations: regrammaticizing experience as technical knowledge[G]//MARTIN J R, VEEL R. Reading science: research, popular culture, industry and schooling. London: Routledge.

HALLIDAY M A K. in press b. The grammatical construction of scientific knowledge: the framing of the English clause[C]//FAVRETTI R R. Proceedings of the international conference "Languages of Science." Bologna: [s. n.].

HALLIDAY M A K, in press c. Grammar and daily life: construing pain[C]// DENDRINOS B. Proceedings of the fourth international symposium in Critical Discourse Analysis. Athens: [s. n.].

HALLIDAY M A K, FAWCETT R P, 1987. New developments in systemic linguistics: volume 1 theory and description[M]. London: Pinter.

HALLIDAY M A K, HASAN R, 1976. Cohesion in English[M]. London: Longman.

HALLIDAY M A K, HASAN R, 1985. Language, context and text: aspects of language in a social-semiotic perspective[M]. Geelong, Vic. : Deakin University Press.

HALLIDAY M A K, JAMES Z, 1993. A quantitative study of polarity and primary tense in the English finite clause[G]//SINCLAIR J M, FOX G, HOEY M. Techniques of description: spoken and written discourse. London: Routledge.

HALLIDAY M A K, MARTIN J R, 1981. Readings in systemic linguistics[M]. London: Batsford.

HALLIDAY M A K, MARTINJ R, 1993. Writing science: literacy and discursive power[M]. London: Falmer Press.

HARVEY A, 1997. Equivalence and depersonalisation in definitions: an exploration of lexicogrammatical and rhetorical patterns in English technical discourse[D]. Sydney: University of Sydney.

HASAN R, 1978. Text in the systemic-functional model[G]//DRESSLER W. Current trends in text linguistics. Berlin: De Gruyter.

HASAN R, 1984a. What kind of resource is language? [J]. Australian review of applied linguistics,7(1).

HASAN R，1984b. The nursery tale as a genre[J]. Nottingham linguistic circular (13).

HASAN R，1985a. Lending and borrowing：from grammar to lexis[G]//CLARKJ E. Thecultivated Australian. Hamburg：Helmut Buske.

HASAN R，1985b. Meaning，context and text—fifty years after Malinowski[C]// BENSON J D，GREAVES W S. Systemic perspectives on discourse：selected papers from the ninth international systemic workshop，volume 1. Norwood，NJ：Ablex.

HASAN R，1985. Linguistics，language and verbal art[M]. Geelong，Vic. ：Deakin University Press.

HASAN R，1987. The grammarian's dream：lexis as most delicate grammar[G]// HALLIDAY M A K，FAWCETT R P. New developments in systemic linguistics：volume 1 theory and description. London：Pinter.

HASAN R，1989. Semantic variation and sociolinguistics[J]. Australian journal of linguistics(9).

HASAN R，1992. Rationality in everyday talk：from process to system[G]// SVARTVIK J. Directions in corpus linguistics：proceedings of Nobel Symposium 82. Berlin & New York：Mouton de Gruyter.

HASAN R，1995. The conception of context in text[G]//FRIES P H，GREGORY M. Discourse in society：systemic functional perspectives. Norwood，NJ：Ablex.

HASAN R，1996. Ways of saying：ways of meaning[M]. London：Cassell.

HASAN R，ClORAN C，BUTTD G，1996. Functional descriptions：theory inpractice [M]. Amsterdam：Benjamins.

HAVRÁNEK B，1964. The functional differentiation of the standard language[G]// GARVIN P. A Prague School reader on esthetics，literary structure，and style. [S. l.]：Spisovna cestina a jazykova kultura.

HENDRIX G，1978. Semantic knowledge[G]//WALKER M D. Understanding natural language. New York：North Holland.

HENDRIX G，1979. Encoding knowledge in partitioned networks[G]//FINDER N V. Associative networks. New York：Academic Press.

HENRICI A，1966. Some notes on the systemic generation of a paradigm of the English clause[M]. London：University College London.

HENSCHEL R, 1994. Declarative representation and processing of systemic grammars[G]//MARTIN-VIDE C. Current issues in mathematical linguistics. Amsterdam: Elsevier.

HJELMSLEV L, 1943. Omkring sprogteoriens grundlaeggelse[M]. Kobenhavn: Akademisk Forlag.

HOBBS J R, 1984. Building a large knowledge base for a natural language system[J]. COUNG(84).

HOBBS J R, 1987. World knowledge and world meaning[J]. TINLAP(3).

HOLLAND C, QUINN N, 1987. Cultural models in language and thought[M]. Cambridge: Cambridge University Press.

HOPPER P, THOMPSON S, 1980. Transitivity in grammar and discourse[J]. Language(56).

HOPPER P,THOMPSON S, 1985. The iconicity of the universal categories "noun" and "verb"[G]//HAIMAN J. Iconicity in syntax. Amsterdam: Benjamins.

HOPPER P, TRAUGOTT E, 1993. Grammaticalization[M]. Cambridge: Cambridge University Press.

HOVY E, 1988a. Planning coherent multisentential text[C]//HOBBS J. Proceedings of the 26th Annual Meeting of the Association for Computational Linguistics. Baffulo: ACL.

HOVY E, 1988b. Generating natural language under pragmatic constraints[M]. Hillsdale,NJ: Lawrence Erlbaum.

HOVY E, 1991. Approaches to the planning of coherent text[G]//PARIS C L, SWARTOUT W R, MANN W C, 1991. Natural language generation in artificial intelligence and computational linguistics. Boston: Kluwer.

HOVY E, K. MCCOY K, 1989. Focusing your RST: a step towards generating coherentmultisentential text[C]//Proceedings of the 11th Annual Conference of the Cognitive Science Society. Ann Arbor: MI.

HUDDLESTON R D, 1969. Some observations on tense and deixis in English[J]. Language(45).

JACKENDOFF R, 1972. Semantic interpretation in generative grammar[M]. Cambridge, Mass. : The MIT Press.

JACKENDOFF R, 1976. Toward an explanatory semantic representation[J]. Linguistic inquiry(7).

JACKENDOFF R，1983. Semantics and cognition[J]. Cambridge，Mass.：The MIT Press.

JACKENDOFF R，1988. Conceptual semantics[G]//ECO U，SANTAMBROGIO M，VIOLI P. Meaning and mental representations. Bloomington，Ind.：Indiana University Press.

JACKENDOFF R，1991. Parts and boundaries[G]//LEVIN B，PINKER S. Lexical and conceptual semantics. Cambridge，MA：Blackwell.

JACOBS P S，1985. PHRED：a generator for natural language interfaces[J]. American journal of computational linguistics(11).

JACOBS P S，1987. KING：a knowledge-intensive natural language generator[G]//KEMPEN G. Natural language generation：recent advances in artificial intelligence，psychology，and linguistics. Dordrecht：Kluwer.

JACOBSON R，1949. On the identification of phonemic entities[J]. Recherches Structurales，Travaux du Cercle Linguistique de Prague(5).

JERISON H，1973. Evolution of the brain and intelligence[M]. New York：Academic Press.

JESPERSEN O，1924. The philosophy of grammar[M]. London：Allen & Unwin.

JOHNSON-LAIRD P N，1983. Mental models：towards a cognitive science of language，inference and consciousness[M]. Cambridge：Cambridge University Press.

JOHNSTON T，1989. AUSLAN dictionary：a dictionary of the Sign Language of the Australian Deaf Community [M]. Petersham，NSW：Deafness Resources Australia Limited.

JOHNSTON T，1992. The realization of the linguistic metafunctions in a sign language[J]. Language sciences，14(4).

KASPER R，1989. A flexible interface for linking applications to Penman's sentence generator[C]//Proceedings of the DARPA Workshop on Speech and Natural Language. Los Angles：Information Sciences Institute，University of Southern California.

KASPER R，19887. Feature structures：a logical theory with application to language analysis[D]. Ann Arbor，Michigan：University of Michigan.

KASPER R，1988. Systemic grammar and functional unification grammar [G]//BENSON J D，Greaves W S. Systemic functional approaches to discourse：

selected papers from the 12th international systemic workshop. Norwood, NJ: Ablex.

KATZ J J, FODOR J A, 1963. The structure of a semantic theory[J]. Language (39).

KATZ J, POSTAL P, 1964. An integrated theory of linguistic description[M]. Cambridge, Mass. : The MIT Press.

KAY M, 1979. Functional grammar[C]//Proceedings of the 5th annual meeting of the Berkeley Linguistic Society. Berkley, CA: Berkley Linguistics Association.

KAY M, 1985. Parsing with functional unification grammar[G]//SPARCK-JONES K, WEBBER B. Readings in natural language processing. Los Altos, CA: Morgan Kaufman.

KEENAN E, FALTZ A, 1985. Boolean semantics for natural language[M]. Dordrecht: Reidel.

KEMPEN G, 1987. Natural language generation: recent advances in artificial intelligence, psychology, and linguistics[M]. Dordrecht: Kluwe.

KIPARSKY P, KIPARSKY C, 1970. Fact[G]//BIERWISCH M, HEIDOLPH K. Progress in linguistics. The Hague: Mouton.

KITTREDGE R, LEHRBERGER L, 1982 Sublanguage: studies of language in restricted semantic domains[M]. Berlin: De Gruyter.

KITTREDGE R, 1987. The significance of sublanguage for automatic translation [G]//NIRENBURG S. Machine translation: theoretical and methodological issues. Cambridge: Cambridge University Press.

KLOSE G, LANG E, PIRLEIN T H, 1992. Ontologie und Axiomatik der Wissensbasis von LILOG [R]. [S. l.]: Wissensmodellierung im IBM Deutschland LILOG-Projekt.

KNEALE W, KNEALE M, 1962. The development of logic[M]. London: Oxford University Press.

KNOWLSON J, 1975. Universal language schemes in England and France 1600--1800 [M]. Toronto: Toronto University Press.

KOBAYASHI I, 1995. A social system simulation based on human information processing[D]. Tokyo: Tokyo Institute of Technology.

KOBSA A, WAHLSTER W, 1989. User models in dialogue systems[M]. Berlin: Springer.

KRESS G R，VAN LEEUWEN T J，1990．Reading images[M]．Geelong，Vic.：Deakin University Press．

KRESS G R，VAN LEEUWEN T J，1996．Reading images：the grammar of visual design[M]．London & New York：Routledge．

LABOV W，1973．The boundaries of words and their meanings[G]//BAILEY C-J，SBUY R．New ways of analysing variation in English．Washington：Georgetown University Press．

LAKOFF G，1972．Linguistics and natural logic[G]//DAVIDSON D，HARMAN G．Semantics for natural language．Dordrecht：Reidel．

LAKOFF G，1987．Women，fire and dangerous things：what categories reveal about the mind[M]．Chicago：Chicago University Press．

LAKOFF G，1988．Cognitive semantics[G]//ECO U，SANTAMBROGIO M，VIOLI P．Meaning and mental representations[M]．Bloomington，Ind.：Indiana University Press．

LAKOFF G，1922．Metaphor and war：the metaphor system used to justify war in the Gulf[G]//PUTZ M．Thirty years of linguistic evolution[M]．Amsterdam：Benjamins．

LAKOFF G，JOHNSON M，1980．Metaphors we live by[M]．Chicago：Chicago University Press．

LAKOFF G，KOVECSES Z，1987．The cognitive model of anger in American English [G]//HOLLAND C，QUINN N．Cultural models in language and thought．Cambridge：Cambridge University Press．

LAMB S M，1964．The sememic approach to structural semantics[J]．American Anthropologist，66(3)．

LAMB S M，1965．Outline of stratificational grammar[M]．Washington D.C.：Georgetown University Press．

LAMB S M，1966a．Prolegomena to a theory of phonology．Language(42)．

LAMB S M，1966b．Epilegomena to a theory of language[M]．Romance Philology (19)．

LAMB S M，1992．Outline of a cognitive theory of language：a work in progress[M]．Mimeo．[S. l.]：[s. n.]．

LANGACKER R，1978．The form and meaning of the English auxiliary[J]．Language (54)．

LANGACKER R, 1984. Active zones[C]//Proceedings of the 10th annual meeting of the Berkeley Linguistic Society. Berkeley: the Berkeley Linguistic Society.

LANGACKER R, 1987. Foundations of cognitive grammar[M]. Stanford, CA: Stanford University Press.

LARGE A, 1985. The artificial language movement[M]. Oxford: Blackwell.

LEECH G,1974. Semantics[M]. Harmondsworth: Penguin.

LEISI E, 1955. Der Wortinhalt[M]. Heidelberg: Quelle u. Meyer.

LEMKE J L, 1984. Semiotics and education [M]. Toronto: Toronto Semiotic Circle.

LEMKE J L, 1990a. Talking science: language, learning and values[M]. Norwood, NJ: Ablex.

LEMKE J L, 1990b. Technical discourse and technocratic ideology[G]//HALLIDAY M A K, GIBBONS J, NICHOLAS H. Leaming, keeping and using language: selected papers from the 8th World Congress of Applied Linguistics, volume II. Amsterdam: Benjamins.

LEMKE J L, 1995. Textual politics: discourse and social dynamics[M]. London: Taylor & Francis.

LEMKE J L,1995. Multiplying meaning: visual and verbal semiotics in scientific text [G]//MARTIN J R, VEEL R. Reading science: research, popular culture, industry and schooling[M]. London: Routledge.

LEVIN B, 1993. English verb classes and alternations: a preliminary investigation [M]. Chicago & London: The University of Chicago Press.

LEVIN B, PINKER S, 1991. Lexical and conceptual semantics[M]. Cambridge, MA: Blackwell.

LINDE C, 1987. Explanatory systems in oral life stories[G]//HOLLAND C, QUINN N. Cultural models in language and thought. Cambridge: Cambridge University Press.

LOCKWOOD D J, 1972. Introduction to stratificational linguistics[M]. New York: Harcomt Brace Javanovich.

LONGACRE R, 1974. Narrative vs other discourse genres[G]//BREND R. Advances in tagmemics. Amsterdam: North-Holland.

LONGACRE R, 1976. Anatomy of speech notions[M]. Lisse: Peter de Ridder Press.

LONGACRE R, 1985. Sentences as combinations of clauses [G]//SHOPEN T.

Language typology and syntactic description: volume 2 complex constructions. Cambridge: Cambridge University Press.

LOUNSBURY F, 1956. A semantic analysis of Pawnee kinship usage[J]. Language (32).

MALINOWSKI B, 1923. The problem of meaning in primitive languages, supplement I[G]//OGDEN C K, RICHARDS I A. The meaning of meaning. New York: Harcourt Brace & World.

MANN W C, 1982. An overview of the Penman text generation system[D]. Los Angles: University of Southern California: ISI/RR-83-114.

MANN W C, 1983a. The anatomy of a systemic choice[J]. Discourse processes, 8(1).

MANN W C, 1983b. Inquiry semantics: a functional semantics of natural language grammar[C]//GIACOMO F. Proceedings of the first Annual Conference of the European Chapter of the Association for Computational Linguistics. Pisa, Italy: [s. n.].

MANN W C, MATTHIESSEN C M I M, 1985. Demonstration of the Nigel text generation computer program[G]//BENSON J D, GREAVES W S. Systemic perspectives on discourse: selected papers from the ninth international systemic workshop, volume 1. Norwood, NJ: Ablex.

MANN W C, MATTHIESSEN C M I M, 1991. Functions of language in two frameworks[J]. Word(42).

MANN W C, THOMPSON S A, 1987. Rhetorical Structure Theory: a framework for the analysis of texts[D]. Los Angles: University of Southern California: ISI/RS-87-185.

MANN W C, MATTHIESSEN C M I M, THOMPSON S A, 1992. Rhetorical Structure Theory and text analysis[G]//MANN W C, THOMPSON S A. Discourse description: diverse linguistic analysis of a fund-raising text. Amsterdam: Benjamins.

MARTIN J R, 1985. Factual writing: exploring and challenging social reality[M]. Geelong, Vic. : Deakin University Press.

MARTIN J R, 1992. English text: system and structure[M]. Amsterdam: Benjamins.

MARTIN J R, 1996a. Transitivity in Tagalog: a functional interpretation of case[G]//Meaning and form: systemic functional interpretations. Norwood, NJ:

Ablex.

MARTIN J R, 1996b. Metalinguistic diversity: the case from case[G]//HASAN R, ClORAN C,BUTTD G. Functional descriptions: theory inpractice. Amsterdam: Benjamins.

MARTIN J R, in press. Beyond exchange: appraisal systems in English [G]// HUNSTON S, THOMPSON G. Evaluation in text. London: Oxford University Press.

MARTIN J R, MATTHIESSEN C M I M, 1991. Systemic typology and topology [C]//CHRISTIE F. Literacy in social processes: papers from the Inaugural Australian Systemic Functional Linguistics Conference. Darwin: Northern Territory University.

MARTIN J R, MATTHIESSEN C M I M, PAINTER C, 1997. Working with functional grammar[M]. London: Edward Arnold.

MARTIN J R, VEEL R,forthc. Reading science: research, popular culture, industry and schooling[M]. London: Routledge.

MATTHIESSEN C M I M, 1987. Notes on the environment of a text generation grammar[G]//KEMPEN G. Natural language generation: recent advances in artificial intelligence, psychology, and linguistics. Dordrecht: Kluwe.

MATTHIESSEN C M I M, 1988a. Representational issues in systemic functional grammar[G]//BENSON J D, GREAVES W S, 1988. Systemic functional approaches to discourse: selected papers from the 12th international systemic workshop. Norwood, NJ: Ablex.

MATTHIESSEN C M I M, 1988b. Semantics for a systemic grammar: the chooser and inquiry framework[G]//BENSON J D, Cummings M J, Greaves W S. Linguistics in a systemic perspective. Amsterdam: Benjamins.

MATTHIESSEN C M I M, 1990a. Two approaches to semantic interfaces in text generation[C]//Proceedings of COLING-90. Helsinki: DBLP.

MATTHIESSEN C M I M, 1990b. Metafunctional complementarity and resonance [M]. Sydney:Sydney University.

MATTHIESSEN C M I M, 1991a. Language on language: the grammar of semiosis. Social semiotics,1(2).

MATTHIESSEN C M I M, 1991b. Lexico(grammatical) choice in text generation [G]//PARIS C L, SWARTOUT W R, MANN W C. Natural language generation in artificial intelligence and computational linguistics. Boston：Kluwer.

MATTHIESSEN C M I M，1992. Interpreting the textual metafunction［G］//DAVIES M，RAVELLI L. Advances in systemic linguistics. London：Pinter.

MATTHIESSEN C M I M，1993a. The object of study in cognitive science in relation to its construal and enactment in language［J］. Language as cultural dynamic，6（1—2）.

MATTHIESSEN C M I M，1993b. Register in the round：diversity in a unified theory of register analysis［G］//Ghadessy M. Register analysis. Theory and practice. London：Pinter.

MATTHIESSEN C M I M，1993c. Instantial systems and logogenesis［C］//Paper presented to the 3rd National Chinese Systemic Symposium. Hangzhou：［s. n.］.

MATTHIESSEN C M I M，1995a. Fuzziness construed in language：a linguistic perspective［C］//Proceedings of FUZZ/IEEE. Yokohama：［s. n.］.

MATTHIESSEN C M I M，1995b. Lexicogrammatical cartography：English systems［M］. Tokyo：International Language Sciences Publishers.

MATTHIESSEN C M I M，1995c. Theme as a resource in ideational "knowledge" construction［G］//GHOOESSY M. Thematic development in English texts. London：Pinter.

MATTHIESSEN C M I M，1996. Systemic perspective on tense in English［G］//BERRY M，BUTLER C S，FAWCETT R P，et al. Meaning and choice in language：studies for Michael Halliday. Norwood，NJ：Ablex.

MATTHIESSEN C M I M，BATEMAN J，1991. Text generation and systemic linguistics：experiences from English and Japanese［M］. London：Pinter.

MATTHIESSEN C M I M，NANRI K，ZENG L. 1991. Multilingual resources in text generation：ideational focus［C］//Proceedings of the 2nd Japan-Australia Symposium on Natural Language Processing. Kyushu：Kyushu Institute of Technology.

MATTHIESSEN C M I M，NESBITT C，1996. On the idea of theory-neutral descriptions［G］//HASAN R，ClORAN C，BUTTD G. Functional descriptions：theory in practice. Amsterdam：Benjamins.

MCCAWLEY J，1973. Syntactic and logical arguments for semantic structures［G］//FUJIMURA O. Three dimensions in linguistic theory. Tokyo：The TEC

Corporation.

MCCOY C, CHENG J,1991. Focus of attention: constraining what can be said[G]// PARIS C L, SWARTOUT W R, MANN W C. Natural language generation in artificial intelligence and computational linguistics. Boston: Kluwer.

MCDONALD E,1994. Completive verb compounds in modern Chinese: a new look at an old problem[J]. Journal of Chinese linguistics, 22(2).

MCKEOWN K, 1982. Generating natural language text in response to questions about database structure[D]. Philadelphia: University of Pennsylvania.

MCKEOWN K, 1985. Text generation: using discourse strategies and focus constraints to generate natural language text [M]. Cambridge: Cambridge University Press.

MCKEOWN K, SWARTOUT W R, 1987. Language generation and explanation[J]. Annual review of computer science(2).

MEL'CHUKI, 1982. Lexical functions in lexicographic description[C]//Proceedings of the 8th Annual Meeting of the Berkeley Linguistic Society. Berkeley: the Berkeley Linguistic Society.

MELLISH C, 1988. Implementing systemic classification by unification[J]. Journal of computational linguistics, 14(1).

MILLER G A, JOHNSON-LAIRD P N, 1976. Language and perception. Cambridge, MA: Belknap Press of Harvard University Press.

MILLER G A, FELLBAUM C, 1991. Semantic networks of English[G]//LEVIN B, PINKER S. Lexical and conceptual semantics. Cambridge, MA: Blackwell.

MITCHELL T F, 1957. The language of buying and selling in Cyrenaica: a situational statement[J]. Hesperis(26).

MONTAGUE R, 1974. The proper treatment of quantification in ordinary English [G]//THOMASON. Montague R: Formal philosophy. New Haven: Yale University Press.

NAKAMURA J-I, OKADA N, 1991. Modeling, accumulating and evaluating machine dictionary of Japanese noun concepts[C]//Proceedings of the 2nd Japan-Australia Symposium on Natural Language Processing. Kyushu: Kyushu Institute of Technology.

NESBITT C, 1994. Construing linguistic resources: consumer perspectives [D]. Sydney: University of Sydney.

NESBITT C，PLUM G，1988. Probabilities in a systemic grammar：the clause complex in English[G]//FAWCETT R P，YOUNG D J. New developments in systemic linguistics，volume 2：theory and application[M]. London：Pinter.

NIDA E，1975. Exploring semantic structures[M]. Munich：Fink.

NORDENFELT L，1977. Events，actions，and ordinary language[M]. Lund：Doxa.

NOREEN A. 1904. Vart sprak[M]. [S. l.]：Lund.

O'DONNELL M，1990. A dynamic model of exchange[J]. Word，41(3).

O'DONNELL M，1994. From theory to implementation：analysis and generation with systemic grammar[D]. Sydney：University of Sydney.

O'TOOLE L M，1989. Semiotic systems in painting and poetry[G]//FALCHIKOV M，POKE C，RUSSELL R. A festschrift tor Dennis Ward. Nottingham：Astra Press.

O'TOOLE L M，1992. Institutional sculpture and the social semiotic[J]. Social semiotics，2(1).

O'TOOLE L M，1994. The language of displayed art[M]. London：Leicester University Press.

O'TOOLE L M，1995. A systemic-functional semiotics of art[G]//FRIES P H，GREGORY M J. Discourse in society：functional perspectives. Norwood，NJ：Ablex.

OLDENBURG J，1987. From child tongue to mother tongue：a case study of language development in the first two and a half years[D]. Sydney：University of Sydney.

PADLEY G A，1985. Grammatical theory in Western Europe 1500—1700：trends in vernacular grammar I. Cambridge：Cambridge University Press.

PAINTER C，1984. Into the mother tongue：a case study in early language development[M]. London：Pinter.

PAINTER C. 1989. Learning language：a functional view of language development [G]//HASAN R，MARTIN J R. Language development：learning language，learning culture. Norwood，NJ：Ablex.

PAINTER C，1993. Learning through language：a case study in the development of language as a resource for learning from 2 1/2 to 5 years[D]. Sydney：University of Sydney.

PAINTER C，1996. The development of language as a resource for thinking：a linguistic view of learning [G]//HASAN R，WILLIAMS G. Literacy in society.

London & New York: Longman.

PARIS C L, SWARTOUT W R, MANN W C, 1991. Natural language generation in artificial intelligence and computational linguistics[M]. Boston: Kluwer.

PARKER-RHODES A F, 1978. Inferential semantics[M]. New York, NY: The Humanities Press.

PARTEE B, 1975. Montague grammar and transformational grammar[J]. Linguistic inquiry(6).

PATTABHIRAMAN T, 1992. Aspects of salience in natural language generation [D]. Burnaby: Simon Fraser University.

PATTEN T, 1988. Systemic text generation as problem solving[M]. Cambridge: Cambridge University Press.

PATTEN T, RITCHIE G 1987. A formal model of systemic grammar[G]//KEMPEN G. Natural language generation: recent advances in artificial intelligence, psychology, and linguistics. Dordrecht: Kluwe.

PAUL H,1909. Prinzipien der Sprachgeschichte[M]. Halle: [s. n.].

PAWLEY A, 1987. Encoding events in Kalam and English: different logics for reporting experience[G]//TOMLIN R. Coherence and grounding in discourse. Amsterdam: Benjamins.

PHILLIPS J, 1985. The development of comparisons and contrasts in young children's language[D]. Sydney: University of Sydney.

PHILLIPS J, 1986. The development of modality and hypothetical meaning: Nigel 1; 7 1/2—2; 7 1/2[G]//Working papers in Linguistics 3. Sydney: University of Sydney.

PLATZACK C, 1979. The semantic interpretation of aspect and aktionsarten: a study of internal time reference in Swedish[M]. Dordrecht: Foris Publications.

POLLARD C, SAG I, 1987. Information-based syntax and semantics: vol. 1 fundamentals[M]. Stanford: Stanford University, Center for the Study of Language and Information.

POLLARD C, SAG I, 1993. Head-driven phrase structure grammar[M]. Chicago & London: The University of Chicago Press.

POSTAL P, 1966. On so-called "pronouns" in English[G]//DINEEN F. Report of the 17th annual round table meeting on linguistics and language studies. Washington, DC: Georgetown University Press.

POSTAL P，1970. On coreferential complement subject deletion［J］. Linguistic inquiry，1(4).

PUTZ M，1992. Thirty years of linguistic evolution［M］. Amsterdam：Benjamins.

QUILLIAN M R，1968. Semantic memory［G］//MINSKY M. Semantic information processing. Cambridge，MA：The MIT Press.

QUIRK R，GREENBAUM S，LEECH G，et al. ，1985. A comprehensive grammar of the English language［M］. London：Longman.

RANSOM E，1986. Complementation：its meaning and forms［M］. Amsterdam：Benjamins.

RAVELLI L，1985. Metaphor，mode and complexity：and exploration of co-varying patterns［D］. Sydney：University of Sydney.

RAVELLI L，1988. Grammatical metaphor：an initial analysis［G］//STEINER E，VELTMAN R. Pragmatics，discourse，and text：some systemically inspired approaches. London：Pinter.

REDDY M，1979. The conduit metaphor：a case of frame conflict in our language about language［G］//ORTONY A. Metaphor and thought. Cambridge：Cambridge University Press.

REINHART T，1982. Pragmatics and linguistics：an analysis of sentence topics［M］. Bloomington：Indiana University Linguistics Club.

RENTON N E，1990. Metaphors，an annotated dictionary：A concise overview of 3800 picturesque idiomatic expressions normally used subconsciously［M］. Melbourne：Schwartz & Wilkinson.

RESTAK R M，1988. The mind［M］. New York：Bantam.

ROGET M，1852. A thesaurus of English words and phrases：classified and arranged so as to facilitate the expression of ideas and assist in literary composition［M］. London：Chancellor Press.

ROSNER M，JOHNSON R，1992. Computational linguistics and formal semantics ［M］. Cambridge：Cambridge University Press.

SALMON V，1966. Language-planning in seventeenth-century England：its contexts and aims［G］//BAZELL C E，CATFORD J C，HALLIDAY M AK，et al. In memory of J R Firth. London：Longman.

SALMON V，1979. The study of language in 17th-century England［M］. Amsterdam：Benjamins.

SAMLOWSKI W, 1976. Case grammar [G]//CHARNIAK E, WILKS Y. Computational semantics[M]. Amsterdam: North-Holland.

SAMPSON G,1987. Probabilistic models of analysis[G]//GARSIDE R, LEECH G, SAMPSON G. The computational analysis of English: a corpus-based approach. London: Longman.

SAMPSON G, 1992. Probabilistic parsing[G]//SVARTVIK J. Directions in corpus linguistics: proceedings of Nobel Symposium 82. Berlin: Mouton de Gruyter.

SCHANK R, 1972. Conceptual dependency: a theory of natural language understanding[J]. Cognitive psychology, 3(4).

SCHANK R, 1982. Dynamic memory: a theory of reminding and learning in computers and people[M]. New York: Cambridge University Press.

SCHANK R, ABELSON R, 1977. Scripts, plans, goals and understanding: an inquiry into human knowledge structures[M]. Hillsdale, NJ: Lawrence Erlbaum.

SCHANK R, KASS A, 1988. Knowledge representation in people and machines[G]// ECO U, SANTAMBROGIO M,VIOLI P. Meaning and mental representations. Bloomington, Ind. : Indiana University Press.

SCHNEIDER K, 1977. Aktionsart och aspekt i svenskan och danskan jamforord med tyskan och nederlandskan[M]. Turku: [s. n.].

SEFTON P, 1995. State-potentials and social subjects in systemic-functional theory: towards a computational socio-semiotics[D]. Sydney:University of Sydney.

SHELDRAKE R, 1988. The presence of the past[M]. Glasgow & London: Fontana.

SHIEBER S, 1986. An introduction to unification-based approaches to grammar[M]. Stanford University: Center for the Study of Language and Information.

SIGURD B, 1977. Om textens dynamic[D]. Stokholm: University of Stockholm.

SIMON H E, KAPLAN C E, 1989. Foundations of cognitive science[G]//POSNER M I. Foundations of cognitive science. Cambridge, Mass. : MIT Press.

SINCLAIR J M, 1992. The automatic analysis of corpora [G]//SVARTVIK J. Directions in corpus linguistics: proceedings of Nobel Symposium 82. Berlin & New York:Mouton de Gruyter.

SLADE D, 1996. The texture of casual conversation in English [D]. Sydney: University of Sydney.

SLAUGHTER M, 1986. Universal languages and science taxonomy in the 17th century[M]. Cambridge: Cambridge University Press.

SOWA J，1983a. Conceptual structures[M]. Menlo Park：Addison-Wesley.

SOWA J，1983b. Generating language from conceptual graphs[J]. Computers and mathematics with applications，9(1).

SOWA J，1991. Principles of semantic networks：explorations in the representation of knowledge[M]. San Mateo，CA：Morgan Kaufmann.

STAROSTA S，1988. The case for lexicase：an outline of lexicase grammatical theory [M]. London：Pinter.

STEINER E，1984. Language and music as semiotic systems：the example of a folk ballad[M]. Trier：LAUDT.

STEINER E，1988a. Describing language as activity：an application to child language [G]//FAWCETT R P，YOUNG D J. New developments in systemic linguistics，volume 2：theory and application[M]. London：Pinter.

STEINER E，1988b. The interaction of language and music as semiotic systems：the example of a folk ballad[G]//BENSON J D, CUMMINGS M J, GREAVES W S. Linguistics in a systemic perspective. Amsterdam：Benjamins.

STEINER E，1991. A functional perspective on language，action and interpretation：an initial approach with a view to computational modelling[M]. Berlin & New York：Mouton de Gruyter.

STEINER E，VELTMAN R，1988. Pragmatics，discourse，and text：some systemically inspired approaches[M]. London：Pinter.

STILLINGS N A，et al. 1987. Cognitive science：an introduction[M]. Cambridge，Mass. ：MIT Press.

SUGENO M，1993. Toward intelligent computing[C]//Proceedings of the 5th IFSA World Congress. Seoul：[s. n.].

SVARTVIK J，QUIRK R，1980. A corpus of English conversation[M]. Lund：Gleerup.

TALMY L，1985. Lexicalization patterns[G]//SHOPEN T. Language typology and syntactic description：vol. 3 grammatical categories and the lexicon. Cambridge：Cambridge University Press.

TAYLOR J，1989. Linguistic categorization：prototypes in linguistic theory[M]. Oxford：Clarendon Press.

TEICH E，1995. A proposal for dependency in systemic functional grammar：metasemiosis in computational systemic functional linguistics[D]. Saarbrucken：

Universitat des Saarlandes.

TEICH E, BATEMAN J A, 1994. Towards an application of text generation in an integrated publication system [C]//Proceedings of the 17th international workshop on natural language generation. Kennebunkport: [s. n.].

THIBAULT P J, 1992. Grammar, ethics, and understanding: functionalist reason and clause as exchange[J]. Social semiotics, 2(1).

THIBAULT P J, 1993. Using language to think interpersonally: experiential meaning and the cryptogrammar of subjectivity and agency in English[J]. Language as cultural dynamic, 6(1-2).

THOMPSON S A, 1988. A discourse approach to the cross-linguistic category "adjective". [G]//HAWKINS J. Explaining language universals. Oxford: Blackwell.

THOMSON J J, 1977. Acts and other events[M]. Ithaca & London: Cornell University Press.

TOMLIN R, 1987. Coherence and grounding in discourse [M]. Amsterdam: Benjamins.

TREVARTHEN C, 1987. Sharing making sense: intersubjectivity and the making of an infant's meaning[G]//STEELE R, THREADGOLD T. Language topics: essays in honour of Michael Halliday volume 1. Amsterdam: Benjamins.

TRUBETZKOY N, 1939. Grundzuge der Phonologie[J]. Prague(7).

TUNG Y-W, MATTHIESSEN C M I M, SONDHEIMER N, 1988. On parallelism and the penman language generation system[M]. Los Angeles: University of Southern California: ISI/RR-88-195.

UNSWORTH L, 1995. How and why: recontextualizing science explanations in school science books[D]. Sydney: University of Sydney.

VACHEK J, 1964. A Prague School reader in linguistics[M]. Prague: Academia.

VAN LEEUWEN T J, 1988. Music and ideology: towards a socio-semantics of mass media music [M]. Sydney: Sydney Association for Studies in Society and Culture.

VAN LEEUWEN T J, 1991. The sociosemiotics of easy listening music[J]. Social semiotics, 1(1).

VENDLER Z, 1967. Linguistics in philosophy[M]. Ithaca: Cornell University Press.

VENTOLA E, 1987. The structure of social interaction: a systemic approach to the semiotics of service encounters[M]. London: Pinter.

VERKUYL H J, 1977. On the compositional nature of the aspects[M]. Dordrecht: Reidel.

WADDINGTON C H, 1972. Tools for thought[M]. Frogmore: Paladin.

WEBBER B L, 1987. Event reference[C]// TINLAP: theoretical issues in Natural Language Processing 3. Albuquerque: Computing Research Laboratory, New Mexico State University (Memoranda in Computer and Cognitive Science).

WHORF B L, 1956. Language thought and reality: selected writing of Benjamin Lee Whorf[M]. Cambridge, MA: The MIT Press.

WIERZBICKA A, 1975. Why "kill" does not mean "cause to die": the semantics of action sentences[J]. Foundations of language(13).

WIERZBICKA A, 1980. Lingua mentalis[M]. New York: Academic Press.

WIERZBICKA A, 1985. Oats and wheat: the fallacy of arbitrariness[G]//HAIMAN J. Iconicity in syntax. Amsterdam: Benjamins.

WIERZBICKA A, 1988. The semantics of grammar[M]. Amsterdam: Benjamins.

WIGNELL P, MARTIN J R, EGGINS S, 1990. The discourse of geography: ordering and explaining the experiential world[J]. Linguistics and education, 1 (4).

WILKINS J, 1668. An essay towards a real character and a philosophical language [M]. London: [s. n.].

WINOGRAD T. 1968. Linguistics and the computer analysis of tonal harmony[J]. Journal of music theory, 12(3).

WINOGRAD T, 1972. Understanding natural language[M]. Edinburgh: Edinburgh University Press.

WINOGRAD T, 1983. Language as a cognitive process: volume 1 syntax [M]. Mass. : Addison Wesley.

WITHERSPOON G, 1977. Language and art in the Navajo universe[M]. Ann Arbor: University of Michigan Press.

WOODS W, 1975. What's in a link: foundations for semantic networks [G]// BOBROW D G, COLLINS A. Representation and understanding: studies in cognitive science. New York: Academic Press.

WORTMAN C B, LOFTUS E F, 1985. Psychology[M]. New York: Knopf.

WURM S A, 1987. Semantics and world view in languages of the Santa Cruz

Archipelago, Solomon Islands[G]//STEELE R, THREADGOLD T. Language topics: essays in honour of Michael Halliday, volume 1. Amsterdam: Benjamins.

WUTHNOW R, et al. 1984. Cultural analysis: the work of Peter L Berger, Mary Douglas, Michel Focault, and Jurgen Habermas[M]. Boston: Routledge & Kegan Paul.

YATES F, 1966. The art of memory[M]. London: Routledge & Kegan Paul.

ZADEH L A, 1987. Fuzzy sets and applications: selected papers[M]. New York: Wiley.

ZENG L, 1993. Coordinating ideational and textual resources in the generation of multisentential texts in Chinese[C]//Proceedings of PACLJNG(93). [S. l.]: [s. n.].

ZENG L, 1996. Planning text in an integrated multilingual meaning-space: a systemic-linguistic perspective[D]. Sydney: University of Sydney.

ZIPF G K, 1935. The psycho-biology of language: an introduction to dynamic philology[M]. New York: Houghton Mifflin Company.